Prémontrés
Histoire et Spiritualité

2e édition

I.S.S.N. 1242-8043
I.S.B.N. 2-86272-073-9

C.E.R.C.O.R.
Travaux et Recherches VII

Al cauisuino Padre. Abate di Orange,
questo omaggio fraterno.
Roma, 23 febbraio 1994

Bernard Ardura o.praem.

Bernard ARDURA

Prémontrés
Histoire et Spiritualité

Publié avec le concours de
l'Association de Soutien au C.E.R.C.O.R.

Publications de l'Université de Saint-Etienne
1995

À la mémoire
du Père François de Sales Petit,
Prémontré de l'abbaye de Mondaye,
disciple et témoin de saint Norbert.

PRÉFACE

Pour le sociologue qui, en raison des exigences de sa discipline, doit s'en tenir au dur concret du réel, visible et préhensible, le charisme de certains hommes fait problème.

Norbert, amateur de beaux vêtements, « héritier d'un grand nom... qui se meut à l'aise à la cour des Princes », doté par la nature de tous les talents, qui voit s'ouvrir devant lui une carrière dorée, oriente sa vie vers l'austérité la plus exigeante, vers un « apostolat intense et laborieux », renonce à tout, animé par la volonté d'être, de *devenir,* serait plus exact, « l'homme nouveau, à l'état d'adulte à la taille du Christ dans sa plénitude », dont parle saint Paul (*Ephés.* 4, 13).

Pourquoi n'a-t-il pas accepté de vivre, en toute bonne conscience, comme le faisaient tant d'autres de ses frères en vie canoniale, sans pour autant démériter ? Les chanoines de Saint-Martin de Laon n'avaient-ils pas raison de lui dire que « Dieu veut que l'on se mortifie, mais non pas qu'on se tue » ? C'est l'éternelle et permanente querelle de l'*antique Observance* et de la *stricte Observance,* de Cluny et de Cîteaux, des Déchaux et des Récollets.

Norbert opte pour l'exigence extrême de la pauvreté, de la vie communautaire et de la stabilité. Comment savoir ce qui le pousse, à un certain moment, dans cette voie abrupte ? La Foi ? Bien sûr, mais pourquoi est-elle à ce point exigeante et comment réussit-elle à imposer son projet à ceux qui se l'entendent proposer ?

Question insoluble sur le plan strictement humain, comme l'est celle de savoir ce qu'est le génie, la création artistique, la passion amoureuse de Tristan et Iseut, et (pourquoi pas ?) l'exploit sportif, et finalement, l'insondable être humain lui-même (Saint Augustin) ?

Autre problème : faut-il, pour autant, créer un ordre de plus ? Les Chartreux, les Cisterciens, viennent de voir le jour. Les Chanoines de Saint-Ruf, du Grand-Saint-Bernard, du Latran, de Saint-Victor de Paris existent déjà.

Quelle nécessité y a-t-il de fonder quelque chose d'*autre*, susceptible, et lui seul, de satisfaire le projet qu'il médite de mener à bien ?

C'est ici qu'intervient le charisme de l'homme. Le mot est bien commode pour camoufler notre ignorance. On parlera d'une « riche » personnalité, de multiples « facettes » de son être, de sa « présence », de sa « voix », de ses « intuitions ». Mais tout cela n'explique pas le « magnétisme » (encore un de ces mots qui n'expliquent rien) que possèdent certains hommes, et l'ascendant qu'ils prennent sur les autres dès qu'ils ouvrent la bouche. Et aussi pareille intransigeance : Norbert a sa vision des choses, différente de celle des autres grands fondateurs. Il refuse, ou dédaigne, toute autre solution : l'Église a la sagesse de l'entériner.

Elle admet, elle comprend la riche diversité des hommes. Ce que saint Benoît dit de la nécessité, pour l'Abbé, « *miscens tempora temporibus* », de « *multorum servire moribus* » (*Reg.* II, 85), vaut pour elle également. Le pluralisme est lové au cœur même du Message chrétien : « Dans la maison de mon père, il y a beaucoup de demeures » (*Jean*, 14, 2) (avec les problèmes, difficiles à résoudre, ceux des limites notamment, qu'imposent toutes formes de pluralisme, si l'on ne veut pas déboucher sur l'anarchie).

Au demeurant, Rome a quelque mérite à favoriser ce discours multiséculaire des « cent fleurs », car, qu'on le veuille ou non, tous les fondateurs d'Ordre critiquent l'Église, d'une façon explicite ou voilée, directe ou non ; et pas seulement l'Institution – humaine, trop humaine – mais encore ceux qui la dirigent ou leur manière de la gouverner. Et comment pourrait-il en être autrement ? Comment cette lourde et séculaire institution pourrait-elle répondre aux attentes d'hommes animés par une morale vivace, hors du temps, par un élan spirituel, religieux, indicible, par une foi impérieuse, absolue, contraignante (pour eux comme pour les autres), comme l'était celle qui incendiait saint Norbert (ou saint François d'Assise, pour n'en citer qu'un parmi les doux intransigeants qui sont animés – et animent – la chrétienté depuis ses origines) ? Les Organes religieux eux-mêmes, tout fruits d'un charisme qu'ils soient, n'échappent pas toujours à la tentation de devenir une institution, c'est-à-dire une fin en soi, et non plus un moyen. D'où ces incessantes « réformes », « retours aux sources », *aggiornamenti*, qui scandent leur marche tout au long des siècles.

Autre fait qui mérite l'attention du politiste : très souvent (c'est le cas aussi des Chartreux), le Fondateur n'est pas le Législateur, « la cheville ouvrière », l'organisateur – Hugues de Fosses, dans le cas des Prémontrés –, le charisme va et voit au-delà. Le successeur ordonne et construit l'avenir, c'est-à-dire une institution, avec ses règles de fonction-nement, ses statuts, ses *consuetudines*, son chapitre général (à l'instar de Cîteaux), ses provinces, ses réunions capitulaires, sa liturgie (n'est-ce pas là un charisme d'une autre nature, mais un charisme quand même ?), lesquels subiront un jour, inévitablement, les avanies – guerres, commendes, persécutions, ralentissement de l'élan créateur, faiblesses et défaillances de tous ordres, les « contrastes », écrit pudiquement le Père Ardura, le mot est faible – que l'Histoire, en fait, les hommes, s'infligent à eux-mêmes et aux autres.

Les fondements sont solides parce que enracinés dans le terreau d'une conception juste de l'homme, généreuse, indulgente, mais sans illusion parce que consciente de ses finitudes radicales, de sa précarité profonde, qui ont permis à l'Ordre de Prémontré de résister, depuis bientôt des siècles, aux épreuves les plus destructrices qui se sont abattues – et continuent à s'abattre – sur l'Église, les Ordres religieux et la chrétienté tout entière.

Parlant des réformes qu'impose notre siècle à tous ces organismes vivants qui veulent survivre, le Père Ardura écrit que « à la lumière des valeurs pérennes » de l'Ordre, il faudra « réinterpréter » le passé afin de le « rajuster » au présent. Lourde tâche en vérité : *mieux* comprendre le passé, un passé sur lequel pèse le poids des traditions et des expériences, essayer de comprendre le présent, puis en faire une projection acceptable mais incertaine dans l'avenir. Qui pourrait douter qu'elle sera menée à bien ?

Il y aurait encore beaucoup à dire à propos du livre du Père Ardura, oeuvre de toute une vie, d'une incroyable richesse documentaire, d'une précision impitoyable et, ce qui est loin de nous déplaire, d'une lecture allègre.

Il faudrait surtout dire les réflexions qu'il suscite immanquablement touchant le destin terrestre des oeuvres humaines. Au lecteur de ces pages magistrales de se livrer à pareil jeu : il aura la joie de cueillir les fruits d'une patiente et savante recherche.

Quant à moi, celle-ci a le mérite de m'avoir fait prendre conscience, une fois de plus, de ce que mon ignorance en la matière était vaste, pour ne pas dire immense. Que l'auteur en soit loué et remercié grandement, me paraît la moindre des choses.

Léo MOULIN

Noël 1994

AVANT-PROPOS

Aux abbés prémontrés assemblés, en 1966, en l'abbaye belge d'Averbode pour préparer le chapitre général de l'ordre et promouvoir l'*aggiornamento* voulu par le deuxième concile du Vatican, l'abbé général, Monseigneur Norbert Calmels, déclarait :

> « C'est, en premier lieu, un grand mouvement intérieur qui nous est demandé. Réfléchir sur nous-mêmes. Je dirai presque : Réfléchir sur nos réflexions [...] Ce qui nous importe, c'est d'aider le passé le plus ancien à se joindre à l'avenir, à se confier au renouveau. Nous n'avons pas le droit d'entraîner l'ordre à vieillir, parce que nous vieillissons. Ce serait témoigner contre notre profession. Nous ne serions plus vrais avec nous-mêmes [...] Tout ce qui est dans le sens de l'éternel ne reste-t-il pas moderne ? » [1].

Cette invitation à revenir à la source n'a pas vieilli, elle est même plus actuelle que jamais. L'identité d'un ordre religieux s'enracine dans le charisme du fondateur, et se nourrit du patrimoine spirituel et culturel patiemment constitué au cours des siècles. À la veille du IIIe millénaire, au milieu des mutations culturelles qui affectent toutes les sociétés, et surtout devant la nécessité d'implanter dans des terres nouvelles le charisme et la spiritualité d'un ordre né dans l'Europe du XIIe siècle, il est indispensable de reprendre les éléments essentiels et souvent épars de ce patrimoine historique, spirituel et culturel, pour en proposer une présentation organique. Tous ceux qui nourrissent quelque intérêt pour l'ordre de Prémontré, voudraient bien avoir à leur disposition un ouvrage de référence où trouver un panorama de l'histoire et les éléments essentiels de la spiritualité de l'ordre de saint Norbert.

Il m'a donc paru utile de suivre, à travers ses personnages et ses événements les plus marquants, l'histoire bientôt neuf fois centenaire de la famille norbertine. Dans ces pages, je ne prétends pas être exhaustif, ce serait présomptueux et vain. Je n'entends pas non plus me livrer à une publication de documents nouveaux, bien qu'à l'occasion il m'arrive de

---

[1] N. CALMELS, *Journal d'un Chapitre*, Forcalquier, 1970, p. 12-13.

présenter des textes inédits. Les travaux savants, publiés sous l'égide de la commission historique de l'ordre, ne manquent pas, mais justement l'érudition de certaines études et le fait qu'elles soient publiées pour la plupart dans une langue peu accessible constituent un obstacle difficile à franchir pour la plupart des lecteurs étrangers.

Enfin, malgré les nombreuses publications sur l'ordre de Prémontré, il n'existe pas encore, à ma connaissance, un ouvrage qui présente une vue d'ensemble de son histoire et de sa spiritualité. Or, ce que le lecteur désireux de connaître cet ordre attend, c'est d'avoir sous la main un ouvrage suffisamment documenté, qui lui fournisse des éléments de synthèse et, en même temps, des points de repères pour un approfondissement ultérieur. C'est en ayant à l'esprit ce lecteur avide de connaître mais désarmé par la dispersion des informations et les obstacles linguistiques, que j'ai écrit ces pages. Mon dessein est donc, dans ce livre, d'essayer de raconter et d'expliquer, dans la mesure du possible, la longue marche des disciples de saint Norbert au cours des siècles, de faire des constats et d'ouvrir des pistes de réflexion pour l'avenir.

Pour ce faire, et en toute honnêteté intellectuelle, j'ai effectué des choix avec la seule préoccupation d'aborder les aspects essentiels de cette histoire qui est celle d'hommes et de femmes, disciples de saint Norbert, unis par une spiritualité vivante et en continuelle évolution. Aux longs développements, j'ai préféré présenter, chaque fois que cela m'a été possible, des hommes particulièrement représentatifs, voire des extraits de leurs oeuvres susceptibles d'illustrer les grandes tendances de la vie et de la spiritualité de l'ordre.

Afin de ne pas alourdir l'apparat critique, j'ai systématiquement omis de renvoyer aux ouvrages prémontrés de référence, indiqués dans la Bibliographie, ainsi qu'aux notices des grandes encyclopédies facilement accessibles. On s'y rapportera aisément.

Pour saint Norbert, les personnes, les diverses maisons de l'ordre et l'ordre de Prémontré, en général comme du point de vue historique, juridique, spirituel, on trouvera une abondante littérature dans les *Analecta Praemonstratensia*, revue de la commission historique de l'ordre de Prémontré, publiée depuis 1925.

Pour les personnes de l'ordre, on consultera : L. GOOVAERTS, *Écrivains, artistes et savants de l'ordre de Prémontré. Dictionnaire bio-bibliographique*, Bruxelles, 1899-1916, 4 tomes en 3 vol. Reprod. en fac-similé, Genève, 1971, 3 vol.

Pour toutes les maisons de l'ordre, on fera référence à :
N. BACKMUND, *Monasticon Praemonstratense*, Straubing, 1949-1956,
3 vol. Réédition revue et augmentée du tome I, *pars prima* et *pars
secunda*, Berlin - New York, Walter de Gruyter, 1983.

Pour les maisons de l'ordre en France, je me permets de renvoyer à
mon ouvrage : B. ARDURA, *Abbayes, prieurés et monastères de l'ordre de
Prémontré en France, des origines à nos jours. Dictionnaire historique et
bibliographique*, Nancy, 1993.

*

* *

C'est avec reconnaissance, que j'évoque les noms des confrères et des
amis qui m'ont soutenu, aidé et conseillé dans ce travail : Monseigneur
l'Abbé Général qui m'a prodigué ses encouragements ; le Révérendissime
Père Edmond Horvath, Prévôt de l'abbaye de Csorna en Hongrie et le
Frère Norbert Soöz, de la même abbaye ; le Révérendissime Père Eugen
Hayes, Procureur Général de l'Ordre ; le Père Cyrille Caals, Recteur du
Collège Saint-Norbert de Rome ; le Père Norbert Weyns, le Père Michel
Meeusen et le Père Adalbert De Mulder, de l'abbaye de Tongerlo ; le Père
Jindřich Charouz, de l'abbaye de Želiv Bohême, et le Père Jos Wouters de
l'abbaye d'Averbode. Tous, à un moment ou à un autre, m'ont apporté le
concours de leurs compétences : qu'ils en soient vivement remerciés. Je
tiens, en outre, à exprimer ma gratitude à Madame Aline Debert,
Documentaliste CNRS, et à Monsieur Charles Teisseyre, agrégé de
l'Université et Président de la Société des Bibliophiles de Guyenne, qui ont
bien voulu accepter la mission ingrate de relire et d'amender ces pages.

Enfin, je remercie vivement le Professeur Léo Moulin, que je
rencontrais pour la première fois en 1985, lors du premier colloque du
C.E.R.C.O.R. qui en était à ses premiers pas et s'appelait encore
C.E.R.C.O.M., et avec qui j'ai eu l'occasion de passer ensuite de merveil-
leuses journées de travail consacrées aux pèlerinages médiévaux, sur les
rives ensoleillées du lac d'Orta San Giulio. Sa connaissance de la vie
religieuse est immense, comme en témoignent ses nombreuses et toujours
passionnantes publications. Il a répondu à ma demande d'écrire la
Préface de cet ouvrage avec la même simplicité amicale qui m'avait
donné le courage de m'adresser à lui. Qu'il trouve ici l'expression de mon
amicale reconnaissance.

Rome, le Petit-Aventin, 1er janvier 1995.

CHAPITRE PREMIER

LE TEMPS DES FONDATIONS

1. La réforme grégorienne et les chanoines de l'*ordo novus*

Au cours des siècles passés et avant l'apparition de la méthode critique historique, nombre d'auteurs religieux s'essayèrent à présenter les lettres de noblesse de leur ordre ou de leur congrégation. Animés d'un désir sans doute fort légitime, chanoines, moines, religieux de toutes robes s'employèrent à remonter le plus haut possible dans le temps pour démontrer l'excellence de leur vocation par son ancienneté. Les Prémontrés n'échappèrent pas à cette délectation intellectuelle. Quelles meilleures recommandations fournir, sinon celles des Apôtres et du Christ lui-même ? Aussi, ne s'étonne-t-on qu'à demi, en lisant dans l'ouvrage par ailleurs excellent du Père Paulin Boniface, intitulé *Catéchisme de l'Ordre de Prémontré*, cette affirmation abrupte :

> « Le premier fondateur de l'ordre canonial est Notre-Seigneur Jésus-Christ lui-même. Notre divin Sauveur est, en effet, le premier auteur de l'état de perfection, par l'institution des religieux. Il est aussi le premier auteur de la cléricature. Il a donc été le premier religieux-clerc de la Sainte Église [...] Si donc Notre-Seigneur est le premier auteur de l'ordre canonial, les Apôtres en sont, après lui, les véritables fondateurs » [1].

En vérité, le nom de « chanoine » [2] apparaît au VIe siècle et devient très fréquent au VIIe. Il désigne les clercs inscrits sur le « canon », c'est-à-dire le registre des clercs desservant une église, sous la conduite de l'évêque. Au milieu du VIIIe siècle, saint Chrodegang, évêque de Metz, fait faire un pas décisif à l'institution canoniale en donnant une règle à son clergé messin. C'est la première règle canoniale. Le personnel des églises commence à se distinguer et ainsi s'amorce le grand mouvement

---

[1] P. BONIFACE, *Catéchisme de l'Ordre de Prémontré*, Tours, 1889, question 165.

[2] C. DEREINE, « Chanoines », *Dictionnaire d'Histoire et de Géographie Ecclésiastiques*, t. XII (1953), col. 353-405.

carolingien qui culmine dans l'oeuvre de Charlemagne. Son successeur, Louis le Pieux, publie en 817 une nouvelle règle, appelée couramment *Règle d'Aix-la-Chapelle*. Sous son influence, chapitres cathédraux ou collégiaux se développent. Certes, cette règle n'impose pas de renonciation totale aux biens de ce monde, mais elle contribue à donner à l'institution canoniale sa physionomie définitive, en particulier elle promeut la vie commune et impose une stricte observance de l'obéissance cléricale. Les institutions monastiques exercent, elles aussi, sur les chanoines une influence à ne pas sous-estimer : dortoir unique, réfectoire commun, chapitre quotidien, célébration de l'office divin constituent sans doute un cadre de vie, mais surtout forment des clercs qui deviennent de vrais modèles. À la différence du moine, le chanoine « ignore le monde sans l'avoir renié » : clerc il exerce son ministère dans le monde, au service des âmes.

Si les chanoines carolingiens ne peuvent se prévaloir d'une fondation apostolique, il n'en demeure pas moins vrai qu'ils prennent pour modèle la communauté des Apôtres réunis autour du Christ et font volontiers appel à la communauté exemplaire de Jérusalem. S'ils n'observent pas la même rigueur dans le renoncement à leurs biens, ils se proposent au moins de l'imiter partiellement en renonçant à l'usufruit de leur patrimoine.

Du IXe au XIe siècle, l'institution canoniale évolue dans la diversité en Allemagne, en France et en Italie, mais partout dans le sens général d'une inexorable décadence. Dans les terres d'empire, la réforme grégorienne s'avère bientôt possible grâce au levier formidable que représente la puissance séculière. En Italie, les clercs conservent dans leur ensemble le sens de leur vocation, mais la réforme qui ne peut guère s'appuyer sur un pouvoir faible et instable, n'a d'autre point d'appui que la conviction des fidèles et des clercs. Contre toute attente, c'est pourtant en Italie que la réforme sera la plus profonde et la plus radicale. À la différence de l'empire, les réformateurs font ici appel à la *vita apostolica*, veulent renouer avec la primitive Église, et accueillir pleinement « les institutions que l'Église avait connues dans ses premiers commencements ». Peu à peu se dessine un idéal de réforme qui consiste exactement à remettre l'Église dans la « forme », le moule, dans la *Ecclesiae primitivae forma*.

C'est au concile romain de 1059 que l'on prit vraiment conscience des moyens propres à promouvoir une véritable réforme, à la suite des chanoines de Rome, qui, les premiers, en donnaient l'exemple : pratiquer la désappropriation personnelle effective, y compris celle des biens patrimoniaux, et mener la vie commune. C'est à partir de cette intuition qu'entre 1056 et 1200, l'ensemble des instituts canoniaux réguliers vit le jour. Le grand artisan de cette réforme fut le moine Hildebrand, élu pape en 1073 sous le nom de Grégoire VII [3]. Il demanda à tout chanoine d'offrir l'ensemble de ses biens à l'Église. Si certains refusaient, ils pourraient cependant continuer à vivre comme auparavant. Il n'est pas téméraire de l'affirmer, deux tendances déjà manifestes auparavant illustrent alors deux manières d'interpréter la vie canoniale : l'*ordo novus*, composé de chanoines réguliers, se distingue de l'*ordo antiquus*, qui correspond aux chanoines séculiers [4].

Pierre Damien (989-1072) nous a laissé un admirable appel [5] à la réforme canoniale : suivre le Christ pauvre, et emboîter le pas à Grégoire VII, pour lutter contre l'investiture laïque, contre la simonie et le mariage des prêtres, pratiques courantes à l'époque :

«Sachez, frères, que de pasteurs
Vous avez reçu la fonction...
Il vous faut vivre avec droiture...

Dans l'humilité sans enflure.
Sans vous adonner à la boisson,
Sans porter d'habits précieux,
Mais ne brillant que de vertus,
En vivant purs et mortifiés.

Que vos aumônes réconfortent
Les faibles et les pauvres gens !
Que la domination laïque
Cesse de sévir dans l'Église !
Et qu'une mère d'orphelins
Ne pleure jamais devant vous !
Ni chevaux caparaçonnés

Ni compliments de vils flatteurs.
Pas de meute et de chasse à courre,
Pas de spectacles d'histrions.

Gardez-vous de Simon le Mage,
Exécrez son erreur lépreuse,
Et détestez le mariage
Que contractent d'indignes prêtres.
Que la domination laïque
Cesse de sévir dans l'Église !

N'était-ce pas l'enseignement
Du glorieux Pontife Grégoire [VII],
Les paroles de cet Évêque
Du plus haut siège catholique,
Qui soulevèrent contre lui
Les citoyens de Babylone ? »

Lors du synode romain de 1059, Hildebrand se livra à une violente attaque contre la règle d'Aix-la-Chapelle : par ses dispositions relatives à la propriété personnelle, elle renfermait en germe tous les maux du clergé. Les décrets de ce synode formulèrent les normes de la vie cléricale : les clercs vivront en commun près des églises pour le service desquelles ils ont été consacrés, partageront réfectoire et dortoir, et possèderont en commun tout ce qui leur revient de l'Église. Placés devant l'exemple des Apôtres et notamment devant la profession de foi de saint Pierre (*Mt* 13, 16-20), les chanoines de la réforme grégorienne se mirent, eux aussi, à faire une profession à la manière des moines. Peu à peu, l'idée de revenir

---

[3] Saint Grégoire VII, vers 1015/1020-1085. On consultera avec profit : F. PETIT, *La Réforme des prêtres au Moyen Âge*, Paris, Cerf, 1968, p. 95-96, et notre article : « Un renouveau pour l'Église, la réforme grégorienne », *Robert d'Arbrissel (1045-1116) et le monde de son temps*, Colloque International, 9-12 juin 1988, Le Barroux, Centre d'Études historiques du Château du Barroux, 1991, p. 45-61.

[4] Cf. C. DEREINE, « Chanoines », col. 353-405 et surtout col. 386-391.

[5] *P.L.*, t. 145, col. 969-970.

au modèle apostolique fait son chemin pour finir par s'imposer : conformité au détachement, à la sainteté de vie et au zèle des Apôtres pour annoncer la Bonne Nouvelle, vie en commun autour du Christ constituent les points de repères essentiels des chanoines réguliers carolingiens. Les réformateurs grégoriens entendaient réformer l'ensemble du clergé. S'ils ne réussissent pas à transformer la vie des prêtres isolés dans les paroisses de campagne, du moins leurs efforts parviennent-ils à opérer une distinction claire entre les communautés de chanoines réguliers et les clercs séculiers.

C'est dans ce contexte réformateur que saint Norbert fonde la communauté canoniale de Prémontré, et pose, sans doute à son insu, les fondements d'un ordre appelé à une grande destinée dans l'histoire de l'Église et dans la civilisation de l'Europe.

2. Norbert, l'homme du charisme

Norbert naquit probablement en 1080, du comte Héribert de Gennep et de son épouse, Hedwige, qui eurent deux autres fils, Herbert et Héribert. Herbert étant mort encore jeune sur un champ de bataille, Héribert hérita du nom et des domaines. Norbert, dont le nom signifie « Prince du Nord », allait consacrer toute sa vie à suivre le Christ et devenir un artisan de la réforme du clergé.

Au centre de la ville de Xanten, dans le duché de Clève, s'élève la collégiale Saint-Victor, dont les chanoines suivent la règle d'Aix-la-Chapelle. À cette époque, les enfants voués à l'Église entrent au chapitre dès leur jeune âge. C'est le moyen le plus normal de devenir prêtre. Norbert est donc offert au chapitre. Tout de suite, le voici immergé dans la beauté de la prière liturgique dont il gardera, toute son existence, le vivant souvenir. C'est dans ce milieu marqué par la prière, le ministère des âmes et le travail intellectuel que le jeune adolescent reçoit les premiers rudiments de l'instruction avant de passer, probablement, par la prestigieuse école de Laon.

Ses études terminées, Norbert revient à Xanten et reçoit le sous-diaconat. Selon la pratique de l'Allemagne, cette ordination lui permet de prendre part aux délibérations du chapitre, sans toutefois l'engager définitivement sur la voie de la cléricature. Beaucoup de chanoines ne devenaient jamais diacres ni prêtres. Philippe de Bonne-Espérance a stigmatisé ces clercs :

> « Ils craignent les saints ordres, car ce serait une charge. Ils veulent bien vivre de l'Église, mais non aider l'Église. Nous avons des collégiales remplies

de chanoines, mais parmi eux si peu de diacres et de prêtres, qu'il faut engager des vicaires de choeur » [6].

Vers 1108 ou 1109, voici Norbert chapelain à la cour de l'archevêque de Cologne. Au service de Frédéric de Carinthie, homme doté d'une grande intelligence, mais devenu archevêque grâce à la faveur impériale, Norbert trouve en ce prélat un puissant protecteur. Combien de temps demeura-t-il au service de l'archevêque, il est difficile de le dire avec exactitude. En tous cas, avant 1110 nous le trouvons dans l'entourage de l'empereur Henri V.

Née sous Pépin le Bref, développée par Charlemagne, la chapelle impériale était chargée de célébrer l'office divin avec une perfection qui en faisait le modèle de toutes les églises de l'empire. Norbert trouve son bonheur dans une liturgie très solennelle, à laquelle l'empereur assiste régulièrement. Au Moyen Âge, les messes basses et l'office divin psalmodié sont choses rares : un rite sans solennité évoque la semaine sainte et les interdits. Aussi la liturgie déploie-t-elle quotidiennement ses splendeurs. La cour d'Henri V est fastueuse. C'est là que Norbert prend le goût des étoffes précieuses, des chevaux luxueusement caparaçonnés. Il garde cependant une affabilité qui lui vaut l'admiration et de sincères amitiés. Son biographe témoigne de ses qualités humaines et lui applique le mot de saint Paul : « Il se faisait tout à tous » [7]. Tous lui reconnaissent une vaste culture et un don inné d'éloquence.

Au moment où Norbert entre au service de l'empereur, la querelle des Investitures constitue un contentieux considérable entre la cour impériale et la papauté. Au cours des siècles, un bon nombre de droits souverains ont été annexés aux charges ecclésiastiques les plus prestigieuses, évêchés et abbayes. Non seulement l'empereur entend donner l'investiture de ces droits temporels, ce qui se justifie à cette époque, mais prétend, en outre, donner évêchés et abbayes aux personnes de son choix, de telle sorte que Grégoire VII déplore justement la mauvaise qualité de nombre de prélats parvenus à de hautes fonctions sans passer par les voies canoniques, et peu préoccupés de paître leur troupeau en esprit de charité. Derrière cette querelle, c'est en fait la liberté de l'Église qui est en jeu.

En 1110, le jour de l'Épiphanie, Henri V tient une diète à Ratisbonne et annonce publiquement son intention de se rendre à Rome au cours de l'année, afin de se faire couronner par le pape et obtenir du pontife le privilège de donner l'investiture par la crosse et l'anneau. C'est sans compter avec le pape Pascal II, élu l'année précédente. Dès son élection, celui-ci a pris parti contre les investitures laïques, comme Grégoire VII et ses

---

[6] *P.L.*, t. 203, col. 807.
[7] *Vita S. Norberti par un chanoine prémontré contemporain*, *P.L.*, t. 170, col. 1259.

successeurs. Le départ pour Rome s'effectue au début du mois d'août. L'armée impériale ne compte pas moins de trente mille hommes, sans compter les troupes de l'Italie du nord. Avant de faire son entrée solennelle dans Rome, l'empereur s'arrête à Sutri et tente d'aboutir à un accord avec Pascal II. Devant l'opiniâtreté d'Henri V, le pape pense un instant supprimer la cause de la querelle en demandant à tous les clercs de renoncer à leurs droits régaliens. L'empereur, certain du refus du clergé, accepte cette solution. Le Concordat de Sutri ne fut rien d'autre qu'une naïveté de la part du pape et une ruse de la part de l'empereur.

Le 12 février 1111, Pascal II accueillit le souverain avec faste et lui ménagea une entrée triomphale dans la Ville. Le pape attendait l'empereur en haut des degrés de la basilique Saint-Pierre, et lui donna le baiser de paix, avant de recevoir du souverain le serment ordinaire du sacre. Pascal II demanda à Henri V de renoncer à l'investiture, selon les termes du concordat. Alors se produisit le coup de théâtre que, seul, le pape n'avait pas prévu : le clergé allemand refusa tout net d'être dépouillé de ses droits régaliens. Les tractations vont bon train tout le jour, puis, soudain, l'empereur fait entourer le pape de son armée, mais le pontife ne cède pas d'un pouce. Il célèbre la messe, mais le couronnement n'a pas lieu. Pendant que le pape est gardé à vue, les soldats pillent le trésor exposé pour l'occasion. Le soir venu, le pape, son clergé et la noblesse romaine sont conduits au camp des Allemands. Norbert se révolte intérieurement devant les agissements de l'empereur et, la nuit tombée, vient demander pardon à Pascal II de la part involontaire qu'il a prise aux événements révoltants de la journée. Après deux mois de captivité, Pascal II, ému des conditions auxquelles sont soumis les prisonniers, finit par céder. Il reconnaît à Henri V le droit d'investiture et, le 13 avril, le couronne empereur, lui promettant de ne point l'excommunier.

Les événements de Rome laissent dans l'âme de Norbert un malaise qu'il ne parvient pas à chasser. Aussitôt, évêques et conciles régionaux excommunient l'empereur, le pape s'abstenant d'intervenir pour demeurer fidèle à sa promesse. Norbert est alors terriblement divisé. Lorsqu'en 1113, Henri V lui propose l'évêché de Cambrai, Norbert refuse. Comment pourrait-il accepter de recevoir l'investiture condamnée par tant de prélats et de conciles ? Désormais, celui qui fut si heureux de vivre à la cour, ne se sent plus à l'aise dans cette ambiance d'intrigues où la morgue du souverain tient lieu de loi. Il quitte la cour et rentre à Xanten où nous le retrouvons en 1115.

Or, l'année 1115 est l'une des années capitales de la réforme grégorienne. Cologne est en révolte ouverte contre l'empereur qui ne conserve que peu de fidèles. Cet effacement d'Henri V favorisera l'extension de la réforme. Le lundi de Pâques 18 avril, le Légat pontifical Conon ouvre un concile dans l'église Saint-Géréon de Cologne, et renouvelle l'excommunication contre l'empereur. Trois futurs papes sont présents et jouent un rôle de premier plan : Jean de Gaète, futur Gélase II, Guy de Vienne qui lui succèdera sous le nom de Calixte II, et Lambert d'Ostie, le futur Honorius II. Yves de Chartres, à quelques mois de sa mort, appuie le mouvement de réforme de tout le poids de sa sainteté. Chanoine régulier exemplaire, il exerce une influence considérable. Norbert n'ignore rien de tout ce qui est en train de se décider à Cologne. Sa conviction intérieure se fortifie : l'Évangile postule la réforme.

L'Évangile du Christ

Nous voici à la fin du printemps. Norbert voyage seul avec un page, sur la route de Freden, richement vêtu. Songe-t-il, découragé, à quitter l'état ecclésiastique ? Doit-il rester dans l'Église carolingienne bien établie, qui peut faire sa fortune au risque de perdre son âme ? Chemin faisant, le ciel se couvre. Éclairs et tonnerre. Le page atterré lui dit : « Norbert, où allez-vous ? La main de Dieu est sur vous ! » La foudre tombe aux pieds de Norbert. Le cheval se cabre, le cavalier gît à terre, inanimé. Lorsqu'il reprend ses sens, il a la sensation d'entendre ces mots du psaume 33 : « Cesse de faire le mal et fais le bien. Cherche la paix et poursuis-la ». Travaillé par Dieu depuis longtemps, Norbert décide de changer de vie. Il passera à une Église réformée selon l'Évangile du Christ, il suivra les traces des Apôtres.

> « Peu à peu le glaive de la Parole pénètre les profondeurs. Il commence à réformer de l'intérieur ce qui a été mensongèrement déformé. Soudain l'épervier sauvage se mue en une colombe douce et simple » [8].

Norbert rebrousse chemin tandis que son âme opère une profonde conversion. Il conservera encore ses habits luxueux, mais portera sur sa chair un cilice et partira s'initier à la vie en Dieu auprès de l'abbé bénédictin de Siegburg, Conon, futur archevêque de Ratisbonne. Entre-temps, il donne sa démission de chapelain impérial et s'adonne à la méditation sous la conduite de l'abbé. Sous l'emprise de la Grâce et conduit par l'Évangile, Norbert parvient à une certitude : il veut revêtir « l'homme nouveau » et vivre dans la perfection au service de l'Église. Il sera prêtre et mènera une vie religieuse. Pour les réformateurs grégoriens, l'union du sacerdoce et de la vie religieuse représente un principe unifiant, le principe même qui distingue les chanoines réguliers des séculiers : la vie religieuse sera au service du sacerdoce et donc de l'Église, dans la mesure où elle sera à même de favoriser la sainteté du clergé.

---

[8] *Ad vitam S. Norberti commentarius praevius* / Daniele PAPEBROCHIO, *P.L.*, t. 170, col. 1240-1241.

Un peu avant les Quatre-Temps de décembre, Norbert va solliciter de son évêque l'ordination diaconale et l'ordination sacerdotale. « Pourquoi ce désir aussi subit qu'imprévu ? » demande l'évêque. « Selon le mot de l'Évangile, vous comprendrez plus tard » lui répond Norbert. Devant les hésitations de l'évêque, Norbert lui révèle en confidence son propos de vie. Sa résolution est prise, même s'il ne sait pas encore clairement quelle forme concrète prendra son existence. Avant l'ordination, Norbert se dépouille de ses vêtements précieux et prend une pelisse d'agneau, un habit de pauvre ; personne ne s'y trompe. Sur le vêtement de pauvreté de l'Évangile, il pourra recevoir l'ornement du sacerdoce. Sitôt ordonné, il repart à Siegburg et là, comme le Christ, se retire quarante jours dans la prière. Il ne dira sa première messe qu'après ce temps de désert.

Le lendemain de son retour à Xanten, il célèbre solennellement la messe du chapitre. Contrairement à l'usage du XIIᵉ siècle, il se livre à la prédication. Norbert a compris l'importance de l'Évangile : seul, il peut transformer les âmes et le monde. Le jour suivant, Norbert participe à la réunion des chanoines. Après la lecture de la règle d'Aix-la-Chapelle, il adresse une exhortation à ses confrères et les invite à la conversion. Il fait de même les jours suivants. Il désire la réforme de son chapitre et sa transformation en véritable communauté régulière. On respecte sa dignité sacerdotale, mais le coeur n'y est pas. Norbert comprend son échec et se retire. Il fréquente à nouveau Siegburg et se rend souvent chez les chanoines de Rolduc. Sur ces entrefaites, il découvre un prêtre ermite, Ludolphe, qui vivait avec quelques compagnons à Lounig. Ludolphe était un chaud partisan de la liturgie canoniale, et sa sainteté de vie lui valait une grande renommée. Désormais et contrairement à l'usage de l'époque, Norbert célèbre la messe tous les jours. Durant deux années, de 1116 à 1118, il se prépare dans le silence à préciser et à mettre à exécution son projet de vie.

Converti par l'Évangile qu'il entend vivre à la lettre, Norbert commence à se livrer à la prédication itinérante. S'il suscite l'admiration de beaucoup, il en inquiète et en agace certains. Son zèle met en relief la passivité des pasteurs ; sa sainteté de vie souligne leur médiocrité. D'après les chroniques, il sème l'Évangile dans une partie de la Belgique, pousse jusqu'en Westphalie et détruit à Lunen une idole qui représentait la lune pour la remplacer par une église dédiée à la Vierge Marie. Au cours de ces pérégrinations, il rencontre le célèbre Rupert de Deutz. Celui-ci s'était lancé avec toute la fougue dont il était capable dans la dispute qui était en train de s'envenimer entre moines et chanoines. Rupert était convaincu de la plus grande perfection de la vie monastique, plus austère que la vie canoniale. C'était pratiquement saper les efforts de réforme du clergé : les moines s'efforçaient d'attirer dans leurs monastères les prêtres épris de conversion et de sainteté. Rupert a immortalisé ses échanges de points de vue avec Norbert, dans son ouvrage intitulé : *Dispute d'un moine et d'un clerc* [9], également connu sous le titre : *Dispute de Rupert et de Norbert.*

Norbert continue sa prédication itinérante, c'est même ce qui lui vaut de devoir justifier sa conduite devant le concile de Fritzlar. Que lui reproche-t-on ? Il prêche sans en avoir reçu la mission canonique ; il s'en acquitte sans ménager les critiques envers l'Église établie ; enfin il porte un habit religieux sans jamais avoir fait profession ni renoncé au siècle. Pour toute défense, Norbert répond, selon les deux *Vitae* que nous résumons brièvement :

> « On me fait grief de ma prédication. N'est-il pas écrit « Qui ramènera un pécheur de sa faute sauvera son âme de la mort et couvrira la multitude de ses péchés » ? Le pouvoir de prêcher, nous le tenons de notre ordination, car le Pontife nous dit : « Soyez les transmetteurs de la Parole de Dieu ». On veut voir à quelle religion j'appartiens ? « La religion pure et sans tache devant Dieu notre Père consiste à visiter les orphelins et les veuves et à se garder des souillures du siècle ». On me reproche mon vêtement ? Saint Pierre n'enseigne-t-il pas que Dieu ne prend pas plaisir à des habits précieux ? Saint Jean-Baptiste était vêtu de poil de chameau ; sainte Cécile portait un cilice sur sa chair. Mieux encore, le Seigneur donna à nos premiers parents non une tunique de pourpre, mais des habits de peau » [10].

Grâce au Légat Conon, chanoine d'Arrouaise, chaud partisan de la réforme grégorienne, Norbert réussit à se tirer de ce mauvais pas, mais il fut loin de remporter un triomphe, à un moment où la hiérarchie avait tout lieu de s'inquiéter des prédicateurs itinérants dont un bon nombre véhiculaient des doctrines erronées.

Norbert est profondément marqué par cette aventure. Il décide de tout quitter pour se fier à la seule Providence. Désormais, il marchera à l'étoile, *Solo Christo Duce*, avec pour seul guide le Christ. Plus que jamais frappé par les invites répétées de l'Évangile, il vend ses biens et les donne aux pauvres, se réservant seulement dix marcs d'argent, une chapelle portative et une mule. Il renonce à son canonicat de Xanten et à ses bénéfices. Libre de toute entrave, il commence une vie de pèlerin. Au Moyen Âge, c'est un type de vie semblable à la vie religieuse, même si elle n'est que transitoire. Parmi les grandes voies de pèlerinages, il emboîte celle de Saint-Jacques-de-Compostelle, qui passe par Le Puy-en-Velay, Saint-Gilles-du-Gard ou Saint-Guilhem-du-Désert, avant d'entrer en Espagne par le col de Roncevaux. Norbert eut-il le projet de se rendre à Saint-Jacques-de-Compostelle ? Nous l'ignorons. Mais, arrivé à Saint-Gilles, le voici en présence du pape Gélase II qui a quitté Rome pour

---

[9] *P.L.*, t. 170, col. 537-542.
[10] Traduction française : F. PETIT, *Norbert et l'origine des Prémontrés*, Paris, 1981, p. 47.

échapper aux harcèlement des Frangipani fidèles à Henri V. Parmi les cardinaux de sa suite, figure le cardinal Pierre de Léon.

Arrivé avec deux compagnons à Saint-Gilles en décembre et dans le plus parfait dénuement, Norbert rencontre le pape. Il régularise en premier lieu sa situation canonique, mais obtient beaucoup plus. Il avoue au pape son propos de vie : suivre le Christ dans la pauvreté et l'humilité. Conquis par Norbert, Gélase II lui propose de l'agréger au collège cardinalice dont le prestige va croissant : depuis 1059 l'élection du souverain pontife lui est réservée. Norbert se récuse et insiste avec larmes : sa vie précédente à la cour de l'archevêque et à la cour de l'empereur ne lui a apporté que dissipation et désillusion. Cependant, il acceptera la décision du pontife : il sera moine, chanoine, pèlerin, ermite, au gré du successeur de Pierre. La réponse de Gélase II ne se fait pas attendre et dépasse ses espérances : le pape fait de lui un prédicateur apostolique, et lui donne pouvoir de prêcher partout où il en aura la possibilité. Aussitôt, Norbert se met en chemin et, malgré les rigueurs de l'hiver, traverse la France vers le nord, avant de parvenir à Valenciennes. Là, il prêche en français, et fait grande impression parmi le peuple, malgré la difficulté de la langue. Ses premiers compagnons, épuisés, meurent à Pâques. Norbert se retrouve seul et prend de plus en plus conscience des desseins cachés de Dieu.

Alors qu'il nourrissait le projet de retourner en Allemagne pour poursuivre sa prédication dans sa langue maternelle, il rencontra son ancien condisciple de la cour impériale, Burchard, devenu évêque de Cambrai en 1116. Il fit surtout la connaissance providentielle du chapelain du prélat, un jeune clerc nommé Hugues de Fosses. Impressionnés par le dénuement de Norbert, l'évêque et son chapelain fondent en larmes. Au bout de quelques temps, Hugues déclare à Norbert son désir de le suivre, après avoir mis ses affaires en ordre. En juin 1118, Hugues et Norbert sont prêts pour la mission qui les attend. Ils vont ensemble par les bourgs et les villages, annonçant la Bonne Nouvelle de l'Évangile, pacifiant les luttes fréquentes en ces temps-là entre proches, témoignant par leur pauvreté de la richesse du Christ, distribuant aux pauvres les offrandes reçues au cours de leur tournée de prédication.

À la mort de Gélase II, au mois de janvier 1119, les cardinaux élirent Calixte II. Ce dernier convoqua un concile à Reims, pour le 18 octobre de la même année. Norbert prit aussitôt le chemin du concile pour faire confirmer son privilège de prédicateur apostolique. N'ayant pu obtenir d'audience du pape, découragé, il rencontra Barthélemy de Jur, évêque de Laon. Barthélemy était une homme d'envergure. Élu en 1113 à la tête d'un diocèse en ruine, il avait entrepris dès les premiers mois de son épiscopat de restaurer son Église. Cousin germain de Norbert par son père, il n'avait cependant jamais rencontré l'ancien chanoine de Xanten. Dès le premier instant, Norbert et Barthélemy sentent qu'ils se comprennent. Ainsi naît une amitié fidèle qui aura beaucoup de poids dans la fondation de l'ordre de Prémontré. Barthélemy lui propose de l'introduire auprès du pape. Ce dernier ne peut le recevoir à Reims, mais lui donne rendez-vous à Laon où il passera quelques jours plus tard. Pour l'instant, le pape place Norbert sous la protection de l'évêque de Laon. Depuis sa renonciation au canonicat de Xanten, Norbert n'appartenait plus à aucune Église, et cette situation constituait une situation anormale que les conseillers du pape durent lui proposer de résoudre en le mettant sous la protection de l'évêque de Laon. Demeuré seul pendant dix-huit mois, car Hugues était reparti vers Cambrai avec son évêque, pour tenter de régler définitivement ses affaires, Norbert mit à profit son séjour à Laon pour fréquenter la célèbre école épiscopale de la ville.

Le pape séjourna à Laon, entre le 11 et le 18 novembre, durant l'octave de saint Martin. Naturellement, la communauté de Saint-Martin fut au centre des festivités. Depuis une vingtaine d'années, le prévôt avait tenté de réformer la communauté pour qu'elle vécût selon les exigences de la vie canoniale, mais en vain. Découragé, il s'était retiré. Calixte II suggéra à l'évêque de faire élire Norbert par les chanoines. Il prendrait alors la tête de la réforme conventuelle.

Norbert hésita, rappelant au pape que son prédécesseur avait fait de lui un prédicateur itinérant, voué à la pénitence et à la pauvreté.

« C'est à la prédication de la Parole de Dieu que j'ai été destiné. Cependant, je ne veux pas tenir à ma volonté. J'accepte la charge, mais à condition de garder mon propos de vie. Je ne puis le transgresser sans dommage pour mon âme [...] En un mot, c'est la vie évangélique bien comprise que je veux vivre » [11].

Norbert ne repoussait pas la vie canoniale, mais entendait la mener selon son idéal de vie évangélique et apostolique.

Les chanoines de Saint-Martin de Laon menaient une vie religieuse relativement superficielle. Il n'était pas question pour eux de mener une vie austère. La perspective de devoir changer radicalement leur style de vie ne leur souriait guère. Aussi, après avoir entendu les conditions de Norbert, ils s'écrièrent :

« Nous ne voulons pas de lui pour supérieur. Il refuse notre manière de vivre qui est celle de nos prédécesseurs. Quoi donc ! on nous prendra nos biens et on ne nous les rendra pas ! Nous plaiderons et ce sera sans résultat, nous porterons des sentences et on n'en tiendra pas compte ! Qu'on ne change pas notre coutume ! Dieu veut qu'on se mortifie, mais non pas qu'on se tue ! » [12].

---

[11] *Ibid.*, p. 72.
[12] *Ibid.*, p. 73.

Ce fut la rupture. Barthélemy devait attendre cinq ans encore, avant de donner l'église Saint-Martin aux Prémontrés.

Les mois passent, les rigueurs de l'hiver s'atténuent et le printemps 1120 approche. Tous redoutent le départ de Norbert vers d'autres champs d'apostolat. Barthélemy a noté :

> « Le pape Calixte nous avait donné le soin de Norbert dont la mémoire est en bénédiction, pour que nous lui trouvions un endroit favorable et pour que nous l'aidions dans son projet de vie religieuse [...] L'hiver une fois passé, Norbert songeait à nous quitter. Alors les dignitaires de notre Église et les principaux seigneurs de notre diocèse nous pressèrent de trouver quelque lieu sur notre territoire pour qu'il y puisse servir Dieu. De nous-même nous le désirions assez, mais nous eûmes de la peine à le convaincre, ce qui se fit par le secours de la grâce divine » [13].

Barthélemy entreprit d'explorer son diocèse en compagnie de Norbert qui lui avait dit sa préférence pour la solitude.

Après diverses recherches infructueuses, Barthélemy le conduisit vers le sud de son diocèse, dans le massif de Saint-Gobain. Par un soir du mois de février, Barthélemy et Norbert arrivent au lieu dit « Prémontré » [14], situé dans une région accidentée, inculte et inhabitée. Seule, dans ce cadre de nature sauvage, une petite chapelle dédiée à saint Jean-Baptiste rappelait la présence de quelques ermites disséminés dans la région. Au coeur de la forêt, Prémontré apparaît aux yeux de Norbert comme une clairière dans laquelle convergent trois ruisseaux qui lui donnent la forme d'une croix. La nuit tombe. Barthélemy se prépare à reprendre la route pour passer la nuit à Anizy-le-Château. Norbert se sent attiré par ce lieu isolé et demande à l'évêque de pouvoir passer la nuit en prière dans la chapelle. Lorsque Barthélemy revient, au petit matin, il trouve son ami radieux :

> « Mon seigneur et mon père, c'est ici que je veux demeurer. J'ai reconnu le lieu que le Seigneur m'a destiné. Ce sera mon siège et mon repos. Beaucoup d'hommes y trouveront le salut. Toutefois ce n'est pas cette chapelle qui en sera le centre ; c'est de l'autre côté de la vallée qu'on bâtira la maison. Cette nuit, j'ai vu en songe une multitude d'hommes en blanc qui faisaient processionnellement le tour de la vallée avec des croix d'argent, des chandeliers et des encensoirs » [15].

---

[13] *P.L.*, t. 188, col. 1584 ; J. LEPAIGE, *Bibliotheca Ordinis Praemonstratensis*, p. 375. Traduction française : F. PETIT, *Norbert et l'origine des Prémontrés...*, p. 74.

[14] B. ARDURA, *Abbayes, prieurés et monastères de l'ordre de Prémontré en France...*, p. 430-453.

[15] *Appendix ad Librum III Guiberti de Vita sua, Hermanni monachi. De miraculis S. Mariae Laudunensis, de gestis venerabilis Bartholomei episcopi et S. Norberti, P.L.*, t. 156, col. 992.

Chanoine formé dès sa jeunesse dans l'atmosphère liturgique de Xanten, Norbert traduit en images liturgiques l'intuition spirituelle dont il vient d'avoir la révélation. L'appel évangélique retentit en son âme et éveille une sensibilité amoureuse de beauté pour rendre gloire à Dieu. Contemporain de saint Bernard, il se distingue du fondateur de Clairvaux par une religion qui parle aux sens et fait entrevoir l'orientation éminemment pastorale de la liturgie qui sera, plus tard, celle de l'ordre de Prémontré.

L'idéal apostolique : communauté de vie, désappropriation et travail

Norbert a acquis une conviction : il vivra en communauté avec des frères, et s'efforcera de mener avec eux une vie semblable à celle des Apôtres réunis autour du Christ et de la Vierge Marie. C'est en prêchant qu'il recrutera des compagnons, aussi se met-il en route dès les premiers jours du printemps 1120. Parvenu à Cambrai, son ami, l'évêque Burchard, lui permet de prêcher. Dès son premier sermon, un premier disciple se joint à lui. C'est Évermode, celui qui l'accompagnera dans tous ses voyages, sera l'ami de tous les instants et recueillera son dernier soupir à Magdebourg. Évermode n'est pas un homme de caractère facile : énergique, impatient, dur parfois, il sera d'une fidélité farouche envers Norbert, avant de mourir évêque de Ratzbourg en 1178. Les deux compagnons quittent Cambrai pour Nivelles et là recrutent Antoine qui deviendra prévôt d'Ilbenstadt et mourra en 1150. Tous trois se rendent à Laon où Norbert, après un sermon enflammé, a la joie d'accueillir sept jeunes compagnons : Anselme, futur évêque d'Havelberg puis exarque de Ravenne ; Adam, futur abbé de Dommartin ; Richard, plus tard abbé de Sainte-Marie-au-Bois ; Waltmann, premier abbé de Saint-Michel d'Anvers ; Luc, abbé du Mont-Cornillon puis évêque à Liège ; Garin, abbé de Vicogne puis de Saint-Martin ; Henri, plus tard abbé de Vivières. Les nouveaux arrivés viennent grossir les rangs de la petite communauté : à Pâques 1120, on s'installe à Prémontré. Les disciples sont au nombre de quatorze.

C'est la communauté de vie qui semble avoir le plus frappé les esprits du XIIe siècle. Adam Scot résume dans ses sermons sur l'ordre de Prémontré l'essence de la vie apostolique telle qu'elle fut comprise par saint Norbert et ses premiers compagnons : rejet absolu des possessions terrestres, communauté de tous les biens temporels, répartition de ces biens selon les nécessités de chacun, concorde dans l'unité et unité dans la concorde [16]. Le fondement de la vie apostolique est donc la vie commune. Ceci apparaît d'autant plus logique, puisque c'est la désappropriation des

---

[16] *P.L.*, t. 198, col. 511.

biens terrestres qui distingue les chanoines réguliers grégoriens des chanoines qui continuent de vivre sous la règle d'Aix-la-Chapelle. La communauté décrite par les *Actes des Apôtres* évoque « la multitude des croyants », et souligne l'importance fondamentale de la mise en commun des biens et non l'existence sous le même toit, ce qui d'ailleurs aurait été impossible. La vie commune apostolique se caractérise donc en premier lieu par la mise en commun des ressources et implique des relations étroites pour que se manifeste l'unité des esprits et des coeurs. La pauvreté de vie des premiers Prémontrés se caractérise, outre la désappropriation, par l'austérité de vie :

> « Les premiers frères avaient à peine soin des choses temporelles car toute leur étude se portait vers le spirituel : suivre l'Écriture et avoir le Christ pour modèle [...] La disposition de ceux qui se réunirent les premiers était de choisir une tunique vieille et rapiécée plutôt qu'un vêtement neuf et complet. Il arriva que plusieurs embrassèrent une pauvreté extraordinaire : ils rougissaient d'un vêtement neuf qu'on leur avait donné et pour montrer le peu d'estime qu'ils attachaient à la pompe mondaine, pour comprimer l'orgueil, ils cousaient de vieux morceaux sur le vêtement neuf » [17].

La pauvreté serait la seule recommandation du prédicateur et la garantie de sa parole. Norbert l'avait expérimenté : le jour où on l'avait vu aller nus pieds, vêtu d'une tunique de laine, avec pour seul guide le Christ et pour seule recommandation l'Évangile, on avait pu croire à sa prédication.

La vie commune dans la désappropriation et l'austérité suppose le travail commun. Les frères laïcs, appelés plus tard « convers », vaquent depuis prime jusqu'à midi, et depuis none jusqu'à complies, aux différents métiers qui font ressembler Prémontré à une vaste exploitation agricole. Les clercs eux-mêmes prennent leur part du travail manuel, et deux fois par jour, sous la conduite du prieur, se rendent sur le lieu du travail qui leur a été assigné. Tous travaillent en silence comme les Cisterciens et d'autres réguliers. Le travail est considéré comme manifestation de la vie commune, comme mortification et comme détente physique.

Profession selon la Règle de saint Augustin

À Prémontré, en cette année 1120, les disciples voient en Norbert leur père et leur maître. Ils le suivent aveuglément, sans se préoccuper de se rattacher à un ordre ou d'en constituer un nouveau. En cela, ils ressemblent à une multitude d'âmes généreuses qui ont tout quitté pour suivre un chef charismatique. Norbert a l'intuition qu'il lui faut fonder sa communauté, lui donner des assises capables d'en assurer la stabilité. Une

---

[17] *Vita S. Norberti par un chanoine prémontré contemporain*, P.L., t. 170, col. 1293.

communauté sans fondations stables est condamnée à plus ou moins brève échéance.

Deux grande options s'offrent à Norbert. Il pourrait envisager une vie monastique rénovée ou entrer dans le grand mouvement canonial de l'*ordo novus* et s'engager sur la voie des chanoines réguliers. Cette deuxième formule offrait divers avantages : Norbert et ses compagnons clercs pourraient demeurer fidèles à leur vocation première. En outre, cette formule leur assurait la possibilité de vivre la vie commune, tout en leur permettant de se livrer au ministère sacerdotal. La réforme grégorienne mettait en valeur le sacerdoce et répondait au désir général d'un clergé nouveau : l'institution avait fait ses preuves et bénéficiait de l'appui de la hiérarchie. Elle avait, en outre, acquis assez de souplesse pour permettre de mener une vie religieuse sainte et d'envisager un apostolat fécond.

Fondamentalement, Norbert et nombre de ses compagnons étaient chanoines et n'entendaient pas changer de statut canonique : par leur choix de vie, ils rejoindraient les chanoines de l'*ordo novus* et deviendraient chanoines réguliers. Aussi, lorsque les légat pontificaux Pierre de Léon et Grégoire de Saint-Ange confirmèrent leur mode de vie en 1124, ils déclarèrent :

> « Nous rendons grâces à Dieu dont la miséricorde surpasse toute vie, de ce qu'il vous a inspiré de renouveler la vie louable des saints Pères et l'institution établie par la doctrine des Apôtres, laquelle fleurissait au début de l'Église mais se trouve presque abolie dans les siècles suivants. Car il y eut dès les origines de l'Église deux genres de vie pratiqués par les fidèles : l'un pour les faibles, l'autre pour les plus forts, l'un qui demeure dans la petite ville de Ségor, l'autre qui s'élève au sommet des montagnes ; l'un qui rachète ses fautes quotidiennes par les larmes et l'aumône, l'autre qui, par l'exercice continuel des vertus, travaille à l'acquisition des mérites éternels ; l'un est engagé aux affaires terrestres, l'autre élevé au-dessus du siècle et dégagé de tous les biens qu'il méprise » [18].

Le choix définitif était fait : les Prémontrés seraient une communauté de chanoines réguliers, mais sous quelle règle militeraient-ils ?

D'après les Prémontrés de Cappenberg, saint Norbert aurait dit, un jour, dans le chapitre de cette abbaye :

> « Je sais un frère de notre congrégation qui recherchait avec soin la règle que nous devions suivre. Or voici que non par ses propres mérites, mais grâce aux prières de ses confrères, le bienheureux saint Augustin lui apparut. De la main droite il lui présenta sa règle d'or et se fit connaître par ces lumineuses paroles : « Je suis Augustin, évêque d'Hippone. Voici la règle que j'ai écrite. Si tes frères qui seront désormais mes fils combattent généreusement

---

[18] Cf. C.L. HUGO, *Vie de saint Norbert*, Luxembourg, 1704, p. 227 ; *Sacri Ordinis Praemonstratensis Annales*, Nancy, 1734-1734, t. II, preuves VIII ; Texte de l'approbation au nom de Urbain II : *P.L.*, t. 151, col. 338.

sous sa bannière, ils pourront se présenter sans crainte au tribunal de Dieu » [19].

Pour sa part, la *Vita A* répond à la question du choix de la règle en ces termes :

> « Enfin, pour ne pas faire affront à l'institution canoniale dont tous les frères avaient fait profession depuis leur enfance, il ordonna d'apporter la règle de saint Augustin. En effet, il voulait vivre la vie apostolique qu'il avait commencé à pratiquer pendant ses tournées de prédication, et dont il avait appris que saint Augustin, après les Apôtres, l'avait de nouveau organisée et mise en honneur » [20].

Le récit est clair : Norbert, semble-t-il, n'avait pas à sa portée la règle augustinienne et il ne la connaissait que par ouï-dire. Nombre de communautés pratiquaient, d'après les chartes, la vie régulière « selon la règle du bienheureux Augustin », sans en posséder le texte. Le passage cité expose ce que Norbert voulait éviter et ce qu'il voulait positivement. Il ne voulait pas renier ses origines canoniales, dans un contexte de rivalité entre moines et chanoines, où chacun défendait, souvent avec des accents polémiques, sa dignité, voire sa supériorité, les moines surtout pour justifier le passage de chanoines à la vie monastique réputée plus parfaite. Norbert voulait par dessus tout vivre la vie apostolique selon son organisation augustinienne. C'est là la raison profonde du choix de la règle de saint Augustin.

Saint Norbert choisit donc une règle qu'il croyait avoir été composée par l'évêque d'Hippone, mais dont il ne possédait pas le texte. Déjà avant 1118, la communauté de Springiersbach avait adopté l'*Ordo monasterii* [21], Gervais l'avait imposé à Arrouaise, et Richard à Rolduc. Norbert suivit cette version, attiré sans doute par le propos de vie ainsi libellé : « Nous désirons vivre la vie apostolique », qui semblait bien répondre à son aspiration personnelle. Par la mise en oeuvre de l'*Ordo monasterii*, Norbert en vint à imposer à ses compagnons une discipline fort austère, ce qui donna bientôt lieu à une vive réaction, non seulement à Prémontré, mais également dans d'autres communautés de chanoines réguliers. Gauthier, évêque de Maguelonne adressa une lettre à la communauté de Chaumouzey, dans laquelle il nia carrément l'authenticité augustinienne de la règle introduite par Norbert, et l'accusa d'avoir altéré la liturgie en suivant une autre coutume que celle en vigueur chez les chanoines réguliers. Norbert admire la plénitude et la concision de cette loi qu'il

---

[19] *Analecta norbertina ajoutées à la vie de S. Norbert par un frère de Cappenberg*, *P.L.*, t. 170, col. 1346.

[20] *Vita A*, trad. F. PETIT, *Le Courrier de Mondaye*, n° 46 (1956), p. 20.

[21] C. DEREINE, « Les coutumiers de Saint-Quentin de Beauvais et de Springiersbach », *Revue d'histoire ecclésiastique*, t. XLIII (1948), p. 414, 421-423.

prend pour l'observance de la cathédrale d'Hippone, et qui est certainement due au disciple d'Augustin, Alypius. La liturgie qui y est décrite n'est pas celle d'Hippone, mais sans doute celle qu'Alypius admira lors de son voyage en Palestine pour y rencontrer saint Jérôme.

Nous voici dans les derniers mois de 1121. Le choix du style de vie est fait, la règle vient d'être choisie. Norbert et ses compagnons se préparent à émettre leur profession canoniale. Ils ont choisi pour cela la fête de Noël. La dévotion à l'humanité du Sauveur connaît au XIIᵉ siècle un grand renouveau, aussi le choix de cette fête ne surprend-il pas. La cérémonie de profession se déroule à l'offertoire de la messe, selon la coutume des chanoines réguliers. Les premiers Prémontrés entendaient remettre en honneur toutes les institutions canoniales, dont le *voeu de stabilité* dans l'église de leur profession. Ce principe de stabilité toujours en vigueur dans l'ordre accorde au chanoine un titre de filiation dans son abbaye et le lie pour toute la durée de sa vie à l'église au service de laquelle il s'est voué. Adam Scot [22] nous a laissé une formule de profession qui a toute chance d'être primitive. En tout cas, elle figure dans un missel composé du vivant de saint Norbert :

« Je, frère N., m'offre à l'église de sainte Marie, Mère de Dieu et de saint Jean-Baptiste de Prémontré. Je promets ma conversion morale et la stabilité dans le lieu selon l'Évangile du Christ, l'institution apostolique et la règle canoniale de saint Augustin. Je promets obéissance au seigneur N., Père de cette église et à ses successeurs que la partie la plus saine de la communauté aura élus » [23].

Les clercs signèrent cette formule, avec la conscience de s'inscrire pour la cité céleste. Les frères et les femmes réunis autour des chanoines signèrent-ils cette formule ? C'est peu probable car la grande majorité ne savait ni lire ni écrire. Firent-ils profession de la même manière que les chanoines ? Nous ne saurions l'affirmer : les professions tacites sont fréquentes au XIIᵉ siècle, si on demeure dans la communauté après le noviciat ou si on a reçu une fonction réservée à un profès.

Arrêtons-nous un instant sur cette formule de profession. Par leur donation, Norbert et ses clercs cessent d'appartenir à l'église pour laquelle ils ont été ordonnés, les voici voués au service de l'église nouvelle de Prémontré. Cette église reçoit pour titulaire la Vierge Marie. Ce choix prélude au patronage marial de la quasi totalité des églises de l'ordre. Ce choix est significatif, car saint Jean-Baptiste, titulaire du lieu, semblait

---

[22] Adam Scot, abbé de Dryburgh, devenu par la suite chartreux de Witham, est le plus important des auteurs spirituels prémontrés. Ses oeuvres occupent la première partie du t. 198 de la *P.L.* Cf. F. PETIT, *La spiritualité des Prémontrés aux XIIᵉ et XIIIᵉ siècles*, Paris, 1928, p. 167-195.

[23] Cf. *P.L.*, t. 198, col. 479. Adam redonne le même texte, col. 859, en ajoutant « que la communauté aura élus *canoniquement* ».

bien convenir à cette nouvelle communauté de prédicateurs venus chercher à Prémontré le désert et l'austérité. Nombre d'églises passant à l'ordre de Prémontré adopteront Marie pour patronne à côté de leur ancien titulaire.

L'Évangile du Christ est la règle suprême. La nouvelle communauté veut imiter la vie de Jésus sur cette terre pour mériter de partager sa vie dans la patrie céleste. Tous se proposent de vivre selon l'institution apostolique, en renouvelant la communauté de vie des premiers chrétiens réunis, unanimes, à Jérusalem.

La règle de saint Augustin caractérise l'ordre : il ne s'agit pas de moines qui suivent tous à cette époque la règle de saint Benoît, mais de chanoines réguliers. Les promesses de conversion des moeurs et de stabilité sont semblables à celles de la règle de saint Benoît, mais la stabilité prend un sens nouveau. Elle ne se limitera pas à la résidence dans la clôture sans sortie possible, mais signifiera l'appartenance à une *ecclesia*, à une communauté vis-à-vis de laquelle le profès jouit d'un droit de filiation, même si les exigences du ministère l'entraînent loin ou pendant longtemps en-dehors de la communauté. Ajoutons que l'Évangile, l'institution apostolique et la règle de saint Augustin entraînent la désappropriation complète : Norbert et ses compagnons possèdent exactement les caractéristiques des chanoines réguliers. Au XIIe siècle, la triade des voeux de chasteté, pauvreté et obéissance n'existe pas comme telle, sinon dans la formule de profession des chanoines du Saint-Sépulcre, mais l'essence de cette triple donation est comprise dans la promesse d'obéissance. L'appellation de « Père de cette église » ne préjuge en rien des titres donnés plus tard aux supérieurs des communautés, et Norbert ne portera jamais le titre d'abbé. La mention de la *pars sanior*, la partie la plus saine de la communauté, venue de la règle bénédictine et passée à toutes les élections ecclésiastiques, souligne le souci de Norbert de sauvegarder les élections aux charges, liberté qui était alors souvent compromise par les interventions extérieures.

Les traditions canoniales

Par son caractère canonial et sa volonté de renouveau, la communauté de Prémontré se devait d'adopter et de remettre en honneur les traditions du patrimoine canonial. La réforme grégorienne se présentait, certes, comme une rupture, mais elle n'en entendait pas moins assumer une continuité avec les traditions les plus saines de la vie canoniale. Ce mouvement de grande portée pour la suite de l'histoire de l'Église n'eut rien d'un cyclone qui aurait balayé tous les usages antérieurs. La réforme grégorienne ne fut pas une révolution, mais un renouveau de l'idéal de sainteté sacerdotale, qui provoqua une véritable efflorescence d'instituts canoniaux. Elle infusa une sève nouvelle dans les institutions de l'Église et revivifia les antiques traditions canoniales.

Le choix de *l'habit religieux* des nouveaux chanoines réguliers donna lieu à quelques litiges. Norbert portait une tunique, une ceinture et une chape de laine à l'état naturel, non teinte, un habit de pauvre. Camaldules, Chartreux et Cisterciens et tous les ordres nouveaux s'en tenaient alors à la laine écrue. À Cluny, les moines portaient un drap plus fin, teint en noir. De leur côté, les chanoines réguliers carolingiens portaient l'ample surplis de lin et la chape noire. Pourquoi vouloir changer l'habit traditionnel des chanoines ? Norbert répondait : « Si l'on trouve dans l'Évangile ou la Règle un passage qui enjoigne de porter du noir, on s'y tiendra » [24]. On s'en tint donc à la laine écrue, qui devenait de plus en plus blanche au lavage. Norbert n'allait pas tarder à y voir un symbole pour les Prémontrés : « Je sais une chose : c'est que les anges témoins de la résurrection sont apparus vêtus de blanc ». En une époque où les couleurs liturgiques commençaient à peine à se fixer, le blanc était reconnu sans conteste comme la couleur pascale. Les chanoines du Saint-Sépulcre l'avaient bien compris et portèrent la chape blanche jusqu'à la prise de Jérusalem en 1187. Remarquons-le : le discours de Norbert est exclusivement pascal, et ne fait nullement allusion au blanc comme symbole marial. Au XVe siècle, on adoptera la légende selon laquelle la Vierge serait apparue à Norbert pour lui donner le vêtement blanc [25].

La matière de l'habit devait aussi soulever quelque difficulté. Les prêtres, selon une tradition vétéro-testamentaire (*Ex.*, 32, 27 ; voir aussi *Ap.*, 1, 12 ; 15, 6), étaient vêtus de lin. Pour cette raison le clerc recevait la tonsure et le surplis de lin. Or, Norbert, comme Gervais d'Arrouaise, portait une tunique blanche de laine, car la laine, assurait-il, convenait aux pénitents. En fait, la laine était, de loin, la matière la moins chère dans un pays où les troupeaux étaient nombreux. Toutefois, Norbert n'entendait pas supprimer l'habit clérical. Tous les chanoines de Prémontré prenaient le surplis de lin en entrant au choeur.

La *prière liturgique* tient une place centrale dans la vie de Norbert et de ses premiers compagnons. Formés au rythme quotidien de l'office canonial, ils n'envisagent pas un seul instant une communauté religieuse

---

24 Cité par F. PETIT, *Norbert et l'origine des Prémontrés...*, p. 122.

25 Un diplôme de Louis XI mentionne explicitement l'apparition de la Vierge à saint Norbert : « *Ille candidi dicti Ordinis habitus atque locus per sanctam Virginem praemonstratus, unde Praemonstratensem Ordinem sibi nomen assumpsisse multis authenticis documentis historicisque probatissimis compertum est* » (J. LEPAIGE, *Bibliotheca Ordinis Praemonstratensis*, p. 762).

qui ne donnerait pas à la prière publique le meilleur de son temps et de son coeur. Comme la vie des juifs pieux s'organise à Jérusalem autour du Temple, celle de Prémontré s'organise autour de l'église appelée *templum* dans l'*Ordinarius* [26]. À la différence des moines pour qui l'église est au service de la communauté, afin qu'elle puisse y chanter les louanges de Dieu, les communautés prémontrées sont établies autour d'une église pour la desservir. À cet égard, notons que dans l'acte de donation de Prémontré à Norbert, Barthélemy lui donna ce lieu pour y construire « une église en l'honneur de Dieu et de sa sainte Mère » [27]. La formule de profession des premiers Prémontrés ne laisse aucun doute : chaque religieux s'offre et se donne à l'église : « Moi, frère [...], je m'offre et me donne à l'église de Notre-Dame et de saint Jean-Baptiste de Prémontré... ». Au Moyen Âge, les bâtiments conventuels n'avaient pas l'aspect monumental que leur conférèrent les reconstructions des XVIIe et XVIIIe siècles, mais les églises étaient immenses et splendides. L'église est le tout de l'abbaye canoniale, et domine l'ensemble des bâtiments réguliers. Toutes les ressources de l'architecture et de la décoration sont employées à la mettre en relief.

Les premiers Prémontrés empruntèrent l'organisation de la liturgie aux grandes églises françaises et conservèrent volontiers des éléments d'origine germanique qui avaient fait la joie de leur jeunesse cléricale. Nos auteurs parlent assez peu de la liturgie, car au Moyen Âge, clercs et fidèles en sont très familiers. Il est à peine besoin d'en parler. Adam Scot nous fournit cependant quelques idées fortes qui portent sur les dispositions intérieures et extérieures avec lesquelles les Prémontrés se doivent de célébrer la liturgie :

> « L'office est spécialement l'oeuvre de Dieu. Là tu te tiens devant Dieu, tu te présentes à lui, tu t'entretiens avec lui. Comme il faut te tenir saintement, dévotement, impeccablement, dans tous tes mouvements, lorsque tu te trouves en présence de Dieu ! Quelle sagesse il faudrait pour méditer de coeur les paroles que tu lui adresses et pour les prononcer de bouche ! » [28]

Les laïcs entendent volontiers le chant des heures liturgiques et, dans l'abbaye, les frères laïcs et les premières soeurs sont heureux de s'y associer au moins en partie. Retenus par leurs travaux, frères et soeurs entendent chaque jour matines, prime suivie de la messe matinale et, le soir venu, les complies. Les communautés médiévales aimaient tellement l'office liturgique qu'elles lui ajoutaient sans cesse des pièces nouvelles,

---

[26] P. LEFÈVRE, *L'ordinaire de Prémontré, d'après des manuscrits du XIIe et du XIIIe siècle*, Louvain, 1941 (Bibliothèque de la Revue d'histoire ecclésiastique - 22), p. 55.

[27] *Charte de donation de Barthélemy, évêque de Laon, à saint Norbert et aux Prémontrés, P.L.*, t. 170, col. 1359.

[28] *P.L.*, t. 198, col. 855.

jusqu'à le doubler ou même le tripler en dehors des fêtes solennelles, par le petit office de la Sainte Vierge et l'office des morts.

La prière pour les défunts était omniprésente, et l'intercession pour les âmes du Purgatoire particulièrement fervente. Outre l'office des morts récité presque quotidiennement, la plupart des messes privées étaient des messes de *Requiem*. La *Vie* du bienheureux Godefroid de Cappenberg, écrite par un anonyme, nous laisse un témoignage de cette dévotion. Un religieux défunt apparut à l'un des frères de la communauté et lui dit :

> « Mon frère, je vous remercie. Alors que mes amis et mes proches m'oubliaient, vous n'avez pas cessé de faire mémoire de moi. Et maintenant je vous engage à demeurer ferme et stable dans votre propos, à ne pas hésiter au sujet de notre ordre comme pour en trouver un meilleur. Car je ne puis vous en montrer de meilleur pour votre âme. Je suis venu annoncer à votre charité que les prières de vos confrères sont chaque jour présentées sur l'autel d'or qui se trouve sous le regard du Seigneur. Ne cherchez pas à vous soustraire à l'obéissance. Vous ne pouvez gagner de mérite plus sublime et fructueux aux yeux de Dieu » [29].

Cette dévotion aux âmes des défunts demeura si vive chez les Prémontrés, qu'au XVIIe siècle, l'abbé général Michel Colbert refusa l'élévation de certaines fêtes au rite double, car il craignait la suppression d'un certain nombre d'offices des morts et de messes de *Requiem*. Il s'écria avec force : « Élever les fêtes, c'est oublier les défunts ! ».

Comme tous les religieux des ordres anciens, les Prémontrés firent un usage abondant des sacramentaux, par lesquels ils exprimaient leur foi dans la prière maternelle de l'Église. Bénédictions des lieux réguliers, des tombes, du lecteur et des officiers de la semaine, transformaient la vie quotidienne en une incessante liturgie. Nulle activité n'était considérée comme profane. Notons qu'à la différence des moines, la bénédiction de la table et l'aspersion des frères après complies sont d'ordinaire données à Prémontré non par l'abbé mais par le prêtre hebdomadier. La communauté prémontrée est une communauté dans laquelle tous les prêtres exercent leur sacerdoce vis-à-vis de la communauté, sous l'autorité et la conduite de l'abbé.

La spiritualité prémontrée est une spiritualité liturgique dans la mesure où la liturgie enveloppe et pénètre le rythme quotidien de la communauté, et dans le fait que les Prémontrés puisent traditionnellement la plupart des inspirations de la prière personnelle dans la prière de l'Église.

---

[29] *Monumenta Germaniae Historica, SS.*, t. XII, p. 517.

L'*Eucharistie*, au coeur de la prière liturgique, occupe une telle place à Prémontré et dans la vie de saint Norbert, que la tradition postérieure a fait de Norbert « l'apôtre de l'Eucharistie ». En lisant les *Actes des Apôtres*, dans lesquels apparaît la communauté primitive, modèle privilégié des réformateurs grégoriens, Norbert découvre, sous la plume de saint Luc, les premiers chrétiens avec leur trait caractéristique : « Ils étaient assidus à la fraction du pain » (*Act.*, 11, 46). L'Église a toujours considéré l'eucharistie comme la source et le sommet de sa vie intérieure et de sa mission pastorale. Cependant les règles monastiques anciennes n'attribuent pas à la célébration de la messe une place privilégiée dans la vie du monastère. Saint Benoît prévoit la présence de quelques prêtres dans ses communautés, mais ne parle pas de la célébration quotidienne de la messe devenue, à partir du Moyen Âge, le centre de la vie conventuelle.

Il n'en va plus de même au moment où Norbert s'établit à Prémontré. La piété eucharistique médiévale a une longue histoire dans laquelle dévotion populaire, théologie et liturgie sont en continuelle interférence. La piété eucharistique se manifeste principalement dans la participation active à la célébration liturgique, pour se développer ensuite, et de plus en plus, en dehors de la liturgie. Avec la multiplication des messes privées, cette dévotion à la messe devient une pratique très répandue et très chère au peuple chrétien. Elle se traduit par des attitudes, des gestes, et des prières. La génuflexion et l'agenouillement devant l'eucharistie deviennent habituels, en même temps que le désir de voir l'hostie, qui suscite au XIIe siècle le rite de l'élévation de l'hostie durant la célébration de la messe. Le regard de foi du peuple chrétien tend à la contemplation et à la communion d'âme avec le Christ, Dieu fait homme, pour lequel le Moyen Âge manifeste une émouvante tendresse. Ce renouveau de la piété eucharistique constitue un climat idéal pour la mise en oeuvre de la réforme grégorienne : favoriser la dévotion eucharistique n'est-ce pas le meilleur moyen de stimuler dans le clergé le sentiment de sa dignité et de la sainteté de vie requise pour monter à l'autel ?

Saint Norbert a fait de la messe le centre de sa vie spirituelle et de son ministère. En se dépouillant de ses biens, il n'a gardé qu'une chapelle portative pour célébrer facilement et partout. Contrairement à la coutume, il célèbre chaque jour la messe, et c'est après avoir offert le sacrifice eucharistique qu'il aime prêcher, le coeur débordant de l'amour puisé au contact avec le Christ. Parmi ses recommandations aux frères, il aime leur dire : « C'est à l'autel qu'on montre sa foi et son amour pour Dieu » [30]. Ceci explique le soin particulier apporté par les Prémontrés à la célébration de la messe et à l'ornementation de leurs églises. Les Cisterciens, en réaction contre Cluny, proscrivaient l'emploi des

---

[30] *P.L.*, t. 170, col. 1295.

ornements de soie, des chapes, des dalmatiques, des tapis, des vitraux colorés, pour donner à leur liturgie une austérité qui frappe par sa grandeur. À Prémontré, les chanoines entourent l'autel de splendeur et de solennité, car c'est le lieu du Sacrifice. Adam Scot exhortait ainsi ses frères :

> « C'est ce remède très efficace de nos blessures que vous consacrez chaque jour sur l'autel où pour notre salut le Fils s'offre sacramentellement à son Père, où Dieu est dans le Christ se réconciliant avec le monde. Il est bien superflu de vous exhorter sur ce point » [31].

Tout, dans la vie de saint Norbert et de ses premiers disciples, met en relief la place centrale de l'Eucharistie. Enchâssée dans l'office divin, elle est le coeur de la communauté canoniale comme elle l'était de la communauté des premiers chrétiens de Jérusalem.

Le chapitre quotidien au cours duquel prennent place la lecture du martyrologe, la prière pour consacrer le travail de la journée, la lecture de la règle, l'accusation des coulpes, les avis du supérieur, est en usage chez les moines comme chez les chanoines au XIIe siècle. C'est cependant une institution d'origine canoniale, rendue nécessaire dans les maisons dont les clercs devaient s'absenter au cours de la journée, pour vaquer aux devoirs de leur ministère. Saint Chrodegang en fait mention dans son Église de Metz. Norbert avait fait l'expérience du chapitre à Xanten. Il était convaincu de la nécessité de corriger les excès et les négligences sans retard, pour éviter tout affadissement de la communauté. Le chapitre est donc le premier lieu de la correction fraternelle. À Prémontré où les vocations affluaient chaque jour, il importait de créer un esprit commun, de lutter contre les tendances de l'esprit propre, et de promouvoir la fidélité aux coutumes de la communauté. Norbert disait volontiers : « Le soin que l'on prend à purifier sa conscience est la preuve de la charité que l'on a pour soi-même ».

L'étude et la contemplation ne font qu'un dans les cloîtres du XIIe siècle. Il n'existe pas encore de distinction formelle entre la prière personnelle et l'étude théologique, car ce que saint Benoît appelle dans sa règle la *lectio divina* unit la lecture à la prière et à la méditation. La *lectio divina* est bien différente de la lecture spirituelle, répandue aujourd'hui chez toutes les personnes soucieuses d'alimenter leur vie spirituelle à la Parole de Dieu. C'est un des exercices les plus importants du cloître, auquel les religieux consacrent une part notable de leur journée. À Prémontré, elle occupe tout le temps laissé libre par l'office divin et le travail manuel.

---

31 *P.L.*, t. 198, col. 115.

Quotidienne, elle couvre plusieurs heures de la journée, six heures l'hiver et trois heures l'été à cause des travaux agricoles.

Nous pourrions la définir comme une assiduité à la Parole de Dieu, qui lentement conduit l'âme à assimiler la Parole. Chaque religieux, soit dans le cloître, soit dans le *scriptorium*, lit l'Écriture ou quelque texte des Pères de l'Église pour trouver Dieu. Adam Scot comme Hugues de Saint-Victor découvrent dans la *lectio divina* la lecture, la méditation, la contemplation et la prière, mais le passage de l'une à l'autre se fait insensiblement, au gré de la grâce et avec une entière liberté d'esprit. Les anciens ne faisaient pas les distinctions modernes qui ont conduit à préciser les divers exercices qui conviennent aux personnes dont le temps disponible est morcelé. Ils connaissaient un unique et grand courant de communion avec Dieu, nourri de la lecture de la Parole de Dieu, qui embrassait toute leur existence, culminait dans la célébration liturgique et persistait jusque dans le travail manuel. La vie devient alors une conversation avec Dieu, et la vie dans le cloître une anticipation de la vie du ciel.

Norbert et les premiers Prémontrés ont adopté la *lectio divina* qui faisait partie intégrale de toute vie régulière. Si les moines se doivent de méditer l'Écriture Sainte pour alimenter leur vie spirituelle, les chanoines réguliers ont conscience de devoir enseigner les fidèles, notamment par la prédication. On peut dire que l'Écriture Sainte est l'univers dans lequel ils évoluent naturellement. Aussi ne s'étonne-t-on pas de lire leurs sermons foisonnant de citations, voire d'innombrables réminiscences de l'Écriture et des Pères, notamment saint Augustin et saint Grégoire, leurs auteurs les plus familiers. Leur méthode de méditation nous déroute quelque peu, dans la mesure où elle est une lente rumination des textes, pour y découvrir, selon l'inspiration, le sens historique, l'allégorie et l'analogie. Le sens historique fournit des exemples de sainteté, l'allégorie révèle le sens théologique, l'analogie fait entrevoir les joies de la vie céleste. L'Écriture est une nourriture inépuisable dont Adam Scot dit :

> « Chaque jour Dieu daigne refaire nos forces par ce banquet spirituel, il nous admet dans sa demeure pour nous faire admirer ses trésors cachés et les arcanes de ses secrets. Il écarte le voile de nos yeux et de notre face pour que nous scrutions les merveilles de sa loi et que nous contemplions sa gloire » [32].

Les premiers Prémontrés ne distinguent pas la *lectio divina* de l'étude. Pour eux, le grand objet d'étude c'est le Christ. Philippe de Bonne-Espérance écrit à ce sujet :

> « Quand trouvons-nous le Christ seul à seul sinon lorsque nous éloignons de notre coeur tout le tumulte du siècle afin que rien d'étranger ne se mêle à notre lecture, ne fasse obstacle à notre méditation, mais que nous nous appliquions aux pages des saintes lettres dans l'intention que par le bienfait

---

[32] *P.L.*, t. 198, col. 190.

de la lecture nous connaissions davantage le Christ, que la connaissance nous le fasse aimer, que l'amour nous le fasse retenir ? » [33]

L'étude est surtout pour eux un travail de compréhension de l'Écriture. Par la mémoire des textes ils font des rapprochements qui permettent des réflexions fécondes et font progresser dans la compréhension du texte sacré. L'étude et la méditation sont fondamentales : les exigences du travail manuel ne doivent jamais conduire à s'en dispenser, car elles constituent une nourriture indispensable avec l'eucharistie et l'office divin.

Rien ne saurait raccourcir le temps consacré à la *lectio divina*, pas même l'office divin. Il convient, dans un cloître bien organisé, de créer et conserver un équilibre harmonieux entre la *lectio*, l'office liturgique et le travail. À la fin du Moyen Âge, c'est la négligence apportée à la *lectio divina*, qui amènera le relâchement dans les cloîtres et amorcera leur déclin. Il faudra attendre le renouveau des XVIe et XVIIe siècles qui, sous l'influence des méthodes nouvelles de la Compagnie de Jésus, permettra de retrouver le coeur à coeur avec Dieu.

La prédication de la Parole de Dieu, saint Norbert et les premiers Prémontrés en avaient bien conscience, fait partie intégrante de la vocation des chanoines réguliers. En choisissant pour habit la couleur blanche qui évoquait spontanément les anges de la Résurrection, Norbert offrait à ses disciples un symbole qui leur rappelait constamment leur mission. Ce symbolisme était facilement compris et admis par tous. Anselme de Havelberg écrivait :

> « L'ordre monastique porte un habit sombre qui marque qu'il se mortifie au monde pour nous représenter la mort du Christ et la façon dont nous devons mourir à nos vices et à nos convoitises. L'ordre clérical porte un habit blanc qui éclate comme celui de l'ange en qualité de témoin de la Résurrection du Christ et insinue comment nous devons ressusciter avec le Christ pour mener une vie nouvelle » [34].

La prédication s'adresse aux fidèles, mais aussi aux religieux. La prédication claustrale se déroule habituellement au chapitre. Elle revient à l'abbé. Celui-ci délègue parfois ce ministère à d'autres prêtres de la communauté. Les convers qui n'ont pas d'instruction ont également besoin de recevoir une sorte de catéchisme et une formation spirituelle suivie. Certains d'entre eux demeurent quelque peu éloignés dans les granges : un prêtre vient régulièrement les instruire. Il en est de même des moniales qui vivent, à l'origine, dans un bâtiment séparé, contigu à

---

[33] *P.L.*, t. 203, col. 704.
[34] *P.L.*, t. 188, col. 1112.

celui de la communauté des chanoines. Certains abbés n'avaient certainement pas les capacités d'un Adam Scot ou d'un Philippe de Bonne-Espérance, mais on exigeait de tous qu'il fussent capables d'enseigner le sens mystique de l'Écriture. La prédication claustrale est en effet considérée, dès les origines de l'ordre, comme la première fonction abbatiale. Il arriva cependant que l'on élût un abbé pour ses qualités d'administrateur et qu'il ait été inhabile à s'acquitter de la fonction d'enseignement. On connaît le cas de l'abbé Odon élu à Prémontré en 1174. L'évêque de Laon refusa de le bénir en raison de son insuffisance intellectuelle. Convaincus de trouver Dieu dans les profondeurs de l'Écriture, Norbert et les premiers Prémontrés accordaient une importance capitale à la prédication claustrale, et pourtant il n'est pas facile de prêcher à des prédicateurs ! Conscient de cela, Adam Scot encourageait ainsi ses frères : « Vous m'écoutez, parce que vous êtes de Dieu ! » [35].

L'accueil des pauvres et des pèlerins, ce que nous appelons l'hospitalité, faisaient partie de la grande tradition canoniale, oeuvre de miséricorde par excellence en une époque où le pèlerinage était considéré comme un état de vie consacrée, et où les conditions dans lesquelles s'effectuaient les voyages étaient particulièrement dures. On s'en souvient : les premiers compagnons recrutés par Norbert moururent en chemin, accablés par les rigueurs de l'hiver. Norbert tenait particulièrement à ce ministère de charité. À Prémontré il fit élever un hôpital et trouva les moyens de le doter très convenablement.

L'hôtellerie était une institution complexe : un havre pour les voyageurs, un hospice pour les pauvres et un hôpital pour les malades. Les chanoines s'occupaient des hommes et les moniales des femmes. Dès le début de l'ordre, la bienheureuse Ricvère de Clastres dirigea toute sa vie cet hôpital et voulut être enterrée dans le cimetière des pauvres qu'elle avait servis avec tant de soins et d'abnégation. Plus tard, cet hôpital fut transféré à Saint-Quentin. Nommé archevêque de Magdebourg, Norbert choisit pour ses chanoines l'église Notre-Dame pour son patronage marial et parce qu'elle était proche de l'hôpital. De nombreuses abbayes conservèrent cette institution de miséricorde pendant longtemps, car les Prémontrés voulaient témoigner de la charité norbertine envers les plus démunis. On le voit, la désappropriation mise en honneur par Norbert dépasse le renoncement aux biens de ce monde, c'est une disponibilité à partager avec ceux qui sont dans le besoin, une mise en commun des biens qui dépasse les membres de la communauté pour atteindre les préférés du Christ.

---

[35] *P.L.*, t. 198, col. 157.

La dévotion mariale

La dévotion mariale n'appartient pas en propre aux traditions canoniales. Toutefois, le contexte spirituel du XIIᵉ siècle est marqué par un développement intense de la dévotion envers la Vierge Marie, dont saint Bernard est le promoteur le plus connu. L'amour que Norbert partage avec ses contemporains envers Marie s'insère si bien dans ce contexte que les auteurs prémontrés postérieurs verront dans cette dévotion l'un des éléments caractéristiques de leur ordre.

La dévotion mariale de Norbert est bien connue. On s'en souvient : à Lunen, en Westphalie, il détruisit une idole qui représentait la lune pour la remplacer, suivant l'usage du temps, par une église dédiée à la Vierge Marie. Dans un ordre qui s'est toujours distingué par le caractère liturgique de sa spiritualité et l'absence de dévotions particulières, étrangères à la liturgie, la permanence de la spiritualité mariale prémontrée met en lumière la dévotion mariale du fondateur. Les communautés de la réforme grégorienne se réfèrent à la première communauté chrétienne réunie à Jérusalem dans l'attente de l'Esprit Saint. Réunie autour des Apôtres, elle « persévérait dans la prière avec Marie, Mère de Jésus » (*Act.* 1, 14). Norbert n'a guère laissé d'écrits, mais des faits qui attestent sa dévotion mariale. Dès les débuts de son ministère de prédicateur itinérant, il célébra fidèlement la messe *De Beata*, dans l'esprit du récent concile de Clermont. Il bâtit l'église de Prémontré et la dédia à Notre-Dame, bien que le lieu ait déjà un saint patron en la personne de Jean-Baptiste, le pénitent du désert, décidant qu'il en serait de même pour toutes les églises de son ordre. Il eut fréquemment recours à l'intercession de la Vierge Marie, par exemple lors de l'exorcisme d'un possédé à Vivières, au diocèse de Soissons. Dans l'hôtellerie de Prémontré, les jours de grandes aumônes coïncidaient avec les fêtes mariales.

Dès les commencements, trois fêtes mariales furent en honneur dans la liturgie de Prémontré, selon le rit double, le plus élevé : la Purification, l'Assomption et la Nativité de la Vierge. Ces deux dernières fêtes étaient prolongées par une octave, avec procession solennelle avant la grand-messe. Une quatrième fête, l'Annonciation, toujours appelée *Annuntiatio Domini*, fut regardée davantage comme une fête du Sauveur que comme une fête de la Vierge. Le calendrier liturgique était peu chargé, mais chaque samedi on célébrait la messe *De Beata*. Ce n'est qu'au XIVᵉ siècle que la Conception Immaculée de la Vierge fut admise au calendrier prémontré, ainsi que la Visitation. Bon nombre de dispositions donnaient à cette liturgie un caractère marial. On faisait mémoire de la Vierge par une collecte, une secrète et une postcommunion à toutes les messes conventuelles. La procession du dimanche se concluait par une antienne en l'honneur de Marie, figure de l'Église, sortant à la rencontre du Ressuscité. La récitation du petit office de la Vierge remonte sûrement avant 1158 et probablement à 1126, lorsqu'Honorius II enjoignit aux Prémontrés de faire l'office divin selon le rite des autres chanoines. Comme l'office culminait dans la célébration de la messe et que celle-ci était souvent de *Requiem* aux jours de féries, on prit rapidement l'habitude de célébrer une messe quotidienne *De Beata*.

Norbert partage avec ses contemporains une dévotion filiale et confiante envers la Vierge, il est un fervent de la maternité divine de Marie, et admire son rôle de médiatrice :

> « Elle est l'avocate des chrétiens, la médiatrice du genre humain, la nourrice de Dieu homme, le refuge de l'Univers, la consolation des orphelins, la force des faibles, le courage des pusillanimes, la santé des malades, le relèvement des pécheurs, l'affermissement des justes, le pardon des pénitents et la Dame de toute la création » [36].

La dévotion mariale de Norbert et des premiers Prémontrés dépasse de loin toutes les dévotions envers les autres saints, par son intensité et sa fréquence dans la vie de la jeune communauté. Cependant, Norbert vénère aussi saint Pierre et les Apôtres qui sont les modèles du mouvement apostolique. Parmi les Apôtres, saint Jean l'Évangéliste occupe une place de choix, car il est le bien-aimé et le gardien de la Vierge, il est le frère du Seigneur et le fils de Marie à un titre particulier. Norbert est également dévot des saints qui figurent dans l'Écriture, comme saint Étienne et sainte Marie-Madeleine. Le sanctoral de Prémontré est peu développé, et Marie y occupe non seulement une place de choix, mais une place unique.

La multitude des croyants réunis autour des Apôtres : chanoines, convers, moniales et laïcs

La communauté de Prémontré devait, selon saint Norbert, imiter celle de Jérusalem : une multitude de croyants réunis autour des Apôtres. Aussi, outre les chanoines, nous trouvons des hommes et des femmes qui ont résolu de « se convertir », ce qui signifie, au XIIe siècle, embrasser la vie régulière. Pour cette raison, dès 1121, Prémontré ne cesse de grandir sous la forme d'une abbaye double, avec sa communauté de chanoines, ses frères laïcs et sa communauté de soeurs. Norbert tenait à cette structure, car elle reproduisait la multitude des croyants qui à Jérusalem, entouraient les Apôtres.

Les *clercs*, prêtres, diacres, sous-diacres et minorés forment le coeur de la communauté. Au début, ils n'ont guère de ministère à l'extérieur de la communauté, mais avec la création de nouvelles paroisses, les voici bientôt en mesure d'évangéliser directement les fidèles des alentours.

---

[36] Cf. *Sermones fratris Adae*, éd. Gray Birch, Londres, 1901, p. 32.

Leur vie à Prémontré est surtout centrée sur la contemplation et l'office liturgique. Peu nombreux par rapport aux frères laïcs et aux soeurs, les prêtres sont environ quatre-vingt. Ce sont eux qui fournissent les supérieurs nécessaires à la bonne marche de la communauté, c'est leur office liturgique qui règle la marche de l'ensemble des frères et des soeurs. À minuit, la communauté se lève pour le chant des matines et des laudes suivies du petit office de la Sainte Vierge. Dès l'aube, tous reviennent au choeur pour prime et le chant de la messe matinale, pendant laquelle les prêtres peuvent célébrer les messes privées. Le chapitre suit aussitôt. Tout le monde vaque ensuite à son travail, mais les clercs reviennent au cloître vers le milieu de la journée pour la *lectio divina*. Il chantent ensuite tierce, la grand-messe et sexte. Après le repas et un court moment de repos, tous reprennent le travail. Une heure avant les vêpres, les clercs reprennent la *lectio divina*. Toute la communauté assiste aux complies. Les dimanches et jours de fêtes, les frères laïcs et les soeurs assistent à la grand-messe et aux vêpres.

Les *hommes laïcs* [37], appelés *fratres laici* et plus tard *conversi*, étaient les plus nombreux. Du vivant de saint Norbert, l'abbaye Saint-Martin de Laon, par exemple, comptait, à côté de 50 chanoines, environ 450 convers. Dès l'origine de l'ordre, les communautés prémontrées comprirent donc des laïcs attirés par l'imitation de la première communauté apostolique de Jérusalem. Ces laïcs se virent réserver le nom de *conversi* qui désignait auparavant tous les fidèles. En s'agrégeant à une communauté canoniale, ils professaient non seulement de suivre les commandements imposés à tous les croyants, mais encore de convertir, réorienter leur vie en suivant les exemples du Christ. Les frères convers n'assistaient alors qu'aux matines, à la messe matinale et aux complies. Le reste du temps se passait à l'exercice de leur métier manuel ou au travail de la culture. Le nombre considérable de convers dans les abbayes et leur rôle déterminant dans la marche économique des communautés créèrent parfois des situations de tension, comme ce fut le cas à Prémontré même, au XIIe siècle. Pour bien des raisons, dont le rayonnement de Cîteaux et l'apparition des ordres mendiants, le nombre des convers diminua rapidement dans toutes les abbayes à partir du XIIIe siècle.

Les *femmes* [38] furent nombreuses dans l'ordre de Prémontré, surtout pendant le premier siècle d'existence de l'ordre. Saint Norbert,

---

[37] Il n'existe pas de monographie exhaustive sur les convers de l'ordre de Prémontré.

[38] On pourra se reporter à : A. ERENS, « Les Soeurs dans l'Ordre de Prémontré », *Analecta Praemonstratensia*, t. V (1929), p. 5-27. – *Statuta monialium Ordinis Praemonstratensis*, Tongerlo, 1946 [Les statuts sont en cours de rénovation]. – M. de FONTETTE, *Les religieuses à l'âge classique du droit canonique*, Paris, 1967, p. 13-25. – T. VAN SCHIJNDEL, « De premonstratenzer koorzusters », *Gedenkboek*

comme tous les prédicateurs apostoliques de son temps, suscita de nombreuses vocations féminines. À la différence d'un Robert d'Arbrissel qui donna aux femmes la préséance dans l'ordre de Fontevraud, il leur accorda à Prémontré une place conforme à son idéal de vie apostolique. Norbert voyait dans l'Évangile les saintes femmes un peu à l'arrière-plan, aidant le Christ et les apôtres de leurs ressources et sûrement aussi de leur travail, puis, à Jérusalem, la Vierge Marie silencieuse, en prière, encore qu'elle exerçât une influence considérable, en tant que Mère de Jésus, témoin oculaire unique de l'Incarnation, et image vivante des vertus du Seigneur.

Dans une communauté riche d'hommes de valeur, Ricvère de Clastres placée à la tête de l'hôpital de Prémontré, ou Adèle de Montmorency ne manquaient-elles ni de naissance ni de capacité, et encore moins Agnès, comtesse de Braine, fondatrice de plusieurs monastères. Mais ces femmes ne se sentaient pas déplacées au rang de converses : elles avaient sous les yeux tant de seigneurs devenus frères lais, tel Godefroid, comte de Namur, Roger de Thourottes, châtelain de Noyon et Coucy, Louis, comte d'Arnsberg, Béranger, baron de Schussenried. Hommes et femmes, disciples de Norbert, avaient tant de dévotion pour l'eucharistie et le sacerdoce que, suivant le mouvement apostolique, ils se confiaient aux prêtres, comme les premiers chrétiens aux Apôtres, pour marcher vers la perfection. Peu importait à Norbert et à ces femmes qu'elles ne fussent pas dans l'Église la tête et le bras, il suffisait que par leur amour, leur contemplation et leur dévouement, elles en fussent le coeur.

Témoin oculaire, Hermann de Tournai écrivait au sujet des premières norbertines :

« Dans les monastères cisterciens, on ne reçoit que les hommes. Le seigneur Norbert, lui, a décidé de recevoir à la conversion non seulement les hommes mais les femmes. Nous voyons même que dans ses monastères, elles mènent une vie plus stricte et plus austère que les hommes [...] Une fois converties, les femmes sont liées par une loi immuable. Elles ne sortiront plus de la clôture, on ne les verra plus dehors, elles ne parleront plus à un homme, fût-il leur frère, sinon à la petite fenêtre de l'église, en présence de deux convers au dehors et de deux religieuses au dedans. Au jour de leur conversion, pour couper court à tout orgueil et à toute volupté, on leur tond les cheveux. Pour plaire davantage à leur Époux, elles accepteront d'être enlaidies dans leur chair fragile et trompeuse. Plus de vêtement précieux, de la laine et des peaux de brebis. Pas le voile de certaines chanoinesses, mais une étamine noire sur la tête. Or, malgré cette rigueur, cette humilité, ce silence claustral – merveille de la grâce du Christ – on voit tous les jours des femmes, pas seulement des paysannes ou des pauvresses, mais des nobles et des riches, de

orde van Prémontré 1121-1971, [Averbode] 1971, p. 163-177. – P. LEFÈVRE, « Le problème des soeurs, aux origines de l'abbaye d'Averbode », *Analecta Praemonstratensia*, t. LII (1976), p. 38-43.

jeunes veuves, des fillettes saisies par le désir de la conversion, dire adieu aux vanités du monde, se hâter vers les monastères prémontrés, courir à la mortification. Nous pensons qu'elles sont aujourd'hui dix mille » [39].

Chaque jour après prime, les soeurs tiennent le chapitre des coulpes sous la présidence de la prieure. Celle-ci se fait aider par des soeurs expérimentées pour la formation des jeunes et traite de toutes les questions importantes avec l'abbé. Selon les besoins, la prieure assigne les soeurs aux divers emplois domestiques. À l'église, elles sont vêtues d'une aube de lin blanc, ont à leur disposition le psautier et le petit office de la Vierge. Elles n'assistent en semaine qu'aux matines et à la messe matinale, et disent les autres heures de l'office sur leur lieu de travail. Les dimanches et jours de fêtes, elles sont présentes à tout l'office et à la grand-messe. Comme nous le verrons, les dispositions du chapitre général, qui supprimèrent les abbayes doubles, furent la cause de l'extinction d'une grande partie des communautés féminines prémontrées.

La communauté de Prémontré et les premières abbayes fondées du vivant de saint Norbert témoignent d'un extraordinaire élan de foi, d'une générosité sans ombre et d'un sens aigu de l'Église. Dans une société en pleine mutation, qui n'est pas sans rappeler certains aspects de notre société moderne, le « Prince du Nord » s'est converti à l'Évangile du Christ. Il a choisi dans l'institution apostolique primitive son modèle inspirateur et ses repères de certitude. Missionnaire et évangélisateur dans l'âme, Norbert a embrassé, et ses premiers disciples avec lui, la vie commune, le célibat, la désappropriation, qui sont devenus la meilleure recommandation de leur prédication. Avec la communauté de Prémontré, la vie régulière et conventuelle assume une valeur nouvelle : signe et fruit de la générosité apostolique, elle devient pépinière d'apôtres zélés et désintéressés, foyer de réforme sacerdotale et source féconde d'évangélisation.

3. Hugues de Fosses, l'organisateur

Portrait du premier abbé de Prémontré

La jeunesse du premier abbé de Prémontré, le bienheureux Hugues de Fosses, nous est mal connue. C'est seulement à partir du jour où il rencontra Norbert à Valenciennes, en 1119, que nous trouvons mention de son nom. Né à Fosses, petite ville située à dix-huit kilomètres de Namur, probablement vers 1093, il était âgé d'environ vingt six ans

---

[39] *P.L.*, t. 156, col. 996-997.

lorsqu'il vit Norbert pour la première fois. Hugues appartenait certainement à une famille aisée, car il dut quitter Norbert par deux fois pour
régler la liquidation de son patrimoine. Chanoine de la collégiale de Fosses,
il avait probablement reçu sa formation dans l'école tenue par la communauté des chanoines établis en ce lieu au cours du Xe siècle.
Vraisemblablement après son ordination sacerdotale, il fut choisi comme
chapelain par Burchard, évêque de Cambrai. Hugues était au service de
son évêque depuis peu de temps lorsqu'il fit choix de suivre le futur fondateur de Prémontré. Le jeune prêtre nourrissait-il déjà quelque projet de
vie régulière ? Nous ne saurions l'affirmer. Toujours est-il que sa
première rencontre avec Norbert fut décisive. Le spectacle du « Prince du
Nord » réduit à la situation précaire d'un pèlerin miséreux ranima en lui
le désir d'une vie plus parfaite. Norbert tomba gravement malade à
Valenciennes et y demeura plusieurs semaines. Burchard veillait aux
soins qu'on lui prodiguait. Une fois Norbert rétabli et prêt à reprendre la
route, Hugues vint le trouver et lui déclara son intention de devenir son
compagnon de profession et de route. Norbert laissa libre cours à sa joie :
« Aujourd'hui même, je vous avais demandé un compagnon ! » [40]. Norbert
s'apprêtait à partir sur le champ, mais Hugues lui demanda de pouvoir
régler ses affaires avant de le rejoindre. « Très bien, frère, si le projet est de
Dieu, il ne s'effritera pas », lui dit-il. Hugues lui répondit : «Vous m'avez
attaché à vous par un lien que rien ne saura briser ! » [41]. Au mois de juin,
les deux compagnons se retrouvèrent et commencèrent une vie nouvelle,
semblable à celle des Apôtres envoyés par Jésus, deux par deux, pour
annoncer la Bonne Nouvelle du Royaume.

À partir de cette date et jusqu'à l'élection de Norbert au siège archiépiscopal de Magdebourg, la vie de Hugues de Fosses se confond avec celle
de Norbert de Xanten, à la poursuite du même idéal : vivre à la manière
des Apôtres. Désormais, Hugues suit partout son père et maître, sur les
chemins de France, de Belgique et d'Allemagne. Les compagnons
commencent à affluer vers la forêt de Prémontré, et Hugues fait figure de
frère aîné dans cette nombreuses famille qui s'accroît de jour en jour de
nouveaux venus convertis par la parole de saint Norbert. La prédication
de Norbert, comme celle de nombreux prédicateurs de son temps, tendait
directement à susciter des conversions radicales et à recruter des
vocations. Norbert étant souvent absent, voici Hugues bientôt prieur de la
communauté de Prémontré.

L'union des coeurs entre ces deux hommes d'exception, leur
commun idéal, leur profond accord sur la manière de vivre leur vocation,
leur long compagnonnage, pourraient faire entrevoir Hugues comme une

---

[40] F. PETIT, *Norbert et l'origine des Prémontrés...*, p. 56.
[41] *Ibid.*

copie conforme de Norbert. Il n'en est rien. Ces deux hommes si intimement unis forment un puissant contraste. Le Père Hugues Lamy, historien du bienheureux Hugues de Fosses, l'a bien mis en relief :

> « Norbert est l'héritier d'un grand nom, le descendant des grands seigneurs féodaux qui se meut à l'aise à la cour des princes ; c'est l'apôtre à l'âme éprise d'un idéal sublime, l'homme de la lutte, de l'apostolat intense et laborieux, des joutes oratoires, de l'action continue, qui parcourt l'Europe en sens divers, semant la bonne parole, une parole éloquente, persuasive, entraînante.
>
> Hugues, c'est l'ascète contemplatif, doux et patient, qui se plaît surtout à la vie claustrale, ennemi de tout faste et de toute agitation, réservé avec les grands de ce monde, timide devant les foules, humble jusqu'à refuser opiniâtrement la dignité épiscopale, préférant aux manifestations publiques, aux pérégrinations lointaines, aux prédications retentissantes la solitude du cloître, mais en y faisant preuve d'une activité sans pareille dans le gouvernement et l'organisation de la nouvelle congrégation dont il tient les rênes d'une main ferme et qu'il dirige avec prudence dans ses premiers élans. C'est lui qui sera la cheville ouvrière de l'institution des chanoines prémontrés » [42].

Déjà souvent absent de Prémontré du fait de ses nombreuses prédications et des premières fondations, Norbert est élu archevêque de Magdebourg en 1126, à peine cinq ans après la fondation officielle de Prémontré. Le rôle de Hugues prend de plus en plus d'importance. Certes, Norbert n'abandonne pas sa première fondation, mais la présence du chef charismatique fait cruellement défaut dans une communauté dont les membres sont appelés non à une vie ordinaire mais à une existence radicale, tout entière orientée vers la sainteté.

À Prémontré même, Norbert fut le grand inspirateur, non seulement de l'idéal des frères, mais aussi de la construction de l'église et des bâtiments réguliers, secondé par Hugues qui assurait la mise en oeuvre des intuitions du fondateur. Norbert crut un instant pouvoir continuer à diriger sa communauté, mais la distance entre Magdebourg et Prémontré était considérable. Après de longues hésitations, et tenant compte de l'existence de deux abbés déjà établis à Saint-Martin de Laon et à Viviers, il décida d'établir un abbé à Prémontré. Il prit conseil des plus anciens religieux pour mettre fin à une situation qui ne pouvait plus se prolonger sans péril. De l'avis unanime, il fallait donner à Prémontré un supérieur qui serait le successeur de Norbert, et serait investi de l'autorité suprême sur l'ensemble de l'ordre. De Magdebourg, il fit procéder les religieux de Prémontré à une élection. Les frères unanimement choisirent Hugues. Norbert voulut qu'il fût honoré de la dignité abbatiale. En 1128, Barthélemy, l'ami de toujours, vint bénir le nouvel abbé dans l'église de Prémontré. Aussitôt, Hugues prit soin de faire accorder la

---

42 H. LAMY, *Vie du bienheureux Hugues de Fosses*, Charleroi, 1925, p. 6-7.

dignité abbatiale aux supérieurs d'Anvers et de Floreffe, de Bonne-Espérance, de Valsecret et de Clairfontaine. Avec les abbés de Saint-Martin de Laon et de Viviers institués avant Hugues, ces premiers prélats constituaient la hiérarchie naissante de l'ordre de Prémontré.

Le bienheureux Hugues veilla au maintien de la discipline et des observances régulières, avec douceur et fermeté. Il entendait favoriser la ferveur de la vie religieuse et s'y consacra avec zèle et vigilance. « Ami de la paix et de la réconciliation » [43], il s'employa à favoriser la cordialité entre les frères et la bonne entente entre son ordre et les autres instituts religieux. Septuagénaire, Hugues ne laissait pas de dépenser ses forces au service des siens. Aussi, lorsque la mort vint le ravir après trente cinq ans d'abbatiat, il fut unanimement regretté par ses religieux. Il fut inhumé dans l'église de Prémontré, devant l'autel de saint André. Norbert l'avait précédé dans la mort en 1134.

En 1279, l'abbé Gilles de Bérolier fit transférer le corps du premier abbé sous le maître-autel, et fit placer cette inscription sur le sépulcre :

« Ici repose le seigneur Hugues qui fut le premier abbé de cette Église. Il gouverna avec bonheur et dans la paix cette Église et tout l'ordre de Prémontré pendant trente cinq ans. Il mourut l'an du Seigneur 1164. Que son âme repose en paix avec les bienheureux. Amen » [44].

En 1660, sous l'abbé Augustin Le Scellier [45], le chapitre général évoqua la question des honneurs à rendre au premier abbé de Prémontré, et décida d'exhumer sa dépouille mortelle. Le 5 mai, le prieur de Prémontré, deux frères convers et un ouvrier entreprirent les fouilles. L'abbé général fit recueillir les ossements de Hugues, les plaça dans une châsse, et les transporta dans la sacristie où ils demeurèrent jusqu'en 1794.

Le 2 novembre 1792, le dernier abbé résidant de Prémontré, Jean-Baptiste L'Écuy, dut quitter son abbaye, chassé par la Révolution. Le prieur, André Batteux, confia la châsse contenant les ossements du bienheureux Hugues de Fosses à Louis-Bernard Rossignol, curé de Bassoles, qui les cacha dans son église et, en 1794, les enfouit sous le choeur. Deux ans plus tard, l'abbé L'Écuy revint à Bassoles, se fit préciser l'endroit du sépulcre et en indiqua par écrit l'emplacement exact.

Le 27 octobre 1896, Monseigneur Duval, évêque de Soissons et de Laon, fit exhumer une nouvelle fois les ossements du bienheureux Hugues, et les fit placer dans la sacristie de la cathédrale de Laon, après

---

[43] J. LEPAIGE, *Bibliotheca...*, p. 421.

[44] *Ibid.*, p. 435.

[45] Cf. H. LAMY, *La gloire posthume du Bienheureux Hugues de Fosses*, Charleroi, 1928.

avoir fait établir un constat par deux médecins. Avant la première Guerre mondiale, en 1910, on confia les ossements au curé de Bassoles et Brancourt, qui les déposa dans la sacristie de Brancourt. Durant la guerre, l'église de Brancourt fut détruite et la châsse ensevelie sous les décombres. Après la guerre et avec l'autorisation de l'évêque de Soissons, l'abbé de Bois-Seigneur-Isaac, le Père Franken, vint recueillir les restes mortels du bienheureux Hugues et les emporta dans son abbaye, en Belgique.

Le 13 juillet 1927, Pie XI confirma le culte immémorial voué au premier abbé de Prémontré, et ordonna qu'on lui rendît les honneurs dus aux bienheureux. Le 14 septembre suivant, Monseigneur Heylen, évêque prémontré de Namur, procéda à l'élévation solennelle des reliques du bienheureux Hugues dans l'abbaye de Bois-Seigneur-Isaac.

La structure de l'ordre

Lorsqu'il se trouve porté à la tête de Prémontré et des autres communautés fondées par Norbert, Hugues doit immédiatement faire face à une situation difficile : les fondations de Norbert ne constituent pas un tout homogène qui concentre les diverses communautés dans une structure unitaire, car chaque abbaye constitue une famille autonome déterminée non seulement par les circonstances de la fondation – c'est Norbert qui est l'unique lien entre elles –, mais aussi et surtout par le voeu de stabilité qui attache chaque membre à perpétuité à l'abbaye de sa profession, et plus spécifiquement au service de son église, comme en témoigne le texte de la profession des premiers frères à Prémontré. Dans la tradition canoniale codifiée par la règle d'Aix-la-Chapelle, le terme *Congregatio* n'a pas la connotation d'un organisme complexe, d'une réalité organique à l'intérieur de laquelle situer les diverses maisons, il est synonyme de communauté canoniale locale. Chaque communauté constitue une unité indépendante et autonome, un microcosme quasiment défini et complet.

Le premier souci du bienheureux Hugues fut de réunir les abbés des premières communautés afin de pourvoir à la nécessaire unité entre les maisons. Le mouvement créé par Norbert allait ainsi assumer les caractéristiques d'un ordre, une réalité organique capable d'assurer des relations harmonieuses entre des communautés autonomes. Trois modèles s'offraient à Hugues : la centralisation à outrance de Cluny défini à juste titre « un vaste couvent en plusieurs maisons », l'autonomie absolue des abbayes, et enfin la voie moyenne d'union établie par la *Charta Caritatis* de Cîteaux à laquelle le pape Calixte II donna son approbation par une bulle du 23 décembre 1119. La nouveauté de la *Charta Caritatis* consiste dans le fait d'avoir introduit des instruments unitaires dans la direction de l'ordre, tout en conservant l'autonomie des différentes abbayes cisterciennes, notamment le chapitre général annuel et le définitoire composé des quatre premiers abbés et de vingt autres prélats choisis par eux. On a peut-être perçu l'influence de Cîteaux sur Prémontré de manière trop exclusive. Comme tous les chanoines réguliers de l'*ordo novus*, les Prémontrés, et saint Norbert le premier, subissent un ensemble d'influences et notamment celle du courant érémitique, qui explique d'une certaine façon la part très importante faite à l'austérité de vie et à la solitude en honneur dans les premières communautés canoniales de la réforme grégorienne.

Hugues choisit la voie moyenne proposée par la *Charta Caritatis* de Cîteaux, de manière à sauvegarder l'autonomie des abbayes tout en assurant leur unité organique. Prémontré allait ainsi devenir abbaye chef-d'ordre, et son abbé incarner l'unité des communautés dispersées, non pas un supérieur général au sens moderne du terme, mais président du chapitre général, représentant officiel de l'ordre, chargé de traiter les affaires les plus urgentes entre deux chapitres.

En donnant aux fondations de Norbert les caractères d'un ordre, le bienheureux Hugues a-t-il trahi l'intuition du fondateur ? Des jugements souvent injustes ont été formulés vis-à-vis du premier abbé de Prémontré. Aurait-il dévié des intentions de saint Norbert en suivant la voie moyenne de la *Charta Caritatis* cistercienne ? Serait-il coupable d'avoir étouffé dans une structure la flamme du « Prince du Nord » ? L'attitude de saint Norbert prouve le contraire : en 1124, celui-ci vint trouver dans la ville de Noyon, tout près de Prémontré, les légats pontificaux, Pierre de Léon et Grégoire de Saint-Ange, pour les prier de donner à ses fondations l'approbation officielle de l'Église. Aucune loi canonique ne l'obligeait à cette démarche, car l'érection des maisons canoniales relevait des évêques. Cependant, les chanoines réguliers avaient habituellement recours à l'autorité pontificale, comme les papes s'appuyaient sur eux pour étendre la réforme de l'Église. D'autre part, les communautés norbertines disséminées dans plusieurs diocèses, oscillaient entre les usages locaux et ceux de Prémontré. Conscient de devoir préparer l'unité canonique de ces diverses églises, saint Norbert rencontra la bienveillance des légats soucieux d'assurer l'autorité de Rome sur l'ensemble de la chrétienté. La bulle de reconnaissance de l'ordre de Prémontré comme ordre de chanoines réguliers n'a rien de purement formel, car Grégoire de Saint-Ange était lui-même chanoine régulier du Latran, tandis que Pierre de Léon était clunisien. Chanoine et moine, ils ne pouvaient faire de confusion entre les deux genres de vie. Pour les légats, Prémontré fait partie purement et simplement de l'ordre canonial. Il convient de noter un détail important : la partie centrale de la bulle reproduit une formule composée en 1092 par Urbain II pour la reconnaissance d'une autre communauté canoniale, celle des chanoines réguliers de Raitenbuch en Bavière.

« Pierre de Léon, prêtre, et Grégoire de Saint-Ange, diacre, par la grâce de Dieu cardinaux et légats du Saint-Siège apostolique, à notre vénérable frère Norbert et à tous les frères qui professent sous lui la vie canoniale, salut et bénédiction.

Nous rendons grâces à Dieu dont la miséricorde surpasse toute vie, de ce qu'il vous a inspiré de renouveler la vie louable des saints Pères et l'institution établie par la doctrine des Apôtres, laquelle fleurissait au début de l'Église mais se trouve presque abolie dans les âges suivants. Car il y eut dès les origines de l'Église deux genres de vie pratiqués par les fidèles : l'un pour les faibles, l'autre pour les forts, l'un qui demeure dans la petite ville de Ségor, l'autre qui s'élève au sommet des montagnes ; l'un qui rachète ses fautes quotidiennes par les larmes et l'aumône, l'autre qui, par l'exercice continuel des vertus, travaille à l'acquisition des mérites éternels ; l'un engagé aux affaires terrestres, l'autre élevé au-dessus du siècle et dégagé de tous les biens qu'il méprise.

Or le genre de vie qui par sa ferveur s'est dégagé des choses humaines se divise en deux branches qui n'ont presque qu'un seul esprit : le premier est celui des chanoines réguliers, l'autre celui des moines. Ce dernier, par la miséricorde de Dieu, n'a pas cessé de briller au sein de l'Église, tandis que le premier qui s'était presque éteint par le relâchement a repris de l'éclat de nos jours, grâce à Dieu. Le saint pontife et martyr Urbain l'avait établi ; saint Augustin lui donna ses règles, saint Jérôme le réforma par ses lettres. On ne doit pas moins estimer le rétablissement de cette vie apostolique et connue de la primitive Église que la conservation de la vie monastique entretenue par le Saint-Esprit dans sa splendeur.

Nous approuvons par l'autorité du Saint-Siège apostolique dont nous sommes les légats l'institution que vous professez. Nous vous exhortons à y persévérer et nous vous en prions au nom de Dieu. Nous accordons à tous ceux qui dans vos communautés professent la vie canoniale et qui, avec l'aide de Dieu, restent fidèles la bénédiction des saints Apôtres Pierre et Paul et l'absolution de leurs péchés. Nous défendons que personne ose changer le statut de votre Ordre dont beaucoup reçoivent des fruits abondants, afin que plus de monde encore soit pénétré de la douce odeur de vos vertus. Nous ordonnons aux profès de la vie canoniale, après qu'ils se sont donné un supérieur pour tenir auprès d'eux la place de Dieu, de ne pas quitter témérairement le cloître par légèreté et sous le prétexte d'une vie plus austère, sans la permission de leur abbé et de toute la communauté. S'ils sortent quand même, nous défendons aux abbés, aux évêques et aux moines de les recevoir sans une attestation de ce consentement unanime. Vous donc, très chers frères en Jésus-Christ, remplissez avec un courage et un zèle renouvelés ce que vous avez promis au Seigneur. Que votre lumière luise aux yeux des hommes, qu'en voyant vos bonnes oeuvres ils rendent hommage à votre Père qui est dans les cieux. C'est au nom de ce Père, de son Fils et de l'Esprit Saint que nous confirmons votre institut pour qu'il soit ferme à jamais. Qui porterait atteinte à cette ordonnance encourrait, après monitions, des peines canoniques.

Pierre, cardinal-prêtre et légat du Saint-Siège. Grégoire de Saint-Ange, cardinal-diacre et légat du Saint-Siège. Fait à Noyon, le quatre des calendes de juillet, l'an de l'Incarnation 1124 et le sixième du pontificat de Calixte II » [46].

---

[46] F. PETIT, *Norbert et l'origine des Prémontrés...*, p. 172-176.

La bulle est adressée à Norbert et à ses frères, « à tous ceux qui dans vos communautés professent la vie canoniale ». Les légats n'approuvent pas un monastère, mais un ordre religieux qui s'insère dans l'ordre canonial. Norbert seul est nommé. Les autres supérieurs sont donc encore regardés comme de simples lieutenants du fondateur. La pluralité des communautés apparaît bien dans le texte : il s'agit bien d'un ordre constitué de diverses communautés canoniales. Cette première approbation est d'une importance capitale pour la reconnaissance de l'ordre et sa composition à partir de diverses communautés locales. Cette structure fondamentale – unité d'ordre et multiplicité de communautés – est la pierre angulaire sur laquelle Hugues de Fosses élève l'édifice de l'ordre de Prémontré en empruntant de nombreux éléments à la *Charta Caritatis* de Cîteaux. Cet emprunt est logique aux XIIe et XIIIe siècles. Personne n'a alors la prétention d'opérer de fondation *ex nihilo*. L'usage est d'emprunter à une institution déjà existante les éléments compatibles avec le caractère de la nouvelle fondation, quitte à les modifier si besoin est. Les emprunts faits par Hugues ne sont nullement une pure copie de la structure cistercienne. Prémontré, par exemple, n'a pas conservé le système très strict de filiation encore en usage dans l'ordre de Cîteaux. Soucieux de renforcer l'autorité du chapitre général, l'ordre norbertin s'est orienté assez rapidement vers le système des circaries [47] territoriales.

Le chapitre général

Imité surtout des Cisterciens, le chapitre général sera le dépositaire de l'autorité suprême de l'ordre, il en fera l'unité. Hugues se met à l'oeuvre dès son élection abbatiale. Il réunit les abbés des premières fondations : Saint-Martin de Laon, Viviers, Floreffe, Saint-Michel d'Anvers, et Bonne-Espérance. Les capitulants étaient six en 1128, neuf l'année suivante, douze la troisième, dix-huit la quatrième. Hugues réunit jusqu'à cent vingts abbés à la fin de sa vie.

Les premières assemblées des abbés prémontrés décidèrent la convocation annuelle du chapitre. Tous les chefs d'abbayes auraient le droit et l'obligation de participer à ces assemblées annuelles. Les chapitres annuels se tinrent à Prémontré, jusqu'à ce que les circonstances conseillassent, au début du XVe siècle, de tenir les réunions dans d'autres abbayes de l'ordre. Jusqu'en 1544, leur périodicité fut annuelle, mais rarement ces assemblées regroupaient tous les abbés. Ceux qui étaient éloignés, spécialement les supérieurs de Grande-Bretagne, obtinrent bientôt de ne se présenter personnellement que tous les trois ans. À partir du XVIe siècle, le chapitre général perdit de son prestige, notamment du fait que l'abbaye

---

[47] Le principe des circaries fut définitivement adopté en 1320.

de Prémontré était tenue en commende, et que l'ordre ne possédait plus d'abbé général. Seuls les abbés français y participaient, et encore plus ou moins fidèlement. On ne parla plus alors que de « chapitre national ». L'institution était à ce point menacée qu'en 1563, aucun abbé ne se présenta. La périodicité des assemblées capitulaires diminua au fil des années : au XVIIe siècle, il n'y eut que douze chapitres, et deux au XVIIIe, en 1717 et en 1738. À côté des chapitres généraux, les chapitres provinciaux réunissaient les abbés d'une même circarie pour étudier des questions davantage liées aux situations locales.

Décapitée de son règlement initial, incompatible avec le climat des pays nordiques, la règle de saint Augustin était devenue plus une source d'inspiration pour les communautés qu'un instrument de référence pour le gouvernement des communautés et de l'ordre. Il importait de la compléter par des dispositions nouvelles pour structurer l'institut naissant. Comme chaque disposition commençait par les mots : « *Statutum est...* », l'ensemble de ces normes prit le nom de *Statuts*.

Ainsi, au cours des chapitres généraux successifs, se mit en place la physionomie des abbayes et le gouvernement central de l'ordre. Chaque communauté autonome fut gouvernée dès l'origine par un supérieur appelé généralement abbé, ou prévôt en Europe centrale et en Allemagne. L'abbé, élu à vie par les chanoines de l'abbaye, était aidé dans son gouvernement par des officiers nommés par lui : le prieur, le sous-prieur, et le circateur chargé de veiller sur l'observance de la discipline conventuelle, le cellérier ou procureur, et le maître des novices. Au chantre revenait de régler la célébration de l'office liturgique au chœur. Les membres de chaque communauté étaient divisés en chanoines, clercs en formation, novices et frères laïcs. Ces derniers, nombreux à l'origine, ne participaient pas au chant de l'office divin complet et se consacraient essentiellement au travail agricole dans les granges appelées *curiae*. Les donnés ou oblats étaient des laïcs qui se vouaient au service d'une communauté et en partageaient, dans une certaine mesure, la vie. Les femmes avaient une place particulière dont nous parlerons plus loin.

L'abstinence perpétuelle de viande fut maintenue dans toutes les maisons de l'ordre, mais le jeûne qui apparaît avoir été continuel du temps de Norbert, fut réduit à sept mois, de l'Exaltation de la Sainte-Croix, le 14 septembre, jusqu'à Pâques. D'autres décisions furent prises concernant le devoirs des religieux et la disposition de leurs journées, précisant ainsi les us et coutumes de Prémontré.

Ainsi, à la mort du bienheureux Hugues, l'ordre bénéficiait d'un code bien défini. Lui-même veilla à l'observance stricte de ces décrets et à la célébration annuelle du chapitre qui se tenait ordinairement le 9 octobre et les jours suivants. Il fit même appel au pape Célestin II en 1143, et obtint du pontife un décret adressé aux évêques et archevêques, leur enjoignant de laisser aux abbés prémontrés toute liberté de se rendre au chapitre, et même de les y contraindre [48].

L'Ordinarius

La rédaction de l'*Ordinarius* de Prémontré, livre destiné à codifier la célébration liturgique de toutes les communautés de l'ordre, revêt une importance toute particulière. L'ordre, spécialement voué à la prière liturgique solennelle, ne pouvait envisager de maintenir son unité interne sans une liturgie commune. On se souvient des critiques acerbes formulées par Gauthier de Maguelonne au sujet de l'*Ordo Monasterii* adopté à Prémontré. Saint Norbert croyait de bonne foi à l'authenticité augustinienne de cette règle, et il avait tenté de rénover ce qu'il croyait être l'office divin prescrit par Augustin. À cette époque, l'office suivi par les chanoines réguliers de la cathédrale du Latran tendait à s'imposer à toute la famille canoniale. Pour dirimer la querelle entre Prémontré et Gauthier de Maguelonne, Honorius II octroya, probablement en 1126, une bulle destinée à mettre fin à l'expérience liturgique tentée par Norbert à Prémontré. Norbert n'est pas nommé dans la bulle – il avait déjà rejoint sa ville archiépiscopale de Magdebourg –, ni Hugues qui n'avait pas encore été élu abbé. L'intervention pontificale s'insère dans un ensemble de mesures destinées à encourager la réforme du clergé, et pour cela elle ne ménage ni ses louanges ni ses encouragements aux Prémontrés, mais elle manifeste aussi un réel désir de promouvoir une certaine unité liturgique.

> « Honorius, évêque, serviteur des serviteurs de Dieu, à ses bien-aimés fils, les chanoines de l'Église de Prémontré, salut et bénédiction apostolique.
>
> Bienheureux ceux qui habitent dans la maison du Seigneur et qui, par leurs bonnes oeuvres, mettent en pratique ses commandements. Vous qui avez fait profession de la vie canoniale et qui avez décidé de vivre selon la règle de saint Augustin, gardez sa constitution dans la charité, la patience, l'honnêteté avec fermeté. Ainsi vous plairez à la vue du souverain Juge et vous donnerez l'exemple à ceux qui vivent d'une vie séculière.
>
> Au reste pour la psalmodie et les autres offices ecclésiastiques nous vous enjoignons de les célébrer selon la coutume des autres frères réguliers » [49].

Nous sommes mal documentés sur les directives qui, dès le commencement, furent données dans le domaine de la liturgie, mais il semble qu'après une certaine période durant laquelle on se conforma aux usages des autres congrégations canoniales, l'ordre de Prémontré ait senti le besoin d'unifier les rites et l'ensemble de l'office divin de manière à

---

[48] J. LEPAIGE, *Bibliotheca...*, p. 422.
[49] P. LEFÈVRE, *Analecta Praemonstratensia*, t. XII (1936), p. 69.

suivre dans toutes les maisons de l'ordre la même liturgie. Selon une tradition très ancienne, ce dessein se réalisa par étapes sous l'impulsion de Hugues de Fosses. Le Père Placide Lefèvre caractérise la constitution d'une liturgie prémontrée en ces termes :

> « À regarder de près les témoins de cette réforme liturgique, qui nous sont parvenus depuis le moment où elle semble avoir été définitivement arrêtée, on observe qu'elle s'est inspirée largement du fonds romain primitif, passé de la Ville éternelle dans les pays des Gaules et modifiée par les traditions locales. Les usages de Prémontré se révèlent ainsi comme une synthèse puissante d'éléments empruntés la plupart du temps à l'observance liturgique des grandes congrégations canoniales et des monastères de Cîteaux, de Cluny et la Grande-Chartreuse » [50].

Si l'on ne possède pas le texte authentique du travail de codification primitif entrepris sous la direction de Hugues de Fosses, les livres de choeur ne manquent pas. Quant à l'*ordo* lui-même, c'est-à-dire la description des cérémonies, la première rédaction que nous en possédions ne remonte pas au-delà de la fin du XIIe siècle. Ce document trahit de nombreux remaniements étudiés avec soin par le Père Lefèvre, et postule l'existence d'un recueil antérieur. Le savant liturgiste a démontré que l'ensemble des prescriptions liturgiques contenues dans les premiers statuts de l'ordre, ne figurent plus dans le texte des statuts publiés par Dom Martène [51]. Cette omission est certainement due à l'existence d'un *ordo* décrivant les usages liturgiques. De plus, conformément à l'usage abandonné aux XIIe-XIIIe siècles, l'*Ordinarius* de Prémontré ne sépare pas les rubriques du sanctoral de celles du temporal, ce qui plaide en faveur de sa haute antiquité. Et le Père Lefèvre de conclure : « Je suis porté à me rallier à l'opinion traditionnelle qui revendique la paternité de l'oeuvre pour le bienheureux Hugues de Fosses († cc. 1164) » [52].

L'*Ordinarius* de Prémontré insiste sur la dignité requise dans la célébration de la liturgie. La messe et l'office divin sont des sources abondantes de sainteté pour chacun des chanoines et pour les communautés :

> « La foi pieuse tient pour un donné de fait la présence du Christ et des saints anges sur l'autel, où réellement sont rendus présents la chair et le sang du Christ, notre Dieu et notre Rédempteur. Devant une telle majesté, il est digne et juste de se présenter avec humilité et de se comporter avec respect. Tout ce qu'il convient de faire à l'autel, doit être accompli avec soin et fidélité. L'attitude elle-même du corps doit traduire la dévotion du coeur. Tous ceux qui doivent servir à l'autel auront soin d'éviter tout ce qui évoquerait légèreté ou irrévérence. Qu'ils marchent, se tiennent debout ou assis, ou qu'ils accomplissent quelque fonction, il faut toujours conserver la gravité, la dignité, s'incliner profondément quand on arrive à l'autel et quand on

---

50 P. LEFÈVRE, *L'Ordinaire de Prémontré...*, p. VI.
51 E. MARTÈNE, *De antiquis ritibus*, Anvers, 1737, t. III, col. 890-926.
52 P. LEFÈVRE, *L'Ordinaire de Prémontré...*, p. XVIII.

traverse le sanctuaire. De même, quand on lit ou que l'on chante, on s'incline au début et à la fin pour rendre grâces. L'autel lui-même sera toujours recouvert de nappes parfaitement propres. Les jours de fêtes, on pourra l'orner davantage, dans la mesure où l'on disposera d'ornements plus précieux » [53].

Dans cette optique, on comprend les avertissements de Hugues de Fouilly : « Sois attentif à ne pas transformer le monastère en théâtre [...] À quoi sert la douceur de la voix, sans la douceur du coeur ? » [54].

En décrétant la rédaction de l'*Ordinarius*, le bienheureux Hugues scellait la structure fondamentale de l'ordre de Prémontré, surtout si l'on songe qu'au XIIe siècle, un ordre religieux, un *ordo*, se caractérise par l'unité de législation et de liturgie qui régit les diverses maisons d'une même obédience. Il mettait le point final à la fondation de Prémontré entreprise par Norbert.

Les paroisses

Les multiples prédications de Norbert et le développement du ministère paroissial des Prémontrés au cours des siècles ont souvent conduit à assimiler les prémontrés à des religieux-curés de paroisses, ou à des prédicateurs-nés. Or, ce qui frappe l'historien, c'est de constater l'absence totale de l'apostolat sacerdotal dans les premiers statuts de Prémontré. Sous l'influence non seulement de Cîteaux [55], voire de Cluny [56], qui les marquèrent fortement, d'autres instituts canoniaux contemporains comme ceux d'Oigny [57], d'Arrouaise [58] ou de Springiersbach [59], adoptèrent des statuts qui accusent une évidente parenté avec ceux de Prémontré. Hugues de Fosses et les premiers abbés, tel Gauthier de Saint-Maurice, premier abbé de Saint-Martin de Laon, étaient des hommes de leur temps ; ils suivirent le mouvement général, dans leur organisation des premières communautés norbertines, tout

---

[53] *Ibid.*, p. 5.

[54] HUGUES DE FOUILLY, *De claustro animae*, II, 22 ; *P.L.*, t. 176, col. 1080 et 1081.

[55] J.B. VAN DAMME, « La *"Summa Chartae Caritatis"*, source de constitutions canoniales », *Cîteaux*, t. XXIII (1972), p. 5-54.

[56] En particulier pour l'usage des *signa*, signes codés destinés à communiquer sans rompre le silence. G. CHARVIN, *Statuts, chapitre généraux et visites de l'ordre de Cluny*, Paris, 1965-1973, 6 vol.

[57] P. LEFÈVRE, A. THOMAS, *Le coutumier de l'abbaye d'Oigny au XIIe siècle*, Louvain, 1976 (Spicilegium sacrum Lovaniense - 39).

[58] L. MILIS, J. BECQUET, *Constitutiones canonicorum regularium ordinis Arroasiensis*, Turnhout, 1970.

[59] A. THOMAS, « Springiersbach-Kloosterrade en Prémontré », *Analecta Praemonstratensia*, t. LVI (1980), p. 177-193.

entières orientées vers la contemplation claustrale. Les traditions canoniales sont sauves, mais tout ce qui a pu être emprunté aux moines l'a été,
et ceci s'explique bien : l'idéal des premiers chanoines réguliers, c'est de
parvenir à la sainteté sacerdotale par l'ascèse monastique [60].

Le ministère paroissial n'est pas refusé, mais il ne sera jamais
l'affaire d'un religieux particulier, car le propre des chanoines réguliers et
ce qui les distingue des autres clercs, consiste dans la vie commune. Dans
cette perspective, le ministère paroissial et la cure d'âme se légitiment
exclusivement dans les paroisses où la vie commune est possible. Les
premiers statuts précisent même que l'on n'aura pas d'églises paroissiales
à moins que l'on puisse y établir une abbaye. En vérité, cette condition
maximale aurait empêché le développement du ministère paroissial des
Prémontrés. Pour répondre tout à la fois aux exigences de la vie
commune et des nécessités pastorales, les Prémontrés fondèrent rapidement un réseau serré de prieurés qui devaient permettre à plusieurs
chanoines de mener la vie commune et de s'adonner à la cure d'âmes.
Plus tard, on eut recours aux paroisses incorporées à l'abbaye, paroisses
diocésaines entièrement à la charge de l'abbaye et dont le curé est choisi
par l'abbé, telles qu'elles subsistent encore en Autriche et en Bohême en
particulier.

On le voit, les premiers statuts de Prémontré [61], orientés vers la
prière, la contemplation et la pénitence ne portent guère trace d'une
organisation de l'action apostolique, et pourtant les exemples ne sont pas
rares de Prémontrés prédicateurs. Rien non plus n'apparaît dans ce texte
normatif sur les écoles, et cependant il existait des écoles abbatiales pour
les jeunes recrues et pour les petits oblats : un sermon d'Adam Scot pour la
fête de saint Nicolas s'adresse à ces enfants, et le prédicateur leur avoue
regretter de n'avoir pu bénéficier d'une telle école dans son propre monastère. Le travail dont il est question est toujours celui de la terre, mais
nombre de Prémontrés se livraient au travail de copie ou d'enluminure
des manuscrits.

Ceci nous montre que les statuts ne disent pas tout. On aurait eu
grand peine à élaborer une législation précise de l'apostolat, en l'absence de
tout précédent. Le Père François Petit a justement observé :

> « On attendait, comme toujours, que la vie et la coutume devinssent lois. Il
> reste pourtant regrettable que le bienheureux Hugues de Fosses et ses
> collègues n'aient pas cru devoir élaborer une législation plus originale. En
> s'appuyant sur les coutumes d'une institution – l'ordre cistercien – qu'ils
> avaient le droit d'admirer, mais qui n'avait pas le même but et les mêmes

---

[60] *Il monachesimo e la riforma ecclesiastica (1049-1122)*, Milano, 1971.
[61] *Les premiers Statuts de l'Ordre de Prémontré*, éd. R. VAN WAEFELGHEM,
Louvain, 1913.

caractères que la leur, ils ont mis l'apostolat, cependant essentiel à l'ordre et toujours pratiqué, en dehors de la règle. De sorte que historiquement, on peut affirmer que chez les Prémontrés, la vie a toujours débordé largement les textes législatifs » [62].

Le sort des moniales

Après 1134, année de la mort de saint Norbert, bien des choses allaient changer pour les religieuses qui, jusque-là vivaient dans un bâtiment contigu à l'abbaye masculine. Dès 1137, sous l'influence d'un courant qui tendait à séparer les moniales des communautés masculines – dès 1120, saint Vital de Savigny éloignait ses soeurs, suivi par Gauthier d'Arrouaise –, il parut plus prudent à Hugues de Fosses, par ailleurs grand admirateur de saint Bernard et des Cisterciens, de faire adopter par le chapitre général le principe de la scission des monastères doubles, ce que Norbert avait d'ailleurs déjà tenté de faire à Cappenberg et à Ilbenstadt. Désormais seules, les norbertines se trouvaient dans une situation inédite. Il leur fallait en particulier assurer elles-mêmes le chant de l'office divin. Les nécessités d'une communauté religieuse féminine les conduisirent à adopter une structure interne semblable à celle des communautés masculines. Celles qui étaient instruites devinrent des *sorores cantantes*, tandis que les illettrées demeuraient des *sorores conversae*. Plusieurs abbés comme le bienheureux Frédéric, abbé de Mariengaarde, ou Philippe de Harvengt, abbé de Bonne-Espérance, leur procurèrent des maîtres de lecture, de latin et de chant liturgique. En Westphalie, par exemple, nombreuses étaient les norbertines très instruites.

La décision du chapitre général de séparer les communautés féminines des abbayes masculines amena des résultats sensiblement différents suivant les régions. Dans les pays où les décrets capitulaires furent appliqués avec rigueur, les soeurs furent établies dans des fermes ou des domaines ruraux. Elles se maintinrent pour la plupart jusqu'à la fin du XIIIe siècle, quelques unes jusqu'au XIVe siècle, voire jusqu'aux premières années du XVe. Proportionnellement, les femmes persévérèrent plus que les convers. Si les abbayes masculines prospérèrent grâce au recrutement aisé des chanoines, les multitudes de convers que les premiers témoignages nous montrent exerçant tous les métiers dans l'abbaye ou gérant des fermes, disparurent dès le début du XIIIe siècle, et l'immense majorité des granges tenues jusque-là par eux durent être mises en location. Ainsi le mouvement apostolique incluant autour des prêtres, des laïcs, hommes et femmes, dura moins d'un siècle. Les norbertines disparurent ainsi de France, de Belgique, de Bourgogne, de Suisse, et même de Bavière.

---

[62] F. PETIT, *La spiritualité des Prémontrés...*, p. 48.

Là où l'on prit la peine de faire des religieuses de véritables chanoinesses en leur donnant une instruction et des coutumes mieux adaptées à leur type de communauté, elles purent se maintenir. En France, il ne subsista que Sainte-Marguerite de La Rochelle, jusqu'à l'invasion de la ville par les calvinistes. En Espagne, Sainte-Sophie de Toro et Villoria de Orbigo se séparèrent alors de l'ordre et le rejoignirent plus tard, ce qui les sauva. En Hongrie, les monastères féminins furent prospères jusqu'à leur totale destruction par les Turcs au XVIe siècle. En Pologne, toutes les communautés féminines durèrent jusqu'au premier partage de la Pologne en 1772. La Westphalie et, dans une certaine mesure, la Bohême furent vraiment la terre des chanoinesses norbertines, pour la plupart recrutées dans la noblesse. Nulle part elle n'étaient aussi nombreuses : on y comptait 33 monastère féminins pour 15 abbayes. En Allemagne, les monastère doubles se maintinrent jusqu'en 1803 à Oberzell, Spieskappel, Ilbenstadt et Adelberg, les communautés féminines ayant leurs biens propres séparés de ceux des chanoines.

Deux religieuses norbertines ont reçu les honneurs des autels. La bienheureuse Gertrude de Hesse fut offerte toute jeune au monastère d'Altenberg par sa mère, sainte Élisabeth de Hongrie. La bienheureuse Bronislave, cousine germaine de saint Hyacinthe, du monastère de Cracovie, multiplia, après sa mort, les miracles en faveur de ses compatriotes.

*
* *

Sous l'impulsion du bienheureux Hugues de Fosses et des premiers abbés, l'ordre s'emploie à pousser ses racines en profondeur. Il s'oriente vers le recueillement et la contemplation. Certes, l'on peut émettre des réserves sur l'absence de normes qui auraient, dès le commencement, situé l'apostolat des Prémontrés, mais il faut se rendre à l'évidence : la première génération de chanoines fut noyée dans l'immense foule des laïcs venus les rejoindre, à l'imitation des premiers chrétiens de Jérusalem. Dans les dépendances de Prémontré on dénombrait un millier de moniales. À Saint-Martin de Laon, les frères laïcs étaient plus de quatre cent cinquante. Les confessions, les conférences aux frères et aux soeurs mobilisent alors toutes les forces vives des communautés. Si l'on prêche peu au-dehors, c'est parce que le ministère dans le cloître ou dans ses dépendances absorbe le plus grand nombre des prêtres. La formation spirituelle d'une communauté nouvelle est une oeuvre de longue haleine. À la différence de Norbert et de ses premiers compagnons, tous dotés d'une solide formation, les nouveaux venus à Prémontré et dans les nouvelles abbayes arrivent d'horizons très variés : il faut faire l'unité des esprits et des coeurs. Sans nul doute, le goût personnel du bienheureux Hugues pour la contemplation, son admiration pour les Cisterciens, les influences venues d'autres instituts canoniaux comme ceux d'Arrouaise (1097), Saint-Jean-des-Vignes de Soissons (1076), Mortain (1082) ou Oigny (début du XIIᵉ siècle), et enfin, dans une certaine mesure, les graves inconvénients nés des fréquentes absences de Norbert ont constitué un faisceau de facteurs qui ont certainement beaucoup contribué à cette orientation vers la vie claustrale.

CHAPITRE II

PREMIÈRE DIFFUSION DE L'ORDRE.
ÉPANOUISSEMENT DE LA SPIRITUALITÉ
XIIe-XIIIe SIÈCLES

Avec Norbert et Hugues de Fosses, la physionomie spirituelle et disciplinaire de Prémontré est bien fixée : la *vie apostolique* s'élabore à partir d'un projet spirituel qui s'inscrit dans l'histoire, représenté par la Règle de saint Augustin et la réforme de l'Église entreprise par Grégoire VII. Le titre de *canonicus regularis*, chanoine régulier, accentue le caractère religieux de la réforme cléricale. Hugues de Saint-Victor, mort en 1141 et donc contemporain de Norbert, donne une définition des chanoines – *Canonici, id est regulares* [1] – qui, à partir de la simple étymologie, manifeste le caractère *régulier* de cet état de vie. Les Prémontrés entendent donc être des clercs inscrits sur le *canon* d'une église particulière, et vivre la *vie régulière*, c'est-à-dire la vie selon la Règle.

Un autre contemporain de Norbert, Hugues de Fouilly, mort en 1172, met en lumière, et avec quelle délicatesse, les intuitions de l'ordre canonial vécues par les Prémontrés et tous les chanoines réguliers :

> « Le fondateur de notre Ordre a abandonné, pour nous être envoyé, le cloître de l'abbé suprême, je veux dire le sein de Dieu le Père. Il est venu en ce monde, il a revêtu un habit d'humilité, un vêtement de chair. Il a appelé les pécheurs au cloître de la religion parfaite. Il a commencé par donner la grâce, il a offert la miséricorde, il a fixé le nombre de ses membres : douze Apôtres, et il leur a ajouté de nombreux disciples sous la forme de convertis. Il a constitué une Église répandue par toute la terre, et il a établi une vie commune, modelée sur une Règle et placée sous l'autorité des Apôtres. Dans nos monastères, le Prieur conduit les autres au travail et, celui-ci accompli, il les ramène vers le repos du cloître. De la même manière, le Christ, après le travail de cette vie, conduira les siens vers le repos : après le travail des tribulations d'ici-bas, viendra le repos de la divine contemplation [...] Ceux

---

[1] HUGUES DE SAINT-VICTOR, *Expositio in regulam S. Augustini*, 1 ; *P.L.*, t. 176, col. 881.

qui seront demeurés avec le Christ au milieu des tribulations, auront un jour part à la gloire céleste. Ceux qui l'auront suivi dans le travail, le suivront dans le repos. Ils habiteront avec lui dans le cloître de la béatitude parfaite, et y goûteront les douceurs de la divine contemplation. Sans fin, les fleurs les feront jouir de leur fascination, tandis qu'ils s'appliqueront à lire le livre de la vie. Ils reposeront à l'ombre de l'arbre de vie, à l'ombre de la protection divine » [2].

La fondation de l'ordre de Prémontré s'inscrit dans cet élan de spiritualité tout entière orientée vers la sainteté par l'imitation du Christ et des Apôtres. Les deux premiers siècles de l'ordre furent des *siècles d'or*, dans la mesure où ils virent croître de manière prodigieuse le nombre des abbayes et des religieux, et fleurir une spiritualité profondément enracinée dans l'élan de la réforme grégorienne. Norbert et Hugues de Fosses en furent, chacun avec son charisme, les protagonistes principaux mais non les seuls. Les historiens ont cependant trop ignoré les ouvriers de la première heure, sans lesquels l'intuition de Norbert et les projets de Hugues n'auraient pu trouver d'issue. Les premiers disciples furent des hommes exceptionnels, des apôtres généreux et avides de sainteté [3].

1. Les premiers disciples

Gauthier de Saint-Maurice

Au mois de novembre 1119, l'évêque de Laon, Barthélemy, avait tenté de faire élire Norbert à la tête du chapitre de Saint-Martin de Laon. On s'en souvient, les chanoines avaient repoussé ce choix dont les conséquences à peine entrevues les effrayaient. Comme on pouvait le prévoir, le prévôt élu alors, Robert, ne parvint pas à *régulariser* les chanoines. En 1124, l'évêque résolut de prendre une attitude plus ferme, et fit de nouveau appel à Norbert. Celui-ci envoya à Saint-Martin une petite communauté de religieux issus de Prémontré, et la plaça sous la direction de Gauthier de Saint-Maurice. Sa nomination fut saluée comme un signe de Dieu :

« À la prière, croyons-nous, du bienheureux Martin, Dieu lui conféra une telle grâce que l'on pouvait répéter ce que l'ange disait à Raguel au sujet de sa fille Sara : personne n'avait pu la posséder parce que Dieu la réservait pour épouse à son serviteur. Plusieurs avaient reçu de l'évêque la conduite de cette

---

[2] HUGUES DE FOUILLY, *De claustro animae*, IV, 43 ; *P.L.*, t. 176, col. 1181-1182.

[3] Le Père François Petit, chanoine de l'abbaye de Mondaye, fut l'un des premiers à avoir compris au XXe siècle l'importance des deux premiers siècles de l'histoire de Prémontré. Il réussit une remarquable synthèse de cette période, à laquelle ce chapitre est largement redevable : F. PETIT, *La spiritualité des Prémontrés aux XIIe et XIIIe siècles*, Paris, 1947.

église. Aucun n'avait réussi. Le charme de Gauthier, joint à la grâce divine, fut tel qu'en douze ans il avait réuni plus de cinq cents serviteurs de Dieu » [4].

Gauthier fut élevé à la dignité abbatiale avant Hugues de Fosses et demeure l'un des *Pères fondateurs* de l'ordre de Prémontré.

Les débuts à Saint-Martin furent difficiles, dans la plus extrême misère. Les religieux, sous la conduite de Gauthier, allaient ramasser du bois mort pour le vendre en ville et se procurer un peu de pain. Les frères trouvaient dans leur abbé un père qui les encourageait, un maître spirituel qui les formait à imiter le Christ dans le dénuement, un modèle qui prêchait par son exemple de vie tout entière vouée au service de Dieu et du culte divin. Les efforts soutenus dans l'adversité devaient porter du fruit. L'abbaye, animée par un tel homme de Dieu, ne tarda pas à devenir un foyer apostolique de premier plan, et un centre exceptionnel d'expansion de l'ordre. L'abbaye Saint-Martin fonda de nombreuses abbayes : Saint-Vincent de Lisbonne qui fut éphémère, Koscielna à Wroclaw en Pologne, Lac de Joux en Suisse, Drongen et Parc en Belgique, Marienweerd en Hollande, Corneux, La Casedieu, Valchrétien, Lavaldieu, Vicogne, Thenailles, Mont-Saint-Martin et Licques en France. L'abbaye de Saint-Martin fut la seule abbaye qui donna probablement un pape prémontré, en la personne de Grégoire VIII, en 1187. Elle obtint de nombreuses confirmations pontificales : en 1131, 1138, 1144, 1147, 1156, 1164 et 1222, et du roi de France, en 1138 et 1294.

Comme Hugues de Fosses, Gauthier de Saint-Maurice était un partisan résolu de la vie contemplative. La fécondité de son abbaye témoigne de la justesse de cette intuition en une époque où, sous l'influence de Cîteaux, le renouveau de l'Église se concevait dans un renouveau de la vie contemplative. Cette orientation est manifeste dans toutes les chartes de fondation des abbayes-filles de Saint-Martin. Tous les évêques qui érigent ces abbayes mettent en tête de leur charte le diplôme suivant :

> « Bien que Nous devions généralement notre soin à tous les fidèles de Notre diocèse, c'est pourtant à ceux qui par un heureux naufrage ont rejeté les bagages profanes et ont gagné à la nage au milieu des vagues de ce monde le port tranquille et paisible de la contemplation que nous devons une dilection spéciale et une particulière sollicitude... » [5].

Au commencement, Saint-Martin était une abbaye double. Quand, en 1137, le chapitre général décréta l'éloignement des moniales, l'évêque Raynaud de Reims octroya une charte différente dans la forme mais semblable dans le fonds et dans les images à celle concédée pour des

---

4 HERMANN DE TOURNAI, *De miraculis B.M.V.*, éd. *P.L.*, t. 156, col. 993.
5 Cité dans F. PETIT, *La spiritualité des Prémontrés...*, p. 50.

abbayes-filles, lorsqu'il établit le nouveau monastère des Norbertines transférées à Dione, au diocèse de Reims :

> « Nous devons veiller sur tous nos diocésains. Mais le zèle de la charité nous incite à porter plus d'attention à ceux qui cherchent à ne vivre que pour Dieu, qui ont foulé aux pieds les appâts flatteurs de ce siècle pour l'amour de Dieu, qui ont jeté à la mer tout le bagage des choses "fluides et caduques", et qui à travers les vagues de ce monde soulevé ont gagné le port tranquille de la joyeuse contemplation par un heureux naufrage... » [6].

On reconnaît dans ce texte l'idée centrale de Gauthier de Saint-Maurice. Les Prémontrés sont, pour lui, des contemplatifs.

Dans l'ordre, l'abbé de Saint-Martin était le deuxième constitué en dignité après l'abbé de Prémontré. Son prestige s'accrut considérablement, du fait qu'il succéda à Barthélemy sur le siège de Laon. Le Père François Petit a noté avec justesse :

> « Il devenait par là l'évêque du lieu où se trouvaient Prémontré, Saint-Martin et Cuissy, trois des quatre premières maisons de l'ordre. On conviendra que cette dignité jointe à sa valeur morale, à l'oeuvre accomplie à Saint-Martin, au voisinage immédiat de Prémontré, et l'ascendant qu'il exerçait sur les monastères qu'il avait fondés donnaient à ses vues qui concordaient d'ailleurs avec celles de l'abbé général une singulière autorité » [7].

Gauthier mourut le 13 juillet 1173, après 17 ans d'un fécond épiscopat.

Luc du Mont-Cornillon

Luc du Mont-Cornillon aurait été recruté par Norbert en 1120 à l'école de Laon, et aurait fait partie de ses premiers disciples. Il fut envoyé en 1124 au Mont-Cornillon en Belgique, oratoire fondé l'année précédente par Albéron, évêque de Liège. Avec l'oratoire, Albéron avait reçu en 1123 une donation en vue d'établir une communauté cléricale. Il pensa tout de suite aux Prémontrés de Floreffe qui se trouvaient déjà dans son diocèse. Sur ses instances, l'abbaye de Floreffe envoya un petit groupe de Prémontrés dont Luc devint rapidement l'abbé.

Luc nous laissé deux ouvrages, un commentaire du *Cantique des Cantiques* dédié à Milon, alors abbé du Mont-Saint-Martin, et un second intitulé *Moralités sur le Cantique des Cantiques* [8], dédié à Milon devenu évêque de Thérouanne, et à Hugues de Fosses, abbé de Prémontré. De

---

[6] *Ibid.*, p. 51.

[7] *Ibid.*

[8] Cet ouvrage, qui figure dans la *P.L.*, t. 203, col. 489-584, a été publié en 1621 par l'abbé de Bonne-Espérance, Nicolas Chamard, dans les oeuvres de Philippe de Harvengt à qui il en attribuait faussement la paternité.

santé délicate et sujet à de fréquents malaises, Luc s'absorba dans ces travaux qui lui servaient de dérivatifs. L'oeuvre de Luc ne correspond plus à notre tournure d'esprit, mais elle nous donne un bon témoignage sur la manière dont les spirituels du XIIᵉ siècle concevaient la vie élevée : une longue et fructueuse méditation de la Sainte Écriture. Conformément à la coutume du temps, Luc manie à loisir l'allégorie. Il ne s'agit nullement d'un pur procédé littéraire, et encore moins d'un vain exercice de l'esprit. C'est le moyen de pénétrer la doctrine spirituelle des écrits inspirés. Ces méditations, écrites dans un style sans fioriture et parfois rude, sont nourries d'une profonde connaissance de l'Écriture et des Pères les plus connus au XIIᵉ siècle, Ambroise, Augustin et Jérôme. Peu attiré par la méditation de la vie terrestre du Christ, il fait preuve d'une grande tendresse envers la Vierge Marie. Il se distingue cependant de ses contemporains, dans la mesure où, éprouvé dans sa santé, il contemple plus les souffrances que les joies de Notre-Dame. Mère des douleurs, elle protège ceux qui connaissent les souffrances et les épreuves, notamment celles du péché :

> « Que tous ceux qui souffrent de la blessure du péché implorent donc l'aide et le recours de sainte Marie, mère de Dieu, qu'ils lui redisent : Nous nous plaçons sous votre protection, à vous par qui tant d'infirmes ont recouvré la force » [9].

Luc du Mont-Cornillon est un timide. Il répugne à dévoiler ses sentiments personnels et préfère s'adonner à des explications allégoriques pour lesquelles nous n'avons guère d'attrait aujourd'hui. Cependant, au fil de ses développements, il laisse apparaître une âme assoiffée de l'Absolu : « Quelle félicité, quel bonheur pour l'âme qui languit d'amour de Dieu ! » [10]. Luc mourut le 24 octobre 1179, après plus de 35 ans d'abbatiat. Il fut un guide spirituel apprécié de ses contemporains et il exerça une grande influence dans le sens d'une intériorisation de la vocation religieuse.

Anselme de Havelberg

Anselme fut l'un des deux évêques consacrés par Norbert durant son épiscopat à Magdebourg [11]. Il a laissé un grand nom et des oeuvres particulièrement intéressantes. Sans doute originaire des bords du Rhin, il fit probablement la connaissance de Norbert à l'école de Laon et le suivit à Prémontré avec les premiers compagnons. Il était âgé de trente ans en 1129, lorsque Norbert, usant de son pouvoir de métropolitain à l'égard des

---

9 *P.L.*, t. 203, col. 372.

10 *P.L.*, t. 203, col. 538.

11 Norbert consacra le 20 mars 1127 Mengot, évêque de Mersebourg.

territoires à évangéliser, le nomma évêque de Havelberg en Allemagne, *in partibus infidelium*. Cette situation explique la permanence d'Anselme aux côtés de Norbert à Magdebourg, et le fait qu'il l'ait suivi en Italie, en 1133, pour l'aider à traiter les affaires de l'Église. A cette occasion, Anselme gagna la confiance du pape Innocent II qui le fit prêcher devant lui à la fête solennelle du 8 septembre. En 1136, il devait prendre part à l'ambassade envoyée par l'empereur Frédéric pour demander la main d'une fille de l'empereur grec. À cette occasion, il eut des conversations passionnantes avec des théologiens grecs sur la procession du Saint-Esprit [12]. À la demande du pape Eugène III, il devait plus tard rédiger par écrit ces discussions théologiques. En 1154, il négocia le couronnement de Frédéric Ier. Nommé par le pape Adrien IV exarque de Ravenne, il reçut le pallium le jour du couronnement de l'empereur. Il mourut subitement à Milan, le 12 août 1158, dans un camp impérial.

Dans le Nord de l'Allemagne, Anselme [13] fut le successeur spirituel de Norbert. Après la mort de ce dernier, il put s'établir à Havelberg et prendre possession de son siège épiscopal. Prémontré dans l'âme, il établit ses frères dans l'église cathédrale et continua à vivre avec eux la vie régulière. Il fonda rapidement l'abbaye de Jéricho dans son diocèse et contribua ainsi à l'extension de l'ordre vers l'Elbe. Située dans une région hostile, où toute nouvelle implantation prenait des allures de forteresse pour tenir tête aux assauts des païens, Havelberg n'offrait qu'un havre fragile et pauvre à la nouvelle communauté. Homme de foi et intrépide évangélisateur, Anselme nous a laissé le témoignage de ses sentiments en ces terres lointaines, aux marches de la chrétienté :

> « Dans la crèche de Havelberg, je demeure, moi, pauvre du Christ, avec mes frères, qui sont aussi des pauvres du Christ. Les uns construisent des remparts et des tours en face de l'ennemi ; les autres sont de garde pour repousser les assauts des païens ; quelques-uns appliqués au service divin attendent quotidiennement le martyre ; plusieurs purifient par le jeûne et l'oraison les âmes qu'ils vont rendre à Dieu ; d'autres enfin s'adonnent à la lecture et aux saintes méditations ; ils s'exercent à imiter les exemples des saints, mais tous nous sommes pauvres et dépouillés, nous suivons le Christ pauvre dans toute la mesure de nos forces » [14].

Anselme était un homme fin et doté d'une grande faculté d'adaptation. D'un dévouement total envers son ordre, il fut aussi le plus grand théologien de son temps en Allemagne. Au contact de l'Orient, il affina son

---

[12] Les Orientaux professent la procession du Saint-Esprit du Père seul, tandis que les Latins professent que l'Esprit procède du Père et du Fils. G.R. EVANS, « Unity and diversity : Anselm of Havelberg as ecumenist », *Analecta Praemonstratensia*, t. LXVII (1991), p. 42-52.

[13] J.T. LEES, « Anselm of Havelberg's "Banishment" to Havelberg », *Analecta Praemonstratensia*, t. LXIII (1986), p. 5-18.

[14] *Lettre de Anselme de Havelberg à Wibald, P.L.*, t. 189, col. 1319-1320.

sens théologique et développa une profonde dévotion envers le Saint-Esprit. Pour lui, l'Église catholique tient sa vie et sa fécondité de l'Esprit, le *panepiscopos*, évêque universel, qui surveille et sanctifie tout ce qui se développe dans la fidélité au Christ. Amoureux de la pauvreté et ardent missionnaire, Anselme fut vraiment un disciple exemplaire de Norbert.

Nous devons à Anselme de Havelberg une très belle *Lettre apologétique* [15] en faveur des chanoines réguliers, dans laquelle l'auteur analyse les fondements et la valeur de la vie canoniale. Au XIIᵉ siècle, en plein coeur de la dispute entre moines et chanoines, Anselme fait preuve d'un splendide équilibre : en théorie, l'institution des chanoines réguliers l'emporte sur celle des moines, car la vie canoniale comporte les saints ordres et la vie mixte est plus proche de celle du Christ et des Apôtres que la vie contemplative. En pratique, Anselme en est bien convaincu : la supériorité de l'institution n'emporte pas avec elle la supériorité des âmes. Il fallait avoir le courage de le dire et Anselme le dit. Avant la synthèse de saint Thomas d'Aquin, les spirituels du XIIᵉ siècle sont tributaires des Pères et de leurs distinctions, ce qui explique une certaine équivoque : pour les Pères, la vie active est synonyme de *vie spirituelle initiale*, c'est le temps d'acquérir les vertus morales. La vie contemplative, c'est la *vie spirituelle des parfaits*, où les vertus théologales entrent dans un exercice assidu et de plus en plus simplifié. Dans cette perspective, la *vie mixte* ne pouvait trouver sa place véritable : à la faveur de l'équivoque, les moines pouvaient apparaître, sauf accidents personnels, comme plus parfaits que les clercs, actifs, voués à l'apostolat au sens moderne, c'est-à-dire aux activités du ministère apostolique. À l'équivoque initiale, s'ajoutait le fait que des moines de plus en plus nombreux recevaient le diaconat et le sacerdoce. De plus, dans certaines cathédrales anglaises, des moines bénédictins menaient pratiquement la vie de chanoines réguliers. Il fallut attendre saint Thomas et ses précisions : les chanoines réguliers sont par essence des clercs voués au ministère des âmes, tandis que les moines ne sont pas prêtres en vertu de l'institution monastique et ne sont obligés à aucun ministère des âmes.

Anselme vénère l'institution monastique et ne permet pas la moindre attaque contre elle. Cette attitude renforce sa crédibilité lorsqu'il démontre la supériorité de la vie canoniale. Pour appuyer sa thèse, il passe en revue les grandes figures de l'Ancien Testament : Abel, Noé, Abraham, Jacob, Moïse, Josué, David et les prophètes. Tous ont été en même temps contemplatifs et actifs. Cependant, il s'étudie surtout à méditer les

---

[15] ANSELME DE HAVELBERG, *Lettera apologetica pro Ordine Canonicorum regularium*, in E. AMORT, *Vetus disciplina Canonicorum regularium et saecularium*, Venise, 1747, p. 1048-1065 ; *P.L.*, t. 188, col. 1118-1140.

exemples du Christ, le Fils de Dieu, chef et modèle des contemplatifs et des actifs, qui a voulu cette vie mixte pour ses Apôtres.

Commentant le dialogue entre Jésus, Marthe et Marie, celle « qui a choisi la meilleure part » (Lc 10, 42), Anselme écrit une de ses plus belles pages :

> « Le Fils de Dieu et Fils de l'homme, Jésus-Christ, chef de l'Église catholique, chef des contemplatifs, chef de tous les actifs [...], te paraît-il avoir été contemplatif ou actif ? N'a-t-il pas été plutôt à la fois contemplatif ou actif ? [...] Marthe qui s'agitait dans un ministère empressé signifiait bien nettement la vie active ; Marie qui était assise aux pieds de Jésus pour écouter avidement sa parole ne marquait pas moins heureusement la vie contemplative. Quand le Seigneur disait : Marie a choisi la meilleure part, on ne la lui ôtera pas, voulait-il faire entendre cette meilleure part en comparaison de lui-même et de Marthe ou ne s'excluait-il pas pour ne parler que de Marthe ? Jésus assis enseignait et en enseignant jouait le rôle des docteurs [...] Le Christ enseignant, Marie écoutant, Marthe servant sont trois personnages. Lequel des trois te paraît avoir été le plus digne ? Je sais et je suis absolument certain que tu avoues que la personne de Jésus est la plus digne [...] Personne ne doute assurément que son office ne fût aussi le plus digne » [16].

Les cloîtres comptent nombre de moines saints. Cependant sans moines, l'Église bien qu'appauvrie vivrait. Sans un clergé constitué et saint, elle ne serait plus l'Église voulue et instituée par le Christ. Dans cette Lettre apologétique, Anselme de Havelberg exprime, sous un mode grave et toujours mesuré, le fond de son âme avide de servir Dieu dans la sainteté :

> « Avec mes frères, les pauvres du Christ, moi, le moindre des serviteurs de Dieu, pauvre petit instrument dans le temple du Seigneur et le dernier de ceux qui servent au tabernacle de l'Alliance, je porterai selon mes forces l'arche du Témoignage avec les autres prêtres de Dieu. En compagnie des autres ministres je servirai fidèlement et j'exciterai humblement le peuple chrétien qui marche vers la terre promise à combattre les convoitises terrestres et à défaire les troupes de l'armée du démon, au moyen de trompettes de la divine Écriture, jusqu'à ce que tombent les murs de Jéricho [...] et que nous montions tous dans la céleste Jérusalem » [17].

La force de cet écrit réside dans son équilibre. Anselme, naturellement fin et parfois même malicieux, se laisse pénétrer et conduire par la charité. Original parmi ses contemporains, il surmonte les oppositions entre moines et chanoines, pour affirmer la complémentarité des membres qui forment ensemble et dans la communion de l'amour le Corps du Christ.

---

[16] P.L., t. 188, col. 1131-1132.
[17] P.L., t. 188, col. 1138.

Le *Premier Livre des Dialogues* [18], écrit en 1143, au lendemain des conversations de Constantinople, entre Anselme et le didascale Nechitès, archevêque de Nicomédie des Grecs, s'inscrit dans cette perspective. Le premier livre intitulé *De l'unité de la foi, dans la multiplicité des façons de vivre, depuis le juste Abel jusqu'au dernier des élus*, est dédié au pape cistercien Eugène III, disciple de saint Bernard. Au cours de ces pages, Anselme expose le bien-fondé des ordres nouveaux, les Cisterciens et les Prémontrés, ce qui ne pouvait manquer de susciter l'intérêt du pontife. Le bouillonnement religieux du XIIe siècle ne suscite pas que des admirateurs et des disciples : les opposants sont légions. Comment comprendre une telle diversité des manières de vivre et de poursuivre la sainteté ? Comment distinguer ce qui est bon de ce qui est mauvais, dans l'ancien comme dans le nouveau ? Anselme donne une réponse qui laisse transparaître l'influence reçue à travers ses entretiens avec les Orientaux : l'Église est une institution vivante, à la fois une et multiforme à la façon des organismes vivants. Elle est le Corps mystique du Christ, et le Saint-Esprit en est l'âme. Or, le Saint-Esprit est un et multiple, subtil, mobile, il répartit les grâces selon son bon et libre vouloir. Cette affirmation peut nous sembler élémentaire : ce n'était pas une opinion commune au XIIe siècle. Le Moyen Âge innovait volontiers, mais avec l'idée d'une parfaite fidélité au passé. Les Cisterciens croyaient renouveler saint Benoît et les chanoines réguliers pensaient revivre l'Église d'Hippone et les *Actes des Apôtres*. Anselme est conscient du développement historique, et le considère comme un lieu théologique : Dieu conduit son peuple et se révèle lentement, comme un excellent pédagogue. Seul, le Saint-Esprit conduit l'Église du Christ à travers la merveilleuse économie de la Providence.

Jusqu'à sa mort, survenue le 12 août 1158, Anselme de Havelberg, aux marches de la Chrétienté, anime de son souffle spirituel les missionnaires du Christ, qui convertissent les Wendes avec un zèle qui nous laisse admiratifs. Bien différents de leurs frères de Prémontré, les disciples d'Anselme vivent fidèlement le charisme de Norbert dans la lointaine Saxe.

Godefroid de Cappenberg [19]

En 1122, aussitôt après la fondation de Prémontré, Norbert passe par Maastricht en Hollande et la Westphalie. Il y produit un effet extra-

---

[18] ANSELME DE HAVELBERG, *Renouveau dans l'Église* [= *Premier livre des Dialogues*], éd. G. SMET, Paris, 1966 (Sources chrétiennes, 118).

[19] La *Vie du bienheureux Godefroid de Cappenberg* est un ouvrage anonyme publié par les Bollandistes, *Acta Sanctorum*, au 13 janvier, t. II, p. 116-146. Voir également : H. SCHMIEDER, *Eine Stelle der Kultur und Kraft in Westphalien*, Münster, 1949.

ordinaire, soulève l'enthousiasme des foules et entraîne de nombreux disciples : « Son habit, sa parole produisaient un effet percutant. Par lui s'accomplissait le mot du Prophète : Préparez les chemins du Seigneur et, dans le désert, redressez les sentiers qu'il doit prendre » [20]. La fondation de Cappenberg est l'un des moments-clés de la vie de Norbert. Le fondateur de Prémontré entre dans la place forte située sur les bords de la Lippe, au diocèse de Münster. Il y rencontre les seigneurs du lieu, proches parents des empereurs Henri IV et Henri V, au demeurant très religieux. Au coeur de l'Allemagne déchirée par la querelle des Investitures, Godefroid, au pouvoir depuis 1118, a pris le parti du pape contre l'empereur excommunié par le cardinal Conon. Soldat malgré lui, Godefroid rêvait du cloître. À l'automne 1121, à Cologne, il avait entendu, ému, la prédication enflammée de Norbert sur la conversion et la vie religieuse. Au printemps 1122, la seconde entrevue avec Norbert allait être décisive. Gerberge et Béatrice, soeurs de Godefroid, renoncent au monde, suivies de près par l'épouse du comte de Cappenberg. Pour elles, Godefroid fonda le monastère de Niederkloster, au bas de la colline de Cappenberg, et les plaça sous la conduite d'Hedwige, femme d'une haute spiritualité. La communauté de Niederkloster se développa si rapidement qu'elle dut se transférer dès 1141 à Oberndorf.

Malgré toutes les difficultés que peut rencontrer un seigneur féodal en pareille circonstance, Godefroid décide de transformer sa forteresse en cloître de chanoines réguliers. Le 31 mai 1122, en la fête de sainte Pétronille, il fait don à Norbert du château et de cinq fermes avec leurs dépendances pour la subsistance de la future communauté. Cette donation d'une place forte stratégique n'est pas sans conséquences sur le plan politique. Il est à peu près certain que ni Godefroid ni Norbert n'ont évalué les effets et même les dangers issus de la transformation de ce lieu convoité. Pour pallier aux imprévus d'une telle situation, Godefroid fit du seigneur d'Alténa, Arnould, le protecteur civil de la maison. Norbert garda toute sa vie la charge de prévôt de Cappenberg et y nomma un prieur en la personne du frère Conon.

Les vassaux s'opposèrent à la transformation de Cappenberg en prévôté, mais c'est surtout le père de Jutta, l'épouse de Godefroid, qui s'estima lésé. Il projeta de faire enlever sa fille du cloître et confia cette besogne à un chevalier nommé Francon. Godefroid se présenta pour reprendre Jutta. Le chevalier le menaça, mais se rendit lorsque Godefroid tendit son cou au glaive qui le menaçait. Devant une telle sérénité, Francon rendit la liberté à Jutta. Comme à Prémontré, à Cappenberg les vocations affluaient. Godefroid dut faire don de cinq autres métairies pour subvenir aux besoins de la communauté grandissante. Ce don supplémen-

---

[20] *Acta Sanctorum*, t. II, p. 116.

taire excita la fureur de Frédéric, père de Jutta. Celui-ci vint mettre le siège devant Cappenberg et menaça de pendre à la muraille Norbert et son âne, disant qu'on verrait lequel serait le plus lourd. Averti, Norbert se mit en route vers Cappenberg. Lorsqu'il arriva, Frédéric avait été contraint de lever le siège.

En 1122 ou 1123, Godefroid et son frère Othon fondèrent l'abbaye de Varlar au diocèse de Münster, et en 1123 celle d'Ilbenstadt au diocèse de Mayence. C'est dans cette seconde abbaye que Godefroid revêtit l'habit prémontré et qu'il fut enseveli après sa mort survenue dans sa trentième année. Il n'avait reçu que l'ordre mineur d'acolyte. Depuis l'excommunication d'Henri V, l'empereur était brouillé avec Godefroid. Norbert eut la joie de les réconcilier avant que Godefroid ne termine le cours de sa vie terrestre. Othon fut le premier prévôt de Varlar, avant de devenir prévôt de Cappenberg, entre 1156 et 1171.

La communauté de Cappenberg évolua différemment de celle de Prémontré. Dans les deux *Vies* de Godefroid [21], il n'est jamais fait mention des *Actes des Apôtres* pourtant cités par toute la littérature canoniale. À Cappenberg, le choix même de la règle de saint Augustin n'est pas attribué au souci de reproduire la vie apostolique, mais à une vision de l'évêque d'Hippone à Norbert, au cours de laquelle le fondateur de Prémontré aurait reçu la règle. Accueillante aux pauvres, la prévôté de Cappenberg exerça une grande influence apostolique dans la région. Par la suite, elle évolua vers un recrutement de plus en plus aristocratique. Cappenberg fonda le chapitre cathédral de Riga dans l'actuelle Lettonie, et subsista jusqu'à la sécularisation en 1803.

Évermode

Dès les premiers jours du printemps de 1120, Norbert quitta son ami Barthélemy, évêque de Laon, et se dirigea vers Cambrai. Il comptait y retrouver Hugues de Fosses. Hugues n'était pas présent au rendez-vous, mais grâce à la bienveillance de l'évêque Burchard il put prêcher. Dès le premier sermon, un postulant se présenta : il s'appelait Évermode [22]. Doté d'un caractère exactement opposé à celui de Hugues dont la douceur est devenue légendaire, Évermode était le type même de l'homme énergique, dynamique, tout d'une pièce, intransigeant, voire parfois dur. La qualité qui émerge de cet homme est sans conteste la fidélité, et notamment la fidélité à Norbert durant sa vie comme après sa mort.

---

[21] G. NIEMEYER, « Die Vitae Godefridi Cappenbergensis », *Deutsches Archiv*, t. XXIII (1967), p. 405-467.

[22] Voir en particulier les Bollandistes, *Acta Sanctorum*, 17 février, t. III, p. 45-50.

Norbert l'associa tout de suite à ses prédications apostoliques, notamment à Anvers où il s'opposa aux doctrines de l'hérésiarque Tanchelin. Lorsque le fondateur de Prémontré fut nommé archevêque de Magdebourg, Évermode l'accompagna et resta auprès de lui jusqu'à sa mort. Lorsqu'en 1129, l'empereur Lothaire donna le chapitre de Notre-Dame de Magdebourg aux Prémontrés, Norbert en devint le prévôt et conserva sa vie durant le titre de prévôt de Notre-Dame de Magdebourg. Évermode, prieur de la Grâce-Dieu en Allemagne, lui succéda en 1138 à Notre-Dame de Magdebourg, et demeura prévôt jusqu'à sa promotion au siège épiscopal de Ratzbourg en 1154. Norbert trouva dans ce religieux intrépide un auxiliaire de premier ordre pour l'aider à relever la discipline du clergé dans son diocèse. Malgré les oppositions et les menaces du peuple et même du clergé, Évermode contribua efficacement à la restauration de la discipline et au relèvement de la vie morale du diocèse. Ami fidèle, il demeura auprès de Norbert au cours des dernières semaines de sa vie terrestre et recueillit ses dernières paroles.

Nommé en 1154 évêque de Ratzbourg, Évermode bénéficia de l'appui et des largesses généreuses d'Henri le Lion, duc de Saxe et de Bavière, et se dépensa sans compter à la conversion des Wendes. Favorisé de grâces insignes, il détermina les plus récalcitrants à se convertir. Un épisode de sa *Vie* illustre à la fois le zèle et le caractère d'Évermode : un jour qu'il prêchait à Thietmarsia, près de Holstein en Allemagne, un sermon sur les devoirs de la charité, un meurtre fut commis dans le voisinage. Parmi les auditeurs des jours suivants se trouvait le frère de la victime : complètement fermé aux exhortations de l'évêque qui l'incitait au pardon, il réclamait pour l'assassin les pires tortures. Évermode descendit de chaire et, tenant dans ses mains des reliques de saints, vint se jeter aux pieds de cet homme. Ce dernier n'en continua pas moins à jurer par Dieu et par tous les saints qu'il n'accorderait ni grâce ni pardon. Alors, Évermode lui lança un vigoureux soufflet ! La foule atterrée s'attendait aux pires représailles, mais il n'en fut rien. L'homme s'adoucit subitement et courut vers le meurtrier pour le serrer affectueusement dans ses bras, lui promettant avec serment la paix et son amitié.

Évermode, épuisé par ses travaux apostoliques, remit son âme à Dieu le 17 février 1177. Son corps fut enseveli dans une châsse d'argent et déposé dans le choeur de la cathédrale de Ratzbourg. Évermode demeure l'un des disciples les plus proches de Norbert et l'un de ses plus fidèles imitateurs, par la qualité et la radicalité de sa vie canoniale, mais aussi par son zèle apostolique.

2. Deux tendances : Prémontré et Magdebourg

Après avoir participé au concile de Soissons qui condamna les doctrines d'Abélard, Norbert se rendit à Nivelles, puis à Cologne pour se procurer des reliques de saints en vue de la construction de l'église de Prémontré. L'archevêque de Cologne lui donna deux reliquaires, avec des ossements de saint Géréon, soldat martyrisé sous Dioclétien, de saint Maurice, soldat de la légion thébaine, de saint Maur et des deux saints Ewald, missionnaires massacrés par les Frisons.

L'un des premiers soucis de Norbert à peine établi à Prémontré fut de construire une église. La dédicace eut lieu à l'entrée de l'automne 1121, et le temple fut dédié à Notre-Dame et saint Jean-Baptiste. On utilisa les reliques rapportées de Cologne. Les évêques consécrateurs furent Barthélemy de Laon et Lisiard de Soissons. Au cours de la cérémonie, un mauvais présage assombrit Norbert et toute l'assistance : la pierre de l'autel se détacha du socle, ce qui annulait la consécration. Toute sa vie, il y vit un présage diversement interprété. Certains y virent la nécessité de construire un jour prochain une autre église, plus vaste, ce que devait faire Hugues de Fosses avant 1151, et sur le lieu indiqué par la vision dont il avait bénéficié. D'autres y virent l'annonce d'une future division dans l'ordre. Plutôt que de division, il conviendrait de parler de tendances diverses entre Prémontré et Magdebourg, favorisées par une situation générale de crise qui affectait l'Église aussi bien que la société séculière. D'un côté, l'apparition d'un nouvel humanisme et la mise en place de l'Université suscitaient de nouvelles exigences des laïcs envers un clergé souvent peu à la hauteur de sa mission. D'un autre, la naissance et la prodigieuse croissance des Mendiants, accompagnée par l'exaltation de la pauvreté radicale, suscitèrent indirectement l'apparition d'un fort anticléricalisme des fidèles envers le clergé séculier et les autres formes de vie religieuse.

Avec Hugues de Fosses et Gauthier de Saint-Maurice, l'abbaye de Prémontré devient le centre administratif de tout l'ordre, et les communautés directement sous son influence s'orientent vers une vie de type plutôt contemplatif, inspirée du cloître cistercien. En un mot, pour Hugues et Gauthier, les Prémontrés sont essentiellement des contemplatifs. La nécessité de créer des communautés nouvelles avec des candidats venus de tous horizons, imposait une formation spirituelle approfondie et un style de vie propre à former de véritables hommes de Dieu, avant de penser à les envoyer en mission. Pour cette raison, les abbayes françaises ou sous la mouvance directe de Prémontré, prennent rapidement des allures d'abbayes cisterciennes, dans lesquelles toute la vie s'organise en autarcie, autour de l'office divin, du travail manuel et de la *lectio divina*.

De son côté, la circarie de Saxe se targue de conserver plus nettement l'esprit du fondateur. Norbert n'a-t-il pas déclaré en fondant la prévôté de Notre-Dame de Magdebourg, qu'elle ne dépendrait que de lui seul et des archevêques ses successeurs ? N'a-t-il pas également permis aux Prémontrés de Magdebourg, et plus tard à ceux de la Grâce-Dieu, d'adopter le costume de choeur des chanoines séculiers, rochet et chape noire, et surtout de célébrer l'office non selon le rit de l'église de Prémontré mais suivant celui de la cathédrale de Magdebourg ? Le fondateur de Prémontré, devenu archevêque, donne l'impression de lutter contre une centralisation qu'il a voulu, mais qu'il juge quelque peu excessive. Comment expliquer cette résistance, sinon par les exigences de l'apostolat dans une contrée toute entière à défricher, au sens propre comme au figuré ?

La circarie de Saxe constitua donc toujours un peu un ordre à part, avec ses us et coutumes, et notamment l'absence d'exemption qui s'explique par un fait : tous les évêques étaient Prémontrés ou au moins acquis à la réforme. L'évangélisation fut menée de main de maître, et apporta la civilisation dans ces contrées. En peu de temps cette circarie compta trente-deux monastères dont les chapitres cathédraux de Havelberg, Ratzbourg et Brandebourg. À partir de Magdebourg, une chaîne de places fortes spirituelles allait pénétrer au coeur du pays des Wendes, vers les rivages de la Baltique. Dans cette circarie et au moins pendant la première période, le ministère apostolique fut plus qu'ailleurs collégial. Ce n'est qu'à partir du XIIIe siècle que nombre de religieux furent détachés dans les paroisses. Les Prémontrés de Saxe sont bientôt prédicateurs ou curés [23].

Dans ce contexte, l'unité de l'ordre n'était plus une évidence. Par ailleurs, les communautés, nombreuses, ne semblent pas avoir trouvé leur stabilité : les abbés démissionnent à un rythme accéléré, par dépit ou sous le poids de la contrainte. À l'intérieur des communautés, les conflits entre chanoines et frères convers sont fréquents, et ne contribuent pas peu à créer un sentiment d'instabilité.

Grégoire IX allait intervenir directement et obtenir, entre 1236 et 1238, une réforme des statuts de l'ordre. Dès 1232, Grégoire IX manifesta son intention de modifier les statuts sur plusieurs points : le gouvernement central de l'ordre, le gouvernement des abbayes, l'uniformité d'us et coutumes et de liturgie dans toutes les communautés, le ministère parois-sial et la situation des femmes à l'intérieur de l'ordre de Prémontré. Au jugement du père Placide Lefèvre, les modifications apportées lors de cette réforme représentent une des formulations les plus importantes et les plus

---

[23] E. MARTÈNE, *Thesaurus anecdotum*, Paris, 1717, t. V, p. 1614 et s.

significatives de l'histoire de l'ordre [24]. Suivie par les interventions d'Alexandre IV en 1256, d'Urbain IV en 1262, et de Nicolas IV en 1289, la réforme de Grégoire IX constitue un fait important dans la vie de Prémontré. En 1290, il fallut entreprendre une nouvelle rédaction des statuts pour y intégrer les modifications apportées au cours d'un demi-siècle sur l'ordre de Rome. Cette nouvelle édition se distingue des précédentes, dans la mesure où elle porte l'ensemble des modifications approuvées par les papes, ainsi que les décrets des chapitres généraux, et où elle insiste jusque dans le détail sur le ministère paroissial. En outre, et ce n'est pas la moindre modification, le chapitre consacré à l'eucharistie fut amplement développé et placé en tête de la première distinction traitant de la vie quotidienne de la communauté. Cette innovation est, sans conteste, le fruit d'une prise de conscience de l'importance de l'eucharistie dans la vie de l'ordre et de chaque communauté prémontrée, et de sa force surnaturelle de cohésion, au moment où l'union entre des maisons nombreuses et éloignées nécessite une communion plus forte et plus intérieure.

Les divergences entre les abbayes devaient s'atténuer par la suite, du fait de l'éloignement des moniales et de la disparition presque totale des frères convers dans les maisons sous l'influence directe de Prémontré. En France, les religieux allaient s'adonner régulièrement au ministère, et les paroisses confiées aux abbayes se multiplier rapidement pour atteindre le chiffre assez considérable de sept cents. L'apparition des ordres mendiants au XIIIe devait, malgré tout, être profitable aux Prémontrés, dans la mesure où la vie des dominicains notamment ferait bien comprendre que pour un ordre clérical l'idéal ne consiste pas à imiter les Cisterciens.

3. L'ère des grandes fondations

Les XIIe et XIIIe siècles furent des siècles de grande expansion pour l'ordre dans l'ensemble de l'Europe, mais surtout au Nord et à l'Est. Ces premières fondations constituèrent comme l'ossature de l'ordre et déterminèrent pour de longs siècles et jusqu'à aujourd'hui ses lieux privilégiés d'implantation. Les aléas des événements politiques et des crises religieuses ont profondément modifié la répartition des maisons et encore plus des effectifs, mais, en Europe, l'ordre vit et se développe dans la plupart des aires de l'implantation primitive. Le meilleur exemple en est sans conteste l'Europe centrale où les abbayes de la circarie de Bohême, à peine restaurées à la suite de la dislocation du système communiste, ont

---

[24] LEFEVRE (P.), *Les statuts de Prémontré, réformés sur les ordres de Grégoire IX et d'Innocent IV, au XIIIe siècle*, Louvain, 1946, p. XXX-XXXI.

célébré en 1993 le 850ᵉ anniversaire de l'installation des Prémontrés au coeur de l'Europe.

Floreffe

En 1121, avant même sa profession à Prémontré, Norbert fonda l'abbaye de Floreffe, près de Namur en Belgique. Après le concile de Soissons, Norbert gagna la Belgique, accompagné d'une trentaine de clercs et de laïcs décidés à embrasser la vie religieuse. Il fut triomphalement accueilli à Namur par Ermensinde, femme du comte Godefroid, qui lui donna sur-le-champ une villa et deux églises sises à Floreffe, dans la vallée de la Sambre. Norbert accepta immédiatement. L'installation des Prémontrés alla bon train, et Floreffe fut inaugurée le 15 janvier 1122, avec l'arrivée du premier supérieur, Richard, accompagné par quelques frères de Prémontré.

La fondation de Floreffe est riche de signification : avant d'avoir fait profession, Norbert pose les fondements d'une oeuvre qui ne se limite ni à la communauté de Prémontré ni à un seul pays, et la vie érémitique telle qu'on la pratique à Prémontré est loin d'épuiser son grand idéal réformateur. La charte de fondation énumère les éléments, fort nombreux, de la donation. Un fait est significatif : le comte de Namur donne à Floreffe un ensemble d'églises filiales. Les Prémontrés de Floreffe ne mèneront donc pas la vie érémitique de Prémontré.

L'abbaye de Floreffe, troisième abbaye de l'ordre, joua un rôle important dans l'ensemble de l'ordre et s'illustra par son activité : elle possédait vingt-neuf paroisses, établit sept hôpitaux et fonda sept abbayes dont une en Palestine. Décimée par la Révolution, la communauté ne put se reconstituer. Les derniers chanoines cédèrent Floreffe au diocèse de Namur qui y établit son petit séminaire.

Cappenberg

La fondation de Cappenberg, déjà évoquée à propos de Godefroid, fut difficile à cause de la personnalité du donateur, comte temporel, des implications politiques de son entrée dans la vie religieuse et des conséquences stratégiques résultant de la transformation d'une forteresse en maison canoniale.

Un personnage insolite, Judas le Juif [25], nous a laissé un très beau témoignage sur cette communauté. Envoyé par sa famille vivre aux dépens de l'évêque de Münster, afin de recouvrer une créance, il se

---

[25] Cf. *Hermanni Judaei opusculum de sua conversione, P.L.*, t. 170, col. 803-933.

convertit, prit au baptême le nom d'Hermann et rejoignit les Prémontrés de Cappenberg, avant de devenir, à la fondation, premier prévôt de Scheida. Il devait écrire plus tard :

> « Voyant la vie religieuse de ces cénobites, leur tête déshonorée, me semblait-il, par la tonsure, la pauvreté de leurs habits, leur mortification corporelle, la longueur de leurs prières et de leurs veilles, malheureux et misérable que j'étais, je les jugeais d'autant plus à plaindre que selon moi ils s'adonnaient à cette vie inutilement et dans une espérance trompeuse » [26].

Cette première impression d'un juif en dit long sur la qualité de la vie religieuse, sur la façon dont les Prémontrés de Cappenberg s'exerçaient à la pénitence et s'adonnaient à la prière. L'abbaye fut supprimée en 1803.

Cuissy

L'abbaye de Cuissy tint le quatrième rang dans la hiérarchie de l'ordre jusqu'à la Révolution française. *Collégiale d'ermites* fondée en 1117 dans la vallée de Jumignies par le bienheureux Luc de Roucy, parent de l'évêque de Laon Barthélemy, cette communauté s'était établie près d'un oratoire dédié à Notre-Dame, propriété de Gauthier de Jumignies. En 1122, les chanoines de Cuissy passèrent à l'ordre de Prémontré. Constituée au début sous la forme d'abbaye double, la communauté accueillit Ermengarde, propre soeur de Luc de Roucy. Quarante jeunes filles la suivirent.

A la différence de Cappenberg, ce n'est pas ici une place forte qui se transforme en abbaye, mais un curé de village, doyen de la chrétienté de Laon, et les prêtres qui l'ont suivi, qui s'agrègent à une abbaye prémontrée. Cette petite communauté est orientée vers le ministère paroissial et la prédication dans les villages des alentours, avec pour seule référence la personnalité hors du commun de Luc. L'évêque Barthélemy tient en haute considération Luc et ses frères, et leur conseille de rejoindre la communauté de Norbert toute proche. Norbert accède immédiatement à la requête de Luc qui devient en 1126 le premier abbé de Cuissy.

Protégée de la commende, l'abbaye de Cuissy rejoignit au XVIIe siècle la Réforme de l'Antique Rigueur de Lorraine, et demeura fidèle à une vie religieuse fervente jusqu'à la Révolution. Son dernier abbé, Flamain, élu évêque constitutionnel de l'Aisne, refusa tout net cette charge et se retira avec ses confrères à Trucy où ils vécurent jusqu'à extinction. L'abbaye de Cuissy produisit de magnifiques manuscrits enluminés dont un certain nombre sont conservés à la Bibliothèque municipale de Laon.

---

[26] Cité dans F. PETIT, *Norbert et l'origine des Prémontrés...*, p. 143.

Saint-Martin de Laon

Cinq ans après l'échec de Norbert à Laon, l'évêque Barthélemy donna la collégiale Saint-Martin à la communauté naissante de Prémontré. Jusqu'à la Révolution, cette abbaye occupa le deuxième rang dans la hiérarchie de l'ordre. Ses effectifs imposants, sa situation dans la ville épiscopale, son voisinage avec Prémontré, le prestige de Gauthier de Saint-Maurice justifièrent ce choix.

De fondation récente – elle ne remontait guère au-delà de 1112 –, la collégiale manquait d'hommes sensibles au puissant mouvement de renouveau qui enflammait toute la région. Après que les chanoines eurent refusé d'élire Norbert pour prévôt, Barthélemy comprit que la seule chance de survie de la collégiale résidait dans sa *régularisation*. Instruit par l'expérience, Barthélemy stipula dans la charte de fondation de la nouvelle abbaye prémontrée, que la communauté resterait sous sa juridiction, afin d'éviter toute nouvelle mauvaise expérience. Norbert choisit pour premier abbé Gauthier de Saint-Maurice, un des compagnons qui, de l'école de Laon, l'avaient suivi dès la première heure. Les candidats et candidates affluèrent tout de suite. Douze ans plus tard, Saint-Martin de Laon comptait cinq cents religieux et religieuses.

L'église abbatiale que l'on peut encore admirer aujourd'hui donne une bonne idée des premières églises prémontrées, construites sur le plan bernardin. L'abbaye Saint-Martin eut un large rayonnement qui atteint Lisbonne au Portugal, la Pologne avec Wies-Breslau, la Suisse avec Corneux et Lac de Joux, la Belgique avec Parc-lès-Louvain, le Nord de la France avec Licques qui devint l'abbaye-mère de toutes les abbayes d'Angleterre, d'Écosse et d'Irlande. Environ cent cinquante abbayes prémontrées entrent directement ou indirectement dans la filiation de Saint-Martin de Laon. L'abbaye qui se distingua par le caractère très contemplatif de la première communauté, joua un rôle important dans l'ordre jusqu'à la Révolution, en dépit de la commende sous laquelle elle tomba au XVIe siècle. Elle accueillit par trois fois le chapitre général, en 1477, 1498 et 1577.

Saint-Michel d'Anvers

C'est également en 1124 que fut fondée la prestigieuse abbaye Saint-Michel d'Anvers, la plus influente de tout le Brabant. Il s'agit en fait de la transformation en communauté régulière d'un chapitre de chanoines fondé au XIe siècle. Une conception très cléricale de la liturgie avait fait de ce chapitre, comme de beaucoup d'autres collèges de clercs, une communauté exclusivement vouée à la célébration de l'office divin, sans aucun rapport avec le peuple chrétien. Le soin des âmes étant depuis longtemps confié à un vicaire rémunéré par les chanoines, la séparation entre le chapitre et les fidèles de Saint-Michel s'était sans cesse creusée.

Cette négligence du ministère était d'autant plus coupable que la ville d'Anvers connaissait depuis le début du XIIᵉ siècle une expansion démographique liée au développement du port situé à l'embouchure de l'Escaut. Le vicaire du chapitre, débordé par les besoins des fidèles, n'était pas exempt de critiques, car une « certaine nièce assez proprette » passait pour être sa concubine. L'inconduite du clergé était fréquente, mais fort heureusement le peuple ne s'y résigna jamais et réagit parfois violemment à ces excès.

À cette époque, Anvers faisait partie de l'immense diocèse de Cambrai, dont l'évêque Burchard était ami de Norbert depuis leur séjour commun à la chapelle impériale. Burchard voulut transformer les chanoines en chanoines réguliers, mais ceux-ci se récrièrent. L'évêque décida alors de les remplacer par des Prémontrés. Cette nouvelle fondation norbertine serait urbaine, et la communauté aurait à supporter le poids considérable d'un ministère d'autant plus nécessaire que l'hérésie de Tanchelin troublait les esprits. Même si les dommages occasionnés par l'hérésie ne furent jamais aussi importants que certains textes l'ont laissé croire, il a fallu une raison bien forte pour décider Norbert à opérer une fondation qui n'avait rien de commun avec la solitude recherchée à Prémontré.

Tanchelin était l'un de ces innombrables réformateurs dévoyés, dont les enseignements heurtaient la foi catholique. Considérant, à juste titre, le clergé carolingien indigne de conduire l'Église, il proclamait ses sacrements invalides. Tanchelin passa peut-être par Anvers vers 1108, mais son influence se fit d'autant plus sentir que la théologie était à cette époque plus sentie et vécue que formulée et enseignée. L'hérésiarque fut assassiné en 1115 par un prêtre excédé par ses propos. Le mérite de Norbert fut de rétablir par sa prédication une saine doctrine sacramentaire puisée dans les oeuvres de saint Augustin : « Que ce soit Pierre ou Paul qui baptise, c'est le Christ qui baptise ; que ce soit Judas qui baptise, c'est le Christ qui baptise » [27]. Les chanoines laissèrent donc l'église Saint-Michel aux Prémontrés et bâtirent l'église Notre-Dame, reconstruite à partir de 1362, et devenue, par la suite, cathédrale du diocèse d'Anvers.

Le chapitre séculier continua à se vouer exclusivement au culte liturgique, laissant au curé de la paroisse le soin des âmes. De leur côté, les Prémontrés se lancèrent dans un apostolat plein de zèle. Une fraternité durable unit les deux chapitres, que les aléas de l'histoire ne réussirent pas

---

[27] St. AUGUSTIN, *In Johannis evangelium tractatus*, Turnhout, 1954 (Corpus christianorum, series latinae, 36), p. 44.

à briser pendant longtemps. Sous le successeur de Burchard, Liétard, les relations entre l'évêque et les Prémontrés connurent diverses avanies, et aboutirent à une certaine limitation de leur ministère, sans doute par réaction contre la vague de bienveillance dont ils étaient l'objet de la part du peuple.

Toutefois, cette restriction fournit l'occasion de certaines précisions fort utiles à l'historien. Liétard stipula en effet que les Prémontrés de Saint-Michel ne pourraient assister les malades et donner la sépulture qu'à ceux qui auraient embrassé la règle et pris l'habit des Prémontrés. Les *fratres ad succurendum* étaient nombreux, ce qui témoigne de l'influence spirituelle des Prémontrés dans la ville, et de l'existence dans l'ordre de saint Norbert d'une fraternité [28] comparable à celle qui existait entre les abbayes de moines et de nombreux fidèles soucieux de s'assurer les prières d'une communauté fervente. Groupés en confréries [29], ces fidèles eurent pour insigne, à partir des dernières années du XIIIe siècle, une médaille représentant une monstrance eucharistique.

4. Les héros du mouvement apostolique

Garembert

Garembert est un personnage hors du commun, dont la réputation de sainteté est attestée par de nombreux témoignages littéraires et un culte local encore vivant [30]. Né en Belgique, à Wuilpen, près de Furnes, en 1084, il entendit de bonne heure l'appel à se vouer à Dieu. Plus précisément, il se sentit appelé à servir la Vierge Marie à Bony, un lieu qu'il n'avait encore jamais vu et dont il connaissait néanmoins la topographie, à la suite sans doute d'une vision ou d'un mouvement intérieur.

Vers l'âge de vingt-deux ans, Garembert quitte ses parents et sous prétexte d'étudier la langue française, vient se placer au service d'un bourgeois de Cambrai. Le plus discrètement du monde, il s'informe, à l'occasion, de Bony que nul ne connaît. Quatre ans plus tard, il quitte Cambrai pour Saint-Quentin, et se place chez Baudoin et son frère

---

[28] Nous renvoyons à l'excellent article de notre confrère N. J. WEYNS, « L'origine du tiers-ordre prémontré », *Analecta Praemonstratensia*, t. LX (1984), p. 163-184.

[29] Cf. *Acta Sanctorum*, t. XX, p. 992.

[30] *Histoire du vénérable serviteur de Dieu, le bienheureux Garembert, Chanoine Régulier-Prémontré, Fondateur et premier Abbé régulier de l'Abbaye Royale du Mont-Saint-Martin, au Diocèse de Cambray*, par un Religieux de la même Maison [Père DEVILLIERS ou plus probablement Père BÉVIÈRE], Cambray, 1769 ; Reprint du texte français seul : *L'abbaye du Mont-Saint-Martin (1084-1767)*, Gouy, 1988. – I. VAN SPILBEECK, *Vie du B. Garembert*, Namur, 1890.

Oylard, mayeur de la ville. L'ordre divin se fait plus insistant, mais faute de connaître l'emplacement de ce Bony, il tombe gravement malade. Sur les instances d'Oylard, il avoue son secret. Oylard possède une terre du nom de Bony, et l'y conduit sans retard.

Garembert voit Bony pour la première fois, et reconnaît le lieu qui lui était prédestiné. Il sollicite et obtient de l'évêque Burchard, ami de Norbert et protecteur de Hugues de Fosses, la permission de mener dans cette solitude la vie érémitique. Sa foi et sa ferveur attirent rapidement les fidèles qui sollicitent un conseil ou une guérison. Bientôt, un premier compagnon, Albéric, se présente pour partager sa solitude. Mais les visites se font de plus en plus fréquentes, aussi les deux ermites décident-ils de changer de lieu. Cependant, sur les instances des fidèles des environs, ils acceptent de demeurer à Bony. Les candidats à la vie religieuse se présentent en foule, clercs et laïcs, pour se mettre à l'école de Garembert.

Ainsi se dessine peu à peu la vocation de ce laïc porté par la Providence à la tête d'une communauté nouvelle. Sa voie est maintenant tracée et son devoir précisé. Père et maître des solitaires de Bony, il pourvoit à la subsistance de ses frères. Tandis que ces derniers défrichent les taillis et ensemencent la terre, Garembert parcourt les villages, menant un petit âne chargé de paniers pour recueillir les dons destinés à la communauté.

Au fil des mois, le nombre des recrues augmentait dans de telles proportions, qu'il fallut bientôt songer à construire des cellules en dur, et à élever une église. En 1119, deux ans avant la fondation de Prémontré, Garembert obtint d'Oylard, de son frère Baudoin et du chapitre de Saint-Quentin, propriétaires en indivis de la terre de Bony, la pleine possession du terrain sur lequel on construisit une église en l'honneur de Notre-Dame, de saint Cassien et de saint Nicolas, un cloître et des habitations.

Comme un certain nombre de solitaires étaient clercs, ils se constituèrent bientôt en collège de chanoines. Garembert devint naturellement leur premier abbé, et reçut la bénédiction abbatiale entre 1130 et 1136, des mains de l'évêque de Cambrai. Le choix de la profession canoniale n'était pas sans importance : désormais les chanoines de Bony pouvaient administrer des paroisses et se vouer à l'apostolat en-dehors de leur abbaye.

Qu'allait devenir Bony ? une abbaye indépendante, une abbaye chef d'ordre comme Arrouaise, Saint-Ruf ou Prémontré ? La personnalité de Garembert, en particulier son humilité et son réalisme, allait décider de l'avenir de sa fondation. Pour le bien de son abbaye, il jugea souhaitable de faire entrer sa communauté dans un réseau canonial déjà existant. Aussi, s'adressa-t-il à l'abbé prémontré de Saint-Martin de Laon, Gauthier de Saint-Maurice, pour lui demander de faire de Bony une abbaye-fille de son église. Gauthier y consentit et lui envoya douze clercs sous la conduite de l'un de ses religieux, Odéran. Celui-ci résolut un problème vital, celui du ravitaillement en eau potable, en déplaçant la communauté de Bony au Mont-Saint-Martin, près de l'Escaut. On laissa les religieuses à Bony, avant de les transférer en 1212 à Macquincourt. Lorsqu'il plaça sa communauté dans la filiation de Saint-Martin de Laon, Garembert donna spontanément sa démission d'abbé et céda sa place à Odéran : de maître il se faisait disciple en entrant avec ses frères dans l'ordre de Prémontré. Il obtint de demeurer à Bony avec les religieuses et desservit jusqu'à sa mort l'église Notre-Dame, devenue un lieu de pèlerinage marial. Au Moyen Âge, on trouve presque autant de fondations de messes à Notre-Dame de Bony qu'à Notre-Dame de Liesse. Garembert passa le reste de sa vie au service de son église, prolongeant chaque soir la *lectio divina* presque jusqu'aux matines. Après l'office, il récitait l'ensemble du psautier et se reposait un peu avant l'aurore. Le jour, il s'adonnait au service des pauvres, des pèlerins et des orphelins.

Un différend s'éleva entre Garembert et son successeur Odéran, au sujet des religieuses de Bony. Le nouvel abbé n'aurait voulu conserver que les parentes du fondateur, pour laisser ensuite le monastère s'éteindre, mais Garembert insista : « Toutes ces vierges me sont chères, dit-il ; je les ai fiancées au Christ, toutes resteront ici, sinon j'irai moi-même avec elles de porte en porte mendier le nécessaire à leur entretien ». Odéran céda et prit soin lui-même de les former dans l'esprit de Prémontré.

Après avoir eu la joie d'assister à la consécration de l'église Notre-Dame de Bony, Garembert sentit venir le moment de quitter cette terre. Il se fit porter dans le sanctuaire pour recevoir les derniers sacrements. Joyeux, il leva les bras vers le ciel, consola ses frères et entra en oraison. Le 31 décembre 1141, tout à coup, il sortit de son silence et prononça à haute voix les mots du psalmiste : *Dirige, Domine, in conspectu tuo viam meam* – Conduis, Seigneur, mon chemin en ta présence –, et rendit l'âme.

Le souvenir de Garembert est toujours vivant à Bony et au Mont-Saint-Martin. Le nom de Garembert fut souvent donné aux enfants au moment de leur baptême, et son image se trouve sur les vitraux des églises de Bony et du Câtelet. La cloche de Bony, avant la guerre de 1914, s'appelait Garembertine et, le 4 juillet 1932, dans l'église de Bony, le Père François Petit bénit une plaque de marbre en mémoire du bienheureux Garembert. Bien qu'il n'ait jamais bénéficié d'une reconnaissance officielle de culte, la mémoire de Garembert s'est conservée et son intercession a obtenu de nombreuses grâces.

L'histoire de Garembert est riche d'enseignements sur le développement de l'ordre de saint Norbert. Une foule de saints, clercs et laïcs, épris d'absolu et suffisamment humbles pour embrasser la vie religieuse, ont créé un véritable courant de sainteté qui a déferlé sur l'Europe entière, apportant avec la Bonne Nouvelle un développement de la société médiévale.

Le diacre Nicolas

Il s'agit ici plus de l'histoire de la famille du diacre Nicolas que de l'histoire de Nicolas lui-même. Cet épisode, rapporté au chapitre XI de la *Vita A* de saint Norbert [31], témoigne des conversions de familles entières à la vie religieuse, sous l'influence du mouvement apostolique.

Au cours de l'hiver 1120, avant même la fondation de Prémontré, Norbert fit un séjour à Laon, en particulier pour apprendre le français. Dans les premiers jours du mois de décembre, une femme de Soissons, Hedwige, vint le consulter et solliciter quelque conseil dans son malheur : mariée depuis plusieurs années, elle n'avait pas d'enfant. Attirée par la vie religieuse, elle se proposait d'entrer au cloître. Norbert lui fit cette réponse :

> « Non, ce n'est pas ainsi qu'il faut agir. Dieu vous donnera un fils. Il ne faudra pas l'élever pour le monde, afin qu'il devienne un jour votre héritier. Il faudra le consacrer à Dieu dès son enfance. Après lui vous aurez encore d'autres enfants et vous vous consacrerez tous à Dieu. Tout votre bien ira ainsi à la religion » [32].

Hedwige eut un fils qu'elle nomma Nicolas, car Norbert lui avait fait cette prédiction le jour de la fête du saint évêque.

À cette époque, les réformateurs grégoriens avaient entrepris une action d'envergure contre les prêtres qui contractaient un mariage illégitime, et pour ce faire ils s'appuyaient sur le peuple : les fidèles pieux devaient s'abstenir de participer aux célébrations des sacrements administrés par les prêtres concubinaires. De là, s'était développée une erreur : les mauvais prêtres, disait-on dans le peuple, ne consacraient pas validement l'eucharistie.

En 1125, Hedwige entre avec une de ses soeurs et le petit Nicolas dans une église pour prier. Un prêtre concubinaire célébrait la messe. L'enfant qui jusque-là parlait avec difficulté, s'écria :

> « Maman, lève-toi, vois le bel enfant, plus beau que le soleil, que le prêtre tient sur l'autel et qu'il adore comme un Dieu. – Mon fils, le bel enfant que tu vois,

---

[31] L'histoire du diacre Nicolas est également rapportée dans les oeuvres de Guibert de Nogent, *De sanctis et eorum pigneribus*, éd. R. HUYGENS, Turnout, 1993 (Corpus christianorum, Continuatio mediaevalis, 127), sans que soit mentionnée l'intervention de Norbert.

[32] Cité sans référence dans F. PETIT, *La spiritualité des Prémontrés...*, p. 70.

est-ce celui qui est attaché à la croix ? – Non, maman, c'est dans ses mains que le prêtre le tient. Maintenant il le couvre d'un linge » [33].

À ce moment-là, le prêtre couvrait le calice avec le corporal. Nicolas eut, dès cet instant, une vue faible, mais, attiré par les réalités du ciel, il s'orienta vers les ordres sacrés. Il mourut peu après avoir reçu le diaconat. Il vécut cependant assez pour voir l'accomplissement de la prophétie de Norbert : son père et sa mère, ses frères et ses soeurs, nombre de ses parents se vouèrent à Dieu pour mener la vie apostolique, peut-être à Prémontré même.

Cet épisode montre clairement l'influence des saints réformateurs qui firent éclore partout la vie apostolique et suscitèrent des élans comparables à ceux des premiers siècles de l'Église, en particulier chez les fidèles. C'est l'une des grandes richesses du Moyen Âge, et l'une des notes distinctives de l'apostolat de saint Norbert et des Prémontrés.

Oda de Bonne-Espérance

Nous connaissons la vie de la bienheureuse Oda de Bonne-Espérance grâce à Philippe de Harvengt, abbé de Bonne-Espérance, qui en écrivit la biographie [34]. En un certain sens, Oda est typique de ces femmes, filles de grands seigneurs féodaux, dont la valeur morale n'a d'égale que leur soif d'absolu et de don de soi à Dieu. Nul n'a mieux que ces femmes généreuses mesuré la vanité des honneurs et du pouvoir, de la richesse et du confort.

Oda est née vers 1120 au château d'Allouet-sous-Andelmes. Ses parents, Wibert et Tesceline, nobles profondément chrétiens, la formèrent dans une parfaite fidélité à l'Évangile et à l'enseignement de l'Église. Oda choisit, dès son enfance, de soutenir l'honneur de sa famille en aspirant à la sainteté. D'une pureté parfaite, elle envisage, toute jeune, d'entrer au cloître. Elle fait dès son adolescence voeu de chasteté perpétuelle et continue de vivre avec ses parents, consciente que dans le monde beaucoup d'âmes se perdent par leur inconduite. Trop jeune pour être admise dans une communauté religieuse, elle passe le plus clair de son temps en prière devant Dieu.

Sachant ses parents opposés à son choix, elle s'ouvre à son oncle Durant Laxart et lui confie son secret. Elle le charge de révéler son projet à Odon, premier abbé de Bonne-Espérance, dans l'espoir que celui-ci aura assez d'influence pour infléchir ses parents. Hélas, l'oncle trahit le secret et

---

[33] *Vita A*, ch. XI ; trad. F. PETIT, *Saint Norbert. Traduction inédite d'un manuscrit du XIIᵉ siècle*, Mondaye, 1956, p. 18.
[34] *P.L.*, t. 203, col. 1559-1574.

provoque le trouble des parents qui décident sur-le-champ de la marier. Le jeune Simon apparaît comme un parti convenable pour l'héritière d'Allouet. Tout de suite il accepte la perspective de ce mariage et fait le serment d'épouser Oda. Le jour des noces est fixé.

Oda découvre que son secret a été trahi ! Sa douleur est immense mais elle ne se décourage pas. Le jour des noces approche et le château se met en fête pour célébrer cette union qui apparaît aux yeux du public comme un mariage idéal. Oda montre une telle tristesse que son père n'hésite pas à tromper sa fille en lui annonçant que la date du mariage est repoussée. À cette nouvelle qu'elle croit de bonne foi, elle se tranquillise. Le lendemain, le fiancé, radieux, arrive au château accompagné de ses parents. On envoie chercher Oda sous le prétexte de l'inviter à une fête. Loin de soupçonner la félonie de son père, elle revêt ses plus beaux atours, et se trouve aux côtés de son fiancé, en présence du prêtre qui demande le consentement de Simon. Celui-ci le donne sans hésiter. Lorsqu'il s'adresse à Oda, celle-ci ne répond pas, rougit et baisse la tête. Le public s'étonne. Une dame de compagnie s'approche et l'exhorte à répondre sans crainte. Alors Oda prend la parole :

> « Puisque vous voulez tant que je dise s'il me plaît d'épouser ce jeune homme, sachez que je ne veux épouser ni lui ni un autre. Je suis liée dès mon enfance à un époux auquel j'ai voué ma virginité. De ses embrassements, ni l'amour, ni les caresses, ni les menaces de mes parents, ni les coups ne pourront jamais me séparer » [35].

Simon se croit joué, quitte le château avec ses parents et jure qu'il ne veut plus d'elle. Les protestations de fidélité du père sont vaines pour le retenir. Oda s'enferme dans la chambre de sa mère et se blesse au visage avec un glaive, et si la blessure est sans gravité, le sang la rend méconnaissable. La porte de la chambre enfoncée, sa mère la trouve inconsciente. Ses parents comprennent et pleurent à ses côtés. Défigurée, Oda n'a plus à craindre une nouvelle tentative de mariage.

Un tel événement eut d'importantes répercussions, et l'abbé Odon résolut d'envoyer deux chanoines de Bonne-Espérance au château pour prendre des nouvelles de la jeune Oda. Les parents les accueillirent cordialement. Oda les entretint de sa résolution et, en leur présence, réitéra sa demande à son père. Le père hésita, mais devant la détermination de la jeune fille, il acquiesça à son désir de se vouer à la vie religieuse. Peu de temps après, l'abbé Odon vint en personne, accompagné de quelques chanoines, pour chercher Oda et la conduire au cloître tant désiré, où elle reçut l'habit des moniales prémontrées. Elle s'appliqua dès lors à conduire ses pas dans la ligne de l'institution évangélique, selon

---

[35] Traduction française, F. PETIT, *La spiritualité des Prémontrés...*, p. 73.

l'intuition de Norbert et de ses premiers compagnons : prendre le Christ pour guide et suivre l'Évangile à la lettre.

Épuisée par les mortifications, Oda contracte une maladie que l'on prend pour la lèpre. On lui construit une cabane à proximité du monastère et une religieuse ancienne reçoit mission de lui procurer le nécessaire quotidien. Cette dernière refuse car elle ne peut supporter la vue des plaies purulentes qui affectent la religieuse. De jeunes soeurs prennent la relève. Oda demeure dans la paix : Jésus n'a-t-il pas été humilié, blessé dans son corps pour sauver les hommes ? Et tout heureuse de ressembler à son époux, elle baise avec tendresse la main où le mal a commencé à se déclarer.

Mais Oda n'est pas atteinte par la lèpre. Elle guérit, rentre au monastère et se voue à l'obéissance avec une ferveur renouvelée. Bientôt on la nomme prieure du monastère. Elle s'acquitte de sa charge avec douceur, bonté et vigilance. Attentive aux besoins et aux limites de ses soeurs, elle est crainte, non à cause de quelque autoritarisme, mais parce qu'elle exprime toujours les exigences de l'amour. Généreuse envers les pauvres, elle est vite connue hors de la clôture, et sa réputation de sainteté attire.

Atteinte d'une maladie de poitrine, elle ne connaît plus de repos durant les six derniers mois de sa vie terrestre, et passe ses jours et ses nuits dans la prière, tout en continuant à diriger ses soeurs sur le chemin de la sainteté. Son estomac refusant toute nourriture, elle reçut les derniers sacrements. Aux soeurs qui la supplient :

> « Au ciel, vous vous souviendrez de nous », elle répond : « Comment pouvez-vous dire à une telle pécheresse des mots que l'on ne peut dire qu'aux apôtres et aux saints ? Vous demanderez pardon de mes péchés et vous me recommanderez à la miséricorde du Bon Dieu ».

Elle rendit l'âme, le 18 avril 1158, après les Vêpres de Pâques, en présence de Philippe de Harvengt, des chanoines et de ses soeurs, tandis que, selon la liturgie de l'ordre, l'on récitait le psaume : « Rendez grâces au Seigneur, car il est bon, éternel est son amour ». Le lendemain, on transféra son corps à l'abbaye de Bonne-Espérance. L'abbé cistercien d'Elne, Grégoire, chanta la messe solennelle, en présence de l'abbé démissionnaire Odon, et de son successeur Philippe, qui se répétait durant la cérémonie : « Elle a bien porté son nom. Elle a été une *ode* magnifique à la gloire de Dieu ».

Frédéric Feikone

Avec le bienheureux Frédéric Feikone, mort en 1175, nous avons un précieux témoin de l'idéal apostolique vécu dans le Nord de l'Europe à la fin du troisième quart du XIIe siècle. Nous connaissons sa vie grâce à l'un de ses successeurs, Sibrand, abbé du Jardin de Marie, qui nous a laissé à son sujet une brève mais éloquente notice [36].

Né au village d'Hallum en Frise, Frédéric perdit son père, Dodon, dès sa jeune enfance, et fut élevé par sa mère, Suitberge, femme profondément chrétienne, qui se dévoua à son fils avec une tendresse et une sagesse qui ne devaient pas manquer de porter des fruits de sainteté. Doué pour les études et doté d'une forte aspiration pour la vie surnaturelle, il alla se former à Münster, en Westphalie, et s'appliqua bientôt à la *lectio divina*. Modeste, patient et chaste, Frédéric avait pour modèle saint Jean l'Évangéliste et nourrissait une grande dévotion envers la Vierge Marie. Il la priait tous les jours, et l'honorait chaque samedi en célébrant la messe en son honneur, selon les dispositions du concile de Clermont. Par ses mortifications il demandait la grâce de la persévérance, allant jusqu'à porter en secret un cilice sous ses vêtements ordinaires.

Dévot de sainte Cécile, vierge romaine, martyre vers 230, il se confiait à elle et voyait dans cette jeune fille fidèle et courageuse, son modèle et sa protectrice. Celle-ci lui apparut un jour et lui révéla sa mission : « Consacre-toi au progrès spirituel de tes frères ! ». Docile, il quitta Münster et revint à Hallum pour se faire professeur. Il commença à recruter des élèves pour les préparer au sacerdoce. Il se mit en devoir de témoigner une grande bienveillance envers ses jeunes disciples, mettant à profit l'ascendant dont il bénéficiait pour les exhorter à l'étude et à la vertu.

Devenu prêtre, Frédéric devint coadjuteur du curé de Hallum auquel il succéda bientôt. Bon pasteur, à l'imitation du Christ, il se dévoua totalement à ses fidèles, malgré les oppositions que soulevait sa conduite irréprochable. Pour se préparer à annoncer la Bonne Nouvelle de l'Évangile et être un prédicateur crédible, il augmenta encore ses pénitences corporelles. Dévoué aux pauvres et aux pèlerins, il obtint la grâce d'accomplir plusieurs miracles et de lire dans l'avenir. À force de larmes, il obtint le retour à la vie d'un enfant mort sans baptême, qui expira le lendemain du jour où il avait reçu la grâce de la régénération.

Frédéric connaissait les Prémontrés et se sentait appelé depuis longtemps à mener la vie canoniale. Au cours d'un songe, il avait vu saint Pierre qui lui était apparu pour lui représenter l'idéal apostolique qui occupait les esprits du XIIe siècle : « Nous avons tout quitté pour suivre le Seigneur Jésus, et il nous a promis le centuple ». Frédéric avait retardé la mise en oeuvre de cette vocation pour subvenir aux nécessités de sa mère.

---

[36] *Acta Sanctorum*, Mars, I, p. 289-294 ; I. VAN SPILBEECK, *La Couronne Norbertine*, Bruxelles, 1898, p. 47-51.

Lorsque celle-ci mourut, il s'adressa aux fidèles venus nombreux lui apporter son soutien :

> « C'est l'usage chez vous de faire des offrandes à l'église pour le repos de l'âme de vos défunts. Sans juger votre coutume, je ne trouve rien dans ce que je possède que je croie digne d'être offert pour l'âme de ma mère. Je m'offrirai et me sacrifierai donc moi-même à Jésus-Christ et à la bienheureuse Vierge Marie pour les servir perpétuellement, non plus sous ma propre gouverne, mais suivant la règle de saint Augustin ».

Le lendemain, il alla trouver l'évêque d'Utrecht et lui demanda la permission de construire, suivant l'expression augustinienne « un monastère de clercs ». Il reçu de l'évêque l'habit canonial, puis se rendit à l'abbaye prémontrée de Marienweerd en Hollande, pour y faire son noviciat. Il en revint avec un exemplaire de l'*Ordinarius* et d'autres livres indispensables pour créer une communauté prémontrée.

Après avoir parcouru villes et villages pour recruter des compagnons, il employa alors tous ses biens à la fondation d'une abbaye qu'il appela le Jardin de Marie. En 1163, il construisit l'église en l'honneur de la Vierge Marie et de saint Jean-Baptiste, à l'exemple de Prémontré, puis il éleva les lieux réguliers. Les novices se présentèrent, dont Godescalc dont nous reparlerons, ainsi que des femmes éprises de l'*idéal apostolique*, comme Synoeris, fille du bailli de Reysum, et Gertrude de Dresum, toutes originaires de familles fortunées. Il est saisissant de trouver, quarante ans après la fondation de Prémontré, une abbaye double aussi prospère, expression primitive de l'institution apostolique dans l'ordre de Prémontré : la multitude des croyants se groupe autour des chanoines, comme les premiers chrétiens de Jérusalem se groupaient autour des Apôtres. Toutefois, par soumission envers les dispositions édictées par le chapitre général sous l'impulsion de Hugues de Fosses, Frédéric fonda à quelque distance le monastère de Bethléem pour les moniales.

Il restait à *régulariser* la fondation du Jardin de Marie. Comme l'abbé de Marienweerd n'entendait pas devenir abbé-père de la nouvelle fondation, Frédéric se rendit auprès de l'abbé de Steinfeld en Allemagne, abbaye-mère de nombreuses fondations, pour solliciter d'entrer dans sa filiation. L'abbé de Steinfeld lui donna pour le seconder le prieur Hermann, et Frédéric se consacra presque exclusivement à la cure de Hallum et au monastère des soeurs de Bethléem. À une époque où les monastères de soeurs connaissaient une crise profonde due à leur séparation des abbayes masculines, Frédéric va à contre-courant et dote la communauté de Bethléem de religieux capables de leur enseigner les lettres et le chant liturgique.

Vieillissant, Frédéric tomba malade à Bethléem. Il fit ses adieux aux soeurs, se rendit à Hallum où il célébra sa dernière messe en l'honneur de la Sainte Vierge et en présence de ses paroissiens qu'il confia à sa maternelle protection. De là il se dirigea à cheval vers le Jardin de Marie pour y rendre le dernier soupir. Le jour de sa mort, il réunit ses religieux pour les bénir, et leur dit : « Une chose me tient à coeur : que l'on prie beaucoup pour moi, car je n'ai pas fait pour les pauvres autant que j'aurais voulu, à cause de l'indigence du monastère ». Il invita ses confrères à demeurer fidèles à la règle et leur promit de ne pas les oublier auprès de Dieu. Il mourut le 3 mars 1175. Les miracles furent si nombreux sur sa tombe, que le Jardin de Marie devint un lieu de pèlerinage très fréquenté.

Godescalc

La figure de Godescalc met en lumière la pénétration de l'ordre de Prémontré en Bohême. Avec un groupe de religieux de Steinfeld, il fut à l'origine, en 1143, de l'abbaye de Strahov à Prague, centre influent d'évangélisation de la région. Mais cette première fondation n'était que le prélude à un établissement massif de l'ordre de saint Norbert en Europe centrale.

Godescalc [37] est né vers 1116 à Cologne. Après avoir commencé ses études sur place, il se rend à l'Université de Paris, rêvant de devenir médecin. À la suite d'une grave maladie au cours de laquelle ses jours sont en danger, il se convertit et se voue à Dieu dans l'ordre de Prémontré. Il est accueilli par l'abbé Ervin à Steinfeld où il demeure treize ans et reçoit l'ordination sacerdotale. À la demande de l'évêque d'Olomouc, Henri Zdík, qui voulait fonder un monastère prémontré à Strahov, dans les faubourgs de Prague, l'abbé Ervin, de Steinfeld, lui envoya une petite communauté dont faisait partie Godescalc. Celui-ci ne demeura cependant à Strahov qu'une seule année et retourna à Steinfeld.

En 1149, l'abbaye de Želiv en Bohême, fut enlevée aux Bénédictins et donnée aux Prémontrés par l'évêque de Prague, Daniel. Godescalc fut de nouveau envoyé en Bohême pour en prendre possession avec un groupe de confrères. Élu premier abbé de la nouvelle fondation, il donna une impulsion décisive qui aboutit à la fondation de deux monastères féminins, à Louňovice en Bohême, et à Kounice en Moravie. Il prit part aux chapitres généraux de 1174 et 1181 et eut la joie de participer à la dédicace de l'église abbatiale de Strahov en 1182. Il mourut le 17 février 1184, âgé de soixante huit ans, et fut enseveli dans l'église abbatiale de Želiv, où les Prémontrés célèbrent sa mémoire est célébrée le 1er mars en le considérant comme bienheureux.

---

[37] La source la plus importante pour sa vie est la *Chronique* de Gerlac, abbé de Milevsko, éditée dans les *Fontes Rerum Bohemicarum*, Prague, 1874, t. II, p. 271-272, 280, 461-462, 468, 477-478, 483-484, 486-505.

Ces héros du mouvement apostolique témoignent de la fécondité de l'idéal embrassé par saint Norbert et ses premiers compagnons. L'extraordinaire extension de l'ordre de Prémontré n'est pas seulement due à sa solide organisation et à ses statuts équilibrés, mais au souffle d'enthousiasme qui soulevait les foules conquises par l'idéal de vie apostolique dans lequel elles trouvaient une source féconde de vie et de sainteté.

5. L'influence des croisades sur la spiritualité

Une lettre au pape Innocent III, écrite en 1214 par Gervais de Chichester, l'un des plus remarquable abbés de Prémontré aux origines de l'ordre, illustre bien les deux principales préoccupations des esprits les plus religieux à cette époque : la réforme spirituelle et la reconquête des Lieux-Saints :

> « Combien je suis heureux que la Divine Providence vous ait élevé sur le faîte de la dignité apostolique ! Et cela principalement pour deux raisons : Votre intention a toujours été à la fois de secourir la Terre Sainte et de procurer à la Sainte Église un accroissement honorable aussi bien dans la sainteté que dans le nombre de ses enfants » [38].

Les croisades ne pouvaient manquer d'exercer une puissante influence sur l'ordre de Prémontré : saint Norbert lui-même vécut dans l'atmosphère de la première d'entre elles et les liens du sang l'unissaient au chef de la croisade, Godefroid de Bouillon. S'il n'eut pas le loisir de se rendre en Terre Sainte [39], il ressentit certainement une grande joie à l'annonce de la prise de Jérusalem, le 15 juillet 1099.

Si Norbert n'eut guère le temps de s'occuper de la Terre Sainte, il n'en fut pas de même de ses disciples, à commencer par le premier d'entre eux, Hugues de Fosses. Dès 1141, Baudoin II, roi de Jérusalem, offrit à saint Bernard le lieu de Saint-Samuel (Nebi Semouil), à 8 km au Nord de la Ville Sainte. L'abbé de Clairvaux se rendit compte que les Cisterciens ne pourraient exercer d'influence apostolique sans rompre avec leur genre de vie. Aussi de décida-t-il à offrir cette mission à Hugues de Fosses qui l'accepta. Ce dernier envoya une petite communauté auprès du roi Foulques, comte d'Anjou, successeur de Baudoin, et saint Bernard adressa cette recommandation à la reine Mélisende :

---

[38] *Epistolae Gervasii Abbatis Generalis*, in C.L. HUGO, *Sacrae Antiquitatis Monumenta*, Étival, 1725, t. I, p. 5.

[39] Cependant, une lettre de saint Bernard fait état de l'intention de saint Norbert de se rendre en Terre Sainte : *S. Bernardi Opera...*, epist. 355, éd. J. LECLERCQ et H. ROCHAIS, Rome, 1977, p. 299.

« La recommandation que je vous adresse en faveur des Prémontrés est plus inutile que téméraire, car ils sont par eux-mêmes si recommandables qu'ils n'ont pas besoin d'autrui. Vous trouverez en eux des hommes de bon accueil, d'un esprit ferme, patients dans les épreuves, puissants en oeuvres et en paroles. Ils sont revêtus de l'armure de Dieu : ils ont ceint le glaive de l'Esprit qui est la parole de Dieu [...] Accueillez-les comme des guerriers pacifiques, doux aux hommes, terribles aux démons » [40].

Les Prémontrés répondirent aux espérances que l'on fondait sur eux. L'église conventuelle renfermait un pseudo-tombeau du prophète Samuel vénéré par les Juifs, les Musulmans et les Chrétiens, et fut détruite en 1917 par l'artillerie ottomane.

Quelques années avant la fondation prémontrée de Saint-Samuel, l'abbaye de Floreffe avait répondu en 1136 à l'appel du pape Innocent II. Le pape envoya l'abbé Amalric et quelques compagnons prêcher en Terre Sainte [41]. Ceux-ci furent chaleureusement accueillis par Foulques et le patriarche Guillaume. Ils prêchèrent en Palestine et en Syrie et obtinrent de nombreuses conversions, même de Musulmans. Cependant, on concevait mal des prédicateurs itinérants, aussi le patriarche voulut-il les fixer à Jérusalem. Ils préférèrent la solitude de Saint-Habacuc et de Saint-Joseph d'Arimathie à Ramleh d'où ils sortaient fréquemment pour aller prêcher à la demande des évêques. En 1152, Amalric devint évêque de Sidon et plusieurs de ses religieux furent après lui appelés à l'épiscopat.

Après la prise de Jérusalem par Saladin en 1187, les Prémontrés de Saint-Samuel et une partie de ceux de Saint-Habacuc furent massacrés par les Musulmans. Les autres trouvèrent refuge en 1191 à Saint-Jean d'Acre. Au concile du Latran de 1215, le pape Innocent III nomma Jacques de Vitry évêque de Saint-Jean d'Acre, mais celui-ci exigea, avant de partir pour la Terre Sainte, de recevoir pour compagnon de ses prédications l'abbé de Floreffe, Hillin, successeur d'Amalric. Gervais de Chichester, présent au concile, recommanda vivement le prélat de Floreffe au patriarche de Jérusalem, Albert de Château-Vautier, lui aussi chanoine régulier. Les Prémontrés demeurèrent à Saint-Jean d'Acre jusqu'à la prise de la ville en 1291. Vingt six Prémontrés furent alors brûlés ou égorgés, après avoir assisté au supplice de leur abbé, Gilles de Marle, qui fut coupé en morceaux devant ses frères pour les inciter à apostasier. Tous les Prémontrés de Terre Sainte moururent en martyrs : il ne s'en trouva pas un pour renier sa foi au Christ. La Terre Sainte définitivement perdue, l'abbé général Gervais de Chichester n'en continua pas moins à s'intéresser aux Lieux Saints. Pendant un siècle, la Chrétienté

---

[40] *Ibid.*

[41] C.L. SLACK, « The Premonstratensians and the Crusader Kingdoms in the Twelfth and Thirteenth Centuries », *Analecta Praemonstratensia*, t. LXVII (1991), p. 207-231, t. LXVIII (1992), p. 76-100.

ne se résigna pas à cette perte irrémédiable et les prédicateurs de la croisade parcoururent l'Europe pour recruter des soldats et recueillir les offrandes nécessaires à leur équipement.

Contraints d'abandonner la Terre Sainte, les Prémontrés ne s'y résignèrent jamais, et s'en établirent le plus près possible : près de Patras en Grèce, ils fondèrent l'abbaye de Kalabrita ; à Chypre, celle de Bellapaïs où le prince Hayton, fils du roi d'Arménie, reçut l'habit norbertin. La présence des Prémontrés aux portes de la Terre Sainte se maintint jusqu'à la victoire définitive des Turcs en 1571.

La croisade ne pouvait manquer d'influencer la spiritualité de Prémontré comme celle de la plupart des ordres religieux. Elle fut à l'origine d'un bon nombre de vocations non plus attirées par l'idéal apostolique, mais par la vie religieuse considérée comme une autre manière de prendre la croix.

Gilbert de Neuffontaines

Saint Gilbert est l'un de ces nouveaux croisés du cloître. Chevalier appartenant à la haute noblesse d'Auvergne, il s'engagea sur les conseils d'Ornifiers, abbé prémontré de Dilo, dans la deuxième croisade. Prêchée par saint Bernard à Vézelay et conduite par le roi de France Louis VII, la croisade se transforma en désastre militaire.

Rescapé de cette périlleuse entreprise, Gilbert résolut, de concert avec son épouse Pétronille et sa fille Poncia, de se consacrer à Dieu dans la vie religieuse. Il donna sur-le-champ une partie de ses immense biens aux pauvres et construisit un monastère de moniales norbertines dans lequel entrèrent sa femme et sa fille. Après avoir pris l'habit prémontré à Dilo, Gilbert construisit l'abbaye de Neuffontaines et en devint bientôt le premier abbé. Suivant l'intuition de saint Norbert, il construisit un hôpital qui devint rapidement célèbre par les miracles qu'il y accomplit.

Pénitent et charitable, il attira une foule de malades et de pécheurs désireux de soulager leurs maux physiques et spirituels, et de recouvrer la santé du corps et de l'âme. Les malades les plus répugnants ne le rebutaient pas et souvent il guérissait leurs plaies en les baisant. On lui amenait de tous côtés des enfants gravement malades, atteints de fièvre, de dysenterie, d'épilepsie, d'hémorroïdes ou d'autres affections graves. Il leur imposait les mains et récitait sur eux les paroles de Jésus : « Laissez venir à moi les petits enfants et ne les éloignez pas : le royaume des cieux est à ceux qui leur ressemblent », et il les rendait guéris à leurs parents.

Épuisé par la pénitence et son labeur, il rendit l'âme le 6 juin 1152. Par amour de la pauvreté et de ses malades, il voulut être enterré dans le cimetière des pauvres décédés à l'abbaye. À la suite des nombreux miracles que Dieu opéra par son intercession, son corps fut enseveli dans l'église abbatiale. Le fête de saint Gilbert, le 24 octobre, rappelle la date de cette translation. L'abbaye de Neuffontaines fut supprimée en 1790. L'année suivante, les reliques de saint Gilbert furent transférées dans l'église Saint-Didier, pour les mettre à l'abri. On ne les a jamais retrouvées, malgré plusieurs campagnes de fouilles dont la dernière remonte aux années 1945-1946.

Gerlac

Saint Gerlac [42] est lui aussi un chevalier du XIIe siècle. Affligé par la mort soudaine d'une épouse tendrement aimée, il se rend pieds nus à Rome. Le pape Eugène III l'envoie à Jérusalem où il demeure sept années, occupant à l'hôpital le modeste emploi de porcher. Il revient ensuite à Rome et, avec la permission du pape Adrien IV, embrasse la vie érémitique à Falcobourg entre Utrecht et Aix-la-Chapelle, dans l'intention d'y vivre dans la solitude, la pénitence et la contemplation de Dieu. Dans le tronc d'un grand chêne creux, il entasse des pierres sur lesquelles il dépose une natte de paille, et vit là quatorze années durant, jusqu'à la fin de sa vie.

Certains ermites portaient simplement la robe de laine et le capuchon. D'autres adoptaient l'habit d'un ordre religieux, revêtaient l'habit cistercien ou prémontré par exemple, ce qui les rattachait un peu à la manière des tertiaires réguliers de l'époque moderne, à l'institut dont ils avaient adopté l'habit. Gerlac voulut porter la tunique blanche des fils de saint Norbert.

Tant que ses forces le lui permirent, il se rendit chaque matin à Maastricht vénérer les reliques de saint Servais. Le samedi, il se rendait, en mémoire de la Vierge Marie, pieds nus à Aix-la-Chapelle. Lorsque ses forces diminuèrent, il accomplit ses pèlerinages à dos d'âne. Attirés par sa réputation de sainteté et la sagesse de ses conseils, de nombreux clercs et laïcs venaient se mettre sous sa direction spirituelle. Il mourut la veille de l'Épiphanie en 1170. Enseveli sur le lieu de sa vie pénitente, son corps fut exhumé par la suite, et l'on rapporte qu'il était intact, revêtu de son cilice et portant une croix qui venait de Jérusalem. En 1599, l'évêque de Ruremonde, Henri de Cuyck, procéda à l'exaltation des reliques du saint.

Hroznata

Le bienheureux Hroznata [43], fondateur de l'abbaye de Teplá en Bohême, fut lui aussi un croisé. Après la mort prématurée de sa femme et

---

[42] *Acta Sanctorum*, 5 janvier, I, p. 304-321.
[43] *Ibid.*, 14 juillet, III, p. 793-810.

de son fils, il résolut de consacrer ses biens à la fondation d'un monastère prémontré. Il fonda l'abbaye de Teplá en 1193, au diocèse de Prague, prit ensuite la croix et fit le voeu de partir pour la Terre Sainte. Il gagna l'Italie dans l'intention de partir pour Jérusalem, mais l'expédition fut indéfiniment retardée. Aussi vint-il à Rome pour demander au pape Célestin II la dispense de son voeu. Le pape la lui accorda, mais lui demanda de construire un monastère pour les moniales norbertines, ce qu'il fit en fondant après 1202 la communauté de Chotesov.

Une fois cette fondation assurée, Hroznata retourna à Rome où il reçut du pape l'habit prémontré. Il revint ensuite à Teplá où les supérieurs le chargèrent de l'administration des biens temporels de l'abbaye. Il fit tant et si bien que la jalousie s'empara des envieux. Ceux-ci lui tendirent une embuscade tandis qu'il visitait les granges de l'abbaye. Ils le conduisirent en Allemagne où il fut soumis à de cruels traitements. Il mourut en prison le 14 juillet 1237 et fut honoré comme martyr pour les libertés de l'Église. Enseveli dans l'église abbatiale de Teplá, son corps fut sauvé par le curé du lieu lors de l'occupation de l'abbaye par les soldats communistes. Le 14 juillet 1993, à l'occasion du VIIIe centenaire de l'abbaye, ses reliques furent à nouveau solennellement transférées dans l'église abbatiale de Teplá, où il est vénéré spécialement par les Tchèques et les Bavarois.

Gertrude de Hongrie

Fille de Louis de Hesse et de sainte Élisabeth de Hongrie, Gertrude fut consacrée à Dieu et confiée comme oblate aux norbertines du monastère de Altenberg en Allemagne. Devenue jeune fille, Gertrude prit le voile et devint prieure de son monastère à l'âge de 24 ans.

Lorsque le pape Urbain IV appela le monde chrétien à reprendre la croisade, Gertrude et ses soeurs se firent les zélatrice du mouvement en Hongrie. Ayant pris la croix ainsi que ses religieuses et une foule de dames de la noblesse hongroise, non seulement elle prieraient pour les croisés et le succès de leur entreprise, mais elles contribueraient de leurs deniers à l'entretien de plusieurs chevaliers, comme c'était la coutume. L'action menée par Gertrude et celles qui la suivirent dans ce mouvement montre combien la croisade était devenu un climat spirituel, tout centré sur les Lieux Saints de la Rédemption, et par-delà ces Lieux sur la personne du Rédempteur.

Dans la vie quotidienne, Gertrude s'exerçait, à l'hôpital et dans l'enceinte du monastère, aux tâches les plus humbles. Elle avait reçu la grâce de réconcilier les personnes désunies, et n'hésitait pas à implorer l'assistance divine par ses pénitences et ses austérités particulièrement rigoureuses. À peine le pape Urbain IV eut-il institué la Fête-Dieu en 1261, que Gertrude la fit célébrer dans son monastère avec grande solennité, trouvant dans cette dévotion une magnifique expression de l'amour manifesté par saint Norbert envers l'eucharistie.

À l'âge de soixante-dix ans, Gertrude fut atteinte d'une maladie mortelle et mourut le 13 août 1297, après cinquante ans de priorat. Le pape Clément VI accorda aux religieuses d'Altenberg de célébrer chaque année la mémoire de la bienheureuse Gertrude, et Benoît XIII, par la suite, étendit ce privilège à l'ordre tout entier.

La croisade eut donc des effets considérables sur la vie de l'ordre de Prémontré comme sur celle de l'Église entière. Non seulement elle valut de nombreuses et excellentes vocations, mais elle provoqua une nouvelle orientation spirituelle. Depuis le XIe siècle, les chrétiens orientaient leur piété vers l'humanité du Christ, mais cette spiritualité prend une nouvelle ampleur et s'approfondit à la suite des pèlerinages au Calvaire, à Nazareth et surtout à Bethléem. Grégoire VIII écrit :

> « Chose merveilleuse et ineffable, le Dieu qui a voulu s'incarner, par qui tout a été créé, dans sa sagesse ineffable et sa miséricorde incompréhensible a voulu opérer notre salut dans la Terre Sainte, par l'infirmité de la chair, la faim, la soif, la croix et la mort, puis la résurrection, selon ce qui est écrit. Il a opéré notre salut au centre de la terre » [44].

Cependant, la dévotion issue de la croisade se manifeste, à son origine, sur le plan liturgique et, en particulier, dans la célébration de la Semaine Sainte. En Palestine, l'ordre de Prémontré fut en relation étroite avec l'ordre des Chanoines Réguliers du Saint-Sépulcre, et lui emprunta bon nombre d'éléments caractéristiques. Le Père François Petit notait justement en 1948 :

> « L'ordre de Prémontré suivit le Saint-Sépulcre de très près. Quand on compare le premier Ordinaire ou cérémonial des Prémontrés avec l'Ordinal du Saint-Sépulcre, la ressemblance est frappante, bien plus qu'avec les rites de Laon, de Cîteaux, de Cluny et les autres, soit que l'Ordinal du Saint-Sépulcre, constitué dès 1111, ait servi directement de modèle, soit qu'on ait copié les coutumes d'une église de France qui auraient été adoptées par Jérusalem. Encore aujourd'hui, les offices de la Semaine Sainte se font chez les Prémontrés, sauf de minimes détails empruntés plus tard au rit romain, de la façon qu'on tenait au Saint-Sépulcre à l'époque des croisades » [45].

Cette liturgie est un poème triomphal. Pas un mot des souffrances de Jésus, de ses humiliations. Toutes les processions et stations ont pour but le Temple, le Cénacle, le Sépulcre de Marie-Madeleine, l'Ascension. La dévotion à la Croix du Christ revêt une ferveur et une ampleur nouvelles.

---

[44] P. LABBE, G. COSSART, *Sacrosancta Concilia ad regiam editionem exacta*, Paris, 1671-1672, t. X, p. 1749.

[45] F. PETIT, *La Spiritualité des Prémontrés...*, p. 87.

On ne songe pas à apitoyer les âmes, mais à chanter la victoire du Christ. Jusqu'à la réforme liturgique de Vatican II, l'office du Vendredi Saint lui-même différait passablement du rit romain caractérisé par ses ornements noirs et l'atmosphère de deuil. L'office du Saint-Sépulcre adopté par Prémontré reprenait, avec les chapes et les dalmatiques rouges, son accent de louange et d'allégresse.

Cette dévotion à la Croix prit tout de suite une place considérable dans la liturgie prémontrée. À la messe, après les prières au bas de l'autel, le prêtre baisait l'autel et la croix du missel en disant : « Nous adorons ta Croix, Seigneur, nous rappelons ta glorieuse Passion. Aie pitié de nous, toi qui as souffert pour nous » [46]. Dans certaines églises prémontrées comme celle d'Averbode en Belgique, le prêtre récitait après la communion les versets suivants d'Adam de Saint-Victor :

> « Remède des chrétiens, sauve-nous, guéris les malades ; ce que ne peut l'âme humaine, que cela s'accomplisse en ton nom. Consécrateur de ta Croix, exauce ceux qui assistent à ses louanges. Les serviteurs de ta Croix, après cette vie, conduis-les au palais de la vraie lumière » [47].

Dès cette époque, la messe de la Sainte Croix était devenue la messe conventuelle du vendredi. Dans la Croix du Christ s'opère une transformation radicale : un instrument de supplice immonde est transformé en source de vie, de sanctification et de glorification pour tous ceux qui la portent. Témoignage de faiblesse, la voici transformée en protection invincible pour ceux qui s'appuient sur elle.

La dévotion au Saint-Sépulcre occupe aussi au XIIe siècle une place que nous avons peine à imaginer. Il ne s'agit pas d'une tendre compassion envers le Christ enseveli, courant dévotionnel qui est plus tardif, mais d'une dévotion à la Résurrection du Sauveur. Le chapitre des chanoines du Saint-Sépulcre s'appelait lui-même *Capitulum venerandae Resurrectionis*. Parmi toutes les sources de dévotion, la Résurrection du Christ prend au XIIe siècle une place unique. Et lorsque saint Norbert donne à son ordre un habit blanc, la couleur pascale, il en donne pour justification première, le fait que les anges annonciateurs de la Résurrection du Sauveur étaient apparus vêtus de blanc. Un peu à la manière de la liturgie du Saint-Sépulcre, qui prolongeait le Temps Pascal jusqu'à l'Avent, la liturgie de Prémontré, dans une moindre mesure, faisait célébrer durant tout le Temps Pascal la messe du dimanche, « par honneur pour la sainte

---

[46] « *Tuam Crucem adoramus, Domine, tuam gloriosam recolimus Passionem. Miserere nostri qui passus es pro nobis* », cf. F. PETIT, *La Spiritualité des Prémontrés...*, p. 87-88.

[47] « *Medicina Christiana, salva nos : aegros sana quod non valet mens humana fiat in tuo nomine. Assistentes Crucis laudi consecrator Crucis audi atque servos tuae Crucis post hanc vitam verae lucis transfer ad palatia* », cf. *ibid.*, p. 88.

Résurrection », et l'on faisait mémoire de la Résurrection à toutes les messes conventuelles, avec la procession de Pâques et chantant même la messe *Resurrexi* tous les dimanches du Temps Pascal. Aux fêtes des saints, un des deux versets de l'*Alleluia* rappelait la Résurrection.

Le rappel des Lieux Saints, Jérusalem et surtout Bethléem, devait favoriser l'épanouissement d'une fervente piété mariale. L'*Office de la Sainte Vierge* ajouté chaque jour à l'office canonial était un fruit de la croisade. Institué par Pierre Damien chez les Camaldules, l'*Office de la Sainte Vierge* avait été prescrit à tous les clercs par le concile de Clermont où le pape Urbain II avait prêché la croisade, pour obtenir le succès des armées chrétiennes. Ajoutons qu'un certain nombre de maisons prémontrées adoptèrent des noms évoquant la Terre Sainte : Sainte-Croix, Bethléem, le Sépulcre de Marie, Siloé, Jéricho, le Mont-Olivet, le Mont-Sion.

6. Les écrivains

Comparé à ceux d'autres ordres religieux, les écrivains prémontrés des XIIe et XIIIe siècles ne sont pas très nombreux, et moins nombreux encore sont ceux dont les oeuvres ont été éditées. Ceci s'explique par le ministère des âmes. Dans les abbayes, les talents les plus remarquables furent souvent employés pour l'administration des paroisses et la prédication. Combien de modestes paroisses furent-elles desservies par d'authentiques docteurs de la foi, qui n'auraient jamais occupé une telle charge s'ils n'avaient été religieux ! Heureusement, quelques auteurs réussirent, malgré le poids de leur ministère, à mettre par écrit le fruit de leur méditation et de leur recherche. Grâce à eux, nous connaissons mieux la vie spirituelle telle qu'elle était comprise et vécue dans les abbayes prémontrées des XIIe et XIIIe siècles.

Émon du Jardin Fleuri

Émon, premier abbé du Jardin Fleuri en Frise, est une figure fort attachante, mais dont le style nous déroute. Il choisit pour nous livrer sa pensée, le style de la chronique, à l'imitation des chroniques monastiques. En fait, il s'agit d'un carnet de notes personnelles. Théologien, canoniste, grammairien, musicien, professeur aux dons pédagogiques multiples, il est aussi bibliophile et trouve sa joie dans la copie et l'enluminure des manuscrits de plain-chant. Peu pratique, Émon fut heureusement secondé par deux disciples, Sifrid et Thitard, dans la conduite régulière et administrative de l'abbaye, tandis qu'il vaquait à la prière, au travail intellectuel, et consacrait de longues heures chaque jour à la formation spirituelle des chanoines et des moniales.

Après une phase de fondation très agitée, Émon se rendit à Prémontré. Il fut enthousiaste de la communauté, car il y vit une « église vraiment apostolique ». Il y copia les livres liturgiques, et nota avec soin tous les *toni communes* de l'office divin, avant de rejoindre sa fondation. Revenu au Jardin Fleuri, Émon dut faire face à de nombreuses adversités de tous ordres.

Retenons de ses notes personnelles les réflexions qu'il nous livre avec candeur sur les difficultés de vivre la chasteté. Malgré une nature calme et pondérée, et une intense vie spirituelle, il fut assailli de tentations qui, en 1217, devinrent si violentes qu'il s'en fallut de peu qu'il ne faillît. Il eut alors recours aux remèdes appropriés : l'eucharistie, la lecture, la prière. Il saisit peu à peu la distinction entre la simple suggestion, le manque de vigilance, et enfin le consentement. Si le consentement se transforme en habitude, l'état de l'âme empire, mais la résistance à la tentation enracine les vertus dans l'âme. Émon prend conscience de la nécessité absolue de la grâce et de la coopération qu'elle exige pour porter son fruit.

Un autre sujet de préoccupation ne laissait pas de tourmenter Émon. Au début de sa vie religieuse, il éprouvait une certaine facilité à vivre dans la dévotion et dans la communion habituelle avec Dieu, mais avec les soucis de sa communauté naissante, il découvre la difficulté d'honorer en même temps ses devoirs envers ses frères et l'intimité avec Dieu. Dans sa jeunesse, il n'avait pas été particulièrement pieux, mais il avait toujours été généreux, vivant dans une certaine innocence, humble, et pauvre. Or, dans l'exercice de sa charge de prévôt, Émon se demande avec insistance s'il vit en conformité avec la réforme dont l'Église a encore tant besoin dans son propre pays. En 1223, à la suite de nouveaux malheurs qui s'étaient abattus sur sa communauté, Émon retrouve la paix, mettant toute sa confiance dans la grâce de Dieu, pour en arriver à cette conclusion : il faut chercher avant tout la charité, signe de la présence de l'Esprit Saint dans l'âme.

Très conscient de sa responsabilité envers ses confrères établis dans les paroisses, Émon leur donne des conseils propres à maintenir en eux le désir de la sainteté, et surtout il entend que ses prêtres ne soient jamais seuls, mais au moins deux, de façon à maintenir la communauté, si importante dans l'intuition de saint Norbert. En effet, Émon se trouvait aux prises, comme les autres abbés de l'ordre, avec un problème considérable dû au développement des paroisses : comment maintenir dans de petites résidences la ferveur religieuse soutenue dans les grandes communautés par un cadre de vie conventuelle bien précis ? Émon fit preuve d'un tact remarquable dans ses recommandations qui témoignent de la très haute idée qu'il se faisait de la sainteté sacerdotale.

Émon mourut en 1237, au Jardin des Roses, le monastère de moniales qu'il avait fondé. Peu soucieux de ses propre souffrances, il soulagea celles des autres malades, et s'éteignit le jour de la sainte Lucie, pour laquelle il avait une dévotion particulière. Frères et soeurs l'entourèrent durant son agonie et le portèrent, revêtu des ornements sacerdotaux, au Jardin Fleuri où on l'inhuma dans la salle du chapitre. De nombreux miracles se produisirent sur son tombeau. À tous il apparaissait comme un religieux qui avait consacré sa vie entière au culte de Dieu.

Vivien de Prémontré

D'après Martène et Durand [48], Vivien aurait été l'un des premiers disciples de saint Norbert. On ignore tout de sa vie, sinon qu'il écrivit, probablement après 1130, un ouvrage sur la grâce et le libre arbitre. Il dédia ce traité au doyen du chapitre de Saint-Quentin, Gérard. Martène retrouva le texte de ce traité dans un manuscrit du Collège de Navarre. Tombés dans l'oubli au cours des siècles, Vivien et sa doctrine ont fait l'objet de récentes études approfondies [49].

Son traité, *Harmonia, sive tractatus de libero arbitrio et gratia* [50], inspiré de saint Augustin et de saint Bernard, écrit dans un style net et élégant, expose l'action simultanée de la grâce et du libre arbitre dans l'âme humaine. Grâce et libre arbitre n'agissent pas successivement et par parties, mais ensemble, et pour le tout des actes méritoires.

Vivien se distingue par son attention à marquer que les mystiques, durant leur contemplation, jouissent un peu de la liberté céleste, à la manière des élus :

> « Seuls les contemplatifs, lorsqu'ils sont soulevés, dans l'envol de l'esprit, sur les ailes de la contemplation, jouissent un peu de la liberté de complaisance. Encore est-ce assez peu et bien rarement » [51].

Par l'ascèse, le pécheur reconquiert une partie de sa liberté. Les bonnes oeuvres constituent, certes, des mérites, mais elles sont surtout les marques d'une prédestination secrète et les présages du bonheur éternel. Selon Vivien, les bonnes oeuvres sont davantage le chemin qui conduit au

---

[48] E. MARTÈNE et U. DURAND, *Veterum scriptorum... amplissima collectio*, Paris, 1733, col. 1075-1092.

[49] U.G. LEINSLE, *Vivianus von Prémontré. Ein Gegner Abaelards in der Lehre von der Freiheit*, Averbode, 1978 (Coll. Bibliotheca Analectorum Praemonstratensium - 13). – « Die Hugo von St-Viktor zugeschriebenen Texte "De libero arbitrio" und Vivianus... », *Analecta Praemonstratensia*, t. LVII (1981), p. 183-195.

[50] *P.L.*, t. 166, col. 1319-1336.

[51] *P.L.*, t. 166, col. 1327.

Royaume et le signe de la prédestination au bonheur, que la cause de la béatitude.

Zacharie de Besançon

La *Chronique* [52] du cistercien Albéric de Trois-Fontaines est la seule source à attester l'appartenance de Zacharie à l'abbaye prémontrée de Saint-Martin de Laon, et à situer son activité vers 1157.

Une demi-douzaine au moins de chartes épiscopales nous renseignent sur l'activité de maître Zacharie de Besançon, durant une période bien précise – entre 1131 et 1134 – qui conclut l'épiscopat du brillant archevêque Anséri (1117-1134). Il convient de noter que le dernier acte dans lequel figure le nom de Zacharie est précisément une confirmation d'Anséri en faveur de la maison de Corneux, prieuré de Saint-Paul de Besançon, qui allait être offerte quelques mois plus tard à Gauthier, abbé des Prémontrés de Saint-Martin de Laon.

Durant son séjour à Besançon, Zacharie fut maître des écoles de la cathédrale Saint-Jean. Un *Statutum* du Provincial des Mineurs d'Autriche, Albert de Haimburg, daté de 1275, complète la documentation et permet d'identifier avec certitude Zacharie de Besançon avec l'auteur du célèbre *In unum ex quatuor*. Il est vraisemblable que Zacharie fut l'un des nombreux lettrés qui se joignirent avec enthousiasme aux premières communautés de Prémontré.

Un seul ouvrage de Zacharie, l'*Unum ex quatuor* [53], nous est actuellement connu. Il paraît pourtant certain qu'il édita d'autres textes. Au XVIIᵉ siècle, l'abbaye cistercienne d'Aulne-sur-Sambre en Belgique possédait un recueil d'homélies portant son nom. L'*In unum ex quatuor* est une volumineuse *Expositio* commentant, surtout à l'aide de citations patristiques, une ancienne *Concordia* où les quatre Évangiles se trouvent fondus et « harmonisés » en un texte continu. Le texte que Zacharie commente dans son *Unum ex quatuor* n'est autre que le *Diatessaron* de Tatien, qui fut sans doute le premier essai d'un évangile en latin. Il recourut principalement à Jérôme, Hilaire et Raban sur Matthieu ; Jérôme et Bède sur Marc ; Ambroise et Bède sur Luc ; Augustin et son abréviateur Albinus sur Jean. L'oeuvre est également illustrée par les homélies

---

[52] *Chronique d'Albéric de Trois-Fontaines*, éd. P. SCHEFFER-BOICHORST, *MGH*, t. XXIII, col. 631-950.

[53] ZACHARIAS CHRYSOPOLITANUS, *In unum ex quatuor*, [Strasbourg], 1473 ; 2ᵉ éd., 1535 ; 4ᵉ éd., Lyon (conservées dans la Bibliothèque de l'abbaye prémontrée d'Averbode, Belgique) ; *P.L.*, t. 186, col. 11-620. – J.P. MIGNE, éd., *Dictionnaire des Manuscrits*, t. II, col. 1136, 1231, 1284, 1439.

d'Origène, Grégoire, Jean-Chrysostome, et des textes d'autres auteurs, chrétiens ou non.

L'ouvrage connut un tel succès que l'on en connaît encore presque cent manuscrits, copiés entre le XIIIᵉ et le XVᵉ siècle. Leur dispersion géographique est remarquable : Angleterre, Italie, Portugal et Bohême, et témoigne du rayonnement de Zacharie à travers son oeuvre. Ce commentaire fut imprimé dès 1473 à Strasbourg, dans la patrologie de Cologne en 1535, dans celle de Lyon en 1677, et dans celle de Migne en 1854. L'intérêt de cet ouvrage a donné lieu à de nombreuses études [54].

Le commentaire, très patristique, comporte des *excursus* qui ne sont point des rédactions originales de Zacharie, mais des sortes de compilations inspirées de l'enseignement d'Abélard, de l'école victorine, et des *Sententiae Anselmi*. Le mérite de Zacharie et son originalité résident dans le fait qu'il se situe au carrefour des principales idées théologiques et spirituelles du XIIᵉ siècle, et témoigne de leur influence à la veille de l'apparition des *Sentences* de Pierre Lombard. Ainsi l'ancienne théologie, scripturaire et patristique débouchait harmonieusement sur les « questions » discutées dans les écoles. Les variantes des manuscrits sur des points particuliers comme la Trinité ou la foi donnent à penser que l'auteur a apporté des modifications à son texte après la condamnation d'Abélard dont il avait primitivement suivi la pensée sur ces sujets. Ces conclusions permettent d'établir que Zacharie a achevé et publié son ouvrage après le concile de Sens de 1140, qui condamna certaines thèses d'Abélard, et avant d'entrer, vers 1145-1150, à l'abbaye Saint-Martin de Laon. Il est clairement établi que Zacharie a fortement influencé les *Deflorationes* de Werner de Saint-Blaise († 1174), publiées peu après 1150, et les *Glossae super unum ex quatuor*, inédites, de Pierre le Chantre, ainsi que l'*Historia scolastica* de Pierre le Mangeur, écrite entre 1169 et 1173.

Zacharie enseigne l'excellence de l'Évangile et comment il se distingue de la Loi. Avec pédagogie, il conduit son lecteur de la matérialité

---

[54] O. SCHMID, « Zacharias Chrysopolitanus und sein Kommentar zur Evangelienharmonie. Eine exegetisch-historische Studie », *Theologische Quartalschrift*, t. LXVIII (1886), 531-547 ; t. LXIX (1887), 231-275. – F. PETIT, *La spiritualité des Prémontrés...*, p. 8, 99-100, 118, 240. – D. VAN DEN EYNDE, « Les "Magistri" du Commentaire "Unum ex quatuor" de Zacharias Chrysopolitanus », *Antonianum*, t. XXIII (1948), p. 3-32, 181-220. – J.B. VALVEKENS, « Zacharias Chrysopolitanus », *Analecta Praemonstratensia*, t. XXVIII (1952), p. 53-58. – F. STEGMÜLLER, *Repertorium biblicum Medii Aevi*, t. IV, p. 20-21 [sous « Nicolaus Chrysopolitanus] ; t. V : *Commentaria. Auctores R-Z*, Madrid, 1955, p. 449-451. – *Histoire de Besançon*, sous la dir. de C. FOHLEN, Paris, 1964, t. I, p. 306-307. – B. de VREGILLE, « Notes sur la vie et l'oeuvre de Zacharie de Besançon », *Analecta Praemonstratensia*, t. XLI (1965), p. 293-309. – B. SMALLEY, « Some Gospel Commentaries of the Early Twelfth Century », *Recherches de théologie ancienne et médiévale*, t. XLV (1978), p. 147-180. – G. R. EVANS, « Zachary of Besançon and the Bible's contradictions », *Analecta Praemonstratensia*, t. LVIII (1982), p. 319-323.

de l'Évangile à son but ultime : conduire à l'union avec la Trinité, à travers la personne divine du Verbe incarné, ses paroles et ses actions. À une époque où la dévotion à l'humanité du Christ renouvelle toute la spiritualité, il choisit comme objet de son étude tout le développement évangélique. Jésus est le Fils de Dieu et tous les hommes peuvent partager sa vie à travers leur foi en lui. L'Évangile parle comme un ami aussi bien à l'esprit des hommes cultivés qu'à celui des simples. Comme un bon pédagogue, il commence par enseigner les réalités facilement accessibles, afin d'ouvrir les âmes à la connaissance de la vérité cachée du mystère de Dieu.

Zacharie enseigne à passer de la matérialité des mots à Dieu dont ils révèlent la vérité. S'il y a bien quatre Évangélistes, et quatre Évangiles, la doctrine évangélique est une. Les variantes entre les récits des Évangélistes reflètent l'inspiration propre qu'ils ont reçue de Dieu pour mettre en lumière un aspect particulier de la Révélation. À la suite des Évangélistes, les prédicateurs ont pour mission d'annoncer la parole de vie :

> « Le Seigneur nous enseigne à négliger les biens moindres pour les biens supérieurs. C'est un plus grand bien de prêcher que d'ensevelir son père. Celui qui ensevelit son père cache un cadavre dans la terre ; celui qui prêche ressuscite les morts à la vie » [55].

Le prédicateur, comme les anges de la Résurrection, prêche non seulement par ses paroles mais aussi par son extérieur : « Les anges de la Résurrection proclament non seulement par leurs paroles mais aussi par le vêtement splendide la gloire du Christ triomphant » [56]. Avant la distinction entre contrition parfaite et attrition, Zacharie développe une idée intéressante pour la spiritualité du sacrement de pénitence : si la contrition est essentiellement liée à la charité, la pénitence extérieure peut parfois porter à son accomplissement le repentir encore naissant, et la confession rendre la contrition plus parfaite.

Bernard de Fontcaude

Bernard, abbé de Fontcaude [57], était chanoine de l'abbaye de Combelongue. Il fit partie des religieux envoyés fonder Fontcaude près de Béziers, vers 1165. Cité comme prieur en 1178, il apparaît sous le titre d'abbé en 1182, et acquiert une certaine notoriété dans sa lutte contre les

---

[55] *P.L.*, t. 186, col. 177.

[56] *Ibid.*, col. 591.

[57] H. BARTHÈS, *Histoire de l'abbaye Sainte-Marie-de-Fontcaude, Ordre de Prémontré, aux diocèses de Béziers, puis de Narbonne et de Saint-Pons-de-Thommières, et de ses bienfaiteurs*, Albi, 1979, p. 38-54.

Vaudois, après la condamnation de Pierre Valdès et de sa doctrine par le concile de Vérone, en 1184, sous le pontificat de Lucius III [58].

En écrivant dix ans plus tard, en 1194, son traité *Contre les Vaudois* [59], Bernard nous laissait le compte rendu d'une conférence tenue sous l'arbitrage de Raymond de Daventry entre Catholiques et Vaudois. Il dresse un tableau des progrès de la secte et de l'opposition menée par l'archevêque Bernard de Narbonne, et donne la raison de son *Traité* : instruire et exhorter les clercs qui, par ignorance ou par incapacité, ne résistent pas aux ennemis de la vérité et scandalisent les fidèles qui leur sont confiés. Les douze chapitres de l'ouvrage peuvent être regroupés en trois sections : les fidèles doivent obéissance à l'Église romaine et à la hiérarchie légitime ; la prédication doit être réservée à ceux qui ont reçu un mandat pour ce ministère ; quelques points de la doctrine catholique contestée par les Vaudois.

Parce qu'il s'efforcent de mener la vie pauvre des Apôtres, les hérétiques, homme et femmes laïcs, se croient en droit de prêcher l'Évangile. Comme cette désobéissance est fondée sur l'indignité des prêtres catholiques, Bernard rappelle une vérité traditionnelle : même les mauvais prêtres sont ministres mandatés par l'Église, car la grâce est indépendante de la dignité du ministre qui l'apporte dans l'administration des sacrements. Dieu ne laisse pas son Église sans pasteurs. Les Apôtres et leurs successeurs ont formé des maîtres et des chefs pour éviter que le peuple ne se perdît. Mais les hérétiques qui se sont séparés de cette Église trompent le peuple. Les prédications sans contrôle et sans mission tendent à la subversion des faibles et des ignorants. Bernard s'élève en particulier contre la prédication des femmes dont ce n'est pas la mission dans l'Église du Christ. Enfin, il montre aux Vaudois combien ils ont tort de rejeter la prière pour les morts et de s'absenter des églises pour préférer la prière solitaire. Certes le Christ invite à prier dans le secret, mais lui-même a prié dans le Temple, ainsi que les Apôtres. Il faut prier en tous lieux, mais spécialement dans l'église qui est maison de la prière. Certes, Dieu n'habite pas les maisons de pierre, il habite dans le coeur de l'homme, mais il veut que son Corps soit offert en même temps que sa Parole dans l'église, pour remplir le coeur de ses fidèles. Il réside dans l'église par le sacrement, sa puissance et sa présence.

Le souvenir de Bernard de Fontcaude s'est perpétué dans le diocèse de Narbonne, et témoigne de l'engagement de l'Église du Languedoc dans la lutte contre l'hérésie, lutte à laquelle saint Dominique devait fournir, par la suite, une contribution décisive. En 1211, l'archevêque Arnaud

---

[58] J.B. VALVEKENS, « Bernardus Fontis Calidi abbas O. Praem., et errores sui temporis », *Analecta Praemonstratensia*, t. XLVIII (1972), p. 143-146.

[59] *P.L.*, t. 204, col. 793-840.

Amalric lança un appel pressant à l'abbé de Prémontré, Gervais, pour assurer la prédication contre les hérétiques en Languedoc. En février 1212, l'abbé général répondit à l'archevêque en regrettant de ne pouvoir participer lui-même à cette prédication, mais il envoya des chanoines de Prémontré pour accomplir ce ministère à Toulouse. Au XVIIe siècle, Bossuet citait dans son *Histoire des variations des Églises protestantes* le *Traité* de Bernard, pour étayer sa réfutation des thèses réformées.

Philippe de Bonne-Espérance

Philippe de Harvengt, connu sous le nom de son abbaye, Bonne-Espérance, est l'un des plus fameux auteurs prémontrés du XIIe siècle, et l'un des meilleurs témoins de la spiritualité prémontrée. Clerc au sens le plus profond du terme, il considère trois conditions indispensables à l'exercice de cette fonction dans l'Église : être homme d'Église, disposer d'une science étendue, et la mettre au service des âmes.

D'extraction modeste, il eut cependant la bonne fortune de fréquenter une école de renom, sans doute celle de Laon. Il ressort de ses oeuvres une préoccupation majeure : la cléricature exige la sainteté. Philippe perçoit l'intuition de Prémontré et y voit une réalisation concrète de son idéal. Aussi entre-t-il dans l'abbaye de Bonne-Espérance, gouvernée par l'abbé Odon, l'un des disciples de saint Norbert. Ordonné prêtre, le voici prieur de son abbaye.

Or voici qu'un événement allait exercer une influence considérable sur l'oeuvre à venir du jeune Prémontré : un chanoine de Bonne-Espérance, épris de perfection, s'était enfui à Clairvaux, sans la permission de son abbé, et saint Bernard soutenait le contraire ! Cet épisode, un parmi des centaines sinon des milliers, illustrait bien la querelle d'alors sur la perfection respective des états de vie monastique et canoniale. Philippe écrivit deux longues lettres à saint Bernard qui ne daigna pas lui répondre. Il y notait entre autres : « Cela me fâche qu'à notre époque les ordres religieux se développent et que la charité se rétrécisse » [60]. Cette dispute avec saint Bernard n'était pas du goût de certains Prémontrés. Ils profitèrent de l'absence de l'abbé Odon pour accuser leur prieur de simonie, d'ambition et de fomenter la discorde. Après dix années de priorat, le chapitre général, saisi de l'affaire, donna tort à Philippe, et l'envoya en exil avec six autres religieux qui tenaient son parti. Ce départ, loin de ramener la paix à Bonne-Espérance, mit en lumière la mauvaise foi des accusateurs. Le chapitre général autorisa le prieur à rentrer dans son abbaye et à y reprendre l'exercice de sa fonction. Peu après, la paix se rétablit et Philippe fut élu abbé, après l'abdication d'Odon.

---

[60] *P.L.*, t. 203, col. 87.

Sous son abbatiat, l'abbaye prospéra matériellement et spirituellement. Le jour de Noël 1182, sentant sa fin proche, Philippe renonça à sa charge et se prépara à la mort qui survint le 27 avril suivant.

Ses ouvrages remplissent le tome 203 de la *Patrologie Latine* de Migne. Ils comprennent le *Traité de la formation des clercs*, un recueil de lettres dont quelques unes constituent de véritables petits traités, puis un commentaire marial du *Cantique des cantiques*, puis trois petits traités théologiques du songe de Nabuchodonosor, du salut du premier homme, de la damnation de Salomon. Il faut ajouter à cet ensemble un certain nombre de biographies, dont celles de saint Augustin, saint Feuillien, la bienheureuse Oda et sainte Waudru. Son érudition est extrêmement étendue aussi bien en histoire profane qu'en Écriture Sainte. Philippe est certainement l'un des plus grands théologiens du XIIe siècle, par le nombre et la variété de ses connaissances. Styliste, il s'est forgé un rythme très personnel, qu'il met au service d'une sensibilité exquise. Philippe excelle dans la description des scènes et des personnages, comme en témoigne cette évocation de la Visitation :

« Vous voyez deux femmes assises dans la même chambre : ce n'est pas la légèreté féminine, mais l'esprit de prophétie qui anime leur conversation. Elles chantent des laudes, elles tissent des prophéties. Parfois l'incrédule Zacharie trouve qu'elles le délaissent. Pendant l'espace de trois mois, la vierge et la femme mariée habitent la même maison. Elles s'aident mutuellement par l'affection et par les colloques, elles aiment se trouver ensemble non pour appliquer leurs mains actives à filer avec plus de rapidité mais pour dérouler les louanges divines en un joyeux dialogue » [61].

C'est surtout son grand ouvrage *De la formation des clercs* [62] qui l'a rendu célèbre. Ces pages représentent l'un des plus vastes efforts du Moyen Âge pour dévoiler l'essence de la spiritualité cléricale, nettement différente de la spiritualité monastique. Philippe est davantage un théologien positif qu'un spéculatif. Il a traité de la formation des clercs sous plusieurs chapitres : la dignité des clercs, la science des clercs, la justice des clercs, la continence des clercs, l'obéissance des clercs, le silence des clercs.

Face à l'opposition entre clercs et moines, Philippe prend parti, mais refuse de tomber dans le piège de la comparaison. Il ne traite dans son ouvrage que de l'ordre clérical. À force d'allégories sur les figures de l'Ancien Testament, il met en lumière la dignité des prêtres de l'Ancienne Alliance, mais fait surtout apparaître celle incommensurablement plus élevée des prêtres du Nouveau Testament : leur dignité c'est l'eucharistie qu'ils consacrent et qu'ils offrent. La dignité ne se suffit pas, elle postule la

---

[61] *P.L.*, t. 203, col. 1130.

[62] N.J. WEYNS, « À propos des Instructions pour les clercs (De Institutione Clericorum) de Philippe de Harvengt », *Analecta Praemonstratensia*, t. LIII (1977), p. 71-79.

sainteté des prêtres : Dieu veut qu'ils soient semblables à lui et non au monde. Une si haute dignité n'est pas l'objet d'une ambition, elle est le fruit d'un choix divin. Cependant, il ne suffit pas d'être choisi : ce fut aussi le cas de Judas, et c'est le cas des prêtres qui briguent les ordres par ambition ou par avarice :

> « Tous détestent Judas Iscarioth, tous exècrent son avarice. Mais si nous voulons examiner un peu soigneusement, il a attribué beaucoup de valeur au corps du Christ puisque pour l'immoler il n'a pas demandé moins de trente deniers, tandis que nos prêtres immolent le Christ à l'autel souvent pour un denier, bien souvent pour une obole. Ils ne remarquent même pas que le Christ n'a pas voulu être acheté à pareil prix, ni laisser célébrer le mystère de sa passion dans une vue si étroite. On peut le prouver par ses paroles mêmes, quand on veut les méditer avec quelque soin. Lorsque le Christ agonisait au début de sa passion et qu'il laissait un gage certain de lui-même, à ses bien-aimés disciples, en leur confiant la célébration du mystère de son corps et de son sang, il leur marque clairement dans quelle intention il veut qu'on le fasse, il dit : "Chaque fois que vous le ferez, vous le ferez en mémoire de moi". Attention, prêtres, je vous en prie, aux paroles du Christ. Comprenez bien dans quelle vue il faut célébrer le mystère de son corps et de son sang. Toutes les fois que vous ferez cela, vous le ferez en mémoire de moi. Qu'est-ce : "en mémoire de moi" ? Cela signifie : Non pas en mémoire d'un denier, en mémoire d'une chose séculière, en mémoire d'un avantage terrestre, mais en mémoire de moi, c'est-à-dire pour me plaire, pour m'aimer, pour donner à ma passion le complément convenable, afin que, comme mon amour pour vous m'a poussé à m'offrir moi-même au Père, l'amour que vous me rendrez porte chacun à s'offrir aussi lui-même pour moi. Donc celui qui célèbre et n'agit pas avec ce souvenir agit contre le commandement du Christ. Or il est certain que les sacrifices contraires à l'obéissance sont sans utilité puisque, comme le dit le Seigneur par la bouche de Samuel : l'obéissance vaut mieux que toutes les victimes. "Toutes les fois que vous ferez cela, vous le ferez en mémoire de moi". Il est heureux qu'à chaque messe ce verset soit répété dans le canon afin que le prêtre, de sa propre bouche, rappelle le commandement du Christ. Ainsi aucune excuse n'est valable, ni l'ignorance, ni l'oubli ne peuvent en s'étendant mettre un peu d'ombre sur sa faute. Ce verset donne aux justes un stimulant d'amour, aux injustes une augmentation de châtiment et de remords. En le redisant les uns s'excitent à imiter le Christ avec plus de ferveur ; en le méprisant les autres s'attirent un jugement plus sévère. Or la multitude de ceux qui le méprisent est si grande qu'ils remplissent non seulement les églises, mais les places publiques » [63].

Philippe constate avec peine combien de clercs, même chez les chanoines réguliers, sont peu enclins à vivre leur vocation dans son authenticité. Certains ne veulent pas demander les saints ordres tandis que d'autres se scandalisent de n'y être pas appelés assez rapidement. D'autres enfin les reçoivent certes pour l'honneur de Dieu mais aussi parce que cela leur agrée, dans un mélange de volonté propre et de tribut prélevé par le démon. Une fois choisi par Dieu, le prêtre se doit de se vêtir

---

[63] *P.L.*, t. 203, col. 682-683.

comme le grand prêtre Aaron, de la robe de la science et de la robe de la sainteté qui accorde toute les actions avec Dieu. Ainsi revêtu de science et de sainteté, le clerc peut donner de sa plénitude sans souffrir pour lui-même de détriment.

La science des clercs c'est l'Écriture. Sans méconnaître la Tradition, c'est directement dans l'Écriture que l'on cherche la doctrine catholique, à l'époque de Philippe. À l'invitation du Christ lui-même, les clercs se doivent de rechercher dans l'Écriture le sens de la Vérité qui lui rend témoignage. Bien des ambitieux satisfaits de peu se rengorgent dans leur ignorance. Même chez les chanoines réguliers qui ont tout quitté pour être libres et vaquer aux choses spirituelles, il se trouve des paresseux qui refusent de s'astreindre à l'étude, accusant même les studieux de perdre leur temps. Ils ne tiennent pas en place et sont sans cesse en quête de quelque chose à faire à l'extérieur du cloître, incapables de s'asseoir, de lire, et de méditer. La lecture ainsi négligée devient de plus en plus fastidieuse, et quelques uns s'en détachent complètement. Il faut par la lecture méditée connaître davantage le Christ pour que la connaissance le fasse aimer davantage et que l'amour conduise à s'attacher à lui. Il faut certes s'adonner au ministère et au travail manuel, mais tout cela doit se faire avec ordre et jamais par dégoût de l'étude.

La justice ou sainteté des clercs consiste en deux vertus religieuses : la pauvreté et la continence. Philippe rappelle aux Prémontrés qu'ils ont choisi la *pauvreté volontaire*, voulue, spontanée, qui commence par l'abandon réel et total de tout ce que l'on possédait auparavant. Il convient de s'en souvenir : être clerc, c'est être l'héritage de Dieu et avoir Dieu pour héritage. Dans l'Évangile, Jésus dit aux disciples : « Ne portez pas de bourse ».

« Autant leur dire : Vous qui avez mission de porter aux autres les paroles de la vie et de les inviter avec le plus grand zèle à l'amour des biens célestes, je ne veux pas que vous changiez un si digne ministère en une occasion de commodités terrestres. Il ne convient pas que vous qui invitez les autres aux richesses du royaume du ciel, vous portiez une bourse pour y déposer l'argent temporel. Vous donneriez l'impression de recommander une chose par vos paroles et d'en montrer une autre – horreur ! – par vos exemples. D'ailleurs l'auditeur ne saurait accepter la parole des prédicateurs sans voir leur vie conforme à la prédication. Aussi pour que leur parole fût recevable et pour qu'elle exhortât les autres efficacement au détachement des biens temporels, le Christ a voulu que les prédicateurs ne possédassent rien, mais que par eux l'exemple de la pauvreté s'imposât au reste des hommes » [64].

Le renoncement aux biens temporels est le fondement de la perfection.

---

[64] *P.L.*, t. 203, col. 719.

Le grand traité sur la continence des clercs traite également de leur dignité et reprend la réponse de Norbert à Rupert de Deutz. La nécessité de la continence pour les clercs, démontrée par les figures typiques de l'Ancien Testament, les exemples des Apôtres et des hommes apostoliques, est ici longuement développée.

> « Cette chasteté dont nous parlons, le Christ a voulu la marquer en lui-même avec une telle intégrité qu'aucune tache, aucun soupçon de tache ne put la violer. Il a conservé l'ornement de cette pureté dans une telle intégrité qu'en aucune façon il n'a voulu lui causer de détriment. Cette chasteté montre sa splendeur dans la Vierge qui lui a donné naissance. Elle était vierge avant son enfantement, elle le demeura après l'enfantement. La chasteté n'a pas nui à sa fécondité, la fécondité n'a pas causé de préjudice à sa chasteté. Lorsque le Christ a pris chair humaine dans le sein virginal, il s'est uni l'Église comme épouse dans ce lit nuptial. Il n'a pas enlevé l'intégrité de sa mère en naissant, il n'a pas diminué la chasteté de l'Épouse en s'unissant à elle. On voit assez par là que les hommes élevés par lui pour gouverner et instruire l'Église en son nom, ordonnés pour engendrer spirituellement des fils spirituels, doivent lui être conformes par leur vie. Dès là qu'ils aspirent à cet office saint, ils doivent éloigner d'eux toute étreinte terrestre et ne s'occuper que de féconder l'accroissement de l'Église. Lorsqu'il a choisi ses disciples il n'a pas voulu que personne demeurât dans l'état conjugal avec la dignité apostolique, qu'aucun d'eux fût retenu par les liens d'un commerce charnel. À ceux qui n'avaient pas encore pris femme il n'a pas permis de contracter mariage dans la suite. Ceux qui étaient mariés, il a voulu qu'ils se dégageassent de ces liens » [65].

Philippe revient bien vite sur la dignité des clercs : aux laïcs, on demande la foi, l'espérance, la charité et les vertus morales. Des clercs, on attend, en plus de la vocation divine, la science, la pauvreté, et la chasteté. La dignité des clercs exige d'eux une sainteté plus grande que celle des moines, car ils sont constitués ministres du Christ, médiateurs entre Dieu et les hommes. Cependant, la sainteté personnelle ne se confond pas avec la sainteté de l'état de vie : Jean-Baptiste était plus saint que les Apôtres, mais ces derniers reçurent en partage un ministère et une dignité plus élevés. La dignité sacerdotale postule une sainteté personnelle proportionnelle. Les Apôtres sont donc les modèles qui s'imposent à tous les prêtres, ils constituent *l'idéal apostolique* proprement dit et l'idéal chrétien que la première communauté de Jérusalem a réalisé en se modelant sur eux.

> « La sainteté des Apôtres fut si grande que si tous les clercs peuvent l'imiter, ils ne peuvent pourtant pas l'égaler. Leur dignité s'est bien propagée jusqu'à nous, mais leur sainteté leur est pour ainsi dire réservée, elle leur est propre. Lorsque après avoir reçu le Saint-Esprit, ils parlaient toutes les langues et que ce miracle reconnu les rendait vénérables à tous, une telle nouveauté de sainteté s'épanouit en eux qu'ils donnaient de la crainte à huit mille hommes assemblés. Ces hommes promettaient de vivre sous la direction des Apôtres et de prendre volontairement sur eux le joug suave du Christ. Aussi les

---

[65] *P.L.*, t. 203, col. 742.

Apôtres en organisant une nouvelle règle de vie et se donnant eux-mêmes comme l'abrégé de cette règle, les firent parvenir à une telle perfection que jamais dans la suite des siècles n'en connurent de telle. Comme il est écrit dans les Actes des Apôtres : Tous ceux qui croyaient demeuraient ensemble. La multitude des croyants n'avait qu'un coeur et qu'une âme. Personne ne regardait comme sa propriété ce qu'il possédait, mais tout leur était commun. Ceux qui étaient propriétaires de maisons ou de champs les vendaient, en apportaient le prix et le déposaient aux pieds des Apôtres, et l'on partageait selon les besoins de chacun (Act. 11). Ô nouveauté ! Qui, avant la Loi ou sous la Loi, avait entendu dire que tant de milliers de personnes étaient parvenues à cette unité d'esprit, avaient embrassé si généreusement la pauvreté volontaire, en étaient venus à une vie aussi unie, obéissant unanimement aux lois d'une sainteté si nouvelle et si parfaite ? Tous étaient ensemble, disent les Actes, sous le portique de Salomon. Riche était ce portique, non pas tant de l'or, de l'argent, des métaux de l'antique Salomon que du trésor des vertus, de la splendeur de la religion nouvelle » [66].

L'histoire de l'Église montre à l'évidence comment l'idéal apostolique s'est peu à peu affadi. Pourtant, cet idéal est demeuré vivant dans la conscience de l'Église, et a trouvé une nouvelle vigueur dans l'institution monastique dont le but est d'acquérir la liberté de vaquer à Dieu seul. L'eucharistie et donc le sacerdoce sont nécessaires aux monastères chrétiens, mais le sacerdoce ne fait pas partie de l'essence de la vie monastique, répète Philippe. Certes de nombreux moines sont revêtus du sacerdoce, et tous s'en réjouissent dans l'Église, mais ils ne font pas profession de vie cléricale. Un cavalier d'occasion n'est pas un chevalier. Le clerc dans toute l'acception du terme est celui dont la vie est vouée au service des âmes. Les moines ont reçu le sacerdoce pour l'utilité de leurs frères, mais non pour celle du peuple chrétien, car l'essence de leur vie consiste dans la retraite pour se consacrer entièrement à la louange de Dieu à travers la prière personnelle, la prière liturgique et le travail manuel, et non dans le ministère apostolique. L'institution monastique a été visitée par Dieu en ces temps de réforme, mais l'ordre clérical lui aussi a bénéficié de l'intervention de Dieu et ce qui est survenu dans la vallée de Prémontré en est la preuve.

« Là, la sainteté des clercs a atteint une telle ferveur, leur force contre les attirances du monde est si grande que vraiment la vie apostolique semble se renouveler en eux [...] On met un tel soin à poursuivre la sainteté qu'il s'y rencontre à la fois et la laborieuse affliction des moines et la religion sainte et dévote des clercs. Et c'est avec raison que Dieu a voulu que tout cela se passât dans une vallée afin que la disposition même du lieu s'accommodât au propos salutaire et qu'elle montrât nettement que les clercs qui risquent de tomber à cause de l'élévation de leur dignité et de la liberté que donne la préséance trouvent leur profit à l'abaissement volontaire et dans l'humilité de la pénitence. La vallée elle-même se nomme avec raison *prémontré*. Cela donne à comprendre que l'humilité des clercs y a commencé non sans raison

---

[66] *P.L.*, t. 203, col. 766.

ni par des vues de hasard, mais que la miséricorde divine l'y a *montrée à l'avance* comme un exemple aux autres et qu'elle a témoigné que par l'humilité on trouve le chemin du retour à Dieu. Il n'est pas vain que cette vallée ait été disposée par la divine Providence, qu'elle l'ait adaptée à l'oeuvre présente ou y ait adapté l'oeuvre, de sorte que l'aspect général du lieu annonce quelque chose de difficile et d'âpre et qu'à cette annonce réponde l'humble obéissance des clercs. La même vallée s'étend en forme de croix des quatre côtés, et l'espace s'y termine par quatre angles, la longueur allant de l'Orient à l'Occident et la largeur du Nord au Midi. Cette conformation du lieu sur laquelle s'imprime si nettement la marque de la croix, cette vallée crucifiée non par l'effort humain mais par l'ouvrage de la nature que dit-elle, que montre-t-elle sinon que ceux qui y affluent ne doivent plus se soucier de vivre pour le monde mais désirent se configurer à elle ou plutôt se configurer au Christ par une crucifixion spirituelle ? En outre, on y arrive par quatre côtés, et au milieu se trouve un carrefour pour que des autres parties du monde les arrivants s'y déversent en une multitude agréable et que par là vers les quatre parties du monde s'en retourne la renommée de cet ordre religieux [...] Les vallées, dit David, regorgent de froment. Ce froment c'est sans doute le Christ lui-même qui, venu en terre, a poussé tant de rejetons, qui broyés sous la meule de la passion a nourri ses humbles du pain de vie, qui à l'humilité de ses clercs, accorde la nourriture d'une réfection salutaire et qui, lorsqu'ils ont grandi, leur confère l'ornement d'un honneur glorieux. Aussi le Cantique a-t-il voulu se nommer le lis des vallées, montrant par là que ceux qui pour lui ne repoussent pas le fardeau et les ennuis de l'abjection, lui-même se hâte de les honorer et de les couronner de gloire [...] La blancheur même du lis représente la solennité de la joie dont il récompensera l'humble tristesse des clercs au jour où il se montrera à eux face à face » [67].

Le symbolisme de l'habit prémontré, tel que l'avait saisi saint Norbert, apparaît ici sous la plume de Philippe : la laine blanche, c'est-à-dire non teinte, marque la pénitence et la rémission des péchés, la blancheur assimile au Christ transfiguré et aux anges de la Résurrection. Le Christ est la blancheur suprême, les Prémontrés doivent en être le reflet par la sainteté de leur vie, en accord avec la blancheur de leur livrée. La dignité du sacerdoce orne la sainteté et la sainteté apporte sa force à la dignité du sacerdoce.

Le traité sur l'obéissance des clercs est tout entier en allégories et sa lecture est difficile au lecteur contemporain. Le véritable obéissant sait qu'il appartient à son Seigneur, qui a donné sa vie par obéissance au Père. Le religieux n'a pas quitté la servitude du péché pour se faire l'esclave d'un homme. C'est pourquoi il ne faut jamais obéir à un ordre contraire à la loi de Dieu. Aussi les maîtres spirituels agissent avec douceur, mesure et discernement, en accord avec la règle de saint Augustin qui demande au supérieur de se faire aimer plutôt que de se faire craindre. C'est la condition de la paix dans la communauté et le gage de l'union des esprits au

---

[67] *P.L.*, t. 203, col. 837-838.

service du Seigneur. L'obéissance s'inscrit, pour Philippe, dans cet adage : commander par amour et pour l'amour.

Le traité sur le silence des clercs aborde les différentes sortes de silence : silence qui s'abstient des paroles et des signes, silence qui s'abstient de l'action bonne, silence qui s'abstient de l'action mauvaise. Il y a un silence utile et un silence nuisible au prochain. Les Apôtres ne se sont pas laissé intimider. Par obéissance à Dieu plutôt qu'aux hommes, ils ont proclamé la Parole de Dieu pour le salut des hommes, malgré les dangers des persécutions. Le silence qui s'abstient du bien peut être signe de bon jugement, et affaire de discrétion, mais cette abstention peut devenir coupable et signe de faiblesse.

Rapportée aux prêtres, cette longue étude sur la formation témoigne de l'envergure de Philippe et de sa pensée spirituelle. Les Apôtres demeurent les modèles des chanoines réguliers, et leur référence fondamentale.

Dans son *Commentaire du Cantique des cantiques*, Philippe développe, à l'aide de nombreuses allégories, les noces spirituelles du Christ et de la Vierge Marie. Ces méditations sur le *Cantique* nous intéressent au premier chef, car nous sommes invités à ces noces divines, nous sommes les parents et les proches, la joie des noces déborde sur nous.

Philippe suit saint Bernard à propos des privilèges de Marie, et partage avec l'abbé de Clairvaux la conviction que « la Vierge comme toutes les autres, fut par nature enfant de colère, parce que selon la nature elle avait été conçue dans le péché » [68]. D'autre part, il répète à satiété que seul le Christ a été exempt du péché originel, car il confond comme nombre d'augustiniens le péché originel avec l'exercice de la concupiscence dans l'acte de la conception. Son explication est simple : seule, la Vierge n'a pas connu la concupiscence dans l'acte de la conception, c'est pourquoi le Christ est le seul à n'avoir pas contracté le péché originel. Pour Philippe, l'honneur de Marie réside dans le fait qu'elle a vaincu le péché en concevant activement le Christ sans qu'il y eût en elle la moindre souillure, sans qu'elle ait ressenti la moindre volupté. Cependant, bien qu'il ne lui reconnaisse pas le privilège de la conception immaculée, Philippe reconnaît à Marie l'exemption de tous les péchés actuels. En accord avec les plus grands théologiens de son temps, comme saint Anselme, c'est à l'Annonciation qu'il attribue la sanctification complète de la Vierge, prise sous l'ombre du Saint-Esprit :

> « À l'instant où l'ange la salue, lui délivre le message qui lui a été confié et où le Saint-Esprit lui donne sa vertu, la loi inique ne garde plus en elle son privilège, aucune tache de péché, ni récente, ni ancienne, ne subsiste plus » [69].

---

[68] *P.L.*, t. 203, col. 459.
[69] *P.L.*, t. 203, col. 379.

Sur tous les autres privilèges de Marie, Philippe rejoint la grande tradition catholique. Marie est au-dessous du Christ mais bien au-dessus des anges, par la surabondance de la grâce divine qui habite en elle. Marie est si sainte que personne, même pas les anges, n'est capable de la louer dignement ; seul, son Fils est capable de saisir sa grandeur et de chanter ses mérites et ses vertus, c'est précisément le sens du *Cantique des cantiques*.

Marie est l'épouse du Christ et son sein est le lit nuptial dans lequel Dieu s'est uni à la nature humaine. En épousant Marie, le Verbe a fait de tous les frères de la Vierge ses amis. Fidèle au Christ, Marie n'a point d'autre époux : Jean lui est donné comme fils. Cette union intime du Christ et de sa Mère est source des joies de Marie mais aussi de ses souffrances. Avec le Christ dont elle partage la Passion, Marie devient Mère spirituelle de tous les hommes :

> « Le Christ deviendra l'époux en se joignant comme par un lien nuptial [...] en engendrant en elle et par elle des fils spirituels, par un efficacité spiri-tuelle, en sorte qu'elle et lui jouissent d'une postérité de fils » [70].

Marie, loin d'avoir été seulement passive, a joué un rôle décisif dans l'histoire du salut. C'est d'elle que dépend l'Incarnation du Christ, sa vie terrestre, et donc sa Passion et sa Mort salvatrices. C'est d'elle que dépend le salut de nos fautes, le don de la grâce, notre persévérance et notre récompense future, car tout vient de la Passion et de la Mort du Christ.

Marie est surtout la Mère des Apôtres et donc, de façon toute spéciale, des prêtres. Cette maternité s'étend à travers les siècles à tous les chrétiens, et Marie tient dans le corps mystique une place toute particu-lière : elle est le cou, au-dessous de la tête et au-dessus du corps, qui relie la tête au reste du corps :

> « Elle se trouve au-dessous du Christ qui est la tête, mais de telle sorte que sans doute elle soit au-dessus du reste du corps. Elle tient une place médiane entre le corps et la tête et les fils de l'Époux ne peuvent appartenir à l'Époux que par l'intermédiaire de la Mère. Si l'épouse est présente, il nous est bon d'être unis à Dieu ; si elle est absente les membres ne peuvent plus se rattacher à la tête. Nous étions bien loin, bien bas, et c'est par elle que notre faiblesse peut monter vers lui. La première, la plus heureuse, elle a reçu cette fonction éminente grâce à laquelle ceux qui étaient multiples et divers sont devenus un, grâce à laquelle les deux murailles se sont unies par une seule foi et un seul baptême et se sont rejointes au devant du Christ pour s'attacher personnellement à lui. Elle-même enfin, par une intervention intermédiaire, nous recommande à l'Époux, son Fils, elle nous invite à le prier, elle le porte à nous écouter. Mère et servante de l'Époux, notre impéra-trice à tous, elle joint ceux qui étaient séparés, elle retient ceux qui sont déjà joints, en médiatrice puissante et agissante. Elle voit que nous sommes à sec, que nous manquons de vin pour les noces, et elle sait que des noces sans vin

---

[70] *P.L.*, t. 203, col. 192.

ne sauraient vraiment plaire et que nous mourrons de soif dans notre misère. Alors elle se hâte avec sollicitude de prendre les devants et d'entretenir son Fils avec confiance de ce défaut de vin. La Mère de Jésus, rapporte l'Évangile, lui dit : Ils n'ont point de vin. Et sachant bien que l'humble intervention de sa douce prière ne saurait être vaine, mais tournera à notre profit comme à celui de tous les convives, elle dit aux serviteurs : Tout ce qu'il vous dira, faites-le. Ils prêtent l'oreille, selon la recommandation de la Vierge, à l'ordre reçu ; les cruches s'emplissent d'eau et on y trouve un vin pur. Faveur égale à un miracle, notre insipidité se change en saveur, le froid de notre engourdissement se change en flammes, et notre mépris négligent en amour. Qu'il est bon ce cou, bonne cette intercession, bonne enfin cette médiatrice qui rattache ceux qu'avait désunis Ève, la nuisible séparatrice. Elle invite son Fils à la générosité et nous à l'obéissance, elle agit de telle sorte que nous lui rendions notre hommage et qu'il ne manque pas de nous accorder ses bienfaits » [71].

Marie a ses préférés : les pécheurs, les vaincus de la lutte, les tentés et les malheureux. De tous ses fils, elle se fait la mère aimante et la première maîtresse de prière et de contemplation. Certes, la doctrine de Philippe sur la Vierge Marie est incomplète, elle s'écarte de la Tradition sur le sujet de la conception immaculée, mais, dans l'ensemble, sa doctrine mariale demeure très actuelle après huit siècles, car elle manifeste magnifiquement le rôle de Marie dans le salut des hommes. Marie est Reine, mais nous l'aimons comme une soeur, elle est Mère pleine de miséricorde. Philippe de Bonne-Espérance est un devancier au coeur du XIIe siècle, et il demeure encore aujourd'hui un auteur spirituel très actuel.

Adam Scot

Adam Scot, abbé de Dryburgh, devenu par la suite chartreux à Witham, est l'auteur spirituel prémontré qui, dans la deuxième moitié du XIIe siècle, a le plus insisté sur l'importance de la contemplation, fondement de la vie apostolique. Au cours du XXe siècle, de nombreuses publications ont fait connaître son oeuvre longtemps oubliée, et ont mis en lumière l'un des auteurs les plus attachants de la spiritualité prémontrée [72].

Adam est né vers 1150, en Angleterre, près de la frontière écossaise, au sein d'une famille modeste. Il fut doté de nombreux talents, dont un attrait particulièrement fort pour les études. Tout jeune, il se sentit appelé

---

[71] *P.L.*, t. 203, col. 260.

[72] Citons notamment : *Sermones fratris Adae*, éd. W. DE GRAY-BIRCH, Londres, 1901. – A. WILMART, « Maître Adam, chanoine prémontré devenu chartreux à Witham », *Analecta Praemonstratensia*, t. IX (1933), p. 209-232. – F. PETIT, *Ad viros religiosos*, Tongerloo, 1934.

à la vie prémontrée et entra à l'abbaye de Dryburgh, sur les bords de la Tweed, au diocèse de Saint-Andrews. Ravi par l'office divin et la méditation de l'Écriture, Adam fut ordonné prêtre à l'âge de vingt-quatre ans.

Il connaît la Bible à la manière de saint Bernard et la cite presque instinctivement, mais il connaît aussi les Pères et de nombreux auteurs du XIIe siècle : saint Augustin, saint Grégoire-le-Grand, Bède-le-Vénérable, Cassien, saint Bernard et les Victorins. Influencé peut-être par le style des Pères grecs, Adam manie avec bonheur le fameux *cursus leoninus* caractérisé par l'équilibre des mots et la sonorité des voyelles. Assonances, procédés de style lui sont familiers, et servent une pensée solide et claire. À l'évidence, Adam appartient à l'école ancienne, cet augustinisme qui s'adresse à l'homme tout entier, et non seulement, comme la scolastique naissante, à la seule intelligence raisonnable.

Vers 1180, l'abbé de Dryburgh, Gérard, tomba gravement malade. Sans espoir de guérison, l'abbé conseilla à ses religieux d'élire son successeur sans plus attendre. Les voix de ses confrères se portèrent sur Adam qui refusa de recevoir la bénédiction abbatiale du vivant de son prédécesseur. Appelé à Prémontré où il jouissait d'un grand renom, Adam y fut reçu avec honneur, on l'y fit prêcher, et la région alentour retentit de sa chaude parole. Dans ses écrits, il se souvient avec émotion de l'accueil reçu dans l'abbaye-mère :

> « Au souvenir de votre affection pour nous, quelle joie dans l'étonnement et quel étonnement dans la joie ! Nous broyons cela avec le pilon de notre mémoire dans le mortier de notre coeur et la suavité du parfum qui s'en dégage réchauffe nos entrailles [...] Que sommes-nous, en effet ? Qui étions-nous, de quelle dignité, de quelle valeur ? [...] Quelle était la maison de notre père ? [73] [...] Nous vous supplions à genoux, prosternés à vos pieds, de vous souvenir de nous dans vos sacrifices du soir, avec compassion pour nos multiples fragilités, en nous offrant, pour qu'il nous guérisse, aux regards tendres de notre juste avocat, du doux et débonnaire Jésus [...] À nos prières, nous ajouterions celle-ci, si on ne devait pas l'imputer à une téméraire présomption : à savoir que sur le nécrologe de votre saint monastère vous inscriviez notre nom après notre mort avec celui des vôtres qui ont déjà disparu, parce que nous aussi nous vous appartenons [...] L'Église de Prémontré n'est-elle pas comme la source, et les autres églises de l'Ordre ne découlent-elles pas d'elle comme les ruisseaux de la source ? Oh ! que la source prenne garde à ne pas se dessécher ! Surtout quand les ruisseaux coulent en abondance, de peur qu'elle ne manque de l'eau dont ils sont remplis ! La seule noblesse d'ordre spirituel, c'est la sainteté d'une vie toute religieuse » [74].

Adam ouvre ici son coeur et donne libre cours à son amour pour Prémontré en qui il voit la source de l'ordre, la matrice de laquelle est né

---

[73] *P.L.*, t. 198, col. 610.

[74] *P.L.*, t. 198, col. 612-613.

tout fils de saint Norbert, enfin la mère de la vie spirituelle de tout l'ordre. Il manifeste aussi très clairement sa haute opinion de la vie religieuse qu'il définit comme « la seule noblesse d'ordre spirituel » : ce sera son tout.

Après la mort de l'abbé émérite, Gérard, Adam n'entra guère dans la gestion temporelle de son abbaye, chose qui lui répugnait, mais il s'immergea de plus en plus profondément dans la contemplation. En 1188 ou 1189, à la suite du chapitre général, il accompagna l'abbé de Prémontré dans un voyage en France. Passant par la chartreuse du Val-Saint-Pierre, près de Vervins, dans l'actuel département de l'Aisne, il y prêcha, fut conquis par la vie cartusienne et décida de se faire chartreux. De retour en Angleterre, il alla solliciter les conseil de l'évêque de Lincoln, saint Hugues, qui était lui-même chartreux, et ancien prieur de Witham. C'est dans cette chartreuse qu'il passa les vingt-quatre dernières années de sa vie. Le mardi saint 1213 ou 1214, il mourut entouré de ses frères, revêtu d'un cilice et couché sur la cendre.

L'oeuvre d'Adam Scot est loin de nous être connue en son entier. Cependant, nombre de ses écrits sont parvenus jusqu'à nous et occupent la première partie du tome 198 de la *Patrologie latine* de l'abbé Migne. Ses *Allégories sur la Sainte Écriture* sont éditées au tome 112, dans les oeuvres de Raban Maur, à qui elles furent faussement attribuées jusque vers 1930.

Adam fait partie des spirituels médiévaux pour lesquels la pensée chrétienne est en train de se renouveler sous l'influence du Saint-Esprit. Il vénère les Pères et puise dans leur oeuvre, mais se refuse à croire que l'Esprit ait cessé d'inspirer et que les Pères aient épuisé le message de l'Écriture.

Parmi ses écrits, Adam nous a laissé quatorze sermons *Sur l'ordre, l'habit et la religion des chanoines de l'Ordre de Prémontré* [75]. Ces *sermons* n'ont pas été prêchés. Il s'agit ici d'un artifice littéraire alors très en vogue. Ces sermons, peut-être destinés à la lecture au réfectoire, représentent la tentative la plus puissante des débuts pour dégager la spiritualité prémontrée. En dépit de leur intérêt, ces sermons ne représentent qu'une demi-réussite, car Adam, malgré son ancienneté, est venu trop tard pour se faire l'interprète des intuitions fondamentales de Prémontré. Pris dans une évolution extrêmement rapide, il est trop éloigné de saint Norbert pour saisir toute l'originalité du mouvement apostolique. Lorsqu'il écrit ces méditations sur Prémontré, Adam décrit une société qui a cessé d'être un *mouvement* pour s'installer dans les caractéristiques bien précises d'un *ordre religieux*. Ceci ne doit pas nous étonner : le mouvement apostolique grégorien devait aboutir à la réforme

---

[75] *P.L.*, t. 198, col. 439-610.

de *tout le clergé* mais il s'est vite essoufflé et n'a abouti qu'à la création d'une famille religieuse originale, celle des chanoines réguliers.

Adam met en avant les exigences canoniales :

> « Selon le vocable usuel on les appelle "chanoines" [canonici], afin qu'ils se montrent d'une vraie rectitude de vie. Car le mot "canon" en grec a le sens de "règle". Et qui dit règle dit droiture » [76].

La vie des chanoines réguliers, inspirée par la droiture de pensée, de vie et d'intention, exige certes le refus du péché, mais surtout elle implique le choix généreux du bien et de la vertu. L'état de vie implique une conversion personnelle et l'actualisation quotidienne de l'idéal embrassé au jour de la profession. Adam expose la grandeur de la vocation des chanoines réguliers, mais sans jamais tomber dans la critique des autres formes de vie religieuse. Il décèle une unité de vocation commune à tous les religieux : la sainteté, et une pluralité de moyens pour y répondre. La condition indispensable pour vivre cette vocation particulière dans la vérité est l'humilité enveloppée dans l'intention droite et informée par la vertu de charité.

> « Un nom sublime demande un genre de vie sublime. Car la plupart du temps le nom que l'on porte est un miroir de la vie [...] Aussi ce nom sublime n'est pas assez compris de ceux qui appellent certains clercs "chanoines séculiers" [...] Car il faut regarder comme ennemi de Dieu celui qui veut être ami du siècle, et la religion n'est pas sainte et immaculée si l'on ne se garde de toutes les souillures du siècle [...] Des cygnes noirs, voilà ce que j'entends quand on parle de chanoines séculiers [...] Parlons donc de notre habit à nous que le peuple appelle pour nous distinguer les chanoines réguliers [...] Qu'on ne doive pas trouver chez nous le luxe du vêtement, le Seigneur le fait bien voir quand il dit que ceux qui sont vêtus mollement demeurent dans les palais des rois. Or nous ne combattons pas pour un roi de la terre, mais pour le Roi du ciel. Aussi notre coutume, vous le savez, est de ne pas user de lin, sauf pour les caleçons. Porter du linge sur la chair n'est pas louable chez nous à moins de raison spéciale [...] Loin de nous cependant de blâmer les religieux qui usent de semblables vêtements ou de nous enfler d'orgueil, comme si nous étions plus saints qu'eux. Car nous n'exposons pas nos observances pour l'utilité des lecteurs, à dessein de les déclarer supérieures aux autres. Tous les fils de l'Église s'appuient sur le fondement d'une foi unique mais tout ne gardent pas les mêmes coutumes de vie extérieure, à la poursuite de la sainteté [...] Loin de nous, mes frères, une fois, deux fois, toujours et partout ce mal détestable que nous blâmions en rien les coutumes de bon ordre reçues dans une maison religieuse ! Tout ce qui est utile aux âmes, tout ce que la discrétion, mère des vertus, d'une façon ou de l'autre, dans une intention pieuse, maintient avec rigueur ou relâche avec bonté, embrassons-le dévotement et approuvons-le humblement. Non seulement cela, mais regardons tous les autres qui sont revêtus de l'habit religieux comme meilleurs et plus saints que nous, même si nous ne les voyons pas atteindre la rigueur que nous observons pour le vivre, le vêtement ou quelque autre observance. Car il n'y a qu'un souverain bien d'où tous les autres découlent

---

[76] *P.L.*, t. 198, col. 446.

comme d'une source suffisante et intarissable qui ne peut croître car il est immense, ni diminuer parce qu'il est éternel » [77].

Le Père François Petit a fort bien résumé les quatre degrés de la perfection religieuse, tels qu'ils apparaissent sous la plume d'Adam Scot :

« Il y a quatre endroits où a reposé le corps de Jésus. Le sein de la Vierge, la crèche, la croix, le tombeau. Ces quatre lieux marquent quatre degrés de la perfection religieuse. Au sein de Marie répondent ceux qui portent dans leur coeur le désir de conversion, à la crèche ceux qui se forment à la vie religieuse dans le monastère. À la croix correspond l'épreuve qui élève l'âme au-dessus de tout le créé. Enfin le sépulcre figure la vie contemplative des parfaits. Car la contemplation est un repos, c'est le sommeil envoyé à Adam pendant lequel il sent en lui quelque chose de viril qui doit commander (la contemplation) et un principe féminin qui doit obéir (l'action), c'est l'arche de Noé que Dieu ferme de l'extérieur et où la colombe apporte le rameau d'olivier, le sommeil de Jacob lorsqu'il vit l'échelle des Anges, le cercueil où l'on déposa les ossements de Joseph avant de les emporter au pays de Chanaan, le désert où Moïse mena ses brebis et rencontra Dieu dans le buisson ardent, la solitude où s'enfuit Élie poursuivi par Jézabel. C'est surtout le sépulcre de Jésus. Ce dernier lieu, plus que tous les autres, beau, précieux, reposant, sûr, doux, délectable, suave » [78].

Le vêtement blanc des Prémontrés rappelle certes celui des anges de la Résurrection, mais il est aussi vêtement baptismal, signe de sainteté et d'innocence, de joie et de gloire. À ses religieux, Adam conseille de réaliser intérieurement ce que l'habit religieux signifie extérieurement.

Au fil de ses sermons, Adam explique la formule de profession et fait preuve d'un solide bon sens formé par une expérience personnelle de gouvernement. Il fait apparaître la caractéristique essentielle d'une communauté religieuse militant sous la règle de saint Augustin : la communion des esprits et la concorde. Çà et là affleurent des exemples qui ne manquent pas de piquant et montrent bien comment l'auteur ne confond pas contemplation et angélisme, sainteté surnaturelle et perfection humaine. La vie du cloître est une lente purification des passions et une école de persévérante conversion. L'abbaye devrait être un paradis sur terre [...] ce n'est pas toujours vrai, comme en témoigne cette piquante description de l'abbé jaloux de son prieur :

« Qu'y a-t-il de commun entre mon prieur et moi ? Qui est-il et de quelle grandeur ? En ma présence il n'est pas plus grand que personne. Le moindre du couvent est autant que lui [...] Qu'il rentre ses cornes, qu'il ne s'élève pas à cause de son titre ! Ce titre lui vient de moi. Il durera autant que je le voudrai. J'ai prêté, non donné. C'est de mon abondance et non de son héritage. Ce n'est pas son pécule, c'est ce que je lui ai confié. Je l'ai élevé, à moi de l'humilier. Je le ferai et sans tarder ! » [79].

---

[77] *P.L.*. t. 198, col. 461, 462, 464-465.
[78] F. PETIT, *La Spiritualité des Prémontrés...*, p. 174.
[79] *P.L.*, t. 198, col. 567.

Adam écrivit de nombreux autres ouvrages, dont le traité *Du Tabernacle en trois parties* [80], où il expose dans la troisième partie *le tabernacle de l'âme où se trouve la pensée intérieure*, et se livre à une série de dissertations sur la spiritualité appuyées sur de multiples allégories.

Le chef-d'oeuvre d'Adam Scot est sans conteste son livre *De la triple contemplation*, écrit probablement au moment où il reçut la bénédiction abbatiale. Ce livre n'est pas un traité mais bel et bien des *confessions*, à la manière de saint Augustin, dans lesquelles il donne libre cours à son aspiration surnaturelle, et constate avec une certaine amertume la pauvreté de sa vie terrestre :

> « Beauté de ma vie qui ne se fane pas, douceur qui ne trompe pas, Seigneur Dieu, prends pitié de mon âme chargée de péchés, enveloppée de vices, prise dans des pièges, captive de l'exil, emprisonnée dans un corps. Elle est adhérente à la boue, enfoncée dans le limon, attachée à des membres, transpercée par les soucis, étirée par les affaires. Elle est comprimée par les craintes, affligée de chagrins, errante à force d'erreurs, anxieuse de sollicitudes, sans repos à cause de soupçons » [81].

L'âme égarée, perdue au milieu des afflictions de cette vie, se tourne vers les créatures, les unes après les autres et toutes lui font la même réponse : « Nous ne sommes pas ton Dieu ». Leur beauté n'est qu'une image de la beauté céleste, et leur bonté une participation à la bonté de Dieu. Tout n'existe qu'en Dieu, c'est en lui que tout être trouve sa vérité et son vrai sens. L'âme humaine et ses facultés révèlent Celui auquel elles participent :

> « Mon esprit m'appelle, Seigneur mon Dieu, il me dit à haute voix : avec un soin appliqué tu as scruté en moi ce sextuple don de vivre, de donner vie, de sentir, de rendre sensible, de penser, de vouloir. Mais, monte encore, entre en moi. Monte plus haut, à ma partie supérieure, entre plus avant en ma partie plus intime et vois que je possède la sagesse et le discernement. Je suis indivisible, mais pour mes diverses fonctions on me donne couramment des noms différents. Je fais vivre mes membres corporels, on me nomme "anima", je touche le sensible, on me nomme sensibilité, je perçois, on me nomme sens, je me souviens, on me nomme mémoire, je comprends, on me nomme intelligence, je goûte, on me nomme "animus", je contemple, on me nomme esprit, je discerne, on me nomme raison [...] Je possède sagesse et intelligence raisonnable que l'âme des bêtes n'a pas. En cela je suis un peu semblable à ton Dieu. Je suis sagesse, il est lui-même Sagesse. Je suis lumière, il est lui-même Lumière. Mais grande est la distance entre lui et moi. Je suis une sagesse mais créée. Il est la Sagesse et créante. Je suis une lumière mais illuminée. Il est la Lumière illuminante » [82].

---

[80] *P.L.*, t. 198, col. 609-796.

[81] *P.L.*, t. 198, col. 798.

[82] *P.L.*, t. 198, col. 809-810.

Adam Scot s'émerveille devant ce qui dans l'homme est l'image de la Trinité, et passe en revue le sort éternel des âmes : l'Enfer et le Ciel sont décrits à partir des images et des figures fournies par la Bible. Le sort des âmes associées pour l'éternité à la gloire de Dieu illumine la vie terrestre de ceux qui sont devenus fils de Dieu par grâce, dans le Rédempteur :

> « Comme il sont heureux vos élus, Seigneur Dieu, Père tout-puissant, comme ils sont heureux, dis-je, ceux dont le nom de toute éternité est écrit au livre de vie ! Par leur Rédempteur, votre Fils Jésus, ils ont accès par la foi à cette grâce où ils se maintiennent et ils se glorifient dans l'espérance de la gloire de vos enfants. Dans leur coeur est répandue la charité divine par l'Esprit Saint que vous leur donnez. À leur esprit votre Esprit rend témoignage qu'ils sont vos fils. S'ils sont fils, ils sont héritiers, vos héritiers, les cohéritiers du Christ. Ô bienheureux fils de la bienheureuse prédestination ! Ô vases purs de l'éternelle dilection ! Ô saints et bien-aimés, que vous chérissez en odeur de suavité, dans lesquels vous prenez vos complaisances. Par quel doux amour, Seigneur, combien admirable et combien suave, leur êtes-vous attaché quand vous les appelez, les réunissez, les unissez à vous par l'indissoluble lien d'un amour éternel, en sorte que personne ne puisse les ravir de votre main ? De façon admirable vous agissez en eux, afin que non seulement les avantages, mais même le mal coopère à leur bien [...] Ô pacte de sérénité ! Ô alliance de paix que vous contractez avec eux : vous leur souriez d'une façon gaie et non trompeuse, vous les regardez d'un visage propice et gracieux, vous les embrassez d'un baiser de votre bouche, les purifiant, les adaptant, les achevant. Les purifiant, dis-je, par le pardon des péchés, les adaptant par la grâce des mérites, les achevant par la gloire des récompenses, afin qu'ils soient éternellement en eux-mêmes ce qu'ils sont en vous de toute éternité ! » [83].

Dans la ligne de saint Augustin, Adam Scot s'élève au-dessus de toutes les choses créées pour entrer dans sa propre intériorité. Prenant conscience d'elle-même, l'âme perçoit en elle l'essence, la connaissance et l'amour. Entrevoyant Dieu dans le miroir de l'âme purifiée par la grâce, Adam prend conscience de la sainteté de Dieu et, comme à contre-jour, de son indignité personnelle. Malgré ses imperfections et son impuissance à rendre compte de l'infinité de l'amour de Dieu, l'âme s'ouvre, par la grâce, à la contemplation de la Trinité :

> « Et maintenant, je vois en moi votre image selon laquelle vous m'avez fait et d'une certaine façon je vous vois dans cette image. Je ne vous vois pas encore pleinement dans la réalité, mais c'est le miroir au moyen duquel je vous vois en énigme, pas encore face à face. Le miroir par lequel je vous vois est mon coeur, à condition qu'il soit essuyé, clarifié et purifié par vous, de façon que votre visage puisse s'y refléter nettement. Aussi tant que vous êtes derrière moi et au-dessus de ma tête, je vous vois dans ce miroir autant que vous me l'accordez, mais pas en vous-même. Vous êtes par derrière et au-dessus de moi, car je suis détourné de vous et je suis différent de vous. Vous êtes juste et

---

83 *P.L.*, t. 198, col. 819.

je suis injuste et nous sommes par là détournés l'un de l'autre. Vous êtes bienheureux et je suis malheureux, et ainsi nous sommes différents » [84].

La contemplation d'Adam Scot est riche d'enseignements : l'âme qui se livre à la contemplation quotidienne et se laisse ainsi pénétrer par la grâce ne peut demeurer dans l'obstination du péché. Élevée par l'amour, elle est peu à peu transfigurée, associée à la vie de Dieu et promise à la joie de l'éternité.

Adam Scot se révèle être un infatigable écrivain. Son ouvrage *De instructione animae* [85] – longtemps attribué à Adam de Saint-Victor, à Adam de Perseigne ou à Adam de Royal-Lieu – a été copié à de nombreuses reprises et a connu un grand succès. Adam nous offre deux livres de dialogues entre l'âme et la raison. Fin psychologue de la vie conventuelle, il met en garde l'âme fidèle contre les tentations du cloître, notamment l'ennui qui est la source de tous les maux de la vie religieuse, et lui ferme la porte de la contemplation, puis il se livre à un commentaire détaillé de la formule de profession des Prémontrés.

La vie dans le monde comporte des tentations et des épreuves, mais la vie du cloître possède aussi les siennes : la tentation contre la chasteté, contre les observances communautaires, surtout contre le chapitre des coulpes, l'obéissance aux supérieurs, la clôture elle-même, et l'abstinence perpétuelle.

Devant les difficultés rencontrées lors du chapitre des coulpes au cours duquel les religieux doivent s'accuser de leurs manquements petits et grands à la règle et aux statuts, l'âme se rebelle et cherche des excuses. Adam Scot manifeste ici une bienveillance et une patience exemplaire : il comprend, mais conduit l'âme sur les hauteurs ; là elle trouvera le repos :

« La raison : Qu'est-ce qui te peine encore ?

L'âme : C'est le chapitre des coulpes qui me pèse beaucoup.

R. : Que vois-tu dans le chapitre ?

A. : Peu de charité et d'amour dans l'assistance, peu de douceur et de compassion dans celui qui préside, en moi beaucoup d'impatience et d'inquiétude.

R. : Comment vois-tu cela dans le chapitre ? Toutes ces choses ne devraient pas s'y montrer.

A. : Peu de charité et d'amour dans les assistants, car pour toute négligence qu'ils voient en moi, si minime et si nulle qu'elle soit, de partout on m'accuse. Comme un homme entouré de troupes cruelles d'ennemis qui ignore de qui il doit se garder, car ils sont partout, celui-ci tend une embûche par derrière, celui-là attaque de front, l'un tâche de le frapper à droite, l'autre à gauche, voilà comme je suis au chapitre. Quand ils ont dit de moi

---

[84] *P.L.*, t. 198, col. 834.
[85] *P.L.*, t. 198, col. 843-872.

tout ce qu'ils veulent, le président écoute encore avec plaisir, comme s'il désirait entendre du mal de moi plutôt que du bien, il se tient en écoutant comme s'il était très content d'avoir trouvé une occasion de m'adresser des reproches. Alors, à leur paroles amères, il en ajoute d'autres plus amères encore. En définissant, en divisant la faute, il l'exagère, il la fait immense, énorme. Il déclare qu'il ne sait quelle pénitence m'imposer pour une pareille faute. Et, devant ces accusations, devant ces reproches, il ne m'est pas permis d'apporter un seul mot d'excuse. À mon sens, ni les assistants ni le président n'auraient cette cruauté, s'ils m'aimaient. Et comme chaque jour je me vois traité de la sorte, il n'est pas étonnant que je souffre grande impatience et inquiétude. Et cela me force à aimer le chapitre comme une prison, ou comme l'enfer lui-même [...]

R. : Nous avouons que ce n'est pas grand péché que le juste s'excuse, mais nous pouvons dire que ce n'est pas grand mérite que l'injuste ne s'excuse pas. Il peut cependant recevoir son pardon et échapper à la peine, mais il ne mérite ni la grâce ni la gloire où s'élèvent heureusement les justes qui ne s'excusent pas. L'un est bon, l'autre est meilleur. Tu te rappelles qu'au jour de la passion du Seigneur, trois hommes furent mis en croix : le larron blasphémateur, le larron pénitent et l'Agneau innocent. Et que pensons-nous que soit la rigueur du chapitre sinon la passion et la croix ? Et dans cette passion, il y des blasphémateurs, des coupables qui avouent et des innocents. Les premiers sont rebelles, les seconds sont pénitents, les troisièmes humbles. Les premiers méritent le châtiment, les second le pardon, les troisièmes la gloire. Les premiers représentés par le larron qui blasphémait, les seconds par un autre larron sans doute mais qui se repentait, les troisièmes par l'innocent et humble Jésus. Ils souffrent une seule et même passion, mais le premier murmure et fait ce qu'il ne doit pas, le second prie et fait ce qu'il doit, le troisième s'immole pour nous et fait plus qu'il ne doit. Tous sont accusés, mais le premier l'est avec justice car en se défendant par orgueil il se jette dans l'enfer du péché. Le deuxième l'est sans injustice mais, en reconnaissant sa faute, en faisant de nécessité vertu, il est réconcilié par l'absolution de son prélat, de larron il devient martyr et entre dans le paradis de l'Église. Le troisième est accusé absolument à tort. En n'excusant pas son innocence, le témoignage tacite de sa bonne conscience, le plein mépris de la gloire mondaine, le triomphe qu'il remporte sur soi le font monter au ciel » [86].

Analysant les termes de la formule de profession des Prémontrés, Adam met en lumière la nécessité de la conversion des moeurs et la beauté spirituelle du voeu de stabilité dans l'abbaye de profession. À n'en pas douter, cette stabilité dut le tourmenter passablement lorsqu'il se sentit appelé à embrasser la vie des Chartreux : N'était-ce pas illusion ? ou, pire, orgueil ? En toutes choses, les Prémontrés doivent s'étudier à construire la communion fraternelle dans la confiance et la charité. Dans un ordre voué en particulier à la célébration de l'office divin, Adam se pose la question des dévotions privées : sont-elles légitimes ? – Oui, mais il faut leur préférer les exercices communs : tout ce qui troublerait la paix de la

---

[86] *P.L.*, t. 198, col. 848, 850.

communauté en ce domaine doit être écarté. Il faut faire l'impossible pour contribuer au bonheur des frères : c'est faire plaisir à Dieu.

Vu son caractère fortement contemplatif, Adam laisse de côté tout ce qui est relatif au ministère sacerdotal. Ceci dit, sa présentation de la vie en communauté constitue encore aujourd'hui une sorte de manuel du parfait Prémontré. Le lecteur persévérant retrouve la même insistance dans le recueil de sermons, qui constitue le dernier ouvrage d'Adam Scot avant son entrée à la Chartreuse. Il s'attarde à présenter, et avec quelle délicatesse, Marie comme la figure de la grâce divine qui visite les âmes. Il sait trouver des accents insoupçonnés pour décrire la puissance de Dieu qui agit dans les âmes par la grâce :

> « La grâce est-elle absente ? Chacun d'entre vous le sait et l'expérimente bien des fois, aussitôt la tentation de la chair sévit. La servante tente de s'emparer de l'héritage de la maîtresse. L'esclave méchant et paresseux, nourri avec délicatesse, se montre révolté, comme le prévoyait Salomon. Ève s'affole et présente à son mari la nourriture défendue. Les épines qu'elle a plantées dans le champ de notre corps lèvent, germent, croissent à l'infini, tandis qu'elle les cultive et les arrose. Et les ronces piquent et les pointes ensanglantent. La chair se couvre de pourriture, d'ordures et de poussière. L'ange de Satan ne cesse de la souffleter [...] Ce pauvre homme est malade, presque à la mort, sa maladie est extrêmement grave. À peine reste-t-il en lui quelque souffle. Mais voilà que se lève ce matin lumineux dont nous parlons. À son approche, et dans la clarté du jour de demain, c'est-à-dire à l'arrivée dans l'âme de la grâce intérieure, ces fils spirituels de l'Israël de Dieu verront la gloire de Dieu [...] Une fois perçue cette arrivée réjouissante et vivifiante, la chair débile et infirme se soumet, l'esprit vigoureux et prompt reprend son empire, c'est-à-dire que l'esprit mortifie fortement les oeuvres de la chair. Virilement Job, entendant les mauvais conseils de son épouse, déclare en l'accusant qu'elle a parlé comme l'une de ces femmes sans intelligence [...] L'esprit freine sa monture. Il presse sa chair pour qu'elle ne paresse pas [...] Les jeûnes deviennent un jeu, les veilles une chose courante, la nudité devient une douceur, la pauvreté est possédée comme le souverain plaisir » [87].

Le père François Petit a ainsi résumé sa conviction profonde sur Adam Scot et son oeuvre spirituelle :

> « Son imagination riche et fraîche qui le fournissait en allégories ingénieuses, poétiques et lourdes de doctrine, sa sensibilité apte à comprendre, à goûter, à aimer tout ce qu'il savait, son intelligence précise, logique, pénétrante, comme sa culture soigneusement entretenue par des lectures et une méditation continuelles, ne devaient-ils pas faire de lui un homme de premier plan ? Pourtant dans les temps modernes, il est resté relativement inconnu. C'est que, nous l'avons dit, dans l'immense mouvement intellectuel du XIIe siècle, qui allait d'un augustinisme oratoire et fervent, s'adressant à l'homme tout entier, vers une scolastique qui visait avant tout l'intelligence et se souciait assez peu de poésie et de sensibilité, il

---

[87] *P.L.*, t. 198, col. 213-214.

est resté fidèle à l'augustinisme. Sans nul doute, il le trouvait plus utile à la vie de contemplation. Et c'est là tout ce qui l'intéressait sur la terre. Puisqu'il trouvait Dieu et aidait les autres à le trouver, qu'avait-il à désirer davantage ? » [88].

7. Floraison de sainteté

Nous le notions au sujet d'Adam Scot : une évolution extrêmement rapide entre le XIIe et le XIIIe siècle imprime sa marque dans la spiritualité de Prémontré. L'intuition apostolique de saint Norbert se coulait au XIIe siècle dans un courant général. Au XIIIe siècle, d'autres données s'imposent, qui influencent la spiritualité et, partant, la sainteté. Le mouvement apostolique, si puissant au moment de la fondation de Prémontré, s'est divisé. Il s'exprime dans la majorité des cas en un mode nouveau dans les Ordres Mendiants, tandis que des franges non négligeables de fidèles désireux de reproduire l'idéal de la communauté apostolique primitive s'écartent de l'Église catholique et s'enfoncent dans l'hérésie.

L'influence de saint Bernard, de saint Dominique, de saint François d'Assise et de leur prédication, le climat qui enveloppe la croisade, la substitution de l'augustinisme par la scolastique, tout porte à une nouvelle forme de spiritualité et de dévotion. Au moment où la spéculation intellectuelle se développe et annonce les grandes synthèses théologiques, le peuple chrétien tourne ses regards vers des signes sensibles susceptibles d'alimenter une dévotion simple, bien que souvent très élevée et particulièrement fervente : la Crèche de Bethléem, la Croix, le Tabernacle eucharistique, la Vierge Marie, « notre Mère et douce Avocate », dont l'effigie orne de plus en plus fréquemment un portail latéral des églises, tandis qu'au tympan central trône le Christ, Juge des vivants et des morts.

Les saints prémontrés du XIIIe s'inscrivent dans cette nouvelle mouvance, et témoignent de l'ampleur de la mutation spirituelle survenue en l'espace de quelques décennies. Ils illustrent cet *épanouissement de la tendresse* qui a durablement marqué la spiritualité catholique, jusqu'au seuil de la Renaissance.

Hermann-Joseph

Nous connaissons la vie de saint Hermann-Joseph par Jean-Chrysostome Van Der Sterre, dont le texte est supposé être une source de première main, sa biographie écrite aussitôt après sa mort par le prieur de

---

[88] F. PETIT, *La Spiritualité des Prémontrés...*, p. 191-192.

l'abbaye de Steinfeld [89]. Avec Hermann-Joseph, nous voici dans l'atmosphère mystique des pays rhénans, qui déborde de tendresse et de ferveur. L'auteur de la biographie a tenté avec bonheur de traduire la vie mystique du saint, en faisant appel aux images scripturaires, ce qui laisse parfois le lecteur sur sa faim, car les expériences mystiques sont rapportées en termes théologiquement exacts mais qui ne nous révèlent que peu de choses de l'expérience elle-même. Nous sommes loin des détails et des caractères singuliers qu'aurait pu, seule, relever une autobiographie. Il faut aussi se rappeler un fait important : Hermann vécut quatre-vingt-onze ans et son prieur ne le connut que dans la dernière période de son existence terrestre, recueillant le témoignage du saint selon le récit qu'il en faisait lui-même, et non d'après un *journal* tenu en bonne et due forme. Ceci dit, Hermann-Joseph nous apparaît, sous la plume de son prieur, comme un homme extraordinaire, un authentique mystique nourri de l'Écriture, un religieux et un prêtre exemplaire, dont l'expérience spirituelle garde, après sept siècles, toute sa validité, voire son actualité.

Né à Cologne en 1150, Hermann entre très jeune à l'abbaye de Steinfeld, étudie en Frise, et reçoit l'ordination sacerdotale. Chargé du réfectoire de la communauté, puis de la sacristie de l'abbaye, il garde cet emploi jusqu'à un âge avancé. Quelque temps chapelain de Cisterciennes, il entretient de nombreuses relations avec le cercle des amis de l'abbaye, et meurt chez des religieuses, le 4 avril 1241.

Doté d'un physique avantageux, cordial et réservé, grand travailleur, il se livre à sa passion : construire des horloges. Fidèle dans l'accomplissement de sa charge de sacriste, il vit dans l'effacement, ignoré de la plupart de ses confrères qui ne le découvrent qu'en voyant les miracles se succéder sur sa tombe.

En fait, sa vie se déroule quotidiennement en compagnie de Dieu, de la Vierge Marie, des saints, notamment sainte Ursule et ses compagnes envers qui il manifeste une profonde dévotion. Objet d'apparitions fréquentes du Christ crucifié et de la Vierge, Hermann déroule le fil de sa vie dans le calme et la prière. Certains de ses confrères le plaisantent pour sa dévotion envers la Vierge et le surnomment *Joseph*.

Hermann, vivement contrarié de ce quolibet, se promet de dénoncer les confrères malveillants au chapitre des coulpes du lendemain. Le soir, tandis qu'il est en oraison dans l'église, celle-ci s'illumine. Sur un trône, au

---

[89] J.C. VAN DER STERRE, *Lilium inter spinas. Vita B. Ioseph presbyteri et canonici Steinueldensis Ordinis Praemonstratensis : Ex vetusto Steinueldensi Archetypo fideliter descripta, ac Notationibus illustrata...*, Anvers, 1627. Une édition de vulgarisation a connu un grand succès : J. ANDRÉ, *Le Chapelain de Notre-Dame : S. Hermann-Joseph, chanoine prémontré*, Tarascon-sur-Rhône, 1956. – *Il Cappellano di Nostra Signora : Hermann Josephus detto il Santo Canonico Premostratense*, Roma, 1960

bas des degrés de l'autel, la Vierge Marie est assise, radieuse et deux anges éblouissants se tiennent à ses côtés. L'un d'eux prend la parole et demande : « Qui va devenir l'époux de cette Vierge ? » – « Qui le mérite mieux que le frère qui est ici présent ? », répond le second. À leur invitation, un instant anxieux, Hermann acquiesce. L'un des anges poursuit : « Il faut que cette illustre Vierge devienne ton épouse ». Hermann se confond en prétextant son indignité, mais l'ange lui prend la main et la met dans celle de la Vierge : « Je te donne cette Vierge pour épouse. Désormais tu t'appelleras Joseph »[90].

Une autre apparition mérite d'être rapportée, car elle fournit un bon témoignage des étapes de la vie spirituelle, faite de moments d'intense ferveur et de relâchement spirituel par suite de l'ampleur des tâches qui prennent facilement le pas sur l'essentiel. Au cours d'une période de grande activité, où il fallait veiller pour déjouer l'intrusion de voleurs, Hermann omet de réciter la longue guirlande poétique en l'honneur de Marie, qu'il avait coutume de réciter chaque nuit. Soudain, dans le cloître, il entrevoit la silhouette d'une veille femme toute courbée. S'engage alors un dialogue riche d'enseignement pour la vie spirituelle. Hermann demande à la femme ce qu'elle fait à l'intérieur de la clôture.

Celle-ci lui répond : « Je suis la gardienne de ce monastère, et cela depuis bien longtemps ». Hermann reconnaît Marie, et l'appelle, comme il en avait pris l'habitude : « C'est vous, Rose ? » – « C'est moi ! » répond l'apparition. – « Mais pour quelle raison avez-vous pris ce visage ridé, cette apparence vieillie ? » – « J'apparais à tes yeux, telle que tu me gardes dans ton coeur. Je suis devenue vieille pour toi. Où est la représentation de mes joies ? Où le gai souvenir de la salutation angélique ? Où cette ferveur de dévotion, jeunesse de ton âme, ces exercices spirituels que tu avais l'habitude de m'offrir, qui me rendaient jeune à tes yeux et te faisaient jeune aux miens ? Je ne veux pas que pour la garde du monastère tu te dispenses de me servir, car je le garderai moi-même bien mieux que toi »[91].

Les apparitions ne sont pas pour Hermann-Joseph de pures joies, car elles sont liées au progrès de sa vie spirituelle. Avec le temps, ces apparitions se font moins fréquentes, au profit d'extases toujours plus nombreuses, surtout durant la célébration de la messe. Tout progrès spirituel implique une purification. Aussi les épreuves de toutes sortes assaillent-elles le religieux, pour que le vieil homme le cède à l'homme nouveau. La maladie, survenue à la suite de l'épuisement de son corps soumis à de dures pénitences, joue un rôle important dans sa vie et lui rappelle sans cesse la précarité de la condition terrestre. Les incompréhensions et les critiques dont il était l'objet dans sa communauté, du fait de sa gaucherie, de ses distractions, de sa timidité, pesèrent beaucoup sur lui.

---

[90] F. PETIT, *La Spiritualité des Prémontrés...*, p. 105-106.
[91] J.C. VAN DER STERRE, *Lilium inter spinas...*, p. 134.

Mais surtout, Hermann a souffert pour les autres, en particulier pour les pécheurs. Ils se prosterne en larmes devant le Christ et ne se relève pas avant d'avoir obtenu miséricorde pour telle personne, telle communauté. Favorisé de grâces insignes, il nous fait comprendre la sollicitude universelle. Humble et pauvre en toute occasion, patient et bienveillant envers tous, en particulier envers les confrères qui le comprenaient le moins, obéissant envers ses supérieurs, prompt à satisfaire ses confrères dans le but de contribuer à leur joie, Hermann représente le modèle achevé du religieux augustinien.

Hermann-Joseph a beaucoup écrit, mais il nous reste peu de cette oeuvre. Nous devons nous contenter de quelques formules de prières [92] dont l'authenticité est indiscutable, et qui se rapportent presque toutes à la Vierge Marie.

Hermann est, comme nombre de ses contemporains, dévot des *joies* de Marie. Il récite la *Salutation angélique* en la parfumant d'un des *mystères* de la vie du Seigneur ou de la Vierge, et annonce ainsi la dévotion du Rosaire. Voici une brève mais fervente louange aux cinq joies de Marie :

« Sois heureuse, Vierge gracieuse,
D'un mot tu as conçu le Verbe.
Je vous salue, Marie, ...

Sois heureuse, terre féconde,
Tu as porté le fruit de vie.
Je vous salue, Marie, ...

Sois heureuse, Rose magnifique,
Éclose à la Résurrection du Christ.
Je vous salue, Marie, ...

Sois heureuse, Mère glorieuse,
À l'Ascension de Jésus.
Je vous salue, Marie, ...

Sois heureuse dans les délices du ciel,
Rose désormais unie au Lys.
Purifie-nous de nos vices,
Et unis-nous à ton Fils.
Je vous salue, Marie, ... »

Une autre poésie, adressée au Christ, inspirée en grande partie du *Cantique des cantiques*, manuel d'amour du Moyen Âge, donne libre cours à l'âme qui chante l'Époux bien-aimé :

« Ô Jésus, doux et agréable,
Rose d'une fragrance merveilleuse.
Ô mon époux rempli d'amour,
Bien plus beau qu'on ne saurait le dire :
Mon bien-aimé ruisselant de beauté... »

La pièce la plus belle est une ode à la Vierge, qui ne compte pas moins de quatre-vingt strophes qu'il récitait chaque nuit en l'honneur des joies de Notre-Dame :

---

[92] Ces poésies sont éditées par J.C. VAN DER STERRE à la suite de la biographie, et reproduites en partie dans F. PETIT, *La Spiritualité des Prémontrés...*, p. 109-115.

« Réjouis-toi, ma toute belle,
Je te redis, ô Rose, Rose,
Au-dessus de toute beauté,
Plus riche d'amour que les autres,
Seule et demeurant hors de pair...

Réjouis-toi, ô fête de mon coeur,
Solennelle épouse de Dieu.

Que le flot qui sort de mon coeur
Se dirige droit vers ton coeur.
Prête l'oreille à mes accents...

Réjouis-toi, pure jeune-fille,
Ô Damoiselle du Seigneur.
En sûreté sous ton manteau
Le malheureux n'a plus à craindre :
Des timides, c'est le refuge... »

Par ses compositions poétiques, délicates et d'une limpidité de cristal, saint Hermann-Joseph témoigne d'un courant spirituel nouveau, affectif, nourri du *Cantique des cantiques*, qui exprime la ferveur de l'âme éprise de son Seigneur et dévote envers la Vierge. Ce nouveau type d'expression de la prière se situe dans une évolution que le recul du temps nous permet de mieux comprendre.

Durant des siècles, les chrétiens ont utilisé les psaumes, les oraisons, les hymnes, dans leur prière personnelle. En somme, c'est la liturgie qui fournissait presque exclusivement la matière de la prière vocale. Les compositions nouvelles d'oraisons ou d'hymnes entraient dans la prière officielle de l'Église, qui restait souple et variée. La liturgie latine manquait, certes, d'unité, mais elle était en constante élaboration et se prêtait facilement à une lente évolution de la dévotion personnelle. Or, au cours des XIe et XIIe siècles, celle-ci a tendance à se fixer sinon à se figer. Désormais son évolution sera une évolution officielle, décrétée par l'autorité de l'Église. Dans ces conditions, la liturgie continue à jouer son rôle propre, elle exprime la foi et la dévotion de la communauté chrétienne, mais les âmes dévotes n'y trouvent plus leur compte. Cette insatisfaction devient à son tour source de création. Pour exprimer leurs sentiments de dévotion, les compositions nouvelles se multiplient en dehors de la liturgie. La dévotion privée prend l'allure d'exercices spirituels qui se fixent à leur tour, comme le Rosaire et le Chemin de Croix.

Désormais, la dévotion privée s'oriente surtout – et nous retrouvons ici l'influence des croisades – vers les mystères de la vie du Christ, son humanité, les saints de l'Évangile, la Vierge Marie, les anges. Les pèlerins de Terre Sainte ont raconté leurs visites à la Crèche de Bethléem, à Gethsémani, au Saint-Sépulcre, à Cana. La méditation ne fait plus recours à l'allégorie sur les textes de l'Écriture, mais rejoint le Christ de l'Évangile et les premiers témoins de la *vie apostolique*. Peu à peu la dévotion à la Passion du Christ et l'adoration de l'eucharistie en-dehors de la célébration s'imposent à la ferveur populaire.

Hermann-Joseph est l'un des premiers spirituels médiévaux à faire explicitement mention du Coeur de Jésus, dans son *Jesu dulcis et decore*.

Avec cette poésie, nous nous approchons de ce que les chanoines de Windesheim appelleront au XIVᵉ siècle la *devotio moderna*.

« Salut, Coeur du Souverain Roi :	Ouvre-toi, épanouis-toi.
Avec joie, je te rends hommage.	Comme une Rose au doux parfum,
T'embrasser fait tout mon bonheur,	À mon pauvre coeur unis-toi.
Mon coeur vivement te désire,	Parfume-le, transperce-le.
Oh ! permets-moi de te parler !	Celui qui t'aime souffre-t-il ? »

Avec saint Hermann-Joseph, voici un bel exemple de dévotion accessible à tous. Par ces exercices spirituels simples, que sont les poèmes en l'honneur des joies de la Vierge Marie, la piété s'exprime en termes populaires et déjà elle franchit les portes du cloître pour embraser le peuple chrétien d'un amour fervent envers le Christ, la Vierge et les saints.

Bronislave

La bienheureuse Bronislave est l'un des fruits de sainteté qui illustrèrent la Pologne prémontrée. Née en 1203, à Kamien en Silésie, au sein d'une famille noble et profondément chrétienne, qui comptait parmi ses membres saint Ceslas et saint Hyacinthe [93], ses contemporains, elle grandit dans une atmosphère de ferveur fortement marquée par la croisade. Son père, Stanislas, avait épousé Anne Jaxa, petite-fille de croisés. Le souvenir du pèlerinage en Terre Sainte demeurait vivant dans la famille, et la dévotion au Crucifix était partagée par tous les membres.

Bronislave, dont le nom signifie « celle qui défend la réputation », apprit de sa mère à prononcer les noms de Jésus et de Marie dès qu'elle commença à parler. Recueillie de nature et attentive aux choses de Dieu, elle demeura au milieu des siens jusqu'à l'âge de seize ans. Attentive aux pauvres, elle fait arrêter sa voiture pour leur donner une aumône. Ils ont toujours leur part, et la meilleure, chaque fois qu'un festin est donné au château. Avec sa mère, elle visite les malades et s'emploie à enseigner les travaux ménagers aux orphelines du voisinage.

Peu à peu, Bronislave prend conscience de sa vocation : elle sera moniale. Elle garde cependant son secret, n'osant pas le révéler à ses parents. Pour la première fois, elle confie son dessein à son cousin Hyacinthe, revenu de Rome en compagnie de Ceslas, avec mission d'implanter l'ordre des Frères Prêcheurs en Pologne. Avec l'assentiment de leur oncle, Yves Odrowes, évêque de Cracovie, ils s'apprêtent à fonder un premier couvent dans cette ville. Hyacinthe encourage Bronislave et fait part à Stanislas du projet de sa fille. Devant les hésitations de son père,

---

[93] I. VENCHI, *Catalogus hagiographicus Ordinis Praedicatorum*, Roma, 1988, p. 94, 107.

Bronislave est fortement ébranlée dans son propos, mais Jésus lui apparaît et lui dit : « Bronislave, tu dois être mon épouse ».

Elle décide d'entrer au monastère des Norbertines de Zwierziniec situé dans un faubourg de Cracovie, fondé par son aïeul, Jaxa de Mxizeck, à son retour de la croisade. Là, elle s'adonne avec ferveur à toutes les observances régulières, consacre de longues heures à la méditation solitaire, et manifeste une profonde humilité. De bonne heure, Dieu lui concède des dons surnaturels. Un ermite du voisinage, hésitant sur sa vocation, s'entend dire : « Va au couvent de Zwierziniec. Une sainte novice t'apprendra ce que tu dois faire ». Il rencontre Bronislave qui travaillait à la cuisine, la robe toute humide. Elle lui dit : « L'obéissance vaut mieux que le sacrifice. Pour devenir saint, il faut savoir obéir ». L'ermite se retire et se met au service des pauvres dans un hôpital des environs.

En 1223, elle fait profession, toujours très mortifiée à force de pénitences qui pourraient nous sembler excessives aujourd'hui, mais qui s'expliquent fort bien chez une âme entièrement vouée à Jésus crucifié. Le Christ lui apparaît et lui dit : « Bronislave, ta croix est ma croix, mais ma gloire sera ta gloire ». Ses dons surnaturels sont tels que nombre de personnes viennent la consulter, y compris le roi de Pologne. Bientôt maîtresse des novices, elle se consacre à cette nouvelle fonction dans laquelle elle excelle et qu'elle exerce jusqu'en 1241.

En 1241, le vendredi de la Quinquagésime, Bronislave priait avec une de ses sœurs devant le Tabernacle. Soudain, Bronislave entendit une voix : « Le couvent va être détruit ». Quelques jours plus tard, les Tartares firent irruption à Cracovie. Bronislave prit une croix dans sa main et rassura les sœurs : « Ne craignez pas, la Croix nous sauvera ». Puis elle les conduisit dans les souterrains du monastère. Les Tartares détruisirent la construction. La panique gagnait les sœurs enfermées dans les souterrains, alors Bronislave frappa par trois fois de la croix la paroi de leur cachette. Une galerie s'ouvrit, qui les mena en pleine forêt sur la montagne de Shornich. Après le départ des pillards, les sœurs trouvèrent leur monastère en ruine. Ce n'est qu'en 1595 qu'il sera reconstruit en entier. Une partie des sœurs rejoignit un autre couvent, tandis que Bronislave et un certain nombre de moniales se construisirent des abris de fortune dans le jardin du monastère. La clôture étant supprimée, Bronislave se trouva à nouveau en contact direct avec les pauvres. Comme dans sa jeunesse, elle leur consacra tout le temps qu'elle ne passait pas en prière.

Bronislave trouva en son cousin saint Hyacinthe un merveilleux directeur spirituel qui l'initia à la dévotion du Rosaire. En quoi consistait exactement cette dévotion à ce moment-là, nous ne saurions le dire avec exactitude, mais une chose est certaine, Hyacinthe développa chez Bronislave une ardente dévotion envers la Vierge Marie. Le jour de l'Assomption 1257, saint Hyacinthe, épuisé par ses travaux apostoliques et la pénitence, mourut. Bronislave était en train de méditer les mystères de la vie de Marie, lorsqu'elle vit une grande lumière au-dessus de l'église des Dominicains. Dans cette lumière, une multitude d'anges et, au milieu, une dame entourée de vierges et tenant par la main gauche un frère prêcheur tout brillant de gloire. Bronislave demanda : « Madame, je vous en prie, dites-moi qui vous êtes et quel est le frère que vous tenez par la main ». L'apparition lui répondit : « Ne vous effrayez pas, ma fille, de me voir descendre parmi les mortels. Je suis la mère de miséricorde et je conduis à la gloire dans cette procession solennelle le frère Hyacinthe qui m'a montré tant de dévotion ». À ces mots, la Vierge entonne l'antienne *Ibo ad montem myrrhae* que la liturgie prémontrée faisait chanter chaque dimanche à la procession durant cette période de l'année.

Avertie de sa mort prochaine, Bronislave dit un dernier adieu à ses chers malades, fit la confession générale de ses péchés, se rendit en pèlerinage au mont Shornich, en compagnie d'un paysan qu'elle avait naguère soigné, et qui avait pris avec lui une bêche. Arrivée au sommet du mont, Bronislave lui dit : « Je vais mourir. Je suis une grande pécheresse, indigne des honneurs de la sépulture. Creuse une fosse. Quand je serai morte, tu me couvriras de terre et tu me laissera ». Puis elle entra en extase et mourut. Elle quitta cette terre le 29 août 1259, après quarante ans de vie religieuse. Son corps fut par la suite transporté dans l'église du monastère, près du maître-autel. Oubliée durant quatre siècles, la tombe de Bronislave fut redécouverte en 1612. Ses restes mortels furent offerts à la dévotion des fidèles. On érigea également une chapelle sur le mont Shornich. Grégoire XVI permit au diocèse de Cracovie et aux monastères de Norbertines de célébrer la fête et l'office de la bienheureuse Bronislave, et Léon XIII étendit cette concession à tout l'ordre de Prémontré.

La bienheureuse Bronislave fut une grand dévote de la Passion du Christ. Elle s'insère dans le grand mouvement spirituel et dévotionnel du XIIIe siècle. Elle nous laisse un témoignage exceptionnel de communion spirituelle avec le mystère de la Passion, et de familiarité filiale avec la Vierge Marie.

Christine du Christ

Cette moniale prémontrée naquit en 1269 au diocèse de Mayence en Allemagne. Elle nous est connue par le récit [94] que son confesseur écrivit de sa vie et des faveurs célestes dont elle fut l'objet.

---

[94] Le texte original latin est perdu, mais nous en possédons une traduction flamande du XVIIe siècle, conservée dans les archives de l'abbaye de Teplá, éditée à Anvers : P. van CRAYWINCKEL, *Legende der Levens van de voornaemste Heylige... in de Witte Orde van den H. Norbertus*, Antwerpen, 1665, t. II, p. 730-759.

Baptisée sous un prénom que nous ignorons, elle reçut, encore enfant, celui de Christine lors d'une apparition du Christ. À peine âgée de dix ans, elle est pensionnaire au monastère des norbertines de Rhetirs ou Retters. La petite fille vit donc son enfance, au rythme de l'office des moniales et de la vie conventuelle. Nous ignorons tout des raisons qui poussèrent ses parents à la confier aux Norbertines, mais à l'âge de dix ans, Christine demande à recevoir l'habit prémontré. Le Christ lui demande alors de renoncer aux jeux de son âge et de se vouer à la contemplation. Il lui apparaît un jour durant le chant de l'office. Il a les traits d'un enfant. Le long d'un rayon lumineux il descend vers elle, puis disparaît lorsqu'elle s'apprête à le saisir pour l'embrasser tendrement. Christine réalise qu'il faut être pur pour pouvoir mériter les caresses divines, et se rend compte qu'elle ne possède pas encore cette pureté. Certes, ses fautes ne sont que des fautes d'enfant, mais lorsqu'elle en prend conscience, elle pleure amèrement ce qu'elle appelle très sérieusement ses *iniquités*. À la nouvelle de la prochaine visite canonique du monastère, Christine fait sa confession générale, le coeur brisé de douleur. À peine a-t-elle reçu l'absolution, son coeur s'emplit d'une joie infinie à la vision de l'Enfant Jésus qui descend dans son coeur.

En 1281, Christine fait profession. Vers la fête de Noël, une nouvelle vision vient provoquer une évolution dans sa vie spirituelle. Après avoir récité douze *rosaires*, c'est-à-dire douze prières évoquant les joies de Marie, suivis d'un *Pater* ou d'un *Ave*, elle voit sur l'autel, durant les matines, l'Enfant Jésus couché dans sa crèche. Il s'approche de Christine, mais au fur et à mesure que la distance diminue, il grandit jusqu'à atteindre la taille d'homme, puis chante l'office aux côtés de la jeune religieuse. Christine comprend qu'il faut non seulement aimer l'enfance du Christ mais aussi sa Passion et ses souffrances. Elle n'est pas attirée comme Hermann-Joseph par les *mystères* de la vie publique du Christ, mais s'arrête sur les épisodes propres à nourrir les sentiments : la Nativité et la Passion. Le *Rosaire*, dans sa forme actuelle, ne fait pas autre chose, en nous proposant de passer directement de la méditation des mystères joyeux à celle des mystères douloureux.

La vie spirituelle de Christine va en se purifiant, sur les instances mêmes du Christ. Est-elle remplie de joie après une dénonciation au chapitre, car elle est toujours en retard sous prétexte de s'arrêter en prière devant le Crucifix du dortoir ? Jésus lui apparaît et l'admoneste : « Ma fille, réjouissez-vous en Dieu, mais efforcez-vous d'obéir à votre maîtresse. L'obéissance m'est plus agréable et plus précieuse que le sacrifice ».

– On se reportera également à G. LIENHARDT, *Ephemerides Hagiologicae Ordinis Praemonstratensis*, Augsburg, 1764, p. 597-602. – *Acta Sanctorum*, 24 julii, V, p. 637-660.

En 1282, survient une tragédie qui met fin aux joies de la jeune fille : guerre et misère chassent les moniales de leur monastère. Celles-ci se replient alors dans leurs familles pendant quelque temps. Le retour dans la clôture est plus dur que prévu : Christine n'est plus une enfant, mais une jeune femme à la volonté ferme, un peu encline à la mondanité. Le retour se fait sous le signe de l'insatisfaction et de la pénitence. La purification s'accomplit dans la douleur, elle se flagelle non seulement pour elle-même mais aussi pour les âmes tentées et celles qui attendent d'être admises au Paradis. Tentée par le dégoût et au bord du découragement, elle se livre à d'austères pénitences, et retrouve peu à peu le goût de l'intimité avec le Christ. Tentée par la colère, l'orgueil, la gourmandise, Christine lutte de toutes ses forces, certaine de l'aide de Jésus, et s'efforce de développer la charité envers ses compagnes.

À seize ans, Christine a vaincu les plus grandes tentations, mais sa santé est brisée, elle est épuisée. On doit la porter à l'église et là, elle médite les angoisses de l'agonie du Christ. La Vierge Marie lui apparaît et la conduit sur le chemin de la perfection, comme elle l'avait fait pour saint Hermann-Joseph : mépris du monde, assiduité à la contemplation, réception de l'eucharistie, amour pour le prochain, accomplissement de la volonté de Dieu, exactitude seront son chemin quotidien de sainteté. Parvenue au sommet de la vie spirituelle en communiant aux souffrances du Christ, Christine voit sa santé corporelle poursuivre sa dégradation irrémédiable. Les apparitions se font plus rares et son état ne cesse d'empirer. En 1292, elle est atteinte d'une maladie nerveuse et de fréquentes syncopes qui la font atrocement souffrir. Elle meurt le 23 novembre 1292, âgée de vingt-deux ans.

Christine du Christ vit son expérience mystique au siècle de saint François d'Assise. Elle ne reçoit pas les stigmates, mais sa communion aux souffrances du Christ est intense. Elle offre ses épreuves et ses pénitences pour les âmes des défunts. Comme Cluny et Cîteaux, Prémontré est bientôt suivi par les Mineurs et les Prêcheurs dans la dévotion aux âmes des défunts en attente du Paradis. Dans une magnifique actualisation de la Communion des Saints, Christine prend sur elle les souffrances des défunts pour hâter leur bonheur éternel, signe d'une charité héroïque, reçue de sa familiarité avec le Rédempteur.

Siard

Abbé du Jardin de Marie, fondé par saint Frédéric, saint Siard appartenait à une famille noble. Particulièrement attentif à pratiquer la pénitence, il passait la plus grande partie de son temps dans la contemplation du Christ souffrant le mystère de sa Passion. Jamais ses frères ne parvinrent à lui faire accepter des mets différents de ceux de la communauté. S'il venait à s'apercevoir de quelque faveur à lui réservée, il exigeait aussitôt que toute la communauté en bénéficiât. Pour matelas, il se contentait d'une rude peau de cheval, qu'il prenait soin de dissimuler sous un drap de laine.

Doté de dons particulier, il lui arriva de guérir des malades, et notamment de rendre la vue, par la force de sa prière d'intercession. Rien dans son comportement quotidien ne le distinguait de ses frères, ni dans l'habit, ni dans le manger, ni dans les conditions d'habitat. D'une humilité extraordinaire, il évitait absolument tout ce qui dépassait le strict nécessaire. Aux frères qui devaient faire un voyage, il avait coutume de recommander trois choses : une arrivée joyeuse, un séjour pacifique, et un retour fidèle. Il pratiquait l'aumône et accueillait toujours les pauvres de passage comme le Christ lui-même.

Les premiers Prémontrés étaient très attachés aux saints et saintes de l'Évangile. Saint Siard eut une grande dévotion envers Marthe et Marie, les soeurs de Lazare. En réalité, il s'agissait plus que d'une dévotion. Ces deux saintes femmes qui eurent le privilège de recevoir Jésus dans leur maison, furent pour lui des modèles et il voulut que ses frères se missent avec lui à leur école. De Marthe il voulait imiter la sollicitude pour ses frères, de Marie il retenait la nécessité d'écouter le Christ dans la prière de contemplation. Siard, fidèle à l'intuition primitive de saint Norbert, accompagnait ses frères dans les travaux manuels, spécialement les travaux des champs. Lors de la moisson, il allait avec les frères dans les champs, et là, le plus humble de tous, il aidait un frère à lier les gerbes et à les mettre en tas. Sous la conduite de leur abbé, les Prémontrés du Jardin de Marie alternaient les psaumes tout en moissonnant. Ils unissaient ainsi le travail de Marthe et la contemplation de Marie.

Après trente-six ans d'abbatiat, il termina son séjour terrestre au cours de l'année 1230. Sur sa tombe, les fidèles obtinrent de nombreuses faveurs par son intercession. Saint Siard fut un abbé remarquable, qui sut se faire tout à tous, dans l'humilité et la charité. En un mot, il réalisa à un degré de perfection éminent l'idéal apostolique dans toute son ampleur.

Isfrid

Saint Isfrid était prévôt de l'abbaye de Jéricho, au diocèse d'Havelberg, lorsque les Prémontrés de Ratzbourg l'élurent évêque de ce diocèse pour succéder à saint Évermode. Par sa vie, sa prière, sa pénitence et sa parole, il exerça une influence considérable sur les Wendes, récemment évangélisés, mais encore profondément marqués par leurs anciennes superstitions païennes.

Dans son oeuvre d'évangélisation, Isfrid fut efficacement secondé par Henri, duc de Saxe et de Bavière, qui fut son compagnon fidèle dans l'annonce de l'Évangile. Henri et Isfrid lui-même eurent cependant à souffrir des ambitions de l'empereur Frédéric Barberousse qui condamna Henri à l'exil, et s'appropria dans un premier temps des terres et des domaines de la mense épiscopale, grâce au concours de Bernard d'Ascanie, fils d'Albert l'Ours. Il tenta, mais en vain, de soumettre Isfrid qui refusa de rendre à l'usurpateur l'hommage qu'il exigeait injustement. L'empereur n'hésita pas : il confisqua tous les revenus de l'évêché, malgré les réclamations du pauvre peuple à qui ces biens étaient destinés. Impassible au milieu de l'adversité, Isfrid n'en continua pas moins à prêcher la paix et la réconciliation.

Les miracles fleurissent autour de saint Isfrid, comme les champs au printemps : un jour où il se nourrissait par pénitence, de pain et d'eau, son serviteur lui apporta son pain et sa coupe, mais Isfrid trouva du vin dans la coupe. Il demanda à son serviteur de lui apporter un peu d'eau. Celui-ci s'exécuta et alla puiser à la source voisine, mais, à peine versée dans la coupe, l'eau de changea à nouveau en vin. Le miracle s'étant renouvelé une troisième fois, Isfrid leva les yeux au ciel et dit : « Je vous obéis, Seigneur, puisque vous l'ordonnez, et j'accepte en ce saint jour de la Passion de votre Fils, ce que vous daignez m'offrir vous-même ».

Quasi nonagénaire, saint Isfrid mourut le 15 juin 1204, et fut enseveli par ses frères dans le même tombeau que saint Évermode dont il avait été le premier successeur et qu'il imita dans sa sainteté.

Ludolphe

En 1236, Ludolphe, chanoine prémontré et camérier de la cathédrale de Ratzbourg, fut élu par ses confrères évêque du diocèse. Dans la ligne de saint Norbert, il s'efforça, à la suite du Christ, d'incarner le bon pasteur qui donne sa vie pour ses brebis. Il consacra tout son ministère au service de son Église, dédiant à la prédication et aux visites pastorales tout le temps laissé libre par la prière. Il fit tant et si bien qu'il sut protéger son diocèse des désordres qui affectaient les contrées voisines, et l'ensemble de ses diocésains le suivirent sur la voie la sainteté en menant une existence profondément chrétienne.

Un seul résista à l'évêque, Albert, duc de Saxe, qui voyait dans les droits et les libertés de l'Église une atteinte à ses droits séculiers. Décidé à abattre l'évêque, le duc décida de démolir la cathédrale de Ratzbourg qui jouxtait son palais ducal, pour y faire un jardin potager. C'était sans compter avec Ludolphe. Injures, menaces demeurèrent vaines et ne parvinrent pas à ébranler le courageux évêque. Porter atteinte à l'église cathédrale, n'était-ce pas porter atteinte à l'Église dont elle est le symbole par excellence ?

Excité par ses courtisans, le duc Albert ordonna de prendre les armes pour venger son honneur bafoué par le refus de l'évêque. Il fit mettre la main sur Ludolphe qui, enchaîné, fut jeté dans un cachot malsain où il dut endurer les pires tourments : faim, coups, injures. Le duc espérait obtenir par la force ce qu'il n'avait pu extorquer par la persuasion et les plus flatteuses promesses. Ludolphe, fort de sa foi et conscient de sa mission envers l'Église confiée à ses soins paternels, ne se laissa pas fléchir le moins du monde.

Le duc Albert, conscient de l'impopularité de cette persécution contre Ludolphe, se résolut à le relâcher. Hélas, l'évêque était à demi-mort, par suite des mauvais traitements infligés en prison. À sa sortie de prison, on conduisit Ludolphe chez Jean de Mecklenbourg, puis à Wismar, pour tenter de panser ses plaies. Épuisé, l'évêque acheva sa douloureuse agonie et mourut, le 29 mars 1250.

Aussitôt après sa mort, de nombreuses faveurs furent obtenues par ceux qui venaient vénérer son tombeau dans la cathédrale de Ratzbourg. Saint Ludolphe est honoré comme martyr pour la liberté de l'Église. Par son martyre, il a magnifiquement illustré la mission du bon pasteur, telle que le Christ l'avait confiée à ses Apôtres : « Le bon pasteur donne sa vie pour ses brebis, pour qu'elles aient la vie et qu'elles l'aient en abondance » (*Jn*, X, 10), et telle que, dans toute sa vigueur, saint Norbert l'avait présentée à ses premiers disciples.

*
* *

Les XII⁰ et XIII⁰ siècles apparaissent ainsi dans toute leur fécondité : l'ordre né dans la forêt de Prémontré, la nuit de Noël 1121, se développe rapidement et franchit les frontières de la France pour couvrir l'Europe. Cette expansion géographique est le fruit d'une spiritualité profondément enracinée dans l'Évangile et dans l'*institution apostolique*, riche de dynamisme et d'infinies ressources. Expansion géographique et approfondissement spirituel marchent du même pas et se stimulent mutuellement. Ce n'est pas un hasard si, dès l'origine de l'ordre, les Prémontrés les plus dynamiques et les plus intrépides sont des saints. Chez eux, pas la moindre dichotomie entre contemplation et apostolat : c'est parce qu'ils sont d'authentiques hommes de Dieu qu'ils brûlent de zèle, et c'est parce qu'ils sont des apôtres dans l'âme qu'ils ont pour premier souci de vivre en communion spirituelle avec le Christ, la Vierge Marie et les saints, surtout les saints de l'Évangile, ceux qui ont partagé la vie du Verbe de Dieu fait chair.

Les tendances, les accents sur la vie contemplative ou la vie active, voire les tensions entre des aspirations différentes, sont assumées dans une harmonie spirituelle qui prend pour modèles Marthe et Marie, les hôtesses du Christ. Le sacerdoce est par nature un don de Dieu qui appelle le souci de l'évangélisation, faute de quoi rien ne distinguerait l'ordre clérical de l'ordre monastique. Le souci de la prière liturgique et de la contemplation, de la vie commune et de la charité fraternelle caractérisent les abbayes de chanoines prémontrés, sinon ces abbayes ne seraient bientôt plus que des presbytères à peu près séculiers, dont la vie religieuse finirait par perdre rapidement sa sève et son caractère spécifique.

Les Prémontrés font profession de servir Dieu dans une église particulière à laquelle il se lient par un voeu perpétuel de stabilité. Ouvertes largement aux fidèles invités à s'unir à la louange divine, les églises prémontrées réunissent le peuple de Dieu autour du collège des prêtres, comme la multitude des croyants autour des Apôtres à Jérusalem. L'eucharistie est le coeur de l'abbaye, la Vierge Marie en est la Mère. Sous l'influence de la croisade, nombre de chanoines et de moniales puisent dans la méditation de la vie du Christ, de Marie et des saints un dynamisme spirituel hors du commun.

Historiquement, la spiritualité des Prémontrés des XIIe et XIIIe siècles est une transition entre l'antique esprit monastique bénédictin et l'idéal des ordres mendiants. Elle propose, dès la fondation de l'ordre par saint Norbert, une synthèse fondée sur la vie des Apôtres réunis autour du Christ. Jésus, en effet, « les constitua douze pour être avec lui et pour les envoyer prêcher » (Mc, III, 14).
Aussi entendait-on souvent Norbert répéter :

> « Ô prêtre, qu'es-tu donc ? Tu n'es pas à toi, puisque tu es le serviteur et le ministre du Christ, le médiateur entre Dieu et les hommes. Tu ne t'appartiens pas, puisque tu es l'époux de l'Église. Tu ne viens pas de toi, puisque tu n'es rien. Qui es-tu donc ô prêtre de Jésus-Christ ? Tu es tout et tu n'es rien. Prends garde qu'on ne dise de toi ce que l'on disait du Christ sur la Croix : Il a sauvé les autres et ne peut se sauver lui-même »[95].

Norbert et les réformateurs grégoriens poursuivent un but, la réforme de l'Église, et pour cela ils optent en faveur de la réforme du clergé. Dans la mesure où les prêtres seront les fidèles imitateurs du Christ et des Apôtres, par leur vie de prière et leur zèle apostolique, ils conduiront le peuple de Dieu à la rencontre de son Seigneur. L'homme d'oraison n'est pas un endormi, il vit en état d'alerte. Pour percevoir les appels intérieurs de la grâce, il s'enferme dans le cloître avec ses frères, et se tient « prêt à toute oeuvre de bien »[96].

---

[95] Cité dans N. CALMELS, *Chanoines Prémontrés*, Tarascon-sur-Rhône, 1949, p. 14.

[96] Cette devise, reçue dans l'ensemble de l'ordre, fut adoptée pour la première fois au mois d'octobre 1881, par la revue de l'abbaye de Frigolet (France), intitulée *La Cour d'Honneur de Marie. Annales Norbertines*.

CHAPITRE III

INCERTITUDES ET REPLIS : XIVe-XVIe SIÈCLES

La multiplication des instituts religieux voués au ministère des âmes est telle dans l'Église, et la variété de leurs formes de vie est si grande, que nous avons peine à imaginer la situation et les difficultés spécifiques auxquelles les Prémontrés durent faire face dans les premiers siècles de leur histoire. Les fondations successives, et à plus forte raison les fondations récentes ou contemporaines en quête de modèles n'ont que l'embarras du choix. Déjà au XIIIe siècle, saint Dominique connaissait une situation bien différente de celle de saint Norbert. Il se référa à l'ordre de Prémontré et à ses structures, pour jeter les bases de l'ordre des Frères Prêcheurs.

Saint Norbert et ses premiers compagnons avaient un idéal, la communauté apostolique de Jérusalem ; un stimulant, le mouvement grégorien ; et une règle, celle de saint Augustin. Mais ils auraient cherché en vain un exemple contemporain qui s'imposât pour les guider dans l'élaboration concrète de leur genre de vie religieuse et apostolique. Une nécessité s'imposait à eux comme à tous les chanoines réguliers : vivre selon un mode différent, alliant la consécration religieuse à la vie cléricale. Le seul modèle de vie régulière qui s'offrait à eux était la vie monastique selon saint Benoît. Aussi lui empruntent-ils sa structure abbatiale, sa vie conventuelle et ses usages, mais en en modifiant la finalité : chanoines réguliers, ils sont voués par leur sacerdoce aux diverses fonctions du ministère ecclésiastique. Ils constituent un ordre de clercs et en cela se distinguent des moines. Plus que tout autre institut de chanoines réguliers, l'ordre de Prémontré entendit, à l'origine, se montrer l'émule du monachisme le plus austère. La vie du Prémontré avec son abstinence perpétuelle, son grand jeûne des sept mois d'hiver, son silence perpétuel, son travail manuel, n'était guère moins austère que celle du moine cistercien, et cependant, elle est ordonnée à l'action apostolique. Il n'y a pas dualité d'objectifs : l'action puise ses énergies dans la contemplation, et celle-ci trouve dans l'action des raisons de devenir plus intense. Tout se ramène à une unité fondamentale par mutuelle influence de la prière et du ministère.

La vocation *mixte* des Prémontrés, source d'une vie apostolique féconde, présentait cependant un écueil de taille : pour peu que se relâchât la vie chrétienne ambiante ou la vigilance des supérieurs, les religieux risquaient de se laisser contaminer par l'esprit du monde et de s'écarter rapidement de l'idéal dont saint Norbert et ses premiers successeurs avaient su animer l'ordre.

Certains usages empruntés aux Cisterciens, et parfaitement justifiés dans une abbaye monastique, comme le jeûne perpétuel, s'avéraient peu compatibles avec les exigences du ministère paroissial. Peu après la mort de saint Norbert, un assouplissement fut décidé en ce domaine, pour réduire le jeûne perpétuel au *Grand Carême*, du 14 septembre, fête de l'Exaltation de la Sainte Croix, jusqu'à Pâques [1]. Cet assouplissement était sage, car il procédait d'un excellent discernement sur la vocation de l'ordre à l'apostolat. Mais dès le milieu du XIVe siècle, c'est un fléchissement profond de la spiritualité, qui fut à l'origine d'une série de concessions souvent entérinées par les papes, et que les religieux ne tardèrent pas à outrepasser largement. Cette crise spirituelle ne devait pas tarder à freiner l'enthousiasme des débuts. Elle se manifesta en premier lieu par un attiédissement du zèle et un amollissement du dynamisme de l'ordre. Les XIVe et XVe siècles et la première partie du XVIe siècle ne voient plus ces pléiades d'abbayes surgir sur toute l'Europe centrale et occidentale. Les grands exemples de sainteté, qu'ont offert les deux siècles précédents, deviennent aussi de plus en plus rares. Cette période est, en définitive, l'une des plus pauvres de l'histoire de Prémontré du point de vue de la spiritualité. Par contre, témoins du souci de l'ordre de consolider sa position dans l'Église, ses privilèges retiennent l'attention de l'administration centrale. À la demande des chapitres généraux et des abbés généraux, les papes confirment les privilèges acquis et en octroient de nouveaux, car ils conservent leur confiance aux fils de saint Norbert.

1. Ralentissement du rythme des fondations

Le contraste est frappant entre l'élan qui anima les deux premiers siècles et la semi-léthargie dans laquelle semble s'endormir la période qui nous intéresse ici. Les maisons fondées entre le XIVe et le XVIe siècles

---

[1] C. SAULNIER, *Statuta candidi et canonici ordinis praemonstratensis, ac anno 1630 a capitulo generali praemonstratensi plene resoluta, acceptata et omnibus suis subditis ad stricte observandum imposita, quibus accesserunt articuli reformationis seu communitatis antiqui rigoris*, Étival, 1725, p. 59.

furent beaucoup moins nombreuses au cours de ces trois siècles qu'auparavant.

Parmi les principales fondations, notons : Saint-Sauveur, au diocèse de Passau, en 1309 ; Hilgenthal, en Saxe, en 1314 ; Broadholme, au diocèse de Lincoln, vers 1310 ; Sarrance, au diocèse de Lescar (aujourd'hui Bayonne), en 1340 ; Genlis, au diocèse de Noyon (aujourd'hui Soissons), en 1421 ; le Collège de Louvain, en 1571 ; le Collège Saint-Norbert de Salamanque, en 1568.

2. Une lignée d'abbés généraux exceptionnels

Les périodes de décadences des ordres religieux sont souvent imputables à la médiocrité des supérieurs généraux. Ce n'est pas le cas de l'ordre de Prémontré, qui, à quelques exceptions près, fut gouverné durant les XIVe et XVe siècles par des hommes tout à fait remarquables, non seulement par leurs talents d'administrateurs, mais par la sainteté de leur vie. Il ne saurait être question de leur imputer la décadence de l'ordre, qui est à chercher dans l'affadissement général des religieux et le relâchement de nombre d'abbés.

Dès son élection à la tête de l'abbaye de Prémontré et de l'ordre, *Adam de Crécy* [2], se trouva affronté à un problème de taille : à cette époque, les abbés d'Angleterre commençaient à se séparer subrepticement de l'unité de l'ordre, en se montrant de moins en moins fidèles au chapitre général annuel. Quand on sait l'importance de ce chapitre pour un ordre constitué de maisons autonomes, on ne s'étonne pas de voir Adam de Crécy employer toute son influence et sa force de persuasion afin de ramener les abbés anglais à la discipline traditionnelle. Homme intelligent et diplomate, Adam de Crécy n'hésita pas à faire quelques concessions pour sauver l'essentiel : la cohérence et l'unité de l'ordre.

Par un compromis passé à l'abbaye de Saint-André-au-Bois, le 8 avril 1316, il fut convenu que les abbés d'Angleterre seraient dispensés de se rendre chaque année au chapitre général, mais qu'ils députeraient à leur place le prieur de leur abbaye.

---

[2] Abbé de Prémontré, de 1304 à 1327, Adam de Crécy participa en 1311 au concile de Vienne convoqué par le pape Clément V. À cette occasion, le pape concéda l'usage des pontificaux aux abbés de Prémontré, ainsi que la faculté d'user de l'autel portatif.

Jean de Saint-Quentin [3] dut faire face à un fléchissement profond dans le domaine de la pénitence, en limitant la pratique du jeûne, en dehors du Carême et des Quatre-Temps, périodes où il était imposé à tous les fidèles, à l'Avent, au lundi et au mardi gras, et à tous les vendredis de l'année [4], pour éviter une désaffection générale des statuts de l'ordre. Le chapitre général de 1342, « considérant que l'époque actuelle ne peut supporter, en raison de l'affaiblissement des tempéraments, la sévérité et la rigueur du temps passé », proposa cet adoucissement, consacré par le pape Clément VI, dans la bulle octroyée le 1er janvier 1343. Désormais les malades et les religieux de complexion fragile seraient autorisés à utiliser des chemises de lin.

Jean de Saint-Quentin maintint la position d'Adam de Crécy sur la participation au chapitre général annuel. Nombre d'abbés, et pas seulement anglais, tentaient de s'affranchir de ce devoir, prétextant l'éloignement de leurs maisons, l'inconfort et la longueur des voyages. L'abbé général obtint du pape Clément VI une bulle en date du 16 décembre 1343, afin de confirmer l'obligation pour tout abbé de se rendre au chapitre général, et, en cas d'empêchement, de députer à sa place, et avec les pleins pouvoirs, le prieur de l'abbaye.

À la jonction du XIVe et du XVe siècle, *Pierre Hermi* [5] lutta pour préserver et consolider les libertés et les privilèges de l'abbaye et de l'ordre de Prémontré. Il obtint en particulier l'exemption complète de l'ordre de la juridiction épiscopale. L'exemption de la juridiction de l'Ordinaire du lieu ne fut pas envisagée à la fondation. Saint Norbert, archevêque de Magdebourg, voulait même que les abbayes de sa circarie, celle de Saxe, fussent sous la juridiction épiscopale. Cette dépendance, bien qu'atténuée par les privilèges concédés par Innocent II en 1135 et 1137, Adrien IV en 1154, Benoît XI en 1300, et Benoît XII en 1355, se maintint jusqu'en 1409. En cette période marquée par le Grand Schisme, la France reconnaissait le pape Alexandre V, élu à Pise cette même année. À la demande expresse de l'abbé général Pierre Hermi, Alexandre V concéda à tout l'ordre de Prémontré le privilège de l'exemption [6], qui non seulement ne fut jamais contesté mais confirmé par les papes légitimes postérieurs : Sixte IV en 1476, Grégoire XIII en 1578, Clément VIII en 1598, et Paul V en 1615. Ce

---

[3] Abbé de Prémontré, de 1339 à 1352.

[4] C. SAULNIER, *Statuta candidi et canonici ordinis praemonstratensis...*, p. 59.

[5] Abbé de Prémontré, de 1392 à 1423.

[6] Alexandre V traça les limites de l'exemption par deux bulles successives, l'une datée de Bologne, le 1er mars 1409, et l'autre, datée de Pise, le 31 juillet de la même année.

privilège établissait l'immunité des personnes, des lieux, des choses et des biens des abbayes par rapport à l'autorité épiscopale.

Pierre Hermi dut s'opposer aux seigneurs voisins de Prémontré, qui faisaient peser sur l'abbaye de lourdes charges. Objet de leur ressentiment et de leurs vexations, l'abbé général dut quitter son abbaye et se réfugier à Floreffe, où il passa sept années, sans jamais cesser de remplir ses fonctions d'abbé général. Il mourut le 16 novembre 1423, après un généralat de trente et un ans.

Son successeur, *Jean de Marle II* [7], exerça avec habileté ses fonctions d'abbé général, et fit preuve d'une excellente intelligence de la situation religieuse et politique du temps. Pour maintenir et fortifier l'unité de l'ordre, il pensa qu'il fallait rompre avec l'ancienne coutume de tenir les chapitres généraux exclusivement à Prémontré. Il crut, non sans raison, qu'il serait ainsi plus facile aux abbés éloignés de se rendre à ces assises, et qu'ils auraient moins de prétextes pour s'en dispenser.

Il obtint confirmation d'un certain nombre de privilèges de l'ordre et fit reconnaître le droit des abbés de rappeler au monastère les chanoines qui remplissaient des charges curiales dans les paroisses, pour autant que les circonstances l'exigeraient. À la demande de Jean de Marle II, le pape Martin V ordonna en 1429 aux Prémontrés d'Angleterre, qui avaient modifié la couleur et la forme de l'habit régulier, de revenir aux traditions de l'ordre sur ce point.

En 1434, Jean de Marle II envoya quelques chanoines représenter l'ordre au concile de Bâle, pour y défendre ses intérêts. À leur demande, le concile confirma les anciens droits et privilèges concédés à Prémontré par les papes précédents.

Dans la même ligne, son successeur, *Jean de La Fare* [8], s'employa à raviver chez les fils de saint Norbert un zèle quelque peu endormi. Il obtint confirmation des privilèges de Prémontré, mais surtout il sollicita du pape Eugène IV un *Motu proprio* de réforme pour l'ensemble de l'ordre. Le 11 juillet 1438, le pape édicta une bulle de réforme demandant aux abbés membres du chapitre général d'user de toute leur influence et d'employer tous leurs efforts pour raviver l'amour des anciennes observances et en promouvoir ardemment la pratique. Jean de La Fare consacra tout son zèle à l'exécution de la volonté du pape. Il obtint bien quelques résultats,

---

[7] Abbé de Prémontré, de 1423 à 1436.

[8] Abbé de Prémontré, de 1436 à 1443.

mais sa mort, survenue, le 12 avril 1443, mit fin à son activité réformatrice.

C'est l'abbé général *Jean Aguet* [9] qui devait mettre en oeuvre la réforme à peine entreprise sous son prédécesseur. Au chapitre général de 1451, qui se tenait à l'abbaye de Saint-Feuillien, il publia en accord avec les membres du chapitre un décret daté du 16 novembre 1451, pour promouvoir l'application des décisions pontificales. Le décret capitulaire ne manquait ni de souffle ni d'ampleur, stigmatisant les abus relatifs à l'exercice de la pauvreté, ainsi que l'abandon des pratiques régulières. Ces décisions peuvent se résumer en sept points :

1. Personne ne pourra employer les biens de l'ordre à des usages étrangers aux intérêts temporels des abbayes et des monastères. Les contrevenants qui auront fait usage de ces biens à des fins personnelles devront les restituer dans les six mois suivant la promulgation du décret.

2. Aucun religieux ne sera autorisé à posséder un pécule, car tout produit du travail de chaque religieux appartient de droit à la communauté. Tout religieux est donc tenu de remettre le fruit de son travail à l'abbé qui le répartira au mieux des besoins et des intérêts communs. Les abbés ne permettront à personne l'usage du pécule, et ne donneront rien en propre aux membres de l'ordre. Personne ne se permettra de donner, sans l'autorisation de l'abbé, les objets qu'il pourrait avoir à son usage.

3. Quiconque aura été convaincu du vice de propriété, s'il ne cède pas l'objet illégitimement possédé, sera privé, sur l'injonction de l'abbé, de la communion eucharistique, et ont lui infligera éventuellement d'autres peines. Si un mourant est convaincu d'avoir un pécule et n'en témoigne aucun repentir, on ne célébrera pas de messe pour le repos de son âme. De plus, on ne l'enterrera pas dans le cimetière de l'abbaye mais dans le fumier.

4. Cependant, les officiers des monastères pourront garder par-devers eux l'argent nécessaire à la bonne gestion du temporel de la communauté.

5. L'abbé et le prieur feront de fréquentes visites dans les cellules des religieux, afin de vérifier tous les objets à leur disposition, et s'assurer qu'ils ne se laissent pas aller au vice de la propriété. Pour éviter la tentation d'accumuler des objets, personne n'aura dans sa cellule

---

[9] Abbé de Prémontré, de 1449 à 1458.

d'armoire ou de coffre fermant à clef, à moins d'en avoir reçu la permission expresse.

6. Personne ne cachera le moindre objet pour son usage personnel, car ce serait non seulement faire acte de propriété, mais encore acte de vol. Si l'on trouve un religieux en possession d'un objet, sans permission de l'abbé, on le lui enlèvera immédiatement.

7. Chaque abbé s'emploiera à garder et à faire observer scrupuleusement les observances régulières, donnant lui-même le bon exemple.

Jean Aguet entraîna derrière lui un nombre important de religieux, mais ces mesures excitèrent le mécontentement des religieux dont la vie avait perdu le dynamisme spirituel indispensable à la mise en oeuvre de toute réforme. Certains eurent même l'audace de faire appel au bras séculier pour empêcher la mise en pratique de ces dispositions. L'abbé général fit appel au pape Nicolas V qui, dans une bulle du 1er août 1454, fit défense, sous peine d'excommunication, à toute personne ecclésiastique ou laïque d'empêcher, de quelque manière que ce fût, les abbés ou les visiteurs de prendre toutes les mesures qu'ils croiraient utiles au bien général de l'ordre.

Dans cette longue lignée d'abbés généraux exceptionnels, une seule ombre : l'abbé général *Simon de La Terrière* [10]. Ancien procureur général de l'ordre à Rome, il était natif de Péronne en Picardie. Les commencements de son abbatiat furent assez heureux, mais il se révéla rapidement orgueilleux, prétentieux, amoureux du luxe et vindicatif. Circonvenu par ses neveux, il fit précipiter dans une situation inquiétante l'administration de Prémontré. Les abbés de l'ordre se résolurent à porter le cas devant le pape Paul II qui admonesta vertement le général. Ce dernier promit de s'amender, mais Paul II se réserva exclusivement la nomination de son successeur, de façon à s'assurer d'un homme de confiance. Simon de La Terrière se rangea et mena une vie plus conforme à son état. Parmi les décisions prises sous son abbatiat, notons le changement de date du chapitre général. Désormais le chapitre se tiendrait non plus au mois d'octobre, mais le quatrième dimanche après Pâques de chaque année.

En vertu des dispositions de Paul II, Sixte IV nomma, le 30 août 1471, le nouvel abbé de Prémontré, en la personne d'*Hubert de Mont-Hermer* [11], qui était alors abbé de Lavaldieu. Le nouvel abbé général sut

---

[10] Abbé de Prémontré, de 1458 à 1470 ou 1471.

[11] Abbé de Prémontré, de 1471 à 1497.

tirer parti des fautes de son prédécesseur. Ne rien refuser du nécessaire aux religieux, dans la persuasion que si le temporel est en bon état, le spirituel en tirera profit, tel fut le principe fondamental de son gouvernement.

Expert en théologie et en droit, Hubert de Mont-Hermer accorda une attention spéciale à la formation intellectuelle des religieux de son ordre. Il obtint du pape Sixte IV une bulle datée du 7 janvier 1474, concédant aux étudiants du collège de Paris d'être présentés et promus, sans entrave aucune, aux grades théologiques et canoniques. Il gagna la confiance du roi de France Louis XI qui lui confia les fonctions de Grand Aumônier de la Cour. Hubert de Mont-Hermer mit à profit son influence auprès du roi pour obtenir sa protection sur l'ordre de Prémontré.

Le 9 juin 1476, il obtint surtout, en vertu de l'autorité apostolique, défense de mettre en commende les abbayes et les lieux dépendant de l'ordre de Prémontré. L'histoire devait montrer l'inefficacité de cette sage mesure, puisqu'en peu de temps, c'est la presque totalité des abbayes prémontrées qui passeraient sous le régime de la commende.

Jean de L'Écluse [12] fut étroitement associé à la réforme des statuts de l'ordre, expressément voulue par le roi Charles VIII. Cette réforme, dont nous aurons à reparler, car elle marqua un tournant officiel dans la pratique conventuelle et dans la spiritualité de l'ordre, entendait remédier aux abus de plus en plus criants auxquels cédaient un nombre toujours plus élevé de religieux et d'abbés. Il s'agissait de fixer les limites d'adoucissements jugés indispensables pour maintenir un minimum de vie religieuse dans l'institution norbertine, et non d'une réforme qui aurait eu pour but de revenir à la rigueur primitive de Prémontré. Jean de L'Écluse eut le mérite de veiller à ce que le mouvement dominant, qui entraînait à une vie toujours plus proche de la vie du monde, ne provoquât une anémie spirituelle fatale à l'ordre de saint Norbert. Quatre siècles après la fondation de Prémontré, nous sommes loin de l'idéal qui présida aux débuts de l'ordre, et encore plus loin du genre de vie embrassé par saint Norbert et ses premiers compagnons.

Jacques de Bachimont [13], théologien distingué, ancien abbé de Cuissy devenu par la suite abbé de Saint-Yved de Braine, connut un début de généralat particulièrement orageux. En effet, le 16 mai 1511, plusieurs cardinaux, dont Bernardin Carvajal, Guillaume Briçonnet, François de Borgia et René de Prie, convoquaient un *concile général* contre la volonté

---

[12] Abbé de Prémontré, de 1497 à 1512.
[13] Abbé de Prémontré, de 1513 à 1531.

du pape Jules II, pour étudier notamment la réforme de l'Église en sa tête comme en ses membres. Jules II riposta en convoquant le Ve concile du Latran et en excommuniant les cardinaux coupables d'avoir convoqué le *conciliabule de Pise* [14]. Habile politique, Jules II parvint à détacher l'empereur Maximilien de cette entreprise, à en maintenir éloignées la Hongrie, l'Angleterre et l'Espagne, de manière à isoler le roi de France. La Toscane étant de moins en moins sûre, les cardinaux et les quelques dix-huit évêques et abbés présents se transférèrent en 1512 à Asti puis à Lyon, ce qui valut au royaume de France d'être frappé d'interdit par Jules II.

C'est dans ce contexte quelque peu troublé que commença le généralat de Jacques de Bachimont. Son prédécesseur, Jean Évrard, élu en 1512, avait remit sa démission avant d'avoir reçu la confirmation pontificale de son élection. Il avait eut le tort de remettre sa démission non au Souverain Pontife, mais aux cardinaux qui présidaient le conciliabule de Pise, alors transféré à Lyon, et réuni contre la volonté de Jules II. Au mois de décembre 1511, le roi Louis XII avait ordonné à l'abbé Jean de L'Écluse de se rendre au concile de Pise, mais, vu son grand âge, celui-ci avait renoncé au voyage et avait fait élire son représentant en la personne de Jacques de Bachimont. Le chapitre général, réuni à Saint-Quentin en 1512, approuva ce choix, et Jacques de Bachimont partit pour le concile de Pise.

À son retour, il reçut les félicitations du chapitre général de 1513, et fut élu sur-le-champ abbé de Prémontré, pour remplacer Jean Évrard. Le concile de Pise confirma cette élection, mais Jules II lança contre le nouveau général une sentence d'excommunication et annula son élection. Jacques de Bachimont résolut de réparer son erreur, et alla solliciter l'absolution du successeur de Jules II, Léon X, qui par bulle datée du 20 novembre 1514 le releva de toutes les censures encourues, valida son élection et le confirma dans sa charge d'abbé de Prémontré. Par la suite, il se voua sans réserve au bien de l'ordre, et milita avec zèle pour l'application stricte de la réforme des statuts de Prémontré approuvée par le chapitre général de 1505.

L'abbatiat de *Virgile de Limoges* [15], qui dura à peine dix-sept mois, marque un tournant dans l'existence de l'abbaye de Prémontré et l'entrée de tout l'ordre dans l'une des périodes les plus noires de son histoire. Cet abbatiat qui s'annonçait sous des jours heureux fut brutalement tronqué par une mort qui inaugura la période de la commende dans l'abbaye de Prémontré, période durant laquelle l'ordre allait cruellement manquer d'abbé général.

---

[14] L. PASTOR, *Storia dei Papi*, t. III, Roma, 1932, p. 776-808. – A. RENAUDET, *Le concile gallican de Pise-Milan, 1510-1512*, Paris, 1922.

[15] Abbé de Prémontré, de 1531 à 1532.

3. Vivre dans le monde sans être du monde

Période de grands bouleversements civils et religieux, les XIVᵉ, XVᵉ et XVIᵉ siècles voient naître les États modernes à la fin de la Guerre de Cent Ans, et se modifier les équilibres européens sous la menace du péril turc. La papauté, affaiblie par le Grand Schisme et le conciliarisme, reconquiert difficilement la confiance au moment où une réforme s'avère absolument nécessaire. Le renouveau des arts, des lettres et des sciences et la naissance de l'humanisme posent de nouvelles questions à la foi catholique, tout en créant un nouveau climat où l'idéal chrétien n'est plus la seule source d'inspiration. L'atmosphère délétère, qui règne en nombre d'abbayes prémontrées, ne prépare l'ordre de saint Norbert ni à affronter les circonstances nouvelles, ni à donner des réponses satisfaisantes aux questions nouvelles des fidèles en quête de *bons pasteurs*.

La décadence de la discipline régulière des Prémontrés ne se manifeste pas seulement pas un fléchissement des statuts qui demeurent relativement proches de ceux des origines, mais par des infractions de plus en plus communes. Le corollaire du voeu de pauvreté, qui interdisait aux religieux toute forme de propriété personnelle et leur prescrivait la communauté et l'uniformité de nourriture et de vêtement, devenait presque partout lettre morte.

Les décrets du chapitre général de 1451 sur l'observance de la pauvreté prouvent que dès le milieu du XVᵉ siècle, la règle de la désappropriation n'était plus observée dans toute sa rigueur. Les chapitres généraux de 1498, 1518, 1526, 1536, 1539 et 1547 réitérèrent les mêmes prescriptions, et constituent autant de témoignages que la situation à cet égard ne s'améliorait pas, bien au contraire. Les abus, comme le pécule, persistaient un peu partout à la veille de la réforme, car profondément ancrés dans les mentalités et dans la pratique quotidienne.

D'autres infractions au voeu de pauvreté et aux statuts qui prévoyaient la propriété communautaire était couramment constatées. Il n'était pas rare de voir des Prémontrés s'approprier l'argent acquis par leur travail. D'autres se livraient au commerce des denrées reçues en communauté, pratiquaient le métayage et autres transactions en vue de leur enrichissement personnel, se divisaient les biens de leur abbé décédé, ou encore se livraient à un authentique trafic simoniaque, parcouraient les villages pour obtenir des honoraires de messes à un taux plus élevé que celui communément pratiqué dans leur maison, voire omettaient de célébrer les messes auxquelles ils étaient tenus.

La règle de la désappropriation et de la vie communautaire fut considérée dès la fondation de l'ordre comme la caractéristique essentielle des abbayes prémontrées. Elle impliquait un certain nombre d'obligations comme l'uniformité d'habit, entièrement blanc, sans la moindre fantaisie ni trace de luxe, puisé au vestiaire commun. Elle obligeait à prendre les repas en commun, en silence, en écoutant une lecture propre à nourrir l'âme. Ces repas consistaient en une nourriture frugale, égale pour tous, et sans la moindre recherche culinaire. La vie communautaire exigeait également le dortoir commun et le strict respect de la clôture pour les lieux réservés à la communauté.

En fait, on ne comptait plus les abbés ni même les religieux qui avaient abandonné en tout ou en partie les exigences de la vie commune. Depuis déjà longtemps, les abbés s'astreignaient de moins en moins à la table commune. Forts de cet exemple, les religieux n'hésitaient pas à sortir pour prendre leurs repas hors de l'abbaye. D'autres invitaient des laïcs à banqueter dans le cloître ou dans les jardins environnants. La pratique du dortoir commun tomba elle aussi en désuétude au cours du XVe siècle, et il fallut l'intervention réitérée de plusieurs chapitres généraux pour obliger tous les religieux à dormir dans les cellules du *dormitorium*.

Ces pratiques s'expliquaient en partie par l'avarice des abbés qui ne distribuaient pas à leur religieux le nécessaire, mais aussi par les circonstances du moment. Entre le XIVe et le XVIe siècles, nombre d'abbayes souffrirent des guerres incessantes, furent incendiées, pillées, et souvent les religieux durent cesser de mener la vie commune pendant quelques mois, voire quelques années, dans l'attente d'une hypothétique reconstruction des lieux réguliers. D'autres étaient contraints de vivre ensemble dans les granges dépendantes de l'abbaye détruite. Enfin, l'esprit du monde, caractérisé par un certain goût du luxe et de la facilité, pénétra lentement mais sûrement dans les communautés, et porta les religieux à préférer une vie aisée à l'idéal pénitent des origines. À cet ensemble de causes de décadence, il faut ajouter l'influence désastreuse des abbés commendataires, et parfois même des abbés réguliers, dont le comportement fut, en de nombreux cas, rien moins que religieux. Des goûts de luxe et de magnificence, l'amour du faste et du bien-être éloignèrent beaucoup d'abbés de la vie commune et de la rigueur conventuelle.

Les abus relatifs au voeu de pauvreté ne sont qu'un reflet de la crise spirituelle générale. Infidèles dans bien des cas à la pauvreté, les Prémontrés de cette période offrent certains exemples particulièrement pénibles de comportement incompatible avec leur voeu de chasteté. On peut même, en certains cas, parler de corruption des moeurs. Sans vouloir généraliser, et pour s'en tenir uniquement à la France, il faut admettre que la documentation archivistique permet d'identifier des exemples individuels de vie scandaleuse au XVIe siècle, dans les abbayes de Lavaldieu, Sélincourt, Cuissy, Valsecret, Saint-Martin de Laon et Saint-Yved de Braine. Un exemple entre tous témoigne d'une corruption sérieuse des moeurs : en 1507, un religieux de Cuissy tente de violer une femme en présence de son mari, assaille ce dernier et le frappe au point qu'il en meurt six semaines plus tard. Le même religieux, coutumier du fait, enlève une jeune fille dont il tue le père. Enfin, devant les reproches de son prieur, il le bat jusqu'au sang et lui arrache les oreilles [16]. Des scandales de cette ampleur, bien qu'isolés, et surtout la mollesse de leur répression de la part des supérieurs, sont symptomatiques de l'atmosphère de relâchement moral qui régnait dans certaines maisons de Prémontrés. Plus suggestifs encore, les désordres collectifs auxquels se livrent en 1507 les abbés et l'ensemble des religieux de Mondaye et de Bellozane, en 1575 le prieur claustral et les chanoines de Valséry, et en 1582 les religieux de Thenailles.

Le chapitre général de 1544 se vit obligé de statuer sur de nombreux faits imputables à des abbés ou à des chanoines coupables d'impudicités de toutes sortes, commises à l'extérieur des abbayes, au scandale du peuple, ou à l'intérieur des monastères, au mépris de tout sens moral. L'abbé général Jacques de Bachimont se vit obligé de renouveler en 1517 l'interdiction absolue de recevoir des femmes dans les lieux réguliers, mesure renouvelée par les chapitres généraux de 1532 et 1582, preuve que le mal persistait à la fin du XVIe siècle.

Dans un tel conteste, pouvait-on encore parler d'obéissance religieuse ? Cependant, en ce domaine, l'exemple vint de haut, et les statuts de 1505 furent les grands responsables d'une détérioration durable de la vie religieuse en ce domaine.

4. La réforme des Statuts de 1505

Le 4 juin 1464, le pape Pie II avait donné ordre aux abbés prémontrés de tenir un chapitre général et de revoir leur législation, de manière à établir clairement des règles garantissant l'uniformité des observances et l'unité de l'ordre. Ce n'est qu'en 1481 que le chapitre général se préoccupa de la révision des statuts. En fait, le chapitre ne décida rien et les choses restèrent en l'état jusqu'à ce que le roi de France, Charles VIII, envoyât une lettre au nouvel abbé général, Jean de L'Écluse, à peine élu abbé de Prémontré, avec cette menace : si les Prémontrés ne pourvoyaient pas à leur propre réforme, il en chargerait les religieux d'un autre ordre. Le roi mandait l'abbé général avec les abbés de Saint-Martin de Laon, Cuissy et Braine, par-devers lui, afin d'envisager les mesures à prendre pour parvenir à une réforme effective de l'ordre.

---

[16] Ce fait est signalé au chapitre général de 1507, cf. H. TAIÉE, « Prémontré, étude sur l'abbaye de ce nom, sur l'ordre qui y a pris naissance, ses progrès, ses épreuves et sa décadence (1120-1793) », *Bulletin de la Société académique de Laon*, t. XIX (1869-1870), vol. II, p. 213-217, art. 5.

Le chapitre général se réunit à partir du 13 mai 1498 à l'abbaye Saint-Martin de Laon, sous la présidence de l'abbé général Jean de l'Écluse, en présence du chancelier du royaume, Olivier, représentant le roi Louis XII, successeur de Charles VIII. Sous l'impulsion royale, le chapitre général statua sur un certain nombre de points importants : fidèle observance des statuts de l'ordre, surtout des règles de la clôture, meilleure régularité dans la vie privée de chaque religieux, observance exacte de la vie commune, remise trois fois par an entre les mains de l'abbé de l'argent reçu par les religieux, remise annuelle des comptes et de l'administration tant matérielle que spirituelle de la part des abbés aux visiteurs, punition de ceux qui dilapideraient les biens des abbayes, observance de l'abstinence avec faculté pour les abbés d'en dispenser, fidélité aux usages de l'ordre.

Cette belle unanimité, suscitée par la volonté royale, cachait en réalité une sourde opposition des abbés présents au chapitre. Dès 1499, le chapitre général donna mission à Jean Gambier, procureur de l'ordre à Rome, d'obtenir du pape Alexandre VI l'abrogation de l'ancienne loi de l'abstinence, et son remplacement par l'abstinence des mercredis, vendredis et samedis de l'année, de tout l'Avent et de la Septuagésime à Pâques. La décision ne se fit pas attendre. Alexandre VI, par bulle du 11 mars 1503 [17], accorda les dispenses sollicitées, exempta de l'abstinence les membres de l'ordre en voyage, et les autorisa à manger de la viande comme leurs hôtes, sauf durant l'Avent et entre la Septuagésime et Pâques. Jules II, à peine élevé sur le siège de Pierre, confirma ces concessions par bulle du 26 novembre de la même année, et les assortit d'une clause lourde de conséquences pour l'avenir de l'ordre. Ces assouplissements « devaient, à l'avenir, être observés par toutes les personnes des deux sexes dudit ordre » [18]. Le réformateur lorrain, Servais de Lairuelz, se verrait bientôt opposer les termes de cette bulle, interprétée comme une interdiction de revenir à l'antique rigueur des statuts.

Décidé à réaliser une profonde réforme des statuts, le chapitre général, tenu en 1501 à Saint-Quentin, décida que deux abbés par circarie enquêteraient sur les modifications à apporter aux statuts, afin d'en présenter un rapport détaillé au chapitre général de l'année suivante. En 1502, les abbés discutèrent des propositions de modifications, puis députèrent à Rome les abbés de Saint-Michel d'Anvers, du Parc et de Furnes, pour demander l'approbation de la nouvelle législation. Jules II donna son approbation, et les nouveaux statuts furent promulgués lors du chapitre général de 1505.

---

[17] Cf. J. LEPAIGE, *Bibliotheca...*, Paris, 1633, p. 730.
[18] *Ibid.*

Désormais, tous les adoucissements entrés dans les abbayes prémontrées au cours des XIVe et XVe siècles auraient force de loi. L'historien Taiée constatait la situation nouvelle, canonisée par la réforme de 1505 :

> « Un régime ordinaire, non scandaleux, peu édifiant, généralement supportable s'est implanté dans la plupart des maisons, et seuls quelques établissements conservent encore le véritable esprit régulier » [19].

Telle est la situation à la veille de la réforme protestante. Les fils de saint Norbert semblent avoir perdu jusqu'au souvenir de leur fondateur et de son généreux idéal évangélique et apostolique. C'est en effet à une véritable perte de la mémoire des fondations que l'ordre de Prémontré doit l'écroulement de son édifice spirituel et législatif. À voir l'énergie déployée pour niveler tout ce qui, dans les statuts, stimulait le combat spirituel, et mettait la vie conventuelle au service de la sainteté du prêtre, en somme ce qui faisait le chanoine régulier, on mesure la décadence spirituelle de l'ordre au cours de cette période. Malheureusement, cet affaiblissement des Prémontrés devait coïncider avec l'une des périodes les plus difficiles de l'histoire de l'Église, marquée par l'intrusion des abbés commendataires, et surtout par la réforme protestante.

Le climat délétère qui enveloppait la majeure partie des abbayes rendit tellement difficile la stricte application des statuts de 1505, pourtant si peu contraignants, que, durant le demi-siècle suivant, les chapitres généraux, incapables de faire front à la vague de laxisme qui menaçait de tout balayer sur son passage, se contentèrent, à quelques exceptions près, d'élargir les concessions obtenues au début du siècle. Le chapitre général de 1539 dut même intervenir pour ramener à résipiscence les supérieurs qui, sous le prétexte de leurs fonctions, avaient quitté l'abbaye pour vivre dans le monde une vie plus confortable [20]. En fait, la suppression des travaux manuels ne stimula pas l'étude, et, en 1561, le syndic de l'ordre, Jean Despruets, dénonçait courageusement l'abandon par les Prémontrés de l'étude jugée par eux inutile [21]. À la veille de bouleversements civils et religieux aux conséquences dramatiques pour l'Église, l'ordre de saint Norbert était aussi peu préparé que possible à affronter les grands défis de l'histoire.

---

[19] H. TAIÉE, « Prémontré, étude sur l'abbaye de ce nom... », t. XIX (1869-1870), vol. II, p. 81.

[20] *Ibid.*, vol. II, p. 33-34.

[21] J. LEPAIGE, *Bibliotheca...*, p. 964, art. 2.

5. La commende

La commende fut l'une des causes, et non des moindres, de la décadence des abbayes prémontrées à partir du XVe siècle. On a pu s'étonner de la tiédeur de nombreuses communautés, mais il faut se souvenir que nombre d'entre elles étaient privées d'abbé régulier, et devaient le rester pour longtemps à cause du système de la commende. En l'absence de l'abbé, père et maître de vie spirituelle, pasteur de sa communauté, pouvait-il en être autrement ?

Le système de la commende était, à son origine, tout à fait légitime dans ses buts et ses moyens. La commende permettait au clerc, chargé ou non du soin des âmes, de vaquer à l'exercice de ses fonctions, uniquement préoccupé d'accomplir son devoir, libre de toute préoccupation matérielle. C'est ainsi que les clercs fonctionnaires de la Curie romaine, non rémunérés pour leur travail de bureau, trouvaient dans les bénéfices mis en commende leur source de revenus. Toutefois, la commende ne tarda pas à être dévoyée par les laïcs des familles influentes. Non seulement les familles aristocratiques tenaient à garder dans leurs mains les fonctions ecclésiastiques-clés, mais elles y virent rapidement un moyen de s'enrichir à peu de frais et sans risques.

La commende devint rapidement pour les princes temporels et pour la Curie romaine le moyen privilégié de récompenser leurs serviteurs les plus fidèles, de neutraliser leurs opposants potentiels, et de s'assurer la fidélité de débiteurs prudents. Le système féodal fondé sur le rapport suzerain/vassal se perpétua en se métamorphosant en système de dépendance économique fondé sur la faveur du prince. C'est ainsi qu'évêchés, abbayes, chapitres de chanoines, se transformèrent en sources quasi inépuisables de revenus non plus pour les clercs chargés d'un ministère non rémunéré, mais pour les favoris du prince ou de la Curie romaine.

La commende porta atteinte à nombre de diocèses et d'abbayes de tous ordres, les privant non seulement d'un titulaire idoine, mais livrant leurs revenus à des commendataires la plupart du temps totalement étrangers à leurs intérêts spirituels. La commende fut, en ce sens, l'une des plaies de l'ordre de Prémontré, dont les méfaits se firent sentir du XVe siècle jusqu'au crépuscule du XVIIIe.

Le cas des abbayes et des monastères de *Pologne* est significatif. Dès la moitié du XVe siècle, la circarie de Pologne se détacha de l'ensemble de l'ordre, et tomba en premier lieu sous la juridiction des évêques. L'abbé général ne se rendait jamais dans ces régions lointaines et déléguait habituellement un abbé allemand ou tchèque pour visiter les maisons de l'ordre situées en Bohême, Moravie, Silésie, Hongrie et Pologne. De cet immense territoire, l'abbé général français n'avait le plus souvent qu'une très vague idée, et n'avait pas la possibilité matérielle de visiter personnellement un si grand nombre de maisons si éloignées. Les chapitres généraux mentionnaient rarement la Pologne, et, de ce fait, les maisons de cette circarie furent abandonnées à elles-mêmes. Par défaut d'aide venue de l'ordre, elles succombèrent les uns après les autres à la rapacité des évêques et des nobles. L'abbaye tchèque de Strahov fut, semble-t-il, la seule à maintenir quelque relation avec les maisons de Pologne. À partir du XVIe siècle, la noblesse polonaise considéra les bénéfices ecclésiastiques comme une source inépuisable de revenus. Ainsi un décret du parlement établit en 1538 que désormais seuls des nobles polonais pourraient devenir abbés de monastères. La plupart des évêques polonais étant nobles, ils s'arrogèrent les bénéfices prémontrés, contribuèrent à leur séparation effective d'avec l'abbaye-mère, et les placèrent rapidement sous leur juridiction. Toutes les conditions étaient ainsi réunies pour la mise en place du système de la commende. Les monastères de moniales se dotèrent d'abbesses triennales, placées sous la juridiction épiscopale, comme ce fut le cas pour Zwierzyniec à partir de 1596.

En *Écosse*, les communautés prémontrées jouirent de la liberté d'élection des abbés jusqu'en 1400. C'est la Curie romaine qui introduisit le régime de la commende dans le royaume, en se réservant toutes les collations de bénéfices. À plusieurs reprises, la Curie choisit non seulement des religieux qui n'appartenaient pas à l'ordre de Prémontré, mais encore des évêques cumulateurs de bénéfices, voire des étrangers. À partir de 1487, le roi lui-même réclama et obtint le privilège de présenter ses propres candidats. Ainsi, à la commende curiale succéda la commende royale, mais à la différence de ce qui advint en France ou en Italie, la plupart de ces abbés commendataires entrèrent dans l'ordre et devinrent abbés réguliers résidants.

Les abbayes et les monastères d'*Allemagne* étaient promis au même sort. En l'absence d'un pouvoir impérial fort, les maisons religieuses étaient soumises à la domination des princes, des nobles et des chevaliers locaux, dont le premier souci était de s'affranchir du pouvoir impérial, de façon à exercer sur leur minuscule territoire une autorité absolue. Soumises à la puissance des princes, les abbayes allemandes étaient tributaires des vicissitudes politiques et religieuses du pays. Pour cette raison, la réforme luthérienne eut vite fait de supprimer les maisons prémontrées allemandes.

Les abbayes et monastères de la *circarie hongroise* avaient un caractère tout à fait particulier au sein de l'ordre de Prémontré. Ces maisons se caractérisaient par des liens très lâches avec Prémontré, et par un désir incoercible de manifester une spécificité nationale par rapport à l'ensemble de l'ordre. Ceci s'explique en partie par l'origine de la plupart des abbayes prémontrées hongroises. Les familles nobles fondaient volontiers de petits monastères à leur usage propre, où leurs morts trouveraient une sépulture décente et l'assurance des prières quotidiennes d'une communauté, et dont les religieux vaqueraient au soin des âmes de leurs sujets. Ces familles nobles disposaient de *leurs* communautés, les réduisant souvent à une situation critique. Il n'était pas rare de trouver une canonie sans véritable communauté, mais dont le prévôt était le curé-né du lieu, assisté seulement d'un confrère. On peut même dire que la majorité des canonies hongroises n'étaient que des paroisses desservies par des Prémontrés. La circarie hongroise comptait cependant de véritables communautés, florissantes et riches, comme Saág, Turocz, Csorna, Jászó, Csút, Zsámbék, Lelesz, et la prévôté de Saint-Étienne de Varadhegyfok, située aujourd'hui dans la ville roumaine d'Oradea Mare. La Hongrie fut la terre par excellence des moniales norbertines. Elles se développèrent considérablement dans cette région, au moment où elles disparaissaient en France. Il est probable que les premières fondations féminines de l'ordre en Hongrie aient été le fait d'éléments français. D'autres vinrent de Saxe, et multiplièrent les monastères féminins qui furent bientôt trente cinq en Transylvanie. Chassées par les Tartares qui dévastèrent la Hongrie en 1241, les Norbertines survécurent, spéciale-ment à Drozo, Zopriza, et Somlyovásárhély avant d'être chassées par les Turcs au milieu du XVIe siècle. Une circarie si originale et si florissante ne pouvait qu'attirer les convoitises. À partir du XVe siècle, la commende réduisit à l'indigence des maisons autrefois prospères, et les fit passer parfois à d'autres ordres religieux, surtout sous le roi Mathias.

Les fondations prémontrées en *Italie* ne furent pas très nombreuses, car l'ordre de saint Norbert se diffusa surtout en Europe du Nord et en Europe centrale, mais elles témoignent d'un certain rayonnement de l'ordre dans les régions méridionales de l'Europe, au cours des deux premiers siècles qui suivirent la fondation de Prémontré. L'affection désordonnée des Italiens pour leur famille, ou népotisme, fut la première cause de la disparition des abbayes prémontrées d'Italie. Les maisons richement dotées excitaient les convoitises des familles nobles. Plusieurs abbés, d'un commun accord avec leur communauté, dilapidèrent les biens de la communauté au profit des proches des religieux, et adoptèrent une attitude suicidaire : ils n'acceptèrent plus de novices pour que la part des revenus fût plus consistante pour chacun des religieux. Les visites canoniques se succédèrent, mais en vain. Depuis le XIVe siècle, Prémontré n'intervenait que rarement dans une circarie considérée comme perdue pour l'ordre. Au milieu du XVe siècle, l'ordre était déjà considéré en Italie comme *religio depopulata*. La commende sévit très tôt en Italie, sous l'influence de la Curie romaine. Les abbayes peu peuplées étaient considérées comme perdues sur le plan religieux, aussi la Curie, au lieu de prendre des mesures de réforme, prit l'habitude de les donner en commende dès le début du XIVe siècle. La Daterie Apostolique donna régulièrement les abbayes situées dans les États Pontificaux – celles d'Ombrie et de Rome – en commende à des cardinaux de la Curie. Celles qui se trouvaient dans le royaume de Naples et étaient placées sous le patronat du roi, furent données par la chancellerie royale, dans quelques cas à des cardinaux, parfois à des évêques, mais surtout à de simples prêtres. La rapacité des abbés commendataires fut telle qu'après 1449, les communautés prémontrées d'Italie disparurent. Les bâtiments ne furent plus entretenus et tombèrent pour la plupart en ruine. Au XVIe siècle, les chancelleries de Rome et de Naples avaient perdu jusqu'au souvenir de ces abbayes dont il ne reste que peu de traces, hormis San Severo d'Orvieto, Sant'Alessio de Rome, très remaniée, et l'église de Camerota.

C'est cependant en *France* que la pratique de la commende occasionna les troubles les plus importants pour l'ordre de Prémontré. Le nombre des abbayes y était le plus élevé – quatre-vingt-douze – et c'est là que se trouvait surtout l'abbaye chef-d'ordre. On peut dire que le système de la commende paralysa la vie régulière en France comme en aucun autre pays, à l'exception de l'Italie. C'est la Curie romaine qui instaura ce régime en France, en se réservant un nombre croissant de collations aux bénéfices. Les commendataires laïcs, voire enfants, sont légion. La Pragmatique Sanction promulguée par le roi Charles VII en 1438 parut un moment porter remède à ce mal, en restituant aux communautés religieuses la liberté d'élection des supérieurs. Mais la Pragmatique Sanction fut remplacée en 1516 par un concordat qui assurait au roi la collation aux bénéfices, sur présentation de candidats *qualificati et graduati*. Comme c'était prévisible, ni le roi ni la Curie romaine ne s'en tinrent à ces conditions. Les bénéfices religieux furent souvent donnés à des personnes non seulement peu préparées, mais encore indignes. Sauf exceptions rarissimes, les commendataires ne virent dans leurs bénéfices qu'une source de revenus, et dilapidèrent les biens des communautés religieuses. Certains cardinaux français et italiens furent d'avides cumulateurs de bénéfices qu'ils administraient à travers des administrateurs laïcs aussi peu soucieux que possible des intérêts des religieux. La confusion fut grande, car même des religieux obtinrent par influence des commendes dans des ordres auxquels ils n'appartenaient pas : des Bénédictins héritèrent d'abbayes prémontrées et vice versa. Des Franciscains et des Dominicains devinrent abbés. En théorie, les commendataires ne pouvaient pas intervenir dans le gouvernement des monastères, ne recevaient pas la bénédiction abbatiale, et ne pouvaient user des insignes pontificaux sinon dans leurs armes. En réalité, beaucoup s'arrogèrent les droits dévolus aux abbés réguliers. L'influence néfaste des abbés commendataires porta plus d'un abbé régulier à résigner son bénéfice entre les mains d'un parent ou d'un ami proche, privant ainsi la communauté du droit d'élection de son supérieur. Si la situation de l'ordre était difficile en divers pays, elle devait le devenir encore davantage en France avec la mise en commende de l'abbaye de Prémontré [22].

Depuis la fondation de l'ordre, l'abbé de Prémontré, élu par les chanoines de l'abbaye-mère, remplissait les fonctions d'abbé général. Du fait de cette charge, il exerçait une influence qui dépassait de loin les limites de son abbaye. Président du chapitre général, signe visible de l'unité de l'ordre, l'abbé de Prémontré jouissait également d'un droit de visite et d'un pouvoir coercitif au service de toute la famille norbertine. Aussi, depuis les origines de l'ordre attachait-on une très grande importance à l'élection à cette charge.

Lors de la disparition de Virgile de Limoges, le 14 avril 1533, des religieux, attirés par le prestige et les revenus de l'abbaye de Prémontré, montèrent une cabale afin de préparer leur propre élection. La communauté de Prémontré ne parvint pas à procéder à l'élection et l'on perdit du temps en querelles, en compromis, en une compétition stérile [23]. Après huit mois d'atermoiements, les religieux de Prémontré en vinrent, en décembre 1533, à une élection de compromis qui aboutit à l'élection de l'abbé de Braine, Michel Coupson. Entre-temps, la Curie romaine avait acquis le droit de faire elle-même la provision du siège abbatial de Prémontré, car les délais d'élection étaient expirés.

Le cardinal François de Pise [24] profita de la confusion pour obtenir du pape Paul III le titre d'abbé commendataire de Prémontré, en dépit des dispositions du concordat de Bologne de 1516 qui exceptait de la commende pure et simple les abbayes chefs-d'ordre. La commende de ces abbayes restait toutefois possible, si l'on nommait à leur tête un supérieur régulier appartenant au même ordre. Le chapitre de 1533 se réunit à Saint-Martin de Laon et voulut faire imposer au cardinal de Pise les dispositions qui auraient assuré à l'abbaye un vrai supérieur régulier, et à l'ordre un authentique supérieur général. En réalité, le chapitre n'avait

---

[22] Cf. B. ARDURA, *Nicolas Psaume, évêque et comte de Verdun. L'idéal pastoral du concile de Trente incarné par un Prémontré*, Paris, 1990, p. 81-86.

[23] C.L. HUGO, *Sacri Ordinis Praemonstratensis Annales*, Nancy, 1734-1736, t. I, col. 38.

[24] Cf. E. VALVEKENS, « Le cardinal François Pisani, abbé commendataire de Prémontré (25 avril 1555-octobre 1561) », *Analecta Praemonstratensia*, t. XVII (1941), p. 65-163.

pas la possibilité de parler avec autorité à un cardinal nommé sur les instances de la Curie romaine, et encore moins les moyens d'agir, les finances générales connaissant un lourd déficit, bon nombre d'abbayes refusant de payer, dans ces conditions, les contributions destinées à assurer le fonctionnement de l'institution. Comment l'ordre endetté aurait-il pu lutter contre le cardinal ? Comment aurait-il trouvé le moyen de financer un procès en cour de Rome ? Michel Coupson était bel et bien élu, mais n'avait reçu aucune confirmation de son titre ni de ses droits. Au chapitre de 1534, la situation n'avait pas évolué en faveur de l'élu, et l'on pouvait redouter que cette situation durât longtemps. Michel Coupson fit appel à François Ier, lui demandant d'intervenir par voie diplomatique [25], mais à Rome, le cardinal ne restait pas inactif. Il fit intervenir les tribunaux romains et parvint à évincer l'élu légitime. Coupson dut se démettre et rentrer dans son abbaye de Braine dont il demeura prélat jusqu'à sa mort. François de Pise eut l'outrecuidance de prendre possession de son titre, le 25 avril 1535, premier jour du chapitre général annuel. Il était entendu que le cardinal se ferait remplacer par un vicaire, profès de l'ordre, pour gouverner la communauté de Prémontré au spirituel. En vain, les chapitres généraux suivants tentèrent-ils de trouver une solution pour porter le cardinal de Pise à démissionner de sa commende.

En 1540, le chapitre général ne réunit que dix-sept abbés, presque tous français. Les abbés de langue néerlandaise refusaient en effet de payer la taille et de venir au chapitre, tant que l'abbaye de Prémontré serait aux mains d'un abbé commendataire. Cette attitude se comprenait, mais elle avait pour effet immédiat de diminuer la déjà mince autorité du chapitre. Le cardinal ne venait presque jamais à Prémontré, mais la prélature était aux mains de ses créatures qui vivaient largement des revenus de la maison. Le chapitre s'adressa au cardinal en lui demandant de veiller sur les bâtiments, sur la bonne renommée de l'abbaye, et résolut de nommer deux syndics en la personne des abbés Martini et Van Enghelen, en vue d'assurer le minimum de gouvernement dans une pareille situation.

Le 31 janvier 1541, l'abbé Aimé de Fontaines écrivit aux abbés du Brabant pour les inviter à participer à la vie de l'ordre et surtout pour les conjurer de ne pas faire sécession. Le 30 mars et les 21, 22, 23 avril 1541, les abbés du Brabant se réunirent à Malines pour exiger que l'ordre jouît des privilèges dont il était légitimement détenteur, notamment la liberté d'élire librement son abbé général, et l'exemption de toute autorité temporelle et ecclésiastique, hormis celle de Rome. Le chapitre général se tint le 15 mai 1541 à Saint-Martin de Laon. Il fut fécond sauf sur un point : la démission du cardinal de Pise. Le Brabant y envoya une délégation d'abbés

---

[25] *Ibid.*, p. 98.

pour manifester sa bonne volonté, mais menaça de prendre son autonomie si on n'arrivait pas à rendre le chef-d'ordre à son indépendance.

Le 7 mai 1542, le chapitre général donna pleins pouvoirs à Aimé de Fontaines pour trouver le moyen de remplacer le cardinal de Pise. Il avait préparé la candidature du jeune abbé de Saint-Paul de Verdun, Nicolas Psaume, après avoir obtenu la certitude de l'agrément du roi de France. Cette candidature représentait le seul espoir d'évincer l'usurpateur. Nicolas Psaume était âgé de vingt-quatre ans. Ses qualités étaient suffisamment évidentes et connues de tous les membres du chapitre pour que l'on pensât à lui pour exercer cette lourde charge dans une situation si troublée. Aimé de Fontaines envoya aux abbés du Brabant une lettre assurant que la nomination de Nicolas Psaume était imminente, car elle avait la faveur du roi. C'était, au jugement d'Aimé de Fontaines, une raison suffisante pour que tous les abbés remplissent leurs devoirs envers l'ordre [26], mais ces abbés refusèrent de payer les droits dus à l'ordre tant que l'abbé promis ne serait pas effectivement installé [27].

Pressenti pour être le nouvel abbé de Prémontré, Nicolas Psaume fut délégué par les pères capitulaires pour porter au roi François Ier les doléances du chapitre réuni à Saint-Martin de Laon, car il apparaissait à tous que la seule chance de réussite dans les efforts entrepris pour récupérer l'abbaye de Prémontré résidait dans une intervention directe du roi de France auprès du Saint-Siège. François Ier, sur le conseils du cardinal Du Bellay, accueillit favorablement la requête et acquiesça au désir des capitulants de voir Nicolas Psaume nommé abbé de Prémontré.

Concrètement, il fallait encore faire accepter au cardinal de Pise un contrat par lequel il laisserait à Nicolas Psaume, de concert avec Josse Cocquerel, abbé de Saint-Just-en-Beauvaisis, la haute direction de l'abbaye de Prémontré et de tout l'ordre, tandis qu'il recevrait en compensation une pension annuelle assez substantielle. Le cardinal, donna tout d'abord son consentement puis, profitant des troubles du moment, le reprit. François Ier, désireux de conclure cette affaire au plus tôt, députa alors Nicolas Psaume à Rome, en qualité de procureur de l'ordre, pour faire confirmer l'approbation royale par le Saint-Siège. Nicolas Psaume se rendit à Rome, également chargé par le chapitre général de faire avancer les travaux en vue de la canonisation de saint Norbert, mais il ne put même pas entrer dans le palais apostolique. Le cardinal de Pise avait prévu cette ultime manoeuvre du chapitre général et s'était assuré le concours de ses amis romains pour empêcher toute rencontre entre Psaume et les responsables de la Curie. Au fur et à mesure que les mois et les années passaient, on se rendit compte qu'il fallait absolument trouver

---

[26] *Ibid.*, p. 153.
[27] *Ibid.*, p. 154.

une solution et faire démissionner, coûte que coûte, le cardinal, car, le 25 mai 1542, les abbés du Brabant, excédés par les longueurs de cette affaire, venaient d'annoncer à Aimé de Fontaines leur décision de se séparer de l'ordre « *donec aquila cum gallo disceptet* » [28], « tant que l'aigle contestera avec le coq ».

La partie était inégale. Le cardinal de Pise jouissait d'un prestige considérable et ses relations était nombreuses et influentes en cour de Rome. L'ordre de Prémontré était non seulement endetté, mais affaibli par ses divisions internes. Le cardinal sut profiter de la situation et présenta des prétentions exorbitantes, de telle sorte qu'il fut impossible de s'entendre.

Au moment où le chapitre général de 1543 tenait ses assises, les négociations allaient toujours leur train. Le chapitre ne put que constater l'échec des tractations entre le cardinal et Nicolas Psaume. Les pères capitulaires qui avaient traité jusque-là le cardinal de Pise avec déférence, résolurent de lui adresser une lettre destinée à mettre les choses au point une fois pour toutes. Aux termes de celle-ci, le cardinal était un homme certes utile à l'ordre, mais la pension qu'il réclamait dépassait de beaucoup les possibilités financières de l'abbaye de Prémontré. Y consentir reviendrait à renoncer à la pratique de l'hospitalité, traditionnelle dans l'ordre. L'abbaye-mère ne pourrait plus subvenir à l'entretien de ses propres bâtiments, et surtout les droits de l'Église seraient bafoués. On dirait également au cardinal que ses administrateurs devraient réparer les édifices, porter soin aux ornements d'église, et que ses procureurs devraient garantir l'exécution des décrets portés par Aimé de Fontaines et ses collègues, lors de la dernière visite canonique de Prémontré. On ajouterait que la pauvreté des moyens de l'abbaye avait obligé le chapitre général à se réunir à Saint-Martin de Laon, et que l'administration de l'ordre à partir de l'abbaye-mère apparaissait comme illusoire dans le futur. On concluerait en remontant au cardinal que cet état de choses ne pourrait que porter tort à son renom.

La situation atteignait son paroxysme : le cardinal ne voulait pas céder ses titres, et Prémontré, la maison dont il vivait, dépérissait à vue d'oeil. Aussi les pères capitulaires écrivirent-ils une lettre tour à tour pathétique et sincère [29]. Mais elle n'eut pas plus d'effet que les courriers précédents. Une année passa, et lorsque le temps fut venu de réunir le chapitre de 1544, rien de nouveau n'était survenu. Les travaux en vue

---

[28] *Ibid.*, p. 155.

[29] On trouvera le texte complet du décret capitulaire annoté vers 1660 par le secrétaire du chapitre général, Grégoire du Crocq, dans E. VALVEKENS, « Le cardinal François Pisani... », p. 112, note 117.

d'établir à Prémontré un abbé régulier n'ayant pas abouti, le chapitre général, dans sa réunion du 11 mai 1544 à Saint-Martin de Laon,

> « résolut de prendre ses responsabilités et d'arranger les choses au mieux. Ne voulant se priver d'aucun auxiliaire utile, il expédia des lettres de remerciement au cardinal Du Bellay, lequel avait défendu les intérêts de l'abbaye-mère auprès du roi de France. Puis il prit une série de mesures afin de sauvegarder tant bien que mal la discipline monastique de l'abbaye de Prémontré » [30].

L'éloignement du cardinal de Pise fut l'oeuvre de Jean Despruets, maître en théologie et futur abbé général. Jean Despruets, né en 1521, était chanoine de l'abbaye Saint-Jean-de-la-Castelle, au diocèse d'Aire. Religieux instruit et spirituel, il jouissait d'une réputation bien méritée d'excellent prédicateur. En 1561, il mena une offensive d'envergure contre le commendataire, lors du Colloque de Poissy où il représentait les intérêts de l'ordre de Prémontré [31]. Mettant à profit ses magnifiques dons oratoires, il prononça un discours enflammé sur les questions de foi et de réforme ecclésiastique. Réservant plutôt les questions de foi au concile, l'orateur réaffirma la liberté d'élection et de nomination des dignitaires ecclésiastiques, la nécessité de ne promouvoir que des candidats de choix, l'urgence de supprimer le cumul des bénéfices, et la valeur pérenne de la règle : *regularia regularibus, saecularia saecularibus*. Il rappela plusieurs principes fondamentaux : le bénéfice est lié à l'office ; c'est donc un abus de profiter du bénéfice sans exercer la charge correspondante. Dans ses conclusions, Despruets proposa quatorze articles dont le second était manifestement dirigé contre le cardinal de Pise. Il demandait explicitement, en présence du roi de France, que

> « le monastère de Prémontré, chef de tout l'ordre, privé de son légitime pasteur depuis environ trente ans, au grand dommage de la religion et au scandale de la nation chrétienne, lui soit rendu. Et pour que le cardinal de Pise ne souffre d'aucun dommage, qu'on lui donne un autre monastère soit du même ordre soit d'un autre » [32].

Despruets appuyait sa demande sur plusieurs motifs : l'ordre sans chef était devenu incapable de faire face aux difficultés du moment. Dans le monastère de Prémontré ainsi que dans plusieurs autres maisons, le culte divin était interrompu faute d'un nombre suffisant de religieux, car les abbés commendataires ne souhaitaient pas remplacer les religieux défunts afin de jouir de revenus plus substantiels. Des éléments importants de la vie religieuse avaient été abrogés et ne permettaient plus aux religieux de vivre selon leur vocation : les messes, les prières faites par

---

[30] *Ibid.*, p. 112, note 120.
[31] J. LEPAIGE, *Bibliotheca...*, p. 957-964.
[32] E. VALVEKENS, « Le cardinal François Pisani... », p. 137.

les abbés pour les rois et les princes avaient été supprimées, les admonestations abbatiales n'avaient plus lieu, la discipline conventuelle était bafouée, les études ecclésiastiques tombées en désuétude, l'hospitalité qui, de droit divin devait être exercée, avait disparu avec les aumônes, les forêts étaient abandonnées tandis que les églises, les autels et les cloîtres tombaient en ruine. Despruets ajouta que parmi les attributions de l'abbé de Prémontré, venaient en première place le devoir de visiter les abbayes, corriger les moeurs, et remettre en vigueur les coutumes trop facilement abandonnées. Enfin, Despruets nomma la source de tous ces maux : le cardinal de Pise, en devenant abbé commendataire de Prémontré, n'avait jamais eu l'intention de remplir les devoirs liés à son bénéfice, et il était devenu la source de tous les maux de l'ordre.

> « En effet, le poisson pourrit à partir de la tête. À son exemple, les abbés commendataires des monastères de notre ordre de Prémontré ne se sont pas contentés de dilapider le patrimoine monastique, mais de plus ils ont violé ses statuts et ses lois [...] Les peuples et les nations étrangères parmi lesquels se développent de magnifiques monastères de notre ordre de Prémontré, entendant dire qu'à Prémontré il n'y a pas d'abbé régulier en qui ils puissent trouver un juge et un père, se sont soustraits à l'obéissance de l'abbé de Prémontré, après avoir vu que le cardinal de Pise était dans l'incapacité de calmer les agités et d'encourager les pusillanimes » [33].

Despruets conclut cette philippique, demandant que les abbayes de Saint-Martin de Laon et de Cuissy fussent rendues à des abbés réguliers. Il ajouta encore différents articles visant à imposer aux commendataires le respect des lieux et l'entretien des bâtiments claustraux, ainsi que la stricte observance des dispositions contenues dans leurs bulles de provision.

Bouleversé par les révélations de Despruets, le Colloque de Poissy demanda, le 14 octobre 1561, au cardinal de Pise de renoncer à la commende de Prémontré, moyennant une pension à fixer par le roi, et exigea l'élection d'un supérieur régulier. Ulcéré, le cardinal de Pise résigna sa commende, mais se vengea de l'affront subi devant le roi en cédant cette commende, avec l'accord de Rome, au cardinal de Ferrare, Hippolyte d'Este [34], légat du Saint-Siège en France.

La cession du cardinal de Pise au cardinal d'Este ne changea guère la situation de l'ordre, bien que ce dernier se montrât plus accommodant que son prédécesseur. Il entra en possession de sa commende le 14 mai 1562. Après bien des tergiversations, il se détermina à confier le vicariat général à François Bottée, religieux zélé, mais dont l'influence ne devait

---

[33] *Ibid.*

[34] E. VALVEKENS, « Le cardinal Hippolyte d'Este, abbé commendataire de Prémontré, 1562-1572 », *Analecta Praemonstratensia*, t. XVIII (1942), p. 91-135.

pas s'imposer au-delà de la clôture de Prémontré. Le pape Pie IV confirma cette nomination et le chapitre général de 1564 l'agréa.

Sur ces entrefaites, Josse Cocquerel, vicaire général de tout l'ordre, décéda, et l'abbé commendataire négligea de pourvoir à son remplacement. Le vicaire du commendataire, François Bottée, avec l'accord, d'Adrien Bobeu, prieur de Prémontré, d'Éloi de Paris, sous-prieur, et des autres chanoines de Prémontré, fit procéder à l'élection régulière d'un vicaire général de l'ordre. Les voix se portèrent sur Gilbert de Tournebulle, abbé de Moncetz, au diocèse de Châlons-sur-Marne. L'élection se déroula le 19 mai 1565, fut approuvée dès le lendemain par le chapitre général réuni à Prémontré, et confirmée par l'abbé commendataire. L'élection de Gilbert de Tournebulle permit à l'ordre de renouer avec ses institutions traditionnelles, malgré l'opposition plus ou moins vive d'Hippolyte d'Este qui mourut quelques années plus tard, en 1572. Avec lui finit le règne désastreux des abbés commendataires de Prémontré. Désormais l'ordre pourrait reprendre son autonomie et se doter de supérieurs vraiment religieux, et recouvrer sa vitalité des premiers jours.

Cet épisode malheureux de l'histoire de Prémontré trouva son heureuse conclusion avec l'élection d'un abbé général hors pair en la personne de Jean Despruets. Au décès du cardinal de Ferrare, les chanoines de l'abbaye de Prémontré supplièrent le pape Grégoire XIII de leur donner pour abbé et supérieur général celui qui avait si bien défendu les intérêts de l'abbaye et de l'ordre au Colloque de Poissy. Le pape confirma ce choix par bulle du 10 décembre 1572. Le nouvel abbé général se mit tout de suite à la tâche, veilla à la tenue annuelle des chapitres généraux [35], et tenta de faire reprendre vie à nombre d'abbayes affectées par le relâchement et les méfaits de la commende. Il entreprit la visite des abbayes pour y restaurer la régularité. Il parvint à visiter les abbayes d'Espagne, d'Allemagne et de Lorraine. Durant les vingt trois années de son généralat, Jean Despruets se montra un des plus zélés parmi les abbés généraux. Il fit beaucoup pour restaurer la splendeur de la liturgie et entreprit les démarches pour faire transférer le corps de saint Norbert de Magdebourg à l'abbaye de Strahov à Prague. Il mourut d'une épidémie, le 15 mai 1596, à l'âge de soixante-quinze ans. Avec lui commença une période d'authentique relèvement et de restauration, qui devait porter ses fruits grâce à l'impulsion donnée à l'ensemble de l'Église par l'oeuvre réformatrice du concile de Trente.

---

[35] E. VALVEKENS, « Les Chapitres généraux de l'Abbé Général Jean Despruets 1572-1596 », *Analecta Praemonstratensia*, t. XVI (1940), édition de textes. – E. VALVEKENS, « Acta et Documenta Joannis de Pruetis abbatis Praemonstratensis », *Analecta Praemonstratensia*, t. XXX (1954), p. 236-278 ; t. XXXI (1955), p. 136-158, 253-279.

6. Les guerres hussites en Europe centrale

Lorsqu'au mois de décembre 1412, Jean Hus adressa aux grands dignitaires du royaume de Bohême et à tous les seigneurs siégeant à la Diète une lettre leur demandant d'intervenir dans sa querelle avec les prélats de Prague à propos de la liberté de prêcher au peuple, c'était la première fois qu'un chef du mouvement réformateur tchèque s'adressait à la représentation seigneuriale et non au souverain en personne. Hus n'avait négligé, depuis le début de son action, aucun moyen de gagner l'appui des puissants de ce monde. En cela il suivait les traces de Wyclif qui attendait de l'autorité séculière la réforme de l'Église. Aux yeux de la noblesse gagnée aux idées de réforme, la cause de Jean Hus était celle du pays tout entier et de ses représentants de langue tchèque. Il pouvait compter sur l'appui de seigneurs influents, dont le célèbre Čeněk de Vartenberg, grand burgrave de Prague et connétable de l'armée du pays. D'ailleurs, malgré la réelle puissance du roi, la suprématie de la noblesse dans le pays ne faisait aucun doute.

Quand, le 5 septembre 1415, la noblesse hussite s'organisa en association armée, les seigneurs catholiques se groupèrent sous la protection du roi en ligue d'opposition. Bien des raisons poussèrent la petite noblesse à s'engager sur la voie de la révolution, notamment sa rapide paupérisation [36]. Les milieux artisanaux et celui des journaliers souffraient d'une situation sociale et économique de plus en plus précaire. Là où les prédicateurs hussites parvinrent à s'adresser au peuple avec des discours enflammés, des foyers de révolte s'allumèrent bientôt. La querelle sur la liberté de la prédication de la Parole de Dieu était une lutte pour pouvoir atteindre efficacement les masses. C'était aussi une lutte pour la promotion de la langue et de la culture tchèques. L'attitude des responsables municipaux hussites fut également dictée par ses rapports avec le pouvoir royal. Le pouvoir central, peu efficace, laissa se développer l'affrontement entre les diverses factions.

Cependant on pouvait prévoir la victoire du courant hussite qui jouissait d'une formidable vitalité alimentée par un radicalisme plébéien capable de conquérir villes et campagnes. La ligue catholique ne parvint pas à remporter de succès décisifs contre la coalition de l'Université avec la noblesse et le peuple. Jean Hus, chassé de Prague, prêcha entre 1412 et 1414 dans les campagnes, et obtint des succès retentissants. Des études récentes ont, en outre, montré clairement combien le spectre de la peste a influencé considérablement la société. Les régions les plus atteintes sont devenues par la suite les foyers les plus ardents des mouvements milléna-

---

[36] Cf. F. MAHEL, *La révolution hussite, une anomalie historique*, Paris, 1985, p. 41-43.

riste et adventiste. Les actions répressives de la ligue catholique eurent aussi leur part dans la mobilisation des campagnes [37].

Avant 1419, on chercherait en vain une étincelle révolutionnaire dans le mouvement hussite.

« Même les théoriciens les plus téméraires, même les plus radicaux des prédicateurs qui mettaient le doigt dans les plaies ouvertes de l'Église malade ne connaissaient d'autre remède à ces maux qu'une réforme réalisée d'en haut par le bras séculier, à moins que les forces naturelles n'interviennent d'elles-mêmes, comme on s'y attendait plus souvent encore. Le chemin proposé était celui du retour. Ce retour aux idéaux du passé embelli se retrouve d'ailleurs plus tard dans les premières révolutions bourgeoises [...] mais nulle part il n'est aussi étroitement uni à la perspective des espoirs eschatologiques » [38].

C'est dans ce climat qu'il faut comprendre les *Quatre articles* hussites : nécessité d'une prédication libre de la Parole de Dieu, obligation de la communion sous les deux espèces pour tous les fidèles, demande de suppression du pouvoir temporel et des biens séculiers de l'Église, punition publique des péchés mortels. C'est ce dernier article qui insiste avec le plus de rigueur sur la nécessité de procéder sans délai à la purification des moeurs publiques et privées. Le principe biblique « que celui qui ne travaille pas ne mange pas non plus » (*II Th.* 3, 10) devint le nerf de l'action entreprise contre les communautés religieuses considérées comme inutiles à la société nouvelle gouvernée dans son ensemble par les laïcs et bientôt séparée de Rome. La guerre et la violence posaient aux prédicateurs hussites un problème théologique et moral dont la solution s'imposa avec force au cours de la deuxième moitié de 1419. À peine avait-on commencé à discuter de la légitimité de la *guerre juste* que Jean de Želiv lança du haut de sa chaire : « Voyez la bannière qui se dresse sur les montagnes, écoutez la trompette qui sonne ! » [39]. Cependant, nombre de maîtres hussites prônaient une doctrine nettement plus pacifiste. En fait, lorsque la révolution éclata, les penseurs hussites furent ceux qui se sentirent le plus pris au dépourvu.

À la différence des nations d'Europe occidentale, pour qui la nation se définit comme un groupe humain caractérisé par la conscience de son unité et sa volonté de vivre en commun, l'évolution historique des petits États d'Europe centrale fait apparaître une nation fondée sur la conception suivante : la nation est un ensemble d'hommes qui, parlant la même langue, forment une communauté ethnique, établie sur un même territoire, et ont conscience de leur unité culturelle. C'est ainsi que les

---

[37] *Ibid.*, p. 57.

[38] *Ibid.*, p. 59.

[39] *Dochovaná kazání Jana Želivského z roku 1419* [Sermons de Jean de Želiv conservés pour l'année 1419], éd. A. MOLNÁR, Prague, 1953, p. 207.

Tchèques se distinguent des Allemands établis en Bohême, non tant du point de vue géographique, mais dans le sens ethnique. C'est ainsi que la nation tchèque apparaît chez Jérôme de Prague comme la nation « sacro-sainte », dont la « mission » spéciale est de défendre la pureté de la foi. Cette idée de la mission consacrée par la volonté divine, propre à tout courant et à toute secte fidéiste, fut exacerbée chez les hussites par les représailles exercées par les catholiques à leur encontre. Pour cette raison, la prédication hussite a trouvé en Bohême un accueil exceptionnel.

C'est ainsi que les guerres hussites frappèrent les abbayes prémon-trées de la circarie de Bohême parvenues au sommet de leur gloire et de leur puissance. La liste des abbayes et des monastères de Bohême et de Moravie aurait toutes les apparences d'un nécrologe, si nous n'avions le recul historique qui nous permet d'embrasser dans un seul regard l'anéantissement et la renaissance de l'ordre de Prémontré en Bohême et en Moravie au XVIIe siècle.

Le monastère de soeurs de *Chotesov* près de Plzeň, fondé en 1202 par le bienheureux Hroznata, fut anéanti et refleurit seulement en 1622, sous le gouvernement du prévôt de Teplá, Zacharie Brandhauer.

C'est dans le monastère noble de soeurs norbertines de *Doksany* que sainte Agnès de Bohême reçut sa première éducation. Après les dommages occasionnés par les Turcs, le monastère se restaura, mais fut complètement détruit par les hussites en 1421. En 1430, les soeurs purent revenir dans leur monastère, et récupérer leurs biens en 1456. En 1531, la communauté se réduisait à cinq religieuses, mais elle refleurit au milieu du XVIe siècle. Au cours des années 1626-1627, les ossements de saint Norbert, en provenance de Magdebourg, séjournèrent à Doksany avant d'être transférés à Strahov. Le premier quart du XVIIIe siècle vit la reconstruction de ce monastère qui devint une magnifique maison, dotée d'une remarquable église. En 1782, les 49 chanoinesses qui composaient la communauté furent parmi les premières victimes de la sécularisation entreprise par l'empereur Joseph II.

L'abbaye de *Hradisko* à Olomouc, qui remontait aux années 1150, fut incendiée et ruinée par les taborites en 1432, et la communauté fut contrainte de se replier dans les faubourgs d'Olomouc jusqu'en 1498.

Le monastère de moniales de *Kounice*, près de Brno, fut lui aussi détruit en 1432 par les hussites, et ne parvint pas à se relever.

Dès 1425, les hérétiques attaquèrent l'abbaye de *Litomysl* qui constituait le chapitre du diocèse homonyme, dont les chanoines se réfugièrent dans la ville de Svitavy, sans parvenir à restaurer leur abbaye qui s'éteignit en 1566.

La puissante abbaye de *Louka* en Moravie fut elle aussi détruite par les hussites en 1422, mais elle réussit en 1437 à récupérer ses biens aliénés, recouvrer son ancienne splendeur, et exerça une influence considérable jusqu'à sa suppression en 1784.

Le monastère de moniales de *Louňovice*, près de Vlašim en Bohême, fut détruit en 1420 et ne parvint pas à se relever.

La magnifique abbaye de *Milevsko*, près de Ceské Budějovice, dont le premier abbé, Gerlac, écrivit de célèbres *Chroniques*, fut privée de ses biens en 1434. La communauté subsista jusque vers 1548. Par la suite, l'abbaye se réduisit à la personne de l'abbé, et fut supprimée en 1596. En 1623, l'empereur Ferdinand la rendit à l'ordre de Prémontré dans le but de la restituer à sa séculaire magnificence, grâce au concours de l'abbaye de Strahov. Elle devint ainsi prieuré de Strahov, avant d'être à nouveau supprimée par l'empereur Joseph II. À la faveur de la récente restauration de l'abbaye de Strahov, l'ancienne abbaye de Milevsko a retrouvé sa destination première, grâce à une petite communauté de Prémontrés venus de l'abbaye pragoise.

Le monastère de moniales de *Nová Říše* [40] en Moravie termina son existence en 1430 sous les coups des hussites. Quelques soeurs perpétuèrent la communauté jusque dans la dernière décennie du XVIe siècle. En 1641, Nová Říše fut transformée en maison masculine de l'ordre, supprimée sous le régime hitlérien, rétablie après la Deuxième Guerre mondiale, puis à nouveau supprimée en 1950, avant de connaître sa restauration en 1989.

Strahov [41], la première abbaye prémontrée fondée en Bohême et l'une des abbayes les plus célèbres de l'ordre, qui s'enorgueillit de posséder la dépouille mortelle de saint Norbert depuis 1627, fut entièrement détruite par les hussites en 1420. La communauté revint sur les lieux de sa fondation en 1437, mais la canonie végéta jusqu'en 1612, gouvernée par des abbés choisis dans d'autres communautés. Grâce à l'abbé Lohelius venu de Teplá en 1586, la prestigieuse abbaye connut une telle renaissance qu'elle permit au XVIIe siècle la restauration de plusieurs autres communautés de l'ordre, éteintes ou sur le point de disparaître : Nová Říše en 1596, Allerheiligen en 1601, Želiv et Milevsko en 1622, Geras en 1627, Jéricho en 1628, Gottesgnaden, Ilfeld et Magdebourg en 1629. Tout au long des XVIIe et XVIIIe siècles, l'abbaye fut une communauté riche d'hommes de qualité et un foyer rayonnant de culture. Sa bibliothèque ne

---

[40] B. ARDURA / K. DOLISTA, *Prémontrés en Bohême, Moravie et Slovaquie – Premonstráti v echách, na Morav a na Slovensku – Premonstratenser in Böhmen, Mähren und der Slowakei – Premonstratensians in Bohemia, Moravia and Slovakia*, Prague, 1993, p. 47-53.

[41] *Ibid.*, p. 17-28.

conserve pas moins de 130 000 volumes, 2 000 manuscrits et 1 200 incunables. Supprimée en 1950 et transformée en Musée national de la Littérature tchèque, l'abbaye de Strahov s'est restaurée en 1989 et accueille de nombreuses vocations.

Le prieuré de *Svitavy* au diocèse de Litomysl, aujourd'hui Olomouc, dépendant de l'abbaye de Litomysl, servit de résidence à la communauté-mère lorsque l'abbaye de Litomysl fut détruite par les hussites en 1425. Depuis 1417, le prieur était administrateur du diocèse de Litomysl. La communauté disparut en 1556.

Fondée en 1193 par le bienheureux Hroznata, martyr, l'abbaye de *Teplá* [42], située dans l'actuel diocèse de Plzeň, fut grandement endommagée par les hussites, mais c'est surtout aux XVIIe et XVIIIe siècles que la communauté eut à souffrir du fait des protestants. Avec un courage et un zèle inouïs, les abbés successifs et la communauté se consacrèrent, dans des circonstances particulièrement défavorables, à la réforme catholique et obtinrent la restauration de la foi catholique dans la Bohême occidentale, et Teplá devint le *cor circariae bohemicae*. Après les vicissitudes qui accompagnèrent la Deuxième Guerre mondiale et l'avènement du communisme, l'abbaye a connu depuis 1989 une nouvelle restauration.

L'abbaye de *Zabrdovice*, dans les environs de Brno en Moravie, à peine relevée des dommages infligés par les Turcs, fut incendiée en 1422 par les hussites. Les religieux se réfugièrent auprès des Frères Mineurs de Brno et y demeurèrent jusqu'à la restauration de leur abbaye en 1440. Incendiée par les Suédois en 1645, l'abbaye fut supprimée en 1784.

L'abbaye de *Želiv* [43], dans l'actuel diocèse de Hradec Králové, fut complètement détruite en 1422, alors qu'elle était au sommet de sa prospérité et qu'elle exerçait une puissante influence sur une grande partie de la Bohême. La communauté se replia à Jihlava, avant de revenir à Želiv, une fois la paix revenue. En 1468, la famille noble Trcka de Lipa spolia l'abbaye de ses biens et les religieux furent à nouveau expulsés de leur monastère. Il fallut attendre 1622 pour que l'empereur Ferdinand II restituât ses biens à la communauté de Želiv, et qu'elle retrouvât en 1643 son statut d'abbaye *sui iuris*. L'église abbatiale fut reconstruite après 1712 par l'architecte Santini. Supprimée avec l'avènement du communisme, l'abbaye de Želiv a entrepris sa restauration en 1989.

Les guerres hussites furent sans conteste le premier chaînon des réformes et des révolutions européennes. Resté à mi-chemin de l'idéal qui présida à sa formation et à son extension, le mouvement hussite et les luttes qu'il engendra en Europe centrale ont durablement marqué la

---

[42] *Ibid.*, p. 38-46.
[43] *Ibid.*, p. 29-37.

société et l'Église de Bohême et de Moravie. Elles ébranlèrent l'ordre de Prémontré, sans toutefois atteindre dans ses effets les pertes irréparables que devaient lui infliger la sécularisation de Joseph II et la Révolution française.

7. La réforme protestante

La vision optimiste de certains humanistes de la fin du XVe siècle ne parvient pas à cacher l'anxiété profonde des hommes de cette période, sensibles aux spéculations sur l'*Apocalypse*, et aux annonces de la fin prochaine du monde. L'inquiétude du salut tenaille les chrétiens entre une foi inébranlable en Dieu tout-puissant et la menace de Satan omniprésent. Pour répondre à ces inquiétudes, se développent la dévotion à la Vierge Marie, notamment par le Rosaire, le renouveau des pèlerinages et la recherche des indulgences. Des intellectuels et des spirituels, comme Érasme et Savonarole tonnent, chacun à sa manière, contre les abus de l'Église et notamment de la hiérarchie catholique. Jules II réunit le Ve concile du Latran en 1512. Celui-ci déplore les abus et élabore un programme de réforme sans suite après sa clôture en 1517. Le 31 octobre de la même année, Martin Luther affiche sur la porte de l'église du château de Wittenberg ses quatre-vingt quinze thèses contre les indulgences.

La querelle qui s'ensuit est certes d'ordre théologique, mais elle éveille aussi le nationalisme allemand. Luther apparaît à beaucoup comme le champion d'une nation excédée par les procédés fiscaux de la Curie romaine et par l'accumulation des biens ecclésiastiques en Allemagne. L'empire se divise pour ou contre Luther. Les nobles saisissent l'occasion de s'enrichir et se lancent à l'assaut des propriétés ecclésiastiques.

Luther construit sa théologie à partir de son expérience religieuse personnelle. Conscient de son état de pécheur, il découvre dans l'Écriture que le salut vient de Dieu par la foi seule. Il refuse tout ce qui dans la Tradition lui apparaît comme contraire à l'Écriture. Il rejette tout ce qui peut ressembler à un moyen ou à une prétention de l'homme à mériter son salut, et au premier rang les voeux religieux. En 1525, il épouse une ancienne religieuse, Catherine Nora, pour narguer ceux qui défendent aux clercs de se marier.

L'Allemagne et l'Europe du Nord

La situation de la plupart des maisons prémontrées en Allemagne était particulièrement vulnérable, car liée aux princes temporels. Ces communautés ne devaient pas échapper aux querelles religieuses du XVIe siècle, qui allaient leur être fatales. De fait, presque tous les princes embrassèrent la réforme luthérienne, ce qui entraîna la disparition de toutes les circaries prémontrées de l'empire, en commençant par celles de Hesse, en 1528, du Wurtemberg et du Palatinat du Rhin. Si le luthéranisme ne supprima pas entièrement la vie religieuse en Allemagne, nombre de monastères de soeurs prémontrées furent transformés en monastères luthériens, où des vierges issues de familles nobles vécurent en commun sous une abbesse. Certaines abbayes se transformèrent en collégiales de pasteurs chargés surtout de collèges, vivant en commun sous un abbé. Après le XVIe siècle, ne survécurent que les abbayes impériales et celles situées en Bavière, en Autriche et dans les principautés ecclésiastiques. Il faut noter le cas très particulier de quatre canonies de Saxe, Magdebourg, Mildenfurt, Pöhl et Harlungerberg, réformées vers 1450 par Jean Busch. Celles-ci résistèrent héroïquement aux réformateurs protestants, tandis que toutes les autres abbayes disparaissaient dans la tourmente. La prévôté de Magdebourg, cependant, fut peu après transformée de force en chapitre luthérien.

La circarie de Danemark et de Norvège [44] fut toujours de dimensions et d'effectifs modestes, mais témoigna pendant plusieurs siècles de la présence des Prémontrés en Scandinavie. L'ordre s'installa dans ces régions vers 1155, à l'initiative de l'archevêque de Lund, Eskild, métropolite et primat du Danemark et de Suède, qui était en rapports très fréquents avec la France, où il mourut en 1182, moine de l'abbaye cistercienne de Clairvaux. À l'exemple de l'archevêque fondateur, les maisons prémontrées de Scandinavie conservèrent toujours d'étroites relations avec la France et avec l'abbaye de Prémontré, et, contrairement à d'autres circaries, ne cherchèrent jamais à s'affranchir de l'obéissance due à l'abbé général. Vu les difficultés des voyages, l'abbé de Prémontré dispensa les abbés scandinaves de venir chaque année au chapitre général. Tous les quatre ans, l'abbé de Tönsberg, le prévôt de Burgilav, et l'un des autres abbés devaient se rendre au chapitre. La destruction systématique de toutes les archives en 1634, sous Christian IV, ne permet pas de connaître l'activité religieuse et intellectuelle de ces abbayes, mais un Prémontré anonyme nous a laissé une remarquable *Historiae de profectione Danorum in Terram Sanctam*, écrite autour de 1190 [45].

Parmi les quelques documents susceptibles d'éclairer la vie interne des communautés scandinaves, nous possédons le protocole de la visite

---

[44] N. BACKMUND, « Circaria Daniae et Norvegiae... », *Analecta Praemonstratensia*, t. XXIV (1948), p. 97-114.

[45] Cf. N. BACKMUND, *Monasticon praemontratense*, t. I, p. 264.

accomplie en 1443 par l'abbé de Pudagla [46], sur mandat de l'abbé général Jean de La Fare [47], dans le but de réformer la vie conventuelle. Le visiteur recommanda l'obéissance, et insista particulièrement sur la récitation de l'office divin, de jour et de nuit, dont personne, à moins de permission spéciale, ne pouvait se dispenser. Il interdit d'ordonner des novices avant qu'ils n'aient fait profession. Très attentif à la vie quotidienne des communautés, le visiteur insista auprès des abbés pour qu'ils fissent réparer les réfectoires, de telle sorte que les religieux n'eussent aucune raison de se dispenser de la table commune. Frères convers et chanoines devraient porter leur habit religieux respectif et la tonsure, tant à l'intérieur qu'à l'extérieur du monastère, et surtout se comporter de manière à faire honneur à leur profession. Signe d'un certain relâchement chez certains Prémontrés, le visiteur dut ordonner la destitution des religieux convaincus de fornication, leur rappel dans le cloître, et leur punition pouvant aller jusqu'à l'emprisonnement. Autre signe des temps, le protocole de la visite exige des abbés qu'ils donnent le nécessaire à leurs religieux en fait de nourriture et de vêtement, pour qu'ils puissent s'acquitter, libres de ces soucis, de l'office divin diurne et nocturne.

Nous ne savons guère comment vécut la circarie scandinave après cette visite. Toute la circarie disparut entre 1529 et 1538, sous la pression du protestantisme. La plupart des édifices prémontrés a disparu, à l'exception de très belles églises [48] des anciennes abbayes de Tönsberg, Dragsmark, Börglum et Vä.

La France

La réforme protestante eut davantage de conséquences matérielles que morales sur les abbayes prémontrées. Certaines communautés témoignèrent d'une courageuse fidélité à la foi catholique, comme celle de Belchamp qui résista à un abbé passé à la réforme et imposé par le comte de Montbéliard, ou celle de Bellevaux dont la plupart des religieux furent massacrés par les calvinistes conduits par Coligny, ou encore celle de Valséry dont presque tous les religieux furent mis à mort. On rencontre certes des cas d'abjuration du catholicisme, mais ceux-ci demeurent des cas isolés : en 1568, les protestants tuèrent tous les religieux de Grandchamp, sauf un qui apostasia ; en 1558, l'abbé commendataire de Saint-Paul de Sens, Jacques Spifame, apostasia la foi catholique et brûla les archives de son abbaye. Par contre, les guerres, et notamment les Guerres

---

[46] Texte publié par N. BACKMUND, « Circaria Daniae et Norvegiae... », p. 111-114.

[47] Abbé de Prémontré, de 1436 à 1443.

[48] V. LORENZEN, *De danske Praemonstratenserklostres Bygningshistorie*, Köbenhavn, 1925.

de Religion qui embrasèrent le pays, eurent les effets les plus malheureux. Il n'est guère d'abbaye prémontrée dont les annales ne conservent le souvenir d'un pillage ou d'un incendie par les Suédois ou les protestants français [49]. Les années 1567-1570 furent, à cet égard, désastreuses, en particulier pour les abbayes de la circarie de Gascogne dont la plupart des maisons ne se relevèrent pas des malheurs subis. D'autres abbayes eurent à souffrir de ces troubles, en Normandie, en Vendée, dans le Vendômois, dans les Vosges ou en Lorraine. L'ampleur des dégâts varie suivant les cas, de la razzia à l'incendie, mais il arrive aussi que des troupes ou des bandes armées établissent leur cantonnement dans les bâtiments conventuels, chassant ou tuant les religieux. Ce sont en grande partie les destructions infligées aux abbayes durant les Guerres de Religion, qui entraînèrent les grandes campagnes de reconstructions des XVIIe et XVIIIe siècles [50].

Les Îles britanniques

Lorsque la réforme atteignit les Îles britanniques [51], l'ordre de Prémontré, présent dans le royaume depuis 1143, ne comptait pas moins de trente abbayes, toutes dans la filiation de l'abbaye française de Licques. Relativement modestes et parfois même pauvres, surtout par rapport aux abbayes royales d'autres ordres, ces maisons prémontrées durent leur existence à la bienveillance de petits seigneurs locaux aux moyens financiers limités.

Les guerres du XIVe siècles avec la France contribuèrent au relâchement des liens entre les abbayes anglaises et Prémontré. Les abbés britanniques réunis à Lincoln en 1310 décrétèrent, à l'exception de ceux de Sulby, Langdon, Beeleigh, et St. Radegund, obéir plutôt au roi d'Angleterre qu'à l'ordre de Prémontré. L'affaire s'envenima et trouva sa solution en 1314, à travers une série de compromis confirmés par le chapitre général de 1316. Les relations entre l'Angleterre et la France étant impossibles, pratiquement aucun abbé étranger ne put effectuer la visite des abbayes anglaises après 1369. Au cours du XVe siècle, la tendance séparatiste de la branche britannique de l'ordre s'accentua, et se manifesta par l'abandon de l'observance des statuts et le changement d'habit.

---

[49] L'abbaye d'Étival en est un exemple. Ravagée par les protestants en 1569, elle fut mise à sac et incendiée par des bandes suédoises en 1646.

[50] P. BONNET, *Les constructions de l'ordre de Prémontré en France, aux XVIIe et XVIIIe siècles*, Paris, 1983 (Bibliothèque de la Société française d'archéologie - 15).

[51] C. KIRKFLEET, *The White Canons of St. Norbert. A History of the Praemonstratensian Order in the British Isles and America*, West De Pere, 1943, notamment p. 129-137.

À l'aube du XVe siècle, sous l'impulsion de l'abbé de Shap, Richard Redman, les Prémontrés d'Angleterre renouèrent avec les saines traditions de l'ordre. Toutefois, vers 1503, les abbayes anglaises se séparèrent de l'ordre en refusant de payer les taxes exigées par le chapitre général pour le fonctionnement de l'institution norbertine. En 1508, le chapitre eut le tort de nommer comme visiteur d'Angleterre William Curlew, abbé de Langley, personnage étrange et aussi peu adapté que possible à une mission de réconciliation si délicate. Le résultat fut désastreux : en 1512, le Saint-Siège confirma l'exemption de l'autorité de l'ordre des abbayes d'Angleterre, et conféra à l'abbé de Welbeck une juridiction de quasi-abbé général. En 1531, l'affaire allait trouver une heureuse issue avec la réintégration des abbayes britanniques dans le sein de l'ordre, mais il était déjà trop tard, le royaume entier allait se séparer officiellement de l'Église catholique.

En 1524, l'ambitieux cardinal Wolsey obtenait du pape la suppression de l'abbaye de Bayham. Ce n'était que le triste prélude à l'oeuvre de destruction que le roi Henry VIII allait précipiter. En 1535, tous les abbés prémontrés anglais abjurèrent l'obéissance envers le Saint-Siège, et en 1536, les monastères de petite taille et dont le revenu n'excédait pas 200 livres furent supprimés. Vu la situation économique modeste des abbayes prémontrées, cette mesure entraîna la fermeture de seize maisons sur trente trois. Eggleston, en 1540, fut la dernière maison prémontrée à être fermée. L'ensemble des biens et des bâtiments passèrent au Trésor royal, et furent ensuite distribués aux nobles du pays. Au moment de la suppression, seuls les supérieurs renégats reçurent une pension. Par la suite, les religieux qui abjurèrent la foi catholique et contractèrent mariage eurent droit eux aussi à une pension royale. La plupart des églises et des bâtiments conventuels tombèrent rapidement en ruine.

Vingt ans plus tard, ce fut au tour des abbayes d'Écosse [52] d'être atteintes par les conséquences de la réforme. Toutefois, les maisons religieuses ne furent pas supprimées brutalement comme en Angleterre. Les monastères furent empêchés de recevoir des novices, ce qui entraîna au bout de quelque temps le découragement des religieux qui cessèrent de mener la vie conventuelle. Ceux qui résistèrent à la réforme furent inquiétés, mais nombreux furent les Prémontrés à passer au protestantisme. S'ils acceptaient de devenir ministres mariés de la nouvelle religion, ils percevaient une confortable prébende prise sur les biens des anciens monastères catholiques. En 1585, on trouvait encore des abbés commendataires qui disposaient à leur guise des biens des communautés. Deux ans plus tard, en 1587, à la mort des derniers religieux demeurés catholiques, tous les biens subsistants passèrent à la couronne. Le roi maintint la fiction

---

[52] *Ibid.*, p. 169-198.

de la personnalité juridique des monastères éteints, et institua la commende héréditaire dont jouirent nombre d'évêques protestants. Les presbytériens d'Écosse, dans leur haine anti-catholique, firent disparaître non seulement les archives relatives aux anciennes abbayes, mais s'employèrent à réduire leurs bâtiments en ruine. La plupart des bâtiments ont entièrement disparu, si on excepte les magnifiques ruines de Dryburgh, Fearn, Whithorn et Tongland.

C'est toutefois en Irlande [53] que l'acharnement contre l'institution monastique et canoniale atteignit son paroxysme. Il ne reste rien des archives prémontrées irlandaises, à part quelques pièces d'intérêt général. Cette perte est d'autant plus affligeante que l'ordre de saint Norbert était présent sur l'île depuis l'an 1200 environ, et comptait à l'origine une dizaine de maisons.

Au cours du XIVe siècle, à la suite du Grand Schisme, les abbayes d'Irlande se séparèrent de Prémontré, comme l'avaient fait les abbayes d'Angleterre. L'abbé général n'avait d'ailleurs plus les moyens de visiter ou de faire visiter les abbayes trop éloignées. Aussi les abbayes irlandaises connurent-elles une profonde décadence qu'aucune visite ne vint réformer. Cependant, l'Irlande connut des Prémontrés zélés, comme l'abbé Magne McDonnchayd, abbé de Loch Cé, qui gouverna son abbaye soixante ans durant, et fut un promoteur des arts et des lettres.

Au début du XVIe siècle, la circarie irlandaise ne comptait plus que trois abbayes : Woodburn, Loch Cé, et Tuam. Lorsque les Anglais commencèrent à occuper les monastères, à partir de 1540, les abbayes prémontrées disparurent une à une. En 1584, la reine Élisabeth décida d'affecter les biens des anciens monastères à ses nobles. Dix ans plus tard, en 1594, il ne restait plus rien, sinon quelques ruines, de la présence des Prémontrés en Irlande.

La Hongrie

Dans aucune province de l'Europe, excepté la France, l'ordre de Prémontré ne fut aussi puissant qu'en Hongrie. On y comptait soixante-cinq abbayes ou prévôtés. Cette circarie coïncidait avec les frontières du royaume de Hongrie dont les confins demeurèrent stables pendant dix siècles, jusqu'en 1919. Après le Traité de Versailles, qui mit fin à la Première Guerre mondiale, la majeure partie du royaume fut annexée par les pays voisins : Roumanie, Yougoslavie, Tchécoslovaquie et Autriche.

Les premiers Prémontrés vinrent de Prémontré entre 1162 et 1172 et s'établirent à Váradhegyfok, suivis par une deuxième vague de

---

[53] *Ibid.*, p. 149-168.

religieux issus de l'abbaye lorraine de Riéval, qui fondèrent entre 1170 et 1180 les canonies de Garab, Nagyolasz et Bozók. D'autres, comme Kökényes, Lelesz et Janoshida, furent fondées au cours du XIIe siècle et au début du XIIIe siècle.

Le protestantisme d'abord, puis les cruautés du sultan Soliman firent disparaître en 1540 l'ensemble des maisons prémontrées. Les religieux furent massacrés ou conduits en captivité. La dévastation fut radicale dans toute la partie soumise à la domination turque. Les abbayes désertes et ruinées, tombèrent entre les mains des nobles qui favorisaient l'hérésie protestante, ou bien furent données en commende aux prélats qui avaient fui *ex partibus infidelium*. Cette situation devait durer presque un siècle.

8. Les Martyrs de Gorcum [54]

Adrien Bécan, né en 1529 dans la Campine brabançonne, entra à l'abbaye prémontrée de Middelbourg. Après son ordination sacerdotale, il exerça avec zèle les fonctions de vicaire, avant de recevoir la charge de la paroisse d'Aechterkerke. En 1572, Adrien fut transféré dans la paroisse de Monster, commune de la Hollande méridionale. Il succédait en ce lieu au curé défunt, Adrien Lacoupe, frère de Jacques, son futur compagnon de martyre, et vicaire de la paroisse. Cette paroisse, malgré le zèle du curé et du vicaire, comptait un certain nombre d'adeptes du protestantisme. Aussitôt, Adrien Bécan se mit à l'ouvrage. Son courage et son dévouement lui gagnèrent la sympathie de tous et assurèrent le succès de ses entreprises apostoliques. Trois mois à peine après son arrivée à Monster, il allait sceller de son sang le témoignage de foi qu'il n'avait cessé de donner depuis son arrivée en ce lieu.

Né en 1542 à Audenarde, en Flandre Orientale, Jacques Lacoupe reçut avec son frère Adrien une excellente éducation chrétienne. À l'exemple de son frère aîné, Jacques résolut de se consacrer à Dieu dans l'abbaye prémontrée de Middelbourg. Il y fit profession à la fin du mois de novembre 1561. En cette période particulièrement trouble, Jacques, comme plusieurs autres confrères de son âge, se laissa séduire par les doctrines réformées. Vers 1560, anabaptistes, calvinistes et luthériens gagnèrent beaucoup d'habitants de Middelbourg. Peut-être par imprudence ou par naïveté, Jacques noua des relations avec un certain nombre d'hérétiques, ce qui le conduisit à l'apostasie.

---

[54] I. VAN SPILBEECK, *S. Adrien et S. Jacques, de l'ordre de Prémontré, Martyrs de Gorcum. Notices historiques*, Bruxelles-Tamines, 1900 (Bibliothèque Norbertine).

Le 10 août 1566, arriva à Middelbourg une effrayante nouvelle : en deux semaines, les iconoclastes avaient dévasté les églises des Flandres, de la Frise et de la Hollande. À Middelbourg, dès le 22 août et durant deux ou trois semaines, ils firent une chasse acharnée aux images du Christ, de la Vierge et des saints, et pillèrent les nombreuses églises de la ville. Jacques et deux de ses confrères s'affranchirent de leurs voeux et quittèrent leur abbaye. Jacques se montra le plus audacieux, prêchant contre l'Église catholique et rédigea un pamphlet, particulièrement virulent, probablement resté à l'état de manuscrit, et intitulé *Défloraison de la Légende des Saints ou des Fleurs des Saints*. Son père, affligé par l'apostasie de son fils, fit le voyage d'Audenarde à Middelbourg, et sans aucun doute, son frère aîné, Adrien, se joignit à lui pour tenter de faire revenir Jacques à la raison.

Touché par la grâce, Jacques trouva le chemin du repentir et, après quelques mois de révolte, revint dans son abbaye. L'abbé l'accueillit affectueuscment, le conduisit dans la salle du chapitre. Là, prosterné à terre, Jacques rétracta ses erreurs, demanda pardon de ses scandales et brûla son libelle anti-catholique. Il accepta de grand coeur la pénitence qui lui fut imposée. Par la suite, il fut envoyé comme vicaire de son frère Adrien, curé de la paroisse de Monster. Il appela son père qui vint habiter dans le presbytère. Ainsi, avec sous les yeux les exemples quotidiens de son père et de son frère, Jacques retrouva son zèle d'antan. Il devait cependant subir une nouvelle épreuve, avec la mort de son frère Adrien, qui mourut à peine âgé de 46 ans. Jacques resta seul prêtre pendant quelques semaines, puis eut le joie d'accueillir son confrère Adrien Bécan comme nouveau curé de la paroisse. Pendant trois mois, les deux prémontrés oeuvrèrent d'un commun accord pour maintenir leurs fidèles dans la foi catholique.

Le feu de la révolution commençait à s'étendre en Belgique. Le prince d'Orange en profita pour entrer dans les Pays-Bas, en libérateur, et prit plusieurs villes de Hollande, dans lesquelles il massacra nombre de fidèles, de religieux et de prêtres catholiques. Gorcum tomba entre ses mains le 25 juin 1572. La ville se rendit après avoir obtenu la promesse que tous les citoyens auraient la vie sauve. En fait, ce fut un bain de sang d'une rare barbarie. Dix-neuf prêtres et religieux furent conduits par le chanoine apostat Jean d'Omal, à La Brille, dans l'île de Voorne, pour y subir la peine capitale. Après une série d'humiliations, les condamnés furent conduits à la prison, rejoints peu après par deux Prémontrés accompagnés par un vieillard laïque. C'était Adrien Bécan, Jacques Lacoupe, et Antoine Lacoupe, père de ce dernier.

Avec la complicité d'un certain Jean de Naaldwyek qui feignit de solliciter le service des deux Prémontrés pour un mourant, les hérétiques se précipitèrent dans le presbytère de Monster, s'emparèrent du curé, du vicaire et de son vieux père. Mis en présence du comte de La Marck avec les deux Prémontrés, le vieillard reçut cette promesse :

« Si vous parvenez à faire comprendre à votre fils qu'il doit renoncer au papisme, je le mettrai en liberté ainsi que vous ».

Indigné par cette proposition, le père ne répondit pas, mais son fils déclara qu'il n'achèterait jamais sa liberté à ce prix. S'adressant au jeune vicaire et faisant allusion à son apostasie de jadis, le comte s'entendit répondre :

« Je ne le nie point, j'ai eu, comme vous le dites, un instant de honteuse faiblesse ; j'ai failli misérablement. Mais, avec l'aide de Dieu, je prouverai maintenant la sincérité de mon repentir, ma fidélité inébranlable à la foi de mes pères, et les tortures les plus cruelles ne pourront me faire renoncer à la vérité révélée ».

Le père fut séparé de son fils et remis en liberté. Adrien et Jacques furent conduits en cachot, et là, ils formèrent avec d'autres victimes du comte hérétique un groupe de 23 prêtres séculiers ou religieux.

Soumis à de durs interrogatoires, les futurs martyrs défendirent avec détermination le dogme de l'eucharistie, et proclamèrent l'autorité du pape, successeur de saint Pierre et chef de toute l'Église. Bien qu'Adrien Bécan ait été habitué à réfuter les objections des hérétiques, c'est Jacques Lacoupe qui soutenait surtout la lutte, plus habile que son confrère dans l'art de bien parler. Le comte de La Mark tenta à nouveau de faire abjurer le jeune Père Jacques, mais celui-ci resta inébranlable dans sa foi, tout comme le Père Adrien et les autres prêtres prisonniers. Devant leur détermination, le comte ordonna de les envoyer au gibet.

Malgré une mesure de clémence du prince d'Orange qui élargissait, à la demande des habitants de Gorcum, tous les prêtres et religieux prisonniers, le comte de La Mark maintint leur exécution. On conduisit les prisonniers au monastère Sainte-Élisabeth près des murs de La Brille. Au milieu des ruines de l'abbaye, restaient debout les murs d'une grange traversés de deux poutres où les bourreaux allaient pendre les confesseurs de la foi. Ceux-ci se réconfortèrent et s'encouragèrent à la constance et à la fidélité, malgré l'horreur du supplice qui les attendait. Exception faite d'un jeune novice de 18 ans et d'un franciscain réputé pour son instabilité et ses activités malhonnêtes qui lui vaudraient plus tard la potence, tous les prêtres se préparèrent au martyre. C'était le 9 juillet. L'un après l'autre, les prêtres montèrent sur une échelle et furent pendus aux poutres de la grange. Comme il ne restait plus de place sur les poutres, Jacques Lacoupe fut pendu à une échelle. On n'a aucun détail sur le supplice d'Adrien Bécan, mais des témoins oculaires rapportent l'impression extraordinaire qu'il laissa à tous ceux qui le virent et l'approchèrent durant son incarcération. L'exécution fut particulièrement horrible, car les soldats, inexpérimentés, pendirent les victimes de telle sorte qu'un certain nombre de prêtres restèrent suspendus vivants toute la nuit, avant d'être achevés et cruellement mutilés le lendemain matin.

Les corps des martyrs furent ensevelis sur place, en 1572, et ce n'est qu'en 1615 que les catholiques de Gorcum purent les retirer secrètement de ce lieu. Les restes mortels furent reconnus en 1616, leur exaltation eut lieu en 1618, et la béatification le 24 novembre 1675. Le 12 mars 1678, le privilège accordé au clergé de Hollande de célébrer le 9 juillet l'anniversaire des Martyrs de Gorcum fut étendu à la Belgique. Les Prémontrés du collège Saint-Norbert de Rome manifestèrent leur joie à l'occasion de cette béatification : dès que l'artillerie du château Saint-Ange eut annoncé la proclamation de la béatification, le collège Saint-Norbert répondit par dix-neuf coups de canon et, le soir, fut illuminé par plus de deux mille falots et lanternes. Pour couronner la fête, les Prémontrés firent tirer un immense feu d'artifice. Deux cents ans plus tard, le 29 juin 1877, le pape Pie IX canonisait les Martyrs de Gorcum, témoins de la foi de l'Église dans le sacrement de l'eucharistie et la primauté du Pontife Romain.

*
* *

Mis à part les facteurs extérieurs à l'ordre, comme l'éclosion et la diffusion du protestantisme, l'invasion turque ou l'instauration de la commende, la période qui couvre les XIVe-XVIe siècles illustre tragiquement ce qu'il en coûte à une famille religieuse de perdre la mémoire de ses fondations. Malgré la qualité des abbés de Prémontré, qui furent presque tous des pasteurs exemplaires, l'ordre de saint Norbert s'enfonça dans une décadence spirituelle et morale qui ne laisse de surprendre. Avec le recul du temps, une constatation s'impose : la plupart des Prémontrés de cette période semblent avoir perdu de vue l'intuition du fondateur et son charisme. Saint Norbert avait choisi d'adopter le cadre régulier de la vie conventuelle, tel qu'il était en usage chez les Bénédictins, les Cisterciens et un certain nombre d'instituts canoniaux, pour en faire un instrument au service de la sanctification du clergé. L'*ordo novus* se caractérisait en effet comme une nouvelle façon de vivre le sacerdoce, comme une réforme ordonnée à la sainteté du clergé, et la vie conventuelle comme la voie royale pour parvenir à ce but. L'aspect « régulier » des chanoines prémontrés devait les caractériser et les distinguer des clercs adeptes des façons de vivre caractéristiques de l'*ordo antiquus*. Or, tout au long de ces trois siècles, les Prémontrés s'employèrent à minimiser cet aspect religieux de leur vie communautaire et personnelle, par des réformes qui toutes allèrent dans le sens d'un adoucissement de la discipline conventuelle. La simple observation des faits montre clairement l'immense dévastation qui s'ensuivit. Pourquoi cette tendance ? Peut-être pour adapter les normes antiques aux exigences du ministère paroissial, ce qui se justifie au moins en partie. Mais surtout parce que les Prémontrés avaient perdu de vue l'idéal du fondateur et de la première génération de leurs pères.

Ce fléchissement s'explique, en dernière analyse, par un attiédissement spirituel général. Les réguliers, une fois perdu de vue le bien-fondé d'une vie exigeante, obéissante, chaste et pauvre, cherchèrent à diminuer tout ce qui les distinguait des séculiers. Une fois tari l'afflux de la sève spirituelle, les observances régulières ne pouvaient que perdre leur fondement et leur signification. La concomitance de la commende, du développement du protestantisme, des guerres, de la pauvreté de certaines abbayes, et de la tiédeur spirituelle d'innombrables religieux devait entraîner une décadence tragique.

On a cependant trop noirci le XVIe siècle. C'est aussi le siècle du renouveau et de la Réforme catholique. Tout paraissait perdu. Des pans entiers de l'ordre blanc avaient disparu sous la poussée des événements contraires. Que restait-il du « blanc manteau d'abbayes couvrant l'Europe », si cher à l'abbé général Norbert Calmels [55] ? La majeure partie de l'ordre traversait une crise profonde, caractérisée aujourd'hui comme une *crise d'identité*, où la perte de ses racines semble fatale au grand arbre : il ne montre plus qu'avec honte ses rameaux jaunis et stériles. La vie semble avoir quitté ses veines, son bois devient sec. Ceux qui prédisaient sa mort prochaine se sont pourtant avérés des prophètes de malheur. C'était sans compter avec le petit reste, ces abbés et ces religieux restés fidèles à leur vocation, qui, sous la conduite de pasteurs zélés, allaient faire revivre le vieux tronc norbertin. Porté par le grand mouvement de la Réforme catholique, l'ordre de Prémontré allait connaître sa renaissance.

---

[55] Abbé général de 1962 à 1982.

CHAPITRE IV

L'ÈRE DES RÉFORMES : XVIe-XVIIe SIÈCLES

En dépit des troubles politiques et religieux qui affectèrent les XVIe et XVIIe siècles, cette période fut particulièrement féconde, et le concile de Trente donna une forte impulsion à l'une des réformes les plus décisives de l'histoire de l'Église catholique. Dès la fin du XVe siècle, et surtout à partir des premières décennies du XVIe, un certain nombre d'initiatives réformatrices se firent jour en Europe. Initiatives géographiquement isolées dans la plupart des cas, mais qui constituent autant de signes d'un nouvel état d'esprit au sein de l'Église, et forment autant de mailles d'un grand réseau réformateur catholique. De Gian Matteo Giberti à Jacques Sadolet, de François Ximenès de Cisneros à Barthélemy des Martyrs, d'Otton Truchsess à Charles de Guise, le mouvement réformateur catholique apparaît et se développe en Europe, bien avant la naissance de la réforme luthérienne [1]. L'évêque prémontré de Verdun, Nicolas Psaume [2], contemporain de Luther et artisan exemplaire de la Réforme catholique, s'inscrit dans cette lignée. Avec bien d'autres Prémontrés, et après une période de relative tiédeur, il témoigne, du renouveau de l'ordre norbertin dans le sillage du concile de Trente.

Comme en toutes choses, il convient ici de conserver la mesure et de ménager des nuances. Le climat général de l'Église catholique était à la reprise, mais cela ne signifie nullement qu'il y ait eu partout et en toute occasion des comportements édifiants. Toutefois, la note dominante témoigne non seulement d'une volonté de renouveau, mais encore de réalisations concrètes particulièrement fructueuses. Des études récentes ont mis en lumière des épisodes pénibles concernant plusieurs élections d'abbés de Prémontré [3], survenus aux XVIIe et XVIIIe siècles. Il serait

---

[1] B. ARDURA, « Les réseaux catholiques réformateurs, précurseurs et réalisateurs du concile de Trente, en France, en Allemagne, en Italie et dans la Péninsule ibérique », *Renaissance européenne et phénomènes religieux (1450-1650)*, Montbrison, 1991, p. 265-280.

[2] B. ARDURA, *Nicolas Psaume (1518-1575), évêque et comte de Verdun. L'idéal pastoral du concile de Trente incarné par un Prémontré*, Paris, 1990.

[3] L.C. VAN DIJCK, « L'affaire Raguet et le problème du gouvernement central de l'ordre de Prémontré au XVIIe siècle », *Analecta Praemonstratensia*, t. L (1974), p. 176-190, sur l'élection d'Augustin Le Scellier, *ibid.*, t. LI (1975), p. 56-57. – L.C. VAN

abusif de dire que ces événements n'eurent pas des conséquences néfastes pour l'ordre. Cependant, ils ne parvinrent pas à obscurcir un authentique renouveau chez les fils de saint Norbert.

1. « C'était le vendredi et déjà brillait l'aube du sabbat »

Les prémices d'une réforme en Saxe au milieu du XVe siècle

Les premiers signes d'une réforme dans l'ordre de Prémontré se manifestèrent dans l'abbaye Notre-Dame de Magdebourg, dès le milieu du XVe siècle. À vrai dire, ce renouveau fut imposé à la communauté, de l'extérieur. Sur les instances de l'archevêque, un chanoine régulier de la congrégation de Windesheim, Jean Busch, entreprit une tâche délicate qu'il parvint à mener à bien, grâce à son savoir-faire et à sa sainteté personnelle.

Par respect pour la dépouille de saint Norbert conservée au coeur de la communauté de Magdebourg, Busch élimina la solution la plus facile, celle qui consistait à annexer purement et simplement la communauté prémontrée à sa propre congrégation. Il s'appuya sur un certain nombre de Prémontrés appartenant à d'autres abbayes, et désireux de réformer la vie religieuse, mais aussi sur des prêtres séculiers attirés par l'ordre de saint Norbert. Authentique chanoine régulier, Jean Busch entreprit de mettre sur pied une nouvelle discipline conventuelle, inspirée des plus saines traditions prémontrées. Eberhard Wohltmann, chanoine du chapitre cathédral de Magdebourg, connu pour son zèle, fut élu prévôt de Notre-Dame et continua cette oeuvre de réforme. Celle-ci, promue par des étrangers à l'ordre, eut un tel succès que nombre d'abbés de Bavière, Bohême et Westphalie, sollicitèrent l'envoi de religieux de Magdebourg pour introduire la réforme dans leurs abbayes. Toutes les abbayes ne se rallièrent pas au mouvement, mais, seules, les communautés réformées connurent une réelle prospérité. Lorsqu'au début du XVIe siècle, l'ordre adopta de nouveaux statuts, les communautés prémontrées de Saxe reprirent leurs relations, interrompues depuis des années, avec l'abbaye de Prémontré, et à compter de 1506, tous les trois ans, un chanoine de la circarie de Saxe, et tous les six ans un prévôt, se firent un devoir de participer au chapitre général. Et même en 1508, plusieurs prémontrés de Saxe se présentèrent au chapitre et déclarèrent protester de leur fidélité envers l'abbé général. Animés de zèle, non seulement ils reçurent avec empressement les statuts de 1505, mais leurs ajoutèrent un certain

DIJCK, « La promotion de Michel Colbert au généralat de l'ordre de Prémontré (1666-1668) », *ibid.*, t. LXV (1989), p. 122-151, 207-245. Pour le XVIIIe siècle : J.B. VALVEKENS, « De electione Abbatum Generalium Augustini de Roquevert (1740), Brunonis de Bécourt (1741), Antonii Parchappe de Vinay (1758) », *Analecta Praemonstratensia*, t. XLVIII (1972), p. 373-384. – X. LAVAGNE D'ORTIGUE, « L'élection de P.A. Parchappe de Vinay, le 27 février 1758 », *Analecta Praemonstratensia*, t. LIX (1983), p. 288-315.

nombre de pratiques pénitentielles, comme le silence perpétuel et le jeûne. Cet élan ne devait pas se démentir, et la circarie connut une ère de grande prospérité spirituelle, intellectuelle et économique, jusqu'à la réforme de Luther.

Débuts d'un courant de réforme en Bohême

L'abbaye de Teplá [4] connut, dès la moitié du XVe siècle, une réforme régulière qui influença de façon notable l'ensemble des abbayes prémontrées de Bohême. Entreprise à l'initiative du roi Georges de Bohême, en 1465, et poursuivie par son successeur Vladilaus, elle atteignit son apogée à la fin du XVe siècle. Elle eut pour objet non seulement la restauration de la vie conventuelle, mais aussi la rénovation spirituelle et morale des Prémontrés chargés d'administrer les paroisses. Avec un effectif d'environ vingt-cinq religieux, Teplá était l'abbaye la plus nombreuse des quatre abbayes prémontrées de Bohême. L'abbaye de Želiv, transférée temporairement à Jihlava, comptait au maximum vingt profès, celle de Milevsko quatre conventuels, celle de Strahov entre sept et neuf. Teplá n'avait donc pas la possibilité d'envoyer de nombreux religieux dans les autres abbayes afin d'y propager la réforme, malgré les demandes réitérées des abbés. Aussi les trois autres maisons prémontrées envoyèrent-elles plusieurs de leurs religieux à Teplá pour y passer une certaine période, le temps de s'y former dans l'esprit de la réforme. Ainsi, en 1499, l'abbaye de Strahov envoie à Teplá un ou deux confrères. En 1494, l'abbaye de Želiv y envoie son diacre Chrystophe « pour sa formation à la vie régulière », puis en 1500, le frère Wolfgang pour le même motif, et en 1514 le novice Martin, car, « réduits à vivre dans une maison privée de Jihlava et sous l'influence du siècle, les confrères ne sont pas en mesure de lui inculquer les éléments fondamentaux de la vie régulière et des cérémonies de l'ordre ». De son côté, l'abbé de Milevsko envoie à Teplá l'ancien prévôt de Schlägl qui « n'entend pas demeurer dans un monastère non réformé ».

Un retour à la Règle du Maître

Jacques Panhausen, abbé de Steinfeld en Rhénanie de 1540 à 1582, l'un des hommes de confiance de l'abbé général réformateur Jean Despruets, représente l'un des courants prémontrés soucieux d'un authentique renouveau de l'ordre. Panhausen souhaitait une « ré-forme » qui fut une « ré-animation » de l'ordre à partir de la *Règle de saint Augustin*. Il est bon de le rappeler ici : jusqu'à la canonisation de saint Norbert, en 1582, année de la mort de Jacques Panhausen, saint Augustin représentait sinon la seule, du moins la plus fréquente et la plus haute

---

4 K. DOLISTA, « Reformatio monasterii Teplensis saeculo decimo quinto exeunte (Fontes historici) », *Analecta Praemonstratensia*, t. LXI (1985), p. 203-256.

référence de l'ordre de Prémontré, souvent appelé « Ordre des Chanoines Réguliers de saint Augustin de Prémontré ».

Panhausen est né au commencement du XVIe siècle à Opoeteren, village de la Campine liégeoise. Après avoir accompli le cursus normal de formation, il entra dans l'abbaye prémontrée de Steinfeld. Il s'acquitta, à la satisfaction de tous, des charges qui lui furent confiées dans l'abbaye, et mérita de se voir proposer l'abbatiat par l'abbé Jean Schuys de Ahrweiler, lorsque ce dernier abdiqua en 1538. L'ensemble des religieux acquiesça à cette proposition, mais comme Jacques Panhausen semblait trop jeune, le gouvernement de l'abbaye fut momentanément confié au père Simon Diepenbach. Ce dernier ayant été emporté par la peste l'année suivante, Jacques Panhausen fut régulièrement élu abbé, le 4 novembre 1540, malgré l'opposition de plusieurs princes séculiers.

Savoir, prudence, piété firent de lui un abbé compétent, en cette période particulièrement troublée. Apprécié par ses religieux, il attira l'attention du chapitre général et fut nommé vicaire pour la plus grande partie de l'Allemagne et de l'Europe centrale. Panhausen lutta avec courage pour maintenir les privilèges de l'ordre sur les territoires soumis à sa juridiction. En 1558, il s'opposa ainsi vigoureusement au vicaire général d'Utrecht, Guillaume Lindan, qui prétendait faire la visite régulière des maisons de l'ordre situées en Frise. Jacques Panhausen s'est surtout rendu célèbre par son zèle au service de la Réforme catholique, de la discipline religieuse et de la vie spirituelle des communautés de son ressort. Il mourut le 22 janvier 1582, laissant plusieurs ouvrages inspirés par la spiritualité augustinienne [5].

La *Règle de saint Augustin* est une sorte de miroir dans lequel les religieux peuvent et doivent contempler les éléments propres à déterminer leur vie canoniale. Dans cette perspective, pour Panhausen :

> « Cet écrit est un trésor plus désirable que l'or et les pierres précieuses. Il jaillit du lieu de la félicité pour irriguer le paradis de l'Église militante. Avec raison, saint Augustin compare cet écrit à un miroir de la connaissance divine. En effet, dans tout miroir, nous contemplons le visage que nous tenons de la naissance et l'allure de notre corps, de telle sorte que si nous apercevons quelque chose de sale ou peu décoratif, nous prenions soin de le laver, de l'essuyer, de le nettoyer aussitôt. Si, au contraire, nous trouvons quelque chose de beau, nous nous employons à conserver et à entretenir la beauté d'un visage agréable. Pareillement, dans ces Canons, si nous ne les lisons pas distraitement, nous saurons facilement quel est l'état de notre vie spirituelle, si nous sommes chauds, tièdes ou froids, et si nous sommes persévérants dans le service de Dieu. Ensuite, que notre souci suprême soit de nous débarrasser du vieux ferment pour accueillir le nouveau, de telle

---

[5] Le Père Jean-Baptiste Valvekens a notamment publié : « Abbatis I. Panhausen Commentaria in "Regulam" S. Augustini », *Analecta Praemonstratensia*, t. LIV (1978), p. 144-165 ; « Exhortatio pia abbatis Panhausen, abbatis Steinfeldensis 1572 », *ibid.*, p. 166-190 ; « Abbatis Panhausen Tractatus de Monasticae Vitae Cultoribus, atque Religiosorum », *ibid.*, p. 191-219.

sorte que l'homme intérieur soit rénové de jour en jour. Ainsi nous aurons un esprit sain dans un corps sain » [6].

Les préceptes de la Règle n'obligent pas seulement à une obéissance extérieure : ils sont ordonnés à la charité. On comprend dès lors que ces préceptes concernent et les religieux et leurs supérieurs [7]. Les prélats se doivent d'éviter une illusion fatale : la promotion à la charge de prélat entraîne un accroissement des honneurs, mais elle ne signifie nullement un changement de l'âme ni un accroissement automatique de la sainteté. Jacques Panhausen dénonce avec vigueur les mauvais prélats, ceux qui dissimulent sous la dignité extérieure une âme corrompue, ceux qui tolèrent le mal. C'est contre eux, les premiers, que retentira la terrible sentence : « Allez au feu éternel ! » [8].

Cellérier de Steinfeld avant son élection abbatiale, Panhausen avait accumulé une riche expérience d'administrateur temporel. Il connaissait dans le détail les sujets de préoccupation d'un bon économe, comme en témoignent plusieurs passages de son *Exhortatio pia*. Les pages les plus intéressantes par leur documentation et la verve de l'auteur stigmatisent « l'économie de certains prélats » plus préoccupés du matériel que du spirituel, des bénéfices annuels que des progrès de leurs religieux. Certaines descriptions prises sur le vif ne manquent pas de saveur :

> « Ici, la première sollicitude vise l'administration des propriétés, la fécondité des vaches, l'abondance de lait, de fromage et de beurre, l'engraissement des veaux, la croissance des boeufs. Pour d'autres il s'agit de pourvoir aux banquets quotidiens, d'autres, de ferme propos, gonflent la bourse abbatiale. Leurs soins et leur sollicitude ont pour objet les chevaux, les chèvres, les porcs, les brebis, les oies, les poules et les autres animaux de la ferme. N'allez pas croire que s'arrête là leur pratique de l'agriculture : assurément, l'abbé veille à ce que les champs soient fumés, labourés, sarclés, ensemencés, à ce que les fossés des champs soient curés, les ruisseaux creusés, de telle sorte que tous les prés et tous les vergers donnent des résultats abondants, et que toute la campagne soit lucrative. Le soin de la vigne fait, lui aussi, partie des soucis de l'abbé... » [9].

Panhausen rappelle dans toute leur rigueur les exigences de la profession religieuse, et fait un devoir aux abbés de se conduire en bons pasteurs.

Fin connaisseur de l'Écriture et de la littérature antique, l'auteur passe en revue les domaines essentiels de la vie canoniale : les voeux de chasteté, pauvreté et obéissance, le silence conventuel, les relations fraternelles et les moments de détente. Il consacre une attention toute particulière au mensonge, pour dénoncer les comportements contraires à la foi, puis s'attarde sur les atteintes à la réputation du prochain, notamment sur la calomnie. Si la voie de la sainteté semble ardue, il convient de

---

[6] *Abbatis I. Panhausen Commentaria in « Regulam » S. Augustini*, fol. 171.

[7] *Exhortatio pia abbatis Panhausen, abbatis Steinfeldensis 1572*, fol. 213a.

[8] *Ibid.*, fol. 214a.

[9] *Ibid.*, fol. 215a.

se libérer de tout ce qui entrave la marche vers Dieu ; si elle semble longue, il faut se hâter ; si elle est pénible, crier vers le Père des miséricordes.

> « Heureux celui qui court ainsi pour saisir le prix, mieux, pour être saisi et conduit sur la montagne, en présence du grand Dieu qui est béni au dessus de toutes choses pour les siècles. Amen » [10].

L'ouvrage sur la vie monastique et religieuse se présente comme un traité général sur l'institution de la vie consacrée, sans aucune caractéristique spécifique prémontrée. Écrit en pleine controverse luthérienne sur le bien-fondé des voeux de religion, dans une atmosphère européenne empoisonnée par les luttes religieuses, et dans la mouvance réformatrice du concile de Trente, ce livre fournit un ensemble de développements de grande valeur sur la naissance du monachisme, la source et le fondement des trois voeux, la vraie liberté chrétienne, la diversité des ordres religieux, les voeux de chasteté, pauvreté et obéissance, expressions des conseils évangéliques.

Au milieu des controverses et du relâchement de certaines communautés régulières, l'abbé Jacques Panhausen se présente sous les traits d'un prélat zélé et d'un précurseur de la réforme régulière. À ce titre, il mériterait d'être mieux connu.

2. Les collèges de l'ordre de Prémontré

Dès le XIIIe siècle, l'ordre de Prémontré perçut l'importance de la formation universitaire, mais c'est surtout à compter du XVIe siècle que ses collèges universitaires prirent une nouvelle dimension. À l'exception du collège Sainte-Anne de Paris, fondé au Moyen Âge, les collèges sont des fondations universitaires nouvelles, tous se situent sur des terres irriguées par la Réforme catholique : Salamanque, Louvain, Cologne, Douai, Rome, Prague représentent des enjeux considérables pour l'avenir de l'Église et de la société bouleversée du XVIe siècle. Ces fondations témoignent d'une claire vision de la situation civile et religieuse de l'Europe, et mettent en lumière le caractère novateur ou, mieux, « ré-formateur », de l'Université.

Il existe un cas très particulier que nous ne pouvons ignorer ici, bien qu'il ne s'agisse pas à proprement parler d'un *collège*. Le 14 avril 1608, Servais de Lairuelz, abbé de Sainte-Marie-au-Bois, au diocèse de Toul, posait la première pierre de la future abbaye Sainte-Marie-Majeure de Pont-à-Mousson. Le prélat réformateur faisait bien plus que créer un collège : il transportait son abbaye auprès de l'université de la Compagnie de Jésus [11] et reliait les deux établissements par une galerie pour assurer, jusque dans la topographie des lieux, une sorte d'osmose entre les deux institutions.

---

[10] *Ibid.*, fol. 225b.

[11] Cf. *L'Université de Pont-à-Mousson et les problèmes de son temps*, Nancy, 1974.

Le collège Sainte-Anne de Paris

Le collège Sainte-Anne de Paris fut fondé au milieu du XIIIe siècle, en 1252, par l'abbé de Prémontré, Jean de Rocquigny, qui entendait ériger à Paris, à proximité de l'université, un collège pour les jeunes religieux de l'ordre, et en même temps aménager un pied-à-terre pour l'abbé de Prémontré souvent obligé de se rendre dans la capitale. Établi au faubourg de Hautefeuille et gouverné par un *Prior Scholarium*, le collège fut florissant pendant deux siècles. Les plus grands intellectuels de l'ordre furent en grande partie des anciens du collège Sainte-Anne [12].

Le prieur du collège était considéré dans l'ordre, et à juste titre, comme un personnage d'avenir, ainsi qu'en témoignent Simon de Péronne devenu abbé de Prémontré en 1459, Jacques de Bachimont élu à la même charge en 1512, et plusieurs autres devenus par la suite prélats d'abbayes françaises. Les prieurs se succédaient à un rythme assez soutenu et, fait notable, aucun d'eux ne semble avoir eu l'ambition de se consacrer à l'étude ou à la formation de jeunes intellectuels. La plupart restèrent peu de temps à Paris, puis reçurent des charges administratives ou des prélatures. À partir du XVe siècle, les finances du chapitre général furent dans une situation désastreuse qui se répercuta sur le collège. L'établissement était pratiquement vide d'étudiants et les bâtiments menaçaient ruine. Les chapitres généraux tentèrent de restaurer l'institution en lui destinant les biens de plusieurs monastères éteints ou en voie d'extinction, mais il semble bien que l'on n'ait rien fait de concret ni pour sa restauration, ni pour sa réforme interne.

Il fallut attendre les chapitres généraux des XVIe et XVIIe siècles pour assister à une véritable renaissance du collège Sainte-Anne [13]. La situation politique de la France, marquée par la guerre contre l'empereur Charles Quint, avait engendré une situation économique des plus précaires. Bien des abbayes ne payèrent que contraintes et forcées les taxes supplémentaires en faveur du collège. Le prieur Mathurin Dandelle dut même entreprendre de faire le tour de toutes les abbayes belges pour toucher le montant des tailles annuelles. Toutefois, la longue vacance du siège de Prémontré, due à l'usurpation du cardinal de Pise, puis du cardinal d'Este, fit traîner en longueur la véritable restauration du collège.

Et cependant, en prenant des mesures propres à redonner vie à son collège parisien, l'ordre de Prémontré suivait le mouvement général. L'université de Paris [14] connaissait depuis les années 1520 une importante expansion. Professeurs et étudiants convergeaient vers la Montagne-

---

[12] J. JOHN, « The College of Prémontré in Medieval Paris », *Analecta Praemonstratensia*, t. XXVIII (1952), p. 137-171 ; t. XXX (1954), p. 161-177 et sous le même titre : Notre Dame, Indiana, 1953 (The Medieval Institute University of Notre Dame. Texts and Studies in the History of Medieval Education, n° 1).

[13] E. VALVEKENS, « Le collège des Prémontrés à Paris au XVIe siècle », *Analecta Praemonstratensia*, t. XVI (1940), p. 5-40.

[14] Cf. B. ARDURA, *Nicolas Psaume (1518-1575)*..., p. 65-66.

Sainte-Geneviève, devenue au fil des ans, un lieu de contacts entre étudiants français et étrangers. Nombre de Français passés par les universités de Pavie, Ferrare et Bologne, contribuaient à la propagation de l'humanisme qui s'était développé en Italie au XVe siècle. La période située entre 1528 et 1535 fut particulièrement féconde pour la pensée religieuse française. Des courants se dessinaient, s'opposaient et contribuaient à faire de la première moitié du XVIe siècle un véritable creuset dans lequel commençaient à se définir et à s'affirmer les grandes idées qui constitueraient le fond de tableau du concile de Trente et de la réforme protestante. C'est là que saint Ignace de Loyola et ses premiers compagnons reçurent leur formation théologique. La faculté de théologie avait bénéficié, deux siècles plus tôt, d'un maître hors pair en la personne de Jean Charlier de Gerson, qui avait pris une part active aux événements liés au Grand Schisme. Sa théologie résolument réformatrice marqua l'enseignement de la Sorbonne de façon durable. C'est ainsi que l'on peut parler sans aucune exclusive, en particulier envers l'Espagne, d'une *école italienne* et d'une *école française* de la Réforme catholique.

Porté par ce mouvement de renouveau théologique, le chapitre général décréta, en 1543, que désormais tous les religieux professeurs de théologie, docteurs en Sorbonne issus de ce collège, pourraient participer aux chapitres généraux avec voix consultative. Le chapitre général de 1553 tint ses assises dans les bâtiments du collège de Paris, et prit un certain nombre de mesures destinées à réformer la discipline de la maison et à assurer la célébration quotidienne de l'office divin à l'instar des abbayes. En 1555, l'ordre étant dans l'impossibilité de réparer l'intérieur du collège, le chapitre envisagea la possibilité d'un accord avec un pharmacien nommé Jean Bigaut : celui-ci se chargerait des réparations et obtiendrait de pouvoir louer un certain nombre de chambres à son profit, à condition qu'il laisserait à la disposition du prieur et du collège les locaux nécessaires. Le chapitre général se préoccupa également de pourvoir le collège en étudiants de qualité. Le chapitre de 1558 jugea opportun de rappeler que le but du collège était, non seulement de former de jeunes Prémontrés aux études universitaires, mais aussi de leur donner une bonne éducation morale. Parmi les supérieurs du collège, Jean Despruets s'illustra par son zèle à défendre les intérêts de l'ordre vis-à-vis du cardinal de Pise, ce qui lui valut d'être nommé abbé de Prémontré. C'est sous son impulsion que le collège fut restauré par maître Jean-Jacques de Lavergne. François de Longpré succéda alors à Jean Despruets comme prieur du collège, avant de devenir abbé de Valsecret, puis de Prémontré. À partir de cette époque, le collège Sainte-Anne connut une relative prospérité qui se prolongea jusqu'à la fin du XVIe siècle.

Les guerres de la Ligue et les difficultés intérieures de la France empêchèrent l'abbé général Jean Despruets de donner toute sa mesure. Son abbatiat fut néanmoins particulièrement fécond. Toutefois les vicissitudes civiles firent baisser les ressources de toutes les abbayes de façon très inquiétante. Pendant les neuf dernières années de l'abbatiat de Despruets et les huit premières du généralat de son successeur, François de Longpré, le chapitre général ne put tenir ses réunions. Aussi, lorsque le chapitre se réunit à nouveau en 1605, il fallut à nouveau pourvoir au collège de Paris. Jean Lepaige, docteur en Sorbonne, fut chargé de recueillir les fonds pour cette entreprise. Ce chapitre qui fonda divers collèges dans la plupart des États où l'ordre de Prémontré était présent, décida que deux docteurs au moins devraient résider en permanence au collège de Paris. Toutefois, probablement pour contrer les ambitions de Jean Lepaige, prieur du collège, connu pour aspirer à d'autres fonctions dans l'ordre, le chapitre de 1618 prit une mesure statutaire : le prieuré uni au collège de Paris ne serait pas un bénéfice et le prieur serait révocable au bon vouloir de l'abbé de Prémontré.

La même année, Jean Lepaige rédigea pour l'établissement un nouveau règlement qui resta en vigueur jusqu'en 1779. Avec l'assentiment du roi, l'abbé général Michel Colbert imposa aux abbayes une taxe exceptionnelle pour la restauration du collège. Il imposa ainsi toutes les abbayes pour la somme totale de 50.000 livres. Les travaux entrepris alors s'élevèrent à 54.453 livres. Entre 1672 et 1676, l'ordre construisit de nouveaux bâtiments, agrandit et embellit en 1672 l'église construite en 1619 [15]. Pour augmenter les revenus ordinaires du collège, Michel Colbert lui unit les menses conventuelles des abbayes de Grandchamp, Lieu-Dieu-en-Jard et Joyenval. Au XVIIIe siècle, les revenus annuels de l'institution parisienne s'élevaient à 26.168 livres.

En 1770, la Commission des Réguliers reprocha leur ignorance aux Prémontrés de la Commune Observance. Le chapitre national de cette année-là tenta d'ébaucher une réforme, mais c'est surtout Jean-Baptiste L'Écuy [16], alors prieur du collège Sainte-Anne, qui amorça une réforme des études et la fit triompher, une fois devenu abbé général, en la faisant approuver par le chapitre national de 1785. Homme de grande culture, il fut l'artisan d'une renaissance des études non seulement à Prémontré même, mais au sein de l'ordre. Il entendait doter tous les religieux d'une « véritable notoriété intellectuelle » [17].

À la veille de la Révolution, en 1787, L'Écuy écrivait un *Règlement pour le cours d'études envoyé à Valsery* [18], qui donne une bonne idée de ce pouvaient être les études à Prémontré même, et l'idéal poursuivi par L'Écuy lorsqu'il était prieur du collège de Paris.

En 1766, le collège accueillait environ 20 étudiants. En 1790, lors de la suppression, il comptait 8 chanoines et 1 sous-diacre. À la Révolution, le

---

[15] P. BONNET, *Les constructions de l'ordre de Prémontré en France aux XVIIe et XVIIIe siècles*, Paris, 1983 (Bibliothèque de la Société française d'archéologie - 15), p. 179-180.
[16] Abbé de Prémontré, de 1780 à la Révolution.
[17] B. RAVARY, *Prémontré dans la tourmente révolutionnaire, la vie de J.-B. L'Écuy*, Paris, 1955, p. 123.
[18] X. LAVAGNE D'ORTIGUE, « Un règlement pour les étudiants de l'Ordre de Prémontré en 1787 », *Analecta Praemonstratensia*, t. XLII (1966), p. 337-341.

collège fut vendu en quatre lots, et l'église profanée [19]. Vers 1830, l'éditeur Panckouke en fit son dépôt de livres. Ensuite, une brasserie s'établit dans l'ancien réfectoire. L'abside de l'église devait devenir le célèbre *Café de la Rotonde*, démoli avec les autres bâtiments en 1889, lorsque l'on agrandit l'École de Médecine. On peut voir aujourd'hui au Musée Carnavalet quelques belles boiseries provenant du logis de l'abbé général.

Le collège Saint-Norbert de Salamanque

La fondation du collège Saint-Norbert de Salamanque en 1568, s'insère dans le contexte particulièrement agité de la réforme des Prémontrés d'Espagne au XVIe siècle.

Suite à un rapport particulièrement inquiétant du nonce apostolique en Espagne, sur la situation de l'ordre de Prémontré dans le royaume, Pie V décida, en 1567, d'en entreprendre la réforme systématique, en confiant aux Hiéronymites une visite canonique informative. Cette visite s'effectua dans des circonstances déplorables : les visiteurs auraient même emporté des maisons visitées des documents importants qui garantissaient leurs possessions.

Sans plus attendre, les Prémontrés espagnols se réunirent, le 1er août 1568, en chapitre provincial à Retuerta, sous présidence de l'abbé du lieu, Luc d'Avila, avec l'autorisation expresse de l'abbé commendataire de Prémontré, le cardinal d'Este. Ce chapitre décida les mesures propres à promouvoir la réforme voulue par le pape et par le roi. Les abbés décidèrent de réaliser sans plus attendre la fondation du collège universitaire de Salamanque qui faisait depuis quelques temps l'objet d'un projet dans la circarie. Le chapitre confia à l'abbé de La Caridad, François de Melgar, la fondation de cette maison vouée à la promotion des études des Prémontrés espagnols [20].

Le chapitre de 1573, convoqué et présidé par le nonce apostolique Ormaneto, bouleversa la physionomie des abbayes prémontrées d'Espagne, en déclarant vacantes toutes les prélatures, et en nommant partout de nouveaux abbés. C'est ainsi que François de Melgar, ancien abbé de La Caridad, devint recteur du collège. Le premier siège de l'institution, sous la titulature de *S. Mariae de Premonstre*, fut établi à l'intérieur de remparts de la ville, au lieu dit *Monte Oliveto*, sur le territoire de la paroisse de Saint-Thomas de Cantorbéry. Le 6 juin 1569, l'université de Salamanque approuva l'agrégation du collège à son institut. En outre, les Prémontrés décidèrent de fonder une sorte de juvénat, un collège de grammaire destiné à accueillir les futurs novices de l'ordre.

---

[19] X. LAVAGNE D'ORTIGUE, « Les Prémontrés de France, et la suppression des ordres monastiques, 1766-1792 », *Analecta Praemonstratensia*, t. LXVII (1991), p. 232-261.

[20] J.B. VALVEKENS, « La Congrégation des Prémontrés d'Espagne », *Analecta Praemonstratensia*, t. XXXVIII (1962), p. 137.

En 1576, pour éviter les troubles provoqués par les étudiants séculiers, le collège fut transféré en-dehors des remparts de la cité, près de la Porte Saint-Paul. En 1584, le collège reçut l'église contiguë de la Passion de Notre-Seigneur Jésus-Christ et de Sainte-Suzanne. Le collège prit alors le nom de Sainte-Suzanne et le conserva jusqu'aux inondations de 1626 qui le ruinèrent complètement. Par la suite, une nouvelle église fut élevée, sous le vocable de Saint-Norbert.

Le collège jouissait de revenus confortables, dans la mesure où il s'était vu attribuer, au cours du XVIe siècle, les revenus de l'abbaye de Villamediana, des monastères de Tejo, Brazacorta et Freznillo. Après la reconstruction du XVIIe siècle, le chapitre général de 1630 décréta l'érection du collège en abbaye, bien que cette maison ne possédât ni profès propres, ni frères convers.

Le monastère fut détruit par les Français en 1811. Après la restauration de 1823, la communauté, réduite à deux membres, vécut en exil dans la célèbre *Casa de las Conchas*, au coeur de la ville, jusqu'à ce qu'en 1830 elle put reprendre possession de l'ancienne demeure restaurée. Après la suppression de 1835, le collège et l'église furent voués à des usages profanes et se dégradèrent rapidement. En 1871, une famille noble acheta les bâtiments et la propriété, puis en fit don à la Congrégation des Filles de Jésus, appelées encore les « Jésuitines », qui y installèrent leur noviciat.

Le collège du Brabant à Louvain

Au milieu des troubles religieux du XVIe siècle, les Prémontrés du Brabant décidèrent d'ériger un collège dans la ville universitaire de Louvain [21]. Ils rejoignaient en cela les préoccupations de l'Église catholique sur la formation des prêtres : on sentait le besoin d'élargir leur culture théologique et de leur fournir un enseignement doctrinal qui leur permettrait de faire face aux contestations nées de la réforme de Luther. Cette formation profiterait en même temps à la qualité de la vie conventuelle et au ministère.

Ces raisons engagèrent plusieurs abbés du Brabant à fonder un collège à Louvain. Les abbés de Parc, Charles van der Linden, d'Averbode, Gilles Heyns, de Ninove, Michel Malenus, et de Grimbergen, Gérard van Campenhout, conclurent un accord, le 28 novembre 1571, pour poser les fondements de la nouvelle institution. L'abbaye de Grimbergen possédait un refuge assez vaste dans la ville universitaire, sis dans la Prooststraat, l'actuelle rue de Namur. Aux termes du contrat, l'abbé de Grimbergen continuerait à jouir dans cet immeuble d'un logement gratuit, tandis que les autres prélats prendraient à leur charge la reprise des hypothèques grevant la maison et sa restauration. Au bout de vingt ans, l'entretien du collège incomberait aux quatre abbés à parts égales. Le 4 décembre 1571,

---

21 P. LEFÈVRE, « Le Collège des Prémontrés à Louvain », *Analecta Praemonstratensia*, t. XI (1935), p. 44-73.

l'abbé de Floreffe, commissaire-délégué du chapitre général dans les Pays-Bas espagnols, ratifia les décisions prises le 28 novembre précédant.

Le 9 janvier 1572, les quatre abbés se réunirent pour fixer le montant de la pension des étudiants. Comme premier fondateur, l'abbé de Parc fut autorisé à envoyer chaque année au collège autant de religieux qu'il le désirerait, moyennant un prix de pension égal à celui des autres étudiants. Les abbés du Brabant, qui avaient voulu être associés à l'entreprise, créeraient chacun deux bourses annuelles, dont le montant serait versé chaque année au collège, même lorsqu'aucun religieux de ces abbayes n'y séjournerait. Les autres abbés qui voudraient par la suite bénéficier des services du collège, devraient en plus fournir une participation pour l'achat de la maison négocié au moment de l'accord fondateur.

Après avoir songé, un moment, à reconstruire l'établissement, les abbés décidèrent de se limiter aux aménagements nécessaires pour que le collège puisse recevoir les premiers étudiants. On songea, en même temps, à pourvoir la maison d'un règlement intérieur pour la direction et l'administration du collège, ainsi que la conduite des étudiants et le déroulement de leurs études. Ce règlement devait subir plusieurs modifications en 1628, 1648 et 1656.

Le collège s'ouvrit le jour de Noël 1573, sous la présidence de Gosuin de Rivo, de l'abbaye de Parc. La nouvelle fondation se présentait sous les meilleurs auspices, mais les conditions politiques des Pays-Bas devaient l'empêcher de se développer normalement. Les rebelles au roi d'Espagne, qui occupèrent Louvain, amenèrent bientôt le départ des étudiants, et procurèrent des dommages importants aux bâtiments du collège. Vers 1587, l'institut avait rouvert ses portes, comme l'atteste l'arrivée de quelques religieux de l'abbaye de Heylissem.

Il fallut attendre 1611, pour que les abbés concernés se réunissent à Grimbergen et avisent des réparations nécessaires. Devant l'ampleur des frais, tous, y compris l'abbé de Grimbergen, décidèrent d'y participer à parts égales. La paix revenue dans les Pays-Bas espagnols, la population estudiantine du collège ne cessa d'augmenter, pour atteindre 33 étudiants en 1613, représentant la plupart des abbayes prémontrées belges. À partir de 1628, l'effectif commença à diminuer, à la suite de l'ouverture à Louvain également d'un collège destiné aux étudiants de la circarie de Floreffe.

Le programme de formation comprenait la participation aux leçons publiques données par les professeurs royaux, et la fréquentation des disputes au collège des Théologiens, appelé aussi « du Pape ». À partir de 1628, le collège organisa sur place deux discussions hebdomadaires, et à partir de 1656, deux cours théoriques sous la direction d'un professeur prémontré. Tous devaient obtenir le grade de bachelier ou de licencié, sauf dispense de son abbé. Le zèle et le sérieux des étudiants norbertins sont attestés par le fait qu'en 1650, les autorités académiques pouvaient certifier qu'au cours des trois années révolues, près de cent disputes avaient été soutenues par les seuls clercs prémontrés. Les évêques appréciaient et appuyaient de leurs encouragements l'attitude des abbés belges, soucieux d'avoir parmi les curés de leurs diocèses des prêtres bien formés.

L'entretien des bâtiments demeura une source de soucis pour les abbés. Au début du XVIIIᵉ siècle, le collège menaçant ruine, il fallut taxer chaque abbaye de 1000 florins pour pouvoir entreprendre les travaux les plus urgents. Vers 1753, sous la direction du frère Grégoire Godissart, de l'abbaye d'Averbode, on entreprit de grands travaux qui aboutirent à donner au collège l'aspect qu'il présente encore aujourd'hui.

Lorsque Joseph II regroupa dans son Séminaire Général tous les étudiants séculiers et réguliers de Louvain, les Prémontrés furent autorisés à maintenir leur propre collège. Toutefois, comme en 1787, le séminaire restait vide, on contraignit les étudiants prémontrés à y résider, revêtus de la soutane noire. Les innovations de Joseph II ne manquèrent pas de susciter une insurrection vite réprimée par l'armée autrichienne qui occupa le collège prémontré, du 29 octobre au 13 décembre 1789. Après la chute du régime, les étudiants prémontrés retournèrent dans leur collège et y demeurèrent toute l'année 1790, et l'on procéda alors à divers aménagements de la bibliothèque. Mais, les troubles occasionnés par les patriotes enrôlés dans les bataillons de défense du territoire, devaient perturber durablement le cours normal de la vie des étudiants, laissant présager un sombre avenir. De fait, le collège fut définitivement fermé en 1797, lorsque les révolutionnaires français supprimèrent l'université de Louvain. Menacé de destruction, l'ancien collège abrita de 1800 à 1802 le Tribunal d'arrondissement, puis fut annexé à la nouvelle université catholique de Louvain.

Le collège Saint-Norbert de Cologne

Le collège Saint-Norbert de Cologne [22] fut fondé en 1615 par l'abbé Christophe Pilckmann, prélat de Steinfeld, pour les étudiants prémontrés de la circarie de Westphalie. Le nonce apostolique Chigi joua un rôle décisif dans cette fondation, dans la mesure où il la fit exécuter sur le modèle du collège Saint-Norbert de Louvain.

En 1615, les étudiants furent reçus dans une maison, propriété de Steinfeld, mais, rapidement, celle-ci se révéla insuffisante. En 1620, la nouvelle chapelle fut consacrée et, en 1629, on entreprit la construction d'un nouvel édifice. En 1643, le collège fut doté de moyens financiers plus amples, grâce à l'attribution des revenus de l'ancien monastère féminin de Dünnwald, situé près de Cologne, sur l'autre rive du Rhin. À l'exception des années 1684-1685, durant lesquelles les étudiants habitèrent à Dünnwald, le collège se maintint à Cologne jusqu'à sa suppression en 1802.

---

22 T. PAAS, « Das Seminarium Norbertinum in Köln », *Ananalecta Praemonstratensia*, t. I (1925), p. 113-145, t. II (1926), p. 241-172.

Particulièrement prisée, l'institution fut agrandie et embellie en 1716 et en 1736-1737. Elle accueillait alors non seulement les étudiants d'une dizaine d'abbayes prémontrées, mais aussi un certain nombre d'étudiants cisterciens et même des séculiers. Vendu à un horticulteur en 1802, le collège fut rasé. Seul, le nom de *Steinfeldergasse* en maintient encore le souvenir.

Le collège Saint-Joseph de Douai

En 1623, l'abbé de Saint-Nicolas de Furnes, Christian Druyve, acheta au comte de Montmorency une magnifique maison sise dans la paroisse Saint-Albin, à Douai, pour en faire une maison d'études théologiques de la circarie de Flandre [23]. Habituellement un seul chanoine de Furnes, responsable des étudiants, y résidait. Le collège Saint-Joseph n'eut pas une longue existence. En 1662, l'abbaye Saint-Nicolas le vendit aux Chartreux.

Le collège Saint-Norbert de Rome

Le collège Saint-Norbert de Rome revêt une importance particulière, non seulement parce qu'il fut fondé au centre de la Chrétienté, mais parce qu'il est le seul des anciens collèges prémontrés à s'être maintenu, malgré une longue interruption entre 1812 et 1896, et de substantielles modifications depuis sa restauration.

C'est au prélat Adrien Stalpaerts, abbé de Tongerlo en Belgique [24], que l'ordre de Prémontré doit la fondation de son *Collegium Sancti Norberti in Urbe* [25]. Cette fondation représente un acte d'autant plus courageux que ce prélat dut affronter seul les difficultés d'une fondation à plus de mille kilomètres de son abbaye. Humaniste préoccupé au plus haut degré de la formation théologique des prêtres, il avait déjà obtenu en 1610 du nonce apostolique Guido Bentivoglio la faculté de réciter l'office de minuit à quatre heures du matin, pour permettre à ses religieux de vaquer chaque soir à l'étude. Nullement obligé de fonder un collège à Rome, car il envoyait de fait ses religieux à Louvain, et ne manquait pas sur place de religieux aptes à enseigner, l'abbé Stalpaerts se lança dans cette onéreuse entreprise dans le but d'établir un lien stable et durable entre le Saint-Siège et l'ordre de Prémontré. Ceci correspondait aux voeux du pape. Paul V, en 1605, avait conçu d'octroyer à l'abbé général François de Longpré l'église des Saints-Marcellin-et-Pierre située près de Saint-

---

[23] C. LEFEBVRE, « Douai - Les Religieux, 13. Les Prémontrés (1623-1661) », *Dictionnaire d'Histoire et de Géographie Écclésiastiques*, Paris, t. XIV (1960), col. 724. – *Monasticon belge*, t. III-3 (1974), col. 620, 623, 633.

[24] Abbé de Tongerlo, de 1608 à sa mort en 1629.

[25] B. ARDURA, « Le Collège Saint-Norbert de l'ordre de Prémontré à Rome », *Actes du 16ème Colloque du Centre d'Études et de Recherches Prémontrées - Abbaye de Mondaye, 1990*, Amiens, 1991, p. 35-44.

Jean-de-Latran. Il n'avait posé qu'une seule condition : payer une pension annuelle aux chanoines qui jusque-là desservaient l'église. Dans sa lettre, Paul V indiquait les raisons de son voeu et de son offre :

> « Afin que cet Ordre soit représenté de façon permanente auprès du Saint-Siège, pour la gloire du Saint-Siège et le bien de l'Ordre » [26].

Hélas ! le projet fut rejeté par la majorité du chapitre général, ce qui fut ressenti par bon nombre de Prémontrés comme une honte pour tout l'ordre.

Il fallut attendre l'année jubilaire de 1625 pour que l'infatigable abbé Stalpaerts charge deux religieux d'examiner les moyens d'acquérir l'église des Saints-Marcellin-et-Pierre, ou encore un emplacement où construire le collège. Les premiers étudiants arrivèrent en 1626. Le collège fut érigé par un acte rédigé en date du 27 février 1627 par le jurisconsulte Jean Bonorius van Axel de Seny, avocat du Saint-Siège, sur commission des abbés du Brabant. Cependant, le président du collège, Côme Dillan, religieux de Tongerlo, et les premiers étudiants durent changer d'emplacement à plusieurs reprises dans l'attente de l'acquisition d'un siège définitif. Lorsque le premier président mourut, le 6 août 1629, le collège n'était pas encore officiellement reconnu, mais il possédait déjà un lopin de terre et une vigne dans le quartier de Pariolo.

Le 11 octobre 1629, douze jours avant de mourir, l'abbé Stalpaerts écrivait au second président, Corneille Hanegraef :

> « J'attends avec impatience la nouvelle de votre arrivée à Rome, et tous les détails relatifs à la chère fondation. Je vous recommande tout particulièrement la discipline religieuse et la charité fraternelle » [27].

Cette fondation lui tenait à coeur et il lui avait consacré beaucoup de ses énergies, d'autant que les prélats du Brabant, qui s'étaient engagés à fournir une participation financière dès le début de la fondation, s'étaient rétractés. Seuls, les abbés d'Anvers, de Grimbergen, d'Averbode, de Berne et de Dilighem contribuèrent à l'oeuvre en versant chacun la somme de 4 000 florins. Ceci leur conférait le droit de placer dans le collège romain un de leurs religieux, tandis que Tongerlo pouvait en envoyer deux chaque année. Les abbayes de Berne et de Dilighem avaient versé chacune 2 000 florins et, de ce fait, elles pouvaient envoyer chacune un étudiant à tour de rôle.

Un règlement du collège fut publié en 1628, par l'abbé de Ninove, Jean David, envoyé à Rome par le chapitre général en qualité de procureur, pour tenter de régler un différent né après la création de la Congrégation de l'Antique Rigueur de Lorraine [28]. De ce document, nous

---

26 Bulle de fondation dans C.L. HUGO, *Sacri Ordinis Praemonstratensis Annales*, Nancy, 1734, t. I, col. 148 et s.

27 I. VAN SPILBEECK, « Le collège Saint-Norbert à Rome », extrait du *Messager des sciences historiques de Belgique*, t. LXIV (1890), p. 27.

28 J.B. VALVEKENS édita ce règlement dans *Analecta Praemonstratensia*, t. XLIII (1967), p. 154-163.

pouvons déduire le type de communauté regroupée à Rome dans le collège. Ceux qui y vivent se doivent d'être avant tout des modèles de l'observance régulière, dans la fidélité à l'observance des voeux et de la vie commune. Strictement réservé aux étudiants prémontrés de la circarie de Brabant, le collège se présentait comme une communauté modèle, dont la stricte discipline soutenait la comparaison avec celle des abbayes les plus observantes.

Avec l'autorisation du pape Urbain VIII, le président Hanegraef fit, en 1632, l'acquisition d'une maison avec jardin, sise via Felice, entre Quattro Fontane et Sainte-Marie-Majeure, dans l'actuelle via Depretis. Cette maison appartenait aux Cisterciens de Sainte-Pudentienne, qui la vendirent pour 5 500 écus.

Après la Révolution française, les abbayes du Brabant, dispersées, ne furent plus en mesure d'envoyer des étudiants à Rome. Aussi le collège romain se réduisit-il à n'être plus que la résidence du président-procureur. Le dernier titulaire de cette charge fut le père Jean-Baptiste Sneyers, de l'abbaye de Tongerlo, qui mourut en 1812. À sa mort, le bâtiment désormais vide passa à la Chambre Apostolique. En 1833, Grégoire XVI donna l'immeuble aux religieuses de Notre-Seigneur Jésus-Christ du Mont-Calvaire, qui le vendirent ensuite à des laïcs. L'ordre tenta en vain de récupérer l'ancien collège après la prise de Rome de 1870. La sécularisation systématique décrétée par le gouvernement italien en 1873 ne permit pas de mener à bien cette opération. Le collège fut démoli, et remplacé au XXe siècle par un cinéma. Une partie du mobilier est toujours conservée par les religieuses du Mont-Calvaire, établies dans le voisinage, via Emmanuele Filiberto.

Il fallut attendre la fin du XIXe siècle, pour que l'ordre de Prémontré possédât à nouveau un collège romain. Ceci advint en 1896 avec la suppression de la Congrégation de France de l'ordre de Prémontré. La procure française, sise sur les pentes du Capitole, 54 via di Monte Tarpeo, se transforma en procure et en collège de l'ordre. En 1922, l'établissement se transporta à proximité de l'église Sainte-Pudentienne, 158 via Urbana, à quelques centaines de mètres de l'ancien collège de Tongerlo. En 1950, Mgr Hubert Noots [29], transféra la curie généralice et le collège dans leur siège actuel, sur le Petit-Aventin, 27 viale Giotto, dans un bâtiment moderne et fonctionnel, qui accueille de nombreux étudiants prémontrés venus de tous les continents.

Le collège de Floreffe à Louvain

Les étudiants de la circarie de Floreffe fréquentaient le collège de la circarie de Brabant à Louvain, mais l'exiguïté des locaux, le nombre des étudiants et les difficultés liées à la diversité des langues conduisirent l'abbé de Floreffe, Jean Roberti, à entreprendre en 1616 la construction

---

[29] Procureur général depuis 1920, abbé général de 1937 à 1962.

d'un nouveau collège pour les étudiants prémontrés ressortissants de sa circarie. Situé près de la Porte-de-Diest, l'établissement fut inauguré en 1628. Devant le succès de l'entreprise et pour agrandir le collège, le premier président de l'institut, Gilles de Taxillis, religieux de Floreffe, acheta sept maisons avec leurs dépendances, sises rue de Baccaleyn, devenue rue des Orphelins. Régulièrement agréé par l'Université, le collège de Floreffe fonctionna jusqu'en 1718. Cette année-là, l'abbaye le vendit aux Norbertines de Ghempe, qui en firent leur refuge. L'ensemble fut presque totalement détruit par la Révolution française.

Le collège Saint-Norbert de Prague

C'est en 1628, que l'abbé de Strahov, Gaspar von Questenberg fonda le collège de Prague, destiné à accueillir les jeunes étudiants prémontrés de la circarie de Bohême. Il établit sa fondation dans la vieille ville, près de l'église Saint-Nicolas incorporée depuis longtemps à l'abbaye de Strahov. Lorsque vers 1635, l'empereur Ferdinand entreprit de fonder auprès de cette église un monastère de Bénédictins espagnols, l'abbé de Strahov transféra provisoirement son collège dans le séminaire archiépiscopal, avant de le fixer auprès d'une chapelle dédiée à saint Benoît, autrefois propriété de l'ordre des Chevaliers Teutoniques, et désormais affectée au collège prémontré. Pour répondre aux besoins, l'abbé von Questenberg entreprit, en 1637, de construire un nouveau bâtiment terminé en 1679, et dont l'église Saint-Norbert fut construite entre 1676 et 1701. Le collège prospéra et accueillit non seulement les étudiants prémontrés de Bohême et de Souabe, mais encore nombre d'étudiants appartenant à d'autres ordres religieux, notamment les Cisterciens.

En 1785, le collège fut supprimé et transformé en caserne. L'église fut démolie en 1792, et les bâtiments de l'ancien collège accueillirent à partir de 1793 un chapitre séculier de demoiselles nobles.

Le collège du Saint-Sacrement de Paris

Le chapitre de l'Antique Rigueur fonda à Paris, en 1660, le prieuré du Saint-Sacrement, encore appelé « Prieuré de la Croix-Rouge », auquel il unit un collège destiné aux jeunes religieux de la congrégation réformée [30]. La reine-mère Anne d'Autriche se déclara fondatrice du prieuré-collège et obtint des lettres patentes du roi. Elle dota la fondation de 10.000 livres. La congrégation, de son coté, réunit la somme de 30.000 livres et acheta à Marie Renoir, le 16 octobre 1661, un vaste terrain partiellement bâti. La nouvelle propriété se situait dans le Faubourg Saint-Germain, à l'angle de la rue de Sèvres et de la rue du Cherche-Midi.

---

[30] L. DARAS, « Les Prémontrés - Paris. Le prieuré royal de la Croix-Rouge », *Cour d'Honneur de Marie*, t. XVIII (1881), p. 200-202. – P. BONNET, *Les constructions de l'ordre de Prémontré...*, cf. Index.

La reine-mère et l'abbé de Saint-Germain-des-Prés favorisèrent la nouvelle fondation et obtinrent que le jeune architecte François d'Orbay fût détaché du service de Le Vau pour se consacrer entièrement à la construction du collège. Les travaux allèrent bon train et, le 30 octobre 1663, l'église fut consacrée. Le prieuré fut terminé deux ans plus tard. Le revenu annuel s'élevait à 12.783 livres. La communauté administrait les paroisses de Gray, Saint-Hilaire de Tours, Perrières et Pereuse-en-Nivernais.

En 1718, les chanoines adressèrent une supplique à l'abbé général, car leur église menaçait ruine. Avec l'autorisation du chapitre de la congrégation, les chanoines achetèrent un bâtiment situé rue du Cherche-Midi, pour y construire une nouvelle église. Cette dernière fut consacrée le 17 novembre 1720. En 1728, les chanoines passèrent un nouveau marché pour la construction d'un bâtiment conventuel supplémentaire. En 1768, la communauté était composée de 15 religieux particulièrement dévots du Saint-Sacrement et de l'Immaculée-Conception.

Au cours du XVIIe siècle [31], les Prémontrés français et surtout les normands s'élevèrent contre le monopole exercé par les religieux lorrains dans l'administration du collège. Les abbayes normandes avaient payé un tiers de la maison, mais les Lorrains la considéraient comme une annexe de leur collège de Pont-à-Mousson et y régnaient en maîtres. En 1672, le prieur de Silly, Gabriel Binette, écrivit à l'abbé général Michel Colbert, au nom de la province de Normandie. Les Normands demandaient leur autonomie et la jouissance de leurs droits sur la maison du Saint-Sacrement. Ils exigeaient que le chapitre annuel se tint au Saint-Sacrement et que le gouvernement de la maison fût assumé en alternance entre les trois provinces de l'Antique Rigueur. Un colloque inutile se tint à Prémontré le 18 octobre 1673. Au chapitre de Cuissy, en 1674, aucun compromis ne fut trouvé. L'abbé général imposa alors en 1681 le gouvernement alternatif du collège par les trois provinces de l'Antique Rigueur. Les dernières décennies de cette maison furent obscurcies par une suite d'« affaires » dont les protagonistes furent les pères Basile Onfray et Antoine Bedée.

Le prieuré-collège fut supprimé en 1790 et vendu en 1797. L'église fut tout de suite démolie. Les autres bâtiments demeurèrent intacts jusqu'à la fin du XIXe siècle. Après la mort de son mari, la mère de Joris-Karl Huysmans s'installa chez ses parents qui occupaient une partie de l'ancienne maison des Prémontrés, au 11 rue de Sèvres. Aujourd'hui, on devine quelques traces architecturales des bâtiments élevés par les Prémontrés de l'Antique Rigueur.

---

[31] J. FOURNÉE, « Querelles autour de la maison du Saint-Sacrement, à Paris », *Actes du 7ème Colloque du Centre d'Études et de Recherches Prémontrées*, Amiens, 1984, p. 123-126.

3. La congrégation des Prémontrés d'Espagne [32]

La séparation des Prémontrés d'Espagne de l'ensemble de l'ordre, s'explique dans le contexte général. L'abbaye de Prémontré étant en commende, l'ordre était privé d'abbé général, les abus des Prémontrés espagnols eux-mêmes et la volonté du roi Philippe II de reprendre en mains l'ensemble de l'Église espagnole, notamment les religieux appartenant à des instituts internationaux, expliquent largement la sécession.

Les Prémontrés d'Espagne n'étaient sans doute pas plus mauvais que les autres, mais, dans le contexte de désagrégation religieuse du XVIᵉ siècle, ils apparaissaient au roi comme les réguliers les plus relâchés et les plus éloignés de son intention de réforme. De l'avis de beaucoup, la racine des maux se trouvait dans l'institution abbatiale : celle-ci installait les supérieurs élus à vie dans une stabilité et une sécurité qui les mettaient à l'abri de devoir affronter régulièrement les élections qui caractérisaient les ordres plus récents. Il se créa ainsi un mouvement en faveur d'abbés triennaux, qui devraient rendre compte régulièrement de leur administration, au risque de ne pas être réélus. La première abbaye à élire un abbé triennal fut celle de La Vid, en 1535, suivie par celles d'Aguilar de Campo. La généralisation des abbés triennaux se réalisa peu à peu. En 1573, les abbés élus à vie avaient disparu d'Espagne.

> « Mais, comme on le devine bien, l'élection triennale des abbés ne pouvait suffire à faire disparaître les abus. Il fallait une réforme bien plus complète, pour ramener aux observances religieuses les monastères relâchés. Et cette réforme, préparée de longue date, devint si radicale que les anciennes institutions de l'ordre de Prémontré faillirent y sombrer » [33].

Le pape saint Pie V consacrait ses énergies à actualiser les réformes décidées par le concile de Trente. Dominicain, il entendait en particulier redonner vigueur aux ordres religieux anciens pour en faire, à côté d'institutions nouvelles comme la Compagnie de Jésus, le fer de lance de la réforme tridentine. Les Prémontrés d'Espagne n'étaient pas sans compter dans leurs rangs des hommes décidés à opérer un renouveau de leur ordre.

Cependant Philippe II avait d'autres projets. Il aurait préféré voir disparaître les Prémontrés d'Espagne, et donner leurs monastères à ses religieux préférés, les Hiéronymites. Au mois de janvier 1567, le roi informa le pape Pie V qu'une réforme était urgente chez les Prémontrés. Peu de temps après, le 16 avril 1567, parut un premier bref papal, *Superioribus mensibus*, dont les termes ne prêtent à aucune équivoque :

> « Nous voulons que lesdits frères Prémontrés soient effectivement reconduits à l'observance des frères de Saint-Jérôme de l'Observance d'Espagne ».

---

[32] E. VALVEKENS, « L'Ordre de Prémontré et le Concile de Trente. La Congrégation des Prémontrés d'Espagne », *Ananalecta Praemonstratensia*, t. VIII (1932), p. 5-24. – J.B. VALVEKENS, « La Congrégation des Prémontrés d'Espagne », *ibid.*, t. XXXVIII (1962), p. 132-142.

[33] E. VALVEKENS, « L'Ordre de Prémontré et le Concile de Trente... », p. 7.

L'existence de ce bref rédigé en grand secret parvint à la connaissance des Prémontrés, le 12 août 1567. Aussitôt, les Prémontrés espagnols dépêchèrent à Rome en qualité de procureur, l'abbé de Saint-Saturnin de Medina del Campo, Gonzague de Salas. Au mois de novembre, ce dernier entend de la bouche même du cardinal Lomellini le contenu de ce décret. Une constatation s'impose : Philippe II veut éteindre l'ordre de Prémontré en Espagne et enrôler les religieux dans l'ordre des Hiéronymites.

Le cardinal Lomellini entreprend alors une série de consultations, prend des contacts avec des cardinaux influents, pour soutenir les Prémontrés. Il commence par mettre l'abbé Salas en relation avec le cardinal Hyppolite d'Este, abbé commendataire de Prémontré, qui n'hésite pas à demander au pape Pie V de lui exposer ses véritables intentions. Le pape déclare ne vouloir en aucune manière supprimer les Prémontrés d'Espagne. Il veut seulement réformer les abus dont on l'a informé, en confiant une visite canonique générale informative de toutes les abbayes aux Hiéronymites. Il envisage seulement, et encore si c'est nécessaire, de nommer un supérieur général prémontré en Espagne. Ces éclaircissements furent communiqués en Espagne par le nonce apostolique. Sur place, les rumeurs les plus diverses se répandaient : le bruit courait que l'abbé Salas était emprisonné à Barcelone. Aussi, les Prémontrés décidèrent-ils d'envoyer à Rome un nouveau procureur en la personne de Diego de Vergara, qui reçut confirmation des intentions du pape.

Toutefois, Philippe II n'entendait nullement modifier ses plans : les Prémontrés d'Espagne devaient disparaître et se mettre spontanément sous la juridiction des Hiéronymites. Les Prémontrés se défendirent courageusement. Ils reconnaissaient leurs torts et affirmaient vouloir effectivement se réformer. De son côté, le supérieur général des Hiéronymites se rendit rapidement compte de la diversité existant entre son ordre et celui des Prémontrés. Une fusion des deux instituts n'irait pas sans grandes difficultés. Enfin, de nombreux évêques espagnols commençaient à prendre le parti des fils de saint Norbert.

Entre-temps, les Hiéronymites commencèrent leur visite canonique, enjoignant aux Prémontrés de se placer sous leur juridiction. Certains abbés plus faibles cédèrent aux injonctions, mais la grande majorité refusa courageusement la fusion. À Retuerta, les religieux acceptèrent la visite pour promouvoir plus efficacement leur réforme, mais refusèrent tout net de voir disparaître leur ordre par fusion avec les Hiéronymites. On en vint même à des violences physiques qui entraînèrent des peines de prison.

À Rome, Diego de Vergara ne restait pas inactif. Il parvint même à obtenir, en avril 1568 un nouveau bref pontifical favorable aux Prémontrés d'Espagne. Mécontent des Hiéronymites, Pie V les réprouva solennellement. Décidé à ne point supprimer d'ordres religieux, il confirma son estime aux Prémontrés. Après quelques résistances, les Hiéronymites se retirèrent, accablés par la publication et la présentation à Philippe II d'un mémorandum sur leurs méfaits dans les abbayes norbertines.

Encouragés, les Prémontrés se rendirent compte du succès de leur offensive : le 6 juin 1568, ils écrivirent au secrétaire d'État de Pie V pour empêcher l'agrégation de leur ordre à celui des Hiéronymites. Les arguments ne manquèrent pas : les visiteurs canoniques s'étaient comportés contre toutes les règles. Ils avaient profité de la visite pour faire main basse sur des documents importants, surtout des titres de propriété, des maisons visitées.

Le 1er août 1568, l'abbé de Retuerta, Luc d'Avila, convoqua un chapitre provincial à Retuerta, avec l'assentiment du cardinal d'Este, commendataire de Prémontré. Cette assemblée étudia les moyens d'une réforme sérieuse, conforme aux décrets du concile de Trente, aux désirs du pape et du roi. Outre la question des études dans la province espagnole, le chapitre discuta de l'institution des abbés triennaux, qui semblait devoir empêcher l'intrusion des abbés commendataires. Dès que le roi apprit la réunion du chapitre, il en ordonna la dissolution, et défendit de convoquer quelque réunion que ce fût avant la fin de la visite canonique en cours. Plusieurs abbés se hâtèrent de présenter leurs excuses au roi, mais en profitèrent pour renouveler leur opposition à une fusion avec les Hiéronymites.

Devant la montée des différends entre le roi et l'ordre de Prémontré, Pie V écrivit une nouvelle fois au nonce à Madrid, pour exprimer sa volonté d'une réforme des Prémontrés, et son refus de leur suppression. Les Hiéronymites commirent tellement d'indélicatesses, que les Prémontrés écrivirent à Rome pour se plaindre au pape. Pie V répondit par le bref *Cum sicut accepimus* du 8 décembre 1569. Par ce décret, le pape nommait visiteurs des Prémontrés d'Espagne le nonce Castagna, avec les pleins pouvoirs. Le 10 avril 1570, le pape écrivit à nouveau au nonce. Par le bref *Cum nos alios Canonicos Praemonstratenses*, il concédait à nouveau les pleins pouvoirs à Castagna, exigeait que les Hiéronymites lui rendissent leurs notes de visites, donnait au nonce le pouvoir de punir tous les prélats et chanoines sans procès préalable, ordonnait d'établir les abbés triennaux, de réunir le chapitre provincial annuel chargé d'élire un provincial doté de pouvoirs suffisants pour une réforme efficace, d'envoyer les religieux peu édifiants dans une autre abbaye, et de supprimer les abbayes de moins de treize religieux. Enfin, le pape ordonnait de soustraire les monastères de moniales à la juridiction de l'ordre pour les placer sous celle des évêques.

Le cardinal d'Este conseilla aux Prémontrés d'Espagne d'accepter la réforme préconisée par le Saint-Siège à travers le nonce. Ce dernier sous-délégua l'évêque de Ségovie, Diego de Covarrubias y Leiva, et le chargea de convoquer un chapitre provincial de réforme. Cependant, les Prémontrés ne restaient pas inactifs pour sauvegarder leurs privilèges. Salas étant mort à Rome le 25 janvier 1571, ils envoyèrent pour le remplacer un profès de Saint-Saturnin de Medina del Campo, Juan Martinez, qui trouva un appui précieux et efficace auprès du cardinal Lomellini.

Sur ces entrefaites, Pie V mourut en 1572, et eut pour successeur le cardinal Boncompagni qui prit le nom de Grégoire XIII. L'un de ses premiers actes de gouvernement fut de nommer l'évêque de Padoue, Ormaneto [34], nonce en Espagne. Le procureur Juan Martinez usa de son influence et surtout de ses relations pour faire nommer Jean Despruets abbé de Prémontré, à la mort du cardinal d'Este. Le 10 février 1573, Martinez demanda au pape de prendre sans tarder les mesures adaptées pour assurer une vraie réforme des Prémontrés d'Espagne. Grégoire XIII n'était pas homme à hésiter. À plusieurs occasions il déposa des groupes entiers de supérieurs qui avaient osé contrecarrer ses plans de réforme religieuse. Le 25 avril 1573, il fit écrire au nonce Ormaneto pour lui concéder les mêmes facultés qu'à son prédécesseur Castagna. Décidé à aller vite là où l'on ne cessait de tergiverser depuis des années, Grégoire XIII, par *motu proprio* du 25 avril 1573, chargea le nonce Ormaneto d'exécuter sur-le-champ les décisions prises par Pie V.

Ormaneto convoqua les Prémontrés en chapitre pour le 29 septembre 1573, en l'abbaye de Sainte-Marie de los Huertos lez Ségovie. Le chapitre prit un certain nombre de décisions, dont celle de prendre désormais le rite et le bréviaire romains à compter de Noël 1573. Aux termes de la bulle de Pie V, Ormaneto déclara vacantes toutes les abbayes et fit entreprendre des élections générales, puis on donna à chaque abbé un monastère. Comment s'opposer aux décisions d'un Ormaneto appuyé par le pape et par le roi ? Les Prémontrés se soumirent à ses décisions sans protester. Les décrets du chapitre, approuvés par Rome, furent transmis à l'abbé général Despruets qui ne répondit pas. Il estimait en effet que cette manière d'agir était contraire à la législation de l'ordre. Aussi fit-il approuver par le chapitre général de 1574 un décret déclarant l'organisation nouvelle des Prémontrés espagnols contraire aux coutumes et aux statuts séculaires de l'ordre.

Après le chapitre, Ormaneto entreprit la rédaction de nouvelles constitutions qu'il fit approuver par le chapitre provincial de 1575 réuni à l'abbaye de La Vid. Le 17 juin 1576, un autre chapitre provincial se réunit à Retuerta, sous la présidence du nonce en personne. On élit à la charge de provincial Diego de Vergara, abbé d'Aguilar, très estimé d'Ormaneto. Comme le premier triennat était terminé, le chapitre élit à nouveau les abbés d'Espagne. Il se préoccupa également de créer un noviciat unique pour la province, dont le siège serait à Retuerta. Le nonce Ormaneto mourut en 1577, après avoir imprimé une nouvelle direction aux Prémontrés d'Espagne. Il pouvait même se vanter d'avoir accompli une oeuvre difficile et avec succès.

---

[34] Niccolo Ormaneto était l'homme indiqué pour prendre en mains les rênes d'une réforme énergique, car c'était un émule de saint Charles Borromée qui lui avait confié le soin de travailler à la réforme de la ville de Milan et de tout l'archidiocèse ambrosien. Il fut tellement énergique dans l'exécution des ordres reçus de Rome que Grégoire XIII dut, à plusieurs reprises, modérer son ardeur devant les récriminations des intéressés.

L'abbé général Jean Despruets se trouvait dans une situation délicate par rapport aux Prémontrés d'Espagne. Nommé abbé général par le pape, il se voyait privé par décret pontifical de toute juridiction sur ces religieux. De plus, le roi d'Espagne avait lui aussi obtenu un privilège pontifical excluant des domaines de sa couronne tout supérieur religieux étranger. Despruets se voyait donc privé de visiter ses religieux en Espagne. En 1573, il obtint du roi la permission d'effectuer un voyage en Espagne, mais le nonce Ormaneto le fit arrêter en route, et lui fit signifier que toute juridiction sur les Prémontrés espagnols était passée entre ses mains en tant que nonce plénipotentiaire. Lors du chapitre général de 1574, Despruets fit désapprouver les élections d'abbés triennaux, mais pour rattacher en quelque manière les religieux d'Espagne à l'ordre, il nomma l'abbé de Retuerta vicaire de l'abbé général.

La situation évolua après la mort d'Ormaneto. Au cours de l'année 1579, Despruets se rendit à Rome où il séjourna assez longuement, rencontrant des personnages importants. Il eut surtout une bonne inspiration en choisissant comme cardinal protecteur de l'ordre de Prémontré, le cardinal-neveu du pape, Boncompagni. Il obtint du pape confirmation de tous les privilèges pontificaux reçus par l'ordre depuis sa fondation, par la bulle *Cum a nobis petitur*. Cette bulle, fort générale, ne pouvait être d'une grande utilité dans les circonstances présentes, mais le pape lui en octroya une seconde, de même date, par laquelle il confirmait le droit de l'abbé de Prémontré de visiter toutes les maisons de l'ordre, sans aucune exception, et ceci en dépit de tous les privilèges ou indults concédés à certaines personnes ou certaines contrées. Grégoire XIII réaffirmait les pleins pouvoirs de l'abbé de Prémontré sur tout domaine touchant sa juridiction. L'abbé général apparaissait comme le plénipotentiaire du pape, ce qui fit dire que Despruets avait été investi de *droits dictatoriaux*.

À peine rentré en France, Despruets se mit en relation avec les Espagnols. Bientôt un échange de correspondance s'établit entre eux. Les abbés espagnols y exposaient leur situation et se montrèrent de plus en plus disposés à obéir à l'abbé général. Si nombre de religieux regrettaient l'abandon de coutumes séculaires, d'autres veillaient jalousement à protéger les acquis de la réforme d'Ormaneto. La position du provincial d'Espagne ne tarda pas à devenir intenable : à peine avait-il pris des mesures à l'encontre de quelque religieux, celui-ci faisait appel à l'abbé de Prémontré. Il fallait donc trouver une entente. Le jour vint où des deux côtés on était prêt à faire des concessions mutuelles pour sauver l'unité de l'ordre.

Le chapitre provincial célébré en 1579 à Retuerta désigna Fernand Villafane comme vicaire de la province pour se rendre au chapitre général de Prémontré. Le 5 août, le provincial d'Espagne et Juan Martinez écrivirent à l'abbé général Despruets une lettre dans laquelle ils lui manifestaient leur soumission. Despruets répondit aussitôt, nommant Calderon son vicaire en Espagne, à condition que les Prémontrés espagnols reprennent la liturgie prémontrée et payent les taxes traditionnelles : cette réponse fut assez mal reçue. Toutefois, le désir d'arriver à un compromis domina, et le chapitre provincial réuni à Retuerta, fin juillet 1581, envoya comme négociateur à Paris et à Prémontré Jérôme de Villaluenga, secrétaire de la Congrégation d'Espagne. Les Espagnols manifestèrent leurs bonnes intentions en confiant à leur envoyé une somme d'argent représentant les tailles arriérées. Ils lui demandèrent d'acheter des exemplaires des nouveaux bréviaires prémontrés, et le chargèrent de demander l'intervention de Despruets pour obtenir du pape certains changements dans leur réforme : ils demandaient de faire élire les abbés et les abbesses par les communautés et non par le chapitre provincial. Ils sollicitèrent le maintien d'un provincial et de l'élection triennale des abbés, exigeant cependant qu'aucun abbé ne puisse être maintenu durant deux triennats successifs dans la même abbaye. Ils voulaient avoir un provincial qui ne serait pas abbé conventuel mais se consacrerait aux affaires de la province sous l'autorité du général. Ils souhaitaient maintenir l'existence d'un noviciat commun à toutes les maisons d'Espagne, et voulaient replacer les monastères féminins de Toro et Villoria sous la juridiction de l'ordre.

Villaluenga arriva à Prémontré au mois d'août 1581. Ainsi commencèrent les pourparlers entre l'abbé général et le plénipotentiaire des Prémontrés d'Espagne. Despruets acquiesça à toutes les demandes des Espagnols, mais leur imposa cinq conditions : les Espagnols seraient obligés d'observer les statuts de l'ordre de Prémontré, ils porteraient l'habit de l'ordre, reprendraient le bréviaire prémontré, enverraient une délégation tous les trois ans au chapitre général, enfin ils payeraient les tailles. Despruets ajouta qu'il n'acceptait certains points que contraint et forcé, et qu'il ferait tout son possible en cour de Rome pour faire abolir toutes les particularités introduites dans les observances espagnoles. Enfin, il annula toutes les décisions prises par le chapitre provincial et interdit de vivre selon les statuts du nonce Ormaneto.

Villaluenga se rendit à Rome, porteur des avis du général, du provincial et des abbés d'Espagne. Il fut l'hôte du cardinal Boncompagni et tenta avec lui d'arranger les affaires au plus vite. Le 4 février 1582, par le bref *Postquam bonae memoriae Nicolaus*, Grégoire XIII, après avoir recueilli l'avis de la Congrégation des Réguliers, déclara maintenir les abbés triennaux, à condition que les élections se fassent par abbayes. Le provincial d'Espagne ne serait plus supérieur d'une abbaye, mais garderait tous ses pouvoirs. Les Prémontrés espagnols reprendraient l'usage du bréviaire commun à tout l'ordre, enfin le chapitre aurait autorité sur tous les religieux relevant de sa juridiction, mais ne pourrait exercer cette autorité qu'en tout respect envers l'abbé de Prémontré. Le pape donna satisfaction à Despruets sous tous les aspects, excepté l'élection triennale des abbés, probablement pour ne pas dresser Philippe II contre lui. Cette décision pontificale marqua cependant la fin des relations cordiales entre Despruets et les Prémontrés d'Espagne.

Le parti anti-Prémontré semble avoir peu à peu repris le dessus. En 1584, la délégation espagnole ne se présenta pas au chapitre et Despruets déclara les Espagnols contumaces, leur ordonnant sous peine d'excommunication de faire usage du bréviaire et du rituel prémontrés. En 1585, l'abbé général cassa l'élection du provincial et nomma à sa place l'ancien provincial Jérôme Calderon. À la faveur de ces mésententes, le nonce en Espagne reprit une influence toujours plus grande sur les Prémontrés ressortissant de sa juridiction.

Le chapitre espagnol de 1594 décida le retour pur et simple aux constitutions d'Ormaneto. Clément VIII déclara la vacance de toutes les abbayes prémontrées espagnoles et confia au nonce le soin de leurs provisions. Il désigna pour chaque ordre religieux établi en Espagne deux maisons dans lesquelles on observerait dans toute leur rigueur la règle et les constitutions, et désigna pour l'ordre de Prémontré les abbayes de los Huertos de Ségovie et celle de Saint-Saturnin de Medina del Campo. Aux instances du provincial et des Prémontrés espagnols, Clément VIII confirma les privilèges et les usages de l'ordre qui n'étaient pas contraires aux décrets du concile de Trente. Il étendit à la province les privilèges particuliers de chaque maison et octroya aux Prémontrés d'Espagne les privilèges des Cisterciens.

Bientôt la séparation entre les deux branches de l'ordre fut consommée. Le 4 mai 1597, le chapitre provincial élut comme provincial Juan de Terreros, et notifia cette élection au général de Longpré qui, après plus d'une année, le 23 mai 1598, répondit en nommant à cette charge de Terreros son vicaire en Espagne. Les Prémontrés espagnols réagirent à cette mesure en demandant au pape que les quatre définiteurs de leur chapitre puissent confirmer le provincial élu. Le pape fit bon accueil à leur supplique. Quand, en 1600, le chapitre élut à la charge de provincial le père de Garrido, ils ne demandèrent plus la confirmation à l'abbé de Prémontré, et lorsque l'abbé général invita la même année les Espagnols à participer au chapitre général, ceux-ci ne répondirent pas. Ainsi la Congrégation d'Espagne avait repris son autonomie et le schisme entre le rameau espagnol et le tronc de Prémontré était consommé.

Désormais, les Prémontrés espagnols mèneraient dans la plus totale indépendance une vie prospère, mais complètement libre de toute influence de Prémontré.

4. L'évêque Richard Redman et le mouvement de réforme en Angleterre

Richard Redman [35] fut un homme hors du commun : prémontré fort connu, il tint un rôle de premier plan dans la hiérarchie catholique d'Angleterre, au cours des dernières décennies du XVe siècle et au début

---

[35] C. J. KIRKFLEET, *The White Canons of St. Norbert. A History of the Premonstratensian Order in the British Isles and America*, West De Pere, 1943, p. 44-51.

du XVIᵉ. Pendant plus de quarante ans, il consacra ses énergies, d'abord comme abbé de Shap ou Heppe, comme vicaire de l'abbé général, puis comme évêque.

Né à Levens dans le Cumberland, il fut sans doute arrière-petit-fils de Sir Richard Redman, président de la Chambre des Communes. Il entra à l'abbaye de Heppe, toute proche de sa maison natale, et fréquenta pour sa formation l'université de Cambridge. Porté par ses confrères à la tête de son abbaye, vers 1459, et nommé vicaire de l'abbé général Simon de La Terrière pour l'Angleterre, l'Irlande, l'Écosse et le Pays de Galles, il devint, en 1467, évêque de Saint Asaph. Ces années marquent un tournant dans la vie de Richard Redman, et mettent en lumière son extraordinaire capacité d'initiative et de gouvernement.

Si l'on songe qu'il réussit à gouverner son abbaye, tout en visitant au moins une fois tous les trois ans les maisons de l'ordre situées dans les Îles Britanniques, et qu'il trouva les énergies nécessaires pour gouverner successivement trois diocèses – en 1467 Saint Asaph, en 1496 Exeter, et en 1501 Ely –, on peut se faire une idée de cette personnalité hors du commun. À Saint Asaph, il trouva à la place de la cathédrale un monceau de ruines, car, en 1408, Owen Glendower, le chef des Gallois avait incendié la ville. Tout de suite, il se lança dans une opération de reconstruction qu'il sut mener à bien.

C'est surtout dans l'exercice de sa charge de visiteur des maisons prémontrées que Richard Redman nous intéresse ici. Avec zèle, il entreprit de restaurer la discipline régulière, et obtint de bons résultats dont nous pouvons suivre les progrès grâce aux rapports détaillés, rédigés avec soin, qu'il envoyait régulièrement à Prémontré. En outre, il confia à ses secrétaires la tâche de copier toute sa correspondance et de collationner tous les documents importants ayant trait à l'histoire ancienne de l'ordre [36].

Richard Redman nous a laissé des comptes rendus de visites canoniques, qui permettent d'établir une partie de son intense activité au service de la réforme de son ordre. Les rapports détaillés qui sont parvenus jusqu'à nous font état de trente cinq maisons dans lesquelles il n'effectua pas moins de cent douze visites en vingt-deux ans. Ces documents mettent en évidence un fait trop peu connu : loin d'être en déclin, les abbayes prémontrées britanniques étaient souvent prospères. Parfois, les maisons les plus modestes connaissaient une certaine précarité économique : le visiteur s'employa, dans ces quelques cas, à convaincre les abbés d'assurer un accroissement immédiat du nombre des religieux

Les rapports de Redman nous renseignent également sur le temps de formation des Prémontrés britanniques au sacerdoce. Il semble bien

---

[36] Un volume de cet imposant *Registrum Premonstratense* a survécu à la destruction systématique organisée sous Henry VIII, et est conservé dans la Bodleian Library de l'université d'Oxford (Ashmole ms. 1519). Une autre partie de cette documentation est conservée par la British Library (Add. ms. 4934-35).

qu'il n'y ait eu aucune règle fixe en la matière. La durée de la formation variait d'une maison à l'autre, compte tenu surtout des besoins de l'abbaye en prêtres. D'une manière générale, il semble que l'ordination sacerdotale était conférée six ans ou huit ans après l'entrée au noviciat. Il apparaît également qu'un nombre appréciable de Prémontrés fréquentaient les universités d'Oxford et de Cambridge.

Le détail des rapports montre à quel point les visites canoniques de Redman n'étaient point de pures formalités. La lecture de ces documents révèle l'action réformatrice du visiteur : l'autorité ne tolérait pas les situations douteuses et infligeait avec sagesse et mesure les punitions nécessaires. On peut le dire : sous le gouvernement de Richard Redman, les fautes n'étaient pas la conséquence du système, mais bien de la faiblesse humaine. Vu leur nature, les comptes rendus de visites mentionnent surtout les infractions et les imperfections à corriger, mais Redman nous laisse aussi le témoignage de situations exemplaires. Pas moins de soixante cinq procès-verbaux mentionnent l'état satisfaisant de la discipline et de la situation matérielle des abbayes visitées. Par exemple, il note en 1478, à propos de l'abbaye de Sainte-Agathe :

> « Ayant procédé à une soigneuse enquête, nous avons trouvé que l'unité, la charité et la paix règnent dans cette communauté, et que grâce à la sage prévoyance de l'abbé, et à l'obéissance sincère et filiale des religieux, les affaires temporelles et spirituelles du monastère se trouvent ensemble dans une condition florissante » [37].

À propos de l'abbaye de Croxton, il note :

> « Ici, compte tenu des dépositions des frères, notre âme s'est réjouie, car nous n'avons trouvé rien qui ne fût correct ; soit à l'intérieur soit à l'extérieur du monastère, toutes les affaires sont parfaitement conduites » [38].

Seul, le tiers de ces visites fait état de mauvaises conditions, et encore ne s'agit-il pas de faits scandaleux. Si l'on songe que durant toute la période de son administration, Richard Redman recueillit les dépositions de 1.806 membres de l'ordre, et que seuls dix-huit était accusés de fautes d'immoralité, soit à peine 1% des religieux, on mesure la vitalité des abbayes prémontrées britanniques durant le dernier quart du XVe siècle, et l'on voit mieux combien les opinions répandues sur la décadences des abbayes durant cette période doivent être révisées. Richard Redman contraste singulièrement avec l'abbé général Simon de La Terrière dont il était le vicaire. Ce fut un grand Prémontré qui, sans épargner ses forces, se fit l'apôtre de la vie régulière dans la plus pure tradition de l'ordre de saint Norbert.

---

[37] R. REDMAN, *Collectanea Anglo-Praemonstratensia*, ed. by F. A. GASQUET, London, 1904-1906, t. II, p. 4.
[38] *Ibid.*, t. II, p. 162.

5. François Fegyverneky et la réforme en Hongrie [39]

L'intérêt de la réforme dont Fegyverneky fut le promoteur en Hongrie au XVIe siècle, tient à plusieurs facteurs : sa précocité et la situation générale précaire de l'ordre dans ce pays. Fegyverneky fut, en effet, prévôt [40] de Saág de 1506 à 1535, et visiteur général de l'ordre de Prémontré en Hongrie, de 1510 à 1535. La situation de l'ordre était marquée par une profonde décadence aux causes multiples : affadissement de l'esprit religieux, effets désastreux de la commende, soulèvements des paysans contre leurs seigneurs, menace des Turcs qui envahissent une partie du pays et viennent assaillir la capitale, division du pays entre deux rois, et, enfin, propagation du luthéranisme. C'est dans ce contexte que les Prémontrés de Saág entreprirent courageusement une réforme d'envergure.

La réforme des statuts prémontrés entreprise sous Pie II, fut sanctionnée par l'approbation de Jules II en 1505, sous le généralat de Jean de L'Écluse [41]. Pour les Prémontrés hongrois, l'approbation de ces nouveaux statuts, plus adaptés aux nécessités de l'heure, était providentielle. Conscients de la fragilité de leur situation, ils virent dans l'adoption de cette réforme le moyen de renouveler leurs forces et de se soustraire aux puissances séculières et ecclésiastiques dont dépendait alors la nomination des prévôts. Le choix des supérieurs était la cause de la plupart des maux, c'est donc sur ce point qu'il se proposèrent d'agir en priorité.

Tout commence avec l'élection du prévôt de Saág : en 1506, la communauté se propose de mettre en application les statuts approuvés par Jules II l'année précédente, et élit François Fegyverneky. Nous nous trouvons devant un mouvement intérieur de réforme dont Fegyverneky lui-même fut sans conteste l'animateur. Lors de l'élection, le 5 août 1506, la communauté de Saág met par écrit un certain nombre de points considérés comme essentiels, et chaque religieux jure de s'engager à les observer : élection d'un supérieur exemplaire par son esprit d'humilité et sa vie personnelle, renforcement des liens avec l'abbaye-mère de Prémontré, et volonté de conserver la vie religieuse authentique à l'abri d'influences extérieures. Les conditions dans lesquelles se déroula cette élection pourraient nous sembler « normales », mais au commencement du XVIe siècle, elles représentent, en Hongrie, un fait exceptionnel, car tous les autres prévôts prémontrés sont nommés, à cette époque, par quelque patron – le roi, un ecclésiastique, un laïc, voire une ville. En outre, ces prévôts, sont toujours étrangers à l'ordre et souvent ne sont même pas clercs. L'élection de Fegyverneky apparaît ainsi non seulement comme le

[39] A. OSZVALD, « Fegyverneky Ferenc, sági prépost, rendi visitator. 1506-1535 », *Emlékkönyv Szent Norbert halálának 800 éves jubileumára*. Niadja a Jászó-Premontrei Kanonokrend Gödöll i Konventje, 1934, p. 51-108.

[40] En Hongrie, les abbés réguliers sont appelés « prévôts ».

[41] Abbé de Prémontré, de 1497 à 1512.

signe d'un changement, mais encore comme un sursaut de la part de religieux désireux de sauvegarder leur identité pour assurer leur pérennité.

Toutefois, les Prémontrés hongrois durent encore demander au roi la permission d'envoyer l'un des leurs, exemplaire par sa vie et ses vertus, au chapitre général qui devait se tenir à Saint-Quentin en 1510, afin d'y solliciter l'approbation de décisions susceptibles de promouvoir une réforme durable et salutaire. Le diplôme royal de 1510 fait seulement mention de Uriel Majthényi, prévôt de Túróc, mais nous savons qu'il fut accompagné de Fegyverneky, véritable artisan de cette mission. Les décisions à proposer au chapitre avaient été soigneusement préparées : la prévôté de Saág devait être le centre de la réforme hongroise, car elle était la seule maison dont le supérieur avait été élu librement. Fort heureusement, Uriel Majthényi, bien que nommé par le roi [42], était acquis aux idées de réforme. Sa culture étendue allait faire de lui un collaborateur de premier plan du renouveau religieux hongrois.

Sous la direction de Jean de L'Écluse, le chapitre général de Saint-Quentin s'occupa notamment de la situation des prévôtés hongroises, et arrêta des décisions que les deux envoyés rapportèrent fidèlement dans leur pays. Tous les prévôts prémontrés hongrois devraient se réunir et élire un visiteur qui recevrait, s'il n'était pas prévôt, la bénédiction abbatiale. Par mandat du chapitre général et de l'abbé de Prémontré, ce visiteur devrait, au nom de la sainte obéissance, visiter toutes les abbayes de l'ordre en Hongrie, aux points de vue spirituel et matériel. Il aurait encore à s'enquérir de la vie des supérieurs et des religieux. En outre, devant Dieu et sa conscience, il devrait corriger et réformer tout ce qui ne serait pas en harmonie avec la loi de Dieu, les constitutions et les privilèges de l'ordre, notamment tout ce qui ne serait pas conforme aux nouveaux statuts de 1505. Le mandat du visiteur énumère dans le détail ses droits et ses devoirs, et précise les points essentiels de sa visite : le triple voeu de religion, la confession, l'habit de l'ordre, les cas d'apostasie, les irrégularités, en somme tout le domaine de la discipline religieuse. Comme tout l'avenir de la réforme était suspendu aux prévôts en fonction, le visiteur se devait d'accorder une attention toute spéciale aux supérieurs indignes, les suspendre de leurs fonctions ou les déposer. Véritable représentant du chapitre général, le visiteur avait tout pouvoir de réunir les prévôts hongrois en chapitre, toutes les fois que des cas d'intérêt général ou la situation d'une maison le requerraient. Ces chapitres décideraient de la répartition des impôts et des dépenses de la circarie. En outre, le visiteur aurait faculté de confirmer ou annuler les conventions passées, et dont la portée intéressaient l'ordre dans son ensemble. Doté de pouvoirs exceptionnels qui s'expliquent par les difficultés de l'époque et par l'éloignement de Prémontré, le visiteur avait pour mandat de récupérer, chaque fois que

---

42 Son diplôme de nomination précise qu'il était auparavant : *clericus et notarius cancellariae*.

cela serait possible, les anciennes maisons de l'ordre qui auraient été aliénées. Le cas échéant, il avait faculté de déplacer les moniales prémontrées d'un monastère à un autre. Tant de pouvoir réuni entre les mains d'un seul homme aurait pu, à juste titre, occasionner quelque inquiétude. Aussi, le chapitre général dota le visiteur de deux prévôts-conseillers, dont le consentement serait nécessaire pour toutes les décisions importantes.

Pour favoriser le développement de la réforme tout en tenant compte de la situation hongroise et de l'éloignement des maisons, le chapitre général dispensa les prévôts hongrois de l'assistance personnelle aux chapitres généraux. Tous les six ans, ils devraient désigner celui d'entre eux qui les représenterait, dresserait un rapport sur les maisons de Hongrie et verserait leurs contributions au chapitre général. En cas de décès du visiteur, les prévôts se devaient de lui donner rapidement un successeur pour assurer en Hongrie la pérennité de la présence du gouvernement central.

Une fois acquis les points fermes de la réforme, encore fallait-il les faire confirmer par le souverain. Sans tarder, en septembre 1510, Fegyverneky et Majthényi présentèrent l'ensemble à l'approbation royale, en insistant sur la nécessité d'assurer la liberté des élections abbatiales, car la permanence du système commendataire aurait compromis l'ensemble de la réforme espérée et décidée. Le roi Ulászló II confirma tous les points de réforme, mais maintint son droit de « patron suprême » et son privilège de confirmation de toutes les décisions. Une fois dépassé cet obstacle séculier, il convenait d'obtenir l'approbation ecclésiastique, concédée *auctoritate apostolica* en 1514 par le cardinal Tamás Bakócz, archevêque d'Esztergom et légat pontifical. En outre, le cardinal confia à trois évêques et à l'abbé bénédictin de Pannonhalma la charge de veiller à l'exacte application de la réforme des Prémontrés hongrois. Une fois approuvés les points de réforme rapportés de France, le visiteur et ses deux conseillers allaient pouvoir se mettre à l'oeuvre.

Fegyverneky, élu visiteur, reçut pour conseillers Uriel Majthényi qui l'avait accompagné à Saint-Quentin, et András Dévai, prévôt de Bozók. Ces supérieurs demeurèrent en fonction de longues années [43], ce qui assura au processus de réforme le bénéfice de la continuité. Nous n'avons pas de témoignages de leur action dans la vie interne des communautés, car presque tous les monastères furent détruits par les Turcs, mais, par contre, les rapports abondent encore sur les actions entreprises pour la défense des biens, le gouvernement de l'ordre et les questions d'intérêt général.

L'action de Fegyverneky fut favorisée par le cardinal Bakócz, qui le soutint notamment dans son projet de remplacer les bénédictines de Somlyóvásárhely par des moniales prémontrées dont la direction spirituelle fut confiée à un prévôt et à deux ou trois chanoines qui tinrent le rôle de confesseurs et de conseillers. C'est ainsi que le 2 juillet 1511, vingt

---

[43] Fegyverneky mourut en 1535, et Majthényi en 1545.

Norbertines de Szeged s'installèrent à Somlyóvásárhely et reçurent du roi de nombreuses faveurs y compris dans le domaine de l'administration civile. Lorsque les soeurs eurent reçu du roi la pleine propriété de tous les biens relevant du monastère, Fegyverneky leur ordonna, en 1511, de composer un *urbarium*, sorte de code des devoirs des paysans dépendant du monastère en usage alors en Hongrie, qui témoigne d'une grande humanité et d'un réel sens social. Dans le domaine de la vie conventuelle, le visiteur leur fit composer un livre des cérémonies et un directoire spirituel en hongrois, enrichissant ainsi la littérature religieuse hongroise. Prospère, le monastère de Somlyóvásárhely apparut rapidement insuffisant pour le nombre des moniales. Aussi, Fegyverneky supprima le monastère masculin de Mórichida en décadence, pour le faire passer avec tous ses biens aux soeurs de Somlyóvásárhely.

Malgré son zèle et celui de ses deux conseillers, Fegyverneky ne parvint pas à porter plusieurs projets à terme. Il ne réussit pas, par exemple, à restituer à l'ordre les deux monastères de Csút et Zsámbék, dont la décadence est à attribuer aux commendataires qui découragèrent les vocations et s'emparèrent sans vergogne des modestes revenus de ces maisons qui, finalement, passèrent à un autre ordre. Autant le cardinal Bakócz avait appuyé l'action de Fegyverneky, autant son successeur, Gyögy Szatmári, auparavant évêque de Pécs, s'opposa à la liberté des élections abbatiales et continua à maintenir le système ancien des commendataires. L'incompréhension de plusieurs ecclésiastiques séculiers pour la volonté de réforme de la vie religieuse en Hongrie, eut les effets les plus pervers, et elle encouragea les politiques à exercer leur mainmise sur les monastères. Les Turcs devaient porter le coup fatal : en 1529, il assaillirent Túroc, en 1530 Bozók, et mirent fin à la vie religieuse dans ces maisons. Saág résista tant que Fegyverneky demeura en vie : ce fait montre l'importance de la figure du prévôt et celle de la vitalité de la communauté.

Fegyverneky a, certes, obtenu un succès limité. Toutefois, comparé aux autres ordres religieux en Hongrie à la même époque, l'ordre de Prémontré apparaît comme une heureuse exception. Le succès lui en revient, c'est son titre de gloire.

6. Dans la ligne du concile de Trente

Deux grands abbés généraux : Jean Despruets et François de Longpré

Né en Gascogne en 1521, *Jean Despruets* fit profession en l'abbaye Saint-Jean-de-la-Castelle en Gascogne. Il fit ses études à Paris et y obtint le titre de docteur. Ses premières années de profès se déroulèrent durant une période particulièrement difficile pour l'ordre de Prémontré, car l'abbaye même de Prémontré était tenue en commende par le cardinal

François de Pise. Le chapitre général, déserté par la majorité des abbés, avait perdu et son prestige et son autorité, et nombre d'abbés étrangers menaçaient de faire sécession.

En 1561, Jean Despruets participa au Colloque de Poissy et y mena contre le cardinal Pisani une offensive demeurée célèbre [44]. Le Colloque demanda, le 14 octobre 1561, au cardinal de Pise de renoncer à sa commende moyennant une pension à fixer à fixer par le roi, et exigea l'élection d'un supérieur régulier. Ulcéré, Pise résigna son titre et le céda, avec l'appui de la Curie romaine, au cardinal Hyppolite d'Este, légat du Saint-Siège en France.

Lorsqu'en 1572 mourut le cardinal Hyppolite d'Este [45], Jean Despruets fut nommé par le pape Grégoire XIII à la tête de la famille norbertine. Depuis plus de trente ans, l'abbaye chef d'ordre était sans abbé et l'ordre sans abbé général. Son premier soin fut de remédier aux abus qui s'étaient introduits pendant cette longue vacance. Il convoqua et présida sept chapitres généraux en 1574, 1575, 1577, 1579, 1582, 1584 et 1586, dont les actes [46] illustrent son activité vraiment universelle. Il poursuivit sans relâche un idéal élevé : ramener l'ordre de Prémontré par des voies éprouvées à une prospérité solide et durable. Novateur et fidèle à la tradition, il fit avec zèle la visite des abbayes, et rétablit la règle partout où l'on s'en était écarté, pour contrebalancer les forces qui menaçaient l'unité de l'ordre en diminuant les relations des abbayes avec Prémontré.

La pénurie de livres liturgiques étant la cause d'une diversité chaotique, il confia à l'éditeur parisien Kerver la charge d'en préparer une nouvelle édition. En les imposant à l'ordre tout entier, y compris aux Prémontrés de la Congrégation d'Espagne, il supprima les variantes liturgiques particulières, comme l'avait d'ailleurs fait le missel de saint Pie V pour l'Église universelle, mais dans le but de conserver intactes les traditions liturgiques séculaires de Prémontré [47].

Chargé d'une mission de la part du roi auprès de Grégoire XIII, Despruets se rendit à Rome où il fit agir le cardinal Boncompagni, protecteur de l'ordre, pour finalement obtenir du pape, le 27 juillet 1582, la canonisation de saint Norbert [48]. Lui-même en composa l'office. Il entreprit, mais en vain, les démarches pour soustraire les restes mortels du fondateur aux luthériens de Magdebourg. Ce n'est qu'en 1627 que la translation put s'effectuer à l'abbaye de Strahov à Prague.

---

[44] Cf. J. DESPRUETS, *Discours latin...*, éd. J. LEPAIGE, *Bibliotheca...*, p. 958-966.

[45] E. VALVEKENS, « Le cardinal Hyppolite d'Este, abbé commendataire de Prémontré 1562-1572 », *Analecta Praemonstratensia*, t. XVIII (1942), p. 91-135.

[46] E. VALVEKENS, « Les Chapitres généraux de l'Abbé Général Jean Despruets 1572-1596 », *Analecta Praemonstratensia*, t. XVI (1940), Éd. de textes.

[47] E. VALVEKENS, « Un tournant dans l'histoire de la liturgie prémontrée », *Analecta Praemonstratensia*, t. III (1927), p. 241-263.

[48] Texte de la bulle dans G. MADELAINE, *Histoire de saint Norbert*, Paris, 1886, Tongerlo, 1927, t. II, p. 223-224.

La majeure partie de son oeuvre est une apologie de la vie norbertine, surtout son *Discours latin au Colloque de Poissy* et ses *Articles en faveur de notre Ordre, ou Mémoire au Roi de France* [49]. Outre un commentaire de la règle de saint Augustin et une série de sermons qui ne furent jamais imprimés, il publia encore des ouvrages de controverse pour défendre la foi catholique contre l'hérésie protestante. Il participa au concile de Reims convoqué par Louis de Guise et mourut d'une maladie épidémique, le 15 mai 1596. Despruets fut un réformateur en bien des domaines : règlement des études, administration responsable des biens, fixation des droits et des devoirs réciproques des supérieurs et des religieux, retour fidèle et réfléchi aux anciennes traditions de l'ordre. On s'aperçoit, en étudiant la vie de Despruets et son oeuvre, que la réforme de l'observance médiévale imposée par le concile de Trente lui coûtait. C'est pourquoi il est considéré par plusieurs excellents auteurs [50] comme la personnification de l'authentique tradition de l'ordre de Prémontré dans les domaines liturgique et législatif.

Après la mort de Jean Despruets, les suffrages des chanoines de Prémontré se portèrent sur *François de Longpré*, originaire d'Anizy-le-Château, au diocèse de Laon. Issu d'une famille modeste, il était entré tout jeune à l'abbaye de Prémontré, et avait assumé la charge de prieur du collège Sainte-Anne de Paris avant de devenir abbé de Valsecret et enfin de Prémontré en 1596. Sa prise de possession n'alla pas sans difficulté. Il dut soutenir l'opposition du sieur de Saint-Blancquart, qui avait obtenu d'Henri IV la commende de l'abbaye de Prémontré. Saint-Blancquart n'insista pas, se retira, mais transmit sa commende à un certain sieur de Lamet. Ce dernier, plus pugnace, alla même jusqu'à user de violence pour s'emparer des revenus de l'abbaye. Il fallut toute la détermination et l'énergie de François de Longpré pour obtenir du roi un arrêt en vertu duquel le commendataire se voyait privé de tous droits et prétentions sur Prémontré.

Depuis le long intermède de la commende de François de Pise et d'Hyppolite d'Este, les abbés du Brabant avaient cherché par divers moyens à se constituer en province autonome, à l'instar des Prémontrés d'Espagne. Ils avaient présenté à Rome leur projet d'élire un chef national, appelé « provincial », élu pour trois ans, et avaient déjà reçu l'approbation de la Curie. Là aussi, l'énergie de François de Longpré obtint du Saint-Siège le retour à la situation traditionnelle.

Sur le plan liturgique, François de Longpré [51] qui ne possédait ni la formation ni l'énergie de Despruets, adopta une attitude de compromis devant les générations enthousiastes formées par le concile de Trente, mais ignorantes de l'ancien esprit prémontré. La carence des rubriques

49 Ces deux ouvrages sont publiés dans J. LEPAIGE, *Bibliotheca...*, p. 958-966.

50 Cf. E. VALVEKENS, « Un tournant dans l'histoire de la liturgie... », p. 263.

51 *Ibid.*, p. 249-257.

liturgiques dans les éditions de 1516 ou 1530 du Missel prémontré entraîna une certaine confusion. L'abbé de Longpré fit imprimer, par les soins de Servais de Lairuelz, une nouvelle édition du bréviaire prémontré, qui vit le jour en 1598. L'abbé général se fit le défenseur de la liturgie traditionnelle de l'ordre et en exigea l'observance fidèle. L'affaire était grave : nombre de Prémontrés en contact habituel avec la liturgie romaine et affrontés aux imperfections des livres liturgiques de leur ordre, préféraient adopter des usages bien définis. Sur ces entrefaites, le chapitre général de 1605, composé de prélats fidèles à l'ordre mais peu éclairés sur ses traditions liturgiques, ne prit pas de décisions officielles, mais manifesta une certaine tendance à vouloir aligner le bréviaire de l'ordre sur le bréviaire romain. Lepaige, chargé de préparer une nouvelle édition du bréviaire, tenta un compromis avec le bréviaire réformé de Pie V. Ce bréviaire remanié parut en 1608, et ne contenta personne. L'abbé von Questenberg de Strahov se distingua particulièrement dans une campagne de critiques qui affecta beaucoup Lepaige. Un an après sa publication, le nouveau bréviaire fut désavoué par l'abbé de Longpré.

Sur le plan de la vie régulière, François de Longpré obtint d'excellents résultats. Il entreprit, pour ce faire, de visiter les abbayes de l'ordre, en compagnie de Servais de Lairuelz. Très apprécié du pape Paul V, l'abbé général se vit proposer l'église des Saints-Pierre-et-Marcellin à Rome. Par cette marque de confiance, le pape exprimait son désir de voir se resserrer les liens entre l'ordre de Prémontré et le Siège Apostolique. Malheureusement le chapitre général refusa la proposition qui était assortie de l'obligation de payer une pension aux chanoines préposés jusque-là au service de cette église.

Cet échec affligea particulièrement l'abbé général qui, se voyant déjà avancé en âge, commit une imprudence : il se choisit lui-même un coadjuteur avec droit de succession, en la personne du prieur de Saint-Jean d'Amiens, le père Pierre Du Rieux. Cette initiative, des plus malheureuses, fut cassée par un arrêt du Parlement de Paris, en date du 19 juillet 1612. François de Longpré, profondément affecté par cet incident, fut frappé d'apoplexie quelques mois plus tard et mourut le 23 avril 1613, à l'âge de soixante-quatorze ans, après dix-sept ans de généralat. Il demeure par ses visites régulières et par son attitude bienveillante envers la naissante Réforme de l'Antique Rigueur de Lorraine, un grand abbé général.

La « romanisation » de la liturgie prémontrée

Pierre Gosset [52] n'appartenait certes pas aux novateurs, mais comme nombre de nouveaux prélats intelligents et zélés de son époque, il manquait de sensibilité envers les anciennes traditions de l'ordre. Placé au

---

[52] Abbé de Prémontré, de 1613 à 1635.

coeur des différends liturgiques qui affectaient l'ordre et ne cessaient de s'accentuer, il ne possédait ni la formation ni le jugement qui lui auraient permis de faire la part des choses en une matière aussi délicate. Sous la pression des abbayes souabes, et pour pallier aux insuffisances des livres liturgiques les plus récents de l'ordre, un courant se créa pour adopter les usages romains. Lairuelz et Lepaige, eux-mêmes, se rallièrent à cette solution en bien des cas, au cours de leurs visites canoniques.

En 1616, les abbés de Souabe [53] se réunirent en vue de préparer un certain nombre de propositions à soumettre au chapitre général de l'année suivante : réformer une fois pour toutes le bréviaire prémontré d'après le bréviaire romain ou admettre le bréviaire romain en entier ; admettre pour la messe les rites et le missel romains. Autorisés par Pierre Gosset à utiliser le missel romain, les abbés de Souabe entreprirent de réviser l'*Ordinarius* et firent approuver cette nouvelle édition par Lairuelz, le 23 octobre 1617.

Le chapitre général de 1618 réunit trente-deux abbés, jeta les fondements des statuts de 1630 et mena à bout la réforme liturgique. Le Père Émile Valvekens a noté à ce sujet :

> « À ce double point de vue, il fut un Chapitre souverainement important, aussi bien qu'un Chapitre néfaste, par qui l'Ordre de Prémontré se désorienta et devint un Ordre bien différent de celui qu'il était auparavant » [54].

Le chapitre arrêta un certain nombre de décisions destinées à orienter la réforme liturgique, que l'on peut ainsi synthétiser : abandon des anciens rites et admission de la liturgie romaine dans sa quasi-totalité.

Pierre Gosset confia à son neveu, Adrien Gosset, chanoine de l'abbaye de Prémontré, le soin de préparer bréviaire et missel. La période d'incertitude qui s'ensuivit produisit le pire effet : les Prémontrés des différents pays interprétèrent les décrets en toute liberté et ceux de Souabe profitèrent de l'occasion pour adopter purement et simplement la liturgie romaine.

Le missel édité en 1622, calqué sur le missel romain, abandonna l'ancienne ordonnance et les rubriques de Prémontré. Le bréviaire vit le jour en septembre 1621, calqué lui aussi sur les usages romains, et ne conserva ni le plan ni le texte de l'ancien bréviaire prémontré. La réforme de la liturgie de Prémontré impliquait une refonte de l'*Ordinarius*. Pierre Gosset confia cette tâche à l'abbé de Parc, Jean Druys [55], qui prépara un projet soumis au chapitre général de 1622. Après une élaboration complète, le nouveau texte reçut l'approbation du chapitre général de 1627, et fut imprimé en 1628. Une nouvelle édition, profondément remaniée, vit le jour en 1635.

---

53 E. VALVEKENS, « Un tournant dans l'histoire de la liturgie... », p. 258-262.
54 *Ibid.*, p. 259.
55 Jean Druys fut abbé de Parc, de 1601 à 1634.

L'unité liturgique de l'ordre était faite, au moins en théorie, car les abbayes de Souabe, qui avaient adopté le rite romain, refusèrent purement et simplement d'utiliser les nouveaux livres liturgiques prémontrés. Admonitions, décrets se succédèrent, sans aucun succès. Ailleurs, ces livres furent généralement bien accueillis. L'unité liturgique de l'ordre était pratiquement sauvée, mais au prix d'un compromis qui sacrifiait une antique tradition.

Un prélat réformateur, Nicolas Psaume

Nicolas Psaume [56] a l'originalité de compter parmi les rares réformateurs catholiques pré-tridentins que comptaient les pays de langue française dès la première moitié du XVIe siècle. À y regarder de près, le Lorrain Psaume est un pur produit de l'université de Paris : condisciple d'Ignace de Loyola et de ses premiers compagnons, il s'ouvre de bonne heure aux problèmes de son temps et recueille de ses maîtres parisiens l'élan réformateur semé par Jean Gerson [57] deux siècles plus tôt. Successeur de son oncle François Psaume à la tête de l'abbaye Saint-Paul de Verdun, Nicolas Psaume fut d'abord nommé par le pape Paul III abbé commendataire pour une durée de deux ans, puis devint abbé régulier en 1540, à l'âge de vingt-deux ans. Le jeune supérieur se présente tout de suite à sa communauté comme un réformateur déterminé. L'abbaye Saint-Paul, comme ses soeurs lorraines, avait, en effet, grand besoin de réforme. François Psaume avait essayé, mais en vain, de ramener ses chanoines à une observance plus régulière.

Le 13 décembre 1540, Nicolas Psaume adressa à ses frères réunis en chapitre une petite exhortation sur la réforme des banquets [58]. Le sujet peut sembler étrange, et pourtant il était tout à fait d'actualité. Traditionnellement les abbayes prémontrées accueillaient les familles de leurs religieux le jour d'une profession ou lors des prémices d'un jeune prêtre. La communauté rompait alors l'austérité de sa table et s'efforçait de faire honneur aux parents venus pour une de ces occasions. Mais, peu à peu, les banquets se multiplièrent sous n'importe quel prétexte, jusqu'à devenir habituels. L'usage en était à ce point ancré à Saint-Paul de Verdun, que certains n'hésitaient pas à y voir une tradition de l'ordre. C'est dans ce contexte qu'il faut entendre les premiers mots du discours de Psaume :

« Quoique, frères très chers, ce qui se fait de façon habituelle et depuis des siècles vous paraisse merveilleux, surtout d'ailleurs quand l'habitude s'est bien installée et que tous en sont affectés, je ne sais sous quels fallacieux

---

[56] B. ARDURA, *Nicolas Psaume (1518-1575), évêque et comte de Verdun. L'idéal pastoral du concile de Trente incarné par un Prémontré*, Paris, 1990.

[57] L. SALEMBIER, « Gerson », *Dictionnaire de Théologie Catholique*, Paris, t. VI (1924), col. 1313-1330.

[58] B. ARDURA, « Les exhortations capitulaires de Nicolas Psaume », *Analecta Praemonstratensia*, t. LXIII (1987), p. 26-69.

prétextes, surtout ces derniers jours, on est obligé de participer sans désemparer à de somptueux banquets préparés avec une munificence qui n'a rien d'improvisé ».

L'indignation du jeune abbé se justifie d'autant plus qu'à cette date, on se trouvait dans le temps de l'Avent, au cours duquel les religieux devaient observer une pénitence plus stricte, semblable à celle du Carême.

Puisque les chanoines justifiaient leur comportement par son ancienneté, Nicolas Psaume devait s'attaquer à la racine du mal et opposer à cette pseudo-tradition la tradition authentique de Prémontré :

> « On comprendra que dans un premier temps, je veuille m'efforcer d'abolir cette pratique et la détruire à sa racine, et cela d'autant plus que les coutumes qui nous ont été transmises par nos anciens doivent être observées avec fidélité et ne doivent sous aucun prétexte tomber en désuétude » [59].

Notons que ce rappel des coutumes transmises par les anciens sera un des nerfs de la réforme de l'Antique Rigueur de Lorraine, lorsque Servais de Lairuelz s'efforcera de remettre en vigueur ce qu'il appellera les éléments essentiels de l'ordre de Prémontré.

Fin psychologue, Psaume sait bien qu'une telle entreprise n'ira pas sans causer de remous. Il les prévient et les annonce en soulignant que ces manières de se comporter sont contraires à la lettre du droit et à l'esprit de la justice. Il faut les faire disparaître dans l'intérêt même des religieux :

> « Le résultat de cette conduite sera, j'en suis persuadé, un petit bouillonnement qui ne sera pas loin de soulever l'ensemble de la communauté. Cette corruption des banquets remonte en effet déjà assez loin dans le temps. Cette habitude ne doit pas être entretenue car elle est contraire au droit et à l'équité. En vérité, elle doit même disparaître complètement afin de ne pas être pour vous une occasion de souffrance. En effet, combien elle éloigne du droit chemin pour conduire à la médiocrité » [60].

Donnant une fois de plus une preuve de ses connaissances classiques, Nicolas Psaume dépeint les méfaits de la bonne chère et fournit aux prêtres de sa communauté l'exemple des anciens. Il va jusqu'à leur citer pour modèles les prêtres égyptiens qui s'abstenaient de vin :

> « En effet, c'est de cette habitude [de boire] que proviennent les vertiges de l'ivresse. La raison s'évade, la débauche s'installe et la sensualité s'enflamme. L'ivresse traîne derrière elle un si grand cortège de maux que c'est à bon droit qu'autrefois nos pères se sont abstenus de l'usage de viande et de vin. Même chez les Égyptiens il était interdit aux prêtres de boire du vin. D'ailleurs, pour tout dire, l'ivresse ôte la mémoire, émousse la sensibilité, trouble l'intelligence, empâte la langue, soulève les passions, altère le sang, affaiblit tous les membres et produit de forts tremblements » [61].

Sans illusions sur les effets de ces motifs sur des coeurs trop endurcis, l'abbé de Saint-Paul de Verdun avance une raison supplémentaire de vivre dans la sobriété : la santé physique. Sans hésiter, il s'abrite derrière

---

[59] *Ibid.*

[60] *Ibid.*

[61] *Ibid.*

l'autorité des philosophes anciens, derrière les Pères de l'Église, surtout saint Jérôme et saint Augustin :

> « Au témoignage de saint Augustin et suivant l'enseignement des philosophes anciens, les condamnations pontificales et les lois divines, partout on exhorte à la sobriété par l'abstinence de nourriture et de boisson et ce, avec beaucoup de force. Mais ce qui doit vous ramener à mieux vous conduire, nous le lisons dans saint Jérôme. Nous y lisons que ceux qui sont atteints de rhumatismes et de goutte se rétablissent après avoir supprimé la bonne chère et l'avoir remplacée par une nourriture frugale et des mets simples » [62].

Après avoir dénoncé les abus et montré les conséquences d'une telle manière de vivre, Psaume en arrive à la décision concrète qu'il a arrêtée. Avec beaucoup de finesse, il fait appel au principe de l'obéissance religieuse et souligne que la mesure décidée est extrêmement équilibrée :

> « C'est pourquoi je vous exhorte et vous avertis doublement, frères, en faisant appel au principe de l'obéissance, de vous abstenir à l'avenir de réunions où se pratiquent de telles débauches. Et pour ne paraître nullement vouloir brider les rênes de la restauration, je décide seulement de réduire les dépenses qui autrefois étaient habituellement faites par ceux que l'on appelle "officiers", afin de transformer toute mollesse selon la manière de voir toute différente et pleine de vérité de l'Église » [63].

Réformer la vie conventuelle suppose dénoncer les abus, mais surtout alimenter la spiritualité des religieux. C'est ce à quoi s'emploie le jeune abbé dans ses prédications capitulaires comme celles que nous possédons sur l'Avent et la pénitence. Le 24 décembre 1540, dans un style simple, direct, imagé, Nicolas Psaume invite les Prémontrés de Verdun à accueillir le Sauveur, en faisant appel à l'Écriture, aux Pères, dont les réminiscences constituent la majeure partie de son discours.

> « Si quelqu'un d'entre vous avait l'intention de recevoir comme hôte une majesté impériale ou quelque autre prince de la terre, nul doute qu'il mettrait tout en oeuvre pour le recevoir avec magnificence [...] En effet, s'il ne faisait aucun préparatif pour son hôte et ne mettait aucun soin à embellir sa maison, mais au contraire le recevait dans un lieu fétide, malsain et pestilentiel, n'aurait-il pas méprisé la majesté impériale et ne devrait-il pas être accusé pour cela de crime de lèse-majesté ? Et pour un si grand affront et un tel mépris ne devrait-il pas être jugé à bon droit digne des supplices les plus infâmes ? Vous pensez quels supplices plus affreux méritent ceux qui, au moment où vient le Roi des rois et le Seigneur des seigneurs, notre Seigneur, notre Roi, celui que redoutent les enfers, qu'adorent les anges, se conduisent avec négligence [...] Alors, accourrons à lui en disant d'une seule voix : Hosanna au Fils de David, béni soit celui qui vient au nom du Seigneur, célébrant la solennité de sa venue par des azymes de sincérité et de vérité. Déjà en effet, notre salut est plus proche de nous que nous ne croyons. Il vient afin que le peuple qui erre dans les ténèbres voie la lumière et par lui il soit sauvé [...] Ô grand et admirable mystère d'un tel avènement ! Ô avènement salutaire d'un si grand roi, tant souhaité par tout le monde ! Ô amour ineffable du roi éternel qui pour le salut du monde n'a pas redouté de

---

[62] *Ibid.*
[63] *Ibid.*

s'incarner dans le sein d'une vierge, qui s'est fait obéissant jusqu'à la mort ! » [64].

Ces élévations lyriques cherchent à émouvoir l'âme des religieux, pour les inciter à imiter l'amour de Dieu qui s'est fait homme :

> « Et nous, nous devons, à la vérité, agir à l'imitation du Christ de telle sorte que nous nous aimions les uns les autres. Car ce don d'amour et d'affection que Dieu nous manifeste, oeuvre du Saint-Esprit, entraîne nécessairement l'amour du prochain comme l'ombre suit un corps opaque. C'est un amour auquel nous devons tendre de toutes nos forces » [65].

Formé dans la tradition canoniale qui puise dans la liturgie l'essentiel des textes destinés à nourrir la prière, Nicolas Psaume aime à gloser les textes liturgiques. Il nous en fournit un bon exemple dans l'*Exhortation sur la Nativité du Seigneur*, prêchée en 1545 :

> « *Puer natus est.* Aujourd'hui en l'Église, nous célébrons la solennité de la glorieuse Nativité de notre Sauveur, et parce qu'en un tel jour le Fils de Dieu a voulu naître corporellement du ventre de la Très-Sainte Vierge Marie, pour la rédemption du genre humain [...] *Gloria in altissimis Deo.* Ce qui nous montre que la gloire doit être au ciel et la paix sur la terre, afin qu'en cette joyeuse Nativité nous puissions recevoir la paix de notre Seigneur humblement et en grand honneur. Recevons le nouveau-né, qui est venu prendre chair humaine pour nous racheter et nous délivrer de la peine et de la captivité, pour nous octroyer toute joie et félicité là-haut dans la gloire céleste, à laquelle veuille bien nous conduire le Christ né de la Vierge très-pure. Amen » [66].

Parmi les exhortations de Nicolas Psaume à ses frères, signalons la plus importante de ce recueil, l'*Exhortation à la Pénitence*, destinée à commenter l'invitation de Jean-Baptiste à la conversion et à la pénitence, au début du temps de l'Avent. L'abbé reprend le thème biblique, l'amplifie par des réminiscences patristiques, pour aborder les diverses parties du sacrement de pénitence, et enfin la vertu de pénitence :

> « Faites pénitence et convertissez-vous, afin que vos péchés soient effacés [...] Nous sommes invités à faire pénitence afin que par ce moyen-même, nous nous préparions à recevoir la rémission de nos péchés.
>
> Faites pénitence et croyez, comme nous y invite l'Évangile de Marc. Faites pénitence et convertissez-vous, afin que vos péchés soient effacés. Qu'est-ce que la pénitence ? Ce par quoi, grâce à la contrition nous mourrons aux péchés et, grâce à la foi, nous nous relevons de nos péchés pour recevoir le pardon. De cette définition il ressort clairement qu'il y a deux parties dans la pénitence : la contrition et la foi. Elles doivent se rencontrer dans une véritable pénitence, et ne peuvent être séparées l'une de l'autre. En effet, l'affliction des péchés ne constitue pas une pénitence parfaite si on n'y ajoute pas aussi la foi de pleurer dans son coeur les péchés et de s'élever par la foi à l'acceptation du pardon de nos péchés.
>
> La contrition est une véritable crainte ou mieux la terreur d'une conscience qui comprend que Dieu est irrité par le péché, et qui pleure sur ses péchés [...]

---

[64] *Ibid.*

[65] *Ibid.*

[66] *Ibid.*

La confession que nous faisons devant Dieu est celle dans laquelle nous avouons tous les jours devant Dieu nos péchés, nous reconnaissant comme des hommes injustes et malheureux, afin que par la miséricorde de Dieu, que nous implorons, nos péchés soient remis.

La confession auriculaire est celle dans laquelle les consciences embarrassées et hésitantes et tellement chargées de péchés recherchent par la parole, la raison, l'enseignement, la consolation et une raison certaine pour parvenir à la rémission des péchés que les croyants obtiennent par l'absolution et le pouvoir des clefs [...] La raison de cette confession de trouve dans la fragilité humaine. Les merveilleux effets de cette institution : recevoir la consolation qu'apporte ce sacrement et le pardon, gagner le pécheur, le réconcilier avec l'Église, l'exhorter et le détourner du penchant au mal [...] Les lamentations ne servent à rien si l'on recommence à pécher. Il est inutile de réclamer le pardon de nos maux et de recommencer à pécher dix fois, comme dit saint Augustin. De même que nous offensons Dieu de trois manières, nous pouvons également lui plaire de trois façons. En effet, chaque jour nous offensons Dieu par une mauvaise pensée, un langage excessif et des actions perverses. Contre la mauvaise pensée, la contrition du coeur, contre le langage excessif, confession sincère, contre les actions perverses une satisfaction convenable.

La satisfaction est le complément nécessaire à la pénitence [...] La cause des péchés sont dans les occasions de séduction qui portent à pécher. La meilleure façon de faire satisfaction sera d'améliorer sa vie et de se repentir des mauvaises actions passées [...] Il est une autre véritable satisfaction, celle qui repose sur la Passion du Christ [...] Si l'impie fait pénitence de tous les péchés qu'il avait commis, s'il garde tous mes préceptes, s'il agit avec équité et justice, il vivra certainement la conscience tranquille et en paix [...] Faites donc pénitence pour que vos péchés vous soient pardonnés » [67].

L'oeuvre réformatrice de Nicolas Psaume dépassa largement le cadre de son abbaye de Saint-Paul. Très lié à la Maison de Lorraine et surtout au cardinal Charles, archevêque de Reims et évêque de Metz, il reçut du cardinal Jean de Lorraine l'évêché de Verdun en 1548. Lorsqu'à peine âgé de trente ans, il prit possession de son évêché, il héritait un statut remontant pour son origine à la période franque et réunissait en sa personne le pouvoir épiscopal en même temps que le pouvoir régalien de comte de Verdun et prince du Saint-Empire. Mais la situation du diocèse était loin d'être florissante. Sans évêque depuis de nombreuses années, avec un clergé nombreux mais peu ou mal formé, et une population réduite à la misère par les guerres incessantes, le diocèse était en ruine. À Verdun même, à cause de la faiblesse du pouvoir épiscopal, tous les pouvoirs se trouvaient réunis entre les mains des trois familles d'Azenne, de La Porte et d'Estouff qui constituaient les « lignages ». Dès son entrée dans Verdun, dont le faste renouait avec la tradition, Nicolas Psaume sut faire reconnaître son autorité d'évêque et de comte. Quelques mois après le début de son épiscopat, il se fit délier de son serment envers les « lignages », par le nonce apostolique résidant à Bruxelles : il recouvrait ainsi la plupart de ses droits régaliens et s'assurait les moyens de mener à bien la réforme du diocèse. Il incarna si bien l'esprit de la réforme catholique qu'il devint le « Charles Borromée de la Lorraine ». Il participa à deux périodes du

---

[67] *Ibid.*

concile de Trente, celles de 1551-1552 et 1562-1563 : son rôle y fut décisif. Il y intervint notamment pour défendre la discipline ecclésiastique, pour exiger la résidence des évêques et des curés, et condamner le système de la commende. Il se signala surtout pour ses prises de positions dans le débat sur l'origine du pouvoir de évêques et gagna les Pères du concile à ses vues : les pouvoirs épiscopaux ont été confiés aux Apôtres et aux évêques, leurs successeurs, pour qu'ils s'acquittent de leur mission de pasteurs au service de l'Église.

Les moyens employés par Psaume sont ceux que le concile de Trente devait préconiser. Tout découle de l'évêque, car il a été placé à son poste « pour conduire l'Église de Dieu que le Christ a acquise dans son propre sang ». Il tient sa mission de Dieu qui l'a établi à la tête de l'ensemble du troupeau du Christ, qui lui est confié. Comme il devait l'exprimer au concile de Trente, Psaume est convaincu que l'évêque appartient non seulement à un « ordre » divinement institué, mais qu'il est personnellement institué par Dieu à la tête de l'Église qu'il reçoit en partage par disposition canonique du Saint-Siège.

Dès le début de son épiscopat, Psaume fit usage du synode diocésain dont le concile, lors de sa XXIVe session, le 11 novembre 1563, devait préconiser la réunion annuelle. C'était pour l'évêque le meilleur moyen de connaître l'état de son diocèse, de surveiller la manière dont son clergé s'acquittait du ministère et l'instrument le mieux adapté pour promouvoir une action pastorale d'ensemble. Nicolas Psaume, cas unique pour cette période dans les pays de langue française, tint ainsi vingt-deux synodes au cours des vingt-sept années de son épiscopat. On y traita de tout ce qui concernait la vie du clergé, de la vie liturgique et sacramentelle des paroisses, de la réforme générale, de l'éducation de la jeunesse, de l'institution des écoles, de celle du collège de Verdun, de celle du séminaire, sans oublier la question du protestantisme qui constituait aux yeux de Psaume le danger le plus immédiat et le plus redoutable. Par la fréquence de ses réunions synodales, le diocèse de Verdun peut être considéré comme l'un des plus favorisés et son évêque comme l'un des précurseurs du renouveau de cette institution.

En l'absence de protocole et de correspondance au sujet des visites pastorales, nous devons nous contenter de recenser les visites signalées principalement dans les statuts synodaux. Elles auraient été au nombre de neuf. Ceci indique que le diocèse aurait été visité en totalité ou en partie, en moyenne une fois tous les trois ans, ce qui correspondrait à l'idéal fixé par l'évêque lui-même dans son *Pastoral* de 1568. Mais il semble que les troubles politiques aient entravé l'action du prélat en ce domaine. Si Psaume fut empêché d'accomplir personnellement la visite, il ne cessa d'en affirmer l'importance, ordonnant aux archidiacres de visiter leurs circonscriptions. L'organisation de ce réseau de visiteurs nous apparaît comme une ébauche du fameux quadrillage borroméen grâce auquel l'archevêque de Milan réussirait une reprise en main de toutes les paroisses de son vaste diocèse. L'évêque apparaît ici comme le chef et l'animateur de la pastorale, tandis que se fait jour la nécessité pour le prélat de s'appuyer sur un clergé acquis à ses propres convictions pour en assurer la mise en oeuvre dans le diocèse.

L'action de Nicolas Psaume en faveur d'une rénovation de l'enseignement de la doctrine catholique entrait dans un grand mouvement de renouveau de la prédication et de l'enseignement de la jeunesse. Mais la chose n'allait pas de soi. Le protestantisme mettait presque exclusivement l'accent sur le ministère de la parole, au point de réduire tout le sacerdoce à la prédication de l'Évangile ; aussi, dans la ligne du concile de Trente, Psaume eut-il pour souci d'organiser la prédication dominicale et l'enseignement du catéchisme. Dès 1568, il fit venir des missionnaires de Paris, mais il avait fait appel plusieurs années auparavant à la Compagnie de Jésus. En 1558, il avait fondé à Verdun un « Orphanotrophe » avec mission de loger, nourrir et former vingt-quatre orphelins. En 1564, il reçut le Jésuite de Coster, qui mit sur pied un nouvel établissement dont la peste entraîna la fermeture prématurée. Dès 1570, Psaume fit à nouveau appel aux Jésuites, et leur confia un collège qui devait dispenser un enseignement gratuit jusqu'à la Révolution. La fondation du collège de Verdun entrait dans un plan de résistance au protestantisme fondé sur la « dorsale catholique » partant du Milanais et rejoignant les Pays-Bas catholiques en passant par la Savoie, la Franche-Comté et la Lorraine, régions restées fidèles à Rome. Exécuteur testamentaire du cardinal Charles de Lorraine, mort en Avignon le 26 décembre 1574, Nicolas Psaume acheva l'installation des Jésuites en Lorraine en promulguant, le 3 mars 1575, la bulle de fondation de l'université de Pont-à-Mousson octroyée par Grégoire XIII. Cette université devait devenir un foyer exceptionnel de la Réforme catholique. Le Prémontré Servais de Lairuelz [68], fondateur de l'Antique Rigueur de Lorraine, saint Pierre Fourier [69], fondateur des Chanoines Réguliers de Notre-Sauveur, et Dom Didier de La Cour [70], fondateur de la Congrégation bénédictine de Saint-Vanne, en sont les artisans et les représentants les plus significatifs. Dans cette perspective de réforme fondée sur un authentique renouveau intellectuel, Psaume introduisit l'imprimerie à Verdun. En 1569, il appela dans sa ville épiscopale Nicolas Bacquenois, remplacé en 1571 par Martin Marchant. L'imprimerie se révéla être un moyen privilégié de la pastorale. Elle permettait à l'évêque de faire connaître exactement ses instructions et lui donna l'occasion de faire imprimer, outre ses statuts synodaux, une bonne partie de ses vingt-quatre ouvrages. On peut dire

---

[68] É. DELCAMBRE, *Servais de Lairuelz et la réforme des Prémontrés*, Averbode, 1964 (Bibliotheca Analectorum Praemonstratensium - 5), p. 46.

[69] R. TAVENEAUX, « Saint Pierre Fourier et les courants de pensée de son temps », in H. DERRÉAL, *Saint Pierre Fourier, sa correspondance 1598-1640*, Nancy, 1986, t. I, Introduction, p. IX-XXXVIII. – R. TAVENEAUX, *Saint Pierre Fourier en son temps*, Nancy, 1992.

[70] G. MICHAUX, « Une fondation tridentine : La congrégation bénédictine de Saint-Vanne », *Revue d'Histoire de l'Église de France*, t. LXXV, n° 194 (1989), p. 137-148.

que Nicolas Psaume fut le fondateur de l'imprimerie verdunoise. En la mettant au service de la réforme catholique, il jetait les bases d'une diffusion nouvelle de la pensée en Lorraine.

Comme les fidèles avaient surtout l'occasion de recevoir un enseignement doctrinal à l'occasion de la réception des sacrements, Psaume résolut d'organiser un enseignement systématique. Il fit une obligation aux prêtres de donner de brèves instructions pour expliquer, à l'occasion, l'institution du sacrement par le Christ, sa grâce et ses effets. Si le concile de Trente avait jugé bon de conserver l'emploi de la langue latine dans la liturgie, il avait fait un devoir aux pasteurs d'instruire les fidèles en langue vernaculaire durant la messe. Psaume étendit cette obligation à tous les sacrements et, pour aider les prêtres dans l'accomplissement de cette charge, il publia en 1550 une brève *Méthode Sacramentaire*, puis en 1554 sa fameuse *Institutio Catholica*.

Nicolas Psaume avait conscience que la vie de son Église dépendait en fait de la qualité de ses clercs. Cette question fut une de ses préoccupations majeures et celle à laquelle il dédia la plus grande partie de son activité. En l'absence de toute institution de formation des clercs, il fallait que l'évêque pût exercer un choix éclairé sur les candidats au sacerdoce. Déjà en 1558, il avait pensé utiliser son « Orphanotrophe » pour la préparation de futurs clercs. Dès 1562, il institua les premières normes de sélection des candidats, qu'il renforça en 1564 avec la constitution du collège des examinateurs synodaux chargés de juger les aptitudes et les connaissances des candidats aux ordres et aux bénéfices. Conscient des limites de son personnel diocésain, Psaume résolut de fonder un séminaire et de le placer sous la protection et la surveillance des Jésuites du collège. La mort l'empêcha de réaliser son dessein, mais l'idée en avait germé plus de soixante-dix ans avant l'ouverture du premier séminaire de saint Vincent de Paul. À partir de 1564, Psaume réforma les réunions de doyennés, fit en sorte que les représentants de la curie épiscopale pussent y participer et exigea que ces rencontres sacerdotales ne donnent aucune prise au scandale, comme cela avait été le cas dans le passé. À partir de 1572, il voulut que ces réunions profitassent aux fidèles et ordonna que l'on y fît une prédication en français, mission qu'il confia aux Jésuites de Verdun. À travers ces réformes, Psaume poursuivait un but : instaurer la figure sacerdotale issue des décrets tridentins, autour du concept de « pasteur ». La résidence devait s'imposer, car le pasteur devait vivre au milieu de son peuple pour le connaître et le servir. Cette réforme proposait au clergé de revenir à ce qu'il était depuis l'origine, pour en tirer des conséquences dans sa vie quotidienne. Cette réforme devait être intérieure, mais elle devait aussi être visible. En somme, Nicolas Psaume contribua à l'établissement d'un clergé séparé du monde et de la société au nom même de sa mission, dont l'existence devait être soutenue par une vie élevée, nourrie de la méditation de l'Écriture et des auteurs catholiques, dans une austérité de vie dont les fruits apparaîtraient dans l'exercice des vertus quotidiennes. Le prêtre devait être tout à tous sans se lier à personne. Hors de la société dans une certaine mesure, c'est au sein de la société qu'il devait oeuvrer pour conduire les hommes vers la société de Dieu et des saints dont il était constitué témoin sur la terre.

De Trente, Nicolas Psaume rapporta un sens aigu de la catholicité, qui avait renforcé chez lui un sentiment très vif de l'idéal unitaire partagé, d'ailleurs, par ses contemporains : à aucun moment il n'estima possible ni souhaitable la coexistence de plusieurs religions dans son État. C'est pourquoi il se fit un devoir de lutter sans relâche contre le protestantisme, en employant les moyens préconisés par le concile, notamment la réforme du clergé et des fidèles, la diffusion de l'enseignement de la doctrine catholique, et l'éloignement des protestants des terres de son diocèse. En 1562, Psaume n'hésita pas à lever une armée et à prendre en mains la défense de Verdun assiégé avec la complicité du gouverneur protestant, François de Boucard. Cette lutte revêtit également des allures plus pacifiques, notamment par la publication d'ouvrages apologétiques d'un grand intérêt.

Sur le plan politique, l'action de Nicolas Psaume fut également décisive. Ses liens privilégiés avec la Maison de Lorraine le conduisirent à mener une politique tendue vers le maintien de l'indépendance de son comté. Il modifia par deux fois l'organisation municipale de sa ville épiscopale. En 1552, aussitôt après l'entrée du roi Henri II dans Verdun, le cardinal Charles de Lorraine et l'évêque opérèrent une véritable coup d'état contre les lignages. Ceux-ci perdirent la situation prépondérante qu'ils occupaient depuis des siècles. Vingt-deux ans plus tard, Psaume devait modifier de nouveau la constitution de sa ville épiscopale. Tout en se réservant une autorité très grande, il rendit aux lignages une partie des privilèges qu'il leur avait soustraits en 1552, à l'exception toutefois du droit de nommer les membres du conseil de la ville, qui se virent chargés de l'administration, de la police, des finances et du service des subsistances. N'ayant pas les forces militaires de s'opposer seul à l'avancée du protestantisme, et ne pouvant guère compter sur l'aide de l'empire germanique, il favorisa le « protectorat » du roi de France sur son évêché. Dans cette perspective, il accueillit, en 1552, le roi de France Henri II, comme « protecteur, en qualité de vicaire du Saint-Empire ». Grâce à l'appui de la Maison de Lorraine et du royaume, il rétablit les anciens droits des évêques-comtes de Verdun et gouverna son territoire avec une rare sagesse. Néanmoins, on peut dire qu'avec Nicolas Psaume, l'empire ne conservait qu'une suzeraineté formelle sur l'évêché de Verdun, tandis que le dessein français d'annexion se trouvait conforté. Il devait se réaliser pleinement moins d'un siècle plus tard.

Nicolas Psaume fut l'un des meilleurs prélats du XVIe siècle et l'un des pionniers de la Réforme catholique dans les pays de langue française. Selon son voeu, il fut enterré en 1575 dans la cathédrale et son coeur déposé dans la chapelle du collège qu'il avait fondé et confié aux Jésuites. À l'occasion du Millénaire de la cathédrale, la chapelle du collège étant désaffectée, le coeur de Nicolas Psaume fut déposé dans son tombeau à la cathédrale. Le Père Roch Mamerot qui fit son éloge funèbre, remarqua, à juste titre, qu'il avait été l'un des prélats les plus illustres et les plus saints de son temps. Son épiscopat marque un tournant dans l'histoire du diocèse de Verdun : il y introduisit la réforme catholique, releva le pouvoir temporel des évêques, et affermit sur son diocèse l'influence française.

Un artisan de la renaissance catholique tchèque : Jean Lohélius [71]

Jean Lohélius, né à Cheb (Eger) dans le sud-ouest de la Bohême en 1549, était issu de parents pauvres, gagnant leur vie dans les charrois, comme le laisse supposer le cric qui figure dans ses armes archiépiscopales, à côté de la devise : *Suscitans de terra inopem et de stercore erigens pauperem* – de la poussière il relève le faible et du fumier il élève le pauvre – extraite du psaume 112. Entré en 1564 au service de l'abbaye de Teplá, il s'occupa pendant plusieurs années des écuries, puis devint valet de l'abbé Jean Murregius.

L'abbé de Teplá lui fit donner une bonne formation et l'accueillit comme novice en 1573. Après sa profession religieuse, Jean Lohélius fut envoyé à Prague où il fréquenta l'Académie Saint-Barthélemy confiée aux Jésuites, et fut ordonné prêtre en 1576. Après la fin de ses études, en 1578, l'abbé Murregius le nomma sous-prieur et prédicateur de l'abbaye. Il obtint tout de suite de tels succès qu'à la fin de 1578, il fut envoyé comme prieur à Strahov alors en ruine.

À Strahov, Jean Lohélius trouva seulement deux religieux. Aussitôt, il recommença la célébration de l'office dans la chapelle de Sainte-Ursule, seul endroit encore utilisable pour le culte divin. Les difficultés allaient cependant mettre rudement à l'épreuve le jeune religieux. Le 4 février 1579, l'empereur Rodolphe II déposa l'abbé Jacques de Sternowitz et mit sur le siège abbatial de Strahov un chanoine de Teplá, Mathias Göhl. L'abbé déposé suscita une véritable persécution contre Jean Lohélius qui revint à Teplá, faute de pouvoir mener à bien la reconstruction de l'abbaye et la reconstitution de la communauté. À Teplá, il remplit les fonctions de *Rector conventus* avec zèle.

Le 7 septembre 1583, l'abbé de Strahov obtint le retour de Jean Lohélius en qualité de prieur. Les événements se précipitèrent en 1586 : l'abbé Mathias Göhl avait quitté Strahov pour remplacer l'abbé de Teplá, décédé, et le nouvel abbé de Strahov, André Werner, devait lui aussi quitter son abbaye pour la prévôté de Doxani. Jean Lohélius fut élu abbé de Strahov à sa place. Avec l'aide de confrères venus de l'abbaye de Steinfeld et grâce aux largesses de l'empereur Rodolphe II, il réalisa en peu de temps la reconstruction de l'abbaye, fonda une école pour les enfants, récupéra une partie des biens aliénés du monastère, reconstruisit l'église

---

[71] K. PICHERT, « Johannes Lohelius, sein Leben und seine Tätigkeit im Prämonstratenserorden und als Erzbischof von Prag », *Analecta Praemonstratensia*, t. III (1927), p. 125-140, 264-283, 404-422.

abbatiale et rétablit la bibliothèque. Il s'occupa soigneusement de la formation de ses religieux en leur procurant les meilleurs maîtres.

À partir de 1587, il fut vicaire général de l'ordre pour les circaries d'Autriche et de Bohême, de Hongrie et de Pologne. Il visita les maisons sous sa juridiction et imposa des normes de réforme, qui suscitèrent parfois de vives oppositions. Jean Lohélius résolut de se rendre à Rome pour se faire confirmer ses droits. En 1601, accompagné de Gaspar von Questenberg, son futur successeur à la tête de l'abbaye de Strahov, il reçut pleins pouvoirs pour réformer la vie conventuelle de toutes les abbayes prémontrées de son ressort et les visita. Ses efforts furent couronnés de succès : en 1590, sa communauté était suffisamment forte pour qu'il envoyât un groupe de religieux restaurer l'abbaye de Želiv. En 1612, Strahov comptait à nouveau 30 religieux.

Pour son activité au sein de l'ordre et notamment pour la renaissance de l'observance prémontrée dans toute sa rigueur, Jean Lohélius a mérité d'être appelé second fondateur non seulement de Strahov, mais de l'ordre de Prémontré en Bohême, Moravie, Autriche, Pologne et Hongrie.

Une telle réussite ne devait pas passer inaperçue. Le pape, conseillé par l'empereur, résolut d'appeler Jean Lohélius à l'épiscopat. En 1604, il fut nommé évêque titulaire de Sébaste et auxiliaire de l'archevêque de Prague, Zbyněck Berka z Dubé. À la mort de ce dernier, Jean Lohélius exerça les mêmes fonctions vis-à-vis de son successeur, Charles de Lamberk. En 1612, Paul V le nomma archevêque-coadjuteur, charge que Jean Lohélius exerça peu de temps, car l'archevêque mourut le 18 septembre de la même année.

Nouvel archevêque de Prague, Jean Lohélius fut installé dans ses fonctions, le 8 décembre 1612. Immédiatement, il entreprit de visiter son immense diocèse, et de ramener les populations à la foi catholique. Consacrant ses efforts à l'application des décrets du concile de Trente, il manifesta une détermination et une fermeté qui culminèrent dans la destruction d'un temple protestant de Hrob, propriété de l'archevêché. Devant la montée des oppositions à l'Église catholique, qui se manifestèrent par la suppression de la Compagnie de Jésus, la persécution des ordres religieux et la confiscations des biens ecclésiastiques, Jean Lohélius fut contraint, en 1618, de s'exiler à Vienne.

Le succès remporté près de Prague par l'empereur Ferdinand II et le duc de Bavière Maximilien, lors de la célèbre bataille de la Montagne-Blanche, le 7 novembre 1620, renversa la situation. L'Église catholique trouva en Jean Lohélius l'homme de sa restauration. L'archevêque entreprit une oeuvre énergique de « re-catholicisation » du pays, appuyé par l'empereur devenu roi de Bohême. Dans un mémoire du 1er décembre 1620, Jean Lohélius résumait ses perspectives d'avenir : en Bohême, il n'y aurait désormais plus de place ni pour les ministres non-catholiques ni pour une université non-catholique. Un an plus tard, il écrivait à l'empereur pour dénoncer une liberté publique dont les effets pernicieux étaient néfastes au pays, car elle permettait la renaissance d'incessants mouvements de révoltes. Ce mémoire doit être considéré comme le fondement juridique de la « re-catholicisation » programmée de la Bohême.

Intransigeant dans la réforme de l'ordre de Prémontré, Jean Lohélius le fut également dans la réforme du clergé, et notamment vis-à-vis des prêtres suspects d'hérésies ou indignes. Après la victoire de la Montagne-Blanche, il exerça une influence considérable, diversement appréciée encore de nos jours. Il mourut le 2 novembre 1622, considéré comme un saint dans l'ordre de Prémontré, mais très contesté pour son entreprise de « re-catholicisation » forcée. Il laisse néanmoins le témoignage d'un pasteur attentif aux misères de son peuple : suivi de domestiques chargés de provisions, il allait lui-même dans les demeures les plus pauvres consoler les malades et soulager les indigents.

7. Renouveau de la spiritualité et de l'intériorisation sous l'influence des Jésuites

L'Antique Rigueur de Lorraine

Dans la ligne de l'action réformatrice entreprise par les abbés généraux Jean Despruets et François de Longpré, et profitant de l'élan imprimé en Lorraine par le Prémontré Nicolas Psaume qui établit avec le cardinal Charles de Lorraine la Compagnie de Jésus à l'université de Pont-à-Mousson [72], Servais de Lairuelz apparaît certes « comme un continuateur plus que comme un précurseur » [73], mais ce fut un continuateur de génie.

Jacques Colpin, oncle de Servais de Lairuelz, était entré dans l'abbaye prémontrée de Saint-Paul de Verdun sur les conseils de Nicolas Psaume. Il devait en devenir bientôt le prieur claustral [74]. Avec son cousin Christophe Gilles, Servais de Lairuelz, qui avait reçu au baptême le nom d'Annibal, entra dans l'abbaye de son oncle, le 25 mars 1580. Après son noviciat et pendant quatre années, Servais suivit les cours de l'université de Pont-à-Mousson en compagnie de Didier de La Cour, futur fondateur de la congrégation bénédictine de Saint-Vanne, et de Pierre Fourier, futur fondateur des chanoines réguliers de Notre-Sauveur. Pour plus de facilité, Servais résidait à Sainte-Marie-au-Bois, proche de l'université. Après un séjour au collège de Clermont à Paris, il devint docteur en théologie. Revenu dans son abbaye de Saint-Paul de Verdun, il sembla tout d'abord se décourager devant le peu de ferveur des religieux qui l'entouraient.

---

[72] B. ARDURA, Nicolas Psaume..., p. 279-281.

[73] É. DELCAMBRE, Servais de Lairuelz..., p. 46.

[74] B. ARDURA, La Congrégation de l'Antique Rigueur de l'Ordre de Prémontré. L'établissement d'un réseau de réforme aux XVIe-XVIIe siècles », Naissance et fonctionnement des réseaux monastiques et canoniaux, Actes du Saint-Etienne, C.E.R.C.O.R., Université Jean Monnet, 1991, p. 687-704.

Mais, doué d'un caractère affable, il conquit la confiance des religieux qui l'entouraient et, en peu de temps, son prestige dépassa largement le cadre de sa propre abbaye. L'abbé François de Longpré le nomma, en 1596 ou 1597, vicaire pour tout l'ordre de Prémontré, charge qu'il occupa jusqu'en 1617, date à laquelle éclatèrent les premières dissensions entre le chapitre général et Servais désireux de fonder une congrégation jouissant d'une relative autonomie par rapport à la commune observance de Prémontré.

Soucieux de rétablir l'unité liturgique de l'ordre, Servais de Lairuelz préfaça les nouveaux bréviaires publiés par François de Longpré en 1598. En 1600, il se rendit à Rome pour faire approuver des constitutions inspirées par une rigueur qui tranchait sur les statuts de la commune observance. En 1603, il publia l'*Optica Regularium* [75] dans lequel il exposait l'idéal de la vie prémontrée. Lors du chapitre de 1605, Servais exerça une influence prépondérante : sur les seize abbés présents, sept étaient lorrains. Les abbés de Sainte-Marie-au-Bois, Salival, L'Étanche, Jandeures, Longwé, Jovilliers et Justemont le soutinrent dans sa tentative de restauration.

Homme de jugement, Servais a conscience que seule une réforme équilibrée a quelque chance d'être acceptée par l'ordre. Pour cela il s'attache à souligner les points fondamentaux qui lui apparaissent *substantiels* dans la règle norbertine et la distingue de celle des autres instituts. La fidélité à la règle apparaît ici comme condition indispensable à cette oeuvre de réforme, mais Servais de Lairuelz est un fin diplomate : il accepte les assouplissements concédés par les papes en matière de jeûne et de pénitence, mais il exige de tous les religieux, abbés compris, les repas, le dortoir et le vestiaire communs.

Visiteur du chapitre général, il prend çà et là des mesures tendant à réprimer les abus, spécialement dans l'abbaye autrichienne de Wilten [76]. Il condamne la pratique du pécule et veille à ce que la pratique de désappropriation soit considérée comme « élément substantiel » de l'ordre de Prémontré. Il recommande la régularité à l'office, en particulier à l'office de nuit alors presque totalement abandonné.

Dès 1602, il étendit son influence en envoyant aux abbayes de L'Étanche et de Salival des religieux de sa propre maison, et députa à Saint-Paul de Verdun son cousin Christophe Gilles, avec mission d'initier les profès de cette abbaye à une observance moins mitigée [77]. De la sorte, peu de temps après, la quasi-totalité des abbayes lorraines pouvaient promettre entre les mains de l'abbé général, François de Longpré, de se soumettre effectivement aux statuts revivifiés de la commune observance. Fort de ce succès, Servais de Lairuelz parcourut toutes les abbayes

---

[75] S. de LAIRUELZ, *Optica regularium seu commentarii in regulam sancti Augustini*, Pont-à-Mousson, 1603.

[76] S. SZANTO, « Visite de l'abbaye de Wilten, 16 mai 1606 », *Analecta Praemonstratensia*, t. XXXV (1959), p. 258.

[77] É. DELCAMBRE, *Servais de Lairuelz...*, p. 80-81.

de Lorraine durant l'hiver 1603-1604, pour y propager la réforme. Les abbayes belges s'opposèrent à ce mouvement, tandis que les maisons des circaries d'Europe centrale, surtout celles de Souabe et de Bavière, lui firent le meilleur accueil, sans toutefois adhérer pleinement à la réforme. Il semble avoir eu plus de succès en Bohême où l'abbaye de Strahov se rangea à ses côtés.

Dans son abbaye de Sainte-Marie-au-Bois, Servais de Lairuelz sollicita les services d'un Jésuite, le Père Anselme André, qui avait déjà exercé sur lui une influence spirituelle décisive lorsqu'il était à Saint-Paul de Verdun. En fait, l'influence ignatienne était à ce point importante pour Servais, qu'il conçut bientôt le projet de transférer son abbaye à Pont-à-Mousson, pour qu'elle fût plus proche des Pères de la Compagnie de Jésus en même temps que de l'université. Le 14 avril 1608, on posa la première pierre de la nouvelle abbaye Sainte-Marie-Majeure. L'influence de la Compagnie était telle que l'on plaça dans le cloître non un portrait de saint Norbert, mais ceux d'Ignace et de François-Xavier.

Dans ce nouveau contexte, Servais de Lairuelz rédigea à l'intention des religieux de Sainte-Marie-Majeure des statuts particuliers dont la rigueur tranchait sur ceux approuvés à son instigation en 1605. L'abbé général François de Longpré les confirma. On y trouve l'usage de la chemise de laine, l'office de minuit, la confession hebdomadaire, l'examen quotidien, la recommandation aux prêtres de célébrer la messe chaque jour, la récollection annuelle. Les comptes de l'abbaye devraient être rendus chaque mois, et surtout, l'abbé général stipula qu'on n'excluait ni l'abstinence perpétuelle ni le jeûne du Grand Carême, le tout soumis au jugement de l'abbé de Sainte-Marie-Majeure. En 1611, il n'est donc pas encore question de donner à l'abbaye de Pont-à-Mousson une quelconque autonomie.

En fait, cette première réforme n'était qu'une étape dans l'esprit de Servais de Lairuelz. Pensant à l'avenir et soucieux d'éviter la présence d'un abbé commendataire, il opéra la séparation des menses, et donna à la mense conventuelle toute l'abbaye de Sainte-Marie-Majeure, réduisant la mense abbatiale au pouvoir de nommer librement les officiers du monastère, à l'exception toutefois de ceux qui jouaient un rôle économique, ceci afin d'éviter tout abus de la part de ses successeurs.

En 1613, Servais franchit un nouveau pas en passant de la possibilité à l'obligation de l'abstinence perpétuelle et du Grand Carême. Désormais les religieux dormiraient sur une simple paillasse et porteraient un habit complètement blanc. Il remit en honneur la proclamation des coulpes au chapitre ainsi que le silence durant les repas et dans les bâtiments conventuels. Il développa un réel renouveau liturgique et s'attacha à promouvoir un recrutement de qualité. Il prit des mesures pour que les religieux n'élisent « pour abbés que les meilleurs », sous serment. Il prit des garanties analogues pour les officiers de l'abbaye et pour le recrutement des religieux affectés au ministère paroissial. En outre, les religieux de

Pont-à-Mousson s'obligeaient à promouvoir la réforme non seulement parmi eux, mais « partout » [78].

L'intention de fonder une congrégation à l'intérieur de l'ordre de Prémontré se fait jour peu à peu. D'ailleurs, le réformateur avait prévu un certain nombre de dispenses et de dérogations concernant le jeûne et l'abstinence, afin de faciliter l'adhésion d'autres abbayes à la congrégation naissante, et dans le cas où un religieux de Pont-à-Mousson serait nommé prieur d'une autre abbaye en vue d'y introduire la réforme. Dès le 25 mars 1613, les quinze religieux de choeur et les huit convers de Sainte-Marie-Majeure renouvelaient leur profession en se conformant unanimement aux nouveaux statuts.

À la suite de François de Longpré, l'abbé général Pierre Gosset [79] approuva en 1613 la réforme de Pont-à-Mousson, attesta que la double observance du jeûne et de l'abstinence était conforme aux anciennes traditions de l'ordre et que cette observance ne pouvait en aucune façon être considérée comme une désobéissance par rapport aux mesures d'assouplissement prises par les papes. En 1616, Gosset pouvait affirmer que la réforme

> « ne contenait [pas] d'élément qui détruisît l'ordre de Prémontré et que, bien plus, ils le restituaient et le perfectionnaient [...] Nous disons que tous les profès de l'ordre doivent être exhortés à les observer [...] plutôt que de s'en détourner comme certains, manquant de discernement, le font » [80].

En 1614, les abbayes de Salival et Justemont adoptent la réforme de Pont-à-Mousson.

Les années 1617-1618 marquèrent un tournant décisif. À la demande d'approbation des *Constitutions* de 1613, habilement formulée par les Prémontrés réformés, Paul V répondit, le 28 juillet 1617, non seulement en ratifiant leurs statuts et en permettant à tous les religieux qui le désireraient de rejoindre la réforme, mais il créa

> « avec les trois monastères susdits et avec tous les autres dudit ordre dont les abbés et les religieux voudraient embrasser ladite réforme ou permettraient de l'introduire dans leur couvent une congrégation unique, dite de Sainte-Marie-Majeure de Pont-à-Mousson » [81].

L'érection de cette abbaye en chef de congrégation et de son abbé en supérieur des réformés, allait constituer une pierre d'achoppement pour l'avenir : cette position et ce rôle empiétaient sur la juridiction de l'abbé de Prémontré, général de tout l'ordre. La bulle précisait certes que l'abbé général conservait le droit de visite dans les maisons réformées, mais il devait se faire accompagner d'un religieux appartenant à la réforme. Si le général ne pouvait ou ne voulait pas faire la visite, il ne pouvait déléguer personne pour ce faire, et la charge en revenait au président de la congré-

---

[78] Article 20 des *Constitutions* de 1613 (Arch. Dép. du Calvados, H. 22).
[79] Abbé de Prémontré, de 1613 à 1635.
[80] É. DELCAMBRE, *Servais de Lairuelz...*, p. 131.
[81] *Ibid.*, p. 134.

gation. Enfin, les visiteurs ne pouvaient envoyer un religieux réformé en punition dans une maison qui ne fût pas réformée.

Le prosélytisme de Servais de Lairuelz ne faisait de doute pour personne : il souhaitait que le plus grand nombre possible d'abbayes entrent dans sa congrégation et agissait en conséquence. Les religieux de la commune observance craignirent pour l'unité de l'ordre et accusèrent Servais de Lairuelz de « vouloir se faire un nom » [82]. On le soupçonna, à la suite de sa naturalisation française en 1612, de vouloir accéder à l'abbatiat de Prémontré pour imposer sa réforme à l'ordre tout entier. La réaction ne se fit pas attendre : le chapitre général le déposa de sa charge de vicaire général dès la promulgation de la bulle de Paul V, et décida qu'à l'avenir aucune charge de visiteur ne lui serait plus confiée. Toutefois, dès l'année suivante, compte tenu de son prestige personnel, le chapitre le nomma encore visiteur d'Europe centrale. Il put ainsi visiter les circaries de Pologne, Bohême, Hongrie, Souabe, Bavière, et toute l'Allemagne [83].

Le chapitre somma Servais de Lairuelz de renoncer au bénéfice de la bulle de Paul V qui instituait la Congrégation de l'Antique Rigueur, tout en admettant que les religieux qui désireraient embrasser la voie de la réforme pourraient le faire librement en changeant de maison. Servais s'inclina et renonça à la fondation d'une congrégation autonome. Le chapitre, de son côté, prit des mesures aux allures de réforme pour faire comprendre à Servais qu'il n'avait pas le monopole de celle-ci et que l'ordre était capable de se réformer par lui-même.

En 1620, le réformateur revint à la charge et demanda une troisième confirmation des statuts de 1613 pour les étendre à Saint-Paul de Verdun et à Salival. L'abbé général Pierre Gosset décida par acte du 8 mars 1620 que ces deux monastères et les autres qui s'y joindraient ultérieurement, formeraient comme celui de Pont-à-Mousson une « Communauté dite de l'Antique Rigueur ». L'autorité de l'abbé général était sauve et la réforme ne pouvait être accusée de nuire à l'unité de l'ordre. D'autre part, le visiteur de l'Antique Rigueur serait appelé « vicaire de l'abbé général » : ce n'était donc plus l'abbé de Pont-à-Mousson qui détiendrait l'autorité suprême sur les communautés réformées et l'on ne parlerait plus de congrégation autonome.

Fin diplomate et profondément religieux, l'abbé général Pierre Gosset prit lui-même une initiative en faveur de la réforme. L'abbaye Saint-Paul de Verdun avait adhéré en principe au mouvement mussipontain, mais il fallait y réformer complètement la vie conventuelle : Gosset demanda à Lairuelz d'y envoyer sept ou huit religieux de Pont-à-Mousson pour accomplir cette difficile tâche. En fait, quatre chanoines mussipontains se substituèrent aux chanoines verdunois peu enclins à se

---

[82] Arch. Dép. du Calvados, H. 25, n° 81, p. 2.

[83] Chapitre général de 1619, *Acta et Decreta Capitulorum Generalium Ordinis Praemonstratensis (1588-1660)*, éd. J.B. VALVEKENS, *Analecta Praemonstratensia*, t. LV (1979) - t. LIX (1983), p. 84 (numérotation continue).

réformer, contre le versement d'une pension. Quant à l'abbaye de Salival, ralliée à Lairuelz dès la première heure, elle se réforma par implantation de religieux étrangers plus que par la conversion de ses chanoines. Certains anciens, hostiles à la réforme, continuèrent à vivre en plus ou moins bonne intelligence à côté des réformés.

Soucieux de fournir à son oeuvre un fondement légal solide, Servais de Lairuelz résolut de se concilier le roi de France, sans l'approbation duquel aucune congrégation n'avait, en principe, droit de cité dans le royaume. Louis XIII, par lettres patentes du 22 janvier 1621, autorisa l'introduction dans tous les monastères prémontrés de son royaume de « la réformation que l'on appelle communément de saint Norbert ainsi qu'elle est présentement en ladite abbaye de Saint-Paul de Verdun » [84]. Cette confirmation royale eut une grande influence auprès du cardinal Varallo, protecteur de l'ordre, et Grégoire XV, par bulle du 17 avril 1621, confirma pour Pont-à-Mousson, Saint-Paul de Verdun et Salival les constitutions de l'Antique Rigueur approuvées par l'abbé général Pierre Gosset le 8 mars 1620. Pour éviter toute contestation de la part de l'ordre, Lairuelz fit introduire la confirmation du vicaire général de la réforme par l'abbé de Prémontré.

Dès le 10 mars 1620, au lendemain de la confirmation de la communauté de l'Antique Rigueur par l'abbé général Gosset, les religieux réformés tinrent leur première réunion à Sainte-Marie-au-Bois, sous la présidence de Gosset en personne. En 1621, on décida que le chapitre se réunirait chaque année et qu'il serait composé de l'abbé, d'un délégué de chaque maison, du vicaire général, du visiteur, du secrétaire et du maître des novices de la communauté de l'Antique Rigueur [85]. L'institution lairuelienne avait pour cadre général, outre le chapitre annuel, le vicaire général et les définiteurs. Le chapitre annuel avait parmi ses prérogatives celle d'élire les prieurs, le maître des novices et les proviseurs, sûr moyen d'assurer le choix de personnes vraiment capables d'occuper ces importantes fonctions.

Forte de sa structure canonique et civile, et surtout du zèle de ses religieux, la communauté de l'Antique Rigueur se développa rapidement. Les abbayes lorraines de Belval et de Saint-Paul de Sens rejoignirent Lairuelz en 1620. C'est cependant dans les États du duc de Lorraine que se réalisa l'extension la plus spectaculaire. En 1625, l'abbaye de Mureau se rallia à la réforme. À la suite d'une épidémie dont les religieux rendirent responsable l'office de nuit chanté en un lieu humide, et désirant voir refleurir leur abbaye, ils laissèrent la place à ceux, réformés, qui voudraient assurer l'office divin, moyennant une pension que leur verserait la communauté réformée. L'abbaye de Rangéval adhéra dans des conditions semblables à l'Antique Rigueur. Pour faire échec au visiteur qui les avait froissés, l'abbé et ses chanoines décidèrent de faire passer leur

---

[84] J. LEPAIGE, Bibliotheca..., p. 756.
[85] É. DELCAMBRE, Servais de Lairuelz..., p. 159.

abbaye à la réforme mussipontaine. Ils acceptèrent de quitter les lieux, moyennant une pension de 300 francs barrois. La même année, l'abbaye de L'Étanche fut agrégée par son abbé à la réforme, bien qu'il n'y adhérât pas personnellement. En 1627, l'abbaye d'Étival se rallia après des hésitations, mais les chanoines n'avaient guère résolu de se réformer. Ils acceptèrent eux aussi de laisser la place à d'autres. Ainsi 31 religieux de la commune observance cédèrent la place, le 31 janvier 1627, moyennant une pension de 350 francs chacun. À la mort de Servais de Lairuelz, huit abbayes lorraines avaient rejoint la réforme de l'Antique Rigueur.

De la Lorraine, la communauté de l'Antique Rigueur s'étendit rapidement à la Normandie. L'abbaye d'Ardenne, au diocèse de Caen, rejoignit la réforme en 1628, dans d'insolites circonstances. Soumis à un prélat peu exemplaire, Guillaume Gallodé de Champbrûlé, les chanoines résolurent d'échapper à son emprise et s'agrégèrent à l'Antique Rigueur. Malgré les manoeuvres de l'abbé, la communauté demeura dans l'obédience mussipontaine. En 1629, l'abbaye de Belle-Étoile suivit l'exemple d'Ardenne. L'abbaye de Silly adopta une attitude semblable, mais son agrégation fut laborieuse et les chanoines demandèrent d'être dispensés de l'abstinence perpétuelle et sollicitèrent de pouvoir adoucir la règle de Pont-à-Mousson. Certains quittèrent même leur abbaye, car ils voulaient adhérer à la communauté de l'Antique Rigueur, mais non à sa règle.

À la mort de Servais de Lairuelz, la communauté de l'Antique Rigueur était en pleine extension et gagnait tant d'abbayes, qu'au cours du XVIIe siècle, le chapitre général de l'ordre dut modifier les circaries françaises, certaines, comme celles de Lorraine et de Normandie ayant perdu la majeure partie de leurs abbayes passées à la réforme mussipontaine.

Née dans un milieu fécondé intellectuellement par le développement de l'université de Pont-à-Mousson, et spirituellement par la Compagnie de Jésus, la réforme de Servais de Lairuelz représente un succès que seule la Révolution de 1789 parvint à arrêter net. Le prosélytisme du réformateur et son désir de créer une entité autonome ont certainement freiné l'élan de ce mouvement, en suscitant chez l'abbé de Prémontré et dans les abbayes de la commune observance, la crainte, renforcée par la malheureuse expérience d'Espagne, d'une rupture de l'unité dans l'ordre de saint Norbert et celle de se voir imposer une réforme qu'ils n'envisageaient nullement pour eux-mêmes. Servais de Lairuelz est sans conteste, par son entreprise réussie et son oeuvre spirituelle, un des grands Prémontrés de la Réforme catholique.

Les articles fondamentaux de l'Antique Rigueur de Lorraine

Les articles fondamentaux, loin de former un corps complet de législation, renferment seulement l'énoncé des articles constitutifs de l'Antique Rigueur fondés sur la bulle d'approbation de la réforme par Paul V, le 28 juillet 1617. Ces institutions se rapprochent singulièrement des observances primitives de Prémontré. Servais de Lairuelz y voit un moyen de compléter les statuts de l'ordre, à l'usage des abbayes réformées. Comme l'Antique Rigueur s'obligeait à l'observance des statuts généraux de l'ordre dans la mesure où ceux-ci n'étaient pas contraires aux articles constitutifs de la Communauté réformée, on rédigea un corps succinct de constitutions divisé en quatre distinctions : les articles de la réforme, les personnes et les offices claustraux, le gouvernement, les privilèges de la réforme.

Les articles fondamentaux sont les suivants :

1. Communauté du vivre et du vêtir ; 2. Observation des statuts de l'ordre de Prémontré ; 3. Abstinence perpétuelle de viande et jeûne depuis la fête de l'Exaltation de la Sainte-Croix jusqu'à Pâques ; 4. Silence régulier ; 5. Usage des habits de laine et, pour le dortoir, d'une seule paillasse de paille ou de matière semblable ; 6. Dortoir commun ; 7. Réfectoire commun ; 8. Lecture spirituelle durant les repas ; 9. Récitation quotidienne des Heures canoniales et de l'office de la Sainte Vierge ; 10. Office des matines à minuit ; 11. Habit complètement blanc, tant pour la robe que pour le scapulaire, la ceinture, la chape, le capuce ; 12. Proclamation des fautes au chapitre quotidien ; 13. Correction des fautes au même chapitre, et imposition de la pénitence par celui qui préside ; 14. Second noviciat ; 15. Confession hebdomadaire ; 16. Célébration quotidienne de la messe pour les prêtres, et communion hebdomadaire pour les autres religieux ; 17. Fidèle administration des biens temporels du monastère par les officiers qui en ont la gestion ; 18. Conservation des titres et documents, du sceau et de l'argent sous une triple clef ; 19. Exacte reddition des comptes une fois par mois ; 20. Zèle pour l'extension de la réforme, et y faire adhérer partout où c'est possible ; 21. Devoir pour le supérieur d'écouter les sujets de plainte qui peuvent survenir entre les religieux ; 22. Intelligente distribution du temps, aussi bien de jour que la nuit ; 23. Examen de conscience à la fin de la journée, méditation quotidienne, retraite annuelle, confession générale une fois l'an, rénovation annuelle de la profession religieuse, avec promesse d'accepter la visite annuelle du monastère et de refuser toute dispense des articles précédents, promesse d'élire les meilleurs à la charge de prieur ou d'abbé, dans la mesure du possible, et de ne pas donner ces charges comme un bénéfice ou une dignité [86].

Servais de Lairuelz, ou le réformateur « verbo et exemplo »

Les péripéties qui entourèrent la fondation de l'Antique Rigueur de Lorraine pourraient donner à penser que Servais de Lairuelz fut avant tout et essentiellement un *politique*, réformateur certes, mais surtout stratège. Les manoeuvres auxquelles il se livra pour obtenir gain de cause en faveur de la réforme de Lorraine, ne doivent jeter une ombre ni sur sa personne ni sur son oeuvre. Lairuelz fut un grand spirituel et un

---

[86] J. LEPAIGE, *Bibliotheca...*, p. 749. – *Statuta sacri et canonici Praemonstratensis Ordinis, renovata jussu Regis Christianissimi et auctoritate Capituli nationalis, anni 1770*, Paris, 1773, in fine.

intellectuel de valeur, formé à l'école de ses maîtres, les Jésuites de Pont-à-Mousson.

Abbé en 1600, à trente-cinq ans, et émule du prélat Daniel Picard, Servais de Lairuelz entreprend la dure tâche de formation de ses novices. En 1623, il publie la substance de son enseignement dans son *Catéchisme des novices* [87], destiné non seulement aux Prémontrés de l'Antique Rigueur, mais à tous les religieux. Le frontispice de l'ouvrage donne le ton : la Vierge de miséricorde étend son manteau protecteur, soutenu par saint Augustin et saint Norbert, sur l'ordre de Prémontré ; abbé, prieur et chanoines se pressent sous sa maternelle protection. De la bouche de saint Augustin s'échappe le verset du psaume 128 : « Voici nos fils comme des plants d'olivier tout alentour », tandis que saint Norbert implore la Vierge : « Montre-toi notre Mère ». De leur côté, l'abbé du monastère déclare : « Souviens-toi de notre congrégation », et le prieur : « En toi, est la demeure de tous les nôtres dans la joie », qui est une adaptation du psaume 87. Le *Catéchisme* distille en deux cent soixante-dix-huit leçons réunies en quatre parties tout ce qui fait l'essentiel de la vie religieuse fondée essentiellement sur l'observance de la règle.

C'est cependant dans une oeuvre antérieure qu'il faut rechercher la doctrine spirituelle de Servais de Lairuelz. En 1603, trois ans à peine après son élection abbatiale, il publie, à la demande de l'abbé général, l'ouvrage qui est sans conteste son chef-d'oeuvre, l'*Optica Regularium* [88]. Particulièrement bien informé des difficultés qui affectent l'ordre de Prémontré à l'aube du XVIIe siècle, l'auteur propose un *miroir* de la vie religieuse, un *portrait* idéal de la communauté et du religieux, qui ne peuvent s'obtenir sinon par une réforme radicale. Dans la foulée du concile de Trente, les pasteurs – ici au premier chef les abbés – se doivent de devenir des modèles, *images* du Christ. La règle de saint Augustin apparaît comme la pièce maîtresse de la vie prémontrée. Les religieux ne doivent-ils pas la lire régulièrement, de telle sorte que chacun puisse s'examiner à sa lecture, comme dans un miroir, de façon à pouvoir amender sa propre vie et la rendre conforme aux exigences promises lors de la profession ? Témoin de l'importance de ce *miroir*, le poème écrit par le propre frère de Servais, Jean de Lairuelz, placé parmi les nombreuses pièces placées en tête de l'*Optica Regularium* :

> « Si les mondains pour embellir leur face
> Ont un miroir qui d'une vive glace
> Pourtraict leur teint, leur visage, leurs yeux ;
> Pourquoi ceux-là, qui ont quitté le monde,
> Pour aviser si leur âme est bien monde,
> D'en avoir un ne seraient soucieux ?

---

[87] S. de LAIRUELZ, *Catechismi novitiorum et eorundem magistri omnibus quorumcumque ordinum religiosis utilissimi tomus I - II*, Pont-à-Mousson, 1623. On se reportera avec fruit à l'excellente étude de D.M. DAUZET, *Chanoines Prémontrés dans l'Église. Histoire et théologie d'un corps*, Mémoire de maîtrise de Théologie, Institut Catholique de Paris, 1993.

[88] Cf. note 75.

> Ce livre cy, tel miroir leur présente,
> Qui a l'esprit les taches représente.
> Tout le défaut et l'imperfection,
> Qui peut honnir d'une infame laidure
> Le lustre beau d'une âme nette et pure,
> Qui sert Dieu en la Religion.
>
> Celuy qui voit en ce Divin ouvrage
> De sa beauté pourtrait le vif image,
> S'efforce encore de bien plus embellir.
> Celuy qui voit au miroir sa soüillure,
> Tout aussi tost nettoye ceste ordure
> Et garde après de ne plus s'enlaidir. »

Sans s'embarrasser de figures de style, Servais de Lairuelz aborde la question essentielle : que sommes-nous venus faire à l'abbaye ? – chercher Dieu et renoncer à soi-même ! La vie religieuse suppose une purification du coeur qui ne saurait s'obtenir sinon par la pénitence. Loin d'être une retraite passive, la vie religieuse est un engagement dans un combat, une réponse active à une vocation de choix, ordonnée au renoncement à la volonté propre pour que s'accomplisse dans l'âme du religieux la seule volonté de Dieu. « L'habit ne fait pas le moine » et Dieu se complaît non dans l'apparence extérieure mais dans la docilité amoureuse du coeur. À la suite de saint Augustin, l'abbé appelle à l'intériorité, à la conversion intérieure, la *conversio morum* promise par les Prémontrés lors de leur profession.

Servais de Lairuelz dénonce sans complaisance les mauvais religieux qui vivent dans l'insouciance, voire les plaisirs, et ne sont rien moins que des traîtres à leur profession et à Dieu, des profiteurs vivant au crochet des bienfaiteurs laïques, des profanateurs des lieux saints, des parasites stériles, des calomniateurs de leurs saints pères et prédécesseurs. Ces condamnations détaillées jettent un éclairage brutal sur la vie conventuelle contemporaine de l'auteur, et font apparaître dans un jeu de lumière l'idéal religieux auquel la réforme entend restituer son « antique rigueur » pour la gloire de Dieu et de l'Église.

L'un des thèmes centraux et des plus controversés du concile de Trente avait été celui de la réforme de l'Église non seulement *in membris*, mais aussi et surtout *in capite*. Dans cette optique, Servais de Lairuelz estime que la réforme de la vie conventuelle dans son ensemble et de chaque religieux en particulier dépend de la réforme des abbés eux-mêmes. Dans le *Quatrième miroir*, il n'hésite pas à écrire :

« J'ai souvent pu constater l'état déplorable de maints monastères. Chaque fois, j'en ai recherché la cause au cours de ma méditation quotidienne. J'ai supplié Dieu en pleurant abondamment de m'éclairer et sur la cause et sur le remède de cette maladie. C'est du grand prophète Jérémie que je crois avoir reçu l'explication la plus éclairante : les bergers se sont conduits comme des sots, ils n'ont point cherché le Seigneur, et voilà que tout leur troupeau s'est dispersé. L'indolence de la tête a affecté le corps tout entier. Ah ! mes révérends pères, ne vous irritez pas contre moi : la vérité ne saurait engendrer de haine dans vos coeurs, puisque vous êtes, sur terre, les ambassadeurs de la Vérité. Il nous faut le reconnaître : la plupart d'entre nous se sont conduits comme des sots : par leurs vices ils ont conduit le troupeau de leur monastère sur les chemins des mêmes vicieuses errances » [89].

C'est dire la responsabilité des abbés qui se sont jetés dans les affaires du monde et ont permis sinon encouragé le vice de la propriété chez leurs religieux.

La tâche est ardue et nécessite des hommes généreux, qui ne craignent ni le sacrifice personnel ni l'impopularité, mais elle est possible. Pasteurs, les abbés ont reçu, le jour de leur bénédiction abbatiale, le bâton pastoral, la houlette, pour conduire le troupeau que Dieu leur a confié vers les verts pâturages. La réforme ne sera pas une entreprise facile, des religieux feront la sourde oreille, mais il faut rendre justice à la Vérité : la réforme s'impose :

> « Parce que nous sommes pasteurs, nous le devons, mais aussi nous le pouvons. En nos mains se trouve le pouvoir nécessaire pour ce faire. Si nous le voulons, nos sujets, qu'ils le veuillent ou non, seront bien forcés d'accepter la loi de notre réforme. Je peux tout en celui qui me fortifie disait l'Apôtre. Or, le pouvoir spirituel est entre nos mains, car le Seigneur nous a dit comme à Pierre : Pais mes brebis. Qui pourrait nous résister ou nous vouloir du mal, si nous nous révélons de bons entraîneurs ? » [90].

L'abbé obtiendra des résultats, dans la mesure où lui-même sera vraiment *forma gregis*, modèle du troupeau, et marchera à sa tête, donnant l'exemple d'une vie religieuse fidèle à la règle. L'exemple personnel est plus parlant et convainquant que maints discours inutiles.

La réforme des abbés commence par l'observance des éléments essentiels de la vie conventuelle et, en premier lieu, de la vie commune. La dignité abbatiale n'est pas faite pour permettre aux abbés de fréquenter les grands de ce monde, mais conduire leurs frères sur le chemin de la sainteté. À une époque où les abbés menaient volontiers une vie séparée de celle de la communauté, Servais de Lairuelz rappelle les observances fondamentales : réfectoire et dortoir communs, office divin avec les religieux au choeur, habitation dans l'abbaye. Il incombe aux abbés de promouvoir ce retour à la vie conventuelle :

> « Les prélats sont tenus, sous peine de péché mortel, de ramener, autant qu'ils le peuvent, leurs religieux à la vie commune, de telle sorte que ces derniers – selon les prescriptions de la règle – aient tout en commun, et que chacun reçoive du prévôt ce qui lui est nécessaire. À partir de là, il est clair que les supérieurs sont tenus de restaurer dans leurs monastères les principes essentiels et ce qui est postulé par ces principes, sans lesquels les monastères cessent d'être des monastères et les religieux d'être des religieux. Parmi ces principes essentiels, [...] la vie commune se manifeste tant sur le plan du vêtement que sur celui de la nourriture, car l'expérience l'enseigne : là où l'on ne mène pas la vie commune, la pauvreté monastique n'est presque jamais observée comme il convient » [91].

---

[89] S. de LAIRUELZ, *Optica Regularium...*, p. 16-17.

[90] *Ibid.*, p. 18.

[91] *Ibid.*, p. 47.

Servais de Lairuelz retrouve les accents des grands réformateurs lorsqu'il dénonce le vice de la propriété privée chez les religieux. N'est-ce pas contre les abus permis par la Règle d'Aix que Grégoire VII et ses disciples s'insurgèrent ? N'est-ce pas l'idéal que Norbert tenta d'imposer aux chanoines de Xanten et à ceux de Saint-Martin de Laon ? La vraie communauté sera caractérisée par la communauté des biens, et chacun y recevra, selon les principes augustiniens, le nécessaire.

La réforme s'impose et elle doit s'effectuer autour du principe essentiel de la vie commune. Cette exigence découle spécialement des décrets du concile de Trente, des dispositions des chapitres généraux, et de la volonté de l'abbé général lui-même. Les religieux se doivent de garder fidèlement leur profession, la règle et les prescriptions annexes qui sont les leurs, ainsi que les voeux de religion solennellement professés. Pour ce faire, il faut être réaliste : on suivra d'autant mieux l'esprit de la règle qu'on en respectera la lettre, et l'on accédera à l'observance des principes essentiels dans la mesure où l'on s'appliquera à les incarner dans toute leur rigueur, dans les détails de la vie religieuse. La réforme des communautés s'appuiera sur la *pars sanior* des monastères. Si des religieux refusaient absolument de se réformer, il vaudrait mieux fermer leurs maisons, pour le bien de toute l'Église et le salut des âmes. Cette réforme doit venir de l'intérieur de l'ordre. Elle se caractérisera comme une « réforme honnête » et une « réforme raisonnable », dans la mesure où elle permettra aux religieux de devenir d'« honnêtes religieux », c'est-à-dire, dans le contexte du XVIIe siècle, des religieux vertueux, pondérés, d'une dignité et d'une moralité irréprochables, ouverts à tout ce qui est beau et bon, notamment à l'étude, et qu'elle sera une réforme fondée sur les principes essentiels de la vie religieuse et sur les principes substantiels qui distinguent l'ordre de Prémontré des autres ordres religieux.

Les principes essentiels sont donc les trois voeux de religion : pauvreté, chasteté et obéissance. Les principes substantiels qui permettent aux voeux d'être vécus dans l'ordre de Prémontré, sont :

1. la communauté de table et de vestiaire, 2. les principes nécessaires à l'observance normale des voeux, 3. la règle de saint Augustin, 4. les termes de la profession, notamment la *conversio morum*, 5. l'observance du jeûne et de l'abstinence durant l'Avent, le Carême, le mercredi et le vendredi, 6. l'habit totalement blanc, 7. les heures canoniales et l'office de la Vierge, avec les trois messes conventuelles quotidiennes.

L'ensemble de la réforme lairuélienne est tout entier commandé par la *conversio morum* de la profession prémontrée, qui en est en même temps le but. À l'image des *Deux Étendards* décrits dans les *Exercices* de saint Ignace dont l'influence sera manifeste à Pont-à-Mousson, la vie religieuse selon Servais de Lairuelz est un combat qui nécessite des religieux courageux, bannissant l'oisiveté, animés d'une charité surnaturelle, vigilants, et désireux de construire « l'homme nouveau » selon le Christ.

Pondéré, le réformateur n'entend nullement faire des abbayes réformées de pâles miroirs de sa communauté : les abbés devront avoir à coeur de créer dans leurs abbayes respectives un rythme de vie commune en accord avec les circonstances de temps et de lieu propres à leur communauté. Toutefois, l'essentiel demeure, et Servais de Lairuelz le rappelle : où qu'ils soient, dans leurs cellules, à la station, au choeur, au dortoir ou au réfectoire, quelles que soient leurs occupations, les religieux se doivent d'être en relation avec Dieu. À cet effet, il propose quantité de points de méditation propres à élever l'âme. En effet, celui qui pourrait apparaître au spectateur superficiel comme un homme essentiellement tourné vers l'établissement d'un système juridique de réforme, se révèle dans ces pages comme un authentique spirituel, un homme de Dieu, convaincu de l'efficacité des moyens surnaturels. Il énumère les moyens indispensables pour garder la réforme [92], et ceux-ci sont, de fait, éminemment spirituels : considération des voeux, de la règle et des statuts de l'Antique Rigueur qui traduisent l'essence de la vie religieuse, méditation quotidienne à certaines heures de la journée, réception fréquente des sacrements de l'eucharistie et de la pénitence, récitation attentive des heures canoniales, examen de conscience quotidien, lecture chaque jour d'ouvrages de piété, exhortation fréquente de l'abbé et du prieur, récollection annuelle, enseignement sur les statuts et les cas de conscience, organisation raisonnée de la journée, bon exemple des abbés, ouverture de conscience au supérieur, obéissance religieuse aux prescriptions de l'Église, aveu quotidien des coulpes. Intelligence et sensibilité, âme et corps, c'est toute la personne du religieux qui est engagée dans la *conversio morum*, et Servais de Lairuelz en demeure un exemple éloquent, *verbo et exemplo*.

« Que ma prière devant Toi s'élève comme un encens »

Le jeune Prémontré Guillaume Eiselin, mort en odeur de sainteté le 28 mars 1588, à peine âgé de vingt-quatre ans, dans l'abbaye de Roth où il était entré vers 1581, est un exemple saisissant de ces religieux, épris de sainteté, qui fleurirent à foison dans les communautés revivifiées par la Réforme catholique, sous l'influence notamment de la spiritualité jésuite.

Originaire de Mindelheim, en Souabe, Guillaume Eiselin ne passa guère plus de sept ans dans son abbaye. Ce fut assez pour qu'il apparût à ses confrères comme une figure exceptionnelle de sainteté. Deux ans avant de mourir, il rédigea un ensemble d'Exercices destinés à transformer la vie du religieux en prière incessante, et à faire de lui une offrande spirituelle à Dieu. Resté à l'état de manuscrit, cet ouvrage fut imprimé en 1630, par les soins du prieur de Roth, Martin Merz, sous le titre : *Encensoir d'or de simple dévotion, confectionné personnellement et à son*

---

92 *Ibid.*, p. 58-60.

usage, par Guillaume, de pieuse mémoire, pour l'offrir à Dieu comme un encens [93].

Au-delà de la présentation hagiographique traditionnelle de ce jeune religieux parvenu si rapidement à un degré élevé de sainteté, le Père Merz laisse entrevoir un Prémontré fidèle à l'idéal de saint Norbert, dont la courte existence terrestre fut une louange continue à Dieu. Favorisé d'un don de prière et de contemplation, Guillaume Eiselin apparaît, dans les pages de la *Préface au Lecteur*, comme un homme entièrement pris par Dieu, vivant continuellement en sa présence, dans l'exercice quotidien des vertus, l'esprit prompt, le coeur vigilant, rempli de zèle, fidèle à l'étude, et fort de la force de Dieu, animé par dessus tout d'une charité dévorante.

L'ensemble de l'*Aureum Thuribulum* est une hymne à la prière en tous temps et en toutes circonstances, spécialement pour les religieux, à qui sont épargnés bien des soucis de la vie quotidienne, pour qu'ils puissent vaquer, en toute liberté d'esprit, à la contemplation, et prennent sur eux les peines des hommes. Ainsi, en quelques deux cents pages et trente-deux chapitres, Guillaume Eiselin propose aux religieux une série d'*Exercices* orientés vers la prière personnelle et l'intériorisation de toute la vie. Membre d'un ordre voué avant tout à la célébration commune de l'office divin, il s'attarde sur la prière en commun, sur les diverses parties de l'office, affronte la question des distractions durant la prière, et propose un moyen de se préparer comme il convient à la louange divine. C'est l'ensemble de l'existence qui doit se dérouler sous le regard de Dieu et devenir prière. Pour cela, il s'attarde longuement sur l'élévation de l'âme, l'intention droite, et l'esprit de prière qui doit animer tous les actes et toutes les oeuvres de la journée.

La Passion du Christ est, avec l'eucharistie, l'une des sources privilégiées de la grâce. Face au péché qui paralyse spirituellement les pécheurs, il propose une longue série de méditations et d'exercices : l'examen de conscience, les moyens d'éviter le péché, notamment la recommandation à Dieu et la prière nocturne, la pénitence et la confession sacramentelle, la méditation de la Parole de Dieu. Expert en vie communautaire, Guillaume Eiselin n'esquive aucun des problèmes concrets, comme le respect du prochain, les jugements téméraires, et démontre le bienfait des oraisons jaculatoires, ces « flèches spirituelles » propres à maintenir l'âme attentive à la présence de Dieu. Le chapitre XXXII, divisé en dix-neuf paragraphes, expose les occasions de péché à fuir et les vertus à exercer, pour marcher dans les voies de Dieu et mener une vie vraiment spirituelle.

Sans doute très marqués par leur époque, ces Exercices n'en demeurent pas moins un manuel de vie spirituelle à la doctrine très sûre.

---

[93] W. EISELIN, *Aureum Thuribulum simplicis devotionis quod sibi ad incensum Deo offerendum varie Collectum, propria Manu confecit B.M. Wilhelmus... Sub hac forma Typis expositum et paucis Notis illustratum a R.P. Martino MERZ...*, Dilingae, 1630.

Guillaume Eiselin est aujourd'hui bien oublié. Il nous laisse cependant le témoignage d'un religieux épris de Dieu, comme l'avait été, en son temps, le patriarche saint Norbert.

L'intériorisation par les Exercices spirituels

Jean-Georges-Frédéric Herlet († 1718), profès de l'abbaye d'Oberzell, puis prévôt des Norbertines d'Unterzell, avait été curé avant d'entrer dans l'ordre de Prémontré. Cette expérience l'avait si profondément marqué que la plupart de ses oeuvres furent essentiellement des oeuvres pastorales à l'usage du clergé. Il publia également un certain nombre d'ouvrages consacrés à son ordre et, parmi eux, une magnifique *Solitudo norbertina* qui se présente comme un recueil d'*Exercices spirituels*, et représente une synthèse achevée entre la spiritualité prémontrée et la méthode jésuite des *Exercices spirituels* [94].

Quel est le but des *Exercices spirituels* ? Ils font aimer la solitude dans laquelle l'esprit se débarrasse de toute poussière et de toute souillure contractées dans le monde, et s'enflamme à nouveau pour s'acquitter pleinement de son office. L'auteur, pressentant les réticences de ses confrères devant la nouveauté de cette pratique spirituelle, la justifie par le recours à saint Norbert lui-même. Cette pratique n'a rien de nouveau ni d'insolite dans l'ordre de Prémontré : saint Norbert, au commencement de sa conversion, se retire dans le silence pour penser à sa vie passée. Après son ordination sacerdotale et avant d'offrir pour la première fois le sacrifice de la messe, il se retire au monastère de Siegburg, dans le silence et la prière. Après avoir repris les fonctions de la vie active, il s'adonne plusieurs fois par an, et jusqu'à sa mort, à la solitude spirituelle. D'ailleurs, en cela, Norbert ne suit-il pas les exemples de Jésus (*Mt* IV, 14 ; *Mc* I, 6 ; *Lc* VI, 22) qu'il a choisi de prendre pour guide ?

Jésus, à strictement parler, n'avait pas besoin de *retraite*, mais il voulait instruire ses Apôtres et tous les ecclésiastiques qui professent la vie active et apostolique, de la nécessité de s'arrêter dans la solitude spirituelle pour se livrer à la lecture spirituelle, à l'oraison, à la méditation et aux autres exercices de la vie contemplative, afin de *réformer* en eux ce qui aurait été *déformé* par la fréquentation des séculiers, et le fait de devoir traiter des choses terrestres.

Les *Exercices* ne représentent pas un superflu destiné à des âmes d'élite, ils constituent pour les Prémontrés une nécessité absolue. Il ne s'agit pas seulement de purifier et de régénérer l'âme de tous les clercs, objet déjà très élevé en soi, mais de permettre à l'ordre de Prémontré d'atteindre le but fixé par saint Norbert :

---

94 F. HERLET, *Solitudo Norbertina, sive Exercitia Spiritualia, omnibus Clericis, saecularibus et regularibus, curata vel simplicia beneficia obtinentibus perquàm utilia; maxime tamen Canonicis Regularibus S. Ordinis Praemonstratensis accomodata*, Typis Marchtallensibus, 1698.

« Afin que nous ressuscitions, rallumions, et conservions l'esprit, la ferveur et le zèle apostolique, en somme toutes les institutions des Apôtres et des disciples du Christ » [95].

Herlet s'interroge sur l'intention, le but et le propos de saint Norbert : restaurer dans l'Église la pureté, l'honnêteté, la dévotion, la sainteté et la ferveur du clergé de l'Église primitive, telles qu'elles furent vécues par les Apôtres. Il s'attarde sur saint Norbert et l'approbation donnée à Prémontré en 1124 par les légats du pape Calixte II : à l'époque de saint Norbert, l'institution du clergé primitif, tel qu'il avait été vécu par les Apôtres, avait pratiquement disparu et était éteint dans l'Église. Une chose est certaine : saint Norbert a voulu remettre en lumière le motif profond, la norme et la forme – c'est le sens de la ré-forme – de la vie du clergé primitif. Il a voulu le ressusciter et le conserver dans l'Église de Dieu à travers son ordre de Prémontré.

Et l'auteur de reprendre les principes substantiels de l'ordre de Prémontré pour les mettre en relation avec les institutions de la communauté apostolique, pour démontrer comment les Prémontrés remettent effectivement en vigueur l'ancienne discipline :

« Maintenant, les clercs de saint Norbert, comme autrefois les clercs de l'Église primitive, se lèvent au milieu de la nuit pour célébrer les vigiles et louer Dieu » [96]. « Maintenant, les clercs de saint Norbert, comme autrefois les clercs de l'Église primitive, prêchent la Parole de Dieu, instruisent les simples, entendent ceux qui viennent à la confession » [97].

Non seulement les *Exercices spirituels* conviennent parfaitement aux Prémontrés, mais ils sont faits pour ceux qui entendent se conduire en vrais fils de saint Norbert, et faire leurs la fin, le propos et l'intention de leur Père. Herlet formule le but de cette pratique en termes ouvertement ignaciens :

« La plus grande gloire de Dieu et son honneur, l'ornement de l'Église militante, l'honnêteté du clergé, la splendeur de notre ordre et le salut éternel du prochain » [98].

Faisant recours à saint Thomas [99], Frédéric Herlet situe bien le charisme de l'ordre de Prémontré par rapport à l'ordre monastique, en le mettant en relation directe avec le charisme du clergé de l'Église primitive. Cette concordance éclaire la pratique des *Exercices* dans un ordre voué au ministère sacerdotal :

« Notre ordre canonial et clérical a la même fin que l'ordre et l'état des clercs de l'Église primitive : il n'est pas seulement tendu vers sa propre perfection par les actions et les exercices de la vie contemplative, mais il se doit de

---

[95] *Ibid., Ad lectorem.*
[96] *Ibid., Ad lectorem.*
[97] *Ibid., Ad lectorem.*
[98] *Ibid., Ad lectorem.*
[99] S. THOMAS D'AQUIN, *Summa theologica*, III, q. 40, a.1 ad 2 ; II^a II^ae, q. 188, a.6.

procurer le salut éternel des autres par l'exercice des fonctions de la vie active » [100].

Le concept de fidélité au charisme du fondateur se fortifie et prend une importance de plus en plus grande. Herlet le précise : la fidélité n'est pas affaire d'observances superficielles. Il s'agit d'entrer dans la *forme* de Norbert par la *ré-forme* personnelle et communautaire dont les *Exercices* représentent le moyen le plus élevé et le plus efficace :

> « Si vous êtes fils de saint Norbert, accomplissez les oeuvres de Norbert. Tous ceux qui se comportent selon l'esprit de saint Norbert, ceux-là sont fils de saint Norbert. En effet, ne sont pas fils des saints ceux qui occupent les lieux des saints, mais bien ceux qui se livrent aux oeuvres des saints » [101].

Toute congrégation régulière qui s'éloigne de l'esprit du fondateur, court à sa perte :

> « Considère maintenant ce qu'il t'incombe de faire, afin de ne pas être cause de la ruine de ton monastère ou de ton ordre ! » [102].

Afin de procurer la gloire de Dieu et le salut des âmes, les Prémontrés se doivent de vivre la vie active et contemplative dans l'obéissance, en toute pureté de coeur. Tous les clercs et tous les ministres de l'Église doivent devenir des instruments utiles au Seigneur pour que les fonctions ecclésiastiques soient remplies dignement. Ceci implique avant tout de lutter contre le péché mortel qui prive l'âme de la vie de la grâce, et de l'amitié de Dieu, mais aussi contre le péché véniel qui affaiblit la vie de la grâce. Le péché est plus grave chez les clercs et surtout chez les réguliers, car ces derniers ne sont pas seulement tenus d'observer les préceptes mais aussi les conseils évangéliques ; ils se doivent de célébrer fidèlement l'office divin quotidien, car ils sont entretenus par les fidèles à cette fin, de façon à être des intercesseurs et des avocats pour le peuple devant Dieu.

La pureté du coeur est tout entière ordonnée au culte et à la louange de Dieu, et, en premier lieu, à la célébration du sacrifice de la messe. Herlet passe en revue tous les éléments qui entrent dans une célébration digne, puis fonde cette charge des chanoines réguliers sur cette terre, sur la mission même de l'Église dans l'éternité :

> « Louer la divine Majesté, chanter ses louanges, la célébrer et la glorifier, voilà la mission principale et continuelle de l'Église triomphante dans le ciel, son occupation incessante et qui ne finira jamais » [103]. « Dieu l'a voulu ainsi : le rite, la façon de célébrer et de louer son infinie Majesté, que l'Église triomphante observe dans les cieux, l'Église militante les fait siennes et les observe sur la terre » [104].

---

[100] F. HERLET, *Solitudo norbertina...*, p. 70-71.

[101] *Ibid.*, p. 102.

[102] *Ibid.*, p. 105.

[103] *Ibid.*, p. 244.

[104] *Ibid.*, p. 248.

En effet, louer Dieu par des hymnes, des psaumes et des cantiques nous a été transmis par le Christ et ses Apôtres. Comment les chanoines d'aujourd'hui pourraient-ils traiter avec négligence ce culte que les chrétiens persécutés n'ont pas craint de célébrer héroïquement au milieu des dangers ?

Cette mission dicte aux Prémontrés leurs obligations : exactitude dans l'exécution, beauté de l'office divin, obligation d'être présent au choeur avec la même assiduité que les anges dans le ciel. En effet, le clerc, ambassadeur de toute l'Église, est constitué tel pour célébrer l'office *in nomine et persona Ecclesiae* [105]. La profession canoniale oblige à la présence au choeur, car c'est la première raison de l'existence des chanoines réguliers. Les Prémontrés doivent donc être conscients de leur mission de louer Dieu, chaque jour et en tout moment, au nom de tous les membres de l'Église, comme il est loué dans le ciel par l'Église triomphante. Pour bien souligner la différence entre l'office divin chanté par les moines et celui qui est célébré par les chanoines, Herlet rappelle que les laïcs eux aussi sont invités à s'unir à la louange divine chantée au choeur, ce qui implique pour les chanoines le devoir de les y préparer spirituellement et musicalement.

Ces *Exercices spirituels* ordonnés à la réforme des Prémontrés comportent une longue *Méditation pour les Prélats* [106], qui s'ouvre par une série de prescriptions relatives à l'accueil des novices. Il ne faut accepter que les candidats qui jouissent *ex parte corporis* d'une bonne santé, et surtout ceux qui présentent *ex parte animi* vivacité d'esprit, jugement sûr, volonté et intention droite de servir Dieu, intelligence, souplesse, pureté, sans mauvaises habitudes. Herlet précise : celui qui aura goûté au plaisir charnel avant d'entrer à l'abbaye n'est pas fait pour le soin des âmes en dehors des murs du cloître. Par conséquent, l'abbé pèche gravement lorsqu'il admet des personnes incapables d'accomplir les fonctions spirituelles, sous prétexte qu'elles peuvent toujours être utiles pour gérer les affaires économiques et administrer les biens temporels. Il devra en rendre compte devant Dieu : pourquoi a-t-il accepté des personnes incapables de prêcher, d'entendre les confessions ? Étant donné leur importance, il faut toujours choisir les personnes les plus aptes pour accomplir les fonctions spirituelles.

Herlet décrit ensuite la fonction de l'abbé, et lui assigne une mission spirituelle qui dépasse largement celle que la tradition et la pratique assignent à l'abbé canonial. Habituellement, l'abbé canonial se voit attribuer vis-à-vis de ses religieux une fonction qui se rapproche davantage de celle de l'évêque envers ses prêtres, que de celle de l'abbé bénédictin ou cistercien envers ses moines. Pour l'auteur, l'abbé se doit de veiller, à la manière d'un père spirituel, à ce que ses sujets vivent dans la sainteté et l'union avec Dieu. Il doit se préoccuper de chacun, de ses progrès dans la

---

[105] *Ibid.*, p. 260.
[106] *Ibid.*, *Meditatio pro Praelatis*, p. 406 et s.

perfection, de ses difficultés, des obstacles qui le retardent, puis exciter, conduire par la main, encourager les faibles, réprimer les excès par les paroles et, au besoin, par la pénitence. L'abbé ne saurait se contenter de connaître l'extérieur de son troupeau et de faire respecter les statuts de l'ordre, mais il se doit de connaître de l'intérieur ses brebis. Pour cela, il doit fréquemment écouter ses religieux et les appeler régulièrement auprès de lui, et connaître l'état de leur âme, leurs inclinations mauvaises, leur propension au mal, la nature de leurs tentations, le nombre de fois qu'ils succombent, les moyens et les armes par lesquelles ils résistent, quels progrès ils ont accompli dans le mois. L'abbé oeuvre pour que ses clercs parviennent au degré sublime et excellent de la chasteté et qu'ils s'enracinent dans cette vertu. Il promeut curés de paroisses, confesseurs, prieur, proviseur, cellérier de l'abbaye seulement ceux qui mènent une vie exemplaire.

Frédéric Herlet stigmatise les abbés qui confient l'administration spirituelle de leurs religieux au prieur conventuel, et

> « connaissent davantage la vie et les vertus de leurs chiens et de leurs chevaux que celles de leurs religieux conventuels, qui considèrent que l'état intérieur de leurs religieux regarde seulement le confesseur, qui estiment avoir rempli de façon satisfaisante leur devoir après avoir distribué des livres spirituels à leurs sujets [...] et se désintéressent de leur santé intérieure bonne ou mauvaise, du moment qu'ils s'acquittent de leurs devoirs extérieurs » [107].

En somme, tous les profès sont tenus sous peine de péché grave de tendre à la perfection de la charité. Pour que tous célèbrent dignement et saintement le sacrifice de la messe, il convient que, dans chaque abbaye, un prêtre se tienne à la disposition des autres religieux pour entendre leur éventuelle confession, ne serait-ce que pour stimuler leur dévotion. L'office divin requiert la présence et la participation de tous, y compris de l'abbé. On ne saurait demander d'exemption pour raison de vieillesse, de manque de voix ou de faiblesse, car l'office divin est la première obligation des Prémontrés.

Enfin, Frédéric Herlet rappelle la formation intellectuelle et spirituelle indispensable aux curés de paroisses, dans la ligne des prescriptions du concile de Trente. Il leur faut une connaissance de la théologie pour expliquer les fondements de la foi catholique, de la morale pour administrer convenablement les sacrements et enseigner, et, enfin, une connaissance des controverses relatives à la foi, et du droit canonique. Ils doivent être formés à une vie vertueuse, spécialement aux vertus théologales de foi, d'espérance et de charité, ainsi qu'aux vertus morales.

On le voit, Frédéric Herlet offre une synthèse accomplie entre la spiritualité norbertine et la méthode des Jésuites. Cette tentative de renouveau faisant appel à la spiritualité traditionnelle et à des méthodes nouvelles représente un sommet dans l'histoire de la spiritualité de l'ordre

---

[107] *Ibid.*, p. 417-418.

de Prémontré, comparable aux élans des auteurs spirituels du XIIIᵉ siècle. Cette synthèse est l'un des fruits les plus évidents de la réforme tridentine et de l'influence de la Compagnie de Jésus. Elle marque, à n'en pas douter, un grand moment dans l'histoire de l'ordre de Prémontré.

8. À la recherche de l'esprit de saint Norbert, à la suite de sa canonisation

La canonisation de saint Norbert en 1582 eut un retentissement considérable dans tout l'ordre de Prémontré. À vrai dire, les Prémontrés n'avaient pas attendu le XVIᵉ siècle pour se préoccuper de la glorification de leur fondateur. Inhumé en 1134 dans l'église Notre-Dame de Magdebourg, le corps de saint Norbert fut transféré quelques temps après sous l'autel de la Sainte-Croix et, à cette occasion, les Prémontrés construisirent dans le choeur un beau mausolée pour perpétuer son souvenir. Il n'est pas impossible que cette translation ait été effectuée en même temps que les démarches pour obtenir sa canonisation. À la même époque, les Cisterciens firent de même pour leur fondateur, Bernard de Clairvaux, sans toutefois y parvenir, car le pape Alexandre III, saisi de trop nombreuses causes, n'avait trouvé d'autre solution que de les refuser toutes.

Jean Lepaige et d'autres historiens de l'ordre affirment, selon la tradition de l'abbaye de Prémontré, qu'on considérait saint Norbert comme déjà canonisé avant 1582. L'abbé général Despruets, lui-même, n'avait aucun doute à ce sujet. Il écrivait en 1596 à l'abbé Feyten de Saint-Michel d'Anvers :

> « Que saint Norbert ait été déjà canonisé sous Innocent III, apparaît claire-ment dans les anciens Martyrologes de la Bibliothèque Vaticane, que l'on lit chaque jour dans les églises romaines, surtout à Saint-Pierre » [108].

En 1542, le chapitre général avait délégué Nicolas Psaume à Rome comme procureur, en vue d'obtenir la fin de la commende du cardinal de Pise, et la canonisation de saint Norbert. Or, on sait également que Nicolas Psaume fut empêché d'entrer dans le palais apostolique dont l'entrée était gardée par les sbires du cardinal. Il réussit cependant à effectuer des recherches dans les Archives du Saint-Siège et à y retrouver des traces de démarches antérieures en vue d'une possible canonisation du fondateur. Il est donc impossible d'attester une canonisation officielle de saint Norbert avant 1582 : les livres liturgiques de l'ordre – missel et bréviaire notamment – font foi en ce domaine. Cependant les mémoires des marty-rologes, sans prouver l'existence d'une canonisation antérieure, indiquent que Norbert était considéré comme tel, en lui donnant le titre de *Beatus* ou de *Sanctus* [109]. Il ne faut pas s'en étonner : l'inscription dans un

---

[108] J. LEPAIGE, *Bibliotheca...*, p. 408.

[109] E. VALVEKENS, « La "canonisation" de saint Norbert », *Analecta Praemon-stratensia*, t. X (1934), p. 23-25.

martyrologe devançait souvent, et de longtemps, une véritable canonisation. Il convient d'autant moins de diminuer l'importance de cette inscription aux martyrologes, qu'en 1582 celle-ci sera l'un des principaux motifs de Grégoire XIII pour élever saint Norbert sur les autels.

Dès le début du XVIᵉ siècle, le renouveau de ferveur qui s'était allumé dans l'ordre de Prémontré alla de pair avec un retour aux sources et donc à Norbert. Sa canonisation commença à occuper les meilleurs esprits de l'ordre, surtout les religieux de l'abbaye de Parc à Louvain. L'élection de Jean Despruets, en 1573, à la tête de tout l'ordre fut décisive. En 1578, il entreprit un voyage à Rome, puis visita plusieurs abbayes d'Autriche et de Souabe : partout, il reçut le meilleur accueil et perçut l'intérêt des Prémontrés pour la glorification de leur fondateur. À Rome, il obtint comme protecteur de l'ordre le cardinal-neveu Boncompagni. Au commencement de 1582, le secrétaire de la Congrégation des Prémontrés d'Espagne, Jérôme de Villaluenga, en qui Despruets avait toute confiance, passa de Prémontré à Rome et obtint d'être logé chez Boncompagni.

Sur les instances de l'abbé de Parc, Loots, Despruets envoya une supplique à Grégoire XIII, sollicitant la canonisation du fondateur. La supplique fut remise au Saint-Père par le cardinal Boncompagni et Villaluenga remplit en quelque sorte le rôle de postulateur. Sur la foi des documents présentés, Grégoire XIII décida de reconnaître officiellement le culte de saint Norbert, par bref du 28 juillet 1582. En y regardant de près, le bref ne parle pas de canonisation. Le pape y concède la faculté de célébrer la fête du saint, après avoir constaté sa vie sainte et ses miracles. Par ce document, le pape constate plus la canonisation qu'il ne la prononce, sans toutefois faire mention d'une canonisation antérieure. Grand spécialiste de la procédure de canonisation, le pape Benoît XIV devait apporter une précision au XVIIIᵉ siècle : Grégoire XIII a concédé la fête de Norbert à l'ordre de Prémontré exclusivement, ce qui équivalait à une béatification. La véritable canonisation « équipollente » fut l'oeuvre de Clément X qui, le 13 septembre 1672, inséra l'office de saint Norbert dans le *Bréviaire* et le *Missel* romains et, de ce fait, étendit son culte à l'Église universelle.

Le 6 octobre 1582, la grande nouvelle parvint à Prémontré : saint Norbert vient d'être canonisé ! Pour la première fois, on fit mémoire du saint fondateur à la messe conventuelle. Le lendemain, dimanche 7 octobre, Jean Despruets chanta une grand-messe pontificale en l'honneur de saint Norbert, puis il annonça la nouvelle à tout l'ordre, en utilisant le canal privilégié de ses vicaires. Dès l'annonce de la nouvelle, on songea à composer un office propre. C'est Despruets lui-même qui se chargea de la composition et la fit publier dans le *Processionnal* de 1584. C'est ainsi que le nom de saint Norbert pénétra dans toutes les formules liturgiques de la messe ou de l'office où il est coutume de faire mention des saints fondateurs.

La translation de saint Norbert à Strahov : ressourcement de la mémoire

La canonisation de saint Norbert marqua le début d'une période féconde en publications sur le fondateur de Prémontré, et ouvrit une fois encore la question de ses restes mortels conservés dans l'église Notre-Dame de Magdebourg passée aux mains des protestants.

Les religieux de l'abbaye de Steinfeld semblent avoir été les premiers à concevoir un plan de translation des reliques. Par leur intermédiaire, l'abbé Lohélius de Strahov fut saisi de la question et en écrivit à l'abbé général Despruets, le 26 avril 1588. Le 30 mars suivant, Despruets lui répondit en lui confiant la réalisation de la translation, qui se ferait par colis séparés, à Prémontré, en passant par Strahov. L'affaire nécessitait de la discrétion et surtout du doigté. Les démarches de Lohélius n'eurent pas de suite, car le prévôt protestant de Notre-Dame de Magdebourg s'y opposa. Selon une tradition, il fit même ouvrir le cercueil en 1590, mais une odeur extraordinaire s'en dégagea, qui le dissuada de continuer.

En 1591, un religieux de Steinfeld, Kessel, s'installa à Notre-Dame de Magdebourg, dans le but de reconstituer une communauté prémontrée dans la ville archiépiscopale de saint Norbert. Par l'intermédiaire de Kessel, Despruets s'assura de l'état des reliques : elles étaient intactes ! Il décida d'entreprendre de nouvelles démarches pour transférer le corps à Prémontré. Par lettre du 6 avril 1596, il chargea l'abbé Denis Feyten de Saint-Michel d'Anvers de faire tout son possible pour obtenir les reliques, et lui permit de les transférer provisoirement dans son abbaye, en attendant de pouvoir les rapporter à Prémontré. Feyten, à la tête d'une abbaye ruinée et sans ressources, ne put mettre le projet à exécution, et Despruets mourut quelques semaines plus tard. Il faudrait attendre 1627 pour enlever le corps de saint Norbert et le porter en lieu sûr.

En une période critique pour l'ordre dont de nombreuses maisons avaient souffert, voire disparu dans la tourmente des troubles religieux du XVIe siècle, l'installation d'un chapitre luthérien dans l'église Notre-Dame de Magdebourg fut ressentie par les Prémontrés comme une atteinte à leur identité. Maurice Du Pré a ainsi exprimé cette angoisse :

> « Environ 1600, du temps du Reverend Pere Herman d'Elfenstein, dernier Prevost catholique [...] par les artifices et meschancetez des Protestants, tous les religieux catholiques furent en partie empoisonnez, partie expulsez et chassez, et d'autres de Religion luthérienne introduicts, lesquels en l'exterieur portent nostre habit, retiennent nos officiers, [...] exerceants quelque sorte de religion... » [110].

En 1612, l'abbé Lohélius devint archevêque de Prague. C'est à son successeur à la tête de l'abbaye de Strahov, Gaspar von Questenberg, homme de la réforme catholique et fidèle serviteur de l'Empire, que devait revenir l'honneur d'opérer la translation des reliques de saint Norbert.

---

[110] M. DU PRÉ, *Annales breves ordinis Praemonstratensis*, Amiens, 1645, p. 161, note 23.

En 1625, l'abbé saisit une occasion providentielle pour faire une nouvelle tentative. Il se propose de profiter de l'arrivée des troupes impériales catholiques aux portes de Magdebourg pour obtenir des luthériens les précieuses reliques. Pour mettre toutes les chances de réussir de son côté, il se rend auprès de l'empereur Ferdinand II à Oedenbourg, et se fait donner des lettres pour les généraux de l'armée et pour le Sénat de la ville. Après une année de tractations stériles et de voyages infructueux, une éclaircie se dessine timidement au mois de novembre 1626. L'abbé de Strahov se met en route pour Magdebourg, en compagnie du prévôt de Doksany, Crispin Fuk.

Accompagné de deux sénateurs, d'un avocat, de huit domestiques, gardé par les fantassins du gouverneur de Hall prêts à parer à toute éventualité, l'abbé Gaspar von Questenberg reçoit avec émotion le cercueil remonté du caveau par les maçons [111]. À peine ouvert, le sépulcre laisse apparaître le corps entier de saint Norbert, en apparence intact, la tête encore recouverte de peau, paré d'une splendide chape de damas rouge, fermée par trois agrafes de cuivre. Se produit alors un fait étrange dont le baroque est friand : l'abbé de Strahov découvre sous la chape rouge les mains de saint Norbert. Veut-il mettre ses mains dans celles de saint Norbert comme le jeune novice dans celles de son abbé au jour de sa profession ? L'anneau d'or orné d'un saphir glisse du doigt de saint Norbert autour du majeur de l'abbé von Questenberg. Les assistants y voient aussitôt un signe : la translation des reliques est voulue par Dieu et agréée par saint Norbert.

Le 4 décembre, une fois réglées les dernières formalités, le cortège, imposant, se met en route vers l'abbaye du Mont-Sion de Prague. Le 11 décembre, le cortège parvient au monastère des Norbertines de Doksany, à quelques kilomètres de Prague. L'abbé de Strahov leur laisse le corps de saint Norbert jusqu'au mois de mai. Durant ces mois d'hiver et de printemps, les moniales recouvrent les ossements et les lient entre eux de fils d'or et d'argent, avec des entrelacs de pierreries [112].

De retour en son abbaye, l'abbé von Questenberg envoie à tous les abbés de l'ordre et notamment à l'abbé de Saint-Michel d'Anvers une lettre triomphale, « les invitant tous à célébrer, le 2 mai de l'an 1627, ce jour des noces de l'agneau, notre très-saint Père Norbert » [113]. Dans l'église abbatiale de Strahov, l'abbé von Questenberg fait élever autel et sarcophage dans une chapelle richement décorée. Les proches de l'abbé et les grands du royaume, telle la princesse Polyxène de Lobkowicz, rivali-

---

[111] Cf. J.C. VAN DER STERRE, *Vita S. Norberti Canonicorum Praemonstratensium Patriarchae, Magdeburgensium Archiepiscopi, totius Germaniae Primatus, Antverpensium Apostoli, ad plurium veterum mss. fidem recensita*, Antverpiae, 1656, Appendix altera.

[112] C. STRAKA, « Évolution historique et décoration de la tombe de N.P.S. Norbert dans l'Église de Strahov », *Analecta Praemonstratensia*, t. III (1927), p. 333-346.

[113] J.C. VAN DER STERRE, *Vita S. Norberti...*, p. 467.

sent d'initiatives et de générosité pour concourir à la gloire de Norbert, de Strahov et de l'ordre de Prémontré.

> « Quand tout est prêt, on fixe la translation au dimanche 2 mai 1627 [...] Norbert entre dans Prague dans une berline tirée par huit chevaux blancs, suivi d'une procession de deux cents carrosses remplis de toute la noblesse du royaume. Accompagné par une centaine de religieux de l'ordre, cierges à la main, il passe sous les arcs de triomphe que les Pères *Societatis Jesu*, experts en ce genre de fêtes, ont fait dresser, et monte sur la colline de Sion au son de la trompette. Il y a un concours extraordinaire de peuple – à qui on jette quatre mille pièces d'argent frappées à son effigie –. Norbert entre dans l'église de Strahov sur l'épaule de huit abbés de notre ordre. Et tandis que le cardinal d'Harrach, archevêque de Prague, célèbre pontificalement ces noces de retrouvailles, cent protestants émus abjurent leur hérésie » [114].

Jean-Chrysostome Van Der Sterre, alors prieur de Saint-Michel d'Anvers, s'apprête à publier son *Echo S. Norberti triumphantis* [115], dans lequel il donne libre cours à sa fierté d'être fils de saint Norbert, et d'être chanoine d'une des abbayes les plus prestigieuses de l'ordre, établie dans la ville qui vit Norbert triompher de l'hérésiarque Tanchelin. Pour célébrer la translation du fondateur à Strahov et accueillir dans l'allégresse des reliques insignes de Norbert offertes à son abbaye, Van Der Sterre multiplie les louanges dans un style certes pompeux, mais qui laisse transparaître dans une certaine candeur l'exultation d'une famille religieuse sur le point de retrouver une nouvelle jeunesse en retrouvant son père dans la foi.

Dans un extraordinaire décor baroque, l'ordre de Prémontré, éprouvé par les malheurs du temps, retrouve saint Norbert. Après plusieurs siècles, le fondateur revient au milieu des siens. L'oubli de l'idéal norbertin avait failli être fatal aux Prémontrés. Maintenant réunis autour de sa dépouille mortelle ils réalisent leur identité : ils sont fils de Norbert et veulent vivre comme tels. La canonisation et la translation conjuguées exaltent la personne du fondateur. Norbert est *Saint*, sa personne, sa vie et ses exemples assument une valeur mystique, son intuition et son idéal deviennent *charisme*. Reconnu, célébré et prié par l'Église, Norbert de Xanten acquiert une nouvelle stature : le voici proposé en exemple à toute la catholicité. Son ordre, sans cesser d'être *augustinien*, s'enrichira d'être *norbertin*, et en enrichissant son identité, il la précisera, de manière à puiser dans son patrimoine la sève vitale d'une réforme déjà bien amorcée, pour répondre aux nouveaux défis d'un monde en mutation.

---

[114] D.M. DAUZET, *Chanoines Prémontrés dans l'Église...*, p. 51.

[115] J.C. VAN DER STERRE, *Echo S. Norberti triumphantis, sive commentarius eorum, quae ab Antverpiana S. Michaelis Praemonstratensium Canonicorum Ecclesia, tam pro impetrandis SS. Norberti nonnullis sacris Reliquiis, quam pro iisdem debito cum honore, ac communi Civitatis laetitia excipiendis, peracta sunt : Cui subinde nonnullis, Sacrarum Antiquitatum Studiosis non ingrata futura, intexuntur*, Antverpiae, 1629.

La translation de saint Norbert, loin de se réduire à un événement ponctuel, devait conférer un nouvel élan à tout l'ordre de Prémontré. Retrouver Norbert, c'était aussi renouer avec son charisme et son idéal de vie. Or, depuis deux siècles, les Prémontrés semblaient s'être quelque peu détachés des principes considérés comme essentiels par leur fondateur. Les chapitres généraux s'étaient vus contraints d'entériner les adoucissements qui s'étaient subrepticement introduits dans la vie quotidienne des religieux et des abbayes. Un renouveau n'allait pas tarder à poindre. Trois ans à peine après la translation de saint Norbert à Strahov, le chapitre général allait approuver de nouveaux statuts, en chantier depuis une dizaine d'années, qui constituent un véritable chef-d'oeuvre. Il n'est exagéré de le dire : les statuts de 1630 illustrent le *retour de saint Norbert parmi ses fils*. En ce sens, ce sont des statuts vraiment *norbertins*, comme en témoignent les premiers mots de l'abbé général Pierre Gosset, en tête des statuts :

> « Aucune sollicitude ne me presse plus, avec la faveur de la Volonté Divine, et l'aide des prières de notre très-saint Père (qui, bien que passé à la gloire céleste n'a pas cessé sa protection envers l'ordre institué par lui), sinon celle d'oeuvrer pour voir durant ma vie la famille de notre très-saint Père Norbert fleurir comme en son printemps, dans l'observance de la discipline canoniale, brandissant l'étendard de la doctrine sacrée, et rayonnante de la gloire de la vertu » [116].

Les statuts de 1630

La sixième [117] et dernière réforme des statuts avant celle du XXe siècle fut promulguée en 1630. Les statuts de 1630 tiennent une place privilégiée dans l'histoire de l'ordre de Prémontré, car ils survécurent à la Révolution et accompagnèrent l'ordre de Prémontré restauré, vers une nouvelle prospérité aux XIXe et XXe siècles. Après les épreuves de la Réforme protestante et de profonds troubles politiques, l'Église allait pouvoir se consacrer à l'application de la réforme générale décidée par le concile de Trente. Jean Despruets, abbé général désireux de promouvoir un vrai renouveau, donna l'impulsion à la réforme. Le nouveau texte des statuts serait orienté vers le renforcement de l'unité liturgique et de la vie régulière. Sous l'impulsion de son second successeur, Pierre Gosset, le chapitre général de 1618 prit la décision de procéder à une nouvelle codification. Le nouvel abbé général tenait que les lois étaient orientées vers l'amour et que lorsque l'amour l'exigeait, il fallait les réformer pour

---

116 P. GOSSET, *Lettre de l'abbé général en tête des Statuts de 1630*, dans *Statuta Candidi et Canonici Ordinis Praemonstratensis renovata, ac Anno 1630 a Capitulo Generali plene resoluta, acceptata et omnibus suis subditis ad stricte observandum imposita*, Éd. d'Averbode, 1898, p. XII.

117 La première fut promulguée vers 1131 sous l'abbatiat du bienheureux Hugues de Fosses, la seconde au milieu du XIIe siècle. Une troisième codification fut élaborée dans les années 1236-1238, la quatrième fut promulguée en 1290, la cinquième en 1505.

qu'elles fussent utiles aux hommes pour lesquels elles étaient faites. Le chapitre général procéda par étapes. Le texte fut mis à l'essai et amendé lors des chapitres généraux de 1629, 1627 et 1630. Ce dernier chapitre promulgua les statuts finalisés par l'abbé de Parc, Jean Druys, et ceux-ci furent imprimés à Louvain en 1632. Cette nouvelle codification suit la même organisation que celle de 1505, mais elle se caractérise surtout par des considérations spirituelles qui soulignent le sens et l'importance des préceptes imposés.

Pour Pierre Gosset, les statuts sont le fondement de la liberté dans l'Esprit, et leur but est de promouvoir la charité. À la différence de la loi divine immuable, les lois promulguées par les hommes sont susceptibles de modification, car elles sont sujettes à l'instabilité et à la corruption humaines. C'est même un devoir de les modifier pour les rendre plus conformes à l'idéal divin. En vertu des privilèges concédés par le Siège Apostolique, il revient exclusivement à l'abbé général et au chapitre général d'interpréter, régler, modifier et amplifier les statuts qui s'imposent, dans leur intégrité, à tous les membres de l'ordre, de l'un et l'autre sexe, supérieurs et sujets, conventuels ou chargés d'un ministère. L'abbé général fait explicitement référence au concile de Trente, pour exiger de tous les membres de l'ordre l'observance des trois voeux d'obéissance, chasteté et pauvreté, de la communauté de vie, de nourriture et de vêtement, qui constituent, selon le concile, la substance de la vie régulière. Pour obtenir une réforme efficace, l'abbé Gosset fait un devoir aux supérieurs de se souvenir scrupuleusement de leurs obligations, et d'observer avec exactitude les statuts rénovés, de telle sorte que la loi nouvelle soit également tenue par leurs sujets.

> « Il faut, par conséquent, que vous soyez les premiers par votre exemple. Et puisque le bon ordre est très beau et très salutaire, comme le dit Bernard, il convient que la charge que tu imposes aux autres de porter, tu la portes, toi le premier » [118].

Réaliste, l'abbé général ne cache pas aux supérieurs les difficultés à surmonter. Loin de se laisser abattre, ils doivent être conscients de leur mission : conduire leurs religieux à la gloire de la perfection évangélique, avec une patience à toute épreuve et une constance inflexible, dans la fidélité à la discipline régulière. En somme, les supérieurs se doivent d'imiter le Christ Bon Pasteur, selon les recommandations de l'Évangile, reprises par le concile de Trente sur l'exercice de la charge pastorale dans l'Église, car il leur sera demandé compte des âmes reçues en partage :

> « Réfléchissez et pesez dans votre intérieur de quel grand crime se rend coupable celui qui, par malice ou insouciance, laisse se perdre une âme rachetée par le Sang précieux du Christ » [119].

L'appel final, adressé à tous les membres de l'ordre, ne manque pas de grandeur :

---

[118] P. GOSSET, *Lettre de l'abbé général..., ibid.*, p. XVII.
[119] *Ibid.*, p. XX.

« Et vous tous qui militez pour Dieu sous la profession canoniale de cet ordre, pasteurs, bénéficiers aussi bien que conventuels, mes fils très-chers, je vous exhorte et vous engage, ou plutôt, avec l'Apôtre, je vous demande et vous adjure dans le Seigneur Jésus, à tenir ces statuts dans la plus grande considération, comme il convient, à les recevoir et à les observer d'un coeur décidé et prompt. Ainsi vous progresserez et croîtrez toujours davantage » [120].

La *Préface* [121] de Jean Druys, qui précède immédiatement le texte des statuts est de la même veine. Saint Norbert constitue la référence historique essentielle, comme instrument choisi par Dieu pour *ressusciter* dans l'Église *l'esprit apostolique*, c'est-à-dire, pour redonner vigueur au genre de vie et à la spiritualité qui animait les Apôtres de Jésus.

Il est intéressant de noter les éléments considérés comme caractéristiques chez saint Norbert : il est choisi de Dieu, chanoine, converti, obéissant au Souverain Pontife. Humilité, pénitence, prière et charité l'ont conduit à une sublime sainteté et ont fait de lui un intrépide témoin de l'Évangile. Sa conversion a fait de lui, en même temps, un candidat à la sainteté et un candidat au sacerdoce. Le sacerdoce et la sainteté ne font qu'un pour Norbert, car le sacerdoce est participation à la sainteté de Dieu et exige de rechercher la sainteté du Christ. La sainteté de vie est indispensable au prédicateur, pour prêcher la Vérité et pour mériter d'être cru sur parole. Saint Norbert est devenu pour ses fils un exemple à suivre, s'ils veulent mériter la paix et le repos dans le Christ. En lui, la grâce de Dieu n'a pas été vaine : s'il a manifesté une telle sainteté dès les débuts de sa conversion et sans aucun mérite de sa part, combien plus est-il capable d'obtenir à ses fils par les mérites de ses vertus ! Homme de Dieu, envoyé par le pape auquel il s'est entièrement soumis, Norbert devient prédicateur et recueille des fruits merveilleux de conversion.

Comme la plupart des prédicateurs, ses contemporains, Norbert entraîne à sa suite de nombreux disciples attirés par son genre de vie :

« Lui-même, les nourrissant par son éloquence sacrée, par ses continuelles mortifications et l'exercice des vertus, les préparait à la plus haute perfection ; il les remplissait de l'esprit des Apôtres, et avec soin les préparait, à l'instar des Apôtres, pour qu'ils deviennent des instruments tout à fait aptes à procurer le salut des âmes. Surtout, il imprimait particulièrement en eux la capacité de conserver la prudence dans leur esprit, la joie sur leur visage, et le silence sur leur langue » [122].

Saint Norbert désire surtout inculquer à ses fils le goût de lire et de méditer l'Écriture, pour qu'ils s'imprègnent de l'esprit évangélique et apostolique :

« C'est là la raison, c'est le but pour lesquels l'homme de Dieu voulait que ses fils présents et à venir lisent et méditent sérieusement et continuellement les

---

[120] *Ibid.*, p. XXI.
[121] *Praefatio ad omnes Candidissimi et Canonici Ordinis Praemonstratensis Religiosos*, dans *Statuta Candidi et Canonici Ordinis Praemonstratensis renovata...*, p. XXXIII-LV.
[122] *Ibid.*, p. XXXVIII.

Saintes Écritures : que cette sève spirituelle se diffuse dans toutes les veines de l'âme et les transforme tous en hommes spirituels » [123].

De la sorte, les Prémontrés pourraient suivre l'exemple du Christ et s'adonner comme lui à la pénitence et à la prédication de la Parole de Dieu, et reproduire dans leur ordre canonial l'idéal apostolique. Pour cela, Norbert n'hésite pas à proposer à ses fils l'adoption de la pénitence monastique : elle les aide à vivre dans toute leur rigueur les voeux religieux, et les conduit à la communion avec Dieu.

Toutefois, saint Norbert choisit pour lui-même et pour les siens la Règle de saint Augustin et non une règle monastique. Certes, les Prémontrés quittent, d'une certaine façon le monde pour se vouer à Dieu seul, mais par vocation ils sont voués à conduire les âmes et à exercer les fonctions des Apôtres, prédicateurs et chefs de communautés. « Notre ordre est donc un ordre canonial et clérical, et nullement un ordre monastique » [124]. Par l'exercice quotidien de la contemplation et de l'étude, la vie contemplative des abbayes prémontrées prépare les prêtres à affronter les difficultés de la vie active, et les fortifie spirituellement pour qu'ils exercent un apostolat fécond. Le mérite de saint Norbert est d'avoir réuni en un seul ordre religieux deux aspects indissociables de la vie sacerdotale :

> « Par la vie contemplative, les mamelles de la charité les nourrissent du lait de toutes les vertus et de la doctrine ; par la vie active et un magnifique élan de l'esprit, ils prêchent à temps et à contretemps la parole de vie, et tels des nuages et des fils du tonnerre, ils courent arroser et féconder les peuples et les nations » [125].

Pour cette raison, les chanoines réguliers sont tenus, encore plus que les moines, à la sainteté.

Ainsi se dessine, dans une merveilleuse synthèse, le charisme de l'ordre de Prémontré. Le texte latin est très fort, dans la mesure où il ne se contente pas de considérer les diverses activités de l'ordre comme des attributions, mais comme des éléments constitutifs réunis par le verbe latin *est*, qui exprime l'identité :

> « Notre ordre, c'est la propagation de la gloire de Dieu, le zèle des âmes, l'administration des divins sacrements, le service de l'Église de Dieu. Notre ordre, c'est la prédication de l'Évangile, l'enseignement des rudiments de la foi aux ignorants, la fréquentation de la lecture sainte, la conduite de l'Église de Dieu, et, selon Ézéchiel, c'est le fait de s'élever en s'opposant, c'est-à-dire en résistant aux péchés du peuple par la liberté pastorale [...] Tout ceci est la fonction de notre ordre, l'unique but de ses efforts, sa fin et son esprit » [126].

C'est bien la signification de l'habit blanc : à l'image des anges qui annoncèrent la Résurrection, les chanoines se doivent de prêcher la

---

[123] *Ibid.*, p. XXXVIII-XXXIX.
[124] *Ibid.*, p. XLI.
[125] *Ibid.*, p. XLIII.
[126] *Ibid.*, p. XLIV.

Bonne Nouvelle par leur vie et leur exemple, sans se lasser ni se laisser décourager par l'adversité.

Norbert est le modèle. Les Prémontrés trouveront en lui le modèle accompli, car il réunit en sa personne Marthe et Marie. Et comme le prédicateur Norbert aimait à revenir à Prémontré pour se reconstituer, les Prémontrés aimeront, au cours de leurs tournées apostoliques, revenir dans leur abbaye pour se retremper dans la contemplation de Dieu et l'étude de l'Écriture :

> « Tout doit être organisé de façon à ce qu'aux occupations de la vie active et laborieuse succède le calme très doux et fructueux de la vie contemplative, nécessaire pour refaire les forces spirituelles » [127].

C'est pourquoi saint Norbert a voulu que ses fils habitent les déserts, non pour qu'ils y demeurent toujours, mais pour qu'ils s'y régénèrent et, une fois prêts, soient en mesure « de descendre dans l'arène » pour s'y consacrer au salut des peuples. Le chanoine ne saurait en effet donner ce qu'il ne possède pas.

Toute l'activité doit trouver en Dieu sa source, sous peine de courir en vain et d'entraîner les hommes sur une voie erronée. Les prélats de l'ordre devront lutter contre les Prémontrés girovagues, tentés par un activisme qui peut se cacher sous un attrait insatiable d'activités pastorales, au grand mépris du voeu de stabilité. Tout dépend de la qualité spirituelle des religieux et des supérieurs :

> « En effet, le coeur qui ne garde pas la vraie piété et n'est pas constant dans la grâce divine, est rendu toujours plus instable par les caprices de sa nature viciée, et le religieux qui ne renouvelle pas quotidiennement son esprit, ne médite pas sur les obligations de ses voeux, n'est pas tendu vers l'amendement de sa vie et la conversion de ses moeurs, est d'abord agité par des désirs variés passagers, avant d'être corrompu par des affections séculières, et finalement écrasé par les plaisirs de son esprit pervers. Alors, dans sa faim de liberté, il gémit d'être enfermé dans l'étroitesse de son monastère, et considère sans raison que ses supérieurs manifestent à son endroit une sévérité exagérée [...] En conséquence, que personne n'aspire aux tâches pastorales ou à quelque fonction, mais que chacun attende d'y être appelé par Dieu à travers les supérieurs... » [128].

En résumé [129], les statuts de 1630 mettent en relief la nécessité d'harmoniser la sainteté personnelle des religieux et les exigences du ministère apostolique. Le retour à saint Norbert entraîne une redécouverte du charisme originel et, pour tout dire, un retour à une authentique spiritualité régulière et apostolique. Ces statuts se distinguent par des domaines nouveaux désormais inclus – et pour trois siècles – dans la législation de l'ordre : le maître des novices vu sous l'angle du guide

---

[127] *Ibid.*, p. XLVI.

[128] *Ibid.*, p. LI-LII.

[129] Cf. N. WEYNS, « La réforme des Prémontrés aux XVIᵉ et XVIIᵉ siècles, particulièrement dans la circarie de Brabant », *Analecta Praemonstratensia*, t. XLVI (1970), p. 5-51.

spirituel, les obligations spirituelles de l'abbé, les devoirs spécifiques des Prémontrés chargés d'administrer les paroisses. Enfin, l'eucharistie occupe une place centrale dans la vie des Norbertins qui constituent un ordre sacerdotal par excellence, dans la mesure où ils s'efforcent de vivre à l'imitation des Apôtres et de la communauté primitive de Jérusalem. Cinq cents ans après avoir fondé son ordre dans la forêt de Prémontré, saint Norbert n'a rien perdu de sa force d'attraction et son charisme est toujours vivant.

Ce renouveau sanctionné par la publication d'une nouvelle législation, allait assumer une ampleur inattendue. Surtout, il allait pénétrer dans les abbayes et alimenter la vie des religieux. La période qui s'ouvrait allait être riche de nombreuses publications historiques et spirituelles. L'ordre de Prémontré saisissait une occasion unique de raviver sa vocation et celle de ses membres.

Pierre de Waghenare

Prémontré de Saint-Nicolas de Furnes en Belgique, né à Neuport vers 1599, il prononça ses voeux en 1617. En 1637, il était préfet des études dans le collège d'humanités de Furnes, qui dépendait de l'abbaye. Sous-prieur, puis prieur, il mourut le 29 août 1662. On ne sait que peu de choses de ce religieux qui a laissé plusieurs oeuvres poétiques latines, et a composé divers travaux de caractère historique dont certains demeurent à l'état de manuscrits.

Dans sa *Vita Lyrica* [130] de saint Norbert, Waghenare reprend les caractéristiques traditionnelles de l'hagiographie de saint Norbert, insistant sur ses vertus de foi et de charité, de zèle au service de l'Église, et surtout sur son intense dévotion eucharistique. Son *Sanctus Norbertus [...] Patriarcha* [131] est un ouvrage précieux, dans la mesure où il présente au lecteur saint Norbert mais aussi tous les Prémontrés *sanctitate, genere, doctrina illustres*, et où il fait un éloge de son ordre. Il y développe les éléments mis en relief, après lui, par les auteurs des XVIIIe-XIXe siècles, dans l'intention de préciser le charisme de l'ordre de Prémontré et l'intuition originelle de saint Norbert dans la fondation de son ordre : la louange de Dieu, le culte eucharistique, le culte marial, l'esprit d'abnégation et de pénitence, le zèle apostolique pour le salut des âmes.

La *Vita Metrica* [132] de saint Hermann-Joseph, chanoine de l'abbaye de Steinfeld en Allemagne, est une louange au « Chapelain de Notre-

---

[130] P. de WAGHENARE, *Sancti Norberti Canonicorum Praemonstratensium Patriarchae Vita Lyrica*, Duaci, Baltaz. Beller, 1637 [2e éd., *Sancti Norberti... Vita Lyrica, Dramatica, Epigrammatica cum aliis poematis, ibid.*, 1639].

[131] P. de WAGHENARE, *Sanctus Norbertus Canonicorum Praemonstratensium Patriarcha In se, & Suis voce soluta celebratus*, Duaci, Balt. Beller, 1651.

[132] P. de WAGHENARE, *Beati Hermanni-Joseph, Canonici et Presbyteri Steinfeldensis Ordinis Praemonstratensis Vita Metrica ad Alexandrum VII, Pontificem Maximum*, Colon. Agrip., apud Ioan. Busaeum, 1656 [2e éd. *Vita Sancti*

Dame », qui eut la grâce du mariage mystique avec la Vierge, et fut le chantre des joies de Marie. Cet ouvrage de Waghenare constitue un bon témoignage de la spiritualité mariale de l'ordre de Prémontré, dans le sillage de la Réforme catholique.

François Wennius ou « l'homme intérieur »

Natif de Saint-Trond (Belgique), où il fut baptisé le 28 septembre 1599, François Wennius ou Wennen fit profession le 5 mai 1624 à l'abbaye du Parc à Louvain, et fut ordonné prêtre le 20 décembre 1625. Circateur de son abbaye, il étudia ensuite à Louvain où il se trouvait en 1630, puis fut nommé en 1631 curé de la paroisse de Winghe-Saint-Georges qu'il administra pendant quatre ans et demi. Il revint en 1635 à l'abbaye pour y exercer les charges de sous-prieur et de maître des novices. Le 23 avril 1638, il devint prieur. L'abbé Jean Masius mourut et laissa à François Wennius la lourde charge d'administrateur de l'abbaye. Il mourut le 22 octobre 1647.

La doctrine spirituelle de François Wennius est tout entière centrée sur l'homme intérieur et sur la doctrine de la grâce. Nourrie de l'Écriture et des maîtres spirituels, elle fut cependant regardée par certains avec méfiance. Sous l'influence des augustiniens, Wennius est tenté de diminuer le rôle et l'importance de la nature pour mieux exalter la puissance de la grâce. Dans son *Speculum Religiosorum* [133], il mentionne un ouvrage précédent, aujourd'hui perdu, *Directorium breve*, à l'usage des novices. Avant de le donner à l'impression, écrit-il, « *delevi multa, statui alia & addidi non pauca* ». Wennius s'inscrit dans la controverse sur la grâce, et demeure tributaire des formulations de l'université de Louvain lorsqu'il parle de la connaissance de soi, de la réforme de l'homme intérieur, et de l'oraison. Toutefois, il présente une doctrine spirituelle parfaitement équilibrée lorsqu'il entre dans la spécificité de la profession prémontrée.

Par sa profession, le Prémontré s'engage à la *conversio morum*. C'est dire qu'il s'oblige librement à la perfection. Cette notion de perfection est centrale et détermine toute la vie régulière, elle constitue le fondement et l'aboutissement de toute l'ascèse et de toute la vie d'oraison, elle suppose l'accueil de la grâce, seule susceptible de transformer l'homme en *homme intérieur*, en *homme spirituel*.

Reprenant à son compte l'idéal de saint Norbert, emprunté à l'Évangile et mis en pratique par saint Augustin dans la communauté épiscopale d'Hippone, François Wennius insiste longuement sur la

---

Hermanni-Joseph... Editio secunda auctior et emendatior. Accessere quaedam Miscellanea Norbertina hactenus inedita. Cum quibusdam figuris aeneis, Antverpiae, apud Viduam & Heredes Gerardi Wolsschati, 1661].

[133] F. WENNIUS, *Speculum Religiosorum, totum interiorem hominem et omnia religiosae vitae officia, perfectionem, obligationemque septem tractatibus repraesentans*, Lovanii, apud Bernardinum Masium, 1645.

renonciation aux biens personnels et sur le choix de la vie commune, deux éléments constitutifs de l'ordre des chanoines réguliers. Le renoncement concerne certes les biens matériels mais les dépasse largement. La transformation de l'homme en *homme intérieur* présuppose l'abandon volontaire de tout ce qui dans la nature ne vient pas de Dieu, pour que la grâce réforme ou mieux transforme la nature.

François Wennius insiste longuement sur une des conséquences de la profession prémontrée, qui commence ainsi : « Moi, frère N..., je m'offre et me livre à l'Église de ... » [134]. L'incorporation à l'Église de la profession signifie certes que le clerc se livre au service d'une église particulière à travers laquelle il se trouve incardiné à l'ordre de Prémontré, mais cette incorporation assume également une valeur spirituelle : le clerc religieux remet sa volonté propre entre les mains du chef de cette Église, l'abbé, et, par son intermédiaire, en fait don à Dieu. C'est dire combien la profession qualifie et détermine l'ensemble de la vie du Prémontré : répondant à l'appel de Dieu et mû par la grâce, il renonce à lui-même, à la suite des Apôtres qui ont choisi de suivre le Christ : « Si quelqu'un veut être mon disciple, qu'il se renonce lui-même, prenne sa croix et me suive » (*Lc* 14, 27). On le devine, la voie spirituelle idéale, tracée par François Wennius, est une voie de renoncement personnel, tout entière tendue vers une totale conformité aux suggestions de la grâce. C'est cela la vie de l'*homme intérieur*.

La communauté prémontrée est donc avant tout une réalité théologale qui s'exprime dans la vie commune, elle-même fondée sur la nature surnaturelle de l'incorporation à une Église dont le chanoine devient membre. Wennius part de la réalité canonique de l'Église pour s'élever au concept d'Église-Corps du Christ. Dans cette perspective, chaque fonction à l'intérieur de la communauté prémontrée est un service pour le bien du Corps de cette Église, *réalité intérieure*, constituée d'*hommes intérieurs*.

Jérôme von Hirnhaim ou la marche vers la sainteté à la suite de Norbert

Jérôme von Hirnhaim, né en 1637 à Oppau en Silésie, fit profession canoniale à l'abbaye de Strahov à Prague, le 14 janvier 1659. Théologien et canoniste, il passa ses premières années de vie religieuse à enseigner. Abbé de Strahov, de 1670 à 1679, il exerça aussi la charge de vicaire général et de visiteur, de 1672 à 1679. Mettant à profit son prestige personnel et le poids de sa charge, il inculqua aux Prémontrés de Bohême, d'Autriche, de Moravie et de Silésie l'amour de la discipline religieuse et des études solides. Il donna lui-même l'exemple dans ces deux domaines : il orna la chapelle de saint Norbert d'une statue en argent, obtint du pape Clément X que sa fête fût célébré dans l'Église universelle sous le rite

---

[134] « *Ego, frater N..., offerens, trado meipsum Ecclesiae...* » (Formule de Profession).

double, et construisit une nouvelle église sous le vocable de saint Norbert. Il dota l'abbaye de Strahov d'une riche bibliothèque devenue célèbre dans le monde entier. Il mourut le 27 août 1679, âgé de 44 ans, après 22 ans de vie religieuse, dont 15 de prêtrise et 10 d'abbatiat, trop jeune pour réaliser tous ses projets.

Peu de temps avant sa mort, Jérôme von Hirnhaim publia deux livres d'une particulière importance, l'un sur le *Sermon de saint Norbert* [135] et l'autre sur *La voie droite de la vie* [136]. Ces ouvrages de morale et de spiritualité s'adressent à tous les religieux, car ils reprennent en les développant les éléments essentiels communs à toute vie consacrée, mais surtout aux Prémontrés dans la mesure où le premier a pour canevas le texte du *Sermon de saint Norbert*, et le second s'étend particulièrement sur les points fondamentaux de la vie norbertine.

Le livre sur le *Sermon de saint Norbert* se présente comme un véritable traité des vertus alimenté à l'Écriture Sainte, aux Pères et Docteurs de l'Église, à l'histoire des ordres religieux et des saints. Hirnhaim s'étend particulièrement sur le concept de pauvreté. Il a parfaitement compris la différence entre la pauvreté franciscaine et la désappropriation embrassée par les chanoines réguliers de la réforme grégorienne :

> « Par pauvreté, je n'entends pas le simple manque de richesses, mais le fait de vivre ce manque avec joie, c'est ce que l'on appelle habituellement la pauvreté volontaire. Bienheureux les pauvres non de richesse, mais d'esprit, ou d'âme. Nombreux sont ceux qui supportent la pauvreté contre leur gré, à cause d'une misérable nécessité, et non d'une louable volonté, comme le dit saint Bernard [...] Ce n'est pas la pauvreté qui est considérée comme une vertu mais bien l'amour de la pauvreté » [137].

Préoccupé de fournir des éléments de réponse aux religieux soucieux d'allier la vie active et la vie contemplative, Hirnhaim reprend l'exemple classique de Marthe et Marie pour illustrer la grandeur de la vie mixte embrassée par les Prémontrés, qui représente en soi un équilibre difficile à acquérir et à conserver. Il le montre clairement : Marthe ne saurait passer tout son temps en travaux absorbants, Marie ne saurait demeurer tout le temps aux pieds de Jésus. Pour cela, l'auteur part des exigences du ministère sacerdotal qui sont en elles-mêmes des actions

---

[135] J. Von HIRNHAIM, *Sancti Norberti Archiepiscopi Magdeburgensis, candidissimae Religionis Canonicorum Praemonstratensium Fundatoris ac Patriarchae Sermo. Ad eosdem Praemonstratenses Filios quondam dictus et scriptus, recenter vero enucleatus... Ad Religiosorum maxime Praemonstratensium quorum Instituti obligationem universam complectitu utilitatem et usus tam privatos quam concionatorios, typis vulgatus*, Pragae, Apud Georgium Czernoch, 1676.

[136] J. Von HIRNHAIM, *Recta vitae via, seu Meditationes pro singulis anni diebus ex Sacra Scriptura excerptae, quibus accesserunt orationes quaedam selectae ac privilegiatae cum Indulgentiarum lucrabilium Catalogo, aliisque salutis certius consequendae mediis pro usu Religiosorum, maximé Praemonstratensium...*, Pragae, Typis Georgii Czernoch, 1678.

[137] J. Von HIRNHAIM, *Sancti Norberti... Sermo... enucleatus...*, p. 340.

mais profondément insérées dans le surnaturel, et dénonce pour les prêtres les dangers d'un commerce sans retenue avec le monde.

> « Parmi tous les actes extérieurs, on chercherait en vain quelque chose de plus saint, de plus agréable à Dieu, que le soin des âmes dans la prédication de la Parole de Dieu et l'administration des sacrements [...] Ainsi, Marthe doit se faire aider par Marie. Marthe ne doit pas toujours courir çà et là, et encore moins s'agiter à l'excès. De son côté, Marie ne saurait toujours demeurer assise aux pieds du Seigneur. La première se doit de mêler aux devoirs de sa vie active la contemplation, et la seconde à ses efforts de contemplation les soins et la sollicitude de son prochain [...] Il est certain que sont en grand danger ceux qui vaquent au soin des âmes, surtout s'ils vivent au dehors parmi les populations, et sont contraints à converser fréquemment avec le monde immonde qui est tout entier sous l'emprise du Mal » [138].

La véritable vie mixte représente la solution parfaite aux problèmes des prêtres soucieux de se livrer pleinement au ministère sans renoncer à l'acquisition de la sainteté. Cette vie mixte est celle du Christ et celle des Apôtres. C'est donc à la source qu'il faut revenir, de manière à agir *in spiritu Christi et Apostolorum*, et se sanctifier dans l'exercice même d'un ministère nourri de prière et de zèle apostolique.

> « La vie mixte est donc la meilleure, celle qui pousse ses racines dans la contemplation et porte les fruits de l'action. Voilà la vraie vie apostolique, celle que les Apôtres nous ont enseignée, eux qui étaient assidus à la prière et à la prédication, ces deux principaux devoirs de la vie contemplative et active, que le Christ lui-même a sanctionnés par son exemple. Sa vie fut une vie active, que personne n'en doute ! Il dit : "Il me faut annoncer la Bonne Nouvelle du Royaume de Dieu, car c'est pour cela que j'ai été envoyé. Voilà pourquoi je suis né, pourquoi je suis venu dans le monde, pour rendre témoignage à la Vérité" » [139].

Lorsqu'il appela ses Apôtres à le suivre, Jésus s'adressa à eux en termes de mission et d'activité : « Je ferai de vous des pêcheurs d'hommes ! » (*Mc* 4, 17). Et cependant Jésus, le modèle de l'Apôtre, fut le plus grand *expert* en contemplation, car il vivait constamment en communion avec son Père, et accomplissait sa mission en esprit d'obéissance et d'amour filial. À regarder de près les trois années de ministère intense menées par Jésus, faites de prédications, de voyages en diverses régions de Palestine, de guérisons des âmes et des corps, on perçoit l'importance de ces moments précieux et fréquents, passés dans la solitude, au cours desquels il se livrait tout entier et exclusivement à la contemplation du Père.

Et Hirnhaim de conclure :

> « De tous ces éléments, il ressort qu'elle est parfaite la religion qui professe en même temps la recherche de la vie active et de la vie contemplative [...] C'est cette vie mixte que notre religion prémontrée entend professer, dans laquelle tout religieux, selon ses possibilités, est tenu de se rendre apte au soin des âmes et à l'administration des bénéfices. Il se rendra vraiment apte à ces charges actives dans la mesure où il cherchera avec diligence à s'adon-

---

[138] *Ibid.*, p. 691.
[139] *Ibid.*, p. 693.

ner à la contemplation dans son monastère, dans la mesure où, comme nous le disions plus haut, il s'adonnera à la pratique de la lecture, de la méditation et de l'oraison, ce en quoi la vie contemplative consiste essentiellement » [140].

En somme, à l'imitation de la Vierge Marie, le Prémontré se doit d'entendre, d'écouter, de garder et d'incarner dans ses actes la Parole de Dieu.

Dans son ouvrage sur *La voie droite de la vie*, qui se présente comme un recueil de méditations et de prières quotidiennes, Jérôme von Hirnhaim oriente ses réflexions sur le service de Dieu par l'observation de ses commandements. C'est la *recta via* qui conduit au bonheur éternel. Pécheur, l'homme éprouve son impuissance radicale à poursuivre ce bien. Il est en effet nécessaire de savoir, vouloir et pouvoir accomplir les commandements. Hélas, l'homme est aveugle pour voir, paresseux pour vouloir, faible pour pouvoir accomplir ce qui est nécessaire à son salut. Cette condition précaire met en lumière l'aide indispensable qui vient de Dieu : il infuse la lumière dans l'âme pour qu'elle voie, il lui confère la grâce pour qu'elle veuille, il lui communique sa force pour qu'elle accomplisse le bien.

Le religieux reçoit cette lumière à travers la pratique assidue de la *lectio divina* dans laquelle Dieu parle au coeur, apprend à discerner et à accomplir sa volonté, éclaire l'âme pour qu'elle sache ce qu'il convient de faire en tout temps et qui soit agréable au souverain Seigneur. Toutefois, il ne suffit pas de connaître la volonté de Dieu, ni les moyens nécessaires au salut, il faut que la grâce divine éveille la volonté. C'est l'un des effets de la *méditation*. Ici, Dieu frappe à la porte de l'âme et parle au coeur, le stimule par la grâce, le persuade par son amour. Par la crainte qu'il lui inspire, il garde ses fidèles loin de la voie d'iniquité. En effet, notre insuffisance ne concerne pas seulement notre intelligence et notre volonté, notre capacité de penser droit et de vouloir le bien, mais elle grève aussi l'agir bon, l'exécution de la volonté bonne, les actes méritoires qui ne peuvent venir que de Dieu. On sent ici affleurer le pessimisme excessif d'Hirnhaim sur la nature humaine, que le concile de Trente avait explicitement condamné, en reconnaissant à l'homme non justifié la possibilité d'accomplir des actes moralement bons [141].

Hirnhaim insiste sur la pratique assidue et intelligente de la *prière*. Dans un ordre canonial voué à la prière chorale, qui occupe une grande partie de la journée, et possède la priorité sur les dévotions personnelles, il n'est guère possible d'accumuler les prières personnelles. Et l'auteur de recommander un choix judicieux de quelques prières plus particulièrement adaptées à la personnalité du religieux, à ses activités et au temps disponible dont il jouit. Hirnhaim accorde une importance toute particulière à la communion des saints : celui qui n'a guère le temps de

---

[140] *Ibid.*, p. 693-694.
[141] Concile de Trente, Sess. VI, *Décret sur la justification*, ch. VI et can. 7 : DENZINGER-SCHÖNMETZER, *Enchiridion symbolorum...*, n° 1526-1527, 1557.

vaquer aux dévotions personnelles doit prendre conscience de la prière incessante des saints qui intercèdent pour lui auprès de Dieu et sanctifient toutes ses activités, si, du moins, il s'insère librement et volontairement dans cette grande prière de louange qui unit l'Église triomphante à l'Église militante.

La voie droite de la vie se conclut par une véritable *Somme* de piété. Hirnhaim fournit à ses lecteurs une foule de formules de prières, dont les *Litanies de saint Norbert*, le texte de la *Règle de saint Augustin* et celui du *Sermon de saint Norbert*. Enfin, ce beau manuel de méditations et prières de dévotions porte, sur la dernière page, la marque évidente de l'influence des Jésuites jusqu'au coeur de la Bohême : *Omnia ad majorem Dei gloriam*.

La mémoire retrouvée par l'Histoire

Charles-Louis Hugo, abbé d'Étival, fut certainement le plus grand annaliste de l'ordre de Prémontré, entre le XVIIe et le XVIIIe siècle. Lorrain, il était né à Saint-Mihiel en 1667. Ses publications les plus suggestives furent élaborées dans les premières décennies du XVIIIe siècle, cependant, elles s'inscrivent dans le grand mouvement de retour à saint Norbert qui marqua le XVIIe siècle. Hugo entra, le 15 juin 1683, à l'abbaye de Pont-à-Mousson. Il avait alors un peu plus de quinze ans. Il étudia à l'université, puis à l'abbaye de Jovilliers, et devint docteur de l'université de Bourges en 1691. Il commença à enseigner à l'abbaye de Jandeures et, en 1693, fut envoyé à l'abbaye d'Étival. Il se compromit singulièrement dans la querelle du jansénisme et s'attira l'inimitié des Jésuites de Pont-à-Mousson, qui lui refusèrent le titre de docteur s'il ne « soutenoit pas de thèses contradictoires à dix propositions janséniennes qu'il avait enseignées et dont il avoit demandé l'approbation à la Faculté de Louvain » [142].

En 1700, peu de temps après l'entrée du duc Léopold à Nancy, Hugo fut nommé supérieur de la maison Saint-Joseph de cette ville. Il y demeura jusqu'en 1713. Il y déploya une intense activité pour la reconstruction du monastère et stimula chez ses religieux le goût de l'étude. Nommé coadjuteur de l'abbé commendataire de Flabémont en 1708, il continua à résider à Nancy. Le 12 août 1710, l'abbé d'Étival, Siméon Godin, le choisit à son tour pour coadjuteur. Hugo quitta Nancy en 1713 et, pendant les dix années qui suivirent, réunit et commença à ordonner les matériaux de deux grands ouvrages : les *Sacrae Antiquitatis Monumenta*, et les *Annales Ordinis Praemonstratensis*. Le chapitre général de 1717 lui conféra le titre d'historiographe de l'ordre de Prémontré. Il fit imprimer, avec l'aide du père Blanpain, des explications de quelques médailles frappées à l'occasion d'événements remarquables, qui révèlent chez leur auteur un goût assez prononcé pour la numismatique. Hugo fut le

---

[142] R. TAVENEAUX, *Le jansénisme en Lorraine 1640-1789*, Paris, 1960, p. 202.

premier à publier une monographie des monnaies et des médailles lorraines. Lorsque l'abbé Siméon Godin résigna sa charge, le coadjuteur Hugo donna aux chanoines d'Étival la liberté de procéder à une élection : il fut élu à l'unanimité. L'abbé d'Étival travailla avec une ardeur renouvelée et, pour plus de facilité, installa un atelier typographique à Étival même.

L'ensemble des grands monastères des Vosges prétendaient, à tort ou à raison, être exempts de la juridiction épiscopale de l'évêque de Toul. Cette situation conflictuelle fut cause de difficultés sans cesse renaissantes. En 1725, Hugo envenima la situation, ce qui lui valut, en 1726, d'être relégué par lettre de cachet du duc Léopold, à l'abbaye de Rangéval. L'ordre le blâma et l'abbé général Lucas de Muin lui adressa, le 16 mars 1726, une lettre foudroyante. Connu pour ses publications, Hugo fut protégé à Rome par le cardinal Lercari, secrétaire d'État, qui plaida sa cause auprès du pape Benoît XIII. Pour mettre fin au conflit, le pape nomma Charles-Louis Hugo, évêque titulaire de Ptolémaïde, à condition qu'il limiterait l'exercice de sa juridiction à l'abbaye et au district d'Étival. L'abbé-évêque mourut le 2 août 1739, à l'âge de 71 ans, après avoir passé près de cinquante quatre ans dans l'ordre de Prémontré dont il demeure l'une des gloires.

9. Promotion des dévotions eucharistique et mariale

Par vocation et suivant l'exemple de saint Norbert, les Prémontrés consacrent à la célébration de l'eucharistie une attention particulière. Coeur de la vie conventuelle, source de leur ministère apostolique, elle représente aussi le sommet de la louange divine. Le XVIIe siècle amplifie le caractère marial de l'ordre et voit en Marie la mère et la reine, l'avocate et le modèle de toute l'Église et de chacune des communautés norbertines. Aussi la littérature spirituelle de cette époque accorde-t-elle une large place à l'eucharistie et à Marie, conçues comme deux pôles de la vie spirituelle, tant pour les Prémontrés que pour les fidèles dont il ont la charge.

Les Prémontrés et la dévotion mariale populaire

Augustin-François Wichmans fut le 43e abbé de Tongerlo en Belgique. Il naquit à Anvers dans les premiers jours de 1596. Il reçut à son baptême, le 7 janvier, le prénom de son parrain, le savant François Sweerts. Entré à l'abbaye de Tongerlo, il y reçu le nom d'Augustin. Il prononça ses voeux le 22 septembre 1613, devint bachelier en théologie, et fut nommé par l'abbé Stalpaerts maître des novices le 23 avril 1628. En 1630, il commença une période consacrée au ministère paroissial : en 1630, il est curé de Mierlo et doyen du district de Helmond, en 1632 curé de Tilburg et doyen du district de Halvarenbeek. Conseiller de l'évêque Ophovius, il reste peu de temps à Tilburg. En vertu d'un décret des États, il fut chassé de sa paroisse et remplacé par un ministre protestant. Il demeura pendant environ trois ans à Alphen où il continuait à recevoir ses anciens paroissiens. Estimé, il fut chargé par le clergé de Bois-le-Duc d'obtenir auprès de l'archiduchesse Isabelle et du cardinal Ferdinand protection contre les protestants.

En 1642, il fut élu coadjuteur de l'abbé de Tongerlo, et lui succéda en 1644. En 1647, il fut élu membre de la députation permanente des États de Brabant. Il pourvut à la formation théologique de ses religieux, et les envoya se former à l'université de Louvain. Dévoué à son abbaye, il en fit reconstruire une grande partie pour réparer les dégâts occasionnés par un incendie en 1657. En 1660, il demanda un coadjuteur mais mourut avant de l'obtenir, le 11 février 1661, après dix-huit ans d'abbatiat. Il fut enseveli dans le sanctuaire de l'église abbatiale de Tongerlo.

Wichmans s'insère dans le contexte de la Réforme catholique, et donne une place centrale à la spiritualité mariale. Chez lui, cette dévotion revêt un caractère historique destiné à appuyer son caractère traditionnel contre le protestantisme qui la considérait comme une déviation tardive du christianisme, mais aussi pour répondre à une émulation mariale de son ordre. La dévotion mariale de Wichmans vise à être pratique, en réponse à la thèse luthérienne de la justification par la foi seule. Efforts spirituels, imitation de la Vierge, prières liturgiques, mortifications et surtout pèlerinages constituent la charpente de cette dévotion mariale post-tridentine.

La *Brabantia Mariana*[143] est le plus connu des ouvrages de Wichmans. Dans les deux premières parties de son oeuvre, il montre comment églises, chapelles, abbayes, pèlerinages du Brabant dédiés à Marie s'insèrent profondément dans une tradition multiséculaire. La troisième partie du livre est consacrée aux religieux qui doivent voir en Marie leur modèle de vie et leur protectrice. Wichmans entreprend ensuite de parler de tous les monastères dédiés à Marie, de toutes les chapelles et statues vénérées dans les églises et les oratoires des religieux et des religieuses, en commençant par les monastères bénédictins et les cisterciens, pour arriver à saint Norbert et aux abbayes prémontrées. Il expose comment le service des églises rurales que pratique son ordre peut servir à la propagation et à l'intensification du culte marial. Il y insiste car il est alors curé de Mierlo. Puis il cite les églises et les chapelles dédiées à Marie dans les abbayes du Brabant, et s'attarde sur son abbaye de Tongerlo. De là, il passe aux monastères de moniales. Des Prémontrés, il en vient aux autres chanoines réguliers et montre en Marie leur patronne spéciale, à cause du rôle qu'elle tint auprès des Apôtres après l'Ascension du Seigneur. Après ce pèlerinage à travers le Brabant, il conclut :

---

[143] A. WICHMANS, *Brabantia Mariana tripartita...*, Antverpiae, Ioan. Cnobbaert, 1632.

« Enfin, je touche au port, j'arrime les voiles. Je m'attache par des câbles à une ancre solide. Je vais à vous, Temple saint du Seigneur toujours ouvert, sainte Mère de Dieu, pour rendre grâces » [144].

Dans son *Sabbatismus Marianus* [145], le Samedi de Marie, Wichmans explique « l'origine, l'utilité et la manière de sanctifier le samedi de chaque semaine en l'honneur de sainte Marie Mère de Dieu ». Il y trouve l'occasion de développer toute la doctrine concernant la sainte Vierge. Ces deux ouvrages de Wichmans influencèrent son disciple Gérard Van Herdegom, à qui il confia de compléter l'oeuvre mariale qu'il avait entreprise et que sa charge d'abbé ne lui permettait pas de poursuivre personnellement. Ainsi, l'oeuvre de Gérard Van Herdegom doit être considérée comme l'expression de la doctrine spirituelle de Wichmans. Le portrait moral et spirituel et Marie suscite, certes, l'admiration spontanée, mais il doit surtout encourager son imitation.

Marie, « Diva Virgo candida », Reine et Mère de l'ordre de Prémontré

Après avoir publié sa *Brabantia mariana*, dans laquelle il décrivait les pèlerinages belges dédiés à la Vierge Marie, Augustin Wichmans se souvint d'autres sanctuaires plus récents, dus pour la plupart à des miracles ou à des faveurs de la Vierge Marie, qui avaient surtout pour théâtre des églises et des maisons prémontrées. Ses charges ne lui permettant plus de consacrer tout le temps qu'il aurait souhaité à ses études et à ses publications, Wichmans passa le flambeau à l'un de ses religieux, Gérard Van Herdegom.

Gérard Van Herdegom naquit à Malines, le 28 avril 1617, et entra à l'abbaye de Tongerlo, où il fit profession solennelle le 24 décembre 1637. Vicaire à Alphen en 1644, il devint curé de Baerle près de Venlo en 1649. Là, il fit construire une chapelle semblable à celle de Notre-Dame de Lorette, d'après une estampe rapportée d'un voyage à Rome en 1643. Il devait mourir le 3 octobre 1675, après avoir publié un bel ouvrage dont Wichmans avait choisi le titre : *Diva Virgo Candida* [146], en honneur de Marie, Vierge, Mère et Dame de l'ordre de Prémontré.

Fidèle à son maître, Gérard Van Herdegom présente son ouvrage comme une continuation de la *Brabantia mariana*. En trois livres, il présente les faveurs concédées par la Vierge Marie à l'ordre de Prémontré, et rend compte de l'honneur qui lui est rendu par l'ordre de saint Norbert. Il décrit ensuite les lieux saints rendus célèbres par des images miraculeuses de la Vierge, et conclut par une description nourrie

---

144 *Ibid.*, p. 958.

145 A. WICHMANS, *Sabbatismus Marianus In quo Origo, Utilitas et Modus colendi hebdomatim Sabbatum in honorem Sanctissimae Deiparae explicantur,* Antverpiae, apud Gulielmum a Tungris, 1628.

146 G. VAN HERDEGOM, *Diva Virgo Candida, candidi Ordinis Praemonstratensis Mater tutelaris et Domina, tribus libris distincta,* Bruxelles, 1650.

de l'Écriture et des écrits des Pères, du *portrait céleste* de Marie, pour proposer la Vierge à l'imitation de tous les fidèles.

Dans le premier livre, Gérard Van Herdegom montre l'affection de la Vierge envers saint Norbert. Première marque d'affection : Marie lui apparaît, lui montre le lieu de sa fondation canoniale – *pré-montré* –, et lui donne l'habit blanc : « Mon fils, Norbert, reçois ce vêtement blanc ! » [147]. Aussitôt après avoir vu Marie et le Christ en Croix, Norbert se rend chez l'évêque de Laon et fait part de sa vision [148]. Deuxième marque de prédilection : Marie lui conseille de se rendre à Rome, comme tous les grands apôtres de la Belgique l'on fait, afin d'exprimer leur soumission au successeur de Pierre [149]. L'auteur analyse les significations multiples de l'habit blanc : le Christ, notamment lors de la Transfiguration, se montre à ses disciples revêtu d'un vêtement blanc comme neige pour préfigurer sa résurrection. Les anges qui annoncent la résurrection sont eux-mêmes vêtus de blanc. Les Prémontrés vêtus de blanc se doivent de demeurer purs de tout péché. Leur habit leur rappelle constamment cette exigence de sainteté, car ils sont voués au service de Dieu. L'habit est aussi le « miroir de l'âme » : vêtus d'un habit extérieur blanc, ils se doivent de vivre intérieurement en conformité avec ce qu'ils professent publiquement par leur vêtement [150].

L'ordre de Prémontré célèbre la gloire de Marie et la vénère comme sa Mère et sa Souveraine : l'Église de Prémontré et tout l'ordre sont consacrés à Notre-Dame, car Marie a adopté en Norbert tous ses disciples :

> « La très-sainte Vierge-Mère, Marie, a engendré en la personne de saint Norbert tout notre ordre de Prémontré, lorsque, par le don de l'habit blanc, elle a adopté à travers lui tout l'ordre comme ses propres fils, de telle sorte que nous puissions lui dire d'elle : "Parmi tes proches, nulle n'est plus féconde que ta Mère, elle qui a donné naissance à des milliers en un seul" » [151].

Le troisième livre laisse percer sous un latin grave des élans d'enthousiasme et d'admiration, en particulier dans les pages qui commentent le *Magnificat* :

> « Ce cantique de la Vierge l'emporte sur tous les cantiques de l'Écriture, ceux de Moïse, de Déborah, d'Anne, d'Ézéchias, des trois jeunes gens, tellement il est rempli du Saint-Esprit et d'exultation. On le dirait composé et dicté par le Verbe déjà conçu et dans toute sa joie. Chaque jour, l'Église en fait usage à l'office des Vêpres. Elle le chante solennellement pour célébrer et glorifier Dieu souverainement, pour rendre grâces à l'Incarnation du Verbe et de toutes les faveurs qui en découlent, pour puiser, boire à longs traits, inculquer aux fidèles les sentiments de dévotion, d'amour, de piété, de liesse que la Vierge, en l'improvisant, tirait du ciel. Quelques délicats, plus sages

---

[147] G. VAN HERDEGOM, *Diva Virgo candida...*, livre I, ch. I, § XIV.
[148] *Ibid.*, livre I, ch. III, § V.
[149] *Ibid.*, livre I, ch. IV et V.
[150] *Ibid.*, livre I, ch. VII.
[151] *Ibid.*, livre I, ch. X, § III.

que de raison, ressentiront peut-être un scrupule, quand on leur fera remarquer, avec une grande malice, que la Vierge semble montrer plus de présomption que d'humilité quand elle chante : "Toutes les générations me proclameront bienheureuse". Écoutez plutôt ce qu'en dit saint Basile : "Elle ne s'appelle pas bienheureuse sous le coup d'une vaine gloire. D'où pourrait venir une fumée d'orgueil à celle qui se nomme la servante du Seigneur ? C'est une touche du Saint-Esprit qui lui dévoile l'avenir. Elle parle en prophétesse, mue par l'Esprit de prophétie ; elle prédit que dans tous les siècles on proclamera son bonheur, on la célébrera, on l'invoquera". Certes l'événement a bien mis en lumière la vérité de cette intuition. Nous voyons la Vierge honorée dans tous les temps et dans tous les pays : chapelles, églises, ordres religieux, congrégations, voeux, processions, pèlerinages, litanies, la célèbrent à l'envie [...] Aucune nation chrétienne qui n'ait proclamé, ne proclame aujourd'hui, ne doive à l'avenir proclamer que la Mère du Christ partage le bonheur de son Fils » [152].

Gérard Van Herdegom, comme tous les théologiens de la Vierge à cette époque, est préoccupé de la vie pratique : l'admiration est bonne, mais l'imitation concrète et quotidienne doit suivre. Dans cette perspective, l'auteur, fidèle aux intuitions premières de saint Norbert sur la façon de vivre la désappropriation personnelle en communauté canoniale, montre aux religieux, et en particulier aux Prémontrés, comment la Vierge a pratiqué concrètement la vertu de pauvreté :

« La pauvreté de cette Vierge se remarque assez dans tout le développement de sa vie qui ne fut que pauvreté. Née de parents pauvres, élevée dans la pauvreté, fiancée à un pauvre artisan en compagnie duquel elle gagne sa vie par le travail de ses mains pour elle et sa famille, c'est dans une étable, entre deux animaux, en plein hiver, qu'elle enfanta son Fils. Elle l'emmaillota de pauvres langes. Faute de berceau, elle le coucha dans une crèche de bois. Tous les autres voyageurs trouvèrent l'hospitalité à Bethléem : pour cette pauvre petite étrangère on ne trouva pas la moindre chambre. Elle dut se retirer dans la grotte des bestiaux. Et pas pour un moment, car elle habita quarante jours dans cette grotte jusqu'à la purification. Quand elle se présenta au Temple pour y offrir son Fils, elle était si pauvre qu'elle ne trouva pas de quoi acheter un agneau pour l'offrande rituelle. Elle apporta deux petits de colombes, l'offrande des pauvres. Pendant la fuite en Égypte, elle ne put emporter aucun bagage. On ne fait mention d'aucune provision car, à peine reçu le triste message de l'ange, elle dut partir la nuit même et entreprendre un voyage de deux mois bien pénible pour elle, rempli de fatigue et de misère, comme il arrive aux pauvres qui n'ont ni bourse ni foyer ni maison et qui souvent, par là même, sont mal reçus. Et ce ne fut pas seulement pendant le voyage que la Pauvreté fut la compagne de la Vierge, mais encore en Égypte parmi les peuples barbares, tout au long de son exil. On peut dire même qu'elle ne la lâcha pas de toute sa vie et jusqu'à sa mort [...] Ne pouvait-elle pas dire avec le Psalmiste : "Je suis pauvre et au travail depuis ma jeunesse" (Ps. 87, 16), jusqu'à l'âge avancé de la vieillesse » [153].

Ce lyrisme nous éloigne passablement des écrits des XIIᵉ et XIIIᵉ siècles, étroitement liés aux paroles de l'Écriture. Ici, le coeur s'épanche et présente Marie comme le modèle de l'âme pieuse et dévote, qui suit pas à

---

[152] *Ibid.*, p. 430.
[153] *Ibid.*, p. 483.

pas le Sauveur, visite avec vénération les Lieux-Saints, et ravive par la mémoire les événements essentiels de sa vie terrestre :

> « Depuis ce temps, elle vécut à Jérusalem sur le Mont-Sion, d'une manière très sainte. Elle avait alors quarante-huit ans. Elle atteignit sa cinquante-cinquième année, s'employant sans relâche à l'instruction des Apôtres et des fidèles, très occupée par la visite dévote des lieux saints. Tous les endroits que son Fils avait marqués par sa prédication et ses souffrances, elle les visitait assidûment avec des sentiments incroyables de piété. Elle allait à Bethléem et vénérait la crèche où avait reposé le nouveau-né. Elle s'attardait à Nazareth où elle avait conçu et élevé son Fils. Pour le jardin des Oliviers où son Fils avait prélude à la tragédie sanglante de sa passion, elle professait un véritable culte. Le rocher du Golgotha où expira son Fils, elle eût voulu le porter dans son coeur. C'est ce mont qu'elle préférait à toutes les montagnes [...] Tout ce qu'elle avait vu et entendu, elle se le rappelait fidèlement. On eût dit qu'elle était elle-même crucifiée, tandis qu'elle se représentait son Fils sur la croix. Après avoir rempli du souvenir de son Fils mourant son âme insatiable, elle se rendait au lieu du Sépulcre. Nouvelles prières, nouvelles larmes, nouvelle répétition de soupirs et de pieux baisers. Enfin, elle gravissait le Mont des Oliviers d'où son Fils vainqueur de la mort avait salué une dernière fois les siens, en laissant la trace de ses pieds, comme nous l'avons rapporté » [154].

Bref, Gérard Van Herdegom, par une certaine obsession de donner la Vierge comme modèle aux religieux dans tous les détails de sa vie, la représente, parfois avec naïveté, mais toujours avec tendresse et doigté dans une communion étroite avec son Fils Sauveur. Ardent défenseur de l'Immaculée Conception et de la virginité perpétuelle de Marie, il emprunte aux Anciens, notamment à saint Jean Damascène et à saint André de Crète la trame et les images de ses méditations sur la mort et l'assomption de Marie, Mère et Souveraine de l'ordre de Prémontré.

Le Coeur à Coeur de Marie avec son Fils

Chanoine d'Étival, prieur de Saint-Paul de Verdun, prieur de la maison du Saint-Sacrement de Paris, procureur général de l'Antique Rigueur, abbé d'Étival, vicaire général pour la Lorraine, Épiphane Louys fut un grand mystique qui contribua à l'établissement des Bénédictines du Saint-Sacrement et à la fondation de la Congrégation des Soeurs de Saint-Charles de Nancy [155]. Prédicateur de renom, il n'eut pas l'occasion d'écrire beaucoup sur la Vierge Marie. Ses ouvrages, écrits pour les Bénédictines du Saint-Sacrement, traitent surtout de la dévotion eucharistique et de l'oraison de simple regard. Épiphane Louys ne traite de Marie que dans ses méditations pour les fêtes propres de la congrégation

---

[154] *Ibid.*, p. 510-511.

[155] Cf. F. PETIT, « Le Rév. Père Epiphane Louys, abbé d'Étival », *Analecta Praemonstratensia*, t. XXIV (1948), p. 132-157. On pourra consulter *Histoire de la Congrégation des Soeurs de Charité de Saint-Charles de Nancy*, Nancy, 1898 et s.

du Saint-Sacrement. Il publia, en 1674, *La nature immolée de la grâce* [156], et y reprit, dans un style meilleur que le leur, les idées majeures du cardinal de Bérulle et de saint Jean Eudes. Ainsi, il écrivait pour le 8 février, fête eudiste du saint Coeur de Marie :

> « Ô Verbe incréé et incarné, vous avez fait impression de votre sceau sur ce Coeur, c'est-à-dire que vous vous êtes mis en place de Coeur, en sorte qu'on n'a jamais vu en Marie que votre Coeur et votre volonté dans un règne pacifique et absolu » [157].

Au 4 septembre, pour la fête de « l'intérieur de Marie », nom primitif de la fête du Coeur de Marie, il écrivait :

> « Le Coeur de Marie était en Jésus, le Coeur de Jésus était en Marie : notre trésor est là où est notre coeur. Le trésor de Marie était Jésus et le trésor de Jésus était Marie » [158].

Comme les auteurs de l'École Française, Épiphane Louys entend par le coeur non pas tant le symbole des sentiments et le siège de l'affection que l'intime de l'âme. Cette dévotion est fondée sur une psychologie profonde, telle qu'on pouvait l'attendre des siècles classiques. Toutefois, une méditation sur l'apparition de Jésus ressuscité à la Vierge, nous rappelle quelque peu la dévotion médiévale avec sa candeur naïve et ses élans filiaux :

> « Il n'y avait personne qui avait plus souffert [que la Vierge] de la mort de son Fils. Ses douleurs furent immenses et, comme dit saint Bernard, chaque coup que son Fils endurait en sa Passion faisait un écho multiplié cent et cent fois dans le Coeur de Marie. Il était donc très juste que son Fils se fît voir en elle incontinent après sa résurrection et qu'il la comblât de joie, afin qu'il fût vrai de dire qu'à proportion des douleurs et des afflictions de Marie, les consolations de Jésus avaient inondé son âme [...] La sainte Vierge avait plus de foi que le reste de l'Église et même peut-être était-elle la seule qui avait de la foi, ce que l'Église semble signifier dans les ténèbres qui se chantent la semaine sainte : il ne reste qu'un cierge allumé, tous les autres se sont éteints pour dire que, tous les Apôtres ayant perdu la foi et l'espérance de la résurrection, la sainte Vierge, seule, était demeurée immuablement assurée de la parole de son Fils [...] La foi de la très sainte Vierge devait être récompensée, et comme le Sauveur du monde attribuait ordinairement les opérations miraculeuses qu'il faisait à la foi de ceux qui avaient été guéris, aussi pouvait-il dire à la très sainte Vierge : "Ma chère Mère, je veux vous donner les heureuses nouvelles de ma résurrection avant qu'à aucun autre, parce que vous avez cru avec fermeté ma divinité et la vérité des paroles par lesquelles j'avais prédit que je ressusciterais" [...] Et ressuscitant il apparut à sa Mère avec les livrées très riches de la gloire, revêtu de lumière comme d'un habit, et promit à sa Mère de les tenir éternellement avec dépendance d'elle et dont il lui serait à jamais redevable et, pour récompense, il lui donna

---

[156] É. LOUYS, *La nature immolée de la grâce, ou la pratique de la mort mystique pour l'instruction et la conduite des Religieuses Bénédictines de l'Adoration perpétuelle*, Paris, 1674.

[157] *Ibid.*, p. 43.

[158] *Ibid.*, p. 245.

l'intendance de toutes les grâces qu'il avait méritées par sa passion et dont elle aurait une pleine disposition à sa volonté » [159].

S'adressant aux Bénédictines du Saint-Sacrement, vouées à s'offrir à Dieu en victimes pour le salut du monde, Épiphane Louys leur montre en Marie un modèle de cette offrande :

« C'est une victime qui n'a vécu que d'amour et qui n'est morte que d'amour. Sa sainteté était trop éminente, son coeur était trop embrasé, sa charité était trop ardente pour ne pas finir en cette même manière que son Fils : tous deux ont été victimes du saint amour, tous deux ont expiré entre les flammes et les langueurs de la charité consommante. Pour honorer un Dieu autant qu'il méritait, pour réparer son honneur, pour reconnaître le domaine souverain que Dieu a de vie et de mort, il fallait qu'un Dieu fût sa victime, et il était bien digne que la plus digne et la plus excellente de toutes les créatures se joignît à lui et dans les mêmes sentiments se victimât et s'immolât à son Dieu. Elle l'a fait en tout ce qui regardait son être, ses puissances intérieures et extérieures et toutes ses opérations ; elle s'est donnée à Dieu pour n'en jouir qu'autant qu'il lui plairait, pour y souffrir tout ce que sa Providence en ordonnerait, et pour lui rendre tout ce qu'elle avait reçu de lui dans le temps qu'il avait désigné, sans vouloir retarder ni avancer d'un moment et la manière qu'il lui plairait » [160].

Accusé injustement de quiétisme, l'abbé d'Étival insistait plus que tout autre sur la nécessité de l'ascèse qui prélude aux oraisons les plus élevées. Des pages qu'il consacra à Marie se dégage une claire conscience de l'éminente sainteté de la Mère de Dieu.

Léonard Goffiné et son « Handpostille » [161]

Léonard Goffiné est l'un des Prémontrés les plus célèbres, non seulement en Allemagne, mais encore en Amérique, Belgique, Bohême, France, Hongrie, Italie. Il doit sa réputation au fameux manuel d'instruction chrétienne et de dévotion qui bénéficia de milliers d'éditions et de multiples traductions. Il est suffisamment connu pour que nous nous limitions à quelques observations.

Prémontré de Steinfeld, né le 6 décembre 1648, il fit profession le 16 ou 18 juillet 1669. Dans l'exercice de ses fonctions de maître des novices, puis de curé, Goffiné se révéla comme un authentique apôtre de la réforme catholique dans un contexte religieux troublé par l'agressivité des luthériens. Nommé en 1694 ou 1695 curé d'Oberstein, il travailla dans cette paroisse et y souffrit avec constance et patience pour la vérité de la foi catholique. De moeurs irréprochables, orateur et écrivain de talent, Goffiné jouissait d'une telle réputation que le roi de France Louis XIV se faisait un devoir de l'assister chaque année de ses libéralités. Il mourut à

---

[159] *Ibid.*, p. 185-199.
[160] *Ibid.*, p. 242.
[161] P. AL, *Leonhard Goffiné (1648-1719), sein Leben, seine Zeit und seine Schriften*, Averbode, 1969 (Bibliotheca Analectorum Praemonstratensium - 9).

l'âge de 71 ans, le 11 août 1719, alors que son *Handpostille* [162], publié pour la première fois en 1690, connaissait déjà un succès inouï.

En 1856, une revue catholique française, le *Magasin catholique illustré*, en faisait cet éloge :

> « Depuis deux siècles que l'ouvrage de Goffiné est connu en Allemagne, que d'âmes n'a-t-il pas sauvées ou préservées de l'erreur ! Voici un fait : dans cette terre en quelque sorte classique du protestantisme, partout où ce livre est devenu populaire, l'hérésie n'a pas pu pénétrer. Les instructions de Goffiné, qui manquent entièrement chez nous, embrassent à la fois le dogme, la morale et la liturgie. Elles sont riches en belles pensées autant qu'en sentiments affectueux, pleines de l'Écriture Sainte et d'extraits des Pères, d'une théologie simple et élevée, d'un style clair, facile et quelque fois magnifique. Là où il se pourrait parfois rencontrer de l'obscurité, l'auteur a eu soin de se mettre à la portée des plus petites intelligences, c'est-à-dire des petits enfants. Son instruction est par demandes et réponses, dans le style clair du catéchisme [...] Nous ne doutons pas, nous disait dans les commencements un des vicaires généraux de Paris, que les quarante mille curés de France n'achètent tous ce livre, qui contient de la bonne doctrine et non pas des phrases. Nous n'avons rien de semblable dans notre littérature » [163].

10. Des laïcs en communion avec les Prémontrés : vers la création d'un tiers-ordre [164]

Bien qu'essentiellement clérical, l'ordre de Prémontré comporta, de sa fondation en 1121 et jusqu'à la fin du XIIIe siècle, des laïcs des deux sexes, qui furent, de loin, les sujets les plus nombreux. Si les clercs constituaient le noyau central de toute communauté prémontrée, les laïcs leur étaient étroitement unis, et contribuaient à réaliser concrètement l'*Institutio Apostolica* qui fut, dès l'origine, l'un des buts poursuivis par saint Norbert. Grâce à la foule des laïcs qui s'agrégèrent au collège sacerdotal, chaque abbaye fut en mesure de reproduire la communauté primitive de Jérusalem dépeinte dans le livre des *Actes des Apôtres*, multitude des croyants réunis autour des Apôtres dans la prière avec la Vierge Marie, pratiquant tous la mise en commun des biens (Cf. *Actes*, I, 13-14 ; II, 42-47 ; IV, 31-35).

L'origine du tiers-ordre de Prémontré, incontestée jusqu'au développement de la critique historique, le rattachait directement à saint Norbert et en faisait le plus ancien tiers-ordre. Une tradition encore

---

[162] L. GOFFINÉ, *Hand-Postill, oder Christkatholische Unterrichtungen auf alle Sonn- und Feyertage des ganzen Jahrs*, Mainz, 1690.

[163] *Magasin catholique illustré*, 7e année (1856), p. 74-75.

[164] Nous nous référons ici à l'excellent article de notre confrère N. J. WEYNS, « L'origine du tiers-ordre prémontré », *Analecta Praemonstratensia*, t. LX (1984), p. 163-184.

reprise dans un bref apostolique du pape Pie XI en 1923 [165], publié dans le *Directorium spirituale Ordinis Praemonstratensis* de 1959 [166] affirme :

> « Parmi ces groupes de tertiaires, il faut considérer comme le plus ancien celui qui s'est développé dans l'ordre des chanoines réguliers de Prémontré et qui se félicite d'avoir été fondé par saint Norbert lui-même » [167].

Cette tradition fut largement répandue par le prieur de l'abbaye française de Mondaye, Godefroid Madelaine [168], qui fut l'âme de la restauration de son abbaye et du tiers-ordre au XIXᵉ siècle.

Les travaux contemporains sur les origines de l'ordre de Prémontré ont définitivement redonné sa juste dimension à Thibaud de Champagne, supposé être le premier *tertiaire*, et à son agrégation à l'ordre de saint Norbert. François Petit, l'un des auteurs prémontrés du XXᵉ siècle les plus attachés à la tradition de leur ordre, écrivait voici une dizaine d'année :

> « Que Thibaud ait été admis à la fraternité de l'ordre ne peut faire aucun doute [...] mais que Thibaud se soit ainsi attaché à la famille norbertine de façon exclusive est certainement inexact puisqu'il fut enterré à Ligny-sur-Marne, dans une abbaye cistercienne et avec l'habit cistercien. D'autre part, le scapulaire n'est pas compté parmi les pièces primitives de l'habit prémontré et son adoption comme distinctif d'agrégation est hautement improbable. Enfin, il est essentiel à un tiers-ordre d'être l'association non seulement à un monastère – ce que réalise l'oblature bénédictine – mais à d'autres membres qui se considèrent comme frères. Pouvait-il exister une fraternité de ce genre entre un si grand prince et ses contemporains ? » [169].

Aujourd'hui, il est couramment admis [170] que l'institution des *fratres ad succurrendum* et celle de la *fraternitas* ont ouvert la voie à une agrégation spirituelle de laïcs caractérisée par une *fraternité* avec leur abbaye et entre eux, que Benoît XIV approuva solennellement en 1751, sous l'appellation de *tiers-ordre séculier de Prémontré*.

À la suite du concile de Trente, plusieurs instituts religieux, et la Compagnie de Jésus la première, se mirent en devoir de faire passer les décisions conciliaires dans la vie quotidienne des fidèles. Comme d'autres

---

[165] En 1922, le tiers-ordre prémontré célébrait son huitième centenaire. Pie XI lui accorda, à cette occasion, un ensemble de faveurs spirituelles, par un bref apostolique daté du 30 mars 1923 et signé du cardinal Gasparri, Secrétaire d'État.

[166] *Directorium spirituale Ordinis Praemonstratensis*, Averbode, 1959, p. 274-275.

[167] *Ibid.*

[168] Godefroid Madelaine (1842-1932) entra chez les Prémontrés de Mondaye en 1861, fit sa première profession en 1864, fut prieur pendant de longues années, et devint abbé de Frigolet (Bouches-du-Rhône) en 1899. Il trouva asile avec sa communauté expulsée de France, à l'abbaye de Leffe (Dinant - Belgique). Démissionnaire en 1919, il rentra à Mondaye en 1921 et y mourut le 22 septembre 1932. Il fut conseiller spirituel de sainte Thérèse de l'Enfant-Jésus et parvint à faire éditer *L'histoire d'une âme*, en 1898.

[169] F. PETIT, *Norbert et l'origine des Prémontrés*, Paris, 1981, p. 180.

[170] On pourra consulter, par exemple : U. BERLIÈRE, « Les confraternités monastiques au Moyen-Age », *Revue liturgique et monastique*, t. XI (1925-1926), p. 135.

ordres, les Prémontrés comprirent tout l'intérêt de réunir les fidèles en associations. La structure de l'ordre composé de maisons autonomes recommandait naturellement d'exploiter la relation personnelle entre le fidèle et sa communauté d'élection. Toutefois, il faudrait passer de la relation individuelle à une abbaye à la création d'une association destinée à réunir les laïcs partageant le même idéal. Ne serait-ce pas, d'une certaine façon, redonner vie à cette communauté des fidèles réunis autour des Apôtres, dont les *Actes* entretenaient la nostalgie ? Pour les encourager, ne conviendrait-il pas de leur proposer un rite d'agrégation imitant la profession des religieux ? Au contact régulier de leur communauté, ces fidèles pourraient apprendre à vivre en bons catholiques, selon leur état de vie. C'est dans ce contexte qu'au XVIIe siècle, Jean Lepaige exerça une influence décisive pour l'avenir du tiers-ordre prémontré.

Il publia, en 1633, un formulaire d'origine inconnue, qui s'imposa rapidement comme le formulaire officiel de l'admission dans le tiers-ordre. Pour la première fois, nous voyons apparaître un petit scapulaire blanc que bénit l'abbé avant de l'imposer au récipiendaire, homme ou femme. En lui donnant le baiser de paix, l'abbé lui dit : « Par l'autorité dont je suis revêtu, je te reçois dans notre *confraternitas* et je te rends participant à toutes les bonnes oeuvres spirituelles de notre ordre ». Le sacriste inscrit ensuite le nom du nouveau *frater ad succurrendum* dans le registre de la *confraternia* [171]. Le *frater ad succurrendum*, différent de « celui qui entend mourir sous le froc », s'engage à observer dans le monde certaines pratiques de la vie religieuse. C'est là que s'enracine le tiers-ordre prémontré tel qu'il est parvenu jusqu'à nous. C'est aussi Lepaige qui est à l'origine de la tradition qui fait remonter le tiers-ordre à saint Norbert et au comte Thibaud de Champagne. En parlant du tiers-ordre, il renvoie à l'histoire de saint Norbert qu'il a lui-même publiée. Dans son souci de fournir les lettres de noblesse de l'ordre de Prémontré, il attribue à saint Norbert la gloire d'avoir été le premier à fonder un tiers-ordre, et il exalte la noblesse de Thibaud de Champagne pour montrer que dès l'origine les grands de ce monde ont tenu à s'associer à l'ordre de Prémontré. L'expression de *frater ad succurrendum* entraîne parfois des confusions. Bien que la pratique de « mourir sous le froc » ait disparu depuis le XVIe siècle, Benoît XIV, qui reprend le formulaire de Lepaige, donne ce titre dans le bref de 1751 aux tertiaires. Pierre de Waghenare, historien de l'abbaye Saint-Nicolas de Furnes, nous explique en 1651 :

> « Les *fratres et sorores ad succurrendum* étaient ceux qui, admis à la communion ou participation aux prières et bonnes oeuvres, portaient sous leurs vêtements ordinaires un scapulaire blanc, observaient certaines prescriptions de saint Norbert, et soutenaient les religieux de notre ordre en leur procurant le nécessaire » [172].

---

[171] J. LEPAIGE, *Bibliotheca...*, p. 311-312.

[172] P. de WAGHENARE, « Sanctus Nicolaus Furnensis, sive Origo ac progressus abbatiae S. Nicolai Furnensis », dans *Sanctus Norbertus... Patriarcha...*, p. 399 ; trad. N. J. WEYNS, *art. cit.*, p. 176.

Lepaige et Waghenare écrivent au XVIIe siècle. Or, ils évoquent les *fratres et sorores ad succurrendum* non comme une institution contemporaine, mais comme une institution *du passé*, et Papebroch lui-même signale que le « tiers-ordre » d'Anvers était tombé en désuétude et dans l'oubli. Si l'agrégation des laïcs à l'ordre de Prémontré ne revêtait plus au XVIIe siècle sa forme primitive, cela ne signifie absolument pas qu'elle ait disparu. Bien au contraire, le phénomène d'agrégation des laïcs aux abbayes prémontrées devait connaître à cette période une nouvelle vitalité, sous la forme alors très répandue des *Confréries*. Nous trouvons par exemple la Confrérie de Saint-Norbert à Anvers, celle du Saint-Sacrement et de Saint-Norbert de Tongerlo, mais il ne s'agissait pas d'un tiers-ordre, puisque des chanoines prémontrés y étaient aussi inscrits. En 1660, Jean Evermode van Berlicum, de l'abbaye de Tongerlo, publiait une *Règle pour des âmes pieuses*, comportant, entre autres, le port d'un scapulaire blanc. En 1686, l'abbaye de Beauport possédait une *Confrérie du Scapulaire Blanc* érigée par bref pontifical et approuvée par le Chapitre général. L'abbé général Michel Colbert accorda à tous ses membres pleine participation à tous les biens spirituels de l'ordre.

La première mention du tiers-ordre, au sens moderne, remonte à 1695, elle est *canonisée* en 1704 par Charles-Louis Hugo, annaliste de l'ordre. Dans les Pays-Bas, l'évêque de Roermond approuva les statuts que lui soumit en 1722 le Prémontré Hubert Heimbach, pour des ermites de sa paroisse « qui voulaient vivre et mourir sous la troisième règle de saint Norbert, près de la chapelle de la Sainte-Croix à Geleen » [173]. À vrai dire, nous ne possédons que le nom de l'un de ces ermites vivant *sous la troisième règle*, inscrit dans le registre paroissial sous le nom de « frère Gerlac, tertiaire de notre ordre et ermite à Geleen », mort en 1736 [174].

Le bref de Benoît XIV daté du 22 mai 1751, qui est la véritable charte du tiers-ordre prémontré, fait état de tertiaires en Bavière. Ce document pontifical, concédé à la demande de l'abbé Joseph Silbermann, vicaire général de la circarie de Bavière, fait sienne la version désormais traditionnelle de l'institution du tiers-ordre par saint Norbert, et donne la règle suivie d'un cérémonial de vêture et de profession, dans lequel le titre de *frater ad succurrendum* est maintenu. Le cérémonial de la vêture reprend celui publié par Lepaige en 1633, à l'exception de la mention explicite de « frère (soeur) du tiers-ordre ». Le sacriste inscrit le nom du *frater ad succurrendum* dans le registre du *sodalitium*. L'instauration d'une formule de profession, la préparation à la profession par un noviciat d'un an, et la formule de profession elle-même sont très influencées par les statuts en usage chez les tertiaires franciscains. Dès 1750, l'abbé général Bruno Bécourt avait approuvé ce rituel et ces règles, en les reliant aux pratiques des anciens *fratres et sorores ad succurrendum* du XIIe siècle.

---

[173] Cf. N. J. WEYNS, « L'origine du tiers-ordre... », p. 179.
[174] *Ibid.*

L'attribution à saint Norbert de la fondation d'un tiers-ordre au sens moderne est plus le fruit de la vénération de ses disciples que le résultat de la critique historique. Néanmoins, nous pouvons attester que, dès les commencements de l'ordre de Prémontré, de nombreux laïcs furent attirés par sa spiritualité et désirèrent partager ses biens spirituels tout en continuant à vivre dans le monde. Nous nous trouvons, certes, devant bon nombre d'incertitudes, mais il est certain que, sous l'influence du tiers-ordre franciscain et des congrégations fondées un peu partout par les Jésuites, l'on est passé d'une relation exclusivement personnelle entre un *frater* et une communauté, à l'imitation de l'oblature bénédictine, à une *confraternitas* incluant une relation entre les *fratres et sorores*.

11. L'ordre de Prémontré et le jansénisme

Notre propos n'est pas ici d'entrer dans les détails théologiques et historiques de la querelle du jansénisme, mais de signaler quelques Prémontrés qui y furent mêlés plus ou moins directement [175].

Dans cette affaire, l'attention de Rome fut attirée sur la Belgique et la Lorraine en particulier. Le personnage-clé était Fabio Chigi, nonce apostolique à Cologne, particulièrement affectionné aux Pères de la Compagnie de Jésus, opposés, comme on le sait, aux tendances théologiques réputées jansénistes. La correspondance entre le nonce Chigi et le cardinal Barberini, préposé à la Secrétairerie d'État et à la Suprême Congrégation du Saint-Office, fait apparaître une situation délicate : d'après le provincial des Jésuites, André Just Vitelleschi, nombre d'abbés prémontrés sont suspects d'adhérer aux doctrines jansénistes, car un certain Fromondus, coéditeur de l'*Augustinus* de Jansénius, a été professeur de philosophie, trois ans durant, à l'abbaye Saint-Michel d'Anvers. Mieux, les abbés sont accusés d'obliger leurs prêtres licenciés, même curés de campagne, de souscrire à la doctrine de Jansénius.

Pour étayer cette opinion, il suffisait de lire l'oraison funèbre à la louange de Jansénius, prononcée, le 4 mai 1641 en l'église Saint-Pierre de Louvain par le président du collège Prémontré, Van Den Steen appelé encore Jean a Lapide, chanoine de l'abbaye de Grimbergen, et dont le texte devait être publié l'année même à Louvain : « Nous sommes surpris de la confiance et de la liberté de parler faussement de cet homme », devait écrire le Jésuite Le Pessier, tandis que d'autres accusaient l'archevêque de Malines, Boonen, d'encourager les auteurs à publier en faveur de Jansénius. On ne prête qu'aux riches : le président du collège prémontré fut accusé d'être l'auteur du *Somnium Hipponensem*, ce dont il se défendit

---

175 J.B. VALVEKENS, « Capitulum Generale anni 1717 et "Jansenismus" », *Analecta Praemonstratensia*, t. XXXV (1959) p. 153-163. – J.B. VALVEKENS, « De "Jansenismo" in Ordine Praemonstratensi », *Analecta Praemonstratensia*, t. XXXVI (1960), p. 132-140.

sur l'honneur devant les Jésuites et jusque devant le Saint-Office. Les Jésuites ne crurent pas à l'orthodoxie de sa doctrine. Le Jésuite Vitelleschi écrivait, en effet, le 20 novembre 1641 :

> « J'avais mes consulteurs quand j'ai reçu la lettre de Votre Paternité et celle du père Jean a Lapide, que je leur ai lues. Ce bon moine a écrit de façon indigne, il ne mérite pas de réponse. Il apparaît qu'il affecte le style des contemplatifs, mais non leur humilité ».

Cependant, composé par Fortunato Tamburini, le sommaire des documents relatifs à cette fameuse oraison funèbre et conservés dans les archives du Saint-Office, fait montre de plus de nuances : « Il défend Jansénius des injures à lui infligées par les conclusions des Jésuites à l'occasion de cette oraison funèbre ». L'homme fort de la situation, le nonce Chigi, devait se rallier à cette opinion dans une lettre adressée au cardinal Albizzi, le 8 juin 1641.

Un autre Prémontré devait être mêlé à cette querelle, l'abbé de Parc, Masius. Le 22 novembre 1640, le provincial des Jésuites de Tollenaere écrivait au Père Crom :

> « L'*Augustinus* de Jansénius commence ici à troubler les foules. Ceux qui l'ont lu répètent ses absurdes affirmations, et parmi ceux-ci se trouvent l'abbé de Park et d'autres encore ».

Le 7 juillet 1742, l'abbé Masius aggrava son cas, en écrivant une longue lettre en faveur du professeur prémontré de Louvain, Sinnich, défenseur de Jansénius. En 1643, la circarie du Brabant devait célébrer à Anvers son chapitre provincial. Un chanoine de Saint-Michel, Pierre Overhusius, entendait y défendre un certain nombre de thèses relatives à la question de la grâce. Malgré l'opposition de l'évêque d'Anvers, Nemius, ces thèses furent imprimées. Le 8 juillet 1643, l'évêque écrivit au nonce apostolique Bichi à ce sujet, précisant que la bulle *In eminenti* contre le jansénisme avait été publiée à Rome. Le nonce envoya un exemplaire de la bulle à l'abbé Masius, insistant sur l'authenticité de ce document, car on lui avait rapporté que l'abbé l'avait mise en doute. Masius répondit au nonce le 24 septembre 1643 : « Je suis autant respectueux du Siège Apostolique que celui qui a répandu ces calomnies ! ». Le nonce ne manqua pas de faire connaître l'ensemble des positions au cardinal Barberini :

> « J'estime convenable de faire savoir à Votre Éminence comment à l'occasion du chapitre provincial qui se célèbre à Anvers chez les Pères Prémontrés, on avait préparé certaines conclusions à discuter, et parmi celles-ci certaines à défendre avec l'assistance de Don Pierre Overhusius : *De gratia primi et secundi hominis*, lesquelles paraissant à Monseigneur l'Évêque de cette ville contraster avec les décrets du Saint-Siège, interdit de les faire imprimer, et aux Pères Prémontrés de les faire imprimer et de les discuter... ».

L'abbé Van Der Sterre avertit le procureur général de l'ordre à Rome, et une délégation de l'université de Louvain se disait prête à venir à Rome pour s'expliquer sur ces questions. En fait, cette affaire semble avoir pris une importance démesurée, non point à cause de questions de doctrine, mais parce que l'ordre, soucieux de préserver ses privilèges, considérait que l'évêque d'Anvers avait dépassé sa compétence en intervenant sur une matière à discuter à l'intérieur d'un chapitre provincial.

En France, l'ordre de Prémontré se tint en marge des grandes disputes théologiques et spirituelles du XVIIᵉ siècle. À grand peine relève-t-on quelques traces de jansénisme à Étival, Saint-Paul de Verdun ou Rangéval. Il ne revêt jamais le caractère passionnel qui le caractérisa sous d'autres cieux. Même Charles-Louis Hugo, pourtant polémiste de talent, ne se laissa point emporter par ses sympathies envers certaines thèses de saveur janséniste et demeura dans les normes de l'orthodoxie, comme en témoigne le fait de son élévation à l'épiscopat. Au XVIIIᵉ siècle,

> « la seule abbaye échappant à cette règle et animée d'un dynamisme conquérant est celle de Laval-Dieu, au voisinage de la frontière des Pays-Bas : par sa situation géographique elle était devenue un lieu de passage et de cristallisation d'idées richéristes et surtout fébroniennes, venues de Trèves ou des Provinces-Unies. L'un de ses religieux, Remacle Lissoir, controversiste de talent, devenu en 1766 abbé de sa communauté, se fit le vulgarisateur zélé des thèses de Fébronius ; il exerça aussi un rôle important dans la rédaction ou la révision des livres liturgiques à l'usage des prémontrés, publiés à Nancy en 1786 et 1787, et c'est tout naturellement qu'il participa aux réformes ecclésiastiques des assemblées révolutionnaires. Un autre chanoine de cette même abbaye, Joseph Monin, devint le second évêque constitutionnel des Ardennes » [176].

Encore faut-il le préciser : Remacle Lissoir est plus porté vers le richérisme que vers le jansénisme. Sa réflexion s'applique surtout au problème, dérivé de la querelle de la bulle *Unigenitus*, du dépôt de la vérité dans l'Église et corrélativement de la hiérarchie ecclésiastique dans ses origines et sa nature. Au nom de la tradition apostolique, il n'hésite pas à critiquer, dans sa traduction française de l'oeuvre suspecte de l'évêque suffragant de Trèves, Nicolas de Hontheim, les « conséquences pernicieuses » du système monarchique :

> « L'opinion de la monarchie et de l'infaillibilité du pape est une opinion dangereuse pour la religion en ce qu'elle tend à détruire un des plus puissants motifs de crédulité, savoir l'unanimité des Évêques » [177].

Et encore à propos de l'Église :

> « On peut toujours reconnaître en elle le doigt de Dieu, en ce qu'elle ne souffrit jamais d'altérations dans sa croyance et dans sa morale, mais quant à la forme de gouvernement, à peine peut-on reconnaître en elle un gouvernement divin » [178].

Le jansénisme a-t-il exercé une influence durable sur l'ordre de Prémontré, notamment en Belgique ? Du point de vue doctrinal, il serait exagéré de le prétendre. Toutefois, le jansénisme exerça sur l'ordre, en

---

[176] R. TAVENEAUX, « De l'Augustinisme à l'humanisme dévot », Préface à B. ARDURA, *Abbayes, prieurés et monastères de l'ordre de Prémontré en France, des origines à nos jours. Dictionnaire historique et bibliographique*, Nancy, 1993, p. 13.

[177] R. LISSOIR, *De l'État, de l'Église et de la puissance légitime du pontife romain* », s.l., 1763 ; référence à l'édition d'Amsterdam, 1767, t. I, p. 76.

[178] *Ibid.*, t. II, p. 72.

Europe occidentale comme en Europe centrale, une réelle et profonde *influence morale* qui marqua certainement les restaurateurs du XIXᵉ siècle, et se maintint jusqu'à l'aube du XXᵉ siècle.

12. Les Prémontrés et les Sciences

Par vocation, l'ordre de Prémontré est avant tout et essentiellement une institution religieuse et non scientifique, dont les membres sont attachés surtout aux sciences sacrées : théologie, Écriture Sainte, droit canonique, histoire de l'Église. Tout cela constitue leur ouvrage *professionnel*. Mais les Prémontrés sont de leur temps. Ils ne sauraient échapper à la curiosité scientifique qu'excitent les premières découvertes dans les domaines de la physique et de l'astronomie, de la botanique et de l'anatomie. Les *cabinets de physique* ont leur place dans les abbayes, et les *inventeurs* ne manquent pas chez les Prémontrés, témoin Procope Diwisch qui, au XVIIIᵉ siècle, s'intéressa à l'électricité et découvrit le paratonnerre un peu avant Franklin. Pour nous limiter à la période qui nous occupe, faisons connaissance avec quelques Prémontrés qui s'intéressèrent aux sciences au cours du XVIIᵉ siècle.

Gaspar Mohr, chanoine de l'abbaye de Schussenried, est né en 1575 près de l'abbaye dans laquelle il entra tout jeune. Mort en 1625, il se situe à la charnière des XVIᵉ et XVIIᵉ siècles, mais par son intérêt universel pour tous les domaines de la connaissance, il se présente à nous comme le parfait honnête homme du XVIIᵉ siècle. Artiste, il excellait en sculpture et en peinture, mais il se faisait aussi volontiers menuisier, serrurier et tourneur, sans dédaigner ni la théologie, ni le droit canonique, ni les mathématiques. Nous le considérerions aujourd'hui plutôt comme un technicien ou un ingénieur que comme un scientifique. Toutefois, il s'est illustré par ses plans et ses essais en vue de construire un engin aérien [179]. On ne saurait dire s'il essaya de voler. Mais l'envie ne devait pas lui manquer, car l'abbé le lui interdit. Lors de ses études à Rome, il n'est pas impossible qu'il ait été mis au courant des études de Léonard de Vinci en ce domaine. Il ne subsiste aucune description de cette machine volante qui fut probablement détruite au cours de l'incendie qui ravagea l'abbaye en 1647. L'importance de Gaspar Mohr comme pionnier des idées de l'aéronautique se trouve confirmée par le fait qu'il représente les arts libéraux à côté de Jean Zahn, dans la grande fresque qui orne le plafond de la bibliothèque de Schussenried.

---

[179] J. MAY, « Deux savants de l'ordre de Prémontré : Procope Divis et Gaspard Mohr », *Actes du 13ᵉᵐᵉ Colloque du Centre d'Études et de Recherches Prémontrées*, Amiens, 1988, p. 11-15.

François Placet [180], prieur de Bellozanne en 1666 et d'Arthous en 1672, est un précurseur de la théorie de la dérive des continents. Il a moins cherché dans ses publications à élaborer une théorie scientifique qu'à démontrer que les bouleversements géologiques étudiés avaient leur cause dans le péché d'Adam. Les titres de ces ouvrages sont révélateurs : *La Corruption des cieux par le péché, où il est démontré que tous les cieux, excepté l'Empirée, sont sujets à corruption*, Lyon, 1672 ; *La Corruption du grand et du petit monde, où il est traité des changements funestes arrivés en tout l'Univers en la Nature humaine depuis le péché d'Adam*, Paris, 1666 ; *La Superstition du temps, reconnue aux talismans, figures astrales et statues fatales, contre un livre anonyme intitulé : Talismans "justifiez", avec la poudre de sympathie soupçonnée de magie*, Paris, 1668.

Jean Zahn, né en 1641 à Karlstadt en Franconie, et religieux de l'abbaye d'Oberzell, compte parmi les savants prémontrés les plus célèbres, grâce à son curieux ouvrage de vulgarisation scientifique, intitulé *Mirabilia mundi*, les merveilles du monde, paru à Nuremberg, en 1696, sous la forme d'un volume in-folio comportant quatre tomes en un volume.

Curé de paroisse, sans formation universitaire, il avait cependant fait de brillantes études classiques. Devenu, en 1692, prévôt des Norbertines d'Unterzell, il donna libre cours à son attrait pour les sciences et notamment pour les mathématiques. Son livre sur les *Mirabilia mundi* [181] n'est pas son premier ouvrage. Il avait déjà publié une étude en latin sur le télescope, la manière de le construire et le service que l'on pouvait en attendre. Dans le silence d'Unterzell, il se mit à composer son grand ouvrage, qu'il qualifie de « mathématico-physico-historique ».

Zahn entreprend son étude au moment où la curiosité pour les « choses du monde » ouvre des perspectives nouvelles fondées sur la valeur de l'expérience et la traduction en lois mathématiques des lois qui régissent l'univers. Cependant, les grandes découvertes restent à faire et les meilleures intuitions, telle celle de Galilée sur la rotation de la terre, manquent de preuves vraiment scientifiques. Les savants de la trempe de Zahn, qui cependant n'entend pas faire ici oeuvre de théologien, ont peine à faire la différence entre la connaissance scientifique et la Révélation biblique, et s'embarrassent de difficultés insurmontables pour les faire concorder.

Les *Mirabilia mundi* sont le résultat de ses innombrables lectures, surtout d'origine allemande et hollandaise. Il compile et résume les connaissances acquises, avec un goût particulier pour les « merveilles » et les phénomènes surprenants : séismes, monstres marins, animaux,

---

[180] Cf. A. DEBERT, « De quelques prémontrés "hommes de science" et précurseurs », *Actes du 13ème Colloque du Centre d'Études et de Recherches Prémontrées*, Amiens, 1988, p. 73-78.

[181] F. PETIT, « Les Merveilles du monde de Jean Zahn », *Actes du 13ème Colloque du Centre d'Études et de Recherches Prémontrées*, Amiens, 1988, p. 7-9.

végétaux ou humains. Attiré par l'astrologie, il se sent le devoir d'affirmer que les influences astrales ne suppriment pas la liberté de l'homme. Sa botanique consiste plus en une étude des propriétés médicinales des plantes que sur leurs caractéristiques morphologiques. En somme, les *Mirabilia mundi* sont une mine de détails curieux, parfois amusants, souvent d'utilité pratique. Zahn ne fait que rapporter et organiser ce qu'il a lu dans les livres.

Le premier tome traite du ciel. Zahn présente dans ces pages l'astronomie de Ptolémée, de Copernic et de Tycho-Brahé. Le tome suivant traite de la Terre, de la géographie, avec des cartes très convenables pour l'Europe, mais forcément hésitantes pour les autres continents. Il passe en revue les plantes et les décrit selon leur utilité. Quand il arrive aux animaux, il les présente selon la division traditionnelle : animaux sauvages et animaux domestiques, poissons et oiseaux étant traités en appendice comme animaux inférieurs. Quelques parties de la physique, comme l'optique, sont bien connues, mais il n'est encore question de l'électricité qu'à propos de l'aimantation naturelle. La chimie qui ne prendra son essor qu'au XVIIIᵉ siècle, est forcément absente de ces *Mirabilia*.

Les pages consacrées à l'homme font le point des connaissances anatomiques acquises au XVIIᵉ siècle. On connaît alors en détail l'anatomie et passablement la fonction des organes. Il décrit ensuite les fonctions vitales de la vie végétative, la nutrition et la respiration. Il s'agit d'une présentation purement descriptive, car l'analyse chimique de l'air et des aliments est encore inconnue. Zahn en vient ensuite aux fonctions des sens et des facultés communes à l'homme et à l'animal : mémoire, intelligence, sens commun, tout cela étayé par des faits curieux et exceptionnels, parfois éclairants. Lorsqu'il traite des facultés d'ordre spirituel, de l'intelligence et de la volonté, il suit les analyses d'Aristote et des scolastiques, qui sur certains point n'ont pas été dépassées, mais il n'ignore pas non plus les points de vue de Descartes ou de Leibnitz. Tout cela le conduit à une histoire en tableaux du développement intellectuel, par la liste des auteurs de livres de science et de théologie. Il passe enfin à la morale expliquée et illustrée au moyen de maximes piquantes et suggestives, conformes à la morale chrétienne. Le tout se conclut par la politique : société hiérarchique où le bien commun est obtenu par l'intelligence et la perspicacité des chefs et l'obéissance intelligente des sujets. En somme, Zahn décrit ce que le XVIIIᵉ siècle devait appeler le *Despotisme éclairé*.

Dans un latin élégant et clair, Jean Zahn nous laisse entrevoir l'acquis scientifique des milieux intellectuels à la fin du XVIIᵉ siècle : la curiosité scientifique était éveillée, quelques points fixes établis, la méthode exposée dans son ensemble. Les disputes allaient bon train, mais Zahn, en honnête homme, ne prétend pas avoir la compétence nécessaire pour trancher.

Jean Charton [182], né vers 1648 dans le voisinage de l'abbaye lorraine de Justemont, prononça ses voeux à Pont-à-Mousson. À partir de 1680, il assuma la charge de prieur à Septfontaines-en-Bassigny, à Genlis, puis à Étival. En 1687, il revint à Septfontaines et continua ses recherches théologiques. En 1687, il obtint le doctorat en théologie de l'université de Pont-à-Mousson. Habile gestionnaire, il fut élevé par les chapitres de la Congrégation de l'Antique Rigueur aux plus hautes responsabilités. Pressenti d'abord pour être prieur de Cuissy et adjoint de l'abbé général pour faire les visites canoniques, il reçut du roi l'abbatiat de Rangéval, le 22 août 1692. Mêlé de près à diverses « affaires », Charton devint la cible favorite de l'abbé d'Hugo d'Étival qui ne le ménagea pas dans ses écrits. Conseiller écouté du duc de Lorraine, il lui proposa toute une série de mesures pour renflouer les finances publiques et réglementer le commerce du grain après les terribles hivers de 1709-1710 et 1713. Il étudia de très près un projet de liaison fluviale Ornay-Meuse-Moselle, d'autant que le projet original aurait suivi un itinéraire « prémontré » : Pont-à-Mousson - Rangéval - Riéval - Naix, avec dans le prolongement de cette ligne Jovilliers. Il fit également, avec les architectes officiels, les plans de la liaison fluviale Pont-à-Mousson - Vitry-le-François, puis ceux de la liaison Pont-à-Mousson - Bar-le-Duc par le rupt d'Esch, la Meuse d'Euville à Void, la liaison avec l'Ornain et le cours de ce dernier de Nays à Bar.

Charton joua un rôle de premier plan dans l'établissement de la faïencerie de Rangéval. Située à une demi-lieue du canal Meuse-Moselle, l'abbaye de Rangéval produisait depuis longtemps des tuiles. L'abbé eut l'idée d'utiliser la maîtrise des fours pour élaborer un produit plus rentable, la faïence. Il fit construire un bâtiment de taille industrielle, des logements pour les ouvriers, qui furent traités par Hugo de « colonie » et baptisés par la population « Chartonville ». La faïencerie n'eut pas le succès escompté, car Rangéval était très isolé, et le canal qui devait permettre le commerce ne fut pas réalisé. Esprit inventif, Jean Charton ne publia rien, ne fit rien breveter, et se contenta de présenter ses résultats à l'Académie ducale ou dans la chambre des machines du château de Lunéville. Il dota Rangéval d'un cabinet de physique où il réalisa des prototypes de machines, dont un appareil à tirer les loteries qui devait assurer un gain minimum à ceux qui jouaient gros, et des calandreuses pour le grain. À une époque où la thermodynamique n'existait pas, Charton accumula recherches et expériences, pour tenter de remplacer la force humaine et animale par des machines, et eut l'intuition de la force expansive de certains éléments, dont Denis Papin tira sa fameuse marmite.

---

[182] Cf. B. GENOT, « Jean Charton, abbé de Rangéval, esprit inventif », *Actes du 13ème Colloque du Centre d'Études et de Recherches Prémontrées*, Amiens, 1988, p. 19-62.

Ces exemples sont forcément limités, mais parlants. L'ordre de Prémontré, qui compte surtout parmi ses intellectuels des professionnels des sciences sacrées ne s'est pas tenu à l'écart du mouvement scientifique et ne mérite nullement les sarcasmes de Voltaire qui a voulu en faire dans son dictionnaire philosophique « un ordre d'ignorants ».

CHAPITRE V

À TRAVERS LA TOURMENTE
XVIIIᵉ SIÈCLE ET PREMIER TIERS DU XIXᵉ SIÈCLE

L'histoire religieuse du XVIIIᵉ siècle se réduit trop souvent dans les manuels à une présentation quelque peu rapide et unilatérale du clergé, spécialement en France. Le clergé séculier a fait çà et là l'objet d'études sérieuses, mais le clergé régulier est, de loin, le plus mal connu. Voici encore quelques décennies, les religieux du XVIIIᵉ siècle apparaissaient bien pâles à côté des religieux et religieuses du XVIIᵉ siècle, auréolés du renouveau post-tridentin. De là à présenter les religieux de l'ère des Lumières comme décadents il n'y avait qu'un pas, allègrement franchi par nombre d'auteurs. Or, des études récentes font apparaître un clergé régulier relativement stable sinon en continuel renouvellement en France et en Belgique, prospère en Europe centrale et en Espagne.

1. Une vitalité fauchée dans son élan

Le XVIIIᵉ siècle apparaît, dans l'ordre de Prémontré, comme un siècle de continuité et de grande vitalité. En France, les exemples de prospérité sont nombreux, tant au niveau du gouvernement général de l'ordre que dans nombre d'abbayes. Pour des raisons politiques, le chapitre général, dont le dernier se tint en 1738, fut remplacé par des chapitres nationaux, ce qui ne manqua pas de renforcer, au moins théoriquement, l'autorité de l'abbé de Prémontré sur les abbayes françaises. L'abbé Claude-Honoré-Lucas de Muin [1] qui fut le dernier abbé général à convoquer le chapitre réunissant les abbés de tout l'ordre, en 1717 et 1738, eut la préoccupation constante de maintenir partout la liturgie norbertine. C'est à son initiative que l'on doit la nouvelle édition des livres liturgiques

---

[1] Abbé de Prémontré, de 1702 à 1740.

décrétée par le chapitre général dc 1738. Son deuxième successeur, Bruno Bécourt [2], continua dans cette direction et poursuivit le renouveau de l'abbaye de Prémontré au plan spirituel comme au plan matériel.

Comme le siècle précédant, le XVIIIe siècle fut en France, un siècle de grandes reconstructions et d'embellissements, un véritable siècle d'or de l'architecture prémontrée, ainsi qu'en témoignent des études récentes [3]. Les abbayes d'Étival en 1720, de Saint-Paul de Sens en 1774, de Saint-Paul de Verdun en 1784, pour ne prendre que ces trois exemples, soumirent aux autorités supérieures des plans de reconstruction souvent ambitieux, dont certains ne verraient qu'un début de réalisation, ainsi la nouvelle église de Saint-Paul de Verdun, dont les murs s'élevaient à peine à la hauteur d'un mètre en 1789.

Le procureur général Jean Mattens et le culte des saints prémontrés

La prospérité et la vitalité de l'ordre de Prémontré, loin de se limiter à l'aspect matériel des choses, se manifesta au plan spirituel, notamment par un renouveau du culte des saints de l'ordre, dans la ligne de ce qui s'était passé pour saint Norbert lors de sa canonisation au XVIe siècle et de sa translation à Prague au XVIIe.

Parmi les procureurs-présidents du collège Saint-Norbert de Rome, le Père Jean Norbert Mattens [4], profès de l'abbaye de Tongerlo, joua un rôle important au profit de l'ordre au cours du XVIIIe siècle. En effet, il eut la bonne fortune de se lier d'amitié avec le Dominicain Vincent Marie Orsi, devenu pape en 1724, sous le nom de Benoît XIII.

Après son élévation au souverain pontificat, le pape ne manqua aucune occasion de lui manifester son amitié, pour le plus grand bien du collège et de l'ordre [5]. Benoît XIII donna à Mattens le titre d'abbé titulaire de Fontaine-André, et lui conféra personnellement la bénédiction abbatiale, le 21 mai 1728. L'amitié du pape ne se démentit jamais. Lorsque l'abbé Mattens contracta la maladie qui devait l'emporter, le pontife lui dépêcha son propre médecin. Il se tint informé de l'état du malade à travers le cardinal Fini, et vint personnellement lui apporter sa bénédiction

---

[2] Abbé de Prémontré, élu en 1741 et confirmé par Benoît XIV le 14 juin 1742, mort en 1757.

[3] P. BONNET, *Les constructions de l'ordre de Prémontré en France aux XVIIe et XVIIIe siècles*, Paris, 1983. – M. PLOUVIER, *L'abbaye de Prémontré aux XVIIe et XVIIIe siècles. Histoire d'une reconstruction*, Louvain, 1985, 2 vol.

[4] Jean Mattens, qui reçut à la vêture le nom de Norbert, était né à Bruxelles, le 22 décembre 1680. Il fit profession à l'abbaye de Tongerlo le 21 décembre 1701, et devint procureur général et président du collège Saint-Norbert de Rome, en 1726.

[5] H. LAMY, « La dévotion de Benoît XIII pour le B. Hermann-Joseph », *Analecta Praemonstratensia*, t. XV (1939), p. 52-63.

apostolique lorsque tout espoir de guérison fut perdu. Benoît XIII ordonna de l'exposer, après sa mort, revêtu des ornements pontificaux, et envoya, en vue des funérailles, les tentures de deuil de la chapelle papale.

Ces relations privilégiées furent très utiles pour le culte des saints et bienheureux de l'ordre. Déjà en 1675, le bréviaire prémontré avait publié les offices de sept bienheureux dont aucun décret n'avait autorisé le culte public. Or, les dispositions canoniques du pape Urbain VIII avaient restreint la liberté jusqu'alors exercée en ce domaine. Mattens désirait donc obtenir l'approbation pontificale de ces sept offices.

Il réussit, en douze jours, à obtenir cette approbation par Benoît XIII qui était certes son ami, mais plus encore un dévot du bienheureux Hermann-Joseph dont le nom figurait sur cette liste. Les 13 et 14 janvier 1728, le procureur fut reçu en audience par le pape, qui se fit lire les offices des saints de l'ordre – surtout celui du bienheureux Hermann-Joseph –, tels qu'ils se trouvaient imprimés dans le bréviaire de 1675. À la surprise de l'abbé Mattens, le pape connaissait parfaitement la vie et l'oeuvre du bienheureux Hermann-Joseph. Séance tenante, le pontife écrivit de sa propre main un éloge du bienheureux, lui décernant le titre de *grand capellano della Vergine* [6].

Norbert Mattens se hasarda à dire au pape qu'il avait projeté de dédier un autel au bienheureux Hermann-Joseph dans la chapelle du collège romain de Saint-Norbert. Le pape lui déclara incontinent : « Comment ? Vous aurez un autel dédié à ce saint ? J'irai moi-même et je le consacrerai. Faites-moi savoir quand tout sera prêt ». Le rescrit demandé pour les saints et bienheureux de l'ordre fut concédé, et, le 27 janvier 1728, le procureur se rendit auprès du pape pour l'en remercier. Le pape lui répondit : « Ne parlons pas de cela. La dévotion qui m'anime envers le bienheureux Hermann-Joseph est la cause de tout ce que j'ai fait » [7].

Fidèle à sa promesse, Benoît XIII se rendit, le 7 avril 1728, dans la chapelle du collège Saint-Norbert, et consacra les trois autels dédiés à saint Norbert, aux saints Adrien et Jacques, et au bienheureux Hermann-Joseph.

Une efflorescence d'écrivains, d'artistes et de savants

Le XVIIIe siècle prémontré fut particulièrement fécond en productions littéraires et scientifiques. Il ne saurait être question dans ces pages, de présenter l'ensemble des auteurs qui illustrèrent ce siècle parti-

---

[6] *Ibid.*

[7] *Ibid.*

culièrement épris de savoir. Qu'il nous suffisc de signaler ici les auteurs principaux qui, malheureusement, n'ont pas encore fait l'objet d'études approfondies. Ils témoignent, dans les pays qui devaient connaître la suppression de la vie religieuse, de la qualité humaine et spirituelle des Prémontrés du XVIIIe siècle. À l'évidence, les abbayes fermées parce que remplies de gens « inutiles » ou « fanatiques » étaient des hauts lieux de la culture européenne.

Aboutissement du grand élan spirituel du XVIIe siècle, l'*A Kempis Marianus* [8] de *Sébastien Sailer* constitue aussi le dernier grand ouvrage de spiritualité mariale prémontrée avant la Révolution française. Cet ouvrage, assez loin de la dévotion mariale du Moyen Âge finissant, a bien peu de rapports avec l'*Imitatio Christi* de Thomas A Kempis, et se présente plutôt comme un exemple de la prédication morale bien dans le goût du XVIIIe siècle.

Sur la quarantaine d'ouvrages qu'il publia, seule cette *Imitation de la Vierge* connut un véritable succès. L'auteur, chanoine de l'abbaye de Marchtal dans la circarie de Souabe, et curé de paroisse, y présente Marie comme modèle de l'âme fidèle. La Vierge invite l'âme à imiter sa sainteté. Pour cette raison, Marie énonce des sentences brèves, au vocabulaire concret, sur des thèmes annoncés par le titre de chacun des quarante-deux chapitres.

Pour partager la sainteté de Marie, trois conditions s'imposent : imiter les vertus qu'elle a honorées, suivre ses exemples, surtout sa soumission à la volonté divine et sa méditation de la Parole de Dieu, et fuir les vices ainsi que l'esclavage des passions. Ainsi Marie s'adresse-t-elle à son serviteur :

> « La paix avec les justes est une grande joie du coeur, parce qu'on s'édifie mutuellement dans la vertu. La paix avec les impies est une très grande guerre, parce qu'on s'entraîne mutuellement dans le mal. Une âme innocente et un coeur humble ignorent ce qu'on appelle disputes et débats. Mais les esprits hautains et superbes se disputent volontiers et ceux qui aiment les choses de la terre sont bientôt divisés. Ne disputez point, mon fils, avec ceux qui sont au-dessus de vous pour ne point encourir un dommage, ni avec ceux qui vous sont inférieurs pour ne point tomber dans la honte. À l'exemple de mon serviteur Norbert, appliquez-vous à réconcilier ceux que vous avez désunis. S'ils ne veulent point vous écouter, éloignez-vous car il vaut mieux pour vous être seul que de converser avec des hommes en contestation. Vous avez certainement lu ce que fit Évermode, prémontré et évêque de Ratzbourg, qui ne cessa d'exhorter deux ennemis jusqu'à ce qu'ils fussent réconciliés. Et ne vous a-t-on jamais raconté comment Gertrude de Thuringe, religieuse de

---

[8] S. SAILER, *Kempensis Marianus, sive libelli duo de imitatione Mariae virginis, et matris Dei, pro legentium solatio et salute, tum ex manuscripto transumpti tum simplici auctione combinati*, Augustae Vindelicorum, M. Rieger et fil., 1768.

cet ordre qui m'est cher, apprivoisa un lion très féroce afin d'apaiser une querelle entre quelques hommes ? Réglez premièrement vos pensées en bon ordre, et ensuite vous pourrez vous employer utilement à pacifier les autres » [9].

Sébastien Sailer écrivait son ouvrage au moment où les courants anticléricaux annonciateurs de la politique antireligieuse de la Révolution française entretenaient un bouillonnement d'idées particulièrement hostiles au clergé. C'est à la lumière de ce contexte qu'il faut lire les lignes suivantes :

« Il est bien près de mépriser les dogmes et les mystères de la religion, celui qui couvre ses ministres de mépris. J'ai toujours honoré les prêtres chargés du sanctuaire et, lorsqu'à l'âge de trois ans j'ai été offerte au Temple par mes vénérables parents, j'ai appris dès ce jeune âge à honorer les ministres de l'autel. Je les ai écoutés volontiers et avec respect lorsqu'ils lisaient la Sainte-Écriture, et je les ai tenus en haute estime quand ils offraient des sacrifices devant le Saint des Saints. J'ai appris de mon Fils que les prêtres assis sur la chaire de Moïse sont dignes de crédit, même lorsqu'ils font des oeuvres mauvaises. C'est pourquoi je n'ai pas cessé d'honorer même ceux qui ont cherché mon Jésus pour le faire mourir. Après l'institution du sacerdoce nouveau sous le Nouveau Testament, j'ai entouré les Apôtres d'un grand respect, parce qu'ils avaient été consacrés par mon divin Fils à la dernière Cène. N'oubliez jamais, mon fils, de révérer les prêtres, si vous voulez honorer votre sainte religion » [10].

Adressé par Sailer à ses confrères religieux, cet ouvrage insiste particulièrement sur les vertus propres à la vie religieuse, sur les devoirs envers l'eucharistie et l'office divin, à l'imitation de Marie dont l'amour fut tout entier ordonné à la gloire du Christ-Prêtre.

Cette *Imitation* est suivie par trois séries d'hymnes à Marie, Mère de l'amour, de la foi et de l'espérance. Le tout se conclut par le cantique du prêtre qui s'avance vers l'autel de l'eucharistie, par lequel il invite son âme et tous les membres de son corps à bénir le Seigneur. En somme, très marqué par les élans de la *devotio moderna* et notamment de *L'Imitation de Jésus-Christ* tant recommandée par saint Ignace de Loyola, cet *A Kempis Marianus* constitue un intéressant essai de synthèse entre la spiritualité traditionnelle prémontrée et les formes de la spiritualité moderne. Par son style, Sailer date et a beaucoup vieilli, mais la substance de son enseignement demeure d'une grande actualité.

Denis Albrecht, ancien maître des novices de l'Antique Rigueur, devenu prieur du Mont-Sainte-Odile en Alsace [11], publia en 1739 un

---

[9] Traduction française de M. de MONTROND, *L'A Kempis de Marie ou la Vierge Marie invitant le fidèle à l'imitation de ses vertus*, Lérins, 1876, p. 40-42.

[10] *Ibid.*, p. 130.

[11] Prieur du Mont-Sainte-Odile, de 1737 à 1755.

ouvrage de spiritualité prémontrée, dans la ligne inaugurée par Servais de Lairuelz, où la recherche d'une vie intérieure intense, tout orientée vers l'imitation de saint Norbert, se coule dans la méthode spirituelle des Jésuites.

La notion spirituelle de *paix du coeur* est ici centrale, et saint Norbert, *Angelus Pacis* en est un exemple éloquent. Ses disciples pourront atteindre cette paix, dans la mesure où ils adopteront les *désirs de saint Norbert*, suivront ses *conseils*, et s'efforceront d'imiter ses *oeuvres* [12]. C'est le sens de la prière inaugurale dans laquelle affleure la spiritualité de saint Ignace :

> « Dieu, source des saints désirs, des conseils droits, et des oeuvres de justice, accorde à tes serviteurs norbertins cette paix que le monde ne peut donner. Réveille en nous l'esprit dont le Bienheureux Norbert s'est fait le serviteur, afin que, remplis de ce même esprit, nous nous étudions à aimer ce qu'il a aimé, et à agir comme il nous l'a enseigné, pour la plus grande gloire et l'honneur de ton Nom. Amen ! ».

Ces saints désirs, ces conseils droits et ces oeuvres de justice revêtent une importance capitale, dans la mesure où ils représentent les principes substantiels si chers à Servais de Lairuelz. L'auteur en rappelle le sens : ces principes substantiels sont ceux

> « par lesquels l'ordre canonial de Prémontré se distingue non seulement de l'ordre des Chanoines Réguliers de saint Augustin, aussi de tous les autres ordres religieux » [13].

Comment établir objectivement ces éléments substantiels ? – En faisant appel à toutes les interventions des papes, notamment Honorius II, Innocent II et Alexandre III, qui ont approuvé au nom de l'Église le charisme de saint Norbert. En suivant ce charisme, et en le mettant concrètement en pratique, les Prémontrés trouveront la paix du coeur :

> « Cette paix sera également accordée à nous ses fils, si nous persévérons jusqu'à la fin dans l'amour de ses instructions paternelles, si nous les suivons et les gardons fidèlement » [14].

Denis Albrecht identifie vingt désirs de saint Norbert, qui représentent les *Constitutions* de l'Antique Rigueur, et fournit pour chacun les sources auxquelles il se réfère :

1. Porter chaque jour la croix du Christ, c'est-à-dire mener la vie entière dans la pénitence (*Sermon de saint Norbert*). 2. Mener la vie canoniale ou apostolique (*Vie de saint Norbert, de Hugo*, p. 99, 151 et 224. *Confirmation*

---

[12] D. ALBRECHT, *Angeli Pacis Santi Patris Norberti sancta desideria, recta consilia, et justa opera*, Strasbourg, 1739.

[13] *Ad candidum et canonicum lectorem*, Préface, fol. 4ᵛ.

[14] *Ibid.*, fol. 5ʳ.

de l'ordre de Prémontré, dans le diplôme de Barthélemy, évêque de Laon).
3. Militer sous la règle de saint Augustin (*Sermon de saint Norbert, et Constitutions pontificales*). 4. Habit tant intérieur qu'extérieur totalement blanc (*Sermon de saint Norbert, Vie de saint Norbert, p. 102. Statuts primitifs*). 5. Porter toujours des vêtements de laine sur la chair (*Vie de saint Norbert. Statuts primitifs*). 6. Abstinence perpétuelle de viande, excepté en cas d'infirmité (*Vie de saint Norbert, p. 99 et 152. Bulles des papes*). 7. Jeûne perpétuel (*Vie de saint Norbert, chapitre 16. Chez J. Le Paige, chapitre général des années 50 après la fondation de l'ordre, dans les notes aux statuts*, dist. I, chapitre 10). 8. Chanter les louanges de Dieu ou heures canoniales tant diurnes que nocturnes, et chanter les heures nocturnes à minuit (*Vie de saint Norbert, p. 99. Statuts primitifs*). 9. Ajouter, tous les jours, aux heures canoniales l'Office de la Sainte Vierge, au choeur comme en dehors du choeur (*J. Le Paige, Bibliotheca Praemonstratensis*, livre I, chapitre 5). 10. Célébrer dans toutes les églises de l'ordre trois messes quotidiennes en dehors des messes privées, c'est-à-dire, la messe matinale, celle de la Sainte Vierge, et la grand-messe (*Ibidem*). 11. Propreté autour de l'autel et dans la célébration des saints mystères (*Vie de saint Norbert, p. 108*). 12. Correction quotidienne au chapitre et partout ailleurs (*Ibidem*). 13. Chaque jour, soin des pauvres et hospitalité (*Ibidem*). 14. Observer le silence en tout temps, et en tout lieu, et observer le silence perpétuel dans l'église, au réfectoire, dans le dortoir et dans le cloître (*Vie de saint Norbert. Statuts primitifs*). 15. Habiter dans les solitudes (*Diplôme de Barthélemy, évêque de Laon. Monasteriologium*, tome I, p. XLII). 16. Stabilité dans le lieu (*Sermon de saint Norbert. Statuts primitifs. Formule de profession*). 17. Travail manuel (*Diplôme de fondation de Barthélemy, évêque de Laon, dans Le Paige*, livre II, p. 372. *Sermon de saint Norbert. Vie de saint Norbert, p. 102*). 18. Ne pas s'appeler mutuellement *Dominus*, mais *Frater* (*Bibliotheca Praemonstratensis*, livre I, p. 206). 19. Que les abbés prennent leurs repas dans le réfectoire commun, qu'il y reçoivent les mets, le pain et la boisson de la communauté, et qu'ils dorment dans le dortoir commun (*Le Paige, Bibliotheca Praemonstratensis. Bulle « Sedis Apostolicae » d'Innocent II. Statuts primitifs*). 20. Que le Chef d'Ordre soit à Prémontré, et que là se célèbre chaque année le chapitre général, en la fête de saint Denis (*Vita de saint Norbert. Bulle d'Innocent II*).

On notera le dernier désir de saint Norbert, relatif au rôle de l'abbaye de Prémontré. Sous la plume d'un religieux de l'Antique Rigueur, et un siècle après les dissensions qui présidèrent à la création de l'Antique Rigueur, cette mention spéciale de l'abbaye chef-d'ordre témoigne de la volonté de pacification des esprits et surtout de la dévotion envers tout ce qui touche saint Norbert.

Denis Albrecht prend ensuite chacun des vingt désirs, conseils et oeuvres de saint Norbert, et propose une méditation sur la substance de l'article, en utilisant pour l'illustrer des éléments de la vie de saint Norbert et de ses premiers compagnons. Fidèle à la méthode des Jésuites, il énumère systématiquement pour chaque point les *Impedimenta* ou obstacles, les *Media* ou moyens, et les *Motiva* ou raisons. Enfin, il propose des exercices concrets pour résoudre les éventuelles difficultés pratiques, en faisant appel aux Pères et aux Docteurs de l'Église, et à la législation de l'ordre, en prenant soin de mettre souvent en parallèle les statuts de 1630 et ceux de l'Antique Rigueur.

Au milieu de cette abondance de réflexions et de citations, certains *désirs* de saint Norbert et l'interprétation de Denis Albrecht méritent de retenir notre attention, car ils ont gardé après plus de deux siècles toute leur actualité dans la spiritualité des Prémontrés.

Deuxième désir : *Mener la vie canoniale ou apostolique.* Pour Albrecht, *canonial* et *apostolique* sont synonymes. Il s'agit pour les Prémontrés de retrouver la vie du Christ et des Apôtres. Par une suite de déductions logiques, l'auteur part du Christ et examine ce que veut dire *apostolat* : c'est, bien entendu, la vie menée par les Apôtres choisis pour partager la vie du Christ et annoncer la Bonne Nouvelle. Ceci le conduit à examiner en quoi consiste la charge ou fonction apostolique, pour en arriver au genre de vie mené par les Apôtres, ou *vie apostolique*. Ainsi la vie des Prémontrés est-elle la *vie apostolique* pour trois raisons : elle vient des Apôtres, elle continue la mission des Apôtres, elle poursuit le genre de vie mené par les Apôtres avec le Christ. Cette vie qui vient du Christ a été restaurée, au cours des premiers siècles, par saint Augustin, et elle a été adoptée par saint Norbert qui désirait réunir dans un seul genre de vie, et dans la pénitence, la vie active et la vie contemplative.

Concrètement, en quoi consiste cette *vie apostolique* proposée aux Prémontrés ?

> « Cette vie apostolique consiste à paître les brebis du Christ, à pêcher les hommes, à travailler dans la vigne du Seigneur et pour la moisson spiri- tuelle, à faire ce que le Christ a fait, à enseigner ce que le Christ a enseigné, à enseigner, dis-je, plus par l'exemple que par la parole, voilà en somme le propre des chanoines, et c'est surtout souffrir. En effet, l'apostolat se situe plus dans la souffrance que dans l'action ou dans les oeuvres, si l'on en croit les paroles par lesquelles le Sauveur a mis à part Paul pour l'apostolat, en disant à Ananie : Moi, je lui montrerai combien il faut qu'il souffre pour mon Nom » [15].

Il s'agit donc concrètement d'imiter la vie du Christ ou, mieux, le Christ lui-même. La vie contemplative est mue par la charité. Elle

---

[15] *Ibid.*, p. 19.

commence sur cette terre par l'audition et la méditation de la Parole de Dieu. Ainsi l'âme se nourrit des vérités éternelles, elle goûte à l'avance les joies du bonheur éternel dont la plénitude la rassasiera par la vision intuitive de Dieu dans le Ciel. La vie active distribue le pain à celui qui a faim, les paroles de la Sagesse à ceux qui l'ignorent, corrige ceux qui errent, rappelle les orgueilleux au sens de l'humilité, soigne les malades, dispense le nécessaire à tous et à chacun, paît le troupeau, réconforte le faible, et guérit le malade.

Cette charité conduit les Prémontrés à vivre selon la règle, à chanter les heures canoniales de jour et de nuit, publiquement et solennellement au choeur. Elle les invite à vivre en commun et à tout mettre en commun. La vie commune fait pour cela partie de la vie des chanoines réguliers, de telle sorte que sans la vie commune, aucune vie ne peut être dite *régulière*. C'est ce genre de vie qui a été en honneur parmi les Apôtres. Pour cette raison, les Prémontrés qui possèderaient encore leur propriétés et leurs biens meubles et immeubles, et les utiliseraient à des fins personnelles doivent les remettre entre les mains de leurs abbés.

Huitième désir : *Chanter les louanges de Dieu ou heures canoniales tant diurnes que nocturnes, et chanter les heures nocturnes à minuit.* Par institution, les chanoines sont voués à chanter solennellement l'office divin au choeur. Ils doivent donc refuser de se laisser prendre par les affaires temporelles, et ne jamais s'occuper du superflu. Loin de donner une attention exagérée aux soins de santé, ils consacrent leurs forces avant tout au service de Dieu, en se gardant de perdre un temps précieux dans l'étude des sciences profanes. Denis Albrecht se montre ici particulièrement sévère pour les travaux qui ne portent pas directement sur la théologie ou la spiritualité.

En quoi consiste la spiritualité de l'office divin ? Elle implique avant tout de se vouer entièrement à Dieu. L'office réclame une bonne préparation de l'âme, grâce à une disposition intérieure alimentée par des actes de dévotion privée : actes de contrition parfaite, de foi, d'espérance, de charité et d'humilité. Cette mention des prières privées traduit l'influence de la spiritualité et de la méthode des Jésuites. La prière de l'office qui était autrefois la source principale de la vie de dévotion, est vue maintenant davantage comme la *mission officielle* du chanoine, et les prières privées surajoutées deviennent le moyen privilégié de sanctification personnelle, de telle sorte que l'office soit célébré comme il convient. Il s'agit, avant de célébrer la prière officielle de l'Église, de se placer en présence de Dieu, et de lui demander le don de la ferveur. Il faut surtout demander la paix du coeur et, une fois trouvée, la conserver. En cas d'inquiétude persistante, il convient de poursuivre assidûment cette demande jusqu'à ce que le coeur trouve son repos en Dieu grâce à la prière. L'office lui-même demande non seulement une attention soutenue à la récitation matérielle ou au chant, mais surtout un profond recueillement, en particulier au *Gloria Patri* qui conclut les hymnes, les psaumes et les répons.

Sous l'influence de la Compagnie de Jésus, les pieuses pratiques ont tendance à s'ajouter les unes aux autres, tendant à former un ensemble organisé, parallèle à l'office divin lui-même, et ordonné à la sanctification personnelle du chanoine. Par exemple, les chanoines peuvent honorer au cours des sept heures canoniales les sept vertus du Christ et demander pour le peuple la rémission des sept péchés capitaux. On aboutit ainsi à un tout organique très en vogue depuis la moitié du XVIe siècle, qui peut se résumer ainsi :

Heure canoniale	Vertu du Christ	Péché Capital
Matines	Humilité	Orgueil
Prime	Pauvreté	Avarice
Tierce	Flagellation	Luxure
Sexte	Charité	Envie
None	Jeûne	Gourmandise - Ivresse
Vêpres	Mansuétude - Patience	Colère
Complies	Sépulture du Christ	Tristesse

Douzième désir : *Correction quotidienne au chapitre et partout ailleurs.* Denis Albrecht stigmatise les causes d'une défection de la pratique quotidienne du chapitre. Le chapitre souffre du défaut de zèle et de vigilance des supérieurs qui redoutent leurs sujets. Or, ces derniers détestent le chapitre pour bien des raisons : il sont pris par un excès de soins pour les affaires extérieures et temporelles, le chapitre a souvent lieu le soir, à une heure peu commode à cause des affaires quotidiennes à traiter ou des hôtes qui arrivent pour passer la nuit à l'abbaye. Il est aussi des supérieurs qui non seulement manquent de la plus élémentaire modération dans les réprimandes, mais encore usent d'une sévérité excessive, toutes choses qui rendent le chapitre odieux aux religieux.

Sans aucun doute, les *Saints désirs de saint Norbert* témoignent, un siècle après sa fondation, de la fécondité spirituelle de l'Antique Rigueur. Il font aussi apparaître des éléments nouveaux inculqués par les Jésuites, tendant à intensifier les pratiques de sanctification personnelle et à séparer celle-ci de l'accomplissement même de la mission du chanoine. Cette tendance s'impose déjà au XVIIe siècle, et l'on peut même dire qu'elle est caractéristique de nombreuses écoles modernes de spiritualité, dont l'École Française, témoin cet acte de préparation à l'office divin, écrit par Jean-Jacques Olier, le fondateur de la Compagnie des Prêtres de Saint-Sulpice :

« Ô, mon Dieu, que toutes ces louanges et tous ces cantiques, ces psaumes et ces hymnes que nous allons chanter à votre honneur ne soient que l'expression de l'intérieur de Jésus-Christ, et que ma bouche ne vous dise que ce que l'âme de mon Sauveur vous dit elle-même » [16].

L'abbé de Roggenburg en Bavière, *Georges Lienhardt* (1717-1783) exerça une activité débordante. Successivement professeur de philosophie, de théologie, circateur, sous-prieur, prieur de son abbaye, il en devint l'abbé, le 17 juillet 1753. Il embellit son abbaye, en restaura la bibliothèque, en enrichit la sacristie, et donna tous ses soins aux sanctuaires desservis par ses religieux. En 1770, il devint vicaire de l'abbé général et visiteur de la circarie de Souabe, tandis que les abbés de cette province le nommaient directeur de leur collège en 1778.

Homme de paix, Lienhardt se gagna l'estime de tous. Dans son abbaye et sa circarie, il maintint fermement la vie conventuelle et la discipline claustrale, donnant lui-même le bon exemple. Il s'illustra par plusieurs publications, dont une sur l'explication du premier commandement et sur l'*Idée du Divin Amour* [17], qui lui valut d'ailleurs quelques contestations. Il est surtout connu pour plusieurs ouvrages, dont certains sont restés à l'état de manuscrit, sur la spiritualité de l'ordre de Prémontré, et notamment des exhortations ascétiques et mystiques sur la vie religieuse [18], qui révèlent chez l'auteur un savant et distingué littérateur, expert de vie spirituelle et ascétique. Dans sa production littéraire extrêmement variée, Lienhardt étudie aussi bien la légitimité du ministère paroissial chez les Prémontrés [19], y compris dans les paroisses séculières, qu'il expose les fondements du culte du Saint-Sacrement, de la vénération des reliques des saints ou des images [20].

Lienhardt nous a surtout laissé ses *Ephemerides hagiologicae Ordinis Praemonstratensis*, publiées en 1764, suivies en 1767 par un supplément, *Auctarium ephemeridum hagiologicarum Ordinis Praemonstratensis*. Cet ensemble est particulièrement intéressant et

---

[16] J.J. OLIER, *Journée chrétienne*, 1655, éd. AMIOT, Paris, 1954, p. 123.

[17] G. LIENHARDT, *Ogdoas Erotematum, Ex octonis theosophiae scholasticae tractabibus publicae luci et concertationi exposita...*, Ulm, 1746.

[18] G. LIENHARDT, *Exhortator domesticus, religiosam animam ad perfectionem excitans, seu Sermones ascetico-morales, de officio hominis religiosi Ad Fratres Religiosos intra parietes domesticos dicti...* Aug. Vindelic., 1754. Le deuxième volume de la deuxième édition, de 1760, est une sorte de manuel pour la formation des jeunes religieux : *Disciplina Tyrocinii, qua novelli religiosi juxta Evangelium Christi et Regulam S. Augustini ad perfectionem efformantur...*

[19] G. LIENHARDT, *Dissertation de habilitate Praemonstratensium ad assequendas parochias saeculares*, s.l., 1756.

[20] G. LIENHARDT, *Causa sanguinis et sanctorum, seu cultus debitus Residuis in terra SS. Sanguinis et S. Crucis Particulis Nec non Sanctorum Imaginibus, et sacris Reliquiis Dissertatione Theologica assertus, et ab infestis Lamindi Pritanii vexis ereptus*, Augsburg, 1758.

riche d'informations. Il publia également un important dictionnaire sous le titre *Spiritus literarius Norbertinus a scabiosis Casimiri Oudini* [21] *calumniis vindicatus : seu Sylloge viros ex Ordine Praemonstratensi, scriptis et doctrina celebres, nec non eorundem vitas, res gestas, opera, et scripta tum edita, tum inedita perspicue exhibens...*, Augsburg, 1771. Cet ouvrage fournit des notices sur plus de six cents Prémontrés dont les travaux littéraires embrassent toutes sortes de matières et, malgré un style quelque peu ampoulé, il reste très utile aux chercheurs.

Un autre religieux de l'abbaye de Roggenburg, *Jude-Thaddée Aigler*, illustra cette maison avant la sécularisation de 1803. Né à Untergüzburg, sur les bords du Danube, le 14 juillet 1755, il fréquenta l'université des Jésuites de Dillingen et entra à l'abbaye de Roggenburg en 1771. Profès en 1773, il devint professeur de philosophie et de physique et publia divers opuscules sur sa spécialité.

Devenu, en 1787, prieur et professeur de théologie du prieuré dépendant de Sainte-Luce de Coire, il rentra après plusieurs années dans son abbaye pour y exercer les fonctions de sous-prieur et professeur ordinaire de droit. Il publia également plusieurs ouvrages sur cette matière. Le 6 août 1789, il fut élu abbé de Roggenburg. Dans cette nouvelle fonction, il s'illustra par un zèle ardent à maintenir la vie spirituelle et intellectuelle de son abbaye. Prédicateur infatigable et père attentionné pour ses religieux, il affronta courageusement les années difficiles de la guerre. Durant l'occupation française, il ne se résigna jamais à quitter son abbaye. Ce courage lui attira une haute estime de la part même de ses ennemis qui ne le forcèrent jamais à quitter Roggenburg. Lorsqu'en 1803, la sécularisation supprima son abbaye, il continua à y demeurer avec ses confrères les plus âgés, et poursuivit son activité apostolique, rendant tous les services nécessaires dans les paroisses voisines, prêchant sans relâche. Il mourut, le 17 janvier 1822. Plus de 50 ecclésiastiques et 8.000 fidèles participèrent à ses funérailles.

L'abbaye de Geras en Autriche eut dans le père *Jérôme-Joseph Alram* un excellent historiographe. Ce religieux, né le 11 janvier 1754 à Gmünd en Autriche, entra à l'abbaye de Geras, le 8 décembre 1775 et y prononça ses voeux le 2 février 1778. Il exerça pendant de nombreuses années la charge pastorale dans diverses paroisses, mais il s'illustra surtout pour son travail d'archiviste.

---

[21] Casimir Oudin, chanoine de l'abbaye Saint-Paul de Verdun, était un sujet instable, qui termina sa vie dans l'apostasie, et commit divers écrits particulièrement violents et injustes contre son ancienne famille religieuse.

Il organisa les archives de son abbaye, y accomplit d'infatigables recherches, et rédigea une quantité impressionnantes de notes de caractère historique et spirituel, dont *Annalen des Stiftes Geras*, 1792, *Diplomatische Merkwürdigkeiten des Prämonstratenser Stiftes Pernegg*, 1796, *Libri memorabilium pro parochiis canoniae Geras incorporatis : in Drosendorf, Ranzern, Fratting, Eibenstein, Blumau*, une nomenclature des privilèges de son abbaye : *Privilegia monasterii Geras*, et une intéressante *Explicatio Regulae S.P.N. Augustini, pro neo-canonicis Gerusenis*, 1797.

La Souabe s'enorgueillit, à juste titre, de deux musiciens prémontrés particulièrement appréciés. *Sixte Bachmann*, de l'abbaye de Marchtal, fut un excellent musicien et un compositeur recherché. Né le 18 juillet 1754, à Kittershausen, il eut la chance de pouvoir développer dès son enfance ses heureuses dispositions pour la musique. Au mois d'octobre 1766, à l'âge de douze ans, il fut même rival de Mozart dans un concours. Il était alors capable d'interpréter plus de deux cents pièces difficiles.

Ses parents qui le destinaient à l'état ecclésiastique, le firent entrer dans l'abbaye bénédictine de Kittershausen où il commença à composer pour le clavecin. Il sentit la nécessité de s'instruire sur le contrepoint, et son désir fut satisfait : on l'envoya chez les Prémontrés de Marchtal où il décida d'entreprendre son noviciat. La bibliothèque de Marchtal était riche d'ouvrages théoriques et de compositions des meilleurs maîtres. Le jeune Sixte se mit à les étudier. L'arrivée du maître de chapelle Koa à Marchtal fut pour lui une véritable aubaine. Il mit à profit les leçons du musicien.

Sixte Bachmann fit profession le 19 septembre 1778, et fut nommé, en 1786, membre de la société musicale établie par Hoffmeister. Il prit l'engagement de composer une série de pièces pour cette société qui les fit publier. Après une brouille avec Hoffmeister, Bachmann se retira dans son abbaye de Marchtal, continua à composer surtout de la musique religieuse, et mourut le 18 octobre 1825. Il publia *Deux sonates pour le clavecin*, Vienne, 1786, une *Collection de petites pièces pour le clavecin*, Spire, 1791, une *Fugue pour orgue*, Spire, 1792, et une *Sonate pour piano*, Munich, 1800. À l'état de manuscrits, nous possédons de lui plusieurs *Messes*, une *Cantate*, une grande *Symphonie*, quelques *Fugues pour l'orgue*, et *Trois quatuor pour deux violons, alto et basse*. En 1819, Bachmann traduisit en langue souabe les écrits de son confrère Sébastien Sailer et contribua ainsi au rayonnement de cet auteur spirituel de grande envergure.

Nicolas Léonard Wolfgang Betscher, dernier abbé régulier de l'abbaye impériale de Rot-an-der-Rot, fut un musicien et un compositeur de talent. Il vint au monde à Berkheim, le 31 octobre 1745, fit profession prémontrée le 11 novembre 1765, et fut ordonné prêtre le 23 novembre 1769. Les chanoines de Rot le choisirent pour abbé, le 3 novembre 1789. Le 10 mars 1795, il était nommé vicaire général de la circarie de Souabe. Lors de la sécularisation de son abbaye, en 1803, Nicolas Betscher reçut une pension, mais resta sur place. Il mourut le 12 novembre 1811 et fut inhumé dans le cimetière de Rot.

Pendant les années passées à l'abbaye ou dans le ministère paroissial, Nicolas Betscher se consacra à la composition musicale. Nous lui devons une quarantaine de pièces, dont 11 *Messes*, 2 *Requiem*, diverses oeuvres vocales en latin ou en allemand, et des chants populaires pour les pèlerinages. Il composa notamment la *Missa in C*, pour choeur et orchestre. À l'occasion du chapitre général de l'ordre de Prémontré, cette *Messe* fut exécutée dans l'église abbatiale de Roggenburg, le 24 juillet 1994, sous la direction de Stefan Kling, Prémontré de l'abbaye de Windberg.

Aloïs-Martin David, chanoine de l'abbaye de Teplá en Bohême, était né, le 8 décembre 1757, à Drzavolhryz, l'un des villages dépendants de l'abbaye dans laquelle il entra, le 2 janvier 1780. Docteur en philosophie en 1783, il s'appliqua avec un zèle inouï à l'étude des mathématiques supérieures. Ce Prémontré s'est surtout illustré comme astronome royal-impérial et professeur d'astronomie pratique à partir de 1800, puis comme directeur de l'Observatoire royal de Prague, et enfin comme membre de l'Académie royale des Sciences de Bohême, dont il fut le secrétaire, de 1816 à 1831, puis le directeur, tout en assumant la charge de recteur magnifique de l'université de Prague à partir de 1816.

Cet homme éminent, décoré par l'empereur pour ses mérites intellectuels, fut également membre de la Société patriotique économique du royaume de Bohême, membre correspondant de la Société d'Agriculture en Moravie-Silésie, de l'Académie royale des Sciences à Munich, et d'autres sociétés prestigieuses. Il mourut le 22 février 1836, après avoir publié pas moins de 67 ouvrages qui nous sont parvenus.

Procope Diwisch [22], de l'abbaye de Louka en Moravie, né à Senftenberg en Bohême, en 1696, entra dans la vie religieuse en 1719, fit profession prémontrée le 30 novembre 1720, et fut ordonné prêtre le 8 décembre 1726. Docteur en théologie de l'université de Salzbourg, et docteur en philosophie d'Olomouc, il fut successivement curé de paroisse et prieur de son abbaye.

---

[22] A. DEBERT, « De quelques prémontrés "hommes de science" et précurseurs », *Actes du 13ème Colloque du Centre d'Etudes et de Recherches Prémontrées,* Amiens, 1988, p. 73-78.

En 1737, il inventa une machine pour conduire dans son jardin l'eau d'un puits profond de 60 mètres. En 1745, il retourna au ministère paroissial, et s'adonna, durant ses heures de loisir à la musique, à la mécanique et à l'électricité. En 1750, il démontra le fluide électrique émanant des pointes métalliques, et finit ainsi par trouver la loi physique sur laquelle se fonde le paratonnerre. L'impératrice Marie-Thérèse s'intéressa à l'invention qui valut au Père Diwisch plusieurs récompenses. Lorsqu'en 1753, le professeur Richmann fut foudroyé à Saint-Pétersbourg, d'un coup de foudre descendue le long d'une barre de fer, le Père Diwisch rédigea un mémoire sur ce fait. Le 15 juin 1754, il posait le premier paratonnerre sur son presbytère de Prenditz.

Il avait proposé à l'empereur d'en faire construire de semblables, mais les mathématiciens de Vienne s'y opposèrent. Dans sa paroisse, le génial inventeur n'eut pas davantage de succès : les paysans renversèrent cette « machine de sorcier » à laquelle ils attribuaient la sécheresse des campagnes. Le Père Diwisch ne songea pas à faire connaître son invention, et c'est pourquoi le paratonnerre devait nous venir d'Amérique où Franklin devait l'inventer une seconde fois, quelques années plus tard, en 1760.

Féru de musique, le Père Diwisch inventa également un instrument de musique appelé « Denis d'or », susceptible de 130 variations, reproduisant les sons de presque tous les instruments de musique à cordes et à vent. Le prince Henri de Prusse offrit une somme considérable pour en acquérir un. Quant à l'évêque de Brünn, il en possédait un en 1790 et entretenait un musicien particulier pour exécuter les mélodies de son choix. Le Père Diwisch faisait également sur les malades qui venaient le consulter des expériences par l'électricité. C'est pourquoi, à côté d'amis médecins et pharmaciens, il s'attira de fortes oppositions. Il publia un ouvrage de théologie et, très partiellement, le compte rendu de ses recherches et de ses expériences de physique.

La Congrégation d'Espagne eut le privilège de compter parmi ses religieux le Père *Joseph-Étienne de Noriega*, chanoine de l'abbaye Notre-Dame de La Vid, où il fit profession, le 15 août 1700. Docteur en théologie, il enseigna cette discipline aux jeunes religieux avant de devenir successivement abbé de Saint-Norbert de Madrid, de Saint-Norbert de Salamanque, de Notre-Dame de La Vid, et de Retuerta. En 1737, il était *Lector Jubilado, Theologo de la Real Junta de la Purissima Concepcion, y Electo Obispo de Solsona.*

Ami de Charles-Louis Hugo, il prêta sa précieuse collaboration à la confection des fameuses *Sacri Ordinis Praemonstratensis Annales* de l'abbé d'Étival. Noriega rédigea une série de travaux sur l'ordre de

Prémontré, dont certains sont restés à l'état de manuscrits, notamment un catalogue des hommes illustres de la Congrégation d'Espagne, un *Monasticon* des abbayes prémontrées en Espagne, et surtout un très bel ouvrage sur la dévotion mariale dans l'ordre de Prémontré, dédié à son ami Hugo [23]. Noriega s'est également illustré par un très intéressant ouvrage consacré à saint Dominique, dans lequel il démontre l'appartenance du patriarche des Frères Prêcheurs à l'ordre de Prémontré, et notamment à l'abbaye Notre-Dame de La Vid [24].

Jaime Caresmar, Catalan, chanoine de l'abbaye de Bellpuig, né à Igualada, au diocèse de Vich, en 1717, et mort à Barcelone en 1791, a été appelé « le chef de la diplomatique en Catalogne ». Archiviste et paléographe de talent, il mit en ordre les documents anciens de son abbaye et fut demandé par nombre d'abbés pour effectuer le même travail dans leurs maisons. Il visita ainsi plusieurs monastères de Catalogne, recueillit nombre de documents propres à servir l'histoire de la province, et s'illustra par ses travaux de diplomatique.

Il travailla sur ordre du roi d'Espagne, puis se mit au service du chapitre de la cathédrale de Barcelone et consacra seize ans aux archives capitulaires. C'est ainsi qu'il découvrit la liste jusque-là inconnue des évêques de Barcelone [25]. L'oeuvre de Caresmar concerne l'histoire civile, politique et religieuse de l'Espagne.

Personnellement, il transcrivit 2.530 pièces d'archives. Il découvrit des pièces inédites, à ajouter aux bullaires, aux collections des conciles, aux codes des diplômes royaux et aux mémoires célèbres. Il parvint à éclairer la période de la domination mauresque et à rectifier les théories des historiens qui l'avaient précédé. Il découvrit, entre autres, une partie inconnue des actes du concile de Clermont de 1095, et la bulle d'extinction des Templiers.

---

[23] J. NORIEGA, *Dissertatio Apologetica mariano-candida in qua De constanti revelatione Candidi Habitus Praemonstratensis per Dei-param. De Immaculatae Conceptionis B. Marie Virginis Antiquo Praemonstr. cultu. De Marianis Ecclesiis, & specialibus Cultoribus Norbertinis...*, Salmanticae, 1723.

[24] J. NORIEGA, *Dissertatio historica de S. Dominico de Guzman Ordinis Praedicatorum patriarcha, canonico regulari Augustiniano Praemonstratensi, in observantissimo monasterio sanctae Mariae de la Vid, in qua de utriusque Ordinis, sed praecipue Praemonstratensis dignitate, instituto, observantia, habitu....*, Salmanticae, 1723. On pourra se reporter pour ce sujet à l'étude suivante : B. FARRELLY, *¿ Fue Santo Domingo de Guzman Canonigo Premonstratense en el monasterio de Santa Maria de La Vid ?*, Roma, 1993.

[25] Épiscopologe de Barcelone découvert par Jaime Caresmar : *España sagrada*, t. XXIX, 2e éd., Madrid, 1859, p. 194.

Augustin Van Eeckhout, abbé de Grimbergen en Belgique, né le 3 septembre 1670 à Bruxelles, est l'un des représentants les plus illustres du XVIIIᵉ siècle dans les Pays-Bas autrichiens. Homme de foi profonde, il joua un rôle religieux important. Entré à l'abbaye de Grimbergen après avoir étudié à l'université de Louvain, il y devint successivement professeur de théologie, maître des novices, sous-prieur, et prieur. Curé de paroisse pendant huit ans, il fut élu abbé de Grimbergen en 1716, et son élection fut agréée par l'empereur Charles VI.

Juge synodal du diocèse de Bruxelles, il fut conduit à entrer dans la controverse janséniste. Le pape Benoît XIII, alerté par l'archiduchesse Marie-Élisabeth, ordonna au nouveau nonce à Bruxelles, Joseph Spinelli, de réprimer personnellement ou par un délégué le renouveau de jansénisme qui affectait l'abbaye cistercienne d'Orval. Le nonce Spinelli délégua pour cette délicate mission l'abbé Van Eeckhout, qui s'acquitta avec zèle et prudence de cette mission, au mois de septembre 1725. Quelques religieux furent convaincus d'erreur en matière de foi, quatorze s'enfuirent en Hollande et rejoignirent les jansénistes regroupés dans ce pays. Tous les autres, y compris l'abbé, soit 43 sur 60, se soumirent aux décisions du Saint-Siège. L'abbé Augustin Van Eeckhout mourut le 7 avril 1747, à l'âge de 77 ans, après 31 ans d'abbatiat. Il nous laisse une série importante de notes sur l'abbaye de Grimbergen et d'autres abbayes prémontrées.

C'est dans ce contexte riche et varié, que nombre de religieux s'adonnaient à la prière, aux études philosophiques et théologiques, aux arts et aux sciences. Beaucoup d'entre eux manifestaient une ouverture d'esprit peu commune, comme en témoignent leur activité et leur zèle. Les Prémontrés suivaient de près les mutations culturelles de leur temps, prêts à saisir toutes les occasions de promouvoir une riche culture. Or, ces mêmes courants culturels allaient susciter une forte opposition au christianisme dans lequel ils avaient vu le jour, pour finalement se retourner contre lui et tenter de l'abattre.

2. Joseph II et la sécularisation

Les réformes de Joseph II, élaborées – au moins théoriquement – avec les meilleures intentions du monde, touchaient tout à la fois l'administration, la justice, l'activité économique, l'exercice de la bienfaisance, l'enseignement public et le statut de l'Église dans l'empire germanique. Joseph II entendait mettre fin, tout comme l'empereur Charles Quint en 1552, à la juridiction de chefs-d'ordre étrangers sur les abbayes, monastères et couvents de son ressort. À la différence de Charles Quint qui avait agi en accord avec l'autorité pontificale, Joseph II agissait de son propre chef. En un mot, il fallait réussir là où l'anglicanisme avait été schismatique et là où le gallicanisme avait été condamné.

La sécularisation qui commença par l'Autriche en 1782, éteignit en quelques années pratiquement toutes les maisons prémontrées de l'empire. Les églises devinrent paroissiales, ce qui les sauva de la destruction, surtout au Sud. En Autriche, seules, trois abbayes survécurent à la sécularisation et forment actuellement avec les abbayes d'Allemagne la nouvelle circarie de langue allemande : Geras, Schlägl, et Wilten.

Déjà en 1769, l'Électeur de Bavière obligea les monastères placés sous sa juridiction à rompre tous les rapports avec les supérieurs étrangers. On reconnut cependant à l'abbé général de Prémontré le droit de confirmer le vicaire général nouvellement élu ainsi que les décrets des chapitres provinciaux et les dépositions d'abbés. L'abbaye de Wilten séparée de la circarie de Bavière, survécut et fut annexée en 1859 à la circarie d'Autriche [26]. Toutefois, l'ensemble des bâtiments baroques des abbayes sécularisées nous est parvenue en bon état de conservation.

En Souabe, les abbayes étaient si ferventes que plusieurs abbés, dont celui de Schussenried, tentèrent de s'opposer par les armes à la sécularisation, et que nombre de religieux refusèrent la pension qui leur était offerte par le gouvernement impérial, préférant se réfugier dans les abbayes autrichiennes subsistantes.

La circarie de Westphalie disparut complètement au cours de la sécularisation et vingt églises abbatiales furent détruites. L'église gothique de Hamborn fut détruite en 1944, mais la communauté restaurée acquit son autonomie en 1959 et retrouva son statut d'abbaye en 1994.

En Bohême, l'impératrice Marie-Thérèse d'Autriche restreignit les rapports entre les abbayes de l'Empire et Prémontré. En 1780, lorsque Joseph II commença à régner, la circarie de Bohême comptait quinze canonies masculines avec 694 religieux, et trois monastères de moniales avec 115 religieuses. Cette même année, l'empereur interdit de recevoir des novices et, peu après, interdit tout rapport avec Prémontré et avec les autres circaries. Il supprima la liberté des élections, ferma séminaires et maisons d'études claustrales, au profit de « Séminaires Généraux » imbus de l'esprit du temps, l'illuminisme. Joseph II passa ensuite à une phase ultérieure de son plan, et supprima un certain nombre de monastères dont il affecta les biens à de nouvelles paroisses. En 1782, il supprima tous les monastères de Norbertines, puis entreprit de fermer plusieurs abbayes masculines. Convaincu de l'inutilité des communautés contemplatives, il

---

[26] L'abbaye de Wilten repassa à la circarie de Bavière, lorsqu'en 1921 Speinshart fut restaurée, suivie en 1923 par Windberg, avant de former la nouvelle circarie de langue allemande au milieu du XXe siècle.

contribua à effacer dans nombre d'esprits, et pour longtemps, le souvenir même des observances régulières.

Dès 1781, la circarie de Bohême et de Moravie avait déjà cessé d'exister puisque les abbayes n'avaient plus aucune relation entre elles. En 1804, l'abbé de Strahov reçut pourtant le titre de *président* des maisons de l'ordre subsistant en Autriche, mais cette fonction, du reste purement honorifique, devait disparaître peu après, en 1813. Il fallut attendre 1852 pour que le Saint-Siège chargeât le cardinal Schwarzenberg, archevêque de Prague, de réformer les abbayes d'Autriche.

Les abbayes de Hongrie, supprimées par l'invasion des Turcs en 1526, se reconstituèrent modestement au cours du XVIIe siècle. Joseph II les supprima toutes entre 1785 et 1787, et raya une nouvelle fois l'ordre de Prémontré de la Hongrie. Il fallut l'insistance des populations qui désiraient revoir fleurir les anciens collèges religieux, pour que le roi François II rétablisse en 1802 un certain nombre d'instituts, dont l'ordre de Prémontré. Cependant, seules les abbayes de Csorna et Jasov retrouvèrent leur antique splendeur.

Radicales dans leur application concrète, ces mesures du suppression suscitèrent les plus vives réactions du clergé et du peuple [27], notamment dans les Pays-Bas. La suppression des couvents dits « inutiles » constituait un élément essentiel du programme de réforme. Préparée au cours des années 1781-1782, la suppression reçut sa première réalisation dans l'édit du 17 mars 1783 notifiant officiellement les buts que l'empereur entendait poursuivre, les modalités de la dissolution des institutions, l'affectation de leur revenus et de leurs biens tant mobiliers qu'immobiliers ou fonciers, et le sort à réserver à leurs personnels. Parmi les couvents « inutiles », figuraient en première place les communautés exclusivement consacrées à la vie contemplative. Par la suite, le mouvement s'étendit à d'autres couvents et aux abbayes. Chartreux, camaldules, ermites, carmélites, clarisses étaient expressément désignés, ainsi que toutes les religieuses qui ne se consacraient pas directement à l'éducation ni à l'assistance des malades. Le plan de suppression prévoyait une pension pour les religieux des couvents supprimés. Toutefois, ils auraient la possibilité de se retirer à l'étranger dans un couvent de leur ordre, de se faire séculariser, ou d'entrer dans un autre institut. Les biens seraient le plus rapidement possible inventoriés pour permettre à l'empereur de « les employer uniquement et plus utilement qu'à présent au progrès de la religion et au bien être du prochain » [28].

---

[27] P. LEFÈVRE, « Le prélude de la suppression des abbayes par Joseph II. 1781-1782 », *Analecta Praemonstratensia*, t. III (1927), p. 113-124.

[28] *Ibid.*, p. 115.

À l'intérieur de l'empire, l'autorité civile avait une connaissance de la situation matérielle, intellectuelle et morale des ordres religieux infiniment supérieure à ce que pourrait prétendre un gouvernement du XXᵉ siècle. Toutes les nominations abbatiales étaient, en effet, l'objet d'une enquête approfondie sur les affaires domestiques des communautés dotées d'un supérieur à vie. Quant aux autres maisons, moins importantes, elles n'échappaient que difficilement au contrôle de l'État, surtout lorsque des religieux faisaient appel à l'autorité civile contre leurs supérieurs.

À vrai dire, les conseillers de Joseph II pour l'actuelle Belgique étaient peu enthousiastes des mesures annoncées, qui normalement n'auraient pas dû toucher les abbayes prémontrées, puisqu'elles n'étaient pas explicitement nommées dans le décret de sécularisation, et surtout parce qu'elles jouaient un rôle essentiel dans la vie culturelle et économique du pays. N'oublions pas que dans les États du Brabant, les abbés constituaient à eux seuls l'ordre ecclésiastique. À la procédure violente proposée par l'empereur, ses conseillers bruxellois proposèrent de substituer une manoeuvre progressive, mais, sur l'ordre de Vienne, les décisions impériales devaient entrer immédiatement en application sur le modèle de l'opération menée en Autriche. Il en résulta entre l'empereur et ses sujets une crise qui prit bientôt un caractère aigu et conduisit à la révolution brabançonne de 1789.

Les Prémontrés des Pays-Bas se rangèrent à la décision impériale. Les instituts exempts devaient s'ériger en congrégations nationales qui jouiraient des prérogatives des chapitres généraux. Elles devaient élire un visiteur général à qui seraient dévolues les fonctions et l'autorité de supérieur général. Les 23 et 24 avril 1782, les représentants des Prémontrés des Pays-Bas se réunirent à Bruxelles dans le refuge de l'abbaye de Dilighem. La seconde assemblée se tint en l'abbaye de Grimbergen, du 3 au 6 juillet 1786, et mit sur pied un corps législatif en tout conforme aux Statuts de 1630 [29]. La troisième, prévue pour l'année 1790, n'eut pas lieu à cause de la révolution brabançonne qui balaya toute l'organisation de la vie religieuse.

Au cours de ces années difficiles, un érudit, l'abbé de Tongerlo, Godefroid Hermans, racheta la bibliothèque et l'imprimerie des célèbres Bollandistes [30] dont l'oeuvre hagiographique menaçait d'être anéantie. En juillet 1789, ceux-ci purent s'installer cette abbaye pour y poursuivre leurs travaux savants. L'abbé Hermans leur associa quatre de ses religieux :

---

[29] P. LEFÈVRE, « Les actes de la Congrégation nationale des Prémontrés belges à la fin du XVIIIᵉ siècle », *Analecta Praemonstratensia*, t. XXX (1954), p. 219-235.

[30] H. LAMY, « L'oeuvre des Bollandistes à l'abbaye de Tongerlo », *Analecta Praemonstratensia*, t. II (1926), p. 294-306, 379-389 ; t. III (1927), p. 61-79, 156-178, 284-313.

Siard van Dyck, Cyprien Gooris, Mathieu Stals, et Adrien Heylen, qui collaborèrent avec les Pères de Bye, de Bue, Fonson, Ghesquière et Smet à la poursuite de cette oeuvre si importante pour l'hagiographie catholique. En 1794, malgré les difficultés de l'heure, le tome VI d'octobre, le cinquante-troisième de la collection des *Acta Sanctorum*, vit le jour à Tongerlo.

Dans les territoires annexés à la France et dans les pays voisins, Bonaparte réorganisa l'Église en suivant de plus ou moins près le modèle français dessiné par le Concordat de 1801 et les Articles organiques. C'est l'Allemagne qui connut les bouleversements les plus profonds : la rive gauche du Rhin, annexée à la France, en reçut la législation, les anciennes principautés ecclésiastiques disparurent à tout jamais, et leurs territoires furent annexés à la France ou donnés aux princes. Les biens de toutes les abbayes et de tous les couvents passèrent aux gouvernements : en un mot, l'Allemagne fut « sécularisée » et les abbayes prémontrées subsistantes disparurent.

3. La « tourmente française »

La Révolution française marque un tournant dans la vie non seulement des Français, mais encore dans l'existence et les moeurs de tous ceux qui devaient subir son influence directe ou indirecte.

> « En 1789, la plupart des Français étaient catholiques et la plupart des catholiques pratiquaient. L'abstention du devoir pascal était rare dans les villes, exceptionnelle dans les campagnes. Quinze ans plus tard, sous Bonaparte, un quart ou un tiers des catholiques ne font pas leurs Pâques et n'assistent pas à la messe du dimanche. La différence est spectaculaire et ne laisse aucun doute : la déchristianisation massive de la France commence avec la Révolution. La seule difficulté – mais elle n'est pas mince – est de déterminer la part de responsabilité de la persécution révolutionnaire. Car le déisme, l'incroyance et l'anticléricalisme ne commencent pas en 1789, et le dix-huitième siècle a été à bien des égards un siècle anti-chrétien » [31].

La Commission des Réguliers

Les Réguliers, c'est-à-dire les moines, les chanoines réguliers, les mendiants, mais aussi les moniales, surtout les bénédictines, les cisterciennes et les chartreusines, sont l'objet de pamphlets tout au long du XVIIIe siècle. Réputés inutiles, les Réguliers avec leurs voeux apparaissent comme une véritable offense aux Lumières. Leurs biens immobiliers

---

[31] J. de VIGUERIE, *Christianisme et Révolution. Cinq leçons d'histoire de la Révolution Française*, Paris, 1986, p. 7.

et fonciers attirent depuis longtemps les convoitises, si bien qu'une campagne contre eux se déclencha dans le pays dès 1750, et prit une forme institutionnelle dans la fameuse Commission des Réguliers créée par le roi Louis XV en 1760. Composée d'archevêques, d'évêques, de membres du conseil du roi, sans le moindre représentant des Réguliers eux-mêmes, on peut se demander si cette Commission chargée de réformer « l'ordre monastique » était à même d'en comprendre l'essence, la place et le rôle dans l'Église et dans la société française.

Lorsque la Commission des Réguliers commence ses travaux en 1766, l'ordre de Prémontré, compte en France quatre-vingt-douze abbayes concentrées surtout en Lorraine, dans le Nord de la France, la Normandie et, dans une moindre mesure, en Gascogne. Les Prémontrés français, au nombre d'environ 1.300, dont 600 conventuels, desservent 500 paroisses. Certes, certaines communautés de réduisent à quelques religieux, mais d'autres sont prospères. Faut-il le rappeler ? À peine plus de vingt abbayes ont alors à leur tête un abbé régulier [32], toutes les autres étant sous le régime de la commende. Comme tous les autres supérieurs généraux, l'abbé de Prémontré, Pierre Antoine Parchappe de Vinay [33] rédige, à l'intention de la Commission des Réguliers, un mémoire dans lequel il tente de s'opposer à la menace de suppression des abbayes trop modestes. La Commission commence ses consultations auprès des supérieurs généraux, mais surtout auprès des évêques. Les réponses de ces derniers laissent perplexes par leur caractère défavorable, voire parfois franchement calomnieux. Puis la Commission décide d'élever l'âge de la profession à 21 ans accomplis pour les hommes et à dix-huit ans au moins pour les femmes, avant de décider, par édit de mars 1768, la fermeture des maisons trop peu peuplées : il faut atteindre 15 profès par abbayes ou 8 religieux par maison conventuelle. Aux termes de ce dernier décret, dix abbayes de la Commune Observance devaient être supprimées. À part les cas de Doue et Fontcaude, l'on temporisa et l'on gonfla des effectifs trop faibles en transférant des religieux d'une abbaye à l'autre, si bien que les abbayes concernées était encore ouvertes quand éclata la Révolution.

La Commission des Réguliers prit une autre mesure décisive, relative au chapitre, afin d'examiner la situation économique de chaque abbaye et décider des fermetures de maisons. En présence de représentants du roi et du clergé, souvent l'intendant de la justice, de la police et des finances de la province, et un archevêque ou un évêque, le chapitre devait réformer l'institut et même préparer de nouveaux statuts. L'ordre de Prémontré modifia ainsi la distribution des abbayes françaises à

---

[32] Dont sept pour la seule Congrégation de l'Antique Rigueur de Lorraine.
[33] Abbé de Prémontré, de 1758 à 1769.

l'intérieur des circaries, ainsi que la composition du chapitre : à côté des abbés et des prieurs claustraux siégeraient des représentants des conventuels et des curés. Un conseil de l'abbé général devait se réunir deux fois par an pour l'aider dans son gouvernement.

Le chapitre se réunit le 15 août 1779, neuf ans après les précédentes assises tenues en 1770. L'abbé général Guillaume Manoury laissa à son secrétaire, Jean-Baptiste L'Écuy, l'honneur de prononcer le discours d'ouverture. En une période particulièrement difficile, il convenait de mettre en avant un homme au fait des idées et des événements, et susceptible de jouer un rôle décisif dans le futur [34].

Un constat de crise

Ce discours fut un constat de crise, un appel à se montrer digne des mérites des anciens religieux, et un encouragement à affronter la situation nouvelle. Si l'Église dans son ensemble était indemne d'attaques, les ordres religieux étaient attaqués de toutes parts. La Compagnie de Jésus supprimée, personne ne l'avait défendue, au contraire. Maintenant on s'en prenait à l'ensemble des religieux et les évêques, mécontents de l'exemption, ne les soutenaient que mollement ou les abandonnaient à leur sort. L'Écuy mettait en avant le rôle des Réguliers dans la civilisation du pays, dans le défrichement des forêts et la mise en valeur des terres insalubres, mais il exaltait surtout leur rôle dans la transmission de la culture : « Si nous avons encore Virgile, Tite-Live, Tacite et Pline, on le doit à des monastères » [35]. Pouvait-on nier le rôle des religieux dans l'assistance aux pauvres ?

> « Quand l'extrême cherté des vivres affligeait le Royaume désolé, les pauvres ont-ils jamais trouvé nos mains fermées ? Où allaient-ils soulager leur faim avide ? [...] Était-ce à la porte de ceux qui déclament contre nous que l'indigent traînait ses membres affaiblis ? [...] Bénissez la main, la main favorable dont vous tenez cet avantage, car c'en est un d'être utile à sa Patrie. Sages et vertueux solitaires ! vous êtes appelés à la plus belle des occupations » [36].

On peut le regretter : L'Écuy a omis dans son énumération des mérites de l'ordre de Prémontré son expansion jusqu'aux marches de la chrétienté, Écosse, Irlande, Pays scandinaves, Saxe et Pologne, Hongrie, Palestine, toute la partie de l'Espagne reconquise au XIIe siècle sur les

---

[34] F. PETIT, « Le discours du P. L'Écuy au chapitre de 1779 », *Actes officiels du 15ème Colloque du Centre d'Etudes et de Recherches Prémontrées*, Amiens, 1990, p. 6-9.

[35] *Discours prononcé dans la salle capitulaire de l'abbaye de Prémontré, le quinze août mil sept cent soixante-dix-neuf, à l'ouverture du Chapitre national par M. L'Écuy, prieur du collège de Paris*, Soissons, 1779, p. 12.

[36] *Ibid.*, p. 15-16.

Maures, ainsi que tout le travail missionnaire que cette expansion entraînait. Tributaire d'une conception de l'histoire encore trop personnelle et
peu ouverte aux textes critiques, L'Écuy n'en évoqua pas moins saint
Norbert et les premiers Prémontrés dont certains reposaient dans la salle
capitulaire où se tenait l'assemblée : « Peut-être ces esprits protecteurs
voltigent-ils autour de cette Assemblée, y viennent-ils animer votre zèle et
inspirer vos délibérations » [37]. Écoutons-le conclure sur un tableau de
l'ordre dominé par un cri d'espérance :

> « Notre véritable gloire est d'être des religieux estimés. Et que nous manque-
> t-il pour cela ? Si je porte mes regards sur le premier siège de l'ordre, je puis
> m'écrier avec le roi prophète que l'amour de la Vérité s'y est rencontré avec
> la bonté indulgente et que la Justice et la Paix se sont embrassées. Si je les
> tourne vers cette respectueuse Assemblée, un vénérable et vertueux vieillard,
> plusieurs hommes d'un mérite éminent en occupent les premières places ;
> les supériorités sont remplies par des sages et vigilants coopérateurs ; de
> bons et utiles curés sont répandus dans les différents diocèses ; une jeunesse
> qui promet s'élève dans nos maisons d'études mieux tenues ; et nos noviciats,
> malgré la défaveur des temps, ne se dégarnissent point. Reprenons donc
> courage et ayons soin qu'aucun schisme, aucune division ne rompe la paix
> entre nous ; car c'est encore, Messieurs, ce que le public nous pardonne le
> moins. Tâchons qu'un peu d'émulation vienne nous prêter son aiguillon
> salutaire. Bientôt tout renaîtra, tout se régénérera, cet Ordre verra luire
> encore des jours semblables à ceux de sa jeunesse » [38].

Le spectre de la division dénoncé par L'Écuy n'était que trop présent
dans l'assemblée. Les statuts attribuaient à l'abbé de Prémontré la nomination des prieurs claustraux des abbayes tenues en commende. Cette
mesure ne satisfaisait pas certains et un véritable vent de révolte secoua le
chapitre. Le meneur de l'affaire fut l'abbé de Vicogne, Henri Dubois,
soutenu par le Père Austremoine Morin, de Saint-André de Clermont,
furieux de n'être pas nommé prieur de son abbaye. Les contestataires
exigeaient que le prieur des abbayes tenues en commende fût élu par la
communauté. L'abbé général refusant de traiter la question, le mécon-
tement s'amplifia jusqu'à ce qu'en 1786, le conseil du roi donnât raison à
l'abbé de Prémontré.

Une volonté de renouveau

Au cours des années 1780-1789, Jean-Baptiste L'Écuy, devenu abbé
de Prémontré, consacra ses efforts à l'amélioration du système de formation des jeunes religieux. La Commission des Réguliers avait stigmatisé,
avec sans doute quelque exagération, l'ignorance des religieux qui
n'appartenaient pas à l'Antique Rigueur. Certes, les Prémontrés ne

---

[37] *Ibid.*, p. 26.
[38] *Ibid.*, p. 27-28.

pouvaient prétendre aligner une liste d'auteurs et d'oeuvres comparable à celles des Bénédictins, des Dominicains ou des Jésuites, mais ceci tenait en grande partie à la nature de l'ordre et au caractère utilitaire des études orientées vers la pratique immédiate du ministère paroissial. Encore fallait-il que les abbayes fussent d'excellents séminaires ! C'est le but que l'abbé L'Écuy se proposait. Or, le premier obstacle à vaincre était d'ordre psychologique : clercs réguliers, les Prémontrés subissaient, comme tous les religieux, railleries et mises en question de la part des Lumières. Jugés à l'aulne de *l'utilité*, critère souverain, déjà au XVIII\ᵉ siècle, en matière sociale comme dans le domaine religieux, les Prémontrés de Jean-Baptiste L'Écuy commençaient à se poser des questions sur leur propre identité et le bien-fondé de leur vocation. La suppression des Jésuites avait entraîné, surtout dans les collèges de province, un abaissement alarmant du niveau des études :

> « Les jeunes gens qui se font religieux en sortent très médiocrement instruits, soit que cela tienne au peu de soins des parents, soit que cela tienne à la chute des études dans les maisons d'éducation. À peine entendent-ils la langue dans laquelle on leur donne leurs nouvelles leçons [de philosophie et théologie], et certainement ils ne savent point la parler. Ils essaient donc en vain de rendre leurs idées ; ils se dégoûtent de l'étude, et c'est pour toujours ; malheur terrible pour quiconque se voue à l'état ecclésiastique » [39].

L'Écuy décida de remédier à cet état des choses en ouvrant à Prémontré deux classes de Grammaire et de Rhétorique pour donner aux futurs religieux une bonne formation humaniste, avant d'aborder l'étude de la philosophie et de la théologie. Nous ignorons tout de l'enseignement théologique donné à Prémontré, mais il fut, sans aucun doute, dans la ligne de l'enseignement donné alors en France, teinté de gallicanisme et de fébronianisme. Ne l'oublions pas : Fébronius avait un adepte de poids dans le conseil de l'abbé général, en la personne de l'abbé de Lavaldieu, Remacle Lissoir. À n'en pas douter, Jean-Baptiste L'Écuy voulut faire de son ordre et surtout de son abbaye un foyer de culture et d'études digne des grands ordres religieux.

Pour parvenir à ce but, l'abbé général résolut d'enrichir la bibliothèque de Prémontré, et y consacra beaucoup d'argent. Bibliophile averti, L'Écuy savait attendre les bonnes occasions, et les ressources nécessaires à ce genre d'investissement. Il écrivait, le 11 juillet 1789, à Ducarne de Blangy, bibliophile comme lui :

> « Je complète une grande bibliothèque déjà bien considérable. Or, pour cela, on attend des occasions. Dans une vente, on prend ce qui est à bon marché pour le moment et vous savez qu'il se rencontre toujours beaucoup de ce

---

[39] J.B. HÉDUIN, *Principes de l'éloquence sacrée, mêlés d'exemples puisés principalement dans l'Écriture Sainte, dans les Saints Pères et dans les plus célèbres orateurs chrétiens*, Soissons, 1788, Préface de J.-B. L'Écuy.

genre d'articles qui, précieux en eux-mêmes, sont pour l'instant au-dessous du prix d'opinion, parce qu'il n'y a pas de demande. J'ai eu à la vente de Soubise de fort belles choses qui sont dans ce cas ».

Dans la *Déclaration de l'Abbaye de Prémontré* envoyée en 1790 au Comité ecclésiastique, L'Écuy dut se résoudre à donner la liste des ouvrages, le catalogue raisonné en cours d'élaboration étant loin d'être terminé. Cette liste, qui constitue le chapitre III de la *Déclaration* confirme un fait : la bibliothèque de l'abbaye de Prémontré était sans conteste l'« une des meilleures qui soient en province ».

L'abbé L'Écuy résolut de mener à bien la réforme des livres liturgiques souhaitée depuis longtemps, et mise en train par l'abbé de Lavaldieu, Remacle Lissoir au cours du chapitre de 1779. Lissoir prônait une réforme du bréviaire, en suivant les règles d'une saine critique, à l'instar de certains diocèses. Trois solutions étaient possibles : composer un nouveau bréviaire, laisser à chaque abbaye la possibilité de suivre le bréviaire de son diocèse, ou suivre le bréviaire du diocèse de Laon, comme l'avaient fait les premiers Prémontrés. Au chapitre de 1782, Lissoir fit un compte rendu détaillé de la situation, et se fit l'interprète de la majorité : suivre le bréviaire donné au diocèse de Paris par l'évêque Guillaume de Vintimille, quarante ans plus tôt, moyennant les adaptations à l'ordre. Les volumes parurent en 1786 avec une préface de L'Écuy qui soulignait le but de la réforme : dans un ordre voué au ministère, il était indispensable de nourrir la piété et d'instruire les clercs, en soumettant les légendes des saints à la critique pour ne pas heurter la mentalité « de ces temps, peut-être plus éclairés, mais où la foi était certainement plus rare et moins simple », en distribuant les psaumes de manière à éviter une trop grande disproportion entre les différents offices. L'utilité prenait le pas sur la tradition, et l'édition nouvelle entendait soutenir honorablement la comparaison avec les nouvelles productions françaises de l'époque. Lissoir s'inspira notamment du bréviaire de la Congrégation de Saint-Vanne et sollicita les conseils de son principal auteur, Dom Benoît Didelot. L'office de la Vierge et celui des Défunts, qui avaient accompagné le grand Office depuis des siècles se voyaient considérablement réduits, le premier aux jours de féries ou de fêtes simples, le second à une récitation mensuelle. L'Écuy espérait que cet allégement profiterait à la piété et à la méditation des textes proposés. Le jugement porté sur les réformes liturgiques de la fin du XVIIIᵉ siècle en France est habituellement assez sévère, bien que la réforme du bréviaire romain du début du XXᵉ siècle et celle qui suivit le deuxième concile du Vatican aient suivi des critères semblables. On peut certainement déplorer les effets de la réforme du XVIIIᵉ siècle dans le domaine de la musique : toutes les anciennes mélodies furent modifiées, voire sacrifiées. À partir de 1787, tous les Prémontrés français utilisèrent de nouveaux livres liturgiques caractérisés par un goût littéraire développé, mais aussi par un appauvrissement de la liturgie traditionnelle de l'ordre. Deux ans plus tard, ces nouveaux livres devaient tomber entre les mains des révolutionnaires.

Vers la suppression de l'ordre de Prémontré en France

La chronologie des événements qui scandèrent l'oeuvre dévastatrice de la Révolution française dans le domaine de la vie religieuse est trop connue pour que nous nous y attardions ici. Rappelons-en seulement les étapes principales.

Les États Généraux, convoqués par Louis XVI en vue de la « régénération » du royaume en proie à d'immenses difficultés financières, se réunirent le 5 mai 1789. La nuit du 4 août 1789 vit l'abolition des privilèges, suivie, le 28 octobre, par la première mesure grave à l'encontre de l'« ordre monastique » : la suspension provisoire des voeux de religion. Cinq jours plus tard, à l'initiative de Talleyrand, évêque d'Autun, l'Assemblée nationale constituante décida de mettre à la disposition des finances de la Nation tous les biens du clergé, tout en s'engageant à prendre en charge toutes les dépenses assurées jusque-là par le clergé, et à verser à tous les clercs et à toutes les religieuses une pension.

En 1790, tous les ecclésiastiques et toutes les communautés du royaume durent faire la déclaration de leurs biens et revenus. Le Comité ecclésiastique de l'Assemblée était dans son ensemble favorable au maintien des religieux et religieuses, mais, le 7 février 1790, on doubla le nombre de ses membres en prenant soin d'y adjoindre des personnes hostiles à l'« ordre monastique ». Ce bouleversement dans la composition du Comité ecclésiastique entraîna immédiatement une série de mesures prises entre le 13 et le 26 février : interdiction de prononcer des voeux religieux, dissolution des communautés religieuses existantes, possibilité pour les religieux de reprendre leur liberté, et, pour ceux qui le désireraient, de se regrouper en maison de réunion, tous ordres confondus. Ces décisions, prises unilatéralement et sans l'accord du Saint-Siège, signifiaient la fin de la reconnaissance par l'État de la profession religieuse et de ses effets civils.

Dès le mois de mars 1790, tous les supérieurs durent fournir la liste nominative des religieux auxquels l'Assemblée nationale promettait de verser une généreuse pension. Celle-ci, versée en assignats, allait perdre rapidement toute valeur. Entre le mois d'avril et l'été 1790, les agents municipaux procédèrent aux inventaires des abbayes et couvents supprimés, dans l'intention de les mettre en vente. Sans atteindre les richesses foncières des Bénédictins et des Cisterciens, l'ordre de Prémontré apparaît, à la lumière de ces inventaires, comme un ordre renté très convenablement doté [40]. Les officiers municipaux constatèrent l'importance des abbayes pour la population environnante : ces maisons fournissaient du travail et élargissaient des aumônes consistantes aux plus pauvres. Aussi n'est-il pas rare de voir des municipalités demander avec insistance le maintien de ces maisons. Les déclarations d'intention des religieux libres de quitter leur abbaye sont très diversifiées. Le prieur de l'abbaye d'Hermières déclare vouloir demeurer religieux :

> « Étant lié par des voeux qu'il a toujours respectés et respectera toujours, que suivant luy aucune puissance divine et humaine ne peuvent rompre, il est dans la ferme résolution d'y demeurer attaché jusqu'à la fin de ses jours, ne pouvant faire autrement et forcé par les circonstances, il consent à se retirer dans une des maisons de son ordre qui seront conservées ».

À Blanchelande, le 10 juin 1790, à sept heures du matin, le maire posa aux religieux la question :

> « Désirez-vous quitter le monastère, comme les décrets vous y autorisent, ou continuer à vivre en commun ? ». Le prieur Morgan répondit le premier : « Mon intention est de profiter du bénéfice du décret qui me donne la liberté de me retirer. Ce que je ferai dès que j'aurai touché mon traitement ». Les Pères de Quen, Marchand et Toulorge répondirent unanimement : « Nous préférons continuer de vivre ensemble comme nous le faisons ». Le maire leur signifia alors : « Dans ce cas, il vous sera loisible de vous retirer dans une maison de concentration des religieux que le Département mettra à votre disposition, et où vous pourrez continuer de vivre en communauté. L'ancienne abbaye bénédictine de Savigny, dans le district de Mortain, choisie dans ce but, vous permettra de réaliser votre rêve ».

Dans ces déclarations d'intention, il faut tenir compte d'un fait : nombre de religieux évoluèrent en constatant l'impossibilité de demeurer dans leur propre abbaye. Pratiquement tous refusèrent de rallier les maisons de réunion où, toutes règles confondues, les religieux seraient complètement déracinés et contraints à vivre dans des communautés hétéroclites. Des 441 déclarations de Prémontrés conventuels sur environ 600, recueillies au printemps de 1790, il ressort que 20,9% exprimèrent le désir de sortir purement et simplement ou à cause des infirmités de l'âge, 60,7% affirmèrent vouloir rester ou sortir contraints et forcés, 13,8% préférèrent attendre avant de donner une réponse.

La fin de la vie conventuelle et la mise en place de la Constitution civile du clergé

Dans les derniers mois de 1790, les événements se précipitèrent. Les 8 et 14 octobre, l'Assemblée prit de nouveaux décrets pour faire vérifier les

---

[40] X. LAVAGNE D'ORTIGUE, « Les Prémontrés de France et la suppression des ordres monastiques, 1766-1792 », *Analecta Praemonstratensia*, t. LXVII (1991), p. 232-261.

inventaires du printemps et faire apposer les scellés. Cette vérification permit de constater d'importantes déprédations et disparitions. Après la suppression des ordres religieux, l'Assemblée interdit, le 8 octobre, le port de l'habit religieux. Dès les premiers mois de 1791, l'évolution de la situation générale conduisit nombre de religieux à modifier les intentions exprimées au printemps 90. Malgré tout, les Prémontrés sont encore très nombreux à maintenir leur résolution de poursuivre la vie commune sous la règle de leur profession. Les Prémontrés de l'Antique Rigueur maintiennent, par exemple, la vie commune à Pont-à-Mousson et à Flabémont autant que c'est légalement possible. Cependant, beaucoup ont perdu tout espoir de reprendre la vie commune dans l'abbaye de leur profession. Comment d'ailleurs rester dans une abbaye où les nouveaux propriétaires commencent à s'installer ? Les prés, les potagers et les bois changent de mains et ne rapportent plus rien, tandis que le flux des pauvres ne cesse d'augmenter et il devient impossible de les secourir, faute de ressources.

Le texte de la Constitution civile du clergé est voté par l'Assemblée le 12 juillet 1790, et accepté par le roi Louis XVI, le 22 juillet. Le 27 novembre, l'Assemblée décide que le serment devra être prêté par tous les clercs ayant charge d'âme, sous peine de destitution [41]. Ce décret concerne alors environ 600 Prémontrés chargés de paroisses. La Constitution et le serment sont condamnés par Pie VI le 10 mars et le 13 avril 1791. Néanmoins, au printemps 1791, d'anciens conventuels acceptent de prêter le serment et prennent des paroisses dans l'Église constitutionnelle, d'autres s'y refusent, rentrent au pays natal pour attendre dans leur famille des jours meilleurs, d'autres enfin, décidés à poursuivre leur mission sacerdotale, exercent leur ministère dans la clandestinité.

La situation se détériore après la fuite de Varennes : la Constituante est remplacée par l'Assemblée Législative, entièrement composée de nouveaux députés anticléricaux. Les 29 novembre 1791 et 27 mai 1792, l'Assemblée Législative rend le serment obligatoire pour tous les clercs sans exception, menace de déportation tout prêtre insermenté dénoncé par vingt personnes comme fauteur de troubles. Le *veto* royal avait jusque-là empêché la mise en place de telles mesures, mais les autorités peuvent désormais intervenir à leur guise sous prétexte de maintenir l'ordre public.

La situation politique extérieure n'est pas sans conséquences sur le développement de la situation intérieure : la France, depuis le 20 avril 1792, est en guerre contre le roi de Bohême et de Hongrie, empereur du Saint-Empire, et frère de la reine de France, Marie-Antoinette. Les revers

---

[41] X. LAVAGNE D'ORTIGUE, « L'Église constitutionnelle et les Prémontrés de France de 1790 à 1792 », *Analecta Praemonstratensia*, t. LXX (1994), p. 102-132.

militaires français aboutissent à la suspension du roi et à la mise en application des décrets de la Législative bloqués par le *veto* royal.

Le 10 août, la monarchie est abolie, une Convention nationale se réunit en septembre, et décrète la suppression de toutes les communautés religieuses, y compris celles sans voeux. Tous les clercs ayant charge d'âmes et tous les anciens conventuels dotés d'une pension de l'État sont sommés de prêter le serment de Liberté-Égalité, encore appelé « petit serment ». Les premiers jours de septembre voient les grands massacres parisiens. C'est l'époque où disparaît la dernière maison où des Prémontrés continuaient de mener la vie commune. Saint-Paul de Verdun et Vicogne devaient reprendre vie pendant quelques semaines en 1793, à la faveur des invasions prussienne et autrichienne. Officiellement, l'ordre de Prémontré a cessé d'exister dans le pays où il avait vu le jour, 650 ans plus tôt.

La fermeture de l'abbaye de Prémontré

Jean-Baptiste L'Écuy écrivait, le 26 août 1789, à son correspondant bibliophile Ducarne :

> « Je ne vous fais point de nouvelles commandes et ne sais même jusqu'à quel point j'userai des dernières. Si on en croit les bruits publics, on veut supprimer tous les ordres religieux et, si cela arrivait, vous jugez bien, Monsieur, que je regretterais bien plutôt d'avoir dépensé beaucoup d'argent à former une bibliothèque qui n'aurait plus la destination que j'avais en vue, que je ne serais tenté de l'augmenter encore. Au reste, notre métier est de nous en rapporter à la Providence et de la bénir de tout. Mais si l'on nous supprime, on ne fera pas grande fortune avec nous » [42].

Aussitôt après le décret de suppression, L'Écuy répondait au témoignage de sympathie de son correspondant, dans une lettre qui ne manque pas d'envolée spirituelle :

> « Je suis bien sensible, Monsieur, à l'honneur de votre souvenir et à la part que vous voulez bien prendre à toutes les peines que les circonstances m'ont procurées. Je les supporte de mon mieux. Elles sont sans doute dans l'ordre de la Providence. C'est une grande consolation que de pouvoir se dire que du moins on n'y a pas donné sujet. J'ignore, Monsieur, si comme vous m'en assurez, je serai plus heureux que je n'étais. Je tâchais de l'être du peu de bien que je pouvais faire, car on ne peut l'être que par là ; les moyens me manquant, il faut au moins que je renonce à ce genre de bonheur, le seul vrai et le seul que je regrette » [43].

---

[42] B. RAVARY, *Prémontré dans la tourmente révolutionnaire. La vie de J.-B. L'Écuy, dernier abbé général des Prémontrés en France, 1740-1834*, Paris, 1955, p. 147.

[43] *Ibid.*, p. 147-148.

L'année 1790 devait être particulièrement difficile pour l'abbé de Prémontré. Non seulement l'adversité frappait l'abbaye de l'extérieur, mais un groupe de religieux, jeunes pour la plupart, s'était mis en tête d'introduire dans l'abbaye un contrôle des supérieurs par leurs sujets constitués « gardiens du patrimoine national ». Le jour même où l'abbé L'Écuy envoyait sa *Déclaration* au Comité ecclésiastique, pour donner l'état de l'abbaye, onze jeunes religieux signaient l'*Acte des Religieux de Prémontré du 5 mars 1790*, qui ne laisse pas de surprendre dans une situation aussi dramatique :

> « À monsieur l'Abbé de Prémontré. Vu le décret relatif à la déclaration des biens ecclésiastiques, les religieux de Prémontré considérant : 1) Que l'Assemblée dans la déclaration n'exigeant pas que toutes les possessions soient consignées sur le tableau mis sous ses yeux, en abandonne de fait une partie aux religieux ; 2) Que cette portion ne peut être connue qu'en défalquant de l'universalité des possessions celles qui ont fait l'objet de la déclaration ; 3) Que M. l'Abbé de Prémontré étant constitué sur les termes du Décret garant des seuls objets consignés dans la déclaration, la portion abandonnée aux religieux demeure sans garantie, en proye aux déprédations des étrangers ; 4) Que deux voies de garantie étant offertes, la première, garantie légale, dans les scellés, la seconde, garantie conventionnelle, dans le choix de personnes commises à la garde du dépôt (par l'unanimité des voeux des requérans intéressés, ils estiment cette dernière vois préférable), les dits religieux demandent : 1) Qu'exhibition faite d'une copie de la déclaration et de la formule sur laquelle elle a été dressée, il soit incontinent procédé, sous les yeux des intéressés, à l'inventaire de tout ce qui n'est point mentionné dans la déclaration. 2) Qu'il soit nommé parmi les religieux à la pluralité des voix des Commissaires qui pourront à leur gré soumettre à l'examen les objets commis à leur responsabilité, 3) Qu'il soit par arbitrage arrêté un partage qui à l'époque où la suppression seroit effectuée, auroit, selon le voeu de l'Assemblée nationale, son exécution, tant en faveur des religieux émigrans que des religieux restans dans ladite abbaye. Fait à Prémontré le 5 mars 1790. Signé : Pinguet, Crachet, Raout, Perrier, Canone, Jacquart, Brizé, Lissoir, Camus, Poix ; Régnier a déclaré adhérer à cette demande, n'a signé » [44].

Si l'on songe au nombre total des profès de Prémontré, environ 80, ce groupe de contestataires représente un peu plus de 10% des religieux. Ils ont tous moins de trente ans. Ne pouvant amener par la persuasion l'abbé L'Écuy à dilapider les biens de l'abbaye pour se les partager, ils décident de l'y contraindre en constituant, comme dans d'autres communautés religieuses, une sorte de comité révolutionnaire, et en se présentant dans le beau rôle de gardiens intègres du patrimoine national. Le fait que les deux commissaires désignés fussent parmi les plus jeunes de l'abbaye est révélateur : Nicolas-Pierre Perrier a vingt-six ans et Robert-François Crachet vingt-cinq. Le 20 juillet 1790,

---

[44] *Ibid.*, p. 152-153.

« la communauté étant assemblée au lieu et à l'heure ordinaires, en présence des officiers municipaux sur le refus du prieur de présider à la délibération, les religieux soussignés » accusèrent l'abbé général L'Écuy de « s'approprier annuellement 12.000 livres, les pots de vin, les pensions des religieux étrangers et une table particulière ».

L'abbé L'Écuy dut se justifier et démontrer que depuis le 1er janvier 1790, il recevait seulement un traitement de la Nation. Une partie de la communauté favorable à l'abbé dénonça les prétentions des jeunes religieux et leur conduite quotidienne peu conforme à leur état.

La réponse de l'abbé L'Écuy fut communiquée aux commissaires de la communauté, qui y répondirent à leur tour, sur un ton qui trahit leur état d'âme :

« Pleins de cette noble pudeur qui enchaîne le bras de l'athlète valeureux à l'aspect d'une victoire trop facile, les Commissaires de la communauté de Prémontré dédaignent de provoquer à la discussion les preuves dont s'étaie l'auteur du mémoire ; ce combat leur a paru plus digne d'alimenter le génie vétilleux du tribunal obscur d'un cloître que d'occuper les moments précieux d'une assemblée administrative (sic). Nous n'irons donc pas, dans ce dédale ténébreux, où se traîne l'adversaire, vous faire remarquer, tantôt des reproches puériles (sic), des argumens insignifiants tantôt sous les formes du raisonnement des paralogismes (sic) entassés ; tantôt dans des citations altérées, des dissertations calomnieuses ; tantôt dans des bienfaits maladroitement rappelés, l'appas (sic) grossier de la séduction ; tantôt sous le langage fictif de la sensibilité, des insinuations meurtrières. Nous n'irons pas vous le faire remarquer, donnant partout ses opinions par principe, partout mutilant nos pensées, pour leur imprimer les caractères d'absurdité ; partout enfin faisant entendre le cri de l'autorité éplorée qui, dans son délire, invoque le sceptre du despotisme auprès de ceux mêmes qui reposent sur ses débris. Nous élevant à la hauteur de l'analyse et jetant un coup d'oeil rapide sur la congérie des inculpations, nous découvrons qu'elles peuvent être rappelées à trois classes. Elles présentent un outrage fait à la probité dans l'ingratitude ; un outrage fait aux moeurs dans l'irrévérence et l'insubordination ; un outrage fait aux lois dans l'injustice, l'imposture, les déprédations » [45].

L'affaire fut portée devant le Directoire de Chauny, qui rendit un arrêt favorable à l'abbé L'Écuy, le 13 août. Comme cette décision fut loin de réunir la majorité des religieux, l'affaire fut portée devant le Directoire départemental. Robert-François Crachet chercha plus à justifier sa conduite qu'à accuser l'abbé de Prémontré. Personne n'avait jamais eu l'intention d'enlever à l'abbé et au procureur leur charge d'administrateurs des biens de l'abbaye. Tout au plus les contestataires entendaient-ils contrôler les dépenses de l'abbé et de la communauté, et voir de quelle part l'abbé et la communauté disposeraient si le Directoire départemental décrétait la division des menses. Il s'élevait contre « l'aveugle prévention »

---

[45] *Ibid.*, p. 157.

alimentée, sinon soulevée par l'abbé L'Écuy contre eux. Cependant, ni Crachet ni les signataires de la déclaration hostile à l'abbé L'Écuy n'avaient encore annoncé leur intention relative à leur avenir. Pour sa part, l'abbé attesta sa parfaite bonne foi et nia avoir mené un train de vie exagéré. Les rapports des diverses visites canoniques, dont la dernière remontait à 1788, ne mentionnaient aucune dépense excessive de la part du prélat. D'ailleurs, nombre de religieux, y compris des profès d'autres abbayes en résidence à Prémontré depuis des années, rendirent hommage à la bonne administration de L'Écuy et confirmèrent les infractions et les insubordinations des religieux contestataires : « La maison retentissait souvent de coups de fuzils (sic) que tirent les réclamants et sous les fenêtres de MM. les supérieurs » [46]. Tous réclamaient à coeur et à cris le retour à l'ordre. Isaïe-Philbert Dubois concluait avec sagesse :

> « Il serait à désirer que ces messieurs fussent contraints à sortir de Prémontré, et divisés dans d'autres maisons et que le sieur Jacquart, ex-capucin, fût renvoyé avec ses confrères pour y vivre avec eux » [47].

Les jeunes révoltés finirent par retirer leurs allégations et leurs exigences, le 14 septembre, aussi les enquêteurs purent-ils écrire au Directoire :

> « Nous avons clos par là notre procès-verbal qu'ils ont signé et nous sommes partis ce matin après avoir reçu l'impression des sentiments de la plus vive satisfaction de la part de toutes les parties et l'assurance des religieux réclamants de rentrer en leurs devoirs [...] Nous nous empressons, Messieurs, de vous informer de cet événement, persuadés qu'il produira sur vous le même effet qu'il a opéré sur nous » [48].

La révolte était matée, mais il était trop tard.

Le 1er novembre 1790, le décret spoliateur était signifié aux religieux de Prémontré. L'Écuy s'apprêtait à célébrer la messe de la Toussaint, lorsqu'on vint lui signifier d'avoir à quitter son palais abbatial. Dix ans jour pour jour après son élection abbatiale, l'abbé de Prémontré devait être le premier à quitter son abbaye :

> « Le voeu de mes frères ceignit ma tête de la mitre et me chargea du soin de l'Ordre tout entier. Honneur bien grand sans doute, mais qui devait me coûter cher : j'étais destiné à voir notre ruine ! » [49].

Les religieux, peu après le départ de leur abbé, furent contraints d'abandonner Prémontré :

---

[46] *Ibid.*, p. 161.
[47] *Ibid.*, p. 161-162.
[48] *Ibid.*, p. 163.
[49] *Ibid.*, p. 199.

« Forcé de quitter son abbaye en 1790, L'Écuy n'était pas à Prémontré quand on vint signifier à ses enfants la fin de leur existence régulière. Un nommé Mauduit, chef de la commission, arrivant à Prémontré, trouva les religieux au Chapitre, après tierce et avant la messe canoniale. On le reçut avec indignation ; on voulut bien lui reprocher de s'être présenté dans une maison telle que la leur en mauvaise tenue ; car il portait un pantalon qui alors n'était pas de mise en pareille circonstance ; et, sans lui laisser le temps de sortir de son état déconcerté, le circateur, nommé M. Grébert, entonna selon l'usage le Salve Regina (du cinquième ton) et tous les religieux se rendirent au choeur » [50].

Contre toute attente, les jeunes religieux restèrent à l'abbaye et manifestèrent une ferme opposition aux décisions révolutionnaires. L'administration départementale crut devoir dénoncer les religieux qui ont dit vouloir « continuer la vie commune... » et signifié « leur refus d'obtempérer aux lois ». Les dragons de la reine furent envoyés à Prémontré et y cantonnèrent jusqu'en juin 1791. Les religieux commencèrent alors à se disperser.

Lors de son expulsion, l'abbé L'Écuy se réfugia dans une maison de campagne de l'abbaye, Penancourt, sise sur la commune d'Anizy. Il avait espéré en obtenir la concession gratuite. En fait, il obtint seulement de pouvoir emporter le mobilier de sa maison abbatiale de Prémontré et celui de sa chapelle. Le Directoire lui adressa cette réponse aimable et courtoise :

« Le Département considérant : que le dit sieur Lécuy réunissait à sa qualité d'Abbé perpétuel et inamovible de Prémontré celle de général d'un Ordre très considérable en Europe ; – que depuis l'instant de sa nomination par le roi, il a administré les biens et revenus de l'abbaye de Prémontré, avec beaucoup d'intelligence, de soin et d'économie et qu'il les a considérablement accrus ; – que la reconnaissance des contrées avoisinantes se plaît à rappeler le souvenir des charités abondantes qu'il n'a cessé de verser dans le sein des pauvres et surtout dans l'hiver désastreux de 1789 ; – que non content de secourir les pauvres invalides, il a dans les différents temps fait établir des ateliers de charité pour les habitants des campagnes voisines et que les chemins qu'il a fait ouvrir peuvent convenir à l'utilité publique ; – qu'il a considérablement augmenté par l'emploi de ses propres deniers la bibliothèque de Prémontré, devenue prétieuse (sic), depuis sa nomination à l'abbaye ; – qu'il s'est dans tous les temps signalé par son zèle pour le bien public et son patriotisme ; – qu'il a en donné des preuves très convaincantes dans l'exercice de ses fonctions, tant comme membre de l'Assemblée provinciale du Soissonnais que comme président du ci-devant Bureau intermédiaire de Laon ; – qu'il est dans les principes et dans l'intention de l'Assemblée Nationale et du roi de traiter favorablement ceux qui ont bien mérité de la patrie et qui, en raison d'une révolution devenue aussi nécessaire qu'elle sera utile, ont été soumis à de grands sacrifices ; – que les gens de bien désirent voir la conduite du sieur Lécuy honorablement récompensée par l'Administration et que c'est un

---

[50] BADICHE, « Prémontré », *Dictionnaire des ordres religieux*, Paris, Migne, 1850, t. II, col. 289.

devoir comme une satisfaction pour elle de déférer à l'opinion publique ; – Arrête : que les meubles qui garnissaient, lors de l'inventaire, la maison abbatiale de Prémontré, ainsi que les vases et ornements de la chapelle dudit sieur Lécuy, lui seront délaissés en toute propriété ; – mais il ne croit pas devoir, malgré tous les titres en sa faveur, outrepasser les décrets de l'Assemblée qui ne consentent la concession de l'usufruit des maisons des bénéficiers qu'autant qu'elles auront été par eux bâties ou reconstruites à neuf, ce qui n'est pas le cas du sieur Lécuy pour la maison de Penancourt » [51].

Ceci conduisit l'abbé L'Écuy à acheter la maison de Penancourt lorsque celle-ci fut mise en vente. Il pouvait compter en théorie sur une rente annuelle de 6.000 livres, qui lui permettait de conserver deux domestiques à son service. L'Écuy avait projeté la reconstruction de l'église abbatiale de Prémontré, et pour ce faire, avait obtenu une coupe de réserve d'environ 400.000 francs qu'il conservait dans ce but. En fait, cette somme fut versée au gouvernement pour solder la contribution patriotique de l'abbé au titre de ses bénéfices de Prémontré, Morangle et Miradoux.

L'abbaye de Prémontré fut mise en vente en 1793. L'État se réserva la bibliothèque et ses armoires, abandonnant le chartrier qui fut dispersé. Le Ministère de la Guerre fit prélever le plomb. La verrerie de Folembray acheta les grilles estimées à 20.646 livres. La Révolution française tournait ainsi une page d'histoire commencé six siècles et demi plus tôt. Prémontré redevenait une solitude dont les immenses bâtiments conventuels désormais vides ajoutaient une note de désolation au désert qui avait attiré saint Norbert. Cet immense squelette perdait à tout jamais l'âme qui avait fait de Prémontré l'abbaye chef-d'ordre d'une des plus prestigieuses familles religieuses, et l'une des gloires de la France.

4. Prémontrés français dans la tourmente

Un parfait « honnête homme » : Jean-Baptiste L'Écuy

Jean-Baptiste L'Écuy, né en 1740 et mort en 1834 [52], dernier abbé résidant de Prémontré et dernier abbé général avant la Révolution française, fut un esprit brillant, cultivé, qui termina sa vie à Paris où il s'était retiré en 1801. Nommé en 1803 chanoine honoraire de Notre-Dame par le cardinal de Belloy, il fut apprécié de Mgr de Quelen qui le nomma, en 1824, vicaire général de Paris. L'abbé L'Écuy vécut près d'un siècle et connut l'épreuve de la fermeture de Prémontré et la disparition

---

[51] *Ibid.*, p. 171-172.
[52] B. RAVARY, *Prémontré dans la tourmente...*, Paris, 1954, p. 279-281.

presque complète de son ordre. Avant de mourir, il eut cependant la consolation de voir les premières tentatives de restauration de l'ordre en Belgique. Profès de l'abbaye de Prémontré, il avait étudié à Paris où il avait eu pour condisciple le futur cardinal de La Luzerne, puis il fut rappelé dans son abbaye où il enseigna la philosophie et la théologie. L'abbé général Manoury le choisit pour secrétaire. En 1775, il fut nommé prieur du collège de Paris.

Élu abbé de Prémontré et général de l'ordre le 13 septembre 1780, il s'acquitta avec conscience de sa charge, veilla à la qualité de la vie religieuse, et contribua à la culture de son temps. Il enrichit considérablement la bibliothèque de Prémontré, qui était imposante au moment de la Révolution. Il y avait affecté plus de 50.000 livres de son propre revenu. Il s'occupa de l'amélioration des études dans l'ordre et fit de cette question l'un de ses thèmes favoris lors des chapitres qu'il présida en 1782, 1785 et 1788. L'Écuy instaura dans son abbaye des conférences théologiques. En 1787, le roi le nomma membre de l'assemblée provinciale de Soissons et président de celle de Laon. L'abbé L'Écuy prononça un nombre incalculable de discours sur les sujets les plus divers. Il avait conçu l'idée, tracé le plan et surveillé l'exécution des *Principes de l'Éloquence Sacrée*, ouvrage publié à Soissons, en 1787. L'ancien abbé général est l'auteur du huitième et dernier volume de l'ouvrage de Bassinet, *Histoire sacrée de l'Ancien et du Nouveau Testament*, édité à Paris en 1809, ainsi que de *La Bible de la Jeunesse ou Abrégé de l'Histoire de la Bible, contenant l'Ancien et le Nouveau Testament*, imprimé à Paris en 1810 et en 1812. Écrivain au style simple et clair, il publia à Paris en 1822 et en 1827 un très beau *Manuel d'une mère chrétienne, ou courtes homélies sur les épîtres et les évangiles des dimanches et fêtes*. Admirateur du théologien Jean Gerson, il pensa diffuser ses idées à travers son *Abrégé des écrits et de la doctrine du vénérable Jean Gerson, chancelier de l'Université de Paris, surnommé le Docteur très-chrétien*, mais le manuscrit ne fut jamais imprimé [53]. Par contre il édita à Saint-Germain-en-Laye, en 1832, un *Essai sur la vie de Jean Gerson, chancelier de l'église et de l'université de Paris, sur sa doctrine, ses écrits et sur les événements de son temps auxquels il a pris part. Où sont exposées les causes qui ont préparé et produit le grand schisme d'Occident.* Outre d'innombrables lettres, l'abbé Jean-Baptiste L'Écuy fournit sa contribution à de nombreuses oeuvres. La bibliothèque de l'abbaye d'Averbode possède, ainsi que celle de la ville de Laon, le beau *Vitae meae breve compendium*, transcrit par le Père Léon Goovaerts sur papier fort. L'abbé L'Écuy était curieux de tout. Esprit encyclopédique, il sut unir à l'amour de son ordre et à son attrait pour l'histoire, l'intérêt de

---

[53] B.M. de Laon : Ms n° 405 bis.

ses contemporains pour les sciences exactes, spécialement la physique, l'astronomie et les sciences naturelles.

Chassé de Prémontré par la Révolution, dénué de tout, il s'obligea à travailler pour le *Journal de Paris*, dans lequel il publia des articles de caractère historique sur les *Martyrs* et le *Voyage de Jérusalem* de Chateaubriand, sur la vie de *Fénelon* et celle de *Bossuet* par le cardinal de Bausset. Il laissa à l'état de manuscrit les *Fragments de l'Histoire grecque*. Il rédigea un certain nombre d'articles dans la *Biographie universelle* de Michaud, dans le *Journal des Débats*, entre 1801 et 1828, dans les tomes I à III de l'*Ami de la Religion* publié à Paris en 1814 et 1815, dans le t. VI du *Conservateur Belge* publié à Liège en 1824. De John Watkins, il traduisit et augmenta considérablement le *Nouveau Dictionnaire universel, historique, biographique, bibliographique et portatif*, publié à Paris en 1803. Il écrivit la partie ecclésiastique du *Supplément* en quatre volumes au dictionnaire historique de Feller, publié à Paris en 1818 et 1819. Il publia en 1823, hors commerce et aux frais du baron de Vincent, ambassadeur d'Autriche, son *De capta a Mahemete Constantinopoli Leonardi Chiensis et Godefridi narrationes sibi invicem collatae*, avec notes. Le Père Godefroid Madelaine, profès de Mondaye et abbé de Frigolet, lui attribue l'oeuvre manuscrite *Mémoire sur Prémontré et les autres abbayes de cet ordre comprises dans l'enclave du département de l'Aisne* [54].

Jean-Baptiste L'Écuy se livra à d'amples travaux littéraires, et pratiqua la traduction indifféremment entre le français, l'italien et l'anglais, trois langues qu'il possédait parfaitement [55]. Latiniste distingué, il écrivit dans cette langue un nombre impressionnant de discours et son journal personnel. Il publia à Paris en 1805 et en 1831, son *Dictionnaire de poche latin-français, ou nomenclature générale et manuelle des mots de la langue latine, avec leur interprétation française*. L'abbé L'Écuy publia un certain nombre de poésies latines et françaises, dont la plus célèbre est son *Planctus Norbertinus*, imprimé à Paris en 1820, puis en 1822, traduit librement en français sous le titre *Prémontré. Plainte élégiaque*.

Homme de son temps, Jean-Baptiste L'Écuy fut toujours attiré par les sciences. Il traduisit notamment les oeuvres de Benjamin Franklin [56].

---

[54] *Mémoire* conservé par l'abbaye de Mondaye et publié dans : J.B. L'Écuy ou le Prieur de Dilighem, *Mémoire sur Prémontré et les autres abbayes de cet ordre comprises dans l'enclave du département de l'Aisne*, Actes du *14ème Colloque du Centre d'Etudes et de Recherches Prémontrées*, Amiens, 1989, p. 126-133.

[55] Il produisit notamment : *Porsenna, roi de Russie, ou l'isle de la Félicité, poëme traduit de l'anglais du Docteur Lisle*, 1797 ; *Henri et Emma, ou la belle brune, poëme traduit de l'anglais de Matthieu Prior*, 1798 ; *Il Tempio di Gnido, translato dal francese in italiano*. Item : *The Temple Gnidus, transl. from the french*, oeuvres restées à l'état de manuscrits.

[56] *Oeuvres de M. Franklin, docteur ès loix, membre de l'Académie Royale des Sciences de Paris, des Sociétés Royales de Londres et de Gottingue, des Sociétés*

À Prémontré, l'abbé général forma dans son abbaye un cabinet de physique. Il publia, à Paris en 1796, traduit de l'anglais, *Amintor et Theodora, suivi de l'Excursion, ou les Merveilles de la Nature* de David Mallet. L'abbé L'Écuy, qui avait coopéré pour l'année 1810 à la rédaction de la *Connaissance des Tems*, a inséré, dans le dernier volume, trois folios manuscrits d'observations astronomiques. L'abbé de Prémontré s'est encore rendu célèbre par l'édition de la *Flora Praemonstratensis* qu'il fit exécuter à ses propres frais, sous la direction d'un botaniste de Laon, Claude-Antoine Le Marchant de Cambronne, et dont il confia l'illustration au peintre Robert Lefèvre. La *Flora* fut peinte d'après nature et comprenait 670 planches dont 556 nous sont parvenues [57]. Il prit la plus grande part à l'*Abrégé de Géographie moderne* de Pinkerton et Walckenaer, publié à Paris en 1827.

Après la chute du roi, et au plus fort de la Terreur, l'abbé L'Écuy fut arrêté à Penancourt, le 2 septembre 1792, et conduit à Chauny où il fut détenu quatorze jours, avant d'être libéré par les amis qu'il conservait au District. Revenu à Penancourt, L'Écuy y demeura sept mois, dans la crainte d'une nouvelle arrestation. Au printemps 1793, il résolut de quitter le voisinage de Prémontré où il était trop connu pour vivre en sécurité. Malgré l'invitation de confrères allemands, il résolut de demeurer en France. Il se réfugia près de son frère Nicolas L'Écuy, ancien Cistercien assermenté. Celui-ci avait accepté d'être élu curé de Courtry-sur-Sivry, près du Châtelet-en-Brie, dans l'actuel département de la Seine-et-Marne, mais les paroissiens n'avaient pas voulu de lui. Il s'était retiré aux Grandes Vallées, sur Chartrettes, face à la Seine, à proximité de Melun. C'est là que Jean-Baptiste L'Écuy vint le rejoindre au mois de mai 1794, pour y demeurer jusqu'en 1801.

Le 4 février 1805, l'ancien abbé de Prémontré, admis à assister à la messe du pape Pie VII alors à Paris, fut reçu en audience privée par le pontife. C'était vingt-quatre ans, jour pour jour, après sa bénédiction abbatiale. Il adressa au pape un courte harangue latine, dans laquelle il exprimait des sentiments qui surprennent de la part d'un gallican. Mais l'expérience l'avait appris à L'Écuy : rien ne pourrait désormais se faire sans le pape. Ce dernier était certes favorable à la restauration des religieux, mais il se devait de temporiser avec le nouvel empereur pour qui comptait seule la restauration de l'Église institutionnelle et du culte paroissial, à l'exception des familles religieuses. Outre les bonnes paroles et

---

philosophiques d'Edimbourg et de Rotterdam... Traduites de l'anglois sur la quatrième édition... par M. L'Écuy, Abbé de Prémontré..., Paris, 1773.

[57] Cf. M. PLOUVIER, « La Flore de Prémontré. Une présentation des orchidées », *Actes officiels du 13ème Colloque du Centre d'Etudes et de Recherches Prémontrées*, Amiens, 1988, p. 63-72.

les encouragements, le pape aurait difficilement pu intervenir en faveur de L'Écuy et de son ordre.

Au mois de mars suivant, l'ancien abbé de Prémontré dut à son amitié avec Roederer d'être nommé aumônier de la reine Julie, épouse de Joseph Bonaparte, frère de l'empereur et roi des Deux-Siciles, avant de recevoir en partage la couronne d'Espagne. La petite bourgeoise marseillaise avait en horreur les honneurs royaux et ne désirait qu'une seule chose : demeurer à Paris ou dans sa résidence de Mortefontaine. Là, elle apprécia à sa juste valeur Jean-Baptiste L'Écuy. Celui-ci exécuta scrupuleusement les intentions généreuses de la reine et distribua au cours des neufs années qu'il en fut l'aumônier, des sommes considérables au bénéfice de prêtres, religieuses et personnes de toutes conditions tombées dans le besoin. Il assumait également la fonction de précepteur des petites princesses Zénaïde et Charlotte. Pour elles il composa plusieurs ouvrages dont l'*Histoire sacrée de l'Ancien et du Nouveau Testament*, le *Manuel d'une mère chrétienne*, et le huitième et dernier volume de l'ouvrage de Bassinet, *Histoire sacrée de l'Ancien et du Nouveau Testament*.

Pressenti, en 1808, pour devenir membre du Conseil de l'Université, et soutenu par la reine Julie, l'abbé L'Écuy ne fut cependant pas admis à siéger dans cet organisme chargé de réorganiser la Sorbonne. Napoléon, secondé par Fontanes, préféra aux candidats catholiques d'anciens prêtres mariés et des hommes à l'esprit voltairien. Seule exception, la nomination de Monsieur Émery, supérieur général de la Compagnie de Saint-Sulpice. Une nouvelle tentative de la part de ses amis en 1811, à la mort de Monsieur Émery, n'aboutit pas davantage.

L'Écuy eut plus de chance avec le cardinal Maury, prélat monarchiste controversé à cause de sa volte-face au profit de l'empire. Maury l'appela à faire partie, en 1811, du conseil archiépiscopal de Paris, et lui confia par deux fois la prédication du panégyrique pour la fête de l'empereur. À la signature du concordat de 1817, le siège de Paris fut donné au cardinal de Talleyrand-Périgord qui en prit possession seulement en 1819. De ce vieil émigré, L'Écuy n'avait pas grand-chose à attendre, mais, par contre, il allait trouver dans le coadjuteur, Hyacinthe-Louis de Quelen un protecteur. Quelen succéda au cardinal de Talleyrand-Périgord en 1821 et se préoccupa immédiatement de la situation de son clergé. Mettant à profit la culture de l'ancien abbé de Prémontré, Quelen commença par lui confier la censure des livres soumis à l'approbation ecclésiastique. Le 15 mai 1824, l'archevêque le nomma chanoine titulaire de Notre-Dame de Paris avec le titre de vicaire général, et L'Écuy fut installé au sein du chapitre métropolitain, le 22 mai suivant.

À Paris, l'abbé L'Écuy aimait à retrouver les lieux où il avait vécu avant la Révolution, notamment l'ancien collège de la rue Hautefeuille, transformé en dépôt de l'éditeur Panckoucke. Il aimait surtout rencontrer ses anciens confrères qu'il réunissait chaque année le 11 juillet ou un jour proche de cette date où les prémontrés célébraient alors leur fondateur. C'est à ses anciens confrères qu'il offrit une pièce de soixante-huit vers latins, imprimée en 1820, sous le titre *Planctus Norbertinus*, et dans laquelle il exhalait sa douleur au souvenir du Prémontré de sa jeunesse :

> « Ô Val, qui me fut si cher, quel sort maintenant est le tien [...] Consacré à la religion, la Religion de nos pères est détruite, le clergé spolié. Mes frères condamnés à la pauvreté. Certains sont morts à l'hôpital, pis encore, d'autres ont souffert la déportation, tandis que le temple où ils se consacraient à la *laus perennis* est devenu une vulgaire usine [...] Dans ce val, plus aucune hymne, plus aucune louange ne s'élève vers Dieu ».

En 1824, il offrit aux religieux son portrait gravé à l'occasion de sa quatre-vingt-troisième année.

C'est la nostalgie qui, de toute évidence, marque douloureusement les dernières années de l'ancien abbé de Prémontré. Témoin cette lettre adressée, le 29 juin 1831, à François Colinet, ancien religieux de Prémontré en résidence à Saint-Martin de Laon depuis 1787 :

> « C'est toujours avec plaisir que je reçois de vos nouvelles. Vous êtes à peu près la seule personne que j'aie dans un pays que j'ai habité si longtemps, et M. Minel et vous les seuls représentants que nous avons de tant de maisons, que nous avions dans les environs et de confrères qui y demeuraient. Tout cela a disparu et ce qui y reste encore d'ailleurs disparaîtra bientôt. Il faut avoir au moins soixante ans pour savoir ce qu'était Saint-Martin de Laon et surtout cette belle et célèbre abbaye de Prémontré chef d'Ordre [...] Vous savez que je réunis chaque année ce que je puis rassembler de confrères à un petit repas fraternel, le 11 juillet, et M. Minel et vous avez une fois fait partie de cette réunion. Je compte le faire encore cette année, vraisemblablement pour la dernière fois. Nous nous y souviendrons des absents... » [58].

Douloureusement résigné à voir son ordre disparaître complètement de France, Jean-Baptiste L'Écuy confia à Mgr de Quelen un certain nombre d'objets ayant appartenu à des Prémontrés, afin que soient conservés en lieu sûr les derniers témoins de ce grand ordre bientôt éteint. Il lui offrit notamment un exemplaire du bréviaire. Les troubles des années 1830 le firent hésiter sur le choix de l'archevêché comme lieu de conservation de ses précieux documents prémontrés, et c'est ainsi qu'un bon nombre de pièces fut déposé à la bibliothèque de Laon dont la gestion était confiée à deux anciens Bénédictins.

Le 6 avril 1828, l'abbé L'Écuy tomba dans la sacristie de Notre-Dame et resta impotent pour le reste de ses jours. Désormais, il consacra tout son temps à la prière et à l'écriture, notamment à son *Essai sur la vie*

---

[58] *La Cour d'Honneur de Marie*, 1884, p. 274.

de Gerson, publié en 1832, dont le tome II se conclut par ces mots :
« Achevé à l'âge de quatre-vingt-onze ans accomplis, le dimanche 3 juillet
1831 ».

Au mois de février 1832, L'Écuy écrivait à l'abbé de Strahov pour lui
exprimer son désir

> « qu'une partie au moins de mes cendres ne fût pas privée de sépulture
> ecclésiastique. Si j'avais eu à ma portée une maison de mon Ordre, j'aurais
> pris des mesures pour y être inhumé et je m'étais flatté d'y réussir avant le
> système d'indemnité qui a réuni en Allemagne les établissements religieux.
> Ce moyen me manquant, j'ai jeté les yeux sur mes confrères de Prague, les
> plus près aujourd'hui à qui je puisse m'adresser [...] Si j'ai été forcément
> obligé de renoncer aux obligations auxquelles je m'étais engagé par des voeux
> solennels, je veux du moins mourir dans l'état que j'avais embrassé. Il n'y a
> donc point de deuil à porter après moi, et, s'il y a des invitations à faire à mes
> funérailles, elles doivent être faites au nom de mes confrères qui sont
> devenus ma véritable famille, et qui, malgré notre dispersion, m'ont conservé
> beaucoup d'attachement et sont pour moi l'objet d'une tendre affection » [59].

L'Écuy fut beaucoup aimé de ses confrères, et lui-même leur
prodigua une affection paternelle exemplaire, comme en témoignent ces
lignes adressées au Père François Colinet, le 29 juin 1831 :

> « Nous sommes sur le point de perdre M. Berthérand, que vous n'avez sans
> doute pas oublié, il a été administré il y a plusieurs jours et il y a peu d'espoir
> de le conserver. C'est mon compagnon de noviciat, il y a soixante et onze ans
> que nous nous connaissons et que nous nous aimons. Ces séparations ne se
> font pas sans déchirement [...] Vous voulez, mon cher, savoir de mes
> nouvelles de ma santé ; c'est celle d'un vieillard de quatre-vingt-onze ans, et
> cet âge ne vient pas sans souffrance et sans infirmités cruelles ; aussi en ai-je
> de plus d'une sorte. Retenu dans ma chambre depuis trois ans, je puis à
> peine faire quelques pas et jamais sans douleur ».

Et le 29 décembre 1833, il écrivait au même religieux :

> « Arrivé maintenant à un âge aussi avancé que je le suis il ne peut plus me
> rester l'espoir d'une longue vie ; mais tant que je respirerai, la tendre affec-
> tion que j'ai pour mes confrères et particulièrement pour vous ne diminuera
> point » [60].

L'Ami de la Religion annonçait ainsi la mort du dernier abbé
résidant de Prémontré :

> « C'est le mardi 22 [avril 1834], à deux heures du matin, que M. l'Abbé
> L'Écuy, dernier Abbé de Prémontré, a rendu le dernier soupir. Depuis
> longtemps, ses amis le voyaient décliner de plus en plus. Cependant il se
> levait encore chaque jour, disait son bréviaire et conservait ses facultés
> morales. Des signes non équivoques annonçant une fin prochaine, il fit

---

[59] Dr MARTIN, *Notice sur la vie et les ouvrages de M. l'Abbé L'Écuy, docteur de
Sorbonne, 57ᵉ et dernier Abbé de Prémontré*, Paris, 1835, p. 13.

[60] *Ibid.*, p. 10-11.

appeler non son confesseur ordinaire, qui se trouvait éloigné, mais un autre ecclésiastique. Il fut administré le lundi, ayant conservé sa connaissance. C'est peu après qu'il s'est éteint sans souffrances » [61].

Selon ses dernières volontés, le Dr Martin procéda à l'ablation du coeur et embauma le défunt.

Les obsèques de l'abbé L'Écuy eurent lieu à Notre-Dame, le 24 avril à dix heures, ainsi que le rapporte le procès-verbal du chapitre :

> « Après Tierce, le Chapitre a été processionnellement à la principale porte de la cathédrale pour faire la levée de corps du défunt qui y avait été déposé et le conduire ensuite dans le choeur. M. Baudot, archidiacre de Sainte-Geneviève, officiait ; MM. les vicaires de choeur faisaient Diacre et Sous-Diacre, M. le Régulateur faisait Prêtre assistant et deux autres étaient choristes. Les quatre coins du poêle ont été portés par MM. Godinot, Lucotte, Frère et Bodé, tous quatre chanoines titulaires, Mgr l'Archevêque qui assistait à l'office a décidé que non seulement on mettrait avec l'étole les insignes de Chanoine, mais aussi ceux d'Abbé parce qu'il avait été béni : en conséquence, on a placé sur le cercueil une mitre blanche ; n'ayant pas de crosse, on n'a pu la mettre. Après la messe, Mgr l'Archevêque a fait lui-même l'absoute. Un chanoine titulaire, accompagné de M. le Régulateur du Choeur avec les deux grands enfants de choeur, ont conduit le corps au lieu de la sépulture » [62].

L'abbé Badiche a ainsi rapporté l'événement :

> « Le chapitre de Paris ne paraissait pas remarquer qu'il perdait un membre comme son corps illustre n'en avait jamais eu et n'en devait plus avoir, le général d'un Ordre tel que Prémontré ! Mes sympathies et mon estime pour l'Abbé et le religieux (qu'on excuse ces détails) me firent procurer à l'ornement de son cercueil, pendant la cérémonie du convoi, une partie des insignes de la dignité abbatiale et peut-être, pour le genre de lecteurs que ceci intéresse, ne serait-il pas superflu d'ajouter une sorte de coïncidence due au hasard : j'ai mis sur le catafalque du dernier Abbé de Prémontré la mitre du dernier Abbé de Pontigny » [63].

Selon ses dispositions, tous les confrères de France et de l'étranger, notamment ceux de Belgique, à peine réinstallés dans leur abbayes, reçurent l'annonce de la mort de leur abbé général. Sa bibliothèque, fort riche, fut hélas mise en vente et dispersée, le 8 décembre 1834 et les jours suivants, par le libraire Leblanc, au n° 6 de la rue des Beaux-Arts.

Le coeur de l'abbé L'Écuy repose, selon son désir, auprès de la châsse de saint Norbert dans l'église abbatiale de Strahov à Prague, et son corps, enseveli en 1834 au cimetière Montparnasse, fut transféré, en 1951, dans l'église abbatiale de l'abbaye de Mondaye en Normandie. Le Père François

---

[61] *L'Ami de la Religion*, cité dans « Vie de M. Colinet », *La Cour d'Honneur de Marie*, 1883, p. 274.

[62] B. RAVARY, *Prémontré dans la tourmente...*, p. 274.

[63] Dr MARTIN, *Notice sur la vie et les ouvrages de M. l'Abbé L'Écuy...*, p. 8.

Petit fit son éloge et en traça un éloquent portrait moral, intellectuel et religieux :

« Placé à la charnière de deux mondes, il put bénéficier d'un double humanisme. Il avait fait des études classiques remarquables à Ivois-Carignan sa ville natale, et au collège des Jésuites de Charleville et il s'acquit une réputation de latiniste. Jusqu'à sa mort il écrivit le latin en prose et en vers, avec une grande pureté. Mais il s'appliqua aussi à ce qui constitue les humanités modernes, les langues étrangères : l'italien et l'anglais, les sciences surtout et non pas par la lecture d'ouvrages de vulgarisation mais en suivant le cours d'anatomie du Dr Portal, les cours de chimie de Sage. Il fut initié à la botanique par un naturaliste laonnois, Le Marquant de Cambronne, avec lequel il commença la *Flore de Prémontré*. Le tout fut couronné par la théologie qu'il fit en Sorbonne et dans laquelle il voyait la science-reine parce qu'elle dépasse les autres en certitude, qu'elle utilise leurs différentes méthodes, et surtout parce qu'elle atteint l'auteur même de réalités qu'elles étudient [...] L'Ordre possédait encore en France plus de six cents cures incorporées. Il fallait leur préparer des pasteurs instruits, zélés, dévoués et pour cela renforcer les études littéraires et proprement ecclésiastiques. Lécuy procura à son abbaye de professeurs compétents, une bibliothèque à jour, un cabinet de physique. Le service rendu à l'État ne pouvait plus être comme au XIIe siècle le défrichement de terres incultes. Ce serait l'éducation de la jeunesse par l'établissement de collèges sérieux et bien tenus [...]

Un autre problème était urgent : c'était celui de l'unité de l'Ordre car les nationalités en cette fin du XVIIIe siècle s'exacerbaient. L'Empereur d'Allemagne Joseph II interdisait aux abbayes des provinces autrichiennes de reconnaître un supérieur étranger. Des congrégations nationales s'organisaient. Il fallait donc maintenir l'unité non par des mesures d'administration, mais à force de charité fraternelle, de mutuelle compréhension. Et on y arriva, le prélat de Strahov traduisit en latin les discours de Lécuy au chapitre national de France, le prélat de Floreffe calqua les statuts de la congrégation belge sur ceux de Manoury. Mais la révolution arriva trop tôt pour qu'ils fussent promulgués [...] Afin d'être incorporé à une église, puisque la sienne avait disparue, Lécuy demanda au cardinal du Belloy, archevêque de Paris, une stalle de chanoine honoraire à Notre-Dame afin de pouvoir participer au chant quotidien de la louange divine [...]

"Solitaire, dépouillé des insignes de ma dignité et surtout de l'habit de ma profession," avait dit Lécuy au pape Pie VII, je veux toujours en garder l'esprit." [...] Quelle joie ce fut pour lui en 1830 d'apprendre que les Prémontrés du Brabant, ayant recouvré la liberté, venaient de reprendre après quarante ans de séparation – fait unique dans l'histoire monastique – la vie de communauté. On lui demanda des pouvoirs pour les vêtures et les professions. Il ne savait plus exactement ce qui lui restait de pouvoirs. Du moins les assura-t-il que s'il avait pu quitter sa chambre de malade, il serait volontiers allé les rejoindre. Dans son testament, il prescrivit que l'invitation à ses funérailles fût faite non pas au nom de ses confrères de Notre-Dame, bien moins encore au nom de sa famille, mais au nom de ses frères Prémontrés. "Je suis obligé de le rappeler, écrivait-il, car aujourd'hui on ne sait plus ce que sont les voeux solennels."

Enfin, Lécuy fut un coeur extrêmement fidèle. Il aurait pu être aigri, découragé. Il resta bienveillant et reconnaissant. Il cite tous ceux qui lui ont fait du bien. Il a oublié les noms de ceux dont il eut à souffrir. Quelle affection il garda pour ses abbés, de Vinay, et surtout Manoury ! Il rappelle dans un *Planctus Norbertinus* le temps où avec ce dernier il parcourait le vallon de Prémontré, Virgile ou un livre des Pères à la main, écoutant les commentaires de son maître vénéré.

> "Adieu, bosquets touffus [...]
> Adieu ruisseau tranquille à l'onde douce et pure
> Je ne parcourrai plus tes rives de verdure."

Comme il souffrait en voyant Prémontré transformé en usine :

> "Prémontré, saint désert,
> Lorsque Barthélemy te donnait à Norbert
> [...] Eût-il cru que le temple où l'on venait prier
> Ne serait plus un jour qu'un profane atelier ? ..."

Enfin, il demanda que son coeur après sa mort fût porté à l'abbaye de Strahov pour être déposé auprès des reliques de saint Norbert. Il s'écriait à cette pensée :

> "Ah ! semper maneat, maneat Strahovia semper !
> Que Strahov, au moins, subsiste pour toujours ! " » [64].

Prison, déportation, mort violente

Les Prémontrés victimes de la Révolution furent nombreux. Les 1.200 religieux contraints de quitter leurs abbayes furent, à l'évidence, des victimes de la Révolution, mais d'autres eurent à souffrir dans leur chair des lois contre la Religion. Six moururent de mort violente, un nombre impressionnant dut se résoudre à l'exil, d'autres, assermentés ou non, connurent les rigueurs de la prison, d'autres furent déportés sur des bateaux au large des côtes de France, d'autres enfin furent parqués en Guyane où huit moururent [65].

Nombre de prieurs-curés, y compris ceux qui avaient accepté de remplir des fonctions civiles, comme Hervé-Julien Le Sage élu maire de sa paroisse de Boqueho, refusèrent de prêter le serment. Les insermentés, comme ceux qui avaient émis un serment sous condition, ou s'étaient rétractés après la condamnation de la Constitution par Pie VI, furent destitués de leur charge pastorale. Certains émigrèrent sur-le-champ, mais le plus grand nombre resta dans les presbytères aussi longtemps que possible. Durant un certain temps, les prêtres insermentés vécurent en bonne intelligence avec le clergé constitutionnel. Ils avaient la faculté de célébrer dans l'église paroissiale en-dehors des fonctions liturgiques paroissiales.

---

[64] F. PETIT, *Éloge funèbre de l'Abbé Jean-Baptiste L'Écuy*, Mondaye, 1951.

[65] X. LAVAGNE D'ORTIGUE, « Mort violente, exil, déportation, ou : prémontrés français victimes de la Révolution (1791-1799) », *Analecta Praemonstratensia*, t. LXVIII (1992), p. 264-301.

Cependant une telle situation devait souvent dégénérer, comme en témoigne cette plainte du curé constitutionnel de Saulzet-le-Froid dans le Puy-de-Dôme, au sujet de son prédécesseur, le prieur-curé prémontré Léonor Duvergier :

> « Je suis ici depuis le 11 juin dernier, pour mon malheur. Je dis pour mon malheur, car, depuis cette époque, chaque heure, chaque jour, chaque minute, ont été marqués par de nouvelles disgrâces. Un prêtre, un homme de paix, le ci-devant curé, est devenu l'ennemi de mon repos, d'autant plus redoutable que les traits qu'il me lance, sont forgés dans l'ombre des conciliabules. Le dirai-je, le tribunal de la confession, la table sacrée, l'auditoire de la chaire sont aujourd'hui déserts. Je n'ai le plus souvent que le clerc qui me sert ma messe, je ne peux même célébrer le saint sacrifice, faute de clerc » [66].

Lorsque le 26 août 1792, la loi sur la déportation est mise en oeuvre, une foule de prêtres affluent aux frontières. La plupart se dirigent vers l'Angleterre, les Pays-Bas autrichiens, et le Saint-Empire, quelques uns se réfugient en Espagne depuis la Gascogne. Xavier Lavagne d'Ortigue a recensé pour les Prémontrés 86 anciens prieurs-curés et 100 anciens conventuels, soit un Prémontré français sur six, qui aient choisi l'exil volontaire.

Le premier à payer de sa vie sa fidélité à Rome est le Père Jean-Baptiste Guidel. Après avoir quitté la maison de réunion de Pont-à-Mousson, il se retire à Liège sans s'être muni de passeport. Sommé de prêter serment, il s'y refuse et se fait massacrer.

Au cours de 1794, huit Prémontrés français sont exécutés. Le Père Philbert Duval, ancien curé constitutionnel d'Amplepuis dans le nouveau département de Rhône-et-Loire, est mis à mort à Lyon, le 28 janvier. Le même sort attend Pierre François Ploccon, ancien prieur-curé de Remaucourt, à Saint-Mihiel le 11 juillet. Le 19 octobre, le prieur-curé de Curgies, profès de Vicogne, Charles Ochin est guillotiné à Valenciennes. Les Pères Dupré, Davillé, Lefort, Mercier et Périnet, anciens prieurs-curés meurent sur les pontons de l'Atlantique.

Après cette première vague de violence et jusqu'au printemps 1798, aucun Prémontré ne mourut de mort violente, mais 91 d'entre eux connurent la prison dans d'anciens couvents devenus propriété d'État. Bientôt, le fait d'avoir prêté le serment de Liberté-Égalité ne fut même plus une assurance contre les arrestations et les condamnations. Le Père Gabriel Jacquot, ancien prieur-curé insermenté de Dieüe et le Père Pierre Robert, lui aussi insermenté, ancien prieur-recteur d'Étables, moururent durant leur internement.

---

[66] *Ibid.*, p. 266.

L'évolution vers plus de liberté, avec des variantes suivant les temps et les lieux, se fait jour, pour aboutir au décret du 7 fructidor an V (27 août 1797), qui abroge la législation discriminatoire et persécutrice mise en place depuis 1790. Répit de peu de durée : le coup d'État de fructidor, treize jours plus tard, commence une purge des assemblées parlementaires et vise tous les suspects de royalisme. La loi exige l'exil de tous les émigrés rentrés dans le pays, et la déportation des prêtres qui troubleraient l'ordre public.

Certains Prémontrés sont à nouveau internés, comme le Père Robert Chémery, profès de Saint-Paul de Verdun, interné à Chaumont en 1792 pour avoir émis un serment restrictif, ou le Père Nicolas Le Bonnetier, profès de la même abbaye, déjà incarcéré en 1793. D'autres connaissent la prison pour la première fois. Le Père Laruelle est envoyé à la prison de Nancy puis à l'hospice Saint-Charles, en tant que « sexagénaire, infirme et caduc ». Au total, ce sont au moins 27 Prémontrés français qui allèrent ou retournèrent en prison en 1797-1798. Un seul d'entre eux périt de mort violente, le Père Sigisbert Thouvenin, ancien conventuel d'Étival, fusillé à Nancy le 22 germinal an VI (11 avril 1798), pour s'être rendu clandestinement à Fribourg et avoir exercé clandestinement le culte.

Vingt Prémontrés français furent envoyés sur les pontons de l'Atlantique ou déportés en Guyane. Le Père François Colinet parvint à l'île de Ré avec ses compagnons d'infortune, en un mois de marche forcée et en vingt-deux étapes. Le Père Jean Venaty mourut à Konanama, le Père Mansuy L'Apôtre s'éteignit à Sinnamary, en Guyane, et le Père Nicolas Jouette à l'hôpital de l'île de Ré. Les Pères François Colinet, Jean-François Bourgeois et Adrien Saint-Yves furent libérés. D'autres Prémontrés, notamment belges, connurent le sort peu enviable des pontons. Les rescapés durent leur libération au changement de régime survenu en 1800, lorsque le Consulat succéda au Directoire. Bonaparte, comprenant tout l'intérêt d'une paix durable avec l'Église, entreprit une nouvelle politique qui devait aboutir au Concordat avec Pie VII.

Les prêtres doivent prêter un simple serment de fidélité à la nouvelle Constitution du 7 nivôse an VIII (28 décembre 1799). Les Prémontrés exilés reviennent en France. Il ne saurait être question de leur permettre une restauration de la vie conventuelle. Du moins, peuvent-ils retrouver leur pays et y vivre en paix. Xavier Lavagne d'Ortigue résume ainsi la situation :

« 6   Prémontrés français morts de mort violente ;

118   emprisonnés, certains à deux reprises, et quelques uns trois fois. Parmi eux, 20 furent condamnés à la déportation sur les pontons au large des côtes de France ou en Guyane, et 8 y moururent ;

186   exilés ou déportés hors de France, quelques uns à deux reprises ;

soit :

310   Prémontrés français, à tout le moins, sur les 1200 ou presque, en vie au début de la Révolution. Soit le quart. Il serait important de comparer avec les données numériques des autres ordres religieux » [67].

Parmi les Prémontrés français victimes de la Révolution, deux religieux, extrêmement différents l'un de l'autre par leur personnalité et leur caractère, les événements qui marquèrent leur existence et le témoignage qu'ils ont laissé à la postérité, méritent une mention spéciale. Hervé-Julien Le Sage et Pierre-Adrien Toulorge sont sans conteste deux héros prémontrés du XVIIIᵉ siècle français.

De la Bretagne à la Silésie : Hervé-Julien Le Sage

Hervé-Julien Le Sage [68] est originaire d'Uzel, petit bourg proche de Saint-Brieuc en Bretagne. Né le 27 avril 1757, il entra chez les Prémontrés de Beauport, à la surprise de ses parents et amis. Ordonné prêtre en 1781, il fut nommé maître des novices. Au témoignage de Le Sage, les religieux de l'abbaye ne se distinguaient pas par leur observance religieuse qui « n'étoit plus qu'une méchanique menaçant ruine » [69].

À la mort du Père François Corbel, prieur-recteur de Boqueho, au diocèse de Tréguier, Le Sage fut invité à prendre en charge cette paroisse de 1.500 âmes. Il bénéficiait de l'aide d'un vicaire. L'avant-dernier titulaire de ce poste, Pierre Hervé, lui occasionna certains déboires dont le plus cruel fut de le voir devenir son successeur constitutionnel en mai 1791.

Homme de devoir, Le Sage remplit les devoirs de sa charge avec zèle et dévouement. Doté d'un caractère assez personnel, il devait sans doute avoir quelque difficulté à s'entendre avec ses vicaires : entre 1783 et 1791 il en eut six. Il partageait son temps

« faisant des prônes à des paysans, des catéchismes aux pâtres et aux bergers, et [...] le soir, pour se délasser, on faisoit de l'esprit avec son jardinier, ou avec le sonneur de cloches de la paroisse, le plus habile homme du lieu, après toutefois M. le prieur... » [70].

Le Sage prêchait aussi en-dehors de sa paroisse, et s'accordait quelque voyage.

Lorsque les États généraux furent convoqués par Louis XVI, Le Sage les accueillit avec satisfaction, car il était sensible aux maux de la

---

[67] *Ibid.*, p. 275.

[68] X. LAVAGNE D'ORTIGUE, *De la Bretagne à la Silésie. Mémoires d'exil de Hervé-Julien Le Sage (1791 à 1800)*, Paris, 1983.

[69] *Ibid.*, p. 20.

[70] *Ibid.*, p. 22.

société de son temps. Lorsque survint la Révolution, il devint, sans grand enthousiasme, maire de sa commune de Boqueho et électeur aux assemblées du district.

« Comme tous les coeurs droits et amis du bien, je fis des voeux pour la prospérité de ma patrie, et pour une assemblée qui promettoit de l'opérer. Je l'attendis même encore lorsqu'il étoit déjà assez visible qu'elle en seroit le malheur et le fléau ; et j'espérai contre toute espérance [...] J'avois pourtant poussé la complaisance ou le civisme jusqu'à accepter une place municipale et les fonctions d'électeur dont je m'acquittai consciencieusement, mais sans beaucoup d'ardeur patriotique. Si j'y en avois porté, cette assemblée l'eût éteint sans retour » [71].

La situation de Le Sage se modifia profondément après le vote de la Constitution civile du clergé et l'obligation pour tous les prêtres exerçant une charge officielle de prêter le serment. Le 27 janvier 1791, le recteur-curé-maire de Boqueho tint ce discours au conseil général de la commune :

« Citoyen, enfant de l'état par ma naissance, ses intérêts seront toujours les miens, ses maux ou sa prospérité ne me trouveront jamais distrait ou insensible et je ne professerai jusqu'à mon dernier soupir l'obéïssance la plus étendue aux lois émanées de la puissance publique dans l'ordre de la société civile [...] Je ne peux jurer une constitution qui me semble franchir ces bornes posées par Dieu même et confondre ce qu'il a séparé. La constitution donnée au clergé me paroît attenter aux droits essentiels de la juridiction spirituelle de l'Église, en détruire la hiérarchie et tendre visiblement au schisme [...] Je déclare donc refuser le serment pur et simple de maintenir la constitution [...] Je déclare que je suis prêt à abandonner tout le temporel de ma place et faire tous les sacrifices que me permettra ma conscience pour le bien de la paix à laquelle je vous exhorte avec toute l'insistance possible. Mais je déclare que tenant ma mission et mon institution canonique de l'Église seule, [...] je ne cesse point d'être votre vrai pasteur, que j'ai seul le droit de vous administrer les sacrements, de vous annoncer la parole de Dieu, en un mot que je ne perds rien de ce que je tiens de l'Église seule et qu'en vous attachant à tout autre vous vous jetteriez hors la voie du salut » [72].

On ne saurait être plus clair. Le Sage donna sa démission de maire de Boqueho et n'en continua pas moins à administrer sa paroisse, ne se privant pas de faire passer dans ses sermons aux fidèles les idées exposées dans son discours à la commune.

Pressentant qu'il ne pourrait demeurer indéfiniment sur place, d'autant que certains de ses sermons était taxés de « sermons fanatiques », il s'adressa à l'abbé général pour s'enquérir d'éventuelles abbayes étrangères susceptibles de l'accueillir en cas d'exil forcé. Remplacé par un curé constitutionnel à la Pentecôte 1791, Le Sage jugea préférable de quitter

---

[71] *Ibid.*, p. 72.
[72] *Ibid.*, p. 423-424.

Boqueho, d'autant que sa tête avait été mise à prix à Châtelaudren. Il finit par s'embarquer, comme beaucoup de prêtres de Bretagne et de Normandie, pour l'île anglaise de Jersey où il aborda le 18 juillet 1791, avant de passer en Angleterre. Il entreprenait sans le savoir un exil qui durerait onze longues années.

Désireux de fréquenter des abbayes de son ordre, Le Sage passa en Belgique et, durant trois ans, voyagea passablement à l'intérieur des Pays-Bas autrichiens, fréquentant surtout les abbayes belges de Grimbergen et Averbode.

À proximité de la frontière française, Le Sage ressentait moins les rigueurs de l'exil et appréciait l'hospitalité de ses confrères. De l'abbaye d'Averbode il écrivait :

> « Si les dehors de ce monastère sont riants et agréables, l'intérieur ne l'est pas moins. Les édifices sont rebâtis depuis un siècle ; et sans avoir rien de fastueux, ils sont élégans et commodes. Il y régnoit partout une propreté qu'avant et depuis je n'ai vue nulle part. L'église ne le cédoit en richesse, en élégance, en beauté à aucune autre de la Belgique. Toutes les décorations sont en stuc, les autels, les colonnes et le pavé en marbre. Le maître-autel étoit une Assomption exécutée en albâtre. La boiserie du choeur, celle de la sacristie et de la bibliothèque étoient justement admirées, ainsi que l'escalier par où les religieux descendoient à l'église. Leurs cellules au levant étoient riantes et commodes [...] Je désirai d'être logé tout proche de la bibliothèque, dans laquelle je passai tout le temps que je ne donnois pas à des promenades solitaires. Car hors l'abbé et ses officiers, je voyois assez peu les autres, presque tous jeunes gens au nombre de 40 ou 50. La bibliothèque éclairée de belles grandes fenêtres au nord et au midi, et parfaitement assortie pour mon goût, étoit le lieu où j'écrivois ou lisois tout le jour [...] Je compte les deux ans et demi passés de la sorte pour le temps le mieux employé de ma vie et celui où j'étois le plus content » [73].

Hélas, cet exil doré ne devait pas durer ! Au mois de juillet 1794, les troupes révolutionnaires françaises entraient pour la seconde fois en Belgique et contraignaient Le Sage à fuir leur avancée. Il fallut reprendre la route de l'exil un moment oubliée dans la douceur d'Averbode. Le Sage se dirigea vers la Souabe à travers la Rhénanie, et atteignit l'abbaye de Rot où il demeura d'août 1794 à septembre 1795. L'accueil de Rot déçut notre prémontré français habitué à l'exquise hospitalité d'Averbode. Ici, pas question d'offrir aux hôtes une place de choix dans les appartements de la prélature. Le Sage passa deux semaines dans le quartier des hôtes, tout en suivant les offices de la communauté. Après son admission à l'intérieur des lieux réguliers, il dut encore attendre pour recevoir un habit

> « qu'on nous fit faire de l'étoffe des novices, le seul qu'on nous ait donné pendant 13 mois de séjour. Jugez, Madame, de quelle couleur il étoit quand nous le déposâmes. À cela seul nous étions bien reconnaissables au milieu de

---

[73] *Ibid.*, p. 139-140.

religieux toujours très propres, pour des gens qui étoient là pour l'amour de Dieu. Mais ce n'étoit pas là la seule enseigne » [74].

En effet, Le Sage et son compagnon prémontré, le Père Richard, qui était son ancien novice, hôtes de Rot pendant une longue période, devaient connaître une humiliation qu'ils prirent aussitôt comme une offense. Selon une tradition fort ancienne, dans toutes les abbayes tant bénédictines que cisterciennes ou prémontrées, les religieux sont disposés au choeur, au chapitre et au réfectoire, selon la date de leur vêture. Les religieux, hôtes de passage, sont généralement placés après le prieur durant un bref séjour. Lorsqu'ils doivent effectuer un séjour long, ils sont habituellement insérés parmi les membres de la communauté, selon l'ordre de préséance établi d'après la date de leur vêture. Or, la communauté de Rot « commit l'infamie » d'en décider autrement :

« Sitôt que notre séjour y fut décidé, le R.P. préfet de la cuisine nous déclara un moment avant la table et dans le réfectoire-même que nous serions les avant-derniers partout ; et qu'ainsi les pères l'avoient voulu dans le chapitre » [75].

Pour un homme du caractère de Le Sage, c'en était trop ! Sa réaction ne se fit pas attendre :

« Ce message me parut étrange et si l'obligeant interprète des pères de son chapitre avoit en ce moment observé mon visage, il se seroit facilement apperçu que je ne m'attendois pas à son compliment. Je me tus pourtant ; mais comme les pères avoient fait leurs arrangemens à leur façon sans s'inquiéter s'ils pouvoient me convenir, je fis aussi à part moi, les miens à ma manière. Jusqu'à ce moment, j'avois taché de me montrer reconnoissant par un air ouvert, cordial, honnête, caressant même envers tous les confrères. Je prenois part à leur récréation, je causois avec tous et de la meilleure amitié ; mais la notification officielle de leur arrêté capitulaire en changeant mes sentimens, changea aussi ma conduite. Je cessai de les fréquenter ; l'on ne me vit plus qu'à l'église et au réfectoire. Je passois tout le reste du tems enfermé, lisant ou écrivant dans ma cellule. Je ne fuyois la rencontre de personne ; mais je la recherchois aussi peu et l'on voyoit bien que j'étois un homme qui vouloit vivre à part quel que fut le principe de ses goûts misanthropes. Je causois pourtant et sans aucune contrainte avec ceux qui me parloient [...] D'abord l'abbé est incontestablement un très excellent homme : humain, compatissant, généreux et capable de procédés honnêtes de tous les gens de son métier que j'ai connus en Allemagne ; il n'est point instruit sans pourtant être un âne : il a même assez d'esprit pour un moine et surtout pour un Suabe. Trois ou quatre de ses confrères étoient des religieux vraiment estimables. Le surplus, de bonnes gens de choeur et de réfectoire, mangeants, chantants, buvants et dormants bien ; enfin quatre ou cinq mauvoises cervelles, des murmurateurs de couvens ; et j'ai toujours été

---

[74] *Ibid.*, p. 246-247.
[75] *Ibid.*, p. 247.

convaincu que c'étoit à deux ou trois de ceux-ci que nous étions redevables de la politesse » [76].

De Rot, Le Sage passa avec son compagnon à l'abbaye de Schussenried où ils séjournèrent de septembre 1795 à avril 1796. Sur la route de Constance, ils s'arrêtèrent en effet dans cette abbaye pour passer la nuit. On les garda une semaine. Ils demandèrent à y passer l'hiver, on les accepta généreusement.

Au témoignage de Le Sage, l'abbaye de Schussenried est belle et bien tenue, la clôture est mal gardée et l'office vite expédié et peu suivi par les religieux. Belle bibliothèque, mais seulement pour les yeux, car les religieux ne l'utilisent guère. La verve de Le Sage ne pouvait manquer de se donner libre cours. Le prieur en fit les frais. Le Sage le suspectait d'être l'auteur d'une mesure qui avait relégué Le Sage et les autres hôtes à une table spéciale dans le réfectoire, où il ne recevaient les plats qu'après « que les pères n'en vouloient plus ».

> « Au reste je n'ai jamais eu à me plaindre personnellement que du prieur en deux ou trois rencontres, et presque toujours après le dîner d'un jour où la pitance avoit été doublée. C'étoit un jeune écervelé qui avoit, je crois, moins de méchanceté que d'étourderie. De mon côté je témoignois de mon mieux à tous dans l'occasion que j'étois satisfait d'eux. Mais depuis l'érection de la table françoise, je vécus comme à Roth dans une retraite absolue en attendant qu'on me notifiât de partir » [77],

ce qui se produisit le 6 avril 1796.

À nouveau sur les routes, Le Sage se rendit à Constance en Suisse. Il y rencontra les deux frères Cortois, évêques de Saint-Malo et de Nîmes. Le premier lui offrit de demeurer à Constance et de bénéficier des secours réservés aux deux cents prêtres français réfugiés dans cette ville. Là, il apprit que des prêtres français réfugiés dans la République de Venise invitaient leurs confrères d'infortune à les rejoindre : « J'étois strictement sur la rue, et je me décide sans balancer à ce long voyage. Je voulus pourtant faire auparavant un tour en Suisse » [78]. En fait, il resta deux mois à Constance et visita un certain nombre d'établissements religieux, dont la fameuse abbaye de Saint-Gall. Les succès militaires de Bonaparte lui fermèrent l'accès à Venise, tandis que le sac de la Souabe par les armées de Moreau parvenu aux portes de la Suisse le contraignirent à quitter son refuge de Constance.

En un mois de demi, Le Sage parcourut, le plus souvent à pied, les quelque neuf cents kilomètres qui devaient le conduire de Constance à Breslau. L'avancée des Français n'arrangeait guère le fugitif. Partout on

---

[76] *Ibid.*, p. 247-248.
[77] *Ibid.*, p. 274.
[78] *Ibid.*, p. 307.

lui refusa l'hospitalité. Après avoir essuyé un premier refus de l'abbaye de Weissenau, il s'approche de Ravensbourg :

> « J'avois fait sept fortes lieues sous la chaleur et le poids de mon sac et martyrisé par une chaussure neuve et mal faite. J'avois les pieds blessés et la langue sèche de soif. Heureusement je n'étois qu'à une petite demie lieue de la ville impériale de Ravensbourg, où j'espérois bien trouver un gîte. Tout y étoit en tumulte. Toutes les portes étoient fermées, excepté une seule et c'étoit celle opposée au côté d'où je venois. Un tiers des habitans fourmilloit dehors, le reste la gardoit en armes. Un de ces héros, yvre de bierre et de peur vient à ma rencontre et me demande ce que je veux. – Loger en ville, répondis-je. – Êtes-vous françois ? – Oui. – Vous n'entrerez pas. Passez votre chemin et au plus vite. – Oui, oui, vite, crièrent quelques centaines de bourgeois yvres qui s'étoient groupés autour de moi. Je voulus raisonner, tirer mon portefeuille et montrer un passe-port que j'avois pris la veille à la police de Constance, et on me répéta en chorus de m'éloigner et je vis bien que je n'avois rien de mieux à faire » [79].

Toujours pétillant d'esprit et quelque peu corrosif lorsqu'il conte ses aventures tragiques, Le Sage rend hommage aux moniales cisterciennes dont il rencontra l'abbaye sur la route de Schussenried, où l'accueil ne fut guère des plus cordiaux. Le voici à l'entrée de l'abbaye cistercienne, demandant quelque nourriture. Le soldat de garde l'accompagne,

> « et s'arrête sous une fenêtre qu'ouvre bientôt une nonne étique. Elle avance le bras vers moi comme pour m'offrir cinq ou six sous de France qu'elle tenoit entre les doigts. Je n'aurois pas reçu un ducat présenté de cette manière-là. Je recule et dis en allemands à cette vestale charitable : "Je vois bien, Madame, qu'on vous a mal fait ma commission. Je ne suis point un mendiant. Je suis un religieux, autrefois renté comme vous, mais qui pourtant ne demande pas encore l'aumône. J'ai déjà marché deux heures à jeun : voulez-vous me donner à déjeuner ? [...] – Mais que voulez-vous qu'on vous donne si matin ? [...] – Un morceau de pain et un verre de vin me suffit – Hé bien, vous allez l'avoir". Je l'eus en effet, et fortifié comme Élie par ce pain d'un ange femelle, je m'avançai jusqu'à Schussenried où je n'arrivai qu'à deux heures après-midi » [80].

À peine entré dans l'abbaye, tenaillé par la faim, Le Sage se dirige vers le réfectoire de la communauté, et observe la maison remplie d'étrangers en alarme. Les religieux étaient encore à table. Surgit de la cuisine le chef qui reconnaît le Sage et lui intime l'ordre de sortir :

> « Le vin et la peur lui avaient troublé l'esprit ainsi qu'à la plûpart de ses confrères, parmi lesquels je n'en trouvai que trois ou quatre qui fussent de sang froid [...] Le lendemain, mon lutteur de la veille me fit mille excuses et mille amitiés. Il auroit voulu me faire vuider au déjeuner le meilleur tonneau de la cave » [81].

---

[79] *Ibid.*, p. 351.
[80] *Ibid.*, p. 353.
[81] *Ibid.*, p. 354.

Le Sage songeait à passer par Augsbourg et à traverser la Bavière, mais il apprit que l'empereur interdisait même le passage par la Bohême. Il fallait s'y résoudre : il ne restait plus qu'à traverser « la triste Westphalie ». Et le voilà en route pour Donauwerth, sur la rive gauche du Danube. La ville investie par des milliers de soldats, Le Sage se résout à poursuivre son long voyage :

> « Au soir je me vois sur une montagne au pied de laquelle étoit un village et un couvent. Cette vue fut pour moi ce qu'est la terre pour un vaisseau qui n'a plus de vivres. Les bons Pères capucins me reçurent à bras ouverts, me donnèrent bien à souper, me couchèrent séraphiquement sans que j'en dormisse moins bien, et m'indiquèrent une route dans laquelle je m'égarai encore ou bout de quelques heures » [82].

Villes et villages se succèdent inlassablement sous les pas de notre exilé. Le voici à Nuremberg, à Erlangen, Forchheim, Bamberg, Bayreuth, puis il prend la direction de la Pologne, mais doit passer par la Saxe en côtoyant la Bohême. La route est difficile à cause de l'encombrement des convois militaires.

Il s'arrête cinq jours à Dresde, sur l'Elbe et y trouve plus de 300 ecclésiastiques français. Là, l'accueil des exilés est bien organisé et Le Sage peut goûter quelques jours de repos. L'esprit toujours en alerte, il visite toutes les curiosités de la ville, le château de l'Électeur, les jardins, les terrasses qui surplombent l'Elbe, l'orangeraie, la galerie de peinture, la bibliothèque. Toujours bien mis, Le Sage met un point d'honneur à conserver sa dignité de chanoine prémontré. De Dresde, le voici dans le marquisat de Lusace, entre la Saxe et la Silésie, bénéficiant de l'hospitalité humble mais cordiale des Franciscains de l'Observance.

De là, notre exilé passe à Lignitz en Silésie, et reçoit avec reconnaissance l'hospitalité de moniales bénédictines, dont la bonté lui inspire quelques réflexions acerbes :

> « J'ai ouï dire à plusieurs qui ont beaucoup [plus] voyagé que moi, qu'en général ils avoient été mieux reçus dans les monastères peu riches ou même chez les religieux mendiants que dans les opulentes abbayes ; mais que surtout, ils avoient éprouvé les marques les plus touchantes d'intérêt et de sensibilité dans les couvents de femmes lorsque les moines n'y sont pas les maîtres » [83].

Avec ses compagnons d'infortune, Le Sage rejoignit l'abbaye prémontrée de Saint-Vincent de Breslau, dont l'abbé les reçut à la porte de sa chambre et leur donna deux ou trois florins pour payer l'auberge. Sur ces entrefaites, il perdit ses compagnons !

---

[82] *Ibid.*, p. 360.
[83] *Ibid.*, p. 377.

Il parvint au monastère des Norbertines de Boleslau, alors sur la frontière de la Pologne : quelques cabanes de planches accolées à une église de bois. Les dix moniales polonaises qui composaient la communauté l'accueillirent chaleureusement et le gardèrent un mois. Il prit ensuite la route de Petrikau où il dormit sur le tiers d'une botte de paille partagée avec deux soldats. Les auberges polonaises ?

> « Les hôtes en sont des Juifs maussades, puants et malpropres, qui fournissent à peine du pain, de la petite bière et de mauvoise eau-de-vie de grain. Si par hasard ils ont de la viande, il faut commencer par l'acheter crue et ensuite la préparer soi-même, ou bien s'en reposer sur quelque sale Israëlite qui fait à la hâte un ragoût de l'ancien testament dont malgré la faim ont peine à s'accommoder les palais de la loi nouvelle » [84].

On imagine à grand-peine la situation dramatique de Le Sage et la précarité de son existence quotidienne. Il ressent d'autant plus les difficultés matérielles de sa situation et les inconforts quotidiens de son exil, qu'il est avant tout un intellectuel brillant, habitué à un train de vie *honnête*, pour reprendre cette belle expression du XVIIIe siècle. Deux paragraphes relatifs à l'abbaye polonaise de Witoff et au chanoine Paul Ratuld Olechowski illustrent bien ces deux aspects du personnage :

> « Le couvent des religieux qui s'y trouvoient à peine une douzaine ne ressemble qu'à une caserne de soldats et n'offre que l'image de la misère. Le réfectoire étoit extrèmement mesquin : le prélat avoit sa cuisine et sa table à part. Je suis sûr que les religieux n'ont rien perdu à ce que le gouvernement s'est emparé de leurs biens, quelque leste que puisse être la prestation journalière, ils vivront aussi bien que les nourrissoit leur abbé qui n'étoit qu'un commendataire en habit blanc et gardant la résidence [...]
>
> À dix lieues de Petrikau résidoit un riche chanoine de Cracovie, administrateur des immenses domaines que possédoit son chapitre sous la domination de S.M. prussienne. J'appris [...] que cet heureux mortel désiroit pour commensal quelqu'honnête ecclésiastique françois qui n'auroit chez lui d'autre fonction que de bien dîner, bien souper, et bien dormir ; au moyen de quoi il recevroit un entretien convenable pour salaire de ce travail pénible. J'étois françois, honnête, prêtre, et surtout d'un excellent appétit. Je ne crus point ces conditions au-dessus de mes forces : je partis sur l'heure de peur que quelque concurrent ne me prévint et j'arrivai chez le chanoine, le soir de tous les Saints [1er novembre 1796] » [85].

Le chanoine Olechowski proposa à Le Sage de devenir précepteur des enfants de son frère, seigneur « dans le palatinat de Sendomir dans la nouvelle Galicie ». Le voilà donc à nouveau sur les routes, mais cette fois dans une confortable voiture, pour prendre sa charge de maître d'école. La tâche ne manquait pas de difficultés :

---

[84] *Ibid.*, p. 390.
[85] *Ibid.*, p. 394.

« Il s'agissoit seulement d'enseigner trois langues à trois enfants dissipés qui ne vouloient ouïr parler ni d'application ni d'étude [...] Je ne me dissimulai pas la difficulté de l'entreprise, et vis bien qu'il eut été plus aisé à mon estomac de digérer les repas copieux du chanoine, que de faire entrer au moins deux langues dans la tête de MM. ses neveux » [86].

Le Sage demeura quatre mois à Sienno, point extrême de son exil, à plus de 1200 km de sa Bretagne natale, avant de retourner en Silésie à la fin de 1797, et de séjourner pendant cinq ans, jusqu'au Concordat de 1802, dans le monastère des Norbertines de Czarnowanz à titre de commensal du Prémontré Hermann Joseph Krusche, leur prévôt mitré.

Immédiatement, Le Sage jaugea son confrère, en circonscrit facilement les limites et traça de l'homme un portrait quelque peu méchant. C'est l'une des pages les plus féroces de toute sa correspondance :

« Ce sultan mitré a droit de vie et de mort sur ses captives qui ne reconnoissent d'autre loi que sa volonté suprême. Il entre dans la clôture tout aussi souvent qu'il en a la fantaisie, et il se passe rarement deux jours sans que cette fantaisie le prenne. Il faut qu'elles l'amusent et le caressent de leur mieux. C'est enfin l'image d'un vrai sérail. Un philosophe s'étonne de voir cette institution asiatique greffée sur une branche de l'église chrétienne. Celui-ci est bien le moine le plus ignorant et le plus bête que j'ai rencontré dans toute l'Allemagne ; il faut avoir vécu dans le païs pour sentir toute la force de l'expression. Il ne lit jamais, et n'a jamais rien lu. Il croit la Terre sainte auprès de la France, le Mogol en Amérique, l'Égypte auprès de l'Irlande, et ne conçoit pas que la même lune puisse éclairer les nuits des Silésiens et des Bretons, etc... Sa théologie est comme sa géographie. Figurez-vous une futaille montée sur deux pieds tors, voilà une idée du personnage. Il se fait traîner en voiture deux heures tous les matins, parce que, dit-il, cela aiguise son appétit. Le même exercice se répète après midi, parce que cela facilite le travail de la digestion [...] Le soir, il avale deux bouteilles de limonade, lors même que le thermomètre est à 22 degrés au dessous de la glace... » [87].

Par Prague puis Francfort-sur-le-Main, il gagna Paris puis la Bretagne et arriva à Saint-Brieuc dans le courant de l'été 1802. En 1806, il devint chanoine titulaire de la cathédrale de Saint-Brieuc. Durant les trente dernières années de sa vie, il sillonna la Bretagne et le sud-ouest de la France, jusqu'à Bordeaux, prêchant, collaborant avec divers évêques. En 1832, il contracta le choléra à Paris, durant un séjour anodin à l'hôpital, et mourut dans la nuit du 4 ou 5 septembre de la même année. Il fut enterré dans l'actuel cimetière Montparnasse [88].

Hervé-Julien Le Sage fait partie de cette foule immense de prêtres et religieux, condamnés à fuir, bien malgré eux, leur patrie afin de rester

---

[86] *Ibid.*, p. 398.

[87] *Ibid.*, p. 432-433.

[88] X. LAVAGNE D'ORTIGUE a publié une vie très complète de Le Sage dans les *Analecta Praemonstratensia*, t. XLVIII (1972), p. 327-364.

fidèles à leur foi et à l'Église. Certes, notre Prémontré n'est pas un modèle de charité lorsqu'il dépeint, et avec talent, les limites ou les vices des hommes. Toutefois, comment s'en étonner chez un homme naturellement doté de brillantes qualités intellectuelles, facilement porté à l'ironie, et que rien ne préparait à mener une vie de vagabond, loin de sa patrie, prestigieux prieur-curé-maire de Boqueho jeté à l'improviste sur les chemins d'Europe ?

Le « Martyr de la Vérité » : Pierre-Adrien Toulorge

La vie de Pierre-Adrien Toulorge, Prémontré comme Le Sage, n'a rien de commun avec celle de son confrère breton, sinon que tous deux furent, à leur façon, victimes de la Révolution pour leur foi et leur attachement à l'Église catholique.

Pierre-Adrien Toulorge [89] naquit le 4 mai 1757, à « La Quièze », hameau de la paroisse de Muneville-le-Bingard, dans une famille terrienne solidement implantée dans la région depuis au moins deux siècles. Le milieu ambiant était profondément chrétien, comme en témoigne le vicaire général Gabriel de Cussy en visite pastorale au cours de l'année 1752. Il observait que « Presque tous ont satisfait au devoir pascal » [90]. Muneville comptait alors au moins onze prêtres vivants originaires de la paroisse. L'un d'eux, Nicolas François Lecesne, devait même y revenir pour y remplir les fonctions de vicaire.

Les premières années de Pierre-Adrien Toulorge ne nous sont guère connues. Ce n'est pas en cela un cas isolé. C'est sans doute le signe qu'aucun fait saillant n'a marqué la période de la petite enfance de Pierre Toulorge. On peut penser que lorsqu'il s'orienta vers le sacerdoce, l'un des vicaires de la paroisse commença, selon la coutume, à l'initier au latin. Après ses deux premières années de philosophie, Pierre fréquenta le séminaire de Coutances, tenu par les Eudistes depuis sa fondation en 1650. Nous connaissons exactement les dates d'ordination de Pierre Toulorge, à l'exception de la dernière, celle du sacerdoce. Il reçut la tonsure et les ordres mineurs le 12 juin 1778, le 23 septembre de la même année le sous-diaconat, et le diaconat le 8 mai 1781 [91].

---

[89] B. ARDURA, *Pierre-Adrien Toulorge, Prémontré de Blanchelande (1757-1793), « Martyr de la Vérité » à Coutances*, Rome, 1993.

[90] Dernier registre de l'archidiaconé, conservé aux Arch. dioc. de Coutances.

[91] Le registre donne les ordinations entre le 16 avril 1772 et le 18 avril 1782. Selon toute vraisemblance, Pierre Toulorge a été ordonné prêtre, au mois de juin 1782. Il assista comme prêtre à l'installation du nouveau curé de Muneville, le 23 novembre 1782.

Au séminaire, Pierre Toulorge eut pour supérieur Monsieur François Lefranc, originaire de Vire, nommé vicaire général, lorsque l'évêque de Coutances dut se rendre à Paris, à l'Assemblée Constituante. Ce prêtre qui avait dû marquer ses séminaristes par sa foi et son attachement à l'Église, refusa de prêter le serment constitutionnel et fut du nombre des Martyrs de Septembre massacrés en haine de la foi, au Séminaire des Carmes, le 2 septembre 1792.

Pierre Toulorge fut nommé vicaire de Doville, vers la fin de l'année 1782 ou dans les premiers jours de 1783. Cette paroisse était sous le patronage de l'abbaye prémontrée de Blanchelande. Le curé en était le Père Jacques-François Le Canut, Prémontré, originaire de Vindefontaine, installé à Doville depuis un an à peine. Pierre Toulorge se trouvait ainsi vicaire d'un Prémontré de Blanchelande située à peine à trois kilomètres de là. Qu'un séculier fut vicaire dans une paroisse relevant de l'abbaye ne surprend pas, car l'abbé commendataire de Blanchelande n'était autre que l'évêque de Coutances.

Nous ne savons rien du ministère paroissial de Pierre Toulorge, sinon de sa prédication, grâce à un plan de sermon sur l'Enfer et au texte de deux autres sermons qui nous ont été conservés. Écoutons-le :

> « Enfants des hommes, jusques à quand serez-vous insensibles à vos propres intérêts ? Ne sortirez-vous jamais d'un état si triste et si malheureux ? Souillés de crimes, rongés de remords, agités de mille passions, troublés de mille craintes, environnés de mille écueils, haïs de Dieu, méprisés des hommes, insupportables à vous-mêmes, sans repos, sans consolation, sans espérance, de quelque côté que vous jettiez les yeux, tout conspire à vous rendre misérables. Vous passez d'un malheur dans un autre. Vous vous trouvez tour à tour dans les situations les plus douloureuses. Combien de fois rentrant en vous-mêmes avez-vous fait ces tristes réflexions : misérable que je suis, puis-je me voir sans frémir ? Devant moi quel enchaînement de désordres ? Encore si dans le péché mon coeur était heureux ; mais, hélas, ma conscience est l'instrument de mon supplice. Je ne puis pécher sans avoir partout des sujets d'affliction et de tristesse, Je traîne partout un coeur inquiet, malade, à charge à lui-même ; je travaille beaucoup pour le monde et sans fruit ; je souffre cruellement et sans consolation. Quand donc arrivera la fin de mes maux ? Monde ingrat, monde perfide. Quand serai-je délivré de ton esclavage ? » [92].

Consacrée à Notre-Dame et Saint-Nicolas depuis 1154/1155, l'abbaye prémontrée de Blanchelande était située sur la commune de Neufmesnil, dans le canton de La Haye-du-Puits. Elle appartenait à la circarie ou province de la Normandie du Nord. Depuis Doville, Pierre Toulorge se rendait souvent à Blanchelande [93]. Conquis par l'idéal de

---

[92] *Bonheur du Juste et Malheur de l'impie*, 1ère partie. Arch. dioc. de Coutances.

[93] On l'y trouve par exemple avec son curé aux obsèques du Père Joseph Duhamel, le 3 mars 1784. Ce religieux était profès de l'abbaye de Licques et sous-prieur de

Prémontré, Pierre fut sans doute présenté par son propre curé, le Père Le Canut, et agréé par le prieur Lebel. Comme Blanchelande était dépourvue de noviciat, Pierre-Adrien fut envoyé pour deux années à l'abbaye de Beauport, au diocèse de Tréguier, aujourd'hui Saint-Brieuc et Tréguier. À la fin du noviciat, en juin 1788, il quitta Beauport et rejoignit Blanchelande. Nous savons qu'il dépensa 60 livres pour effectuer son voyage [94]. Pierre-Adrien ne retourna pas à Doville où le Père Le Canut était toujours curé. Cependant, à l'occasion, il allait volontiers lui rendre service. Il y célébra deux baptêmes pendant la période révolutionnaire, le 18 octobre 1790 et le 11 octobre 1791. Il signa les registres : « Chanoine régulier de l'Abbaye de Blanchelande ».

Le 2 novembre, l'Assemblée vota la confiscation des biens de l'Église. Désormais, chaque curé recevrait 1.200 livres, non compris le logement et le jardin. À Blanchelande, la confiscation eut des conséquences déplorables. Le prieur Morgan, profès de l'abbaye Saint-Jean d'Amiens, sentant le vent tourner, profita de sa situation pour se préparer une confortable retraite. Ses méfaits prenaient de telles proportions que le 10 décembre 1789, quatre religieux dénoncèrent « les déprédations du Sieur Morgan » au lieutenant du bailliage de Carentan, et lui demandèrent d'intervenir pour sauver ce qu'il restait encore du bien commun. Cette supplique était signée du doyen Gardin-Dujardin, des Pères Marchand et Toulorge. Le sous-prieur, le Père de Quen, n'avait pas signé, car il était, comme le prieur, profès de Saint-Jean d'Amiens. N'ayant pas reçu de réponse du lieutenant, les trois signataires lui envoyèrent une nouvelle missive non datée.

Le prieur Morgan accueillit fort mal les officiers des deux paroisses de Varenguebec et de Neufmesnil qui prétendaient chacune avoir l'abbaye sur son territoire. La question de la compétence des municipalités menaçait gravement de s'envenimer lorsqu'entra en scène une troisième commune, celle de Saint-Sauveur-le-Vicomte. Le 16 mai 1790, l'Assemblée nationale trancha la question et reconnut la compétence exclusive de Saint-Sauveur-le-Vicomte. Les inventaires auxquels le prieur Morgan empêcha les religieux de participer, s'échelonnèrent en huit séances, entre le 30 avril et le 1er juin 1790.

Blanchelande (Cf. Greffe du Tribunal de Coutances. Registre de Blanchelande, vêtures et professions 1757-1762 et inhumations 1748-1785). Ses deux prédécesseurs vicaires à Doville étaient de Blanchelande : le Père Wallet (février 1779 - février 1782), et le Père Maurice (février - avril 1782), (Cf. Greffe du Tribunal de Coutances, Registres 351 et 352).

[94] Cf. Inventaire de l'abbaye de Blanchelande... par la municipalité de Saint-Sauveur, 30 avril - 10 juin 1790 (Arch. nat., F 19, carton 607, p. 48).

Les officiers avaient dressé une liste du personnel afin de consulter chacun des membres de l'abbaye sur ses intentions. Le 10 juin 1790, à sept heures du matin, le maire posa aux religieux la question :

« Désirez-vous quitter le monastère, comme les décrets vous y autorisent, ou continuer à vivre en commun ? ». Le prieur Morgan répondit le premier : « Mon intention est de profiter du bénéfice du décret qui me donne la liberté de me retirer. Ce que je ferai dès que j'aurai touché mon traitement ». Les Pères de Quen, Marchand et Toulorge répondirent unanimement : « Nous préférons continuer de vivre ensemble comme nous le faisons ». Le maire leur signifia alors : « Dans ce cas, il vous sera loisible de vous retirer dans une maison de concentration des religieux que le Département mettra à votre disposition, et où vous pourrez continuer de vivre en communauté. L'ancienne abbaye bénédictine de Savigny, dans le district de Mortain, choisie dans ce but, vous permettra de réaliser votre rêve ».

Les trois religieux qui avaient exprimé le désir de poursuivre leur vie conventuelle, avaient imaginé pouvoir demeurer dans l'abbaye de Blanchelande. Ne sachant rien de cette maison de concentration, ils suspendirent leur réponse. Ils préféraient vivre en particulier plutôt que dans des conditions insupportables. D'ailleurs, dans toute la Manche, aucun religieux n'accepta de se rendre à Savigny, où tous ordres confondus, ils auraient été contraints de mener une vie qui ne correspondait pas à celle qu'ils avaient choisie le jour de leur profession.

Les événements se précipitèrent avec le vote, le 12 juillet, de la Constitution civile du clergé, et celui de la loi qui imposait à tous les prêtres fonctionnaires publics le serment « d'être fidèles à la Nation et au Roi et de maintenir de tout leur pouvoir la Constitution décrétée par l'Assemblée nationale et approuvée par le Roi », sous peine de déposition et, au cas où ils s'obstineraient dans l'exercice de leurs fonctions, d'être « poursuivis comme perturbateurs de l'ordre public ». Le Père Toulorge et ses compagnons n'étaient pas visés par cette loi, car ils n'exerçaient aucune fonction publique, n'étant pas curés de paroisse. Ils continuèrent de percevoir leur traitement annuel de 900 livres, modeste allocation attribuée aux membres du clergé qui n'étaient pas fonctionnaires publics. Dernier indice d'une vie communautaire dans l'abbaye, la présence, le 11 octobre 1790, des Pères Marchand, Gardin-Dujardin, et Toulorge, à des obsèques célébrées dans la paroisse de Doville. La vie communautaire dut probablement cesser vers la fin de ce mois d'octobre. Après seulement deux années de vie religieuse, Pierre-Adrien Toulorge était contraint d'abandonner son abbaye.

Tout en quittant Blanchelande, Pierre-Adrien Toulorge demeura sur la commune de l'abbaye, Neufmesnil. Il y fut accueilli par M. et Mme Le Sens, à « La Cour », dans une ferme qui existe encore. Il y demeura un an et demi. Durant cette période, il évita de se rendre ouvertement au village, surtout à partir de 1791. On trouve cependant sa signature à l'occasion d'une inhumation à Neufmesnil le 8 février, d'un mariage à Varenguebec le 3 mars, et d'une inhumation à Neufmesnil encore, le 23 mars. Désormais, il signait seulement « Toulorge, prêtre ».

Après la condamnation de la Constitution civile du clergé et du serment, beaucoup de prêtres du diocèse de Coutances hésitaient encore. Leur refus ou leur acceptation du serment dépendirent souvent d'autres prêtres plus influents. Après la condamnation pontificale, certains assermentés se rétractèrent, comme Laurent Leboeuf, vicaire à Denneville, qui fut, par la suite, décapité à Coutances. Les insermentés devaient immédiatement quitter leurs fonctions. La loi du 26 août 1792 vint encore aggraver leur situation. Ne condamnait-elle pas à la déportation tous les ecclésiastiques fonctionnaires publics qui n'auraient pas prêté serment ? Un grand exode allait commencer.

Au début du mois d'août 1792, Pierre-Adrien Toulorge quitta « La Cour », car les Le Sens se préparaient à émigrer. Le religieux commençait à s'inquiéter, car il avait entendu dire – mais par qui ? – que le Club de La Haye-du-Puits avait dressé une liste de prêtres à rechercher, et que son nom y figurait. Aussi se cacha-t-il en divers endroits pendant trois semaines pour échapper aux perquisitions. C'est à cette époque qu'il entendit parler de la loi du 26 août 1792 condamnant à la déportation tous les prêtres fonctionnaires publics qui n'avaient pas prêté serment. C'est ici que se situe la méprise du Père Toulorge : il n'était pas concerné par la loi, et n'était pas tenu de prêter le serment, mais il ne le comprit pas. Ne voulant à aucun prix se soumettre au serment condamné par le pape, il se crut obligé de faire comme un grand nombre de ses confrères, et décida de s'expatrier. Il ne vit pas la différence entre sa situation et celle de ses confrères voisins, curés ou vicaires de paroisses. Il crut, à tort que la loi englobait tous les prêtres sans distinction.

Il prit rendez-vous avec deux confrères pour s'embarquer à destination de l'île anglaise de Jersey. Un article de la *Semaine religieuse* du 11 décembre 1864 affirme que M. Éliard, prêtre et maître d'école à Varenguebec, « prit de concert avec M. Faultret, curé de La Haye-du-Puits, et M. Toulorge, son ami, le chemin de l'exil ». Pierre-Adrien Toulorge demanda à la mairie de Neufmesnil son passeport et le fit viser à Saint-Germain-sur-Ay, le 12 septembre. Ces démarches administratives se firent sans la moindre difficulté, car les communes riveraines de la mer avaient reçu un arrêté du 3 septembre 1792 leur ordonnant de faciliter le départ des prêtres condamnés à l'émigration.

Pierre-Adrien fit ainsi partie des 563 prêtres de Coutances qui émigrèrent à Jersey, auxquels il faut ajouter les 101 prêtres qui émigrèrent dans l'île d'Aurigny, ce qui porte le total des prêtres émigrés à 664 pour le seul diocèse de Coutances. Son séjour à Jersey est attesté par trois listes manuscrites dressées à l'époque et sur place par trois prêtres du diocèse, MM. Salmon, Alexandre, et Le Crosnier. Les trois listes portent la mention suivante : « Toulorge, chanoine régulier de Prémontré ». M. Le Crosnier, professeur au collège de Saint-Lô, a fait suivre la liste de ceux qui sont morts en exil, des trois noms suivants : Leboeuf, Lemoine et Toulorge « rentrés en France et ensuite guillotinés » [95].

L'un des émigrés, fonctionnaire public, fit remarquer au Père Toulorge qu'il n'était pas visé par la loi et qu'il aurait pu rester en France sans être inquiété. Cette révélation le rendit perplexe. Pourquoi rester oisif à Jersey ? Mieux valait repartir. Et moins il s'attarderait, plus son absence de France aurait de chance de n'être ni signalée ni enregistrée. Aussi, à la première occasion, seul ou avec d'autres confrères, il débarqua clandestinement à Portbail. Il se rendit chez une cousine qui avait épousé un habitant de Gouey. Celle-ci l'encouragea à se rendre chez son frère, curé constitutionnel de Saint-Martin-du-Mesnil, qui l'aurait certainement accueilli. Il avait pu se croire à l'abri, mais il apprenait de son cousin la gravité de la situation. Une récente loi du 23 octobre proclamait le bannissement à perpétuité des émigrés français et condamnait à mort ceux qui rentreraient. Le 26 novembre, une nouvelle loi ordonnait à tout émigré rentré en France de sortir de la République dans le délai de quinze jours. Passé ce délai, tout coupable serait considéré avoir enfreint la loi de bannissement et serait puni de mort. Fallait-il repartir à Jersey ? Pierre-Adrien Toulorge prit le parti de demeurer en France. Il s'enfonça dans la clandestinité.

De la fin novembre 1792 jusqu'au début septembre 1793, moment où il fut arrêté, la vie du Père Toulorge disparaît dans des fourrés dont les pistes nous échappent. Il a sans doute exercé occasionnellement le ministère, mais sans que nous en ayons la moindre preuve. Il célébrait certainement la messe avec les ornements que l'on découvrit au moment de son arrestation, avec le texte du canon de la messe, celui des messes du Saint-Esprit et de la Sainte-Vierge, qu'il avait recopiés à la main. Ces pièces figurèrent parmi les pièces à conviction du procès.

Pendant huit à neuf mois, il déjoua l'attention des patriotes locaux, n'allant que dans des maisons sûres, revêtu de déguisements divers, profitant surtout de la nuit pour effectuer ses déplacements et exercer les fonctions du ministère. C'était la tactique de tous les prêtres réfractaires passionnément obstinés à vivre cachés dans cette région de La Haye-du-Puits. Presque tous étaient originaires des environs [96]. Il faut y ajouter un

---

[95] Cf. Arch. dioc., D.C. II, 14.

[96] Cf. J. TOUSSAINT, *Pierre-Adrien Toulorge, chanoine régulier de Prémontré, victime de la Terreur coutançaise, martyr de la vérité*, Coutances, 1962, p. 95.

certain nombre de religieux [97]. Les Clubs, cependant, n'étaient pas dupes. Ils connaissaient, au moins confusément, ce fourmillement de prêtres réfractaires et cherchaient à organiser la chasse à ceux qu'ils nommaient les « antipatriotes ».

Dans le courant de la deuxième quinzaine d'août 1793, l'administration départementale chargea « le citoyen Michel [...] de se transporter avec le citoyen Clément dans les cantons de Lessey, Prétot, La Haye-du-Puits, pour y prendre connaissance des rassemblements qui devaient avoir lieu dans les bois de Montcastre et Livort... ». Michel était l'ancien vicaire général de Coutances et il connaissait parfaitement la région. Il fit son rapport et l'on attendit les mesures qui seraient imposées par le Comité de Salut public [98]. Dès le jeudi 29 août, la gendarmerie fut requise pour exécuter les décrets de l'administration départementale et l'on fit appel au peuple pour qu'il dénonçât les prêtres réfractaires :

« ... le Conseil autorise et charge les dits citoyens [...] de faire mettre en arrestation tous prêtres réfractaires et émigrés qu'ils pourraient découvrir et de les faire conduire à la maison d'arrêt de Carentan » [99].

Le Père Toulorge, averti des menaces qui pesaient sur lui, s'était caché dès le 25 août. Dans la soirée du 2 septembre 1793, il vit passer une femme sur la route et lui demanda de l'aide. Celle-ci le conduisit chez elle. Là, mis en confiance par cet accueil, Pierre-Adrien se fit connaître comme prêtre et comme religieux de l'abbaye de Blanchelande. La femme, à son tour, lui révéla son identité : soeur Saint-Paul, religieuse bénédictine, chassée de son prieuré de Saint-Michel-du-Boscq, à Varenguebec. Depuis le 3 janvier, elle s'était réfugiée dans sa famille.

Soeur Saint-Paul fit appel à l'une de ses amies, Marotte Fosse, pour tenter de sauver le Père Toulorge. On affubla le religieux de vêtements féminins. Il devait passer une journée entière chez Marotte Fosse, et on le conduirait dans un refuge plus sûr. Pierre-Adrien partit avec Marotte Fosse vers 9 heures du matin et ils arrivèrent à Neufmesnil vers 10 heures. Tout, semblait-il, s'était bien passé. Pourtant, à un kilomètre du village, des ouvriers avaient eu l'attention retenue par les bas et les chaussures de l'une des deux voyageuses ; ils étaient certains qu'un homme se cachait sous un déguisement. Ils les suivirent à distance jusqu'au domicile de Marotte Fosse, firent prévenir le Comité révolutionnaire et la garde nationale.

---

[97] *Ibid.*

[98] Arch. dép. de la Manche, L 50, 3ème volume du Registre des délibérations du Département de la Manche.

[99] Arch. dép. de la Manche, L 784, 3ème volume du Registre des délibérations du Département de la Manche, district de Carentan, 173 feuillets.

À peine trois heures après son arrivée, le Père Toulorge entendit depuis le grenier où il était caché, de violents coups frappés à la porte : « Au nom de la Loi, ouvrez ! ». On alla chercher Marotte Fosse à son travail pour qu'elle ouvrît la maison qui fut fouillée de la cave au grenier. Les gardes nationaux repartaient déçus, lorsqu'un des gardes revint, fouilla, et finit par trouver Pierre-Adrien. Les trois gardes firent main basse sur les vêtements féminins, sur un baluchon qui contenait une soutane blanche, des vêtements liturgiques, un calice, une pierre d'autel, et des livres. Ils conduisirent le captif à la maison commune où les attendait le maire Antoine Tardif, le procureur Ève, et le greffier Louët. Il fut décidé que le prêtre réfractaire et la femme Fosse seraient conduits le lendemain au directoire du district de Carentan.

Le 4 septembre Pierre-Adrien Toulorge fut introduit dans la salle des séances publiques de l'administration du district de Carentan. Le prévenu répondit aux questions du président, rendit compte de son existence depuis le jour où il avait été contraint de quitter l'abbaye de Blanchelande, sans omettre de dire qu'il n'avait pas prêté le serment. Cependant, il ne souffla mot de son émigration à Jersey.

Comme le Père Toulorge avait obtenu et fait viser un passeport, le président était convaincu que le prévenu avait émigré. Devant le silence du Père Toulorge sur ce sujet, il lui demanda :

« À quel moment avez-vous fait viser à la municipalité de Saint-Germain-sur-Ay le passeport que vous avait délivré celle de Neufmesnil ? » – « Je pense que c'était le 12 septembre. » – « Est-ce à ce moment-là qu'on vous a communiqué la loi qui ne vous obligeait pas à sortir de France. Et qui vous l'a communiquée ? » – « Oui, c'est bien à ce moment-là ; c'est un fonctionnaire public qui passait à Jersey qui m'en a fait part. » – « Est-ce bien vrai ? Ni à cette époque, ni à aucune autre, vous n'êtes point passé à Jersey, ni en autre terre étrangère ? » – « Non. » – « La municipalité de Saint-Germain-sur-Ay a tenu un état exact des passeports qu'elle a visée et tous ceux qui s'y trouvent portés ont tous passé en Angleterre. Votre nom y figure. Il est impossible de croire que vous n'y êtes pas passé. » – « Au moment où j'étais prêt à m'embarquer, la mer était rude. Et, d'ailleurs, j'ai réfléchi alors sur le décret et je suis revenu. » Le président lui posa alors des questions complémentaires sur ses activités au cours des dernières semaines précédant son arrestation, puis revint au sujet : « N'est-ce pas le 3 novembre que vous êtes débarqué à Portbail ? » – « Je me promenais quelquefois sur le bord de la mer, mais je n'y ai point débarqué. À cette époque, d'ailleurs, je ne me cachais pas ; au contraire, je disais des messes basses à Saint-Martin-du-Mesnil ».

Après une pose, le prévenu reprit :

« Bien que j'aie affirmé n'avoir pas été habillé avec des ajustements de femme, j'avoue que j'en étais revêtu quand je suis entré dans la maison de Fosse, hier matin, là où j'ai été pris, mais quand on m'a interrogé à ce sujet, j'avais la tête troublée ».

L'interrogatoire était achevé. Le greffier lut le procès-verbal et Pierre-Adrien le signa. Il fut ensuite conduit à la maison d'arrêt. Il ressort de cet interrogatoire que le président voulait établir, à travers les déclarations de Marotte Fosse, le ministère clandestin du Père Toulorge plus que son émigration. Acceptant les dénégations du prévenu au sujet de son éventuelle émigration, le président cherchait surtout à prouver la culpabilité du prêtre qui aurait « cherché à favoriser les progrès du fanatisme ». Après de nombreux attendus, le directoire du district de Carentan estima :

> « que le prêtre Toulorge doit être regardé comme émigré et traité suivant et aux termes des lois relatives aux émigrés, en examinant surtout qu'il n'était fonctionnaire public, et qu'il s'est absenté au moment où il devait se réunir aux bons citoyens pour terrasser les despotes coalisés contre sa patrie ».

Depuis le 4 septembre au soir, le Père Toulorge ne connaissait plus la paix de l'âme. Il se morfondait, se sentant prisonnier du subterfuge par lequel il avait réussi à tromper son juge d'instruction. Il avait certes réussi à combiner adroitement vrai et faux pour couvrir les cinq semaines de son séjour à Jersey, mais cette dissimulation lui pesait de plus en plus. En un mot, il souffrait d'avoir menti. Pourquoi ne pas recouvrer la liberté intérieure en disant nettement la vérité au sujet de son émigration ? Il était d'ailleurs parti en toute bonne foi, non pour émigrer, mais pour obéir à une loi qu'il connaissait mal. Le risque était gros : la vérité au risque de la mort.

Le dimanche 8 septembre, en la fête de la Nativité de la Vierge Marie, Pierre-Adrien arrêta son choix. Au moment de quitter Carentan pour Coutances, il fit savoir au directoire du district qu'il avait une déclaration urgente et grave à lui communiquer, ainsi que l'atteste cette lettre du procureur-syndic, confiée au brigadier de gendarmerie pour le procureur-syndic du Département :

> « S'est présenté ledit Toulorge, lequel a déclaré qu'encore bien qu'il ait dit dans son interrogatoire qu'il a précédemment presté, qu'il n'ait pas quitté la République, il n'en est pas moins vrai qu'il s'est embarqué à Saint-Germain, le jour qu'il y fit viser son passeport et qu'il s'est rendu à l'île de Gersey où il a demeuré jusque à la fin d'octobre suivant, ajoutant cependant que s'il est sorti, c'est qu'il croyait que la loi lui obligeait, et ayant vu à Gersey la loi, et après l'avoir examinée, il a vu qu'il n'y était pas compris ce qu'il a [qui l'a] porté à revenir en France, qu'il croit d'ailleurs qu'il lui était permis de quitter, la loi relative aux émigrés n'étant pas encore promulguée ».

Le dimanche 22 septembre, vers six heures du soir, Pierre-Adrien Toulorge comparut dans la salle des séances de la première juridiction coutançaise située dans l'évêché devenu propriété nationale [100]. Le procureur-syndic Buhot fit comparaître l'accusé à la barre. Aux questions

---

[100] Cette salle a été démolie. Sur son emplacement s'élève aujourd'hui la salle des Archives diocésaines.

posées sur son émigration, Pierre-Adrien répondit d'abord négativement. Cependant, lorsque le procureur lui posa la question :

> « Lorsque vous avez su que vous n'étiez pas compris dans la loi [d'émigration], qu'êtes-vous devenu ? », le greffier nota : « ... à l'instant, le répondant a déclaré qu'il se trouvait faible [...] revenu à lui-même, il a demandé que lui soit fait lecture des précédents interrogatoires et de ses réponses, disant qu'il était troublé lorsqu'il a méconnu s'être embarqué à Saint-Germain-sur-Ay, qu'il s'y est réellement embarqué, croyant y être obligé, et est allé de là à Jersey, non dans l'intention d'émigrer, mais pour satisfaire à la loi ». L'interrogatoire se poursuivit : « Ne disiez-vous pas la Messe depuis que vous teniez caché ? » – « Non ». – « N'aviez-vous point des ornements, des vases sacrés, et une pierre également sacrée pour cet effet ? » – « Oui, mais ils ne me servaient pas [...] Je les portais avec moi, parce que je ne voulais les déposer chez personne, de peur de les compromettre, je les cachais dans des buissonnières ou dans des masures ». – « N'avez-vous point contribué à fanatiser les habitants des cantons où vous vous êtes retiré ? » – « Non, je n'ai parlé à personne ».

Le mardi 1er octobre 1793, le tribunal arrêta le renvoi de l'inculpé devant la Tribunal criminel :

> « Le Conseil, après avoir rejeté la question : le prêtre Toulorge doit-il être simplement réputé émigré ? délibérant sur la question : le prêtre Toulorge doit-il être déclaré émigré ? déclare émigré le prêtre Toulorge ci-devant religieux et le renvoie devant le tribunal criminel pour l'application de la loi contre les émigrés à la majorité des suffrages ».

Le 12 octobre 1793 (21 vendémiaire An II), Pierre-Adrien Toulorge comparut dans la même salle devant les membres du Tribunal criminel. Comme la preuve de son émigration ne pouvait être fournie en dehors des dires de l'accusé, le tribunal offrit à Pierre-Adrien une ultime chance, dans laquelle il n'est pas interdit de voir une tentative de discréditer l'accusé et l'ensemble du clergé insermenté, puisque tout le monde était intimement convaincu de la réalité de son émigration. Pierre-Adrien Toulorge se refusa à cette supercherie et soutint toujours qu'il avait bien abandonné le territoire national pendant une période de cinq semaines passées à Jersey, ce que la Justice ne pouvait elle-même prouver [101].

L'acte officiel est ainsi rédigé :

> « Il a répondu s'appeler Pierre-Adrien Toulorge, âgé de 37 ans, ci-devant religieux de l'Abbaye de Blanchelande, Ordre de Prémontré ; lecture a été donnée de l'arrêt de la Commission administrative du Département de la

---

[101] Il est de tradition à Coutances que ce moyen lui aurait été suggéré avec insistance par le président Loisel. Cf. de BEAUREPAIRE, *Note sur le Tribunal Criminel de la Manche*, p. 21 et 39. La tradition rapporte aussi que les juges auraient pris la place du Père Toulorge pour répondre aux questions, afin qu'il put, en gardant le silence, ne pas charger sa conscience d'un mensonge pour sauver sa vie. En admettant que cette interprétation corresponde à la vérité des faits, c'était mal connaître l'accusé.

Manche du 1er de ce mois qui le déclare émigré et le renvoie en ce Tribunal. Ledit Toulorge, interpellé de dire s'il est en état de justifier qu'il n'ait pas quitté le territoire de la République française, a dit qu'il n'en pouvait justifier et il a même convenu avoir quitté le territoire français et s'être retiré à l'île anglaise de Jersey ».

Le texte manuscrit porte des surcharges ajoutées, avec la signature des juges, en marge du texte préparé avant la séance de clôture du procès. On avait donc compté sur une évasive rétractation dans la première rédaction du texte.

La sentence finale suivit :

« Au nom de la République Française, le Tribunal criminel du département de la Manche [...] condamne ledit Pierre-Adrien Toulorge à la peine de mort, et sera le présent jugement exécuté dans les 24 heures, sans qu'il puisse y avoir aucun sursis, ni recours ou demande en cassation, conformément aux dispositions de l'article 79 de la 12e section de ladite loi du 28 mars dernier ».

Ces dernières paroles du greffier furent suivies d'un silence impressionnant, tout de suite interrompu par un très distinct *Deo gratias !* C'était la voix sereine et ferme de Pierre-Adrien Toulorge qui, très calme, poursuivit.

« Que la volonté de Dieu soit faite et non la mienne ! Adieu, Messieurs, jusqu'à l'éternité, si vous vous en rendez dignes ! ».

Un témoin notait que son visage respirait vraiment la joie. Tandis qu'on le reconduisait à la prison du Fort-Colin, les gens qui le rencontrèrent croyaient assurément qu'il avait été acquitté.

Lorsque Pierre-Adrien entra dans la prison où l'attendaient ses compagnons d'infortune, il y montra un visage rayonnant. « Alors, quelles nouvelles ? » – « Bonnes nouvelles, mon procès a été jugé en ma faveur ! » [102]. Tout le monde était joyeux de sa délivrance. Cependant, il fit part du verdict à l'un de ses compagnons, et la joie fit aussitôt place à la douleur. Le soir, Pierre-Adrien prit son repas avec les cinq clercs incarcérés, MM. Alix, Lemoigne, Leboeuf, Lenoir et Pacquet qui était simple minoret. Après le souper, tous se couchèrent, excepté le futur martyr. Il se confessa au curé de Montgardon, M. Alix. Tandis que tous s'endormaient, il écrivit trois lettres.

À un ami :

« Mon cher Ami, je vous annonce une bonne et très heureuse nouvelle. On vient de me lire ma sentence de mort, à laquelle suivant saint Cyprien j'ai répondu : Deo gratias ! Demain, à deux heures, je quitterai cette terre chargée d'abominations pour aller au ciel jouir de la présence de Dieu et de

---

[102] Cette réflexion et tout le récit de cet épisode est emprunté à la relation anonyme d'un compagnon du Père Toulorge dans sa prison, dont plusieurs copies ont circulé après la mort du martyr, Arch. dioc. de Coutances.

mon Église : hélas ! comment se peut-il faire que, tout pécheur que je suis, j'aie le bonheur d'être couronné du martyre ? Je confesse à mon Dieu d'être très indigne d'une telle faveur ; mais que dis-je ? c'est le sort de ceux qui ont le bonheur d'être demeurés fidèles à la foi catholique, apostolique et romaine, à laquelle, par la grâce de Dieu, je suis extrêmement attaché [...] Ce qui est ma consolation maintenant, c'est que Dieu me donne une joie et une sérénité très grandes, et ce qui me fortifie, c'est l'espérance, que bientôt, je possèderai mon Dieu ».

À son frère :

« Réjouis-toi, mon frère ; tu auras demain un protecteur dans le ciel, si Dieu, comme je l'espère, me soutient comme il l'a fait jusqu'ici. Réjouis-toi de ce que Dieu m'ait trouvé digne de souffrir non seulement la prison, mais la mort même pour Notre-Seigneur Jésus-Christ ; c'est la plus grande grâce qu'il pouvait m'accorder ; je le prierai pour toi de t'accorder une pareille couronne. Ce n'est pas aux biens périssables qu'il faut s'attacher [...] Regarde toujours comme le plus grand honneur d'avoir, et dans ta famille, un frère qui ait mérité de souffrir pour Dieu. Loin donc de t'affliger de mon sort, réjouis-t-en et dis avec moi : Que Dieu soit béni ! Je te souhaite une sainte vie et le paradis à la fin de tes jours, ainsi qu'à ma soeur, à mon neveu et à ma nièce, à toute ma famille ».

À une inconnue :

« Citoyenne, J'ai une belle et heureuse nouvelle à vous annoncer, je suis délivré de toutes les misères d'ici-bas, demain je jouirai du bonheur des élus, je serai couronné du martyre ; je ne méritais pas hélas une marque si évidente de la bonté de Dieu. Je le prierai de vous combler de toutes sortes de biens, de vous faire vivre et mourir dans la foi catholique, apostolique et romaine, hors de laquelle il n'y a point de salut. Je vous prie de ne pas vous attacher à cette vie, mais à l'autre, qui sera éternelle. Réjouissez-vous de mon sort. Je vous souhaite la bénédiction de Dieu [...] Le 12 octobre 1793, la veille de mon martyre ».

Le lendemain, dimanche, Pierre-Adrien se leva avec joie, déjeuna comme de coutume, montrant une grande sérénité. Après avoir dit la première partie de son bréviaire, il demanda à plusieurs de lui accommoder les cheveux et de lui faire la barbe. Enfin, il demanda à ses confrères de dire avec lui les Vêpres. Arrivé à Complies, il entonna l'hymne *Grates peracto jam die*. Parvenu à l'avant-dernière strophe :

« "Oh ! quand luira votre jour / Qui ne connaît pas de déclin ? / Oh ! quand me sera-t-elle donnée / Cette sainte patrie qui ne connaît pas de haine !" [103], il ferma son Bréviaire et s'écria tout joyeux. "Ô, mes chers amis, il faut en rester là, je chanterai bientôt ce cantique en action de grâces au Ciel. Il n'est pas encore temps pour moi de le chanter. Ô, mes chers frères, je ne vous oublierai pas ; je demande à Dieu qu'il vous protège, Je le prierai pour tous mes bienfaiteurs, mes amis et ennemis même". Lorsqu'on vint le chercher, il

---

[103] L'hymne *Grates peracto jam die* était celle des Complies non seulement dans le Bréviaire de l'Ordre de Prémontré imprimé en 1786 chez Hoener à Nancy, mais aussi dans celui du diocèse de Coutances.

embrassa une dernière fois ses confrères : "Adieu, mes amis, adieu jusqu'à l'éternité !". Ceux-ci tombèrent à genoux et implorèrent sa bénédiction. Il les bénit, le visage tout resplendissant d'une paix divine ».

Un piquet du 8ème bataillon du Calvados l'attendait pour l'escorter jusqu'au lieu du supplice. D'après un témoin oculaire [104], la guillotine était dressée en face de la maison de M. Brohier, maire de Coutances. La foule était muette d'émotion en voyant ce jeune prêtre aller à la mort avec sérénité et paix. Conduit au pied de l'échafaud, revêtu d'une longue redingote verte, boutonnée jusqu'au col, le Père Toulorge dit seulement :

> « Mon Dieu, je remets mon âme entre vos mains ! Je vous demande le rétablissement et la conservation de votre Sainte Église. Pardonnez, je vous prie, à mes ennemis ».

Après l'exécution, le bourreau saisit la tête sanglante par les cheveux et la montra à la foule. Il était quatre heures et demie. Une charrette emporta le corps au cimetière Saint-Pierre.

M. Quenault recueillit d'un témoin oculaire, que le Père Toulorge, protégé par les autorités qui regrettaient sa condamnation, fut enseveli comme prêtre, la face découverte, et qu'il avait gardé sur son visage une grande sérénité [105]. C'est contre le mur septentrional du cimetière Saint-Pierre que repose encore aujourd'hui le corps meurtri du martyr. Une plaque a été apposée, portant cette inscription :

> « Pierre-Adrien Toulorge, né dans la paroisse de Muneville-le-Bingard, prêtre de l'ordre de Prémontré, qui, à l'âge de 37 ans, martyr de la foi catholique et de la vérité, condamné à mort à Coutances, mourut courageusement en l'année 1793, le XIII octobre ».

La paroisse de Muneville-le-Bingard a voulu perpétuer le souvenir de son martyr et lui a élevé en 1868 un bas-relief de marbre, dû au ciseau de Monsieur l'Abbé Délignad, chanoine de Coutances. La scène centrale représente le jeune religieux dans le moment le plus pathétique de son procès : il refuse la suggestion qui lui est faite de sauver sa vie en proférant un mensonge. Un ange apporte les symboles du martyre, une palme et une couronne. D'un côté, les gardes attendent le prêtre pour le mener à l'échafaud. Une guillotine apparaît dans le lointain, ainsi que l'abbaye prémontrée de Blanchelande. Au-dessous du bas-relief on peut lire l'inscription :

---

[104] Jacques-François Desmoulins, de qui l'abbé Lecardonnel recueillit ces détails en 1865, alors qu'il était âgé de 82 ans. Ce vieillard, jouissant de toutes ses facultés intellectuelles, se rappelait fort bien avoir assisté tout enfant à cette émouvante exécution capitale.

[105] Cf. L. QUENAULT, *L'abbé Toulorge ou le martyr de la Vérité*, Coutances, 1864, p. 18.

« Pierre Adrien Toulorge né dans cette paroisse, prêtre de l'ordre de Prémontré, illustre confesseur de la foi catholique, rendit un témoignage inébranlable à la vérité et à la religion en souffrant la mort à Coutances l'an du seigneur 1793, le 13 octobre. On l'engageait à dissimuler afin d'éviter la mort. Mentir, dit-il, est une indignité [...] C'est ainsi qu'il mourut, laissant le souvenir de sa mort comme un exemple de courage et de vertu. L'évêque, le clergé et le peuple du diocèse lui ont érigé ce monument, l'an du seigneur 1868 ».

Nombreuses furent les marques de dévotion populaire envers le Serviteur de Dieu, dès l'instant de sa mort. Tous le considéraient comme un authentique martyr, mis à mort comme ses compagnons, uniquement parce qu'il était prêtre catholique, sous le fallacieux prétexte qu'il était un émigré rentré en France.

Aussi, lorsqu'en 1922 furent entrepris les divers procès diocésains des martyrs normands de la Révolution, la Cause de Pierre-Adrien Toulorge fut-elle en bonne place, considérée comme la plus digne d'intérêt, parmi celles de 57 prêtres dont 13 appartenaient au diocèse de Coutances [106].

Le Père Gabriel Mallet, procureur général des Eudistes, fut désigné comme postulateur de la Cause. La notice concernant le Père Toulorge est de loin la plus abondante. Elle a pu être rédigée grâce aux travaux historiques de Dom Pierre Marc, o.s.b. Celui-ci écrivait :

« Le motif réel de la mort du Père Toulorge est la haine du prêtre catholique ; il coïncide avec le motif d'arrestation indiqué par les documents administratifs. L'émigration n'est qu'un motif apparent de cette mort et le moyen juridique qui a été utilisé pour la procurer. L'amour indéfectible de la vérité a empêché le Père Toulorge d'employer le moyen de salut qu'on lui offrait et qu'il considérait comme équivalent à une renonciation extérieure de sa foi ».

Après plusieurs décennies durant lesquelles le Procès de Canonisation resta en sommeil, l'ordre de Prémontré a récemment résolu de reprendre cette Cause pour la proposer au jugement de l'Église.

5. Suppression de l'ordre en Espagne

Depuis la création de la Congrégation d'Espagne au XVIe siècle, et jusqu'à la sécularisation de 1835, les Prémontrés espagnols, presque totalement séparés du reste de l'ordre, connurent une véritable prospérité qui se manifesta, entre autres, par la création de deux nouvelles abbayes à Madrid, Saint-Norbert et Saint-Joachim, et par l'élévation du collège de

---

[106] On trouvera la liste des martyrs dans J. TOUSSAINT, *Pierre-Adrien Toulorge...*, p. 175-177.

Salamanque à la dignité abbatiale. Les communautés, dans l'ensemble très fidèles, jouissaient d'une excellente réputation. Le cycle des études pour les jeunes religieux était très supérieur à la qualité de la formation offerte dans la plupart des circaries de l'ordre. La Congrégation d'Espagne développa notamment les études sur le mystère de l'Immaculée Conception, et en propagea la dévotion dans tout le royaume. À l'instar des Bénédictins et des Cisterciens espagnols, les Prémontrés espagnols obtinrent du Saint-Siège confirmation de tous leurs privilèges et firent conférer à leur provincial le titre de « Réformateur Général ». L'abbé général Pierre Gosset tenta, mais en vain, de leur faire reprendre l'habit blanc et le bréviaire prémontré, mais, en 1639, sur l'intervention du Nonce apostolique, cette tentative de reprise en main par l'autorité centrale de l'ordre n'aboutit pas.

À vrai dire, séparés de l'ordre, les Prémontrés espagnols ne parvinrent jamais à s'entendre sur l'identité de leur Congrégation. Congrégation monastique pour les uns, les Prémontrés se devaient de porter un habit noir et refuser tout ministère paroissial en dehors du cloître. Congrégation canoniale pour les autres, les Prémontrés d'Espagne décidèrent lors de leur chapitre de 1687 d'élire un abbé chargé de participer une fois tous les trois ans au chapitre général régulièrement tenu en France. Et cependant, les Prémontrés d'Espagne firent beaucoup pour la renommée de l'ordre. Nombre d'entre eux furent membres de l'Inquisition, des commissions théologiques de la Nonciature apostolique, du Conseil royal, ou du diocèse de Tolède. D'autres furent promus à l'épiscopat en Amérique Latine où ils rejoignirent leurs confrères missionnaires. C'est sous l'impulsion des Prémontrés espagnols que la fête de saint Norbert fut étendue en 1620 à l'Église universelle, et qu'elle fut élevée au rit double en 1666. Malgré la sécession, les Prémontrés d'Espagne entretinrent d'excellentes relations avec leurs confrères des circaries du Brabant ou d'Allemagne. Et Servais de Lairuelz ne tarit pas d'éloges envers ces fils zélés de saint Norbert.

En 1698, un bref apostolique intima aux Prémontrés espagnols de reprendre l'habit blanc et le bréviaire de l'ordre. Cependant, les abbés, bien décidés à garder leur indépendance, se réunirent en chapitre en 1703 et finirent par obtenir la révocation de ce bref. En 1715, le roi Philippe V confirma définitivement les privilèges de la Congrégation et sanctionna sa totale indépendance par rapport à toute autorité étrangère.

En 1803, alors que de nombreux gouvernements d'Europe entreprenaient de supprimer les monastères, le roi d'Espagne invita ses religieux à se réformer, à se montrer zélés au service du peuple, notamment en ouvrant de nombreuses écoles. Néanmoins, en 1809, Joseph Bonaparte, roi intrus nommé par Napoléon, décida la suppression de tous les monastères masculins du royaume. La plupart des abbayes prémontrées situées dans les villes furent détruites. Une fois les Français chassés du royaume, en 1814, le roi Ferdinand VII restitua toutes leurs propriétés aux religieux. Cette restauration ne représentait, hélas, qu'une accalmie. En 1820, le parti des Libéraux imposa une nouvelle Constitution au monarque, et les monastères d'hommes furent à nouveau supprimés. Toutefois, les biens ne furent pas vendus à des particuliers et les églises furent conservées. En 1823, le roi parvint à révoquer la Constitution et rétablit une nouvelle fois tous les monastères, mais sans pouvoir leur restituer leurs biens, leurs livres ni leurs trésors artistiques. La Congrégation d'Espagne entreprit de restaurer les édifices claustraux démolis par les Français, mais la chute des vocations ne permit pas de repeupler les abbayes réduites souvent à deux ou trois religieux. L'esprit religieux y était néanmoins excellent.

À la mort du roi, en 1831, les Libéraux remportèrent un succès définitif, et au mois d'octobre 1835, le ministre Mendizabal supprima pour la troisième fois les monastères masculins d'Espagne. Cette sécularisation entraîna des pertes irréparables : abbayes en ruine, que personne ne voulait acheter, bientôt transformées en carrières de pierre, autels et objets précieux souvent irrémédiablement perdus, parfois sauvés par un transfert dans des églises voisines. Des édifices encore en bon état à la fin du XIXe siècle, sont aujourd'hui perdus à jamais. Cependant, quelques bâtiments conventuels subsistent encore, notamment ceux de La Vid, Retuerta, Arenillas, Aguilar, Bujedo, Brazacorta, Sordillos, Tejo, Santa Cruz de Monzon, Ciudad Rodrigo, Salamanque.

Les religieux espérèrent quelque temps une troisième restauration, mais la vente des biens par le Gouvernement, en 1842, enleva tout espoir de rétablissement. De fait, personne n'entreprit de restaurer l'ordre lorsqu'après 1875 cela aurait été possible. Le dernier religieux de la Congrégation d'Espagne, le Père José Llamas Matens, chanoine de l'abbaye de La Vid, mourut en 1901. Aujourd'hui, il ne reste plus de l'Espagne prémontrée, que les monastères féminins de Toro et Villoria.

Lorsqu'en 1835 les Prémontrés d'Espagne disparurent, l'avenir de l'ordre établi par saint Norbert sept siècles plus tôt semblait gravement compromis. Des centaines d'abbayes et de prieurés qui avaient couvert l'Europe, il ne restait qu'une petite dizaine de maisons en Europe centrale. La sécularisation allemande et la Révolution française, à elles seules, avaient supprimé en peu de temps quelque cent cinquante abbayes.

L'ordre de Prémontré, privé à jamais de son abbaye chef d'ordre, allait cependant manifester une vitalité exceptionnelle. Dans les années 1830, les Prémontrés belges entreprenaient courageusement la restauration de l'abbaye d'Averbode, suivie de près par la restauration des abbayes de Tongerlo, Grimbergen, Parc et Postel. L'arbre avait, certes, été dépouillé de ses rameaux, mais il était toujours vivant, prêt à pousser de nouveaux surgeons à partir des religieux rescapés de la tourmente. Il ne retrouverait sans doute plus sa primitive splendeur sur la terre qui l'avait vu naître et se développer, mais sa vitalité en Europe ne devait cesser d'étonner les plus sceptiques. Une ère nouvelle allait s'ouvrir pour les fils de saint Norbert, bientôt prêts à traverser les mers pour se porter vers des terres nouvelles.

CHAPITRE VI

RENOUVEAU ET NOUVELLE EXPANSION HORS D'EUROPE
LE XIXe SIÈCLE

Cinquante ans après la Révolution française, l'ordre de Prémontré semblait totalement éteint en Europe occidentale, et la France, berceau de l'ordre, ne possédait plus une seule des quatre-vingt-douze abbayes qui, un demi-siècle plus tôt, faisait de ce pays une terre prémontrée. La Belgique se trouvait dans la même situation. Après la suppression de l'ordre en Espagne et la sécularisation des abbayes allemandes, seules les maisons d'Europe centrale perpétuaient sans interruption la famille norbertine.

Au moment où les Prémontrés belges [1] entreprenaient courageusement de restaurer leurs anciennes abbayes, ceux de France, anéantis par les rigueurs de la persécution révolutionnaire et les mesures anti-religieuses de la législation en vigueur après le Concordat napoléonien, demeurèrent comme paralysés, incapables même de vouloir entreprendre la moindre restauration. De ces rares Prémontrés français nous ne savons à peu près rien, sinon qu'ils ne sortaient guère du souvenir d'un passé désormais révolu. L'abbé général L'Écuy lui-même, qui devait survivre presque un demi-siècle à la fermeture de l'abbaye de Prémontré et à la suppression de son ordre en France, signait ses lettres : « L'Écuy, ancien abbé de Prémontré » [2], signe incontestable qu'il s'était résigné

---

[1] Quelques Prémontrés de l'abbaye de Floreffe, au diocèse de Namur, qui étaient au nombre de soixante et un en 1797, s'associèrent pour racheter une partie de leur abbaye, en vue d'une éventuelle restauration. Au moment où leur confrères du Brabant reprenaient la vie commune, les trois survivants estimèrent impossible de restaurer leur communauté, accueillirent dans leurs murs, en 1805, le petit séminaire diocésain de Namur, fermé entre 1825 et 1830, et cédèrent définitivement leur patrimoine en 1842.

[2] Arch. de la Curie Généralice de Prémontré (Rome), Archivium Antiquum : Lettre autographe de Jean-Baptiste L'Écuy, adressée, le 19 juillet 1825, à Monsieur Dubuc, curé-doyen de Fère Champenoise.

malgré lui à la situation imposée par la Révolution et *consacrée* par le Concordat.

Dans les années qui suivirent la mort de l'abbé L'Écuy, survenue en 1834, les Prémontrés de Paris et des environs continuèrent à se réunir, comme ils le faisaient naguère à son invitation, pour célébrer, le 11 juillet de chaque année, la fête de saint Norbert, ainsi qu'en témoigne cette annonce parue dans *L'Ami de la Religion* de 1843 :

> « À Messieurs les chanoines réguliers de l'Ordre de Prémontré. De cet ancien Ordre, jadis si célèbre en France, il n'existe plus que quatre ou cinq confrères à Paris et aux environs, et peut-être pas vingt en toute la France. Du vivant de leur dernier Abbé général J.-B. L'Écuy, ils se réunissaient chez lui chaque année vers le 11 juillet, fête de saint Norbert, patron et fondateur de leur Ordre. Neuf ans après la mort de cet humble Abbé, un d'entre eux a l'honneur d'inviter tous ses confrères encore existants sur le sol de France, à un modeste repas, mardi octave de la fête de saint Norbert, 18 juillet présent mois, à midi, pour honorer la mémoire de leur bon père et pour établir une messe pour le repos de son âme le 11 juillet de chaque année. L'on s'attendra l'un l'autre, rue d'Enfer 62, à Paris » [3].

Hélas, nous ne savons pas l'écho que cet appel produisit. Tout semblait bien fini.

La description du Père François Colinet, profès de Saint-Martin de Laon, rescapé de l'île de Ré, et rentré dans son ancienne abbaye transformée en hôpital, corrobore cette triste impression. Un prêtre qui le connut dans ses dernières années, retiré à Laon, se souvient avec émotion de cette figure exceptionnelle :

> « Quand je le vis, les premières années comme le revenant d'un autre âge, suivant solitairement les allées ombreuses du jardin, appuyé d'une main sur sa canne et de l'autre égrenant son chapelet, enveloppé d'une longue redingote noire et coiffé du chapeau laïque de l'époque, j'hésitais de l'aborder, mais je suivais, derrière le rideau d'une fenêtre, tous ses mouvements [...] Plus tard je m'enhardis et allais frapper à sa porte ; je vois encore sa grande chambre à hautes fenêtres, bien froide l'hiver, et l'été grandement ensoleillée, et là un petit vieillard à cheveux blancs, à figure ascétique, maigre et pâle, assis sur un fauteuil de paille, un gros livre à tranches rouges à côté de lui. Malgré le va-et-vient d'une bruyante et brusque ménagère, il gardait un calme sourire, regardant mélancoliquement par devant lui comme dans un lointain transparent, ou bien répondant paternellement à mes questions multipliées ; il me parlait de Prémontré, de ses anciens généraux – de Vinay, Manoury, L'Écuy – du vieux Laon, des splendeurs de Saint-Martin, des horreurs de l'île de Rhé [...] C'était le naufragé échappé de la tempête, l'apparition d'un temps qui n'était plus » [4].

---

[3] *L'Ami de la Religion*, t. III, p. 80.
[4] *La Cour d'Honneur de Marie*, 1884, p. 276.

1. À la découverte de l'ordre de Prémontré en Europe centrale

Voici dix ans, je publiais [5] un document découvert dans les archives de l'abbaye de Frigolet [6], le *Mémorandum adressé à sa Grandeur l'Archevêque d'Aix, au sujet de mon voyage en Autriche pour assister au Chapitre Général des Prémontrés*, rédigé par le Père Denis Bonnefoy, pro-visiteur de la Congrégation de France de l'Ordre de Prémontré, à l'occasion du chapitre d'Union de 1896 voulu par le pape Léon XIII.

Dans ce *Journal de Voyage*, le Père Bonnefoy décrit les abbayes visitées à cette occasion. Vu les circonstances et le but de ce voyage – le chapitre général qui devait décider de l'union entre sa communauté et l'ordre de Prémontré –, il note les éléments qui lui semblent les plus significatifs des us et coutumes des Norbertins d'Europe centrale, mais il n'échappe pas au charme du spectacle grandiose offert par les abbayes prémontrées d'Autriche et de Bohême.

« ... Nous arrivions en gare d'Innsbruck à 6 heures du soir, le samedi 22 août. Un jeune père du couvent prémontré de Wilten nous accueillait avec une grâce toute fraternelle, et nous emmenait en landau dans sa belle abbaye qui se trouve dans un faubourg de la ville [...] L'habit essentiel, chez nos pères de Wilten comme dans l'ordre tout entier d'ailleurs, se compose de la robe blanche, du scapulaire et de la ceinture. Mais en Autriche l'usage du camail ou chaperon est inconnu, sauf pour les prélats. On ne porte pas non plus la tonsure monastique bien qu'elle soit prescrite par les statuts de 1630 et clairement indiquée dans les tableaux anciens qui représentent les saints ou les personnages de l'ordre. Les matines et laudes sont toujours anticipées à 6 heures ou 7 heures, selon le temps, et l'office, sauf dans les grandes solennités, est récité dans l'oratoire intérieur » [7].

La diversité qui n'échappe guère au Père Bonnefoy dès le commencement de son voyage, concerne des éléments de nature et d'importance diverses. Les différences d'usage touchant le camail – introduit sous sa forme actuelle au XIXe siècle – et la tonsure sont facilement explicables par l'évolution des maisons autonomes depuis la publication des statuts de 1630, notamment sous l'influence du joséphisme qui avait proscrit les maisons purement contemplatives. C'est probablement sous la même influence que les religieux contraints à sortir de leur abbaye pour se livrer au ministère et notamment à l'administration des paroisses et à l'enseignement, désertèrent le choeur, et que l'office divin fut réduit à sa plus simple expression, en dépit de la tradition de l'ordre canonial. À Frigolet, le Père Bonnefoy connaissait l'office des matines et des laudes à minuit. En

---

[5] B. ARDURA, « Au centre de la fusion entre la Congrégation de France et l'Ordre de Prémontré, le chapitre d'Union de 1896 », *Analecta Praemonstratensia*, t. LX (1984), p. 85-115.

[6] Archives de l'abbaye de Frigolet, carton : Union au Grand Ordre.

[7] *Ibid.*, p. 98-99.

Belgique, celui-ci était retardé à 3 heures du matin. À Frigolet, selon les directives données en son temps par le Père Boulbon, tout l'office était chanté solennellement avec le concours de 21 prêtres, 14 novices et les enfants de la maîtrise. À Wilten, sur 43 prêtres, à peine une quinzaine résidaient à l'abbaye, les autres étant essentiellement en paroisse. Le Père Bonnefoy note : « À part les conventuels et les dignitaires ou officiers des couvents, nos pères, en Autriche comme en Belgique, exercent les fonctions de curés, vicaires ou professeurs » [8].

Un autre fait surprend d'autant plus le voyageur français qu'il vient d'une abbaye très stricte sur la pratique de la pauvreté :

> « J'ajouterai aussi, pour être complet, que les abbayes d'Autriche entretiennent à leurs frais et les curés et leurs oeuvres. C'est même cet entretien qui est le point de départ du *pécule* ou argent dont les religieux ont la libre disposition jusqu'à concurrence d'une certaine somme fixée par les usages de chaque maison. Le pécule s'est étendu dans la suite même aux religieux qui ne sont point dans le ministère, surtout après l'envahissement néfaste du joséphisme » [9].

Poursuivant son voyage en compagnie des autres capitulants faisant route vers l'abbaye de Schlägl, le Père Denis Bonnefoy prend la petite voie ferrée qui relie Linz à l'abbaye.

> « Presque tous les capitulants, abbés ou délégués, se trouvaient dans le train. Seuls les pères de Wilten avaient l'habit religieux. Les Belges étaient en soutane noire ; les Autrichiens et les Hongrois portaient l'habit civil. Les Prélats n'étaient reconnaissables que par l'anneau d'or et le gilet blanc » [10].

Quel spectacle, pour le religieux habitué à une vie austère, de voir le train de vie mené dans cette abbaye ! Quel étonnement de voir qu'en dehors des offices quotidiens récités dans un oratoire par quelques volontaires, le chant de l'office est assuré lors des solennités par un choeur qui remplace les religieux muets dans leurs stalles !

> « C'est au milieu d'une pluie battante et en pleine nuit que nous débarquâmes à la halte de Schlägl où nous attendaient de beaux équipages. Inutile de dire que nous fûmes reçus et traités à Schlägl d'une façon absolument princière et totalement gratuite, l'abbé ayant formellement repoussé l'offre d'une indemnité quelconque.
>
> 25 Août. Après la Messe, j'ai pu me rendre compte des préparatifs faits pour nous recevoir : arcs de triomphe, devises, bannières au vent, etc... À 8 heures, les capitulants et les religieux font leur entrée solennelle dans l'église abbatiale et le Révérendissime Père Général chante la Messe du Saint-Esprit. Le choeur des religieux est remplacé par des voix d'hommes et d'enfants qui

---

[8] *Ibid.*, p. 100.
[9] *Ibid.*, p. 100-101.
[10] *Ibid.*

exécutent à grand orchestre une Messe savante de style et très harmonieuse d'effet » [11].

Sur le chemin du retour, le Père Denis Bonnefoy passe par Strahov et Teplá. De la première abbaye, il écrit :

« Ce monastère domine la ville de Prague. Il possède la plus riche bibliothèque de l'ordre, bibliothèque visitée par les étrangers de distinction, et connue par les savants des deux-mondes pour ses manuscrits et ses incunables. Des 70 religieux qui dépendent de cette abbaye, les trois-quarts desservent des paroisses, ou sont professeurs dans les *Gymnasia* ou collèges publics. Les usages sont à peu près les mêmes à Strahov que dans les autres abbayes d'Autriche, sauf peut-être que l'office y est chanté plus souvent au choeur » [12].

C'est cependant l'abbaye de Teplá, en Bohême occidentale, qui frappe le plus notre visiteur. Il n'a jamais rien vu qui inspire autant le sentiment de puissance et de prospérité. Le 31 août, il arrive avec quelques compagnons à la gare de Marienbad.

« L'abbé de Tepl nous attendait au débarcadère. Marienbad est une ville d'eau, célèbre dans la contrée. Elle appartient aux Prémontrés ; et c'est un de leurs abbés qui, au commencement de ce siècle, découvrit la vertu des sources et les mit en exploitation. Une statue lui a été dressée sur la principale place de la ville. Les Établissements de bain, les promenades publiques, la forêt environnante, tout en un mot est la propriété de l'abbaye : un père a le titre officiel et les fonctions d'*Inspector aquarum*. Deux autres pères ont le soin des âmes : ils sont nécessairement polyglottes, vu l'affluence des Étrangers. L'abbaye de Tepl est à une heure et de demie de Marienbad. Nous y sommes montés, à travers des bois et des champs fertiles, vers le soir. L'entrée du monastère est réellement imposante. On aperçoit d'un coup d'oeil l'ensemble grandiose et le plan des constructions. L'église a trois nefs, renferme les corps du Bx Hroznata, martyr, fondateur de l'abbaye et sa soeur abbesse de X [13]. Elle est éclairée à l'électricité comme le monastère lui-même qui comprend une brasserie, de vastes écuries et se prolonge vers les grandes fermes sises au bord d'un étang. La prélature est une merveille de luxe artistique. L'infirmerie et la pharmacie sont en dehors de la clôture : leur aménagement en fait un petit palais. Quelques pères, curés dans le voisinage, étaient en visite à l'abbaye. Ils sont généralement satisfaits de leurs populations. Un seul parmi eux, qui compte parmi ses paroissiens des ouvriers d'usine, se plaignait que le Socialisme semait la méfiance contre les prêtres et l'esprit d'incrédulité dans son troupeau [...] La bibliothèque a plusieurs grandes pièces dont l'une est un vrai musée de zoologie, de numismatique et d'appareils scientifiques confectionnés par un Prémontré professeur de Sciences » [14].

---

[11] *Ibid.*

[12] *Ibid.*, p. 109.

[13] De Chotieschau qu'il avait fondé et où trois de ses soeurs entrèrent.

[14] *Ibid.*, p. 109-110.

Rentré dans son abbaye de Frigolet, le Père Bonnefoy résumait ses impressions, d'ailleurs positives, sur l'ordre de Prémontré dans l'empire austro-hongrois :

> « Vu de près par la visite que j'ai faite à plusieurs abbayes et par le contact que j'ai eu avec les sommités de l'ordre, on peut affirmer que l'ordre de Prémontré est actuellement prospère à tous les points de vue, qu'il jouit de la considération des peuples dans les contrées où il existe des maisons de l'ordre, que les abbés y sont très posés, savants et observants. Si, en Autriche, on s'écarte en quelques points de la lettre ou de l'esprit des statuts de 1630, qui y forment cependant la législation comme dans les autres provinces de l'ordre, on ne remarque pas que ce soit par un principe de relâchement. Les religieux actuels sont entrés dans l'ordre tel qu'ils l'ont trouvé fonctionnant dans leur pays depuis nombre d'années, et ils y maintiennent les règles telles qu'ils les ont acceptées à leur profession religieuse. Ils sont d'ailleurs estimés et honorés, et les gens sérieux qui les entourent se plaisent à reconnaître et à dire que les deux ordres les plus exemplaires de l'empire autrichien sont les Jésuites et les Prémontrés. La source ou la cause des différences d'allures et d'usages que l'on remarque dans ces maisons et qui y étonnent ou même qui y choquent notre manière de voir et notre esprit français, vient, en grande partie, des influences encore très senties du *Joséphisme* et de l'absence, pendant un très grand nombre d'années, de l'unité d'autorité, de chapitres généraux et de visites canoniques : trois conditions, sans lesquelles tôt ou tard, toutes les observances s'amenuisent et dégénèrent » [15].

L'analyse du Père Bonnefoy est objectivement juste, dans la mesure où il constate, certes, d'importantes divergences d'observance, mais les replace dans un contexte général, propre à les relativiser sans en nier ni la réalité ni l'importance. Les abbayes prémontrées d'Europe centrale se sont, seules, maintenues, dans une prospérité qui était commune à l'ensemble de l'Empire, mais dans un total isolement, sans chapitres généraux, sans abbé général et sans visites canoniques durant plusieurs décennies, trois éléments considérés à juste titre par notre voyageur comme indispensables dans un institut religieux composé de maisons autonomes, dispersées sur un immense territoire.

En fait, dès 1851, la Congrégation romaine des Évêques et des Réguliers avait entrepris une visite apostolique de tous les réguliers résidant dans l'empire austro-hongrois. Cette initiative constituait la réponse du pape à une demande expresse de l'empereur qui désirait voir « régulariser la vie des réguliers », avant de signer un Concordat avec le Saint-Siège [16]. La Congrégation avait confié cette tâche pour la Bohême, la Moravie et la Slovaquie au cardinal Schwarzenberg, archevêque de Prague, comme en témoigne un décret du 16 décembre 1854 prorogeant

---

[15] *Ibid.*, p. 113.

[16] Archivio Segreto Vaticano : Reg. Regularium 1857, *Al Nunzio Apostolico di Vienna*, 29 aprilis 1857.

son mandat pour trois ans et confirmant ses pouvoirs extraordinaires concédés antérieurement [17]. Le cardinal Schitowski, archevêque d'Esztergom, avait reçu la même mission et les mêmes facultés pour les réguliers hongrois [18]. Leur mission consistait à faire appliquer les décrets *Romani Pontifices* et *Regulari Disciplinae* de 1848, qui modifiaient la formation des religieux, notamment la vêture, et instaurait la profession temporaire triennale avant la profession solennelle. Le 19 mars 1857, la Congrégation des Évêques et des Réguliers promulgua un décret et l'envoya aux deux cardinaux visiteurs, les chargeant de le faire appliquer dans l'ensemble de l'empire austro-hongrois [19].

À l'invitation et sous la présidence du cardinal Schwarzenberg, les abbés et les délégués de toutes les abbayes prémontrées de l'empire austro-hongrois se réunirent en chapitre, le 16 avril 1859, en l'abbaye de Strahov à Prague. Les Prémontrés décidèrent des mesures à prendre pour restaurer et promouvoir la discipline régulière, et décidèrent de réunir leurs neuf abbayes en une province sous le patronage de la Bienheureuse Vierge Marie, Mère de Dieu, conçue sans péché. Ils élirent comme président et visiteur général l'abbé de Strahov, et choisirent comme vice-visiteurs le Père Dominique Antoine Lebschy, abbé de Schlägl, et l'abbé Joseph Répássy, abbé de Jasov. Lors de ces assises, les Prémontrés élaborèrent des statuts envoyés à Rome pour approbation. En l'absence de gouvernement central et de procureur général de l'ordre de Prémontré, ils confièrent le texte des nouveaux statuts au Père Maurice, définiteur général des Capucins, puis chargèrent le président général des Cisterciens, Théobald Cesari, d'en accélérer l'approbation par la Congrégation des Évêques et des Réguliers. Toutefois, il semble que la Congrégation ait jugé utile d'attendre avant de donner cette approbation [20]. En fait le temps n'était pas loin où Pie IX demanderait à l'ensemble des Prémontrés d'élire un abbé général et de former à nouveau une unique famille religieuse.

2. La résurrection de l'ordre en Belgique et en Hollande

Les Prémontrés ne purent résister quand déferla la vague révolutionnaire française sur l'actuelle Belgique, mais ils se comportèrent avec une ferme détermination, et sur huit cents religieux, il s'en trouva à peine

---

[17] Archivio Segreto Vaticano : Reg. Regularium 1854, 50/a.s.

[18] *Ibid.*

[19] Archivio Segreto Vaticano : Reg. Regularium 1857, *Decretum pro regularibus in ditione Sacrae Caesariae Apostolicae Majestatis existentibus*, 19 martii 1857.

[20] Archivio Segreto Vaticano : S.C. dei Vescovi e Regolari, Lettre du Père Jérôme Joseph Zeidler ; Supplique du Père Théobald Cesari à Pie IX, 25 augusti 1859.

une dizaine pour prêter le serment constitutionnel. Nombreux furent ceux qui comme à Leffe et Floreffe, espérant contre toute espérance au plus fort de la tempête, n'hésitèrent pas à racheter une partie de leurs bâtiments et dissimulèrent les trésors de leurs bibliothèques et de leur mobilier, avec l'intention de reprendre la vie commune dès que les conditions politiques le permettraient.

Dès 1815, les Prémontrés belges entreprirent des démarches pour que leur soit reconnu le droit de restaurer leurs monastères. Pour cela, ils s'adressèrent au Congrès de Vienne, mais n'obtinrent pas gain de cause immédiatement. La Révolution de 1830 rendit à la Belgique sa liberté, et permit aux ordres religieux de reprendre la vie commune. Ainsi, après trente-trois ans de dispersion, les religieux survivants eurent la joie de retrouver sinon toutes, du moins une partie de leurs anciennes abbayes. En réalité, le Gouvernement libéral toléra seulement les communautés religieuses, et ne leur reconnut pas la personnalité juridique : leurs biens communs devaient être placés sous le nom de personnes privées. Pareillement, et par suite des dispositions du Concordat de 1801, les abbayes ne purent récupérer leur ancien droit de patronat sur les paroisses traditionnellement desservies par des Prémontrés librement et directement nommés par l'abbé.

On peut se poser la question de savoir quels furent les éventuels rapports entre les Prémontrés belges et l'abbé général L'Écuy, lorsqu'il s'avéra possible de reprendre la vie commune. Berthe Ravary fait mention, dans son ouvrage consacré au dernier abbé général résidant à Prémontré, de plusieurs contacts épistolaires avec les Prémontrés belges [21], notamment avec le Père Beugels qui devait être l'artisan de la restauration de l'abbaye de Postel. Ces rapports nous déçoivent un peu, dans la mesure où l'abbé général n'y fait jamais allusion à une éventuelle restauration, mais se limite à des considérations d'ordre littéraire. Et pourtant, le Père Beugels lui donnait des nouvelles de ses confrères belges survivants : Postel en comptait quatorze, Tongerlo un bon nombre dont trois anciens collaborateurs des Bollandistes, Averbode en comptait bien vingt-quatre [22]. Le Père Ignace Carleer, lui écrivit le 1er août 1833. Ayant appris avec ses confrères que leur abbé général était encore en vie, ils lui adressent une requête visant à confirmer le pouvoir du *régent* de la communauté de conférer l'habit prémontré et de recevoir les novices à la profession canoniale. L'abbé L'Écuy eut la consolation d'entrevoir la

---

[21] B. RAVARY, *Prémontré dans la tourmente révolutionnaire. La vie de J.-B. L'Écuy, dernier abbé général des Prémontrés en France (1740-1834)*, Paris, 1955, p. 258-263.

[22] D. DE CLERCK, « Le "Gremium Monasterii Averbodiensis", de 1834 à 1841 », *Analecta Praemonstratensia*, t. LXII (1986), p. 234-245.

restauration de son ordre en Belgique, mais il était alors à quelques mois de la mort...

Rome, après un long silence, chargea le nonce apostolique à Bruxelles, en qualité de délégué apostolique, de superviser la restauration conventuelle. Le 8 décembre 1851, au moment où le Saint-Siège entreprenait une démarche similaire en Bohême, le nonce apostolique Mathieu-Eustache Gonella [23] adressa une lettre [24] aux Prémontrés de Belgique, dans le but de stimuler parmi eux une salutaire émulation en vue de

> « ressusciter et inculquer l'esprit des origines par lequel les saints fondateurs de l'ordre furent conduits à orner l'Église, épouse immaculée du Christ Seigneur, d'un exemplaire éclat » [25].

Le 2 décembre précédent, le nonce avait réuni les supérieurs des cinq abbayes belges restaurées. Il entendait tracer les voies d'un renouveau fondé sur l'uniformité d'us et coutumes sanctionnée par les statuts de l'ordre. Le nonce insistait sur cinq éléments essentiels : la piété et le culte divin, les sciences sacrées, les biens temporels et le voeu de pauvreté, les voyages et les déplacements, et, enfin, l'hospitalité.

Il ressortait de ces instructions, que les Prémontrés devaient quotidiennement vaquer à la méditation en commun devant le Saint Sacrement, dès cinq heures du matin, et demeurer fidèles au chapitre quotidien des coulpes. Les novices, séparés du monde, feraient l'apprentissage de la vie nouvelle à laquelle ils étaient appelés, consacrant toute leur première année à la formation spirituelle et à l'initiation au chant sacré, à l'exclusion de toute étude philosophique ou théologique. Le nonce insistait sur l'observance du chant propre à l'ordre, dont l'exécution devait être uniforme dans toutes les abbayes.

La formation scientifique des jeunes religieux se déroulerait sur six années et dans les meilleures conditions, en donnant la priorité à l'Écriture Sainte et à la théologie, « de manière à susciter d'ardents défenseurs de la sainte Église romaine » [26]. Chaque abbaye aurait à coeur de former des hommes compétents pour obtenir de bons professeurs, capables de guider leurs élèves à la compréhension en profondeur des matières enseignées, grâce à des exercices appropriés faisant appel aux diverses facultés de l'intelligence.

---

[23] Nonce apostolique à Bruxelles, de 1850 à 1861.

[24] Arch. de la Curie Généralice de Prémontré (Rome) : Chapitres de Circaries, Circarie du Brabant.

[25] *Ibid.*, p. 1.

[26] *Ibid.*, p. 4.

Pour redonner à la vie religieuse toute sa vitalité, le nonce décrétait l'abolition de toutes les pratiques réputées contre la pauvreté religieuse, notamment le pécule. Les religieux se devaient de vivre en totale dépendance de leurs supérieurs en matière d'argent ou d'objets, notamment les vêtements et les livres. Les prêtres chargés de paroisses en dehors de l'abbaye se devaient d'observer la même rigueur dans le compte-rendu de leurs recettes et de leurs dépenses.

« La règle consiste à demeurer dans la solitude du monastère. Les déplacements doivent être exceptionnels » [27]. Les sorties en général doivent être justifiées par de graves nécessités. Quant aux sorties de détente, elles ne doivent jamais dépasser douze jours pris en une seule fois dans l'année, et nécessitent l'autorisation expresse du supérieur après consultation du prieur, du sous-prieur et du circateur. Les visites de politesse ou de détente n'auront jamais pour but les curés des environs et encore moins les laïcs, à moins de permission expresse et exceptionnelle.

L'hospitalité, traditionnelle à Prémontré, nécessite la stricte observance des statuts. Confiée à un religieux, elle est réglée par le supérieur, et ne doit jamais interférer avec la vie conventuelle.

Avec un zèle renouvelé pour la vie conventuelle et l'observance de la Règle, et une générosité des religieux survivants qui forcent l'admiration, la vie commune reprit et les vocations affluèrent. Le rapide développement des communautés restaurées et l'accroissement correspondant du nombre des prêtres contraints à demeurer à l'intérieur des abbayes par la méfiance de quelque évêque, suscitèrent, certes, au début, bien des difficultés. Mais il ne manquait pas non plus de religieux pour dénoncer la dispersion des curés prémontrés, et militer en faveur de la restauration de la stricte vie claustrale.

Devant une augmentation considérable et constante des effectifs, et pour rétablir les communautés dans leur situation normale, c'est à Tongerlo en 1868, et dans les autres communautés en 1872, que l'on restaura la dignité abbatiale. On reprit également la réunion des chapitres de province et, en 1876, le Saint-Siège confirma la restauration de la circarie de Brabant. Ce sont en effet cinq abbayes de l'ancienne circarie de Brabant, qui entreprirent de se restaurer dès que les conditions politiques le permirent, au lendemain de la Révolution brabançonne.

Averbode, renaît en 1834, devient siège du noviciat commun des abbayes belges, et retrouve son statut d'abbaye en 1872. Les difficultés financières sont importantes et, à plusieurs reprises, l'abbé d'Averbode demande au Saint-Siège l'autorisation d'aliéner des biens meubles pour en

---

[27] *Ibid.*, p. 8.

retirer les sommes nécessaires au maintien de la communauté [28]. La communauté ainsi que celle de Parc envoient des missionnaires au Brésil en 1896.

Grimbergen reprend vie en 1834, lorsque les religieux rescapés élisent un supérieur. Les premiers novices sont accueillis en 1835, et la restauration canonique a lieu en 1840. En 1859, la communauté restaure l'ancienne abbaye de Mondaye en France.

L'abbaye du Parc, supprimée par Joseph II en 1789, restaurée l'année suivante, fut à nouveau supprimée en 1797. En 1801, les religieux réussirent à reprendre une certaine vie commune en particulier dans les paroisses. En 1836, les onze chanoines encore en vie restaurèrent la vie régulière dans l'abbaye. La communauté envoya ses premiers missionnaires au Brésil en 1896.

En 1797, l'abbaye de Postel, supprimée, fut vendue et en partie démolie. Le dernier survivant des religieux racheta d'anciens bâtiments franciscains à Reckeim sur la Meuse. C'est là que s'établit la communauté de Postel en attendant de pouvoir récupérer son ancienne abbaye en 1847.

L'église et la majeure partie des bâtiments conventuels de l'abbaye de Tongerlo, fermée en 1796, furent démolies. Les religieux survivants commencèrent à admettre des novices en 1835. En 1838, il reprirent la vie commune à Broechem et rachetèrent deux ans plus tard ce qui restait de leur ancienne abbaye, c'est-à-dire la prélature et la porte. Les années 1852-1858 furent des années de grands travaux qui aboutirent à la construction d'une nouvelle église et des lieux réguliers. L'abbaye de Tongerlo fut la première à envoyer des missionnaires à l'extérieur, en Angleterre en 1872 et au Congo belge en 1898 à la requête du roi des Belges, manifestant ainsi une vitalité extraordinaire, qui renouait avec la grande tradition de cette abbaye considérée, avec ses 150 religieux au début du XVIIIe siècle, comme l'une des plus prestigieuses de l'ordre.

En Hollande, les religieux de Berne réunis dans le refuge de Vilvorde en furent chassés en 1797, mais la personnalité juridique de l'abbaye fut maintenue. En 1805, les religieux purent même élire un nouvel abbé avec l'autorisation de Rome manifestée dans un bref de Pie VII du 7 février 1804. Vis-à-vis des Prémontrés, Pie VII agissait comme il l'avait fait envers les Dominicains et les Frères Mineurs de l'Observance qui demandaient de pouvoir élire un supérieur. Lorsque les Prémontrés de Berne avaient fait observer qu'ils ne pouvaient se réunir en chapitre d'élection

---

[28] Archivio Segreto Vaticano : S.C. dei Vescovi e Regolari, 2874/12, Lettre du 16 novembre 1880 ; Reg. Regulari 1887, 6660/13, Concession de convertir le produit de ventes en « bons au porteur » confiés à l'administration archiépiscopale de Malines.

sans la permission de leur supérieur général et que l'ordre en était privé, Pie VII concéda au chargé d'affaires du Saint-Siège toutes facultés pour faire procéder à cette élection.

Ce dernier, Luigi Ciamberlani, dans une *Relation* du 2 février 1822 au cardinal Fontana, préfet de la Congrégation de la Propagande, assurait le dicastère romain de la situation favorable de ces religieux dans le pays, et stigmatisait les doutes et les craintes exprimés par les vicaires apostoliques de Bois-le-Duc et de Breda sur de possibles représailles de la part du Gouvernement. Lorsque les Prémontrés de Berne procédèrent à l'élection de leur abbé en 1805, le vicaire apostolique de Bois-le-Duc

> « commença à parler de tels dangers. Mais voilà déjà passés 16 années et 9 mois, et l'on n'a jamais vu naître, grâce au Seigneur Dieu, la plus petite difficulté, ni se produire la plus petite conséquence désagréable » [29].

Avec la fin de la République et l'instauration de la monarchie par Napoléon, quelques craintes de changement se manifestèrent çà et là, mais le nonce rassurait son correspondant romain :

> « Compte tenu de l'excellente disposition du roi, disposition tout à fait différente de celui qui l'avait exalté, on ne vit se perdre la moindre parcelle de la liberté dont l'Église avait joui sous le Gouvernement précédent. Et même l'on peut dire que l'on a acquis davantage de liberté et que la Religion Romaine catholique possède en ce Prince un Protecteur. Personne mieux que moi, qui ait été admis à des conversations confidentielles, ne pouvait en avoir autant connu l'état d'âme, bien disposé en tout en faveur des Réguliers. Ce fut donc lui, à ma prière, qui permit volontiers que l'abbé prémontré en question, qui n'était pas encore béni, reçût en Hollande la bénédiction des mains de Monseigneur de Ruremonde » [30].

De la sorte, le roi de Hollande en 1824 et le pape en 1832 confirmèrent l'existence légale et canonique de Berne. Les abbés demeurèrent dans leur maison de Heeswijk où en 1857 l'abbé Gérard Neefs restaura la vie conventuelle. L'abbaye de Berne-Heeswijk s'adjoignit un collège en 1886, et posa les premières fondations de la future abbaye de De Pere aux États-Unis, entre 1893 et 1896.

Les soeurs du Val-Sainte-Catherine d'Oosterhout firent confirmer leur monastère en 1811 par Napoléon et en 1817 par le roi de Hollande. Placées sous la juridiction du vicaire apostolique van Dongen, chargé de la partie de la Hollande qui appartenait à l'ancien diocèse d'Anvers, elles eurent quelques difficultés à sauvegarder une certaine liberté devant ce prélat jaloux de son autorité, qui entendait tout régenter. Autrefois le

---

[29] Arch. de la Congrégation pour l'Évangélisation des Peuples (Vatican) : *Scritture riferite nei Congressi Belgio-Olanda*, t. 18 (1817-1822), fol. 445-446.

[30] *Ibid.*, fol. 459.

prévôt des moniales venait de l'abbaye de Parc, mais cette dernière étant supprimée, elles demandèrent à recevoir un religieux de l'abbaye de Berne qui avait toujours continué à avoir une existence légale et recevait même des novices en 1821, comme l'atteste un document de cette année-là [31]. Elles reçurent heureusement, comme l'abbaye de Berne, l'appui de Ciamberlani, et purent se choisir un prévôt dans l'ordre de Prémontré [32]. Les moniales furent prises entre deux feux pendant des années encore : l'administrateur apostolique van Dubbelden, accusait l'abbé de Berne de vouloir empiéter sur sa juridiction pour étendre son influence sur les moniales d'Oosterhout. En 1857-1858, elles fondèrent le monastère de Nerpelt. Placées sous la juridiction de l'ordinaire diocésain, elles reçurent à partir de 1862 des prévôts choisis dans la communauté de Tongerlo. Une fois revenues sous la juridiction de l'ordre en 1928, elles reçurent l'abbé de Tongerlo pour abbé-père. C'est ce dernier qui nomme le prévôt.

3. La restauration des Prémontrés en France

La restauration des Prémontrés en France est loin d'atteindre le succès de celle réussie en Belgique, puisqu'une seule des quatre-vingt-douze anciennes abbayes française, l'abbaye de Mondaye, reprit vie. Ce n'est pourtant pas faute de tentatives ni de générosité. En fait, avec la création d'un rameau nouveau, la Primitive Observance de Prémontré, la fondation de l'abbaye de Frigolet et celle du monastère féminin de Bonlieu, la restauration des Prémontrés en France mérite une attention particulière, car elle s'est accomplie dans des circonstances particulièrement défavorables tant du point de vue politique que du point de vue religieux. Les initiatives, parfois téméraires, et le zèle des religieux au milieu de difficultés inextricables sont porteurs d'enseignements précieux.

Un contexte politique défavorable

Au cours d'un colloque réuni pour célébrer le centenaire de la mort du Père Edmond Boulbon, fondateur de l'abbaye de Frigolet, le regretté Raymond Darricau exposait les circonstances de la signature du Concordat de 1801 et l'atmosphère généralement hostile aux religieux, qui était de mise chez les membres du Gouvernement. Il rapportait notamment ces lignes du cardinal Leonardo Antonelli, l'un des négociateurs du Concordat, à propos du Premier Consul :

---

[31] *Ibid.*, t. 18 (1817-1822), fol. 394.
[32] *Ibid.*, fol. 444ᵛ-466.

« Il veut une Église de France dépouillée et une, avec de rares ministres nommés par le Gouvernement lui-même et dont certains ne seront ni pénitents ni réconciliés. Et par contraste, on voit les pasteurs légitimes, les confesseurs de la foi de Jésus-Christ, privés de leur patrie, et de plus, ce que je ne puis dire sans larmes, frappés et séparés de leur troupeau par l'épée même de Pierre, les religieux chassés de ce vaste empire, les temples qui restent après les profanations passées, souillés et en ruine, les fondations et les immunités abolies et détruites ; en définitive, un squelette qui n'a ni sang, ni muscles, voilà le fantôme de religion qu'on rétablit en France ; et ceux qui ont conçu ce triste projet s'en font gloire et usurpent le titre de restaurateurs des autels » [33].

Du côté religieux, pendant toute la première moitié du XIXe siècle, le Saint-Siège ne voulut pas prendre publiquement le parti de la restauration des réguliers jugés indésirables par le gouvernement français. Il était surtout attentif à ne pas compromettre les nouveaux rapports établis à grand-peine entre Rome et le nouveau régime. De fait, le Concordat ne mentionne jamais les instituts religieux masculins, exclus de la restauration de l'Église en France. Les seules exceptions sont formées des instituts voués à la formation dans les séminaires, des prêtres des Missions étrangères, utiles au rayonnement extérieur de la France, et des Trappistes tolérés parce qu'ils vivent complètement retirés du monde.

Cette situation n'était pas totalement nouvelle, car déjà l'Ancien Régime exigeait pour l'établissement légal de toutes les communautés régulières l'octroi de lettres patentes les autorisant à s'implanter légitimement sur le sol de France. Au XIXe siècle, l'esprit restait le même, encore durci après avoir traversé la Révolution. Aussi, voit-on nombre de supérieurs généraux étrangers s'opposer à la restauration de leur ordre en France. Cependant, ce sont surtout les divisions à l'intérieur des ordres que l'on se propose de restaurer, qui aggravent la situation.

Aussi la restauration se fit-elle – car elle se fit – non seulement illégalement, mais encore anarchiquement. On ne peut le passer sous silence : nombre de religieux zélés et fervents, d'autres, de qualité fort médiocre, tentèrent de s'introduire en France à partir d'établissements situés à l'Étranger. La police impériale chasse en 1808 les Capucins arrivés clandestinement près d'Agde. L'évêque de Bayonne, mandaté par le Gouvernement impérial, prie d'autres Capucins de quitter Bétharram près de Lourdes où ils viennent de s'installer. On n'accepte en France ni leurs constitutions, ni leurs coutumes, ni leur genre de vie, ni leurs voeux. En 1826, les mêmes Capucins achètent un immeuble et s'installent à Lons-le-Saunier : l'évêque de Saint-Claude leur intime l'ordre de céder

---

[33] R. DARRICAU, « La restauration des ordres religieux au XIXe siècle », *Création et tradition à Saint-Michel de Frigolet*, sous la dir. de B. ARDURA, Abbaye de Frigolet, 1984, p. 29.

l'immeuble qu'ils n'ont aucun droit de posséder. Dom Guéranger qui avait racheté l'ancien prieuré de Solesmes en 1831, parvint à s'établir en 1833 et à y demeurer car il avait de puissants appuis, mais il dut attendre trois ans avant de pouvoir sortir dans le village en habit bénédictin. Il constitue avec Lacordaire et les Dominicains une exception d'importance dans la mesure où tous deux s'appuient sur le sentiment populaire, sans tenir compte de la législation. Ils créent une percée dans laquelle s'engouffrent nombre de restaurateurs. Cependant les fondations nouvelles demeureront toujours fragiles en l'absence de reconnaissance légale. Les expulsions massives de 1880 seront la conséquence dramatique de l'application stricte de la loi.

Or, malgré le maintien de la législation en vigueur, la situation évolue dans le pays et les fondations se font nombreuses, car vers 1850 les demandes de nouveaux établissements se multiplient en même temps que les vocations. Nombre de religieux expulsés d'Espagne et de certaines régions d'Italie se présentent en France : Observants, Récollets, Olivétains s'implantent et se développent sans ordre ni mesure. Pour comprendre ce bouillonnement, il faut aussi tenir compte de l'attitude personnelle de Pie IX qui alors encourage directement, au cours d'audiences privées, les restaurations, réglant de vive voix ces affaires délicates. Comme il encourage le Père Edmond Boulbon à restaurer les Prémontrés, il donne mission à Monsieur Mesuret, chanoine de Bordeaux, de restaurer les Célestins, et il approuve les constitutions présentées par Dom Guéranger, car elles sont un retour à l'enseignement de saint Benoît et la nouvelle fondation reprend les prestigieuses congrégations éteintes de Cluny et de Saint-Maur. C'est donc dans une certaine confusion, toujours contre les lois de l'État, et parfois avec des sujets médiocres que s'opère une restauration qui aurait demandé organisation et sérieux. Dans un tel contexte, il fallut la générosité et la détermination d'un Dom Guéranger, d'un Lacordaire, d'un Edmond Boulbon pour assurer le retour des réguliers sur le sol de France. En dépit de difficultés sans nombre, ils parvinrent à leur but et créèrent un mouvement irréversible que même les expulsions de 1880 ne parvinrent pas à anéantir.

Un personnage hors du commun, le Père Edmond Boulbon

Il est difficile de se faire une opinion sur le Père Edmond Boulbon, dans la mesure où l'ensemble de son existence et de son oeuvre fait ressortir un personnage complexe et souvent déroutant [34].

---

[34] E.-A. CASSAGNAVÈRE, *Essai biographique sur le Révérendissime Père Edmond, restaurateur de la Primitive Observance de Prémontré et Premier Abbé de Saint-Michel de Frigolet*, Lille, 1889. L'auteur édite certaines pièces aujourd'hui perdues, mais il ignore nombre de pièces d'archives auxquelles il n'a pu accéder.

Jean-Baptiste Boulbon naquit à Bordeaux, le 14 janvier 1817, de Pierre Boulbon, artisan, ancien soldat des guerres du Ier Empire, et de Marthe Senelle. Il ne connut sa mère que peu de temps : tout enfant, victime d'un accident de la circulation, il fut ramené tout ensanglanté à sa mère qui mourut d'émotion sur-le-champ. Recueilli par une de ses tantes, il entra au Petit Séminaire de Saint-Riquier dans la Somme, et y demeura jusqu'à la fin de ses études secondaires. Il avait dix-huit ans.

Désireux de se donner à Dieu, il manifesta à Monsieur Mollevaut, sulpicien, restaurateur et directeur de la Solitude d'Issy, son intention d'entrer dans la vie religieuse. Sous la conduite de ce maître spirituel, Jean-Baptiste Boulbon découvrit les éléments caractéristiques de la spiritualité de son temps : renoncement et ascèse, pondération et amour de la liturgie, prière et obéissance.

Ici apparaît l'un des traits saillants du personnage : il est l'homme d'une idée, et la poursuit contre vents et marées. Monsieur Mollevaut le mit en garde contre le choix qu'il entendait faire de la vie cistercienne, car il avait perçu son goût pour la splendeur du culte liturgique : il ne trouverait pas à la Trappe la vie liturgique à laquelle il aspirait. Conseils, recommandations et avertissements ne servirent à rien. Ferme dans son propos, Jean-Baptiste Boulbon se présenta au début des années 1830 à l'abbaye cistercienne de Notre-Dame du Gard, fondée aux portes d'Amiens en 1137 par Gérard de Picquigny et saint Bernard. Moine de chœur sous le nom de Frère Edmond, il fut ordonné sous-diacre le 16 avril 1838 par Mgr Labis, évêque de Tournai, diacre le 21 mai 1842 par Mgr Affre, archevêque de Paris, et prêtre l'année suivante par l'évêque d'Amiens.

Entré à la Trappe pour y trouver Dieu dans le silence et le travail manuel, le Père Edmond allait se trouver bientôt engagé dans un style de vie bien éloigné de celui qu'il avait imaginé en choisissant de devenir fils de saint Bernard. La communauté étant contrainte d'abandonner la Trappe du Gard, l'abbé, Dom Stanislas, entreprit des négociations pour acheter l'abbaye de Sept-Fons au diocèse de Moulins. La communauté s'y transféra en septembre-octobre 1845. Celui qui avait choisi une vie de solitude fut envoyé par son abbé à travers la France et la Belgique comme prédicateur itinérant, chargé de recueillir les fonds nécessaires à la complète restauration de l'abbaye. Ses dons d'orateurs lui firent remporter de tels succès que Dom Augustin, abbé de Briquebec, le demanda à Dom Stanislas pour l'aider à sortir son monastère de la situation précaire dans laquelle il se trouvait depuis sa fondation en 1824. Zélé, le Père Edmond l'était, et il suscitait la confiance, comme en témoigne cette lettre du peintre Horace Vernet à son directeur spirituel, en date du 20 mars 1854 :

« J'ai trouvé dans le Père Edmond, au tribunal de la pénitence, les mêmes principes chrétiens dont vous m'avez si généreusement entretenu et qui ont sans doute attiré sur nous les bienfaits de la grâce qui ne cesse de se manifester miraculeusement dans toutes les circonstances » [35].

De son côté, Mgr Dupanloup lui écrivait, le 7 novembre 1853 :

« Mon Révérend Père, puisque vous venez à Paris, dans un mois ou deux, ne manquez pas de venir me voir en passant à Orléans. Je bénirais bien Dieu aussi, si vous pouviez achever le salut de cette chère âme, dont vous m'avez envoyé la lettre si touchante ; vous avez tous mes pouvoirs. Tout à vous du fond du coeur, en N.S. » [36].

En simplifiant, on a fait du Père Boulbon un prédicateur-quêteur. En fait, il exerçait un ascendant peu commun sur les personnes rencontrées. Ses supérieurs l'envoyèrent dans l'île Bourbon, l'actuelle île de La Réunion, pour y fonder un monastère cistercien, mais il échoua, en butte aux tracasseries d'agents coloniaux.

Revenu de l'île Bourbon à Briquebec, après avoir remplacé pendant environ dix-huit mois le curé de l'île Sainte-Hélène, Edmond Boulbon commença à méditer sur les impressions recueillies au cours de ses multiples pérégrinations. Il avait rapporté la conviction que la liturgie dans son ensemble était bien peu en harmonie avec son but qui est de chanter la gloire de Dieu. Ainsi, prit forme peu à peu dans son esprit le dessein de créer une église où tout serait ordonné à la magnificence du culte qu'une communauté cistercienne nouvelle aurait à coeur de promouvoir. Cette idée de fonder un nouveau rameau cistercien n'avait alors rien d'insolite : en 1846, Pie IX instituait une nouvelle congrégation cistercienne sous le titre de Vicariat de la Commune Observance de Cîteaux en Belgique [37], et en 1867, il érigeait la maison de Sénanque comme tête de la Congrégation de Sénanque [38]. En 1892, Dom Maréchal fondait le monastère du Pont-Colbert près de Versailles, qui devint le berceau de la Congrégation des Cisterciens de l'Eucharistie [39].

Lorsque le Père Boulbon fit part de ses projets à son abbé, celui-ci les déclara incompatibles avec les coutumes de Cîteaux. D'après un document daté du 10 mai 1867 et écrit de la main même de Mgr Chalandon, archevêque d'Aix-en-Provence,

« le R.P. Abbé du monastère de Briquebec, supérieur de ce moine [Edmond Boulbon], ne doutant pas que la fondation envisagée fût selon la volonté de

---

[35] B. ARDURA, « Biographie du Père Edmond Boulbon », *Création et Tradition...*, p. 11.

[36] *Ibid.*

[37] J. de la Croix BOUTON, *Histoire de l'Ordre de Cîteaux*, Tirage à-part des fiches « cisterciennes », Westmalle, 1968, t. III, p. 435.

[38] *Ibid.*, p. 435-436.

[39] J. VATUS, *L'abbaye cistercienne du Pont-Colbert à Versailles*, n° spécial de *Généalogie en Yvelines*, n° 18-HS, 2e trimestre 1994.

Dieu, mais seulement qu'elle fût contraire aux us et coutumes de l'ordre cistercien, conseilla au P. Edmond Boulbon de restaurer en France les observances primitives de l'ordre de Prémontré dont le propre était d'unir les devoirs de la vie monastique et ceux de la vie cléricale » [40].

Entré à la Trappe malgré les réticences de Monsieur Mollevaut, Edmond Boulbon se trouvait dans une impasse. Cistercien il était devenu et cistercien il entendait rester, mais le nouveau projet qui s'était peu à peu imposé à lui de fonder une communauté vouée au culte liturgique, joint à diverses influences, allaient en décider autrement.

Projet et tentatives de restaurer l'abbaye de Prémontré [41]

Adjugée, le 10 janvier 1795, pour la somme de 223 497 livres au citoyen Cagnon, maître-verrier à Saint-Calais, l'ancienne abbaye « chef et mère » de toutes les abbayes de l'ordre de Prémontré passa successivement à Monsieur Deviolaine et à ses fils qui la vendirent, le 5 octobre 1843, à l'administration des glaces de Saint-Gobain. Celle-ci réalisa qu'elle se trouvait devant un ensemble monumental peu adapté à ses activités, et décida de chercher un nouvel acquéreur, après que l'explosion d'un four à verre eut fait s'écrouler l'église abbatiale convertie en usine. Elle se tourna naturellement vers les Prémontrés belges qui, dans les années 1834-1840, venaient de reconstituer leurs communautés. Pour des raisons financières mais surtout par manque de personnel, les maisons belges déclinèrent l'offre.

La mise en vente traîna jusqu'en 1855. L'évêque de Soissons, Mgr Cardon de Garsignies [42], se porta acquéreur. Inspecteur des Finances avant d'entrer dans les ordres, Mgr de Garsignies avait résolu de racheter le plus grand nombre possible d'anciens édifices religieux de son diocèse pour leur redonner vie. C'est ainsi qu'il racheta Prémontré, le 22 juin 1855, pour la somme de 150 000 francs qu'il eut d'ailleurs la plus grande peine à réunir. Pour rentabiliser son acquisition, il résolut d'y fonder un orphelinat agricole qui accueillerait des enfants pauvres du Nord de la France.

Pour diriger son orphelinat, Mgr de Garsignies fit appel aux Filles de la Sagesse de Saint-Laurent-sur-Sèvres. L'affaire se conclut et les

---

[40] Supplique de Mgr de Chalandon à Pie IX pour demander que le monastère de Frigolet soit érigé en *Domus princeps* de la Congrégation de la Primitive Observance de Prémontré, Arch. de la Congrégation pour les Instituts de Vie Consacrée et les Sociétés de Vie Apostolique (Vatican), carton P 39.

[41] B. ARDURA, « Les tentatives de restauration de l'ordre de Prémontré en France, au XIXe siècle », *Lacordaire, son pays, ses amis et la liberté des ordres religieux en France*, sous la dir. de G. BÉDOUELLE, Paris, 1991, p. 265-289.

[42] Évêque de Soissons, de 1848 à 1860.

soeurs prirent la direction de la maison. Cependant, l'évêque souhaitait trouver une communauté religieuse masculine pour s'occuper des garçons. Or, l'occasion allait se présenter. Il rencontra en effet le Père Boulbon. Cette rencontre fut décisive. Mgr de Garsignies proposa au Trappiste de restaurer l'abbaye de Prémontré et avec elle l'ordre de saint Norbert, que la Révolution avait complètement effacé du sol de France. Après quelques mois de préparation, le Père Edmond Boulbon reçut, le 6 juin 1856, l'habit blanc de l'ordre de Prémontré, des mains de Mgr de Garsignies qui écrivit un mandement à l'adresse de ses diocésains :

« Nous avons éprouvé aujourd'hui de bien douces et bien profondes émotions ; notre coeur surabondait de joie en célébrant pour la première fois à Prémontré la fête de saint Norbert, et en revêtant de l'habit de cet ordre si célèbre celui auquel la Providence, par notre entremise, a confié le soin de former, pour la religion comme pour la société, nos chers orphelins. Il nous semblait que cette solennité, célébrée au milieu d'un grand concours de nos bien-aimés coopérateurs et fidèles de tous rangs, consacrait plus que jamais la résurrection encore si récente de cette magnifique abbaye, et assurait à ses ruines imposantes une vie que les souvenirs du passé, les impressions du présent et les espérances de l'avenir concouraient à rendre plus parlantes encore. Plaise à Dieu que de nombreuses vocations viennent couronner nos voeux et faire renaître de ses cendres un ordre qui édifia le monde par ses vertus et qui rendit d'éminents services à l'Église et à la France » [43].

Or, depuis la fin de 1855 [44] – mais l'avait-il révélé au Père Boulbon ? –, Mgr de Garsignies s'était adressé aux Prémontrés de Tongerlo, en demandant à leur supérieur, le Père Backx [45], d'envoyer à Prémontré une petite colonie de ses religieux. L'évêque faisait habilement valoir tout le bien que retireraient les Prémontrés belges d'une telle restauration. Il leur laissait entrevoir la possibilité de reprendre l'office choral solennel et celle de se consacrer au ministère apostolique [46]. Bien entendu, il ne leur précisait pas que leur activité consisterait à travailler essentiellement au service de l'orphelinat de garçons. Les Prémontrés de Tongerlo et d'Averbode allaient être conquis par cette offre généreuse. En effet, le nombre des prêtres croissait rapidement dans ces communautés renaissantes, mais l'accès aux paroisses leur était barré indirectement par

---

[43] E. RIJKALS, « L'abbaye de Prémontré, de la Révolution française à nos jours », *Pro Nostris*, t. XIV (1948), n° 3, p. 66-67.

[44] L.C. VAN DIJCK, « Edmond Boulbon et le repeuplement de l'abbaye de Prémontré par les norbertins belges en 1856 », *Analecta Praemonstratensia*, t. LXIII (1987), p. 89-103.

[45] L.C. VAN DIJCK, « Evermodus P.H. Backx, de tweede stichter van de abdij van Tongerlo. Bijdrage tot een levensschets (1835-1845) », *De Lindeboom*, Jaarboek V (1981), p. 158-204.

[46] L.C. VAN DIJCK, « Superior Backx van Tongerlo en het norbertijnse parochie-pastoraat (1839-1868) », *Analecta Praemonstratensia*, t. LXIX (1993), p. 79-106, avec un bref résumé en français.

le Concordat de 1801 qui réservait exclusivement la collation des cures aux évêques, et directement par le cardinal Sterckx, archevêque de Malines, qui n'était pas du tout disposé à confier à des religieux l'administration de ses paroisses. Le nonce apostolique Gonella, lors de la visite canonique des cinq abbayes belges en 1857, prenait en compte cette situation et déclarait :

> « La culture des sciences est le seul remède contre l'oisiveté et la solitude de ceux qui, en dépit de notre volonté et à l'encontre du caractère apostolique de leur ordre, sont contraints à demeurer dans leur monastère, éloignés de la cure des âmes » [47].

La perspective de restaurer Prémontré était alléchante à plus d'un titre : elle constituait un projet prestigieux, elle permettrait de créer une abbaye qui pourrait redevenir le centre de l'ordre privé d'abbé général depuis la Révolution, enfin elle irait dans le sens des religieux exigeant la reconstitution de la vie commune selon l'antique tradition de l'ordre.

Au mois d'août 1855, les supérieurs de Tongerlo et d'Averbode, les Pères Backx et Mahieux, rencontrèrent en France Mgr de Garsignies [48]. De son côté, le nonce apostolique en Belgique, sous l'autorité duquel étaient placés les Prémontrés belges, approuva le projet, comme en témoigne une lettre à Mgr de Garsignies, en date du 4 août 1856 :

> « Après notre retour en Belgique, nous avons donné tous les renseignements de notre projet à Son Excellence Monseigneur le nonce apostolique à Bruxelles, qui l'a approuvé à l'instant sous réserve que tout serait fait canoniquement afin que l'oeuvre pouvait [sic] contribuer à ces bonnes intentions de Votre Grandeur pour laquelle il montra une affection distinguée, et au bonheur de votre diocèse, que Votre Grandeur dirige si glorieusement. Aussi était-ce pour moi une grande consolation d'avoir vu la bonne disposition et le zèle de nos religieux. Entre-temps nous aurons soin qu'ils arrivent au moment indiqué par Votre Grandeur et nous prierons incessamment que cette grande entreprise soit bénite par le Père des miséricordes, et qu'il conserve le digne Prélat qui l'a commencée et qu'il le conserve pour le [sic] faire voir les fruits de ses travaux » [49].

Les religieux belges arrivèrent à Prémontré vers la fin du mois d'août 1856, et l'orphelinat ouvrit ses portes le 17 octobre. Ce jour-là, le cardinal Gousset, archevêque de Reims, accompagné de plusieurs évêques, bénit le nouvel établissement. Les Prémontrés belges avaient accueilli les propositions de Mgr de Garsignies avec enthousiasme, et leurs espérances avaient guidé le choix des confrères, tous de qualité, à envoyer

---

[47] Texte latin cité par L.C. VAN DIJCK, « Edmond Boulbon et le repeuplement de l'abbaye de Prémontré... », p. 92, note 5.

[48] B. WARZÉE, « L'abbaye de Prémontré au XIXᵉ siècle. II - La tentative de restauration de l'abbaye de Prémontré au XIXᵉ siècle en 1856-1857 », *Analecta Praemonstratensia*, t. LVI (1980), p. 94.

[49] *Ibid.*, p. 95.

en France. Le supérieur serait le Père Grégoire Van Montfort, jusque-là maître des novices à Tongerlo, le Père Guillaume Smets et le Père Valentin Meses, chantres, le premier à Tongerlo et le second à Averbode, le Père Benoît Van Crieckinge, professeur de philosophie à Tongerlo, et le Père Hermann-Joseph Derckx qui avait été professeur de théologie à Averbode [50].

Leurs désillusions coïncidèrent avec leur arrivée. Ils trouvèrent à Prémontré un religieux vêtu de blanc, le Père Edmond Boulbon, protégé de Mgr de Garsignies, qui prétendait se référer à la Primitive Observance de Prémontré et mûrissait le projet de la restaurer en France. Il fit, d'après les religieux belges, un assez mauvais accueil à la petite communauté venue de Tongerlo et d'Averbode, surtout lorsqu'il apprit que le supérieur de la communauté de Prémontré serait l'un des nouveaux arrivants.

Ici encore, nous retrouvons un des traits de caractère du fougueux Père Boulbon. Convaincu sans doute par Mgr de Garsignies de restaurer l'ordre de Prémontré dans sa rigueur originelle, rien ne pouvait l'empêcher de mener à bien ce projet. Sans mettre en doute sa générosité ni ses bonnes intentions, il est quasiment certain que le Père Boulbon entendait utiliser le cadre canonique de l'ordre de Prémontré pour réaliser la communauté dont il rêvait depuis longtemps. Il avait aussi compris que le Père Backx n'aurait jamais admis de coopérer avec lui. Le Père Boulbon n'était alors Prémontré que par grâce de Mgr de Garsignies. D'ailleurs les Prémontrés belges reprochèrent à l'évêque d'avoir donné l'habit de l'ordre sans en avoir référé aux supérieurs belges, seuls en mesure de justifier, par la continuité de leurs communautés, qu'ils se rattachaient à la grande tradition de Prémontré. Le Père Backx et le Père De Swert accusèrent le Père Boulbon d'introduire des nouveautés sous prétexte de restaurer la Primitive Observance et même de faire sécession, lorsque celui-ci prétendit suivre le bréviaire romain. Le Père Edmond Boulbon, ulcéré, mais surtout trompé par Mgr de Garsignies, quitta les lieux au bout de quelques jours, en quête d'un emplacement où il pourrait rétablir la Primitive Observance de Prémontré.

Les Prémontrés belges furent également déçus lorsqu'ils se rendirent compte que Mgr de Garsignies les avait fait venir non pas tant pour restaurer l'abbaye de Prémontré que pour s'occuper des garçons de son orphelinat, sous la direction générale des Filles de la Sagesse. L'évêque avait besoin d'argent et Prémontré lui coûtait cher. Aussi se rendit-il en Belgique pour offrir aux religieux belges d'acheter l'abbaye. Ainsi seraient-ils libres d'organiser leur vie comme ils l'entendraient. Mais il était hors de

---

[50] Cf. L.C. VAN DIJCK, « Edmond Boulbon et le repeuplement de l'abbaye de Prémontré... », p. 94-95, notes 15 à 20.

question pour les Prémontrés belges de se lancer dans cette opération financière. La situation devenant de plus en plus pesante, ils envisagèrent de répondre positivement à l'offre d'un bienfaiteur qui leur proposait une église, des lieux réguliers et quatre hectares de terre où ils pourraient mener la vie qu'ils avaient espérer conduire à Prémontré. Ils écrivirent à Mgr de Garsignies :

> « Nous ne pouvons dissimuler à Votre Grandeur qu'en présence d'une offre aussi avantageuse, nos chapitres et nos supérieurs majeurs se résoudront difficilement à donner pour l'établissement de Prémontré une trop forte somme d'argent. Sans doute nous apprécions parfaitement la valeur de Prémontré comme berceau et chef-lieu ancien de notre ordre, et nous y attachons le plus grand prix, et pour nous, qui avons reçu de Votre Grandeur un accueil si bienveillant et paternel, nous ne balançons pas à vous déclarer, Monseigneur, que ce ne serait qu'avec le plus grand regret, que nous nous détacherions de Prémontré... » [51].

Les difficultés avec les soeurs, le coût élevé de l'entretien des religieux et surtout la somme importante demandée par l'évêque pour le rachat, 300 000 francs, avaient créé une situation impossible. Il fallait se résoudre à renoncer. Aussi, le 13 septembre 1857, le Père Backx écrivit-il à Mgr de Garsignies [52] pour le remercier de l'accueil réservé aux Prémontrés belges, et lui dire combien tous avaient espéré rendre Prémontré à sa vocation première. Il souhaitait que les religieux ne revinssent pas en Belgique afin de clore cette aventure dans la discrétion. Mgr de Garsignies se résolut à fermer le prieuré au mois de décembre 1857. Cet échec est le fruit de malentendus entre l'évêque et les religieux, de maladresses de la part de Mgr de Garsignies qui avaient appelé en même temps le Père Boulbon et les Prémontrés belges pour placer finalement la communauté norbertine dans la dépendance de la supérieure de l'orphelinat. C'est aussi le fruit de la naïveté des supérieurs belges qui firent une confiance aveugle à l'évêque de Soissons.

En 1860, Mgr de Garsignies qui n'avait réussi ni à rentabiliser son orphelinat ni à se défaire de Prémontré, se trouva dans une situation financière dramatique. Le Père Edmond Boulbon, alors établi à Saint-Michel de Frigolet, lui écrivit pour lui proposer un arrangement visant à installer sa communauté de la Primitive Observance dans le lieu qu'il avait dû quitter, humilié, quatre ans plus tôt :

> « Il y a encore vingt mois, j'étais seul encore, aujourd'hui nous sommes trente dont huit prêtres parmi lesquels un bon sous-prieur et un excellent maître des novices. Déjà plusieurs diocèses nous ont offert des cantons à desservir, des orphelinats à administrer, des collèges à diriger, des lieux de pèlerinages à desservir et d'anciens monastères à reconstituer [...] comme

---

[51] B. WARZÉE, « L'abbaye de Prémontré au XIXe siècle... », p. 96-97.
[52] *Ibid.*, p. 98-99.

nous recevons de tous côtés de nouvelles demandes d'admission, nous prévoyons le temps où nous serons obligés de faire une nouvelle fondation et comme les Israélites tournaient leurs regards vers la Terre promise, nous tournons les nôtres vers le lieu qui a été montré à nos Bienheureux Pères par la T.S. Vierge elle-même. Avant donc de préparer, quoique de loin, une nouvelle fondation, nous osons, Monseigneur, demander à Votre Grandeur de nous céder Prémontré [...] et nous avons confiance absolue que si Votre Grandeur voulait accéder à nos voeux, le Seigneur daignerait nous mettre à même de vous offrir, Monseigneur, tout ce qui serait nécessaire pour fonder solidement ailleurs au moins votre orphelinat de jeunes filles, car pour l'orphelinat de garçons, nous pourrions nous en charger. Votre Grandeur aurait alors le mérite d'avoir fondé deux oeuvres au lieu d'une et d'avoir rendu Prémontré à son ordre qui seul lui a valu son ancienne gloire et qui seulement dans sa primitive vigueur pourrait lui en donner une nouvelle.

P.S. J'allais faire jeter cette lettre à la boîte lorsque j'ai reçu de Monseigneur de Quimper la demande la plus gracieuse et la plus pressante de lui promettre de lui envoyer d'ici dix-huit mois quelques-uns de mes religieux pour une fondation dont il veut faire les frais dans son diocèse. Avant de rien promettre à Monseigneur Sergent, j'attendrai la réponse de Votre Grandeur » [53].

Les 300 000 francs demandés par Mgr de Garsignies dépassaient de loin la valeur de Prémontré, et l'évêque voulait l'argent tout de suite afin d'assainir ses finances, mais le Père Boulbon n'avait pas cette somme à sa disposition immédiate. Le 18 avril 1860, il tenta une nouvelle fois de mettre le prélat de son côté en l'invitant à pontifier pour la fête de saint Norbert [54]. Mgr de Garsignies ne put venir à Frigolet et mourut le 9 décembre suivant. Son successeur, Mgr Christophe, renvoya les orphelins en 1861, et vendit Prémontré pour seulement 135 000 francs. En 1863 on y transféra une partie de l'asile d'aliénés de Montreuil. En 1867, on y installa l'asile départemental d'aliénés dont les Filles de la Charité prirent soin jusqu'en 1965. Fin 1879, le Père Bernard Gardeur partit pour Prémontré, avec le Père Bruno Le Hodey et le Frère Thibaut Obré. Le Père Ernest Brouard remplaça bientôt le Père Bruno passé au service du grand séminaire de Soissons. Après les décrets de 1880, les Pères Bernard et Ernest furent sécularisés et restèrent dans le diocèse.

Ainsi prit fin la première tentative de restauration de l'ordre de Prémontré en France. Les deux abbayes belges qui n'ont pu assumer la reprise de l'ancienne abbaye se sont considérablement développées en Belgique et ont fondé plusieurs maisons importantes hors de leur pays et hors d'Europe. Le Père Edmond Boulbon, si déçu de ce premier échec,

---

[53] B. WARZÉE, « Quelques lettres concernant la tentative de restauration de Prémontré en abbaye de l'ordre (1855-1860) », *Analecta Praemonstratensia*, t. LV (1979), p. 232-233.

[54] *Ibid.*, p. 234.

allait réaliser son rêve en Provence sous les auspices de Mgr Chalandon, archevêque d'Aix-en-Provence.

L'abbaye de Frigolet et la Congrégation de la Primitive Observance

Lorsqu'en 1856, le Père Edmond Boulbon quitta précipitamment Prémontré, à l'arrivée des Prémontrés belges, il emportait avec lui le dessein de restaurer l'ordre de saint Norbert selon ce qu'il croyait être la Primitive Observance de Prémontré. L'histoire de la congrégation qu'il établit à Frigolet en 1858 et qui prit fin en 1898 avec l'union des religieux de cette obédience à l'ordre de Prémontré, est riche d'enseignements. Cette congrégation prémontrée autonome illustre bien, de sa création à sa mort, les aléas de la politique pontificale sous les règnes de Pie IX et Léon XIII, en matière d'ordres religieux. En effet, l'existence de cette congrégation dépendit, pour une large part, de la politique de restauration encouragée par Pie IX sous le Second Empire et de la politique d'unification et de centralisation qui marqua le pontificat de Léon XIII. La réussite initiale et l'échec final de cette fondation reflètent aussi les qualités et les limites du fondateur, le Père Edmond Boulbon.

Parmi ses atouts, le Père Boulbon comptait de nombreuses et influentes relations, comme l'évêque d'Orléans, Mgr Dupanloup [55], ou Mgr de Falloux, secrétaire de la Congrégation pour la discipline des Réguliers [56] ou encore le comte de Chambord [57].

En quittant Prémontré, peu de temps après l'arrivée des Norbertins belges à la fin du mois d'octobre 1856, le Père Boulbon avait en sa possession les statuts de l'ordre de Prémontré de 1290. C'étaient pour lui les plus antiques et l'expression la plus fidèle de l'idéal de saint Norbert. En tous cas, il les opposait aux statuts de 1630 suivis, d'ailleurs plus ou moins fidèlement, par les Prémontrés belges et surtout par ceux de l'empire austro-hongrois.

Le Père Boulbon, sans doute conseillé par ses amis, résolut de se rendre à Rome pour y recevoir une approbation de l'Église en la personne de Pie IX. Il est certain que cette restauration de la Primitive Observance correspondait bien à l'intention de Pie IX qui souhaitait voir les grands ordres chassés de France par la Révolution se restaurer sous son pontificat. Son action envers les Cisterciens et les Bénédictins est fort instructive à cet égard.

---

[55] Cf. B. ARDURA, « Biographie du Père Edmond Boulbon », *Création et Tradition...*, p. 11.

[56] *Ibid.*

[57] R.L. MOULIÉRAC, « Le sentiment politique du Père Edmond Boulbon », *Création et Tradition...*, p. 67-70.

Edmond Boulbon se rendit à Rome, quelques semaines après son départ de Prémontré, et fut reçu par Pie IX. Il se présenta au pape et lui expliqua son intention de rétablir l'ordre de Prémontré selon l'esprit et la lettre de cette législation du XIIIᵉ siècle. Mgr Chalandon, dans la supplique déjà citée, rappelait à Pie IX cette entrevue et sa substance :

« Après avoir prié et avoir reçu les conseils de personnes connues pour leur science et leurs vertus l'an du salut 1856, le Père Edmond Boulbon, humblement prosterné à Rome aux pieds de Votre Sainteté et implorant la grâce de la Bénédiction apostolique, exposa son projet. Au cours de l'audience du 4 décembre de cette même année, Votre Sainteté, après avoir recueilli avec bonté le Père Edmond et l'avoir réconforté par des paroles de consolation, lui concéda la faculté d'admettre à la vêture et à la profession des chanoines réguliers de Saint-Norbert tous ceux qui par la suite s'adjoindraient à lui et lui en feraient la demande, après avoir obtenu le consentement de l'évêque du diocèse dans lequel il se serait établi » [58].

Pie IX réglait ainsi personnellement et de vive voix, au cours des audiences privées, nombre de questions. Il donnait ainsi au supérieur de Mondaye, Joseph Willekens, la permission de fonder le prieuré de Balarin, directement, au cours d'une audience privée qui eut lieu le 12 juillet 1867 [59]. De même, il plaçait prudemment la fondation de la Primitive Observance de Prémontré sous la juridiction de l'évêque diocésain, mais il instituait vraiment le Père Boulbon comme supérieur légitime, en lui permettant non seulement de donner l'habit prémontré, mais surtout de recevoir la profession des futurs religieux. Le Père Boulbon resta encore quelques semaines à Rome et fit parvenir au pape un exemplaire des constitutions qu'il entendait appliquer. Pour cela, il fit appel aux services de Mgr de Falloux qui lui écrivit le 23 décembre :

« Mon Révérend Père, j'ai remis au Saint-Père, lundi 22 décembre, votre lettre de la veille, et je suis heureux de vous envoyer l'assurance que Sa Sainteté approuve la pensée de rétablir l'ordre de Saint-Norbert, dans sa Primitive Observance, et de plus, qu'Elle a daigné bénir l'exemplaire des Constitutions de cet ordre, que vous m'avez confié à cet effet. Cette grâce, jointe à la faveur si précieuse que, dans votre audience du 4 décembre, vous avez déjà obtenue, je veux dire la faculté de recevoir à la profession religieuse sous l'habit de Saint-Norbert – *de consensu Ordinarii* – vous met désormais en parfaite situation pour commencer cette oeuvre excellente avec l'appui, le concours et la protection des évêques auxquels le Seigneur inspirera la sainte pensée de concourir à votre admirable entreprise... » [60].

---

[58] Supplique de Mgr de Chalandon à Pie IX pour demander que le monastère de Frigolet soit érigé en *Domus princeps* de la Congrégation de la Primitive Observance de Prémontré, Arch. de la Congrégation pour les Instituts de Vie Consacrée et les Sociétés de Vie Apostolique (Vatican), carton P 39.

[59] Arch. de la Congrégation pour les Instituts de Vie Consacrée et les Sociétés de Vie Apostolique (Vatican), carton P. 40, 6003/11, 19 maii 1877.

[60] B. ARDURA, « Biographie du Père Edmond Boulbon », *Création et Tradition...*, p. 11-12.

Au cours de l'année 1857, le Père Boulbon se mit en quête d'un lieu d'implantation. Il s'adressa au Curé d'Ars dans les premiers mois de 1858 et, dès la réponse de Jean-Marie Vianney, se mit à l'oeuvre avec un zèle qui suscite l'admiration. Le Curé d'Ars lui fit répondre, le 12 avril 1858 de s'adresser à Mgr Chalandon, archevêque d'Aix-en-Provence, qu'il avait connu lorsque ce dernier occupait le siège épiscopal de Belley :

> « Après avoir réfléchi et pesé devant le Bon Dieu les détails que vous lui avez soumis, et surtout après avoir demandé hier matin, au saint sacrifice de ce qu'il devait vous répondre, M. le curé d'Ars m'a chargé de vous dire que vous feriez bien d'établir la future communauté des Prémontrés dans le diocèse d'Aix ; il pense que vous aurez plus de chance qu'à Bayonne ; d'abord pour les raisons énoncées dans votre lettre, ensuite parce que notre digne curé connaît tout l'intérêt que Mgr Chalandon porte aux ordres religieux et qu'il ne doute pas que vous trouviez, dans ce saint prélat, un protecteur aussi puissant que dévoué » [61].

On l'oublie trop souvent : l'attitude des évêques fut déterminante dans la restauration des ordres religieux dans la France du XIXe siècle. Les intuitions du Curé d'Ars se révélèrent exactes et Mgr Chalandon se conduisit vis-à-vis du Père Boulbon et de son monastère comme un ami, un conseiller et un protecteur.

Le 27 avril 1858, le Père Edmond Boulbon fit son entrée dans Frigolet qu'il venait de racheter à Monsieur l'abbé Delestrac, aumônier de la Visitation d'Avignon. Le 11 juillet, en la fête de saint Norbert, il fit profession entre les mains de Mgr Chalandon. Ce jour-là, cinq mille pèlerins montèrent à Frigolet et le Père Boulbon conclut la journée en consacrant son monastère à la Vierge Marie. Sous la protection de l'archevêque, les recrues affluaient, les constructions s'élevaient rapidement et les dons arrivaient des horizons les plus divers. Le 8 décembre 1858, moins de huit mois après l'arrivée du fondateur, on inaugurait la nef ajoutée à l'antique chapelle de Notre-Dame du Bon-Remède, qui deviendra l'une des nefs latérales de la future église abbatiale, consacrée en 1863 [62].

Toujours guidé par son intention de vivre selon les us et coutumes primitifs de l'ordre de Prémontré, le Père Boulbon apporta un changement dans les statuts de sa congrégation, lorsqu'il fit la découverte dans le *De Antiquis Ritibus* de Dom Martène, des statuts prémontrés présentés comme l'oeuvre du premier abbé de Prémontré, le bienheureux Hugues de Fosses. Immédiatement, il fit adopter à ses religieux ces statuts plus « primitifs » que ceux suivis jusque-là. Ce fut sans doute une grande erreur, fatale à son entreprise, car ces statuts se révélèrent rapidement

---

[61] *Ibid.*, p. 12.

[62] J. BOISSON, « Le Père Edmond Boulbon et la construction de l'abbaye », *Création et tradition...*, p. 61-66.

inapplicables au XIXᵉ siècle, et surtout ils apparaîtraient trop éloignés des principes retenus dans l'élaboration d'un nouveau droit des religieux sous le pontificat du pape Léon XIII. Cistercien de formation, le Père Boulbon se retrouvait parfaitement dans ce code législatif influencé notamment par les us et coutumes de Cîteaux. Pour cette raison, les religieux de Frigolet seraient bien plus proches des Cisterciens que des Prémontrés de Belgique et surtout d'Europe centrale.

Un document, écrit de la main du Père Boulbon, traduit sa spiritualité qui s'insère profondément dans l'ascétisme du XIXᵉ siècle. Il s'agit d'une lettre qu'il adressait à tous les candidats à la vie religieuse, destinée à les avertir des difficultés qui les attendent ainsi qu'à leur exposer le sens de cette vie offerte à Dieu dans la pauvreté, la chasteté et l'obéissance :

> « Mon très cher frère en Jésus-Christ, si vous êtes bien résolu de vous renoncer à vous-même, pour suivre N.-S. J.-C. dans sa vie humble, cachée, pénitente et laborieuse, nous pourrons vous recevoir, d'abord à l'essai ; mais je vous engage avant de venir, à bien sonder vos forces et à vous armer d'une volonté forte de vous sanctifier *coûte que coûte*. Si, après avoir examiné, avec votre confesseur, tous les plis et replis de votre âme, vous reconnaissez que le monde est pour vous une occasion de chutes même secrètes, ou que vous ne puissiez pratiquer les vertus de votre état, vous devez le fuir, quoi qu'il puisse vous en coûter, et lui dire un adieu éternel. Vous devez, en ce cas, entrer en religion, non pour faire un essai, mais pour vous immoler, malgré les ennuis et les dégoûts que vous y éprouverez, tôt ou tard, et auxquels il faut vous préparer. Vous devez être bien résolu d'y souffrir, et d'y mourir, pour expier vos péchés et ceux du monde : ce sera votre consolation, et elle est grande pour ceux qui veulent vraiment imiter N.-S. J.-C. Votre nature ne s'habituera jamais *avec goût* à tous nos exercices, parce qu'elle ne se portera jamais par inclination à la souffrance ; mais vous devez vouloir l'exercer à souffrir, et peu à peu, vous compterez les mortifications pour rien [...] Le bonheur des Religieux qui veulent vraiment se sanctifier et qui ont l'esprit de notre Ordre est de faire la volonté de Dieu du matin au soir et de ne rien négliger pour contribuer à la gloire de Dieu et au salut des âmes. Par amour de la règle du silence, vous devez être également disposé à ne jamais proférer un seul mot, pas même un *oui* ou un *non* qui ne semblerait être autorisé par une nécessité d'ailleurs très grave. Si vous ne vous sentez pas la force de pratiquer ce silence absolu et perpétuel [...], il est inutile de venir dans notre monastère, car vous n'y pourriez pas rester » [63].

La spiritualité du Père Boulbon, qui anima toute la congrégation de la Primitive Observance, était centrée sur la célébration de l'office divin. Pour rehausser la splendeur du culte, le Père Boulbon créa en 1861, trois ans après son arrivée à Frigolet, une maîtrise [64] d'enfants qui fut aux avant-gardes du renouveau liturgique, dans la mesure où elle permit de

---

[63] B. ARDURA, « Biographie du Père Edmond Boulbon », *Création et tradition...*, p. 19-20.
[64] H. RICARD, « Le Père Edmond Boulbon et la Maîtrise », *Création et Tradition...*, p. 55-60.

déployer, même les jours ordinaires, une liturgie solennelle que nombre de cathédrales françaises auraient pu envier à l'abbaye provençale pour leurs jours de fêtes. Le 6 janvier 1872, la maîtrise, sous la direction du Frère Gabriel, mettait pour la première fois la musique de Palestrina à son répertoire, dix-neuf ans avant l'inauguration par Charles Bordes des « Auditions de Saint-Gervais » à Paris, qui allaient rétablir en France une culture palestrinienne tombée dans l'oubli. Sous l'influence d'Auguste Simon, organiste de Frigolet, les compositions nouvelles dans l'esprit palestrinien, mais avec recours à l'accompagnement d'orgue et au faux-bourdon, marquèrent une étape significative dans le renouveau liturgique du XIXe siècle. À l'occasion du triduum des 28, 29, 30 septembre 1874 pour le couronnement de la statue de saint Joseph, le Frère Gabriel dresse un tableau lumineux des foules accourues sur la Montagnette et ajoute, le coeur gros :

> « Dans cette affluence prodigieuse qui nous déborde de toutes parts, dans ces chants et ces répétitions multipliés, je suis malade, pouvant à peine marcher et me soutenir ; cependant je suis satisfait, je surabonde de joie parce que je vois Dieu glorifié, saint Joseph, cause de cette fête, exalté et couronné, même ici-bas les peuples édifiés, la religion respectée, la Maison de Saint-Michel grandissant et étendant sa réputation dans toute la France et au-delà » [65].

Le Père Edmond Boulbon retrouvait dans les statuts prémontrés des origines toute la rigueur qu'il avait connue à la Trappe, et veillait scrupuleusement à leur observance. À lire les billets rédigés par lui, à la suite de diverses visites [66] régulières accomplies au prieuré de Conques, fondé au diocèse de Rodez le 21 juin 1873, on peut encore une fois se demander si l'idéal religieux du fondateur n'était pas plus proche de celui de Cîteaux que de celui de Prémontré repris par les religieux belges. On est en effet surpris de ne point trouver d'indications positives sur le ministère, alors que cette communauté avait pour première mission d'accueillir les pèlerins du sanctuaire de sainte Foy. La majeure partie des avis et des recommandations porte sur la vie interne de la communauté, sur son horaire, ses us et coutumes, et en particulier sur le silence. Le billet de 1873 précise : « On ne pourra répondre aux séculiers que pour s'excuser de ne pouvoir leur répondre sans permission » [67]. L'année suivante, le visiteur revenait sur le même sujet du silence :

> « C'est pour moi une grande peine, mes très chers frères, de savoir que malgré mes recommandations et mon ordre si souvent renouvelés, le silence ne soit pas mieux observé dans cette maison. C'est un devoir pour tous les religieux, oblats, tertiaires réguliers ou séculiers d'aimer de pratiquer le

---

[65] *Ibid.*, p. 60.

[66] B. ARDURA, « Le Père Edmond Boulbon et le prieuré de Conques », *Création et tradition...*, p. 99-111.

[67] *Ibid.*, p. 100.

silence parce que sans silence religieusement observé il ne peut y avoir de recueillement et que quand on ne sait pas retenir une parole qu'on a envie de dire, on ne sait pas non plus se retenir en autre chose. Le bon ordre et l'édification demandent d'ailleurs qu'on observe toujours un silence exact [...] Le Père Eugène, pas plus qu'un autre, ne doit avoir aucune espèce de rapport avec les séculiers, si ce n'est au confessionnal pour les seuls pèlerins dont il est chargé. Il pourrait cependant recevoir au parloir les étrangers hommes qui voudraient lui parler ; mais seulement au parloir après en avoir prévenu le représentant de l'autorité. Pour recevoir les femmes au parloir, comme tous les autres, il devra demander un socius et ne pas plus sortir seul que tout autre » [68].

En somme, le Père Boulbon concevait l'édification des fidèles seulement à travers le témoignage d'une communauté strictement fidèle à ses règles austères. Les religieux ne doivent pas adresser la parole aux séculiers, mais rayonner de charité et d'intimité avec Dieu. Ils s'abstiennent de tous rapports avec le monde par renoncement, mais apparaissent comme des imitateurs du Christ dans la solitude avec son Père. Obéissance, pénitence, silence constituent les trois piliers de la vie régulière fécondée par la charité et l'union des esprits. La règle suprême consiste à vivre dans un continuel recueillement. Lors de la visite du 8 octobre 1875, le Père Boulbon définissait ainsi l'idéal des religieux de la Primitive Observance :

« Nous sommes tous appelés à la sainteté et nous devons tendre à nous élever tous les jours davantage en perfection. Pour cela il faut se défier toujours de soi-même, se combattre constamment, et examiner au moins après chacune de ses actions, de ses paroles et de ses pensées, si elle découlent d'un principe de foi, et si elles ont été accomplies comme N.S. les aurait faites, pour lui en demander pardon, ou à ses frères. S'il n'en était pas ainsi s'imposer une pénitence, lui promettre de mieux faire à l'avenir et lui en demander la grâce [...] Notre chasteté ne doit pas consister seulement à éviter tous les plaisirs des sens, mais encore tout attachement aux choses créées afin d'être toujours à Dieu. Nous lui sommes entièrement consacrés comme les vases sacrés le sont à son service et de même qu'on ne peut employer ceux-ci à d'autre chose sans sacrilège, selon la doctrine des saints, de même nous devons être employés qu'à ce qui peut être rapporté à Dieu. Notre pauvreté ne consiste pas seulement à être dépouillé de tout bien temporel, mais encore à restreindre le plus possible nos besoins, et à être content lorsque nous manquons du nécessaire comme N.S.J.C. Le silence est le fondement du recueillement qui lui-même est le fondement des prières bien faites. Mais il n'en serait pas ainsi si nous ne l'aimions pas, et si nous ne conservions le silence du coeur. Notre charité doit briller parmi toutes les autres vertus mais nous n'arriverons jamais à ne pas y manquer, si nous ne travaillons pas constamment à nous renoncer nous-mêmes en toutes circonstances. Nous ne sommes religieux que pour accomplir en toutes choses la volonté de Dieu, nous n'y arriverons que par l'accomplissement fidèle de toutes nos règles » [69].

---

[68] *Ibid.*, p. 101-102.
[69] *Ibid.*, p. 104.

En vérité, la doctrine spirituelle du Père Boulbon puisait davantage dans la spiritualité ambiante que dans l'héritage direct de saint Norbert qui n'est jamais cité dans ses écrits. Le service de la paroisse était assuré par le curé et un vicaire, mais la communauté lui restait en quelque sorte étrangère, car

« on peut dire que si, comme c'est incontestable et incontesté, l'ordre de Prémontré doit reproduire toute la vie cachée et publique de N.S.J.C., sa vie intérieure et sa vie extérieure, dans une communauté curiale toutes les oeuvres apostoliques de ce divin maître sont en présence de toutes ces oeuvres intérieures et cachées » [70].

Malgré un manque de formation prémontrée, aujourd'hui évidente, le Père Edmond Boulbon parvint à créer une communauté fervente et zélée, tandis que sous la protection de l'archevêque d'Aix-en-Provence, le monastère allait rapidement acquérir une situation canonique stable. Pie IX l'éleva à la dignité de prieuré, *Domus Princeps*, de la Congrégation de la Primitive Observance de Prémontré [71], le 28 août 1868, reconnaissant officiellement ses religieux comme authentiques fils de saint Augustin et de saint Norbert. L'année suivante, le pape érigeait le prieuré en abbaye et conférait à l'abbé de Frigolet la faculté d'exercer sur ses dépendances les anciens droits des abbés de Prémontré [72].

Tout semblait aller pour le mieux, mais le temps des épreuves allait commencer avec la mort de Mgr Chalandon survenue en 1873 [73]. Son successeur, Mgr Forcade, n'était certes pas un homme médiocre : homme de foi, il devait mourir, en 1885, de son dévouement en visitant des malades du choléra. Mais Mgr Forcade était autoritaire et doté d'un caractère cassant peu approprié aux populations provençales. Il était, en outre, soupçonneux vis-à-vis des religieux.

Le préfet de Marseille, Poubelle, dressait du nouvel archevêque un portrait peu flatteur, dans un rapport destiné au Ministère de l'Intérieur et des Cultes :

« C'est le jeudi 18 septembre 1873 que Mgr Forcade fit son entrée dans la ville d'Aix et son premier acte fut, contrairement à l'usage jusqu'alors suivi par ses prédécesseurs, de prendre place sous le dais et de traverser la ville en exigeant tous les honneurs réglementaires et même un peu plus. Ce début produisit une fâcheuse impression. La physionomie de Mgr Forcade présente en effet un aspect militant, son visage, sa démarche, son accent, ses discours respirent la fougue et le combat, aussi le clergé le redoute-t-il sans l'aimer et

---

[70] *Ibid.*, p. 107.

[71] Arch. de la Congrégation pour les Instituts de Vie Consacrée et les Sociétés de Vie Apostolique (Vatican), carton P 39.

[72] *Ibid.*

[73] P. GUIRAL, « Le Diocèse d'Aix et la Fondation du Père Edmond Boulbon », *Création et Tradition...*, p. 33-39.

l'on peut affirmer que ses allures cassantes ont diminué plutôt qu'augmenté le nombre des fidèles. En imposant dans son diocèse le rite romain, il a bouleversé de vieux usages et il s'est aliéné un grand nombre de prêtres. Mais l'obéissance qu'il exige et obtient du clergé, il a vainement tenté de l'imposer aux populations, devant les résistances desquelles il a parfois dû plier. Les opinions de Mgr Forcade son exclusivement monarchistes et l'idéal de son gouvernement serait celui qui se rapprocherait de la forme absolue » [74].

Le sous-préfet d'Aix-en-Provence, de son côté, adressa un autre rapport en 1881, dont le ton modéré n'en est que plus redoutable :

« C'est toujours un ancien missionnaire qui a gardé de son séjour parmi les populations primitives des allures soldatesques, un langage grossier, un ton belliqueux et tranchant qui donne à ses allocutions pastorales l'accent et l'allure d'un pamphlet [...]. Il a une intelligence médiocre, un caractère hautain et despotique [...], très vaniteux et très ambitieux [...], il n'agit que par ostentation ; doué d'une très grande activité morale et physique, mais court de vues et sans convictions, il dépense cette activité en manifestations puériles, en intrigues de sacristies » [75].

Durant l'épiscopat de Mgr Forcade, les visites canoniques demandées par l'archevêque à Rome, se succédèrent. Et, à chaque visite, on signalait le caractère suranné des constitutions primitives. D'autre part, Mgr Forcade, chaque fois que l'occasion lui en fut donnée, empêcha le Père Boulbon de faire de nouvelles fondations. C'est ainsi qu'en 1876, il adressa à la Congrégation des Réguliers un rapport accablant sur l'abbé et sur les Prémontrés de Frigolet, à qui le gouvernement français allait confier l'église française Sainte-Anne de Jérusalem. L'archevêque écrivit au cardinal-préfet :

« C'est avec un respectueux empressement, mais non sans quelque embarras ou sans peine que je vais m'efforcer de donner satisfaction à Votre Éminence. Car je ne peux lui dissimuler que nos Prémontrés m'inspirent peu de confiance et ne me paraissent aucunement en inspirer davantage à quiconque les a vus de près ou les connaît même tant soit peu. Les prêtres de mon diocèse et les évêques de ma province n'en ont surtout, je le sais, qu'une fort mince opinion » [76].

Malgré cette opposition de l'archevêque d'Aix-en-Provence, le Père Boulbon parvint à opérer plusieurs fondations qui devaient disparaître, sauf celle de Conques, dans les événements de 1880.

Outre la question des constitutions, qui devenait de plus en plus épineuse et pour laquelle le Père Boulbon ne sut pas user de la diplomatie

---

[74] Arch. du Ministère de l'Intérieur. Rapport du préfet des Bouches-du-Rhône, Poubelle, en date du 11 novembre 1879.

[75] *Histoire du diocèse d'Aix*, sous la dir. de J.-R. PALANQUE, Paris, 1975, p. 200.

[76] Rapport de Mgr Forcade, en date du 14 janvier 1876 au cardinal-préfet de la Congrégation pour les Évêques et les Réguliers, Arch. de la Congrégation pour les Instituts de Vie Consacrée et les Sociétés de Vie Apostolique (Vatican), carton P 39.

qui aurait été de mise avec Rome, les lois de 1880 portèrent un coup fatal à sa fondation. Le 29 mars 1880, le Président de la République, Jules Grévy, avait été contraint de signer deux décrets que lui avait imposés la majorité parlementaire dans laquelle figuraient notamment Paul Bert, Jules Ferry et Léon Gambetta. Le premier décret prononçait la dissolution de la Compagnie de Jésus. Le second mettait les quelque cinq cents congrégations religieuses, restaurées ou fondées sans autorisation, en demeure de régulariser leur situation, en effectuant dans les trois mois les démarches relatives à la fameuse « reconnaissance légale », sous peine de dissolution. La communauté de Frigolet était du nombre. Il fut vite clair que le Gouvernement, en refusant la plupart des demandes, entendait donner un visage légal à la suppression pure et simple d'instituts jugés inutiles sinon nuisibles.

Devant cette attitude du Gouvernement, nombre de supérieurs religieux décidèrent de ne pas demander la reconnaissance légale et entreprirent une résistance passive. Le Président du Conseil, Charles de Freyssinet, de tempérament conciliant, entreprit des négociations, épaulé par le cardinal Lavigerie et avec l'encouragement de Léon XIII. Soutenus par des élus de tendance royaliste, les religieux furent considérés comme des ennemis de la République. Charles de Freyssinet, contraint de démissionner, fut remplacé par Jules Ferry qui avait proclamé depuis longtemps que « son but était d'organiser une société sans Dieu » [77]. Arrivé au pouvoir le 23 septembre 1880, il mit en place un dispositif mobilisant l'appareil administratif, policier, militaire et judiciaire de l'État pour mettre en oeuvre la suppression des religieux.

Du 3 au 7 novembre 1880, l'abbaye de Frigolet, dans laquelle nombre de provençaux dont le félibre Frédéric Mistral avaient rejoint les religieux, fut assiégée par une compagnie de dragons [78]. Après avoir, en vain, tenté de se faire ouvrir la porte de l'abbaye, le commissaire de police fit enfoncer la porte d'entrée et se présenta dans la salle capitulaire où se tenaient les religieux et les enfants de la maîtrise réunis autour du Père Boulbon. Après lecture de l'ordre d'expulsion, et devant le commissaire et les forces de police, les religieux chantèrent l'office que le Père Boulbon conclut par sa bénédiction.

Les religieux furent expulsés et le Père Boulbon demeura seul à Frigolet avec un frère convers, en qualité de propriétaire légal. Le roi d'Espagne Alphonse XIII l'avait invité à prendre possession de la chapelle royale de l'Escorial, mais les religieux, espérant reconstituer leur communauté sans tarder, contraignirent l'abbé à décliner l'offre.

---

[77] J. BOISSON, « Les expulsions de 1880 », *Création et tradition...*, p. 73.
[78] *Ibid.*, p. 73-74.

Le 18 mars 1881, en présence des supérieurs des maisons dépendantes, fermées par le Gouvernement, le Père Boulbon donna sa démission d'abbé de Frigolet. Il entendait cependant demeurer supérieur général de la congrégation de la Primitive Observance [79]. Mais à Rome, où régnait alors Léon XIII, la politique vis-à-vis des religieux avait profondément changé. Sa démission d'abbé de Frigolet fut non seulement acceptée, mais Léon XIII le déchargea de toute juridiction sur sa congrégation, par décret du 11 avril 1881 [80].

Le Père Edmond Boulbon, encore objet de mesures désobligeantes de la part de Mgr Forcade, mourut dans une abbaye déserte, le 7 mars 1883. Son successeur, le Père Paulin Boniface, dut lutter pour s'opposer aux prétentions de l'archevêque d'Aix-en-Provence, qui utilisa toutes les ressources de son imagination pour étendre sa juridiction sur la communauté qui commençait à rentrer à Frigolet, après l'orage de 1880. En fait, les statuts choisis par le Père Boulbon à cause de leur caractère « primitif » allaient être la raison majeure de la disparition, à brève échéance, de la congrégation de la Primitive Observance. En octobre 1883, le chapitre décida de soumettre les statuts de la Primitive Observance à l'approbation de Rome qui refusa de les approuver en l'état et demanda de constituer un corps législatif semblable à celui des congrégations nouvelles. De 1883 à 1893, soit pendant dix années, ce fut un continuel va-et-vient entre Frigolet et la Congrégation des Réguliers, pour adapter ces statuts à la législation générale des instituts religieux. Le Père Paulin Boniface s'aperçut assez rapidement des intentions de Rome.

À travers des intermédiaires qui avaient sa confiance, Léon XIII allait entreprendre une oeuvre d'unification des congrégations de même spiritualité. Cette détermination de Léon XIII se manifesta principalement envers les Cisterciens qu'il se proposait de réunir sous un seul abbé général. De fait, sous la pression romaine, le chapitre général, tenu à Rome en 1892, décréta l'union des congrégations cisterciennes de Melleray, Westmalle et Sept-Fons et constitua cette nouvelle union sous l'autorité d'un abbé général dont réussirent à rester indépendants les Cisterciens de la Commune Observance et ceux de Casamari. Le pape s'appuya pour réaliser ce dessein unificateur sur Dom Sébastien Wyart, ancien zouave pontifical de Pie IX et abbé de Sept-Fons, dont il ratifia immédiatement l'élection à la tête de la nouvelle congrégation des Cisterciens de la Stricte Observance.

---

[79] Lettre de démission du Père Edmond Boulbon de la charge d'abbé de Frigolet, Arch. de l'abbaye de Frigolet, carton Primitive Observance.

[80] Décret du cardinal Ferrieri, en date du 11 avril 1881, Arch. de l'abbaye de Frigolet, carton Primitive Observance.

Dans le même sens, Léon XIII résolut d'unifier les différentes congrégations bénédictines en s'appuyant sur l'abbé de Maredsous, Dom Hildebrand de Hemptinne. Plusieurs congrégations refusèrent de perdre leur autonomie. Aussi le pape leur imposa-t-il un abbé-primat qui serait chargé d'incarner et de promouvoir leur unité. L'abbé-primat serait en outre l'interlocuteur officiel du Saint-Siège, au nom de toute la famille bénédictine.

Enfin, il n'est pas inutile de mentionner la fusion opérée par Léon XIII au sein de la famille franciscaine. En 1897, par l'intermédiaire du Père Raphaël Delarbre et du Père Bernardin de Portogruaro, ministre général des Frères mineurs de l'Observance, il réunit en un seul ordre les Récollets qui étaient parvenus à se reconstituer, les Alcantarins de loin les plus nombreux, et les Réformés, sous le titre d'ordre des Frères mineurs coexistant avec les Conventuels et les Capucins, de manière à réduire à trois les ordres se réclamant de saint François d'Assise.

C'est dans ce contexte que l'affaire des Prémontrés de Frigolet doit être située [81]. En 1893, le deuxième abbé de Frigolet, le Père Paulin Boniface, fut contraint de démissionner. Il n'eut pas de successeur, car le Saint-Siège plaça la congrégation sous l'autorité de l'archevêque d'Aix-en-Provence, Mgr Gouthe-Soulard, qui venait de succéder à Mgr Forcade. On imposa aux religieux une mitigation de leurs statuts « primitifs », de sorte qu'en 1896, ils changèrent de nom pour devenir « les Prémontrés de la congrégation de France ».

Léon XIII se servit dans cette affaire de plusieurs intermédiaires, dont un personnage intransigeant, exécuteur de la volonté pontificale et de surcroît cardinal-protecteur de l'ordre de Prémontré, le cardinal Luigi Oreglia di Santo Stefano. Ce Piémontais de famille noble, nommé nonce à Bruxelles en 1866, puis internonce en Hollande avant de devenir nonce à Lisbonne, devint cardinal en 1873 et doyen du Sacré Collège en 1896, puis camerlingue. Diplomate aux idées intransigeantes, autoritaire, il révéla au cours de son existence ces diverses composantes de sa personnalité, mais principalement lorsque, camerlingue et doyen du Sacré Collège, il refusa, plus tard, de lire le veto qu'apportait le cardinal Puzina contre l'élection du cardinal Rampolla comme successeur de Léon XIII. Oreglia fut avec le procureur des Prémontrés à Rome, le Père Vital Van den Bruel [82], le principal agent de l'union, en signifiant à l'abbé général

---

[81] B. ARDURA, « Au centre de la fusion entre la congrégation de France et l'ordre de Prémontré, le chapitre d'Union de 1896 », *Analecta Praemonstratensia*, t. LX (1984), p. 85-115.

[82] Procureur à Rome depuis octobre 1883, le Père Vital-Théophile Van den Bruel fut béni abbé titulaire de Floreffe, le 17 septembre 1896.

Sigismond Stary, la volonté du pape. L'abbé général prépara donc l'union qui fut acceptée par le chapitre général de 1896.

Pour des raisons évidentes d'observances mais aussi d'antipathie vis-à-vis des Belges qui l'avaient mis en échec à Prémontré même, une quelconque union à l'ordre de Prémontré avait toujours été exclue par le Père Edmond Boulbon et la plupart de ses religieux. Un curieux document vient à l'appui de cette thèse. Dix ans après la fondation de la congrégation de la Primitive Observance à Frigolet, et devant la fragilité de l'institut qui comptait cependant soixante-dix membres, le Père Boulbon envisagea de l'unir à un institut plus fort, tout en gardant une certaine autonomie. Il ne se tourna pas vers l'ordre de Prémontré « de la Commune Observance », mais bien vers la congrégation des Chanoines Réguliers du Latran, prenant soin de mettre en avant un désir d'union plus étroite avec Rome.

Dans un brouillon de supplique à Pie IX, nous lisons :

> « Très Saint-Père, les Religieux de la Primitive Observance de Prémontré, au nombre de soixante-dix, du Monastère de Saint-Michel au Diocèse d'Aix, humblement prosternés aux pieds de Votre Sainteté lui exposent que, désirant avoir un lien de plus qui les rattacherait au centre du catholicisme, considérant d'ailleurs que leur Ordre, étant privé d'un Supérieur général depuis la Révolution Française du siècle dernier, sur l'avis de leur Archevêque, ils désirent vivement s'unir aux Vénérables Chanoines Réguliers de Saint Jean de Latran qui, comme eux, professent la règle de Saint-Augustin, de manière toutefois qu'ils puissent suivre les constitutions primitives de Prémontré qu'ils regardent comme nécessaires à leur sanctification et qui ont été approuvées par vos prédécesseurs de glorieuse mémoire unanimement. C'est pourquoi ils prient instamment Votre Sainteté de leur donner pour Supérieur Général le Révérendissime Père Abbé Général des Chanoines Réguliers de Latran qui sera chargé de recevoir la profession religieuse, de les visiter et de veiller à leur parfaite exécution de la règle de Saint Augustin et des Constitutions primitives de Prémontré en leur donnant le titre de Religieux de la Primitive Observance de Prémontré de la Congrégation de Latran » [83].

La réponse de Pie IX dépassa les attentes du Père Boulbon : le 16 septembre 1869, il érigeait le prieuré de Frigolet en abbaye.

Après la disparition du Père Boulbon, les premières modification des statuts, la démission forcée du Père Paulin Boniface, et après avoir été placés sous la tutelle de l'archevêque d'Aix-en-Provence, les religieux de Frigolet réalisèrent la fragilité de leur situation : tandis que l'ordre de Prémontré jouissait de l'exemption et des voeux solennels abolis en France par la Révolution, ils se sentaient devenir de plus en plus, selon le mot du Père Adrien Borelly, futur abbé de Frigolet, « un simple Tiers-Ordre ».

---

[83] B. ARDURA, « La réunion de la Primitive Observance à l'Ordre de Prémontré », *Création et tradition...*, p. 85.

En 1893, le cardinal Oreglia di Santo Stefano révéla à Mgr Gouthe-Soulard les intentions de Léon XIII. L'archevêque d'Aix-en-Provence écrivait, le 17 décembre 1893, au Père Denis Bonnefoy, son délégué :

> « Je suis allé voir le cardinal Oreglia [...] il y a longtemps que le projet lui tient à coeur. Il trouvait des résistances féroces dans le Père Paulin [...] Le moment est donc venu de travailler à cette réunion. Ce sera extrêmement facile » [84].

Ce en quoi il se trompait lourdement ! L'affaire était néanmoins engagée et le Père Denis Bonnefoy, homme intelligent, réaliste et pratique, était acquis à cette union.

Le 6 juin 1896, il reçut une lettre du Père Sigismond Stary, abbé de Strahov et abbé général, l'invitant à venir au chapitre général prévu la même année au mois d'août en l'abbaye autrichienne de Schlägl :

> « Vous n'ignorez pas que le Saint-Siège désire vivement l'union de tous les Prémontrés sous un seul chef. Il importe que ce désir soit commun à tous et chacun des fils de Saint Norbert [...] Nous vous invitons officiellement de telle sorte qu'avec au moins un confrère de votre monastère, vous vous présentiez ici afin d'examiner ce qui sera utile ou nécessaire à cette union » [85].

Le 25 août 1896 [86], accompagné du Père Paul Pugnière, il assistait à l'ouverture du chapitre général qui devait se prononcer sur la réunion de la Primitive Observance à l'ordre de Prémontré. Deux religieux devaient jouer un rôle de premier plan pour convaincre le chapitre de la nécessité et de l'utilité de l'union, le Père Thomas Heylen, abbé de Tongerlo, et le Père Godefroid Madelaine, prieur de Mondaye et futur abbé de Frigolet.

Le Père Heylen estimait l'union conforme au désir du Christ qui pria pour que les siens fussent un, conforme à la volonté de saint Norbert qui ne fonda qu'un seul ordre, et conforme à la volonté du pape qui s'était clairement exprimé à plusieurs reprises à ce sujet. Les religieux de Frigolet devraient reconnaître l'autorité du chapitre et de l'abbé général, introduire la liturgie prémontrée au moins peu à peu, prendre les statuts tels qu'ils étaient observés en Brabant, faire partie de la circarie de Brabant ou d'une circarie de France à créer. Le Père Madelaine proposa de nommer vicaire de la future circarie de France l'abbé de Mondaye. Comme celui-ci était retenu par ses infirmités à Grimbergen depuis 1880, le Père Madelaine se disait prêt à remplir cette mission. Le chapitre accepta toutes ces propositions.

---

[84] *Ibid.*, p. 87.

[85] *Ibid.*

[86] B. ARDURA, « Au centre de la fusion entre la Congrégation de France et l'Ordre de Prémontré, le chapitre d'Union de 1896 », art. cit.

À la fin de 1896, Monseigneur Gouthe-Soulard, aidé par le Père Denis Bonnefoy, entreprit de consulter chacun des membres de la communauté de Frigolet sur les propositions faites par le chapitre général. Il leur demanda de lui faire parvenir directement et par écrit leur sentiment sur cette fusion :

> « Vous avez le droit d'accepter ou de repousser la fusion. Le Saint-Siège vous a faits Prémontrés indépendants du Grand Ordre. Parmi vous les uns ont émis les voeux selon la Primitive Observance avec approbation de Rome, les autres ont fait profession sous un régime différent non encore définitivement approuvé par le Saint-Siège. Mais vous ne pouvez être tenus par des engagements que vous n'avez pas pris ; c'est de droit naturel. Devant, Dieu, votez à votre gré. Je vous parle en toute franchise afin que vous agissiez en toute liberté et connaissance de cause. Votre plus grand bien est mon unique désir. Je vous l'ai montré en vous défendant dans vos très douloureuses épreuves. Le vote sera soumis au Souverain Pontife » [87].

Les quarante-deux réponses, sur cinquante et un profès, conservées dans les archives de l'abbaye de Frigolet font apparaître la volonté de se soumettre sans condition au chapitre général et à l'abbé général. La liturgie prémontrée est accueillie elle aussi sans réticence. L'ensemble des religieux désire dépendre et être visité par des supérieurs français. La quasi-totalité accepte de suivre les statuts de 1630, mais tels qu'ils sont et non comme on les observe en Belgique et surtout en Autriche où les communautés, passées au laminoir du joséphisme, ne gardaient que peu d'observances canoniales, vivant sous le régime tant de fois dénoncé du pécule. Certains demandent que Frigolet puisse conserver certaines de ses austérités, comme les Austro-Hongrois ont des coutumes différentes des Belges. Le Père Heylen les rassure : ils pourront toujours observer les statuts de 1630 avec plus de fidélité qu'on ne le fait en Belgique : ce sera pour l'édification de l'ordre tout entier. Sur cinquante et un votants, quarante-neuf votes sont exprimés. Vingt-cinq donnent leur adhésion pure et simple à l'union entre la congrégation de France et le Grand Ordre, vingt donnent leur adhésion en y ajoutant des restrictions sur l'observance des statuts tels qu'ils sont pratiqués en Belgique, trois sont neutres et un refuse l'union.

Le 27 juin 1898, le Père Van den Bruel, procureur de l'ordre à Rome, écrivit au Père Bonnefoy :

> « Le cardinal-préfet de la S. Congrégation des Évêques et des Réguliers a écrit à Sa Grandeur par ordre et au nom de Sa Sainteté, aussi il a ajouté que c'est plus qu'un désir du Saint-Père que la fusion soit faite au plus tôt » [88].

---

[87] B. ARDURA, « La réunion de la Primitive Observance à l'Ordre de Prémontré », *Création et tradition...*, p. 89.

[88] *Ibid.*, p. 91.

Quelques mois plus tard, le 17 septembre 1898, Léon XIII signait le décret d'union :

> « Vu le vote du chapitre général de l'ordre de Prémontré, le vote de l'arche-vêque d'Aix, visiteur apostolique, le vote du Père Denis Bonnefoy, pro-visiteur apostolique, le vote des religieux de la congrégation de France, tous les religieux de la congrégation de France doivent être unis aux Prémontrés des autres pays pour former avec eux un seul ordre » [89].

Le 8 octobre 1898, le Père Heylen, délégué par la Congrégation des Évêques et des Réguliers, confirmait les supérieurs en charge, érigeait en circarie spéciale Frigolet et ses maisons dépendantes sous le nom de circarie de Provence. Le 29 octobre, le Père Alphonse Pugnière, l'un des plus farouches adversaires de l'union, était élu troisième abbé de Frigolet mais refusait l'élection. Le 21 mars 1899, l'abbé général nommait à cette charge le Père Denis Bonnefoy qui avait conduit les préparatifs de la fusion. Accablé par cette responsabilité, il mourait prématurément, le 20 septembre de la même année. Les religieux de Frigolet procédèrent, le 10 octobre 1899, à une nouvelle élection et portèrent à la tête de leur commu-nauté le prieur de l'abbaye de Mondaye, le Père Godefroid Madelaine.

Par son union au grand ordre, la congrégation de la Primitive Observance fondée par le Père Edmond Boulbon en 1858 disparaissait. C'est ainsi que la volonté de Léon XIII aboutit dans l'ordre de Prémontré à cette unité qu'il entendait imposer aux différentes familles religieuses, volonté dont il ne se départit pas, même devant nombre de réticences émanant des instituts menacés de disparition. Dans cette affaire, il aurait fallu agir avec prudence et tact pour échapper à l'union léonine. Si le Père Boulbon ne s'était pas fixé sur les statuts « primitifs » et avait opté, par exemple, pour les statuts de l'Antique Rigueur de Lorraine, il aurait sans doute eu davantage de possibilités de manoeuvres, car cette législation était beaucoup plus proche du droit commun des religieux, qui était en train de se mettre en place sous la poussée des fondations nouvelles, si nombreuses en cette deuxième moitié de XIXe siècle.

L'itinéraire tourmenté des moniales de Bonlieu

Le monastère de Bonlieu fut fondé au cours de la deuxième moitié du XIIe siècle par Véronique de Poitiers, comtesse de Marsanne, pour y accueillir une communauté de cisterciennes. Au milieu du XIXe siècle, il ne restait plus qu'une partie des bâtiments conventuels et l'église romane était en ruine.

En 1868, Mademoiselle Odiot de Benoît de la Paillone, originaire de Sérignan dans le Vaucluse, fut conquise par la magnifique liturgie

---

[89] *Ibid.*

célébrée à l'abbaye de Frigolet en l'honneur des Martyrs de Gorcum, un an après leur canonisation par Pie IX. Au mois de décembre, elle fit une retraite à l'abbaye et manifesta au Père Edmond Boulbon son désir de devenir moniale norbertine. Ce dernier accueillit cette confidence comme un signe de la Providence. À côté de la branche masculine de l'ordre, il entrevit aussitôt la possibilité de restaurer la branche féminine depuis longtemps éteinte en France. Il écrivait cependant à la future fondatrice, le 9 juin 1869 :

> « Ce n'est pas moi qui restaurerai la famille des Norbertines, mais bien vous et toutes celles qui se joindront à vous, et je ne dois vous prêter mon concours qu'autant que je trouverai en vous tout ce qui est nécessaire pour la fondation d'un monastère de religieuses au matériel comme au moral. C'est vous qui en ferez tous les frais ; pour moi je ne vous prêterai que le concours de ma petite expérience et de l'autorité qui m'a été confiée » [90].

La difficulté de trouver l'aide nécessaire à la formation de cette vocation le conduisit à solliciter de l'abbé cistercien d'Aiguebelle près de Montélimar l'autorisation de confier la postulante aux Cisterciennes de Maubec dans la Drôme. Là, le 23 novembre 1869 et avec l'autorisation de Mgr François-Nicolas Gueullette [91], évêque de Valence, elle reçut, avec trois autres demoiselles, l'habit des moniales prémontrées des mains de Mgr Condé y Correal, évêque prémontré de Zamora en Espagne. Elle prit le nom de Marie de la Croix. Le Père Thomas d'Aquin de Boissy-Dubois, premier compagnon du Père Edmond Boulbon et artisan principal de cette nouvelle fondation, fut chargé de la formation religieuse des nouvelles moniales. Mère Marie de la Croix fit profession le 15 décembre 1870. À ce sujet, elle confie à son correspondant romain un fait curieux :

> « Le très Révérend Père Edmond demanda que je lui fisse à cette occasion *voeu d'obéissance* immédiatement avant la cérémonie de profession. Je fus presque surprise de cette exigence dont Sa Révérence ne jugea à propos de me parler que la veille de ce jour. Je prononçais ce voeu avec un abandon d'enfant remettant entre ses mains ma fortune et ma vie pour la restauration des Norbertines en France, mais sans toutefois penser m'engager autrement vis-à-vis du Révérend Père Edmond que sous les conditions et réserves ordinaires que l'on garde en s'engageant vis-à-vis d'un supérieur, tout en restant sous une autorité qui prime la sienne, et qui était pour moi celle de l'évêque de Valence entre les mains de qui je prononçais solennellement mes voeux perpétuels de religion selon les rites et cérémonies de l'ordre de Prémontré » [92].

---

[90] Lettre de Mère Marie de la Croix à la Congrégation des Évêques et des Réguliers, 21 août 1874, Arch. de la Congrégation pour les Instituts de Vie Consacrée et les Sociétés de Vie Apostolique (Vatican), carton P 40.

[91] Évêque de Valence, de 1865 à 1874.

[92] Lettre de Mère Marie de la Croix à la Congrégation des Évêques et des Réguliers, 21 août 1874, Arch. de la Congrégation pour les Instituts de Vie Consacrée et les Sociétés de Vie Apostolique (Vatican), carton P 40.

À l'évidence, le Père Boulbon qui, au commencement, n'entendait pas se mêler de près de la fondation, y voyait alors le moyen de renforcer la position de sa congrégation réunissant désormais deux branches prémontrées.

Lorsque se déclara la guerre franco-allemande de 1870, les moniales de Maubec prirent la décision de renvoyer provisoirement leurs postulantes et leurs novices dans leurs familles. La future fondatrice souffrit beaucoup de cette décision qu'elle estimait inspirée par une crainte injustifiée. Un mois plus tard, elle obtenait de rappeler ses compagnes et de mener la vie commune avec elles dans un bâtiment isolé appelé l'Orphelinat Saint-Joseph, appartenant à l'abbaye. C'est là que le jour de l'Ascension 1871 débuta la vie canoniale avec l'office de jour et de nuit. Le 6 juin, six postulantes reçurent l'habit prémontré.

Située à 12 kilomètres de Montélimar [93], l'ancienne abbaye de Bonlieu était en vente. Le 12 juin, la fondatrice rencontra le propriétaire, Monsieur Meilhon. Tous deux reçurent un accueil très favorable de la part du curé de la paroisse, Monsieur Revol, qui habitait une partie de l'abbaye en ruine. Le choeur de l'église romane était intact ainsi que les chapelles latérales, mais la nef était à ciel ouvert. Une des chapelles latérales avait été aménagée pour le service de la paroisse créée en 1869. Après avoir visité les bâtiments et les terres, Mère Marie de la Croix se décide à l'achat sous son nom, et l'acte est signé le 8 septembre 1871 dans le parloir de Maubec où elle réside encore. Le lendemain, 9 septembre, elle achète à Monsieur Viel, et pour la somme de 7 000 francs, une terre englobée dans la propriété achetée la veille. Le 19 septembre suivant, elle règle l'achat de l'église avec la commune à laquelle Monsieur Meilhon l'avait cédée, avec cette clause que les paroissiens y auraient libre accès, à moins que les soeurs ne leur en construisent une nouvelle. De famille aisée, Mère Marie de la Croix engagea 50 000 francs sur sa fortune personnelle pour doter la nouvelle communauté d'une résidence adaptée à la subsistance de ses soeurs et à la conduite de la vie contemplative.

Le 28 octobre 1871, lorsque les ruines du monastère eurent été relevées, Mère Marie de la Croix, accompagnée de ses soeurs, fit son entrée à Bonlieu, accueillie par le curé et la population en fête. Mère Marie de la Croix se trouvait à la tête d'un petit groupe de sept compagnes, dont quatre novices de choeur, deux converses, parmi

---

[93] H. VAN HEESCH, « Bonlieu », *Analecta Praemonstratensia*, t. XXXII (1956), p. 154-163.

lesquelles Soeur Rose [94], instigatrice de l'Oeuvre de la Messe Réparatrice, morte en odeur de sainteté en 1883.

L'isolement de cette nouvelle communauté placée comme toutes les communautés féminines de France sous la juridiction de l'évêque diocésain, et l'absence de règles stables, puisque les statuts de la Primitive Observance n'étaient pas formellement approuvés par le Saint-Siège, allaient créer une série de difficultés au milieu desquelles Mère Marie de la Croix crut un moment voir sombrer sa fondation. Elle fut heureusement soutenue par le curé Revol et par l'abbé d'Aiguebelle, aux soins duquel la communauté avait été confiée par le Père Boulbon. Les soeurs désiraient tellement se former à l'esprit de l'ordre de Prémontré, qu'elles réussirent à obtenir les constitutions des soeurs espagnoles de Toro, et un certain nombre de livres qu'elles firent venir d'Allemagne :

> « Nous nous sommes procuré un grand nombre de livres de notre ordre en Allemagne. Nous en faisons une étude approfondie et nous dresserons en conseil les règlements que les religieuses devront suivre. Car pour les constitutions, elles sont les mêmes que les nôtres avec les adoucissements que la Règle de Saint Augustin et l'esprit de saint Norbert permettent » [95].

Environnée de tant de difficultés et surtout d'incertitudes, Mère Marie de la Croix écrit, en des termes qui suscitent l'admiration pour son humilité, sa franchise et sa charité :

> « Cependant je commis une grande faute, car mes compagnes toutes plus jeunes que moi suivaient aveuglément l'impulsion que je leur donnais et ne sauraient être impliquées dans la culpabilité que je veux vous confesser, Monseigneur, sans en rien dissimuler. Ce fut de fonder dans ces conditions et sans constitutions bien déterminées – toujours comptant sur la parole du Révérend Père [Boulbon] qui répondait invariablement : « Nous étudions, nous vous donnerons plus tard les constitutions ». Une plus grande faute peut-être ce fut de ne point faire part de mes craintes à notre évêque. Je le savais scrupuleux observateur de toutes les formalités, je craignais qu'il ne s'effrayât outre mesure de cet état anormal et que, de plus, cette révélation ne nuisît au Révérend Père Edmond, auquel j'étais sincèrement et filialement dévouée. Ces choses me semblaient des secrets de famille, dont je ne devais le compte à personne, et que j'espérais toujours voir s'arranger. De plus, les constitutions qui nous venaient d'Espagne, me semblaient un monument vénérable, quoiqu'un peu incomplet, plein de l'esprit de Dieu, et à défaut d'autres, nous les regardions comme nos véritables constitutions » [96].

---

94 A. DEBERT, « Deux figures féminines prémontrées du XIXe siècle : Soeur Rose et Mère Marie de la Nativité », *Actes du 17ème Colloque du Centre d'Etudes et de Recherches Prémontrées*, Amiens, 1992, p. 68-75.

95 Lettre de Mère Marie de la Croix à la Congrégation des Évêques et des Réguliers, 21 août 1874, Arch. de la Congrégation pour les Instituts de Vie Consacrée et les Sociétés de Vie Apostolique (Vatican), carton P 40.

96 *Ibid.*

Sur ces entrefaites, l'abbé de Tongerlo, Jean-Chrysostome De Swert [97], passa à Bonlieu au cours de l'année 1872, accompagné du Père Boulbon, à l'occasion d'une visite à l'abbaye de Frigolet. Mis au courant des difficultés de la fondation, et notamment d'une réplique cinglante du Père Boulbon : « Des constitutions, *nous vous en ferons* » [98], l'abbé De Swert commença à correspondre régulièrement avec Mère Marie de la Croix, lui fit connaître les statuts de 1630, et ne cessa de l'encourager. Il fallait cependant affronter le Père Boulbon et lui parler de ces statuts de 1630 en usage au Brabant :

> « Je ne savais comment aborder cette question extrêmement délicate avec le très Révérend Père Edmond, qui malgré toute sa bonté nous reconnaissait peu le droit d'exprimer nos désirs ou nos craintes, lorsqu'ils n'étaient pas parfaitement conformes aux siens » [99].

Sentant le vent tourner, le Père Boulbon commit une erreur. Le 9 janvier 1873, il envoya à Mère Marie de la Croix une série de questions auxquelles toutes les soeurs auraient dû répondre personnellement et par écrit avant l'admission à la profession.

> « Ce questionnaire dont le principal article était ainsi conçu : êtes-vous bien résolue de rendre à l'abbé de Saint-Michel, quelles qu'en soient les qualités, le respect et l'obéissance due aux supérieurs, me surprit un peu parce que rien de semblable n'avait été demandé aux soeurs qui avaient déjà fait profession et que de plus cela me semblait une atteinte aux droits de Mgr notre évêque que nous regardions comme notre premier supérieur » [100].

C'en était trop. La supérieure s'ouvrit à l'évêque de cet incident, et celui-ci lui conseilla de ne rien changer à leurs coutumes. Le Père Edmond Boulbon réagit violemment lorsqu'il apprit la démarche de Mère Marie de la Croix :

> « Le 18 mars suivant, je recevais du T. Rd Père Abbé une lettre par laquelle Sa Révérence déniait tout sentiment de paternité pour nous, me déliait du voeu d'obéissance, et nous remettait sous la seule juridiction et direction de Sa Grandeur Mgr l'Évêque » [101].

L'évêque invita alors Mère Marie de la Croix à se rendre auprès des Norbertines du Brabant, afin de se rendre compte directement de la vie des Prémontrés de cette circarie et de celle des soeurs de Oosterhout. Avec l'autorisation de l'évêque de Valence, elle demeura six semaines à Oosterhout et s'occupa de traduire les statuts de 1630 en français, à

---

[97] R. DE CUYPER, *Joannes Chrysostomus De Swert, vijftigste abt van Tongerlo (1867/68-1887)*, Louvain, 1981.

[98] Lettre de Mère Marie de la Croix...

[99] *Ibid.*

[100] *Ibid.*

[101] *Ibid.*

l'usage de sa communauté. En quelques semaines, conseillée par l'abbé de Tongerlo, sa décision était prise : elle demanderait à la Congrégation des Réguliers d'ériger canoniquement le monastère de Bonlieu et son affiliation à la circarie de Brabant.

Avec générosité et au nom de toutes ses soeurs, Mère Marie de la Croix continue ainsi sa supplique :

> « En adoptant les statuts de 1630, nous désirons renoncer à la faculté qui y est donnée d'user d'aliments gras. Nous avons gardé jusqu'ici l'abstinence perpétuelle, sauf le cas de maladie, et nous croyons être *en conscience* et *par nos voeux*, obligées de conserver cette pratique. C'est de plus notre désir unanime, comme l'attestent les délibérations de nos séances capitulaires et la résolution prise en communauté dans nos séances du 3 au 10 janvier dernier » [102].

Le chapitre provincial du Brabant fit parvenir, le 4 février suivant, sa réponse : il acceptait de recevoir le monastère de Bonlieu, disposait que l'abbé de Tongerlo serait leur abbé-père, leur concédait le maintien de leurs pratiques pénitentielles, et appuyait leur supplique auprès du Saint-Siège qui leur conféra en 1874 l'existence canonique et les plaça sous l'autorité de l'abbé de Tongerlo.

L'église Sainte-Anne dont la restauration avait commencé en 1896, fut à nouveau consacrée le 11 octobre 1899 par l'ancien abbé de Tongerlo, Mgr Heylen, nouvel évêque de Namur, et élevée à la dignité de basilique mineure par Léon XIII, tandis que la fondatrice recevait la bénédiction abbatiale le 12 octobre. Après le temps des épreuves, venait pour les Norbertines de Bonlieu celui de la paix. Sous la conduite de leur première abbesse, la communauté allait se développer et compter parmi ses membres des femmes de grande qualité spirituelle. Les lois contre les Congrégations religieuses, qui visaient à nouveau à éteindre la vie religieuse en France, allaient frapper de plein fouet les Norbertines de Bonlieu et les conduire en exil en Belgique où elles demeureront jusqu'en 1933.

L'abbaye de Mondaye : restauration et persécution [103]

L'abbaye de Mondaye fut supprimée en 1790 et ses bâtiments adjugés le 29 avril 1791. Le curé de la paroisse prêta serment, mais continua d'habiter avec ses confrères réfractaires jusqu'à leur expulsion de l'abbaye. L'église devint paroissiale au moment du Concordat. De 1809 à 1812, un collège privé s'installa dans les murs. Cependant, la vie

---

[102] *Ibid.*

[103] B. ARDURA, « Les tentatives de restauration de l'ordre de Prémontré... », *Lacordaire...*, p. 265-289.

religieuse allait à nouveau fleurir dès 1815. Une communauté de Trappistines [104] venant de Valenton s'y installa et y demeura jusqu'en 1845. Ayant fait voeu de servitude au Sacré-Coeur de Jésus, les moniales vécurent dans des conditions héroïques.

Au cours de la deuxième moitié du XIXe siècle, le projet de restauration de l'abbaye prémontrée de Mondaye prit naissance dans l'esprit d'un prêtre diocésain, l'abbé Truffaut, curé de Sully. Bien décidé à mener à bien cette opération, il entreprit des démarches auprès de l'abbaye de Tongerlo où la vie commune avait repris depuis 1830. Cependant, après l'expérience désastreuse de la tentative de restauration de l'abbaye de Prémontré, il rencontra une réserve bien compréhensible chez les religieux de Tongerlo et d'Averbode. Cet épisode avait provoqué des divisions internes, et les supérieurs étaient, de ce fait, peu disposés à tenter une nouvelle aventure. Loin de se décourager, l'abbé Truffaut s'adressa à l'abbaye de Grimbergen qui accepta de fournir quelques excellents religieux.

Le lundi de Pentecôte 13 juin 1859, le Père Joseph Willekens et trois autres confrères flamands firent leur entrée dans l'abbaye de Mondaye, accueillis par Mgr Flavien Abel Antoine Hugonin, évêque de Bayeux [105], leur visiteur apostolique. La population leur réserva un accueil mitigé. À la Révolution, certains habitants avaient acheté des terres de l'abbaye pour une somme dérisoire. Ils en gardaient une mauvaise conscience et craignaient que les religieux ne voulussent les récupérer.

Sans noviciat sur place, les Prémontrés envoyèrent leurs candidats se former à Tongerlo. C'est l'évêque qui recevait les professions. Les bâtiments trop petits furent agrandis grâce à l'aide d'une personne dévouée. Pour vivre, les religieux prêchaient des missions paroissiales, des carêmes, des récollections et des retraites dans les nombreux couvents du diocèse de Bayeux, car l'abbaye ne possédait comme paroisse que celle qui se trouvait dans l'église abbatiale et dont le supérieur était le curé titulaire. Le 4 février 1862, le Père Godefroid Van Overstraeten, supérieur de Grimbergen, installa le Père Willekens comme premier prieur conventuel. Pie IX érigea Mondaye en abbaye avec son propre noviciat en 1873 et le Père Willekens en devint le premier abbé. De nombreuses vocations se présentèrent rapidement et permirent à l'abbaye d'opérer deux fondations, à Balarin en 1867 et à Nantes en 1878.

---

[104] « Monastère de La Trappe de Mondaye », *Le Courrier de Mondaye*, n° 159 (1991), p. 12-15.
[105] Évêque de Bayeux, de 1856 à 1866.

Les lois contre les Congrégations obligèrent les religieux à quitter l'abbaye en 1880 [106]. Le 4 novembre, sur décret du préfet de Caen, la communauté dissoute devait quitter Mondaye. Le Père Willekens, de nationalité belge, fut prié de quitter la France dans les vingt-quatre heures. Les autres religieux, d'une main leur bréviaire et de l'autre leur sac de voyage, passèrent un à un devant l'abbé pour recevoir sa bénédiction. L'église était pleine. Tout le monde était ému de ce départ. Le lendemain à 10 heures, le quai de la gare de Bayeux était noir de monde pour recevoir la bénédiction de l'abbé qui partait pour l'exil. Il retrouva à Grimbergen la maison de sa profession.

Le Père Godefroid Madelaine demeura dans l'abbaye déserte avec le Père Henri Langlois, co-propriétaire avec l'abbé, et avec le Père Théodore. Pour protéger l'ensemble des biens et ne pas s'exposer à devoir payer des impôts qui dépassaient leurs moyens, le baron Gérard, maire de Barneville, se porta acquéreur de Mondaye. Après un long procès de neuf années, l'administration qui ne voulait pas enregistrer la vente, fut condamnée.

En 1887, mettant à profit une accalmie de la persécution, les religieux se réunirent à Mondaye pour la retraite annuelle. Le baron Gérard, craignant les réactions que provoquerait un retour prématuré, conseilla aux religieux de se regrouper dans le château de Cottun près de Bayeux, pour y reprendre la vie conventuelle. Le Père Godefroid Madelaine s'y installa avec le Père de Panthou, bientôt rejoints par les Pères André Fareill, Ignace Simon, Benoît Coquebert de Neuville, Louis Valence, Charles Martin, Norbert Paysant et Gilbert Sadot. La vie commune y fut reprise dans toute sa rigueur. L'évêque de Bayeux venait fréquemment y rejoindre la communauté. Les autres religieux, soit vivaient dans leur famille, soit administraient des paroisses. Pour assurer leur subsistance, tous s'adonnaient à la prédication. C'est durant cette période que le Père Godefroid Madelaine écrivit sa *Vie de saint Norbert*, qui est une apologie de la vie religieuse.

En 1893, le Père Godefroid Madelaine racheta l'abbaye au baron Gérard, et le 2 février 1894, la communauté s'y installa. Par prudence, ils ne célébraient pas l'office à l'église mais dans le réfectoire d'hiver transformé en chapelle. Chaque année, le père-abbé, de Grimbergen venait passer quelques jours à Mondaye, et l'évêque de Bayeux osa même le faire pontifier dans la cathédrale de Bayeux.

---

[106] *Expulsion, le jeudi 4 novembre 1880, des PP. Prémontrés de l'abbaye de Mondaye*, Bayeux, 1880. – F. PETIT, « Mondaye pendant la persécution (1880-1921) », *Analecta Praemonstratensia*, t. LXII (1986), p. 85-97. – F. PETIT, « Mondaye dans la tourmente : 1841-1921 », *Le Courrier de Mondaye*, n° 160 (1991), p. 14-17, n° 161 (1992), p. 17-19.

En 1896, les religieux reprirent l'office à l'église, les dimanches et jours de fête. Durant cette période, ils firent bâtir l'aile nord du monastère. Lorsqu'en 1899, le Père Godefroid Madelaine fut élu abbé de Frigolet, le Père Willekens nomma prieur conventuel le Père Joseph Lanfranc de Panthou.

La fondation de Saint-Joseph de Balarin [107]

Le Père Joseph Willekens, supérieur de Mondaye, et la comtesse M. de Galard de Marignan, fondèrent ce prieuré en 1867, à la demande de Mgr Delamare, archevêque d'Auch, et l'établirent dans un ancien château, spontanément offert par la comtesse. Celle-ci avait offert une somme de six mille francs auxquels s'ajoutaient cinquante et un mille francs de revenus des terres. Dans les premières années, ce prieuré avait le statut de maison dépendante de l'abbaye de Mondaye. Il faut noter que dans le cas présent comme dans d'autres, la permission de fonder cette maison fut octroyée par Pie IX, directement, au cours d'une audience privée qui eut lieu le 12 juillet 1867 [108]. Dès 1867, le supérieur de Mondaye demanda que le prieuré fût, dès que possible, érigé en abbaye, le noviciat commun demeurant à Mondaye jusqu'à cette érection [109].

En 1869, avec l'accord de l'archevêque d'Auch, le prieur de Saint-Joseph de Balarin, Alphonse de Liguori, sollicita l'érection d'un noviciat propre, vu les distances et des différences de coutumes entre la Normandie et la Gascogne [110]. À la demande du supérieur de Mondaye d'ériger le prieuré de Balarin en abbaye, l'archevêque d'Auch ne crut pas devoir donner suite [111]. Le procureur général, consulté par la Congrégation, demanda une enquête supplémentaire en l'absence de vrais motifs présentés par l'archevêque [112]. En réalité, celui-ci craignait que l'érection en abbaye ne rende les religieux plus indépendants, et il craignait surtout que le nouvel abbé ne fût constamment dehors pour pontifier, comme le

---

[107] A. HENAFF, « Balarin », *Le Courrier de Mondaye*, n° 157 (1990), p. 13-16, n° 161 (1992), p. 12-14.

[108] Arch. de la Congrégation pour les Instituts de Vie Consacrée et les Sociétés de Vie Apostolique (Vatican), carton P. 40, 6003/11, 19 maii 1877.

[109] Arch. de la Congrégation pour les Instituts de Vie Consacrée et les Sociétés de Vie Apostolique (Vatican), carton P. 40, N. 7124/9, 6 luglio 1867.

[110] Arch. de la Congrégation pour les Instituts de Vie Consacrée et les Sociétés de Vie Apostolique (Vatican), carton P. 40, 22 maii 1869.

[111] Arch. de la Congrégation pour les Instituts de Vie Consacrée et les Sociétés de Vie Apostolique (Vatican), carton P. 40, 8 junii 1876.

[112] Arch. de la Congrégation pour les Instituts de Vie Consacrée et les Sociétés de Vie Apostolique (Vatican), carton P. 40, 16 junii 1876.

faisait l'abbé de Frigolet [113]. Après une explication donnée par le procureur général à la Congrégation sur la coutume d'avoir des abbés à la tête de toutes les maisons autonomes de l'ordre de Prémontré, l'archevêque accepta l'érection de Balarin comme maison *sui iuris*, avec un noviciat propre [114].

Le prieuré devint indépendant en 1878, érigé par Rome

> « en vraie et authentique canonie de l'ordre de Prémontré, sans toutefois le titre d'abbaye jusqu'à ce que le Saint-Siège en ait jugé autrement, étant sauf le droit de paternité et de visite de l'abbé de Mondaye, étant entendu que les visites seraient faites avec le consentement de l'archevêque d'Auch, et le droit du même abbé de nommer et de constituer, pour cette première fois, le supérieur dudit monastère » [115].

En 1879, le climat tendu qui présidait en France aux relations entre l'Église et l'État n'épargna pas l'Armagnac. Le 23 et le 26 octobre et le 3 décembre 1879, plusieurs incidents – deux incendies criminels et un attentat au revolver – marquèrent le début des hostilités contre la communauté prémontrée. En 1880, le prieuré fut supprimé par les lois françaises contre les Congrégations religieuses, et plusieurs religieux demandèrent d'être relevés de leurs voeux. Toutefois, le prieuré fut restauré en 1887. Les chanoines administraient les paroisses de Balarin, Routgès et Henx. En 1894, la communauté comptait 11 religieux, et, en 1900, 1 oblat, et 16 religieux. Le prieuré était sur le point d'être élevé à la dignité d'abbaye, lorsqu'il fut définitivement supprimé en 1901 par le Gouvernement, et la propriété vendue.

Le prieuré Saint-Pierre de Nantes

En 1879 [116], Mgr Lecoq, évêque de Nantes, sollicita auprès de l'abbé de Mondaye l'envoi de religieux pour desservir la chapelle Notre-Dame de La Salette sise à Nantes, 32, rue de Coudray. Dès l'année suivante, en 1880, les lois contre les Congrégations obligèrent les Prémontrés à quitter leur nouvelle maison. La communauté put se reconstituer rapidement et, en 1887, la maison fut élevée à la dignité de prieuré *sui iuris*. En 1889, les religieux se transférèrent avenue de La Beraudière, où ils construisirent un nouveau monastère, entre les années 1895-1896.

---

[113] Arch. de la Congrégation pour les Instituts de Vie Consacrée et les Sociétés de Vie Apostolique (Vatican), carton P. 40, 16 augusti 1876.

[114] Arch. de la Congrégation pour les Instituts de Vie Consacrée et les Sociétés de Vie Apostolique (Vatican), carton P. 40, 6003/11, congresso del 19 marzo 1877.

[115] Archivio Segreto Vaticano : Reg. Regular. 1878, 15858/11, Romae. 9 augusti 1878.

[116] B. ARDURA, « Les tentatives de restauration de l'ordre de Prémontré... », *Lacordaire...*, p. 287.

En 1900, le prieuré qui comptait 15 religieux était sur le point d'être érigé en abbaye par le Saint-Siège. Mais les lois mises en applications en 1903 empêchèrent la réalisation de ce décret. En 1904, après de nombreuses vexations, les Prémontrés durent se résigner à l'exil [117]. Ils partirent rejoindre les confrères de Mondaye réfugiés en Belgique, à Bois-Seigneur-Isaac.

En 1919, ils purent revenir à Nantes mais, comme leur ancien monastère était occupé par l'armée, ils s'établirent dans la banlieue de la ville. La maison fut placée à partir de 1941 sous l'autorité de l'abbé de Mondaye qui en devint l'administrateur perpétuel. Après la guerre de 1939-1945, la communauté ouvrit un séminaire canonial, et pour cela construisit de nouveaux édifices dans le quartier de Doulon [118]. La destruction du premier monastère situé en ville avait, en effet, enlevé tout espoir de revenir au centre de Nantes. Suite à de nombreuses difficultés financières et par manque de sujets à envoyer à Doulon, l'abbaye de Mondaye ferma le prieuré en 1969.

4. La restauration du chapitre général et de l'abbé général

La convocation du premier concile du Vatican allait constituer l'occasion de reprendre les chapitres généraux et de redonner à l'ordre de Prémontré un abbé général, après la mort de l'abbé Jean-Baptiste L'Écuy survenue en 1834. Privé de l'archimonastère dont le titulaire était depuis Hugues de Fosses abbé général de tout l'ordre de Prémontré, en l'absence de chapitres généraux et de visites régulières indispensables à l'unité d'us et coutumes entre les abbayes autonomes, l'ordre de saint Norbert réduit aux abbayes d'Autriche, de Bohême et de Hongrie, auxquelles venaient de s'ajouter les abbayes restaurées de Belgique et celle de Mondaye en France, allait accueillir positivement les dispositions du Saint-Siège.

Sous l'impulsion de Pie IX qui désirait voir les ordres représentés au futur concile, la première assemblée générale de l'histoire contemporaine allait se réunir à Vienne en Autriche. Comme le Saint-Siège avait entrepris une reprise en main des abbayes de l'empire austro-hongrois par l'intermédiaire de l'archevêque de Prague nommé visiteur apostolique, et avait désigné l'abbé Jérôme Zeidler de Strahov comme visiteur général de la circarie d'Europe centrale, c'est tout naturellement à ce

---

[117] *Quinze mois de siège chez les Prémontrés de Nantes*, Nantes, 1904.

[118] « Le Séminaire canonial "Notre-Dame de la Paix" », *Le Courrier de Mondaye*, n° 15 (1949), p. 4-5. – « Une grande date : 7 mai 1950. Bénédiction et inauguration du nouveau Prieuré et Séminaire Canonial à Nantes », *Le Courrier de Mondaye*, n° 20-21 (1950), p. 12-14.

dernier que fut confiée la charge de convoquer et de présider l'assemblée générale destinée à renouer avec la tradition capitulaire de l'ordre.

Une timide reprise en 1869

L'assemblée se réunit du 15 au 18 mars 1869 dans la capitale autrichienne. Y prenaient part, outre l'abbé de Strahov, président, l'abbé de Schlägl, Dominique Antoine Lebschy ; celui de Jasov, Victor Kaczvinszky ; celui de Wilten, Jean Freninger ; celui de Želiv, Norbert Sychrava ; celui de Geras, Jules Plch ; celui de Teplá, Maximilien Liebsch. L'abbé de Nová Říše étant décédé, c'est l'administrateur Venceslas Krátky qui représentait la canonie, assisté du Père Antoine Hauber. La circarie du Brabant soumise au nonce apostolique Jacques de Cattani, visiteur apostolique, était représentée par l'abbé de Tongerlo, Jean-Chrysostome De Swert, et par le supérieur de l'abbaye d'Averbode, Léopold Nelo. Participaient en outre à ces assises, le Père Maurice Góts de Jasov, le Père Émilien Gedliczka de Strahov, et le Père Louis Van Beeth d'Averbode. Les abbés de Csorna en Hongrie, de Berne en Hollande, et le supérieur de Mondaye, empêchés, n'étaient pas représentés.

L'abbé Zeidler ouvrit les travaux de l'assemblée [119] en insistant sur l'importance de la réunion, puis donna lecture d'une lettre du nonce apostolique en Belgique, en date du 4 mars 1869, par laquelle il constituait délégués les prélats de Tongerlo et Averbode.

La première question à affronter était celle de savoir si les présents considéraient utile de rétablir un lien entre toutes les maisons autonomes de l'ordre. Tous répondirent positivement. Le président proposa alors à la discussion la forme sous laquelle ce lien apparaîtrait le plus souhaitable et utile. On exposa la nécessité d'un lien entre les maisons à partir de la nature même de l'ordre, du souhait du Saint-Siège, du péril de voir disparaître la discipline, les droits et les privilèges de l'ordre, du détriment que pourrait en subir la Religion. Les obstacles cependant semblaient de taille à calmer l'ardeur des plus résolus : constitutions civiles de certains États opposés à ce genre de lien supranational, conséquences fâcheuses pour certaines canonies qui pourraient être accusées de violer la constitution de ces pays. D'autres voyaient dans la diversité des nations, des coutumes et des langues, un obstacle difficilement surmontable.

La discussion mit cependant l'accent sur la nécessité de parvenir coûte que coûte à un lien entre toutes les maisons pour former un seul ordre de Prémontré, et le meilleur moyen sembla être la restauration du

---

[119] Cf. *Protocollum*, Viennae, Typis Congregationis Mechitaristicae, 1869.

chapitre général, qui serait convoqué à la demande au moins de la majorité des abbés, dans la mesure où les lois civiles ne l'empêcheraient pas. Ce chapitre aurait le droit de confirmer les abbés nouvellement élus ou nommés, et pourrait, de plein droit, établir des visiteurs pour chaque canonie et exiger d'eux un rapport de leurs activités.

Outre la restauration du chapitre général, le temps était-il venu d'élire un abbé général ? Les membres présents résolurent de procéder à une élection, étant entendu que la décision finale serait communiquée aux abbés absents. En outre, il fut décidé de solliciter du Saint-Siège la possibilité d'avoir à Rome un religieux qui y exercerait la charge de procureur de l'ordre pour traiter sur place de tous les intérêts de l'ordre. Pour son entretien, chaque abbaye devrait verser sa quote-part. Pour son voyage et ses frais, il fut décidé de verser, la première année, la somme de 2 000 florins autrichiens et 1 500 l'année suivante.

La mort de l'abbé L'Écuy avait laissé l'ordre sans abbé général depuis 1834. On se pencha alors sur la procédure d'élection de l'abbé général en cas de décès du titulaire. Il fut décidé que le plus ancien des abbés de l'ordre serait tenu de convoquer le chapitre général d'élection et que l'abbé général serait élu à la majorité des voix des abbés représentant l'ensemble des canonies.

Enfin, l'assemblée dut répondre à la question : comment l'ordre de Prémontré serait-il représenté au concile oecuménique ? Il fut décidé d'y envoyer l'abbé général assisté d'un théologien, ainsi qu'un abbé élu par chaque circarie, chacun accompagné d'un théologien. Si l'élection de l'abbé général n'était pas encore confirmée au moment de la réunion du concile, l'ordre serait seulement représenté par les abbés élus par les différentes circaries. Si l'abbé général élu et confirmé se trouvait empêché de participer en personne au concile, il aurait le devoir d'y déléguer un abbé de son choix.

Le 17 mars, il fut donc décidé de procéder à l'élection de l'abbé général. L'abbé Zeidler demanda si les deux abbés représentant les cinq canonies de la circarie du Brabant auraient la possibilité d'émettre plusieurs votes. On s'accorda pour dire qu'ils n'auraient chacun qu'une seule voix active dans cette élection.

Une fois les abbés de Schlägl et de Wilten choisis comme scrutateurs, et après avoir invoqué l'Esprit Saint, les dix abbés présents procédèrent à l'élection par écrit et en secret. L'abbé Zeidler recueillit sept voix, celui de Schlägl deux, et celui de Jasov une. L'abbé Zeidler fut déclaré élu, et l'on décida d'envoyer le protocole de l'élection à Rome pour en obtenir confirmation par Pie IX. Le nouvel abbé général, qui était né en 1790, n'eut pas la joie de conclure le concile oecuménique, car il mourut à Rome, le 1er mars 1870.

Les décisions du chapitre de 1869 relatives à la convocation du chapitre général chargé d'élire un successeur à l'abbé général défunt semblèrent un instant rester lettre morte, car les abbés ne se réunirent pas avant 1883. L'unanimité retrouvée en 1869 était encore bien fragile, et les abbés d'Europe centrale encore trop isolés pour provoquer un mouvement unitaire. Le chapitre de 1869, réuni tout spécialement en vue du concile oecuménique, avait formellement renoué avec la tradition, mais il n'avait pas prévu de périodicité pour ses assises, aussi semblait-il impossible de le réunir sans un rescrit formel du Saint-Siège.

Le premier chapitre d'une nouvelle série : Vienne 1883

En 1883, les abbés prémontrés d'Autriche, de Belgique et de France, probablement inspirés par Léon XIII soucieux de renforcer l'union interne de l'ordre, sollicitèrent du Saint-Siège l'autorisation de se réunir pour célébrer le chapitre général à Vienne. Le 2 août de la même année, le cardinal Ferrieri, préfet de la Congrégation des Évêques et des Réguliers, autorisa au nom du pape la tenue du chapitre, dont la présidence serait confiée au nonce apostolique à Vienne, Mgr Serafino Vannutelli, délégué du Saint-Siège.

Le chapitre se tint au siège de la nonciature apostolique de Vienne, les 1er, 2 et 3 octobre 1883. Y participèrent pour la circarie austro-hongroise les abbés de Geras, Csorna, Nová Říše, Wilten, Teplá et Jasov. L'abbaye de Schlägl y fut représentée par le Père Norbert Schachinger, futur abbé général. L'abbé de Želiv, absent pour cause de maladie, déclara par lettre accepter toutes les décisions du chapitre. La circarie de Brabant se voyait représenter pour la première fois par l'ensemble de ses abbés. Prirent part au chapitre les abbés belges de Tongerlo, Parc, Averbode, Postel, Grimbergen, l'abbé de Berne en Hollande, l'abbé de Mondaye et le supérieur de Balarin en France [120].

Ce chapitre, qui allait marquer la reprise régulière de l'institution, faillit avorter lorsque l'abbé de Csorna soumit à la discussion, dès l'ouverture, l'opportunité de repousser la réunion au mois de juin 1884, arguant du peu de temps accordé pour la préparation d'un chapitre si important. Il fallut toute l'énergie de l'abbé De Swert, de Tongerlo, pour entraîner une adhésion massive des participants, lorsque le nonce apostolique proposa de soumettre la question à un vote secret : sur quinze votants, seuls deux abbés furent favorables au report à l'année suivante.

---

[120] *Protocollum Capituli generalis Sacri Ordinis Praemonstratensis Canonicorum regularium sub praesidentia Excellentissimi Domini Nuntii Apostolici Seraphini Vannutelli, Archiepiscopi Nicaeni, celebrati Viennae in Palatio Nuntiaturae Apostol. diebus 1, 2, et 3 Octobris 1883.*

Le nonce rappela la raison principale pour laquelle le chapitre avait été convoqué : « afin que l'on procède à l'élection d'un abbé général, vu la nécessité d'instaurer l'union de tout l'ordre » [121]. Vu le caractère exceptionnel de ce chapitre placé sous la présidence d'un délégué du Saint-Siège, il fut établi que pour cette élection qui marquait le commencement d'une nouvelle série d'abbé généraux, la confirmation de l'élu et du protocole du chapitre serait exceptionnellement demandée au Saint-Siège.

Une autre question ne pouvait manquer de se présenter : jusqu'à l'abbé Jean-Baptiste L'Écuy, l'abbé de Prémontré élu par les chanoines de cette abbaye, était de droit abbé général de tout l'ordre, mais l'abbaye de Prémontré n'existait plus. La dignité d'abbé général serait-elle en quelque sorte liée à une maison déterminée, ou le nouvel abbé général serait-il élu par les abbés de l'ordre ? On résolut de se rallier à la seconde solution et l'on établit que l'abbé général continuerait à résider dans sa propre abbaye. Les capitulants discutèrent ensuite du pouvoir de juridiction de l'abbé général à élire, et l'on établit les points suivants : l'abbé général aurait le droit de représenter l'ensemble de l'ordre et de constituer un recours en appel. De plein droit il convoquerait le chapitre général ordinaire et, avec l'approbation de la majorité des abbés, le chapitre général extraordinaire, dans la mesure où les lois civiles des pays concernés le permettraient. Il aurait en outre le droit de confirmer les abbés nouvellement élus ou nommés, ainsi que les visiteurs de chaque circarie. Il pourrait exiger les rapports de ces derniers et les confirmer, et exercerait la faculté d'absoudre des censures et des irrégularités, comme de dispenser avec prudence des obligations des statuts.

Il fut décidé que dans ce chapitre exceptionnel, les vicaires de l'abbé général pour chaque circarie seraient élus par les capitulants au lieu d'être directement nommés par l'abbé général, étant entendu que la circarie austro-hongroise conserverait la charge de visiteur, différente de celle de vicaire. Le chapitre confirma temporairement la division de l'ordre en deux circaries, et décida d'inscrire provisoirement dans celle du Brabant toutes les maisons de Hollande et de France. Il souhaita, en outre, l'extension de la juridiction de l'ordre sur les moniales norbertines, selon la tradition immémoriale de Prémontré. À la demande du prévôt de Csorna, il fut admis qu'à l'avenir, les abbés pourraient se faire accompagner d'un religieux délégué par leur propre communauté. Ces délégués auraient voix consultative, mais seraient exclus des élections de personnes, à moins qu'un délégué ne représentât personnellement son abbé empêché. Le chapitre général souhaita le maintien du procureur Van den Bruel dans ses fonctions, sans préjuger du privilège de l'abbé général de nommer le procureur de son choix.

---

[121] *Ibid.*

En conclusion du chapitre, on procéda à l'élection du nouvel abbé général. L'abbé de Strahov, Sigismond Stary, fut élu par 14 voix sur 15. On élut par acclamation le vicaire de la circarie austro-hongroise en la personne de l'abbé de Jasov, Victor Kaczvinszky, et le visiteur de la circarie du Brabant en la personne de l'abbé de Tongerlo, Jean-Chrysostome de Swert. La charge de visiteur de la circarie austro-hongroise fut confiée à l'abbé de Teplá, Bruno Bayerl.

Avant de conclure le chapitre, les capitulants établirent qu'en cas de décès de l'abbé général, la charge de réunir le chapitre d'élection reviendrait au vicaire le plus ancien. Ainsi, sous la diligente présidence du nonce apostolique Serafino Vannutelli, se concluait le dernier chapitre général placé sous la tutelle directe du Saint-Siège, et le premier d'une nouvelle série de chapitres généraux.

« Le zèle de ta Maison me dévore » : Tongerlo 1889

Six ans plus tard, du 17 au 19 juin 1889, le chapitre général se réunissait en l'abbaye belge de Tongerlo. Ce chapitre peut être considéré comme le premier des chapitres généraux contemporains : ce fut le premier réuni librement par l'ordre, et présidé par l'abbé général. Ce fut surtout le premier par le choix de la matière traitée. Par les sujets abordés et les décisions prises, ce chapitre renouait avec la grande tradition de l'ordre [122].

Par les nombreuses mesures prises dans le domaine de la liturgie, le chapitre général de 1889 entendait remettre au premier plan la figure de saint Norbert, à laquelle il associait saint Augustin. Le sceau du chapitre général porterait l'effigie de saint Norbert entouré d'abbés (session I, n° 1). On demanderait au Saint-Siège que la fête de la translation de saint Norbert fût célébrée dans tout l'ordre le 4e dimanche après Pâques, avec une octave de différents degrés de solennité dans les circaries d'Autriche et de Hongrie d'une part et dans la circarie du Brabant d'autre part. On demanderait le même degré de solennité pour la translation de saint Augustin (session III, n° 1). Chaque fois que la fête de saint Norbert et celle de l'Assomption tomberaient un vendredi, le chapitre général permettait que les religieux prissent deux repas au lieu d'un (session III, n° 15).

Après des décennies d'interruption de la vie commune en Belgique, en Hollande et en France, d'isolement des abbayes de l'empire austro-hongrois, et de désaffection du choeur en Europe centrale sous l'influence néfaste du joséphisme, le chapitre général estima nécessaire de procéder à

---

[122] *Decreta Capituli Generalis Sacri et Candidi Ordinis Praemonstratensis celebrati in Canonia Tongerloensi in Belgio, diebus 17 et sequentibus Junii 1889*, Tongerloae, Typis Abbatiae B.M.V.

une nouvelle édition des livres liturgiques. Au XVIIIe siècle, l'abbé L'Écuy avait pourvu à une réforme liturgique, très contestée en son temps, mais la Révolution l'avait purement et simplement ensevelie sous ses ruines. On décida donc d'une nouvelle édition du bréviaire de choeur et du bréviaire portatif, comme du missel de l'ordre (session II, n° 1), dont les corrections furent confiées aux abbés de Tongerlo et d'Averbode (session II, n° 5). Comme les usages locaux s'étaient maintenus sinon développés, on jugea utile de limiter l'introduction de modifications dans le corps des nouveaux livres aux fêtes accordées à l'ordre entier par le Saint-Siège. D'un commun accord, le chapitre demanda à Rome la concession à tout l'ordre de fêtes nouvelles : fête de saint Joseph avec nouvel office, suffrage de saint Joseph le samedi, fête du Sacré-Coeur de Jésus avec office comme dans la circarie du Brabant, 6 juin, commémoration de la déposition de saint Norbert (session II, n° 6). Les offices propres non insérés dans le corps du bréviaire, seraient réunis en deux suppléments : *Festa in pluribus locis celebranda*, et *Festa singularum Canoniarum* (session III, n° 7).

Les commandes passées pour les livres liturgiques donnent une idée de la vitalité des communautés et du dynamisme des abbés qui prévoyaient un accroissement important de leurs communautés. Pour ne citer que quelques exemples, Strahov et Teplá ne commandèrent pas moins de 300 bréviaires manuels, 300 bréviaires de choeur et 200 missels. Tongerlo 300 bréviaires manuels, 300 bréviaires de choeur et 100 missels, Averbode 200 bréviaires de chaque catégorie et 75 missels, Mondaye 60 bréviaires de choeur, 100 bréviaires manuels et 25 missels (session II, n° 2). Il fut également décidé de notifier la nouvelle édition aux monastères de soeurs, et « aux Prémontrés de ladite primitive observance en France, afin de leur offrir la possibilité de se procurer ces mêmes livres » (session II, n° 3).

Il fallut apporter quelques précisions concernant le chapitre général lui-même. À l'avenir, le procureur général serait convoqué au chapitre général avec voix consultative (session V, n° 6). Le chapitre d'élection de l'abbé général serait convoqué par le vicaire le plus ancien par son élection ou nomination abbatiale. Si après six mois, il n'avait pas réuni le chapitre d'élection, ce droit de convocation passerait au vicaire suivant (session V, n° 10). Pour le Brabant, le chapitre général ensemble avec l'abbé général procéderait à l'élection d'un visiteur chargé de visiter une fois chaque canonie de son ressort avant le chapitre général suivant, et tenu à présenter son rapport à ce même chapitre (session V, n° 11).

Le chapitre s'occupa également des circaries et des chapitres de circaries, et restaura la circarie hongroise en la séparant de celle d'Autriche (session I, n° 2). Il établit que les maisons françaises de Mondaye, Balarin et Nantes continueraient à appartenir à la circarie du

Brabant, ajoutant que pour la commodité elles pourraient être visitées par un délégué du visiteur du Brabant (session I, n° 3). Par souci d'uniformité dans la circarie du Brabant, il fut établi qu'à Berne, profès et novices porteraient le camail comme dans les autres abbayes de la circarie du Brabant (session V, n° 4). Dans les circaries qui possèderaient un noviciat commun, le maître des novices serait désormais convoqué aux chapitres de circarie avec voix consultative (session V, n° 7), ainsi que les prévôts des moniales norbertines, même non exemptes (session V, n° 8).

Depuis la Révolution française qui les avait abolis, il était interdit de prononcer en France des voeux solennels. Aussi décida-t-on, par prudence, que là où les voeux solennels n'existaient pas, personne ne serait ordonné prêtre, sauf cas de nécessité, avant d'avoir mené deux années de vie conventuelle après la profession simple perpétuelle (session IV, n° 2). D'autre part, le Saint-Siège ayant introduit l'usage des voeux simples triennaux avant la profession solennelle, il fut résolu que l'on demanderait si la dispense des voeux temporaires était dévolue à l'abbé général où à l'abbé du lieu. En attendant la réponse, on s'en tiendrait à la pratique en vigueur dans chaque circarie (session IV, n° 4).

Le chapitre de 1889 prit une mesure en faveur des frères convers et décida que l'habit des convers serait à nouveau blanc, composé d'une tunique plus courte, d'un scapulaire de même couleur, d'une ceinture de cuir blanc, mais sans camail. De plus, désormais ils se raseraient la barbe (session V, n° 3).

Sous l'influence du Père Godefroid Madelaine, prieur de Mondaye et futur abbé de Frigolet, le chapitre général s'intéressa vivement au tiers-ordre et envisagea de demander au Saint-Siège un certain nombre de faveurs à l'intention des tertiaires. Il décida surtout de la préparation d'un *Manuel* en latin dans lequel seraient réunis tous les éléments relatifs au tiers-ordre. Après son approbation par l'abbé général, on pourrait en envisager la traduction dans les diverses langues (session V, n° 1).

Le chapitre général jugeait non seulement bon de réaffirmer sa soumission à l'autorité et aux décisions du pape et du Saint-Siège (session I, n° 4), mais il souhaitait que

« l'Illustrissime abbé général envoie à Sa Sainteté le pape Léon XIII, et au nom de tout l'ordre, une lettre exprimant son amour, son obéissance et sa fidélité, ainsi que sa protestation contre la malheureuse situation de dépendance et de servitude dans laquelle les ennemis du Christ maintiennent le Chef de l'Église » (session VI, n° 1).

Pour s'associer au jubilé des deux cents ans de l'apparition du Christ à la bienheureuse Marguerite Marie Alacoque, les Pères capitulaires décidèrent de consacrer tout l'ordre de Prémontré au Sacré-Coeur de Jésus (session VI, n° 2).

Lorsque l'abbé général eut nommé ses vicaires pour chaque circarie, il fut décidé provisoirement de tenir le prochain chapitre général en 1892 dans l'abbaye de Schlägl en Autriche.

Confirmation d'un nouvel élan : Schlägl 1896

Le chapitre suivant, le dernier du XIXe siècle, se tint plus tard que prévu, en 1896, en l'abbaye de Schlägl. La lecture du *Protocole* [123] laisse une excellente impression, dans la mesure où le chapitre général semble avoir retrouvé son assurance dans la façon de traiter les questions, et dans son fonctionnement même.

Douze abbés et cinq délégués d'abbés empêchés avaient droit de vote. Le procureur général Van den Bruel, les délégués des abbayes, le pro-visiteur de la Primitive Observance et son *socius*, tous sans droit de vote, complétaient le chapitre. Lors de ce chapitre on désigna trois définiteurs chargés de conduire les travaux de l'assemblée avec l'abbé général (session I, n° 2).

Le chapitre créa la circarie de France dont le gouvernement fut confié par l'abbé général à l'abbé de Mondaye substitué par son prieur, le Père Godefroid Madelaine, à cause des infirmités qui l'empêchaient de se déplacer (session I, n° 3).

Après avoir traité de l'union de la Primitive Observance avec l'ordre et l'avoir acceptée à l'unanimité (session I, n° 4), le chapitre se soucia de sa représentation à Rome et décida d'acquérir une nouvelle procure (session II, n° 1). En fait, après l'union de la Primitive Observance, le procureur s'établirait dans la procure de la congrégation française, sise sur le Capitole, via di Monte Tarpeo. Il fut décidé de demander au Saint-Siège la dignité abbatiale pour le procureur. On lui donnerait le titre de Floreffe et, avec l'autorisation du Saint-Siège, il serait béni par l'abbé général, ce qui advint le 27 septembre 1896 en l'église de Strahov. Bien que revêtu de la dignité abbatiale il continuerait de participer aux chapitres généraux avec seulement une voix consultative (session II, n° 2).

En cette période de reprise, le chapitre général jugea opportun de constituer un recueil de tous les privilèges concédés par les papes succes-sifs à l'ordre de Prémontré, et il en confia la réalisation aux abbés de Tongerlo et d'Averbode (session II, n° 3).

Le chapitre donna suite aux travaux de l'assemblée précédente en matière de liturgie et créa pour cette matière la première commission

---

[123] *Protocollum Capituli Generalis Sacri ac Candidi Ordinis Praemonstratensis habiti in canonia Plagensi, diebus 25, 26, 27 et 28 Augusti 1896.*

moderne de l'ordre, dont la présidence fut confiée à l'abbé de Tongerlo (session IV, n° 2).

Pour assurer le gouvernement des abbayes et des maisons dépendantes, le chapitre général décida que seuls pourraient participer aux actes des chapitres et aux élections les profès ayant reçu les ordres majeurs (session V, n° 1). Puisque le Saint-Siège concédait à l'abbé général de pouvoir relever des voeux temporaires, les abbés de Teplá et Schlägl lui furent donnés pour conseillers en cette matière (session V, n° 2). En une période où les missions à l'extérieur étaient en plein développement, le chapitre général donna des instructions précises en vue de conserver dans ces petites communautés une vraie vie régulière (session V, n° 3-4).

Le chapitre général ordonna, en outre, de prévoir une nouvelle édition des statuts de 1630, sans y apporter de modification (session V, n° 7), confia la rédaction du *Manuel* du tiers-ordre à un religieux de Tongerlo (session V, n° 8), accueillit la demande des soeurs du Mesnil-Saint-Denis d'entrer dans le second ordre en tant que moniales norbertines (session V, n° 9), et encouragea le développement du culte des saints prémontrés, notamment en demandant au pape la concession formelle du culte du bienheureux Hermann-Joseph et la révision de son procès de canonisation (session VI, n° 3).

Avant de consacrer à nouveau l'ordre de Prémontré au Sacré-Coeur (session VI, n° 5), le chapitre général prit une décision particulièrement importante en décrétant la tenue du chapitre ordinaire tous les six ans et la tenue des chapitres provinciaux la troisième année entre les deux assemblées (session III, n° 5).

Le chapitre de 1896, en marchant sur les traces des premières assemblées depuis la restauration de l'institution, confirmait le zèle des supérieurs de l'ordre de saint Norbert, et entrait pleinement dans les desseins unificateurs de Léon XIII.

5. Culture et spiritualité

Les conditions politiques et économiques des Prémontrés d'Europe centrale et d'Europe occidentale durant le XIXe siècle eurent des répercussions notables non seulement sur la physionomie des abbayes, mais encore sur les centres d'intérêts des religieux. Les communautés de Bohême, Moravie, Slovaquie et Hongrie vécurent ce siècle comme une période de continuité. Celles de Belgique, de France et de Hollande étaient tout entières absorbées par la restauration de leurs communautés dispersées, voire anéanties. Les premières pouvaient se consacrer au maintien et au développement de leur patrimoine culturel. Les autres se devaient de retrouver leurs racines prémontrées, tout en faisant face aux multiples et difficiles problèmes matériels. Cette grande diversité de situations favorisa l'éclosion de vocations variées. Cependant, et c'est tout à leur honneur, les communautés à peine rétablies d'Europe occidentale donnèrent à l'ordre de Prémontré des figures exceptionnelles qui assurèrent son rayonnement dans un monde complètement transformé par la Révolution française et l'avènement d'une société nouvelle, souvent hostile à l'Église dans son ensemble et aux religieux en particulier.

Certains de ces religieux sont passés à la postérité, grâce à leurs études savantes et à leur publications, comme le Père Servais Daems, de l'abbaye de Tongerlo, qui fut un littérateur flamand particulièrement distingué, dont l'oeuvre éditée est immense. Mais le plus grand nombre s'est dissimulé entre les plis du manteau de l'anonymat dont la mort recouvre volontiers – et parfois avec notre complicité – les habitants de nos cloîtres. Puisse ce bref tour d'horizon susciter des recherches, des études et des publications sur ces Prémontrés du XIXᵉ siècle, et sur tant d'autres encore méconnus, dont nous avons beaucoup à apprendre.

En Belgique

Parmi les religieux empreints d'une spiritualité missionnaire, le Père *Jean-Joseph De Sany* [124], de l'abbaye de Grimbergen, apparaît comme l'un des plus généreux et des plus intrépides. Né dans le Brabant, le 10 décembre 1819, ordonné prêtre le 7 juin 1846, mort le 9 août 1869, à peine âgé de quarante-neuf ans, il appartient à la première génération de l'ordre de Prémontré restauré en Belgique. Après s'être généreusement dévoué lors du choléra de 1848, il partit pour le Cap de Bonne-Espérance, le 26 août de l'année suivante. Là, à Uitenhage, dans la province orientale du Cap, il se consacra notamment aux immigrés de langue allemande, uniquement préoccupé de les assister spirituellement et moralement, et donnant lui-même le témoignage d'une pauvreté dont il trouvait l'exemple en saint Norbert. Il demeura vingt ans en Afrique du Sud, sans jamais revenir en Belgique. Épuisé par ses innombrables travaux, il mourut à la veille de pouvoir réaliser son projet de voyage au pays natal pour tenter d'y reprendre des forces.

---

[124] Cf. H. VAN HEESCH, *Pater De Sany, erste Norbertijn-missionaris in Zuid-Afrika*, Bruxelles, 1949 [Résumé en français dans : M. SAWHNEY, « Le Père de Sany (1819-1869), premier missionnaire prémontré en Afrique du Sud », *Actes du 18ᵉᵐᵉ Colloque du Centre d'Etudes et de Recherches Prémontrées*, Amiens, 1993, p. 55-59]. – Le *Kaffrarian Wachtman*, journal protestant de King-William's Town, 12 septembre 1869.

L'abbaye de Tongerlo compte parmi ses religieux du XIXe siècle le célèbre Père *Ignace Van Spilbeeck* dont la bibliographie publiée comprend une centaine de titres. Son amour de l'ordre de Prémontré, joint à ses talents personnels, le conduisirent à rééditer des oeuvres anciennes désormais introuvables, et à publier des études très documentées sur les saints et les abbayes de l'ordre. Vu la carence des publications du XXe siècle, notamment sur les saints prémontrés, les oeuvres du Père Van Spilbeeck gardent une réelle actualité, même si leur style reste fortement marqué par l'époque où écrivit l'auteur. Né, le 10 novembre 1828, Michel Van Spilbeeck entra à l'abbaye de Tongerlo le 1er novembre 1847, y reçut le nom d'Ignace et fut ordonné prêtre le 18 décembre 1852. Chantre, bibliothécaire, sous-prieur puis prieur de son abbaye, il fut un prédicateur renommé qui a laissé un très grand nombre de sermons inédits en flamand et en français. Nommé en 1864 vicaire à Notre-Dame de Vervières, puis chapelain à Ochain et chez les Bénédictines de Tongres, il termina sa vie comme directeur spirituel des Bernardines de Soleilmont dans le Hainaut, où il mourut le 25 janvier 1903, après un quart de siècle de fructueux ministère parmi les moniales.

Le Père *André-Léon Goovaerts* est connu de tous ceux qui s'intéressent aux *Écrivains, artistes et savants de l'ordre de Prémontré*, auxquels il consacra le dictionnaire paru sous ce titre [125] entre 1899 et 1916. Né le 29 décembre 1840 à Anvers, il entra à l'abbaye d'Averbode, le 11 octobre 1858, et fut fortement influencé par le Père Ignace Van Spilbeeck. Le Père Goovaerts, mort dans des circonstances tragiques, composa son dictionnaire bio-bibliographique comme un monument à la gloire de l'ordre de Prémontré, rédigeant ses notices avec une exquise bienveillance envers ses prédécesseurs, dans un style certes marqué par l'époque, mais toujours avec le souci de l'exactitude. Ces quelques lignes extraites du premier volume de son dictionnaire traduisent ses sentiments profonds de religieux norbertin :

> « Je prie très humblement le Seigneur de bénir ce travail, que je publie uniquement par déférence aux ordres de nos Révérendissimes Prélats. Qu'il daigne m'accorder les forces nécessaires, pour achever le monument que je voudrais ériger à la gloire de notre cher Ordre ! » [126]

---

125 L. GOOVAERTS, *Écrivains, artistes et savants de l'ordre de Prémontré. Dictionnaire bio-bibliographique*, Bruxelles, 1899-1916, 4 tomes en 3 vol. Reprod. en fac-similé, Genève, 1971, 3 vol.

126 *Ibid.*, t. I, p. 321.

En Bohême

La bibliothèque de l'abbaye de Strahov bénéficia, après le travail du célèbre Père Godefroid Jean Dlabacž, bibliothécaire de 1802 à 1820, du zèle et de l'intelligence du Père *Dominique Charles Čermák* [127], né à Prague, le 2 février 1835, et ordonné prêtre le 24 juillet 1859. Grâce à ses connaissances étendues, le Père Čermák fut un précieux auxiliaire des chercheurs venus consulter le fonds historique et scientifique de la bibliothèque confiée à ses soins. Il entreprit et mena à bien un classement systématique des collections et, encouragé par l'abbé Sigismond Stary, les augmenta par de nouvelles acquisitions. Familier des sources historiques, le Père Čermák publia, outre de nombreux articles de revues, plusieurs ouvrages sur saint Norbert, sur les Prémontrés en Bohême et en Moravie, sur son abbaye de Strahov, et sur les sanctuaires de Prague. Il a laissé sous forme de manuscrits une *Description de l'église de Strahov*, une *Vie de Jean-Baptiste Stoppan, chanoine régulier de Strahov*, et une *Topographie des églises de Bohême* qu'il n'eut pas le temps de compléter. Nommé notaire de l'archidiocèse de Prague en 1889, le Père Čermák mourut l'année suivante, le 6 décembre 1890, après avoir consacré la majeure partie de sa vie à son abbaye et à l'ordre de Prémontré en Bohême.

Le Père *Adalbert Sedlaček*, entré à l'abbaye de Teplá le 29 décembre 1805, était né le 25 février 1795 à Czellakowitz en Bohême. Il exerça une forte influence par son enseignement à Plzeň et ses publications littéraires. Après la suppression des Jésuites en 1773, puis la fermeture du monastère des Dominicains de Plzeň par Joseph II en 1787, la ville, proche de l'abbaye de Teplá, se trouva privée de son lycée catholique. L'abbé Chrysostome Pfrogner tenta de transférer l'institution supprimée, à l'intérieur de son abbaye, mais l'État ne le lui permit pas. Par contre, il lui permit de rouvrir le lycée philosophique dans la ville même de Plzeň, et en confia la direction à l'abbaye. L'institut ouvrit ses portes le 2 novembre 1804 et maintint son activité jusqu'en 1924, lorsque le Gouvernement en décréta la fermeture [128]. Ordonné prêtre en 1810 et promu docteur en philosophie en 1816, le Père Sedlaček commença, vers cette époque, à se consacrer à la littérature de la Bohême, qui était en train de connaître une nouvelle jeunesse, après un long et profond sommeil. Il insuffla chez ses jeunes étudiants un ardent amour de leur patrie et décida de la vocation de plusieurs littérateurs tchèques de renom. En 1817, il commença l'enseignement de la langue tchèque au lycée de Plzeň et fonda dans la ville un

---

[127] I. VAN SPILBEECK, « Le Père Dominique-Charles Čermák », *La Cour d'Honneur de Marie*, n° 327 (1891), p. 64-66.

[128] M. FITZTHUM, « Das ehemalige Gymnasium des Stiftes Tepl in Pilsen », *Analecta Praemonstratensia*, t. XXXII (1956), p. 163-169.

musée national. Il s'employa à développer l'esprit patriotique, procurant à la seule ville de Plzeň une petite bibliothèque populaire en 1816, un théâtre en 1819, et un institut pour l'éducation des jeunes enfants en 1835. Son immense production poétique, en tchèque, allemand et latin, lui valut de nombreux honneurs. Le lycée philosophique de l'abbaye de Teplá à Plzeň connut ainsi un renom qui dépassa les frontières de la Bohême et lui attira de nombreux étudiants. Teplá n'était pas la seule abbaye à posséder un collège. Želiv, qui avait eu son propre collège dans les murs de l'abbaye au XVIIIᵉ siècle, administra à partir de 1807 le collège de Havlíčkuc Brod. Strahov assura, entre 1807 et 1873, la direction des collèges de Zatec, Liberec et Rakovnik. De son côté, Nová Říše entretint dans ses murs un collège noble, entre 1800 et 1813.

Le Père *Joseph François Smetana*, né le 11 mars 1811 en Bohême, poursuivit l'oeuvre du Père Adalbert Sedlaček auquel il succéda dans l'enseignement de la langue tchèque, après avoir fréquenté le collège de l'abbaye de Želiv à Havlíčkuc Brod [129] et l'université de Prague. En 1850, il passa au collège de Plzeň, désormais uni au lycée philosophique. Il mourut dans cette ville, le 18 février 1861, après avoir contribué par son enseignement, ses écrits et son activité culturelle, au renouveau de la langue et du sentiment patriotique tchèques.

L'abbaye de Teplá compta également parmi ses religieux un éminent astronome et hydrographe, en la personne du Père *Adalbert-Wenceslas de Kunesch*, né à Prague, le 29 septembre 1817, et ordonné prêtre le 30 juillet 1843. Sa vie fut une succession d'études, de postes d'enseignement et de fonctions prestigieuses dans le monde de l'astronomie. Immédiatement après son ordination, il rejoignit à Budapest son confrère, le Père Lambert Mayer, astronome. Après avoir étudié les mathématiques et la physique, il se consacra à l'étude de l'astronomie, puis devint professeur assistant dans cette discipline, avant de devenir assistant de l'observatoire astronomique de Vienne. Docteur en philosophie de l'université de Prague en 1852, il fut affecté à l'observatoire de cette ville. Membre de l'Académie royale des sciences de Bohême, de la Société de géographie de Vienne, il partit pour Cracovie comme assistant de l'observatoire, avant de passer à Trieste en 1857, et de devenir en 1863 hydrographe de première classe et chef de l'observatoire astronomique maritime de Fiume. Pro-recteur de l'Académie maritime de Fiume en 1869, il termina sa vie, couvert d'honneurs, le 27 août 1895 à Graz où il est enterré.

---

[129] I. PICHLER, « Bedřich Smetana und die Prämonstratenser », *Analecta Praemonstratensia*, t. LXVIII (1992), p. 330-331.

En Espagne

Monseigneur *Bernard Condé y Correal* [130], profès de l'abbaye de Buxeto dans le diocèse de Burgos, illustre par sa fidélité à saint Norbert, le drame des Prémontrés espagnols chassés de leurs abbayes par la révolution de 1835. Né en Castille, le 20 août 1814, il entra à l'abbaye de Buxeto encore adolescent et prononça ses voeux en 1830, à peine âgé de 16 ans. Il étudiait la théologie à l'abbaye d'Aguilar, située elle aussi dans le diocèse de Burgos, lorsque la révolution ferma toutes les abbayes de l'ordre en Espagne. Privé de sa famille religieuse, il se fit un devoir de vivre en conformité avec sa profession et devint un prêtre zélé que Pie IX nomma, le 21 décembre 1857, évêque de Placencia dans l'Estremadure, avant de le transférer, le 16 mars 1863, au diocèse de Zamora dans le León. Défenseur des droits de l'Église face au persécuteur, il fut menacé d'exil et comparut avec d'autres évêques espagnols devant le Conseil d'État, pour avoir dénoncé au grand jour les agissements iniques du Gouvernement envers le clergé et l'Église. Celui qui avait assisté impuissant à la suppression de l'ordre de Prémontré en Espagne eut la joie, le 23 novembre 1869, de donner l'habit des moniales norbertines à Mère Marie de la Croix et aux premières compagnes qui rétablissaient la branche féminine de l'ordre de Prémontré sur le sol de France, à Bonlieu. Ardent défenseur de l'infaillibilité pontificale au concile Vatican I, Monseigneur Condé y Correal mourut le 31 mars 1880, à peine âgé de 66 ans, laissant le souvenir d'un Prémontré exemplaire dans l'accomplissement de sa charge épiscopale, comme en témoignent ses instructions au clergé et aux fidèles de Zamora.

En Hongrie

Le Père *Vincent-Victor Kaczvinszky*, profès de l'abbaye de Jasov en Hongrie, aujourd'hui en Slovaquie, né le 20 octobre 1817 à Nagy-Sàros, fut ordonné prêtre le 21 septembre 1841, après avoir fréquenté l'université de Budapest. Quelques années de préceptorat le préparèrent à une brillante carrière consacrée à l'enseignement des mathématiques en divers lycées de 1841 à 1856, puis à la direction des lycées de Rosenau et de Kaschau, de 1856 à 1867. Élu abbé de Jasov, le 20 octobre 1867, le Père Kaczvinszky s'appliqua à gouverner l'abbaye qui, sous son abbatiat, atteignit le nombre de 97 membres. Il mourut le 5 février 1893.

Un autre religieux de l'abbaye de Jasov, le Père *François-Rodolphe Kadas*, né dans la paroisse de Jasov, le 24 janvier 1816, et ordonné prêtre le

---

[130] R. BERTHE, *Éloge funèbre de Monseigneur Bernard Condé y Correal*, s.l., 1880.

16 octobre 1839, connut également une brillante carrière, après avoir étudié lui aussi à l'université de Budapest dont il devint docteur en philosophie et lettres. Conseiller royal, directeur des études supérieures dans le district de Jaurin, il contribua au rayonnement de son abbaye et de son ordre dans le milieu universitaire.

Le Père *Adolphe-Joseph Kunc* [131], prévôt de l'abbaye hongroise de Csorna, né à Hegyhátsál, le 18 décembre 1841, réunit les richesses variées d'une personnalité complexe : expert des sciences naturelles, homme public, professeur, prêtre spirituel et excellent prévôt. Par sa double et fidèle appartenance à l'Église et à la science, l'abbé Kunc illustra, au milieu d'un siècle marqué par le scientisme et ses aberrations, les fructueux rapports de la science et de la foi. Par ses travaux et la cohérence de sa vie empreinte d'une foi profonde, il ouvrit les voies d'une synthèse harmonieuse entre la foi catholique et la culture de son temps. L'abbé Kunc enseigna de longues années dans les lycées hongrois de l'ordre de Prémontré, notamment à Szombathely où il dota l'institut d'un laboratoire moderne de physique, mit au point de nouvelles connections téléphoniques, et exerça une profonde influence sur plusieurs de ses élèves, comme Gothard Jenö qui devint un astrophysicien de renom international. La vie de l'abbé Kunc et de ses confrères professeurs s'insère dans le contexte éducatif de l'ordre de Prémontré en Hongrie. La circarie hongroise s'est toujours distinguée par son activité culturelle, mais on peut dire qu'à partir de 1802, l'ordre de Prémontré en Hongrie a été considéré surtout comme un ordre enseignant. Les prévôtés de Csorna et Jasov tenaient à elles seules les collèges et lycées de Szombathely, Keszthely, Kassa, Rosznyó, Nagyvárad, Gödöllő, Budafok et, durant une courte période, les lycées de Löcse et Csorna.

En France

Albert Joseph Rodolphe Rieux, connu en Provence et dans les milieux littéraires du Midi de la France sous le nom de Père *Xavier de Fourvière*, est l'auteur d'une oeuvre imposante, essentielle dans l'histoire de la littérature provençale, parce qu'elle est un chaînon qui, de Frédéric Mistral [132] aux prosateurs modernes, ont permis l'éclosion de la prose provençale, et parce qu'elle a vulgarisé l'étude du vocabulaire provençal.

---

[131] *Emlékkönyv Kunc Adolf premontrei prépost születésének 150. évfordulója alkalmából*, Szombathely, 1993.

[132] Frédéric Mistral (1830-1914) s'est voué à l'exaltation de la Provence et à la renaissance de sa langue. Avec Roumanille et Aubanel, il présida à la tentative d'élargir l'union linguistique de la Provence à la Catalogne, dans une sorte de

Cette oeuvre s'explique par deux influences – culturelle et religieuse – qui ont formé ce prédicateur provençal. Xavier de Fourvière est né le 5 février 1853 à Robion dans le Vaucluse. À quinze ans, alors qu'il fréquente le petit séminaire d'Avignon, il découvre le chef-d'oeuvre de Mistral, *Mireille*. Il confie à son carnet personnel :

> « Quel enthousiasme remplit alors mon âme ! Quelles douces larmes je versais dans la solitude bien-aimée de ma montagne, lorsque assis dans un ravin, au bruit éternel du vent, je lisais ces strophes immortelles du félibre de Maillane. Je puis le dire : depuis cet heureux temps, ce chef-d'oeuvre devint le sanctuaire habituel de ma pensée et le délicieux jardin de mon âme. Je le lus, je le méditais longuement, je le ruminai et puis j'essayai timidement de bégayer sur la même lyre les sentiments qui se pressaient dans mon âme » [133].

Entré à l'abbaye de Frigolet le 12 mai 1874, après une période d'hésitation sur sa vocation, le jeune provençal découvre dans la poésie de l'Écriture Sainte une source intarissable d'inspiration. Il multiplie les compositions dans sa langue maternelle et acquiert une certaine renommée. Néanmoins, Xavier de Fourvière se sentait appelé à une autre vocation que celle de prosateur. Un événement douloureux allait décider de son avenir et faire de lui le premier prédicateur provençal. Dans les premiers jours de novembre 1880, le gouvernement français ferma son abbaye et dispersa les religieux.

Empêché de mener la vie qu'il avait choisie, il deviendrait prédicateur itinérant. Dès 1881, il entreprit des tournées de prédication à travers les Basses-Alpes, les Bouches-du-Rhône, le Gard et le Vaucluse. Une nouvelle vie s'ouvrait devant lui : la langue provençale lui apparut comme le meilleur véhicule de l'Évangile dans cette région, car dans ces contrées, c'était la langue de tous les jours, celle qu'utilisaient les familles pour exprimer les sentiments les plus élevés comme les nécessités de la vie quotidienne :

> « Depuis longtemps, je sentais en mon coeur l'embrasement de la flamme évangélique et je me disais que le meilleur instrument d'évangélisation était de parler au peuple sa propre langue » [134].

Il notait dans son *Journal*, à la date du 5 mars 1882 :

> « Ce soir, j'ai parlé sur le péché. Tout mon sermon peut se résumer dans cette pensée unique : le péché, c'est le phylloxera de l'âme ».

Et le 25 septembre 1881 :

> « J'ai dit ces paroles de Notre-Seigneur : *Sinite parvulos venire ad me*, que j'ai traduites ainsi : *Laissas veni vers iéu la pichoto gent*. Et sur ce ton

---

fédération latine qui prépara l'organisation du mouvement appelé le Félibrige, scellée en 1876.

[133] Arch. de l'abbaye de Frigolet, fonds : « Xavier de Fourvière ».
[134] *Ibid.*

familier, j'ai continué mon instruction en bonne et pure langue provençale. Ces bons habitants de Lurs ont été ravis de m'entendre parler leur langage et quelques veilles femmes se sont dite : Nous avions peur que le missionnaire ne nous comprenne pas au confessionnal ; allons, nous serons à l'aise avec lui puisqu'il sait parler comme nous autres » [135].

Toutes les villes du Sud-Est l'accueillent pour des tournées de prédication, surtout Marseille où il donne en l'église Saint-Laurent les prédications de carême entre 1890 et 1900.

Soucieux d'évangéliser le peuple provençal, Xavier de Fourvière portait également en lui le projet ambitieux de le former et de contribuer à la renaissance d'une langue réduite à l'état de patois, par suite d'un long abandon. Il publia en 1899 les *Éléments de grammaire provençale*, suivis du *Petit guide de la conversation provençale*, et surtout, en 1902, son *Pichot Tresor*, dictionnaire portatif, français-provençal et provençal-français, qui suscita l'enthousiasme de Frédéric Mistral. *Lou Pichot Tresor* est encore aujourd'hui le seul ouvrage de ce genre dont on puisse disposer. Il est toujours utilisé pour l'enseignement de la langue provençale et constitue l'ouvrage habituel de référence.

Au cours de l'année 1903, une autre épreuve allait marquer le Père Xavier de Fourvière et sa communauté. Les religieux de Frigolet, chassés de leur abbaye et de France, allaient devoir partir en exil. La majeure partie de la communauté se réfugia en Belgique, mais ses supérieurs demandèrent au Père Xavier de devenir prieur du monastère de Storrington en Angleterre : « Ce sera ma mort ; l'exilé meurt deux fois : au jour qu'il laisse son pays et le jour où il quitte la vie » [136]. Arrivé de tournée de prédication dans son abbaye déserte, il entra dans l'abbatiale au moment où les ouvriers s'apprêtaient à démonter l'orgue confisqué avec le reste des biens de la communauté. Devant ce spectacle, le poète laissa s'exhaler une douleur remplie toutefois d'espérance :

« Adieu, douce basilique,
Fier séjour des grands cantiques,
Théâtre saint de nos joies [...]
Ô saint Augustin, ô beau Norbert,
Ô bienheureux Hermann, ô saint Gilbert,
Doux Adrien, fier Thibaud de Champagne,
Et vous tous, grands saints, dont les verriers
Ont retracé l'image
Et que la lumière éternelle baigne de ses flots,
Dites-nous, dites-nous, bien vite,
Reviendrons-nous jamais ? » [137]

---

135 *Ibid.*
136 *Ibid.*
137 X. de FOURVIÈRE, *Partenço de l'ourgueno de Ferigoulet : pouèmo*, Avignon, s.d.

Dans les brumes de son exil en Angleterre, le Père Xavier de Fourvière demeura Provençal, et poursuivit ses travaux, notamment la traduction de *L'Imitation de Jésus-Christ*, publiée en 1913, après sa mort. Éprouvé par l'exil, le prédicateur fut frappé d'une attaque mortelle en descendant de la chaire de Notre-Dame de France à Londres. Transporté à l'hôpital, il reprit conscience au milieu de la nuit et composa son dernier poème provençal : *Sus lou lindau de l'Eternita*, chant mystique sur le ciel nouveau et la terre nouvelle, mais la Provence est là :

« Ô cher Époux éternel
De nos âmes,
Vite coupe de ma nef
Les liens qui la retiennent !
Prends-moi ! Tu parles, m'a-t-on dit,
La langue de celui qui t'aime...
Dans un baiser éternel,
Parle à mon âme...

Oui, parle, et qu'à mon coeur
Ton Coeur s'ouvre.
Parle en ma langue d'or
Mon cher Trésor, Mon Amour, Toi la source de
Toute langue, ô Verbe,
Mon Époux ! Qu'à mon coeur,
Ton Coeur s'ouvre... » [138]

Les influence conjuguées de la foi et de la culture provençale ont fait de Xavier de Fourvière un modèle de pasteur proche de son peuple, et surtout un éducateur éclairé, qui sut emprunter à la culture de son temps et de sa région tous les éléments susceptibles d'exprimer le message chrétien.

6. Deux figures féminines de sainteté

Soeur Rose de Bonlieu et la Messe Réparatrice

Louise-Madeleine-Euphrosine Mirabal [139] naquit le 23 mars 1812 à Paris, au sein d'une famille très pauvre. Enfant peu désirée, et cependant aînée de onze filles dont trois moururent en bas âge, elle fut immédiatement mise en nourrice. Revenue chez les siens, elle dut s'habituer à être négligée sinon battue. À part les moments passés chez sa grand-mère qui

---

[138] X. de FOURVIÈRE, *Sus lou lindau de l'Eternita*, Avignon, s.d.

[139] A. LOTH, *Soeur Rose, sa vie et son oeuvre, la Messe Réparatrice*, Paris, [1890]. – A. DEBERT, « Deux figures féminines prémontrées du XIXe siècle : Soeur Rose et Mère Marie de la Nativité », *Actes du 17ème Colloque du Centre d'Etudes et de Recherches Prémontrées*, Amiens, 1992, p. 68-75.

s'efforçait de lui donner quelques moments de plaisirs, elle souffrit beaucoup de l'atmosphère familiale et fit, dès son enfance, l'apprentissage d'une dure vie.

Réduite à la faim, la voici qui vole de l'argent à ses parents. Découverte et blâmée, elle prend conscience de son péché, mais s'abstient volontairement de le confesser au cours de la retraite spirituelle préparatoire à la première communion. Consciente d'avoir commis son « premier sacrilège », et bien décidée à ne pas faire la communion tant qu'elle serait dans ces dispositions, elle imagine une série de stratagème pour ne pas communier tout en le laissant croire aux autres et spécialement à ses parents. Mais toutes ces manoeuvres échouent :

> « Lorsque le moment [de la communion] fut venu, je perdis tout sentiment, je n'avais plus ni mémoire ni volonté, je n'éprouvais ni regrets ni plaisir, mais comme un anéantissement complet, qui se termina par des larmes. Ce malheur m'arriva le 3 août » [140].

Complètement désorientée, elle renouvelle dans les mêmes conditions la confession préparatoire à la confirmation et reçoit le sacrement dans les mêmes dispositions spirituelles.

Le 1er février 1825, âgée de 13 ans, Madeleine quitte la maison paternelle pour l'apprentissage, et entre chez une couturière d'esprit léger et sans le moindre sentiment religieux. Ayant elle-même perdu tout sentiment de piété, Madeleine devait avouer par la suite qu'elle ne souffrit pas de cette situation, mais seulement des rudes conditions de travail : 18 heures par jour plusieurs fois par semaine, et souvent la nuit entière pour faire face aux commandes des clientes.

En 1828, Madeleine connaît une conversion foudroyante. Sa maîtresse d'apprentissage étant contrainte de la laisser seule à la maison, l'adolescente lui demande de pouvoir se rendre chez sa tante, en passant par l'église Notre-Dame de Bonne-Nouvelle :

> « Je quittai l'ouvrage à la fin du jour pour me rendre chez ma tante. Mais l'église fut pour moi *le chemin de Damas*, par l'émotion que me fit éprouver la vue du Saint-Sacrement, qui s'offrait à mes yeux pour la première fois depuis ma première communion. Je tombai à genoux près de la porte en disant : "Seigneur, je suis très indigne de lever les yeux vers vous ; c'est pourquoi je supplie la sainte Vierge et tous les saints d'implorer pour moi votre infinie miséricorde" » [141].

Jusque-là, Madeleine n'avait jamais douté de son péché – elle le jugeait impardonnable –, mais de la miséricorde de Dieu. Ayant obtenu de sa patronne, surprise de cette demande, la permission d'aller recevoir les

---

[140] A. LOTH, *Soeur Rose...*, p. 51.

[141] *Ibid.*, p. 59.

cendres le lendemain, Madeleine entreprit, sous la direction du curé, Monsieur Portalès, une nouvelle vie. L'adversité allait cependant la mettre rapidement à l'épreuve. Sa patronne mit de nombreux obstacles à sa persévérance, et s'irrita si fort de ses pratiques religieuses, que Madeleine s'enfuit quelque temps, avant de revenir terminer son apprentissage, pour pouvoir s'établir à son compte.

Peu à peu, Madeleine sent germer en elle une vocation religieuse qui s'enracine dans les Coeurs de Jésus et de Marie. Elle écrit, à cette époque :

> « Mon Dieu, si votre volonté est de m'appeler à vous, à travers toutes ces épreuves, je ne vous demande qu'une grâce, celle de ne jamais rien faire pour les éviter. C'est pourquoi, en toutes circonstances, j'accepterai tout ce qui me sera offert, sans rien choisir pour mon avantage ou ma satisfaction. Je vous dirai seulement : Seigneur, souvenez-vous qu'en toute chose, je vous prie de me conduire ou de me laisser où je pourrai le mieux vous servir, me sauver et contribuer, s'il vous plaît, au salut de mon prochain » [142].

Quelque temps plus tard, un ami de la famille Desrosiers chez qui elle travaillait, lui dit à brûle-pourpoint :

> « Je connais un monsieur de la conférence de Saint-Vincent de Paul qui désire se marier et qui m'a prié de lui faire connaître une jeune personne qui ait des sentiments religieux et un état qu'elle puisse exercer chez elle. J'ai répondu, en pensant à vous, que je connaissais une demoiselle qui pouvait bien lui convenir, mais que j'ignorais si elle consentirait à changer de position » [143].

Son père, heureux d'une perspective de mariage pour sa fille, l'encouragea à fréquenter Monsieur Griselain, homme pieux mais bizarre, en qui Madeleine, inexpérimentée, ne vit que l'envoyé de la Providence. En fait, le jour de ses noces ne fut que le point de départ d'une nouvelle série de malheurs. Rapidement, tout devint sujet de contradiction et de difficulté avec cet homme d'un esprit si incohérent et si acariâtre. La bizarrerie de son mari qui avait imaginé de se mettre à son compte, devait conduire le foyer à la misère, au moment où il aurait fallu une certaine stabilité économique. Après une fausse couche, Madeleine donna naissance à un enfant qui devait mourir quelque temps plus tard. La naissance d'un second enfant, en 1839, devait encore lui apporter son lot de souffrances après lui avoir causé une immense joie. En effet, à peine âgé de quatre ans, il succomba à la fièvre typhoïde, le mardi de Pâques 1845.

Sur ces entrefaites, Madeleine assista, impuissante, à une aggravation de l'état mental de son mari qui devait peu à peu sombrer dans la démence, connaître des tentations de suicide, et maltraiter son épouse. À la

---

[142] *Ibid.*, p. 119-120.
[143] *Ibid.*, p. 120-121.

demande de son mari, ils se séparèrent, mais entre-temps un autre enfant, Paul, était né. Après avoir acheté, grâce à un héritage, un commerce d'épicerie à Montmartre, Madeleine pouvait aspirer à une relative tranquillité d'esprit. Malheureusement, le commerce périclita et la misère revint s'installer au foyer. Elle fut contrainte de confier son fils à son mari qui avait eu le loisir de reprendre son activité de tailleur, grâce à un petit capital qu'elle lui avait abandonné lors de leur séparation. Au bout de quelques mois, son mari souhaita reprendre la vie conjugale. Comme il s'entendait mieux au commerce que son épouse, la petite épicerie de Montmartre connut une modeste prospérité. Hélas, Monsieur Griselain retomba rapidement dans ses accès de folie et la position de Madeleine devint encore plus triste que par le passé. Elle trouva son refuge dans l'union au Christ, en pratiquant une pénitence héroïque. La croix et l'eucharistie devenaient jour après jour le tout de sa vie. La démence de son mari alla augmentant, et aux menaces succédèrent les brutalités. Il s'emporta un jour si violemment qu'il la blessa à la tête. Madeleine, le visage ensanglanté, s'échappa dans la rue, demandant du secours aux voisins. De ce jour, elle dut se séparer définitivement de son mari en emmenant son fils avec elle. Arrêté sur les plaintes du voisinage, le pauvre fou fut interné à l'hospice des aliénés de Bicêtre où il mourut l'année suivante, le 20 avril 1857.

En 1859, Madeleine confia son fils au noviciat des Frères de Saint-Vincent de Paul, mais lui demeura toujours très proche. À Paris, elle se consacra avec un amour croissant à l'oeuvre de Dieu. En 1856, elle avait déjà fait établir dans sa paroisse Saint-Pierre de Montmartre l'oeuvre de la Sainte-Enfance, fondée dans la capitale en 1837. Si proche de Dieu, Madeleine souffrait de voir de nombreuses chaises vides lors de la messe dominicale :

> « Son zèle à prier pour les absents l'amènera peu à peu à prendre l'habitude d'entendre, tous les dimanches, une messe pour chaque catégorie de personnes qui, pour divers motifs, bon ou mauvais, manquaient la messe ce jour-là. Elle entendait ainsi une messe pour les pécheurs que l'indifférence ou l'impiété éloigne de l'église, une pour les malades que la souffrance et l'infirmité retiennent chez eux, puis une troisième pour les âmes qui, ayant paru pendant la semaine au tribunal de Dieu, n'ont plus à assister au saint sacrifice, mais reçoivent soulagement et délivrance par toutes les messes célébrées ici-bas » [144].

C'est le 19 juin 1862, en l'église Saint-Nicolas des Champs qu'elle reçut la révélation de sa mission. Elle rapporte dans ses notes :

> « Comme je ne comprenais rien à toutes ces choses, voici la pensée qu'il [Notre-Seigneur] m'inspira pour m'en donner une idée. Supposons qu'un

---

[144] MÈRE MARIE DE LA CROIX, *Ma Soeur Rose et la Messe Réparatrice*, Avignon, 1885, p. 53-54.

père ayant élevé douze enfants, leur dise que, pour lui témoigner leur reconnaissance de tous les bienfaits dont il les a comblés depuis leur naissance, il désire que chacun d'eux travaille pour lui une heure par semaine. Supposons que six refusent de le faire, que trois le fassent avec négligence et les autres avec zèle. Ces bons fils, voyant la conduite de leurs frères envers leur père, en seraient bien affligés et le prieraient de leur pardonner. Ce serait bien. Mais si le père avait besoin du produit du travail de tous, il lui manquerait toujours quelque chose. Je compris alors, et dans un esprit de réparation, je promis d'entendre tous les dimanches et fêtes d'obligation une seconde messe à l'intention de mes frères absents » [145].

Après un séjour au Refuge Sainte-Anne, tenu par les Dominicains à Clichy-la-Garenne, elle accompagna, en 1870, son fils appelé en Algérie par Mgr Lavigerie. À Alger, elle rencontra les Prémontrés établis à Notre-Dame d'Afrique, qui la dirigèrent vers le monastère de Bonlieu. Elle reçu l'habit des Norbertines, le 6 juin 1871, gardant le nom de Soeur Rose, reçu au Refuge Sainte-Anne. Admise comme soeur converse, elle prononça ses voeux le 13 mars 1873, et vécut jusqu'à sa mort, survenue le 21 octobre 1882, dans l'humilité et la mortification. Quatre ans plus tard, le 27 avril 1886, Mgr Cotton, évêque de Valence, érigeait l'oeuvre de la Sainte Messe Réparatrice en confrérie et, le 24 août de la même année, Léon XIII l'élevait au statut d'archiconfrérie. Durant l'exil des Norbertines en Belgique, de 1901 à 1933, l'oeuvre fut reprise par l'abbaye de Tongerlo, et de là se diffusa dans d'autres abbayes, notamment à Berne en Hollande, qui publièrent nombre de brochures de piété sur la Sainte Messe Réparatrice. À partir de 1933, le siège de l'archiconfrérie fut rétabli à Bonlieu.

Entrevue et projetée à Paris, l'oeuvre prit son essor à Bonlieu, dans une fervente communauté de Norbertines contemplatives qui y trouvèrent le moyen d'unir la dévotion eucharistique, traditionnelle dans l'ordre de Prémontré, et l'ascèse propre à leur vie. Soeur Rose a vécu les états de vie les plus variés. Elle laisse le témoignage d'une enfant marquée par la pauvreté, le péché et la conversion, d'une femme entièrement donnée à son Dieu, à son époux malade, à ses enfants, forte et confiante au milieu des deuils et des épreuves, d'une religieuse humble et simple, tout entière vouée à la gloire de Dieu et au salut des hommes qui négligent leurs devoirs envers l'eucharistie.

Soeur Émilie Podoska de Cracovie

La vie d'Émilie Podoska s'insère, entre 1845 et 1889, dans le milieu catholique et patriotique de la Pologne, et dans une période privilégiée de renouveau de l'ordre de Prémontré. Onzième de quinze enfants, elle reçut

---

[145] *Ibid.*, p. 247.

l'éducation d'une jeune noble de son temps, d'une mère qui lui enseigna l'amour et le respect de tous, notamment des plus pauvres. Le jour de son baptême, ses parents demandèrent pour elle la grâce de la vocation religieuse. À part trois années passées dans l'institut des Clarisses de Stary Sacz, Émilie reçut son éducation à la maison, sous la direction de sa mère d'abord, puis d'un précepteur. Durent cette période, elle contribua à l'instruction des enfants du village et au travail de broderie pour des ornements d'église.

À la mort de son père, survenue le 8 août 1860, la mère de famille prit les rênes de la maison. Lors du soulèvement patriotique de 1864, les frères d'Émilie s'engagèrent dans l'armée, tandis que la mère et ses filles contribuaient de leur fortune à entretenir la lutte pour la liberté de la Pologne.

Une fois achevées ses études, Émilie fut engagée en 1870 dans l'école dépendante du couvent prémontré de Zwierzyniec, pour y donner des cours de pédagogie pratique. Âgée de 25 ans, elle décida, avec deux autres jeunes filles, de devenir norbertine. Elle entra dans une communauté qui comptait alors 31 soeurs et 2 novices. Elle commença son noviciat le 26 octobre 1872. Dans son carnet personnel elle écrivit :

« Renoncer à soi-même consiste à se fier à la Sagesse divine et à s'abandonner à son pouvoir. Il semble facile de l'exprimer en paroles, mais quel effort ne faut-il pas pour se renoncer en réalité » [146].

Ébranlée par la mort de sa mère, survenue le 18 août 1874, sa santé fut gravement compromise par les austérités de la vie conventuelle jointes aux rigueurs du climat. À travers ces épreuves, Émilie sentait grandir en elle le désir de la sanctification par l'accueil et la correspondance aux appels de la grâce. Dans son carnet de retraite elle notait :

« M'accommoder simplement aux hommes, au monde, aux tâches, et cela non d'une manière superficielle, mais toujours et en premier lieu avoir le Christ devant les yeux. Écarter le respect humain, ne pas me laisser influencer par les adulations, chercher les incommodités, donner plus d'attention à la mortification passive. Satisfaire aux désirs des autres. Parler peu ».

Dans ses notes personnelles, elle évoque les trois voeux de religion vécus dans la confiance la plus totale. De la pauvreté religieuse elle écrivait :

« Je décide d'être toujours dépendante de l'ordre, même dans les menues choses. Ne faire, ni recevoir aucun cadeau, si ce n'est avec la permission des supérieures. Ne considérer aucune chose comme mienne, ne rien m'approprier ».

---

[146] Toutes les références aux notes et paroles de la Servante de Dieu sont conservées dans les archives du monastère de Zwierzyniec.

Forte de sa connaissance de la faiblesse humaine, elle décidait :

> « Mon âme repose dans sa main. Il faut de la patience pour posséder son âme. L'homme n'est pas en possession de son âme, si Jésus ne vit pas en lui. Je le perds par le péché ; par la pratique de la pénitence je deviens riche. Je prends la décision de m'approcher de Jésus après chaque péché, à la manière de Marie [Madeleine] avec affliction, humilité et dévotion persistante. Dans la recherche de Jésus je ne m'accorde aucun repos. Cent fois je ferai un faux pas, mais remplie de pénitence et sans hésiter, je me redresserai ».

C'est avec une totale liberté d'esprit qu'elle professait :

> « L'obéissance religieuse consiste à se soumettre à l'autorité de Dieu dans la personne des supérieures. Ô liberté bienheureuse, que nous acquérons par l'obéissance ! Il n'y a pas vertu d'obéissance où manque la soumission de l'âme. Et je ne peux pas assujettir ma volonté quand je ne soumets pas mon esprit. L'esprit est un facteur humain, l'obéissance est un facteur divin. Je prends la décision d'avoir un grand respect envers mes supérieures. Puissé-je obéir de tout coeur, sans aucune restriction ! »

Institutrice en 1878, puis directrice de l'école dépendant du couvent, Émilie possédait une vaste culture et une solide éducation. Sous sa conduite, l'école acquit une réputation que confirment les procès-verbaux des inspections. Fortement marquée par la spiritualité pénitentielle très prisée au XIXe siècle, elle veillait à la qualité de la vie religieuse des soeurs enseignantes : le comportement d'une religieuse enseignante exerce une profonde influence sur ses élèves, mais cela ne s'effectue que par l'esprit de prière et de mortification.

Le 1er janvier 1886, le cardinal Albinus Dunajewski visita le monastère de Zwierzyniec, avec l'intention d'y introduire une réforme radicale. Il vit dans Soeur Émilie la personne toute indiquée pour réaliser ce projet. Après l'avoir déchargée de la direction de l'école, il la nomma maîtresse des novices. La chronique du monastère traduit en quelques paroles significatives ce que fut son action dans cette charge :

> « Durant trois ans, elle fut directrice spirituelle. Avec conviction et un sens profond de ses responsabilités, elle s'engagea pour initier les jeunes soeurs à la vie religieuse. Elle avait toujours la Règle et les statuts de l'ordre en main. Elle aimait ardemment l'observance monastique et elle travaillait pour que les novices dirigent leur vie selon les prescriptions de l'ordre. Une tâche qu'elle devait accomplir dans des circonstances peu favorables et qui exigeaient de sa part une grande sagesse, parce qu'elle devait ramer à contre-courant. Au cours des années, des décennies même, des coutumes non concordantes avec la Règle s'étaient infiltrées dans le couvent. Il est vrai, après la béatification de la bienheureuse Bronislave en 1839, une certaine renaissance s'était dessinée, mais elle ne fut que temporaire : on n'observait plus la stricte clôture et l'esprit de pauvreté était affaibli. Tout cela au désavantage de la vie commune ».

Émilie aspirait à ce qu'on retourne à l'observance des statuts, et elle était décidée à se donner entièrement pour que ce renouveau s'introduise dans les coeurs. Convaincue de l'échec des discussions, car la fragilité humaine trouve toujours de bonnes excuses, elle résolut, à l'exemple du Christ, de recourir au don d'elle-même, offrant sa vie pour la restauration de l'ordre : « Pour eux je me consacre moi-même afin qu'ils soient eux aussi consacrés en vérité » (*Jn* 17, 19).

En 1889, elle tomba gravement malade, et une pneumonie mal soignée jointe à une nature affaiblie par l'austérité lui firent contracter la tuberculose, mal incurable à cette époque. Durant sa maladie et sentant sa mort prochaine, elle écrivit une page émouvante conclue par ces vers :

> « Quand tu me permettras, ô bon Seigneur,
> Par la force de ton amour de mettre fin à mon exil,
> Quand, enfin, tu m'appelleras près de Toi,
> Viens, ô Jésus, viens mon Unique. »

Le 3 mai 1889, elle reçut les derniers sacrements, en proie à de violents accès de fièvre. Mourante, elle supplia que l'on déposât sur son lit les statuts de l'ordre et dit : « Pour eux, je veux mourir ». Elle mourut quelques jours plus tard, le 22 mai 1889, après onze ans de profession. Elle avait quarante-cinq ans, et demeurait depuis dix-sept ans dans le monastère. La chronique du monastère porte cette mention :

> « La Règle et les statuts ne sortaient pas de ses mains. Mais, hélas ! on ne s'y conformait pas comme il aurait fallu. De telles choses ne se restaurent pas sans sacrifices. C'est ma conviction : son ardent désir de voir vivre la communauté selon les prescriptions de l'ordre était la cause de sa souffrance et ce qui a hâté sa mort ».

Son sacrifice fut fécond, et après sa mort, il se produisit un revirement dans le couvent de Zwierzyniec. L'abbesse Euphémie Zarska et les religieuses furent tellement impressionnées par son souhait de mourir pour l'observance des statuts, qu'elles se sentirent obligées de répondre à cet appel. L'abbesse donna l'impulsion à la réforme conventuelle. La table et la récréation communes furent réintroduites, la clôture fut à nouveau observée, et la communauté approfondit sa vocation contemplative. Certaines religieuses tentèrent de s'opposer à ces changements, mais l'abbesse poursuivit son chemin. Ainsi, le monastère de Zwierzyniec reprit sa ferveur initiale et devint un modèle d'observance norbertine.

Après la Deuxième Guerre mondiale, le souvenir d'Émilie Podoska était toujours vivant dans sa communauté comme dans sa famille. On commença à implorer son intercession tant dans le monastère qu'à l'extérieur, et de nombreuses lettres affluèrent pour témoigner de grâces obtenues à sa prière. Vers 1970 et dans la perspective d'un procès de béatification, les soeurs entreprirent de collationner la documentation relative à Soeur Émilie. Le 27 septembre 1990, la Congrégation pour les

Causes des Saints accorda son *Nihil Obstat* pour l'ouverture du procès de béatification, et le cardinal Macharski, archevêque de Cracovie, ouvrit le procès diocésain le 17 mars 1993. Le procès s'est conclu en 1994 et la Cause est introduite à Rome.

7. L'ère des départs en mission

Une aventure qui tourna court : Boulbon et Lavigerie à Alger

En 1858, après de longues tractations entre Louis-Philippe et Grégoire XVI, le Saint-Siège érigea l'évêché d'Alger, comme suffragant de l'archevêché d'Aix-en-Provence. Monseigneur Dupuch en fut le premier évêque. Sans clergé, soutenu à Paris mais persécuté par l'administration coloniale, il réussit cependant à attirer dans son vaste diocèse sept instituts religieux d'hommes et de femmes disposés à se consacrer aux chrétiens du pays.

Son successeur, Mgr Pavy, avait apporté en venant de Lyon, une statue en fonte de Notre-Dame. Il abrita l'effigie dans une grotte proche de sa résidence. Devant la foule de chrétiens et de musulmans qui venaient régulièrement en pèlerinage devant la statue, il construisit en l'honneur de la Vierge Noire une chapelle qui, à peine terminée, se révéla trop petite, tant Français et Arabes montaient sur la colline de Bouzaréa en un pèlerinage continuel. Avec l'aide des bienfaiteurs d'Algérie et de Métropole, l'évêque édifiait la basilique de Notre-Dame d'Afrique, lorsqu'il mourut subitement, le 17 novembre 1866, peu de temps après l'élévation d'Alger en archevêché.

Le successeur proposé dès le 18 novembre par le maréchal de Mac Mahon à Napoléon III et agréé par Pie IX, était le jeune évêque de Nancy, âgé seulement de quarante-deux ans, Charles-Martial-Allemand Lavigerie. Le nouvel archevêque n'avait rien d'un timide. Il se présenta à Alger, au début de 1867, en pionnier de l'Évangile et comme l'exécuteur testamentaire des sept cents évêques de l'ancienne chrétienté d'Afrique du Nord, successeur de Cyprien de Carthage et d'Augustin d'Hippone.

Norbert Calmels en trace un portrait saisissant :

« De stature moyenne, le corps massif, une barbe en fer à cheval, d'une vigueur morale et d'une puissance physique qui s'imposaient, Lavigerie était capable de supporter les colères, les injustices, les calomnies et les ingrati- tudes. Ce serviteur de l'Église ne craignait rien. Il n'avait peur de personne. Sa volonté était redoutable. "À lui seul, disait Gambetta, il vaut un corps d'armée". Homme d'un seul bloc, il voulait "gagner le ciel en gros, pas en détail". La confiance en lui éclairait son visage. Entrepreneur plein d'audace, organisateur à l'esprit de feu, expert en soubresauts d'absolutisme, mystique à ses heures, bâtisseur et baptiseur, pestant contre tous les choléras,

Monseigneur Lavigerie ressemblait par le naturel, la vivacité, la réplique, le mordant à l'archevêque Turpin de la Chanson de Roland. Assez sensible au cérémonial, il se plaignait que l'autorité militaire ne tirât pas pour lui, comme pour un maréchal, vingt-cinq coups de canons » [147].

Un an après son installation à Alger, Mgr Lavigerie s'adressa au Père Boulbon et lui proposa d'installer une communauté prémontrée à Alger. Le 29 septembre, l'archevêque d'Alger pontifia à Frigolet et invita aussitôt le prieur à l'accompagner pour se rendre compte sur place de l'offre faite et de l'oeuvre à accomplir. Vite, ils se mettent d'accord sur les termes d'un contrat qui laisse entrevoir à la Primitive Observance un solide lieu d'implantation en Algérie, un immense champ d'apostolat et la possibilité de fondations futures en Afrique.

De retour à Frigolet, le Père Boulbon parvint facilement à convaincre sa communauté de l'intérêt d'une telle fondation. Douze religieux partirent, le 28 janvier 1869, accompagnés du Père Boulbon et d'un tertiaire, l'abbé Pougnet, architecte de l'église abbatiale de Frigolet. Le 31 janvier, ils étaient à Alger :

> « Nous avons débarqué au milieu d'une foule d'Européens curieux auxquels la vue de nos habits religieux nous rendaient peu sympathiques. Quelques quolibets fusèrent. Les Arabes nous voyant sans barbe, vêtus de blanc et tête nue, nous prenaient pour des hommes étranges. Ils regardaient sans trop comprendre [...] Nous rencontrons d'abord une compagnie de soldats que nous vîmes sourire. Plusieurs d'entre eux crièrent : Vive les Pères Blancs ! Sans nul doute ils venaient de Provence [...] Le jour de la Purification nous nous sommes levés à minuit et, malgré la fatigue, nous avons solennellement chanté Laudes dans la chapelle provisoire. En entendant sonner la cloche au milieu de la nuit, les habitants d'Alger ont cru que le feu avait pris quelque part et le lendemain, Monseigneur nous fait dire de ne plus sonner désormais pour Matines... » [148].

Grâce aux aumônes recueillies en France et en Algérie, les Prémontrés reprennent les travaux de la chapelle Notre-Dame d'Afrique, et entreprennent la construction du prieuré. À cette époque, le choléra faisait en Algérie des milliers de victimes. Cent mille Arabes moururent en six mois, laissant des milliers d'orphelins abandonnés. Mgr Lavigerie en recueillait dans sa maison de campagne, mais il lui était difficile de faire face au fléau. Il eut bientôt plus de 1 800 bouches à nourrir.

> « En octobre 1869, Monseigneur Lavigerie baptisa cinquante petits Arabes dont le plus âgé pouvait avoir une quinzaine d'années. L'altier et bouillant archevêque s'impatientait de voir les indigènes "parqués dans leur Coran". Le gouvernement surveillait ses projets. Le clergé s'inquiétait de l'entendre préconiser la propagande chrétienne. L'administration d'Alger barricadait

---

[147] N. CALMELS, *Lavigerie et les Prémontrés*, Monte Carlo, 1986, p. 19.
[148] *Ibid.*, p. 42, 44-45.

sa charité dans les orphelinats, les hôpitaux, les oeuvres de miséricorde. Elle lui interdisait d'enseigner la religion... » [149].

Tout allait pour le mieux entre Mgr Lavigerie et les Prémontrés, mais les relations commencèrent à se gâter pour une querelle de quête. Les Prémontrés avaient reçu de l'archevêque le droit de recueillir des dons pour le sanctuaire de Notre-Dame d'Afrique et pour la construction du prieuré. N'était-il pas prévisible que l'oeuvre de Notre-Dame d'Afrique puisse être confondue avec l'oeuvre des orphelins sous l'entière dépendance du diocèse ? Les quêtes terminées, le partage des recettes s'avéra difficile. Lavigerie écrivit au prieur de Frigolet, en accusant la communauté d'Alger de détourner dans ses caisses ce qui lui revenait pour ses orphelins. Un duel épistolaire entre l'archevêque et le supérieur allait envenimer la situation et la rendre vite insupportable.

Le fougueux Lavigerie ne s'embarrassait pas de nuances, et il alla jusqu'à refuser au supérieur de Frigolet la juridiction que lui conférait le droit sur la communauté de Notre-Dame d'Afrique, avant de lui interdire de mettre le pied dans son diocèse pour faire la visite canonique de ses religieux :

> « Je ne puis donc admettre, mon Révérend Père, que vous conserviez à Notre-Dame d'Afrique l'autorité que vous y avez exercée jusqu'à ce jour par ma tolérance. Cette communauté s'est établie chez moi comme une communauté non exempte, n'ayant d'autre existence ecclésiastique que celle qu'elle tenait de moi et par conséquent devant dépendre de moi en toutes choses. Aujourd'hui vous paraissez vouloir, quoique devenu Abbé de Saint-Michel, traiter Notre-Dame d'Afrique comme dépendant de votre communauté. Je ne puis admettre cette prétention. Les religieux de Notre-Dame d'Afrique ne peuvent dépendre que de moi, ni être visités que par moi ou par mon délégué et je n'y puis admettre de prélat étranger, s'il y prête un droit propre [...] Comme conclusion pratique, mon Révérend Père, je vous prie de vous abstenir de venir à Alger et, si vous y veniez, malgré ma défense, je serais obligé d'employer contre vous "les censures ecclésiastiques" pour le cas où vous prétendriez exercer quelque droit ou fonction que ce soit à Notre-Dame ou dans sa communauté, autrement que par délégation spéciale de ma part » [150].

Monseigneur Calmels a bien analysé la complexité de la situation. En effet, cette mise à l'écart du Père Boulbon n'était pas pour déplaire au prieur de Notre-Dame d'Afrique, dont les desseins sur la communauté naissante ne coïncidaient pas toujours avec ceux de l'abbé de Frigolet.

> « Le Père Boulbon avait approuvé un plan pour la construction du prieuré. Ce tracé, le Père Alexandre ne l'accepta pas, il le censura. Le Père Edmond exigeait un dortoir commun et une salle commune. Le Père Alexandre se réglait sur les constitutions des Prémontrés. Le prieur de Frigolet restait un

---

[149] *Ibid.*, p. 78-79.
[150] *Ibid.*, p. 89-90.

Trappiste. Le Père Alexandre voulait être contemplatif et actif. Le Père Edmond cloîtrait son oeuvre dans la splendeur du culte. Soupçonnant que ses ordres n'étaient pas exécutés, il se méfia, à bon droit, de son délégué. Fallait-il le combattre, le remplacer, le rappeler ? Sachant qu'il était soutenu par l'archevêque et obéi par ses confrères, la sagesse lui conseillait de laisser les travaux aller leur train et de digérer la disgrâce en silence » [151].

Au cours de l'année 1871, les deux prélats parurent disposés à déposer les armes. Le Père Boulbon, éloigné d'Alger, était conscient du peu d'autorité effective dont il disposait sur le prieuré de Notre-Dame d'Afrique, et Lavigerie était trop occupé par les dissensions internes à sa Société des Missionnaires d'Afrique qui supportait de plus en plus difficilement son autoritarisme. Le 23 octobre, la visite canonique du prieuré se déroula dans le calme, comme en témoigne la « carte de visite » signée par l'abbé et le supérieur du prieuré [152]. Toutefois, ce calme apparent cachait une mésentente profonde entre les trois supérieurs. Dans son *Journal*, le Père Alphonse Huguet notait :

> « Le Père Alexandre ne marchait plus avec le Père Edmond, c'était visible ; il "marchait" avec l'archevêque qui, tout en ayant l'air de le soutenir, se préparait à le lâcher » [153].

Et, de fait, le Père Alexandre, furieux que l'abbé ne lui envoie pas de nouveaux religieux pour renforcer la communauté d'Alger, ne tarda pas à écrire à l'archevêque pour lui proposer d'aider le prieuré à se soustraire à l'autorité de l'abbé de Frigolet.

Averti, le Père Boulbon écrivit à l'archevêque pour lui faire entrevoir la possibilité d'un rappel pur et simple de tous ses Prémontrés. Lavigerie voulait que l'affaire soit réglée par Rome et il suggéra, par prudence, les termes de la réponse romaine à la demande du Père Boulbon. Mais, dans sa sagesse, la Congrégation pour les Évêques et les Réguliers ne se laissa pas impressionner par Lavigerie. Elle ordonna une enquête secrète avant de décider

> « que Monseigneur Lavigerie payerait toutes les dettes de Notre-Dame d'Afrique pour les constructions dont il devait d'ailleurs profiter et que je [E. Boulbon] pourrai rappeler tous nos religieux avec leurs effets mobiliers » [154].

Cependant, Lavigerie ne veut pas perdre la face et interdit au Père Boulbon de venir à Alger chercher ses religieux :

[151] *Ibid.*, p. 98.
[152] Arch. de l'abbaye de Frigolet : carton : Notre-Dame d'Afrique.
[153] N. CALMELS, *Lavigerie...*, p. 122.
[154] *Ibid.*, p. 154.

« Je vous prie donc de rappeler vos religieux le plus tôt possible, mais sans venir et sans envoyer qui que ce soit, parce que je le répète, nous n'éviterons pas un éclat funeste tandis qu'ainsi les choses se passeront avec calme » [155].

Par lettre du 19 avril 1873, Mgr Lavigerie déclara à son clergé prendre à sa charge la somme de 35 000 francs liée aux travaux de Notre-Dame d'Afrique et confier le service du sanctuaire aux Missionnaires diocésains. Terminant son *Journal*, le Père Huguet laisse poindre ses soupçons :

« Depuis que sa nouvelle congrégation commençait à marcher, il était bien évident que Notre-Dame d'Afrique, maintenant belle et riche, le tentait » [156].

« Dès le mois d'avril 1873, les "Missionnaires diocésains" de Lavigerie s'installèrent à Notre-Dame d'Afrique. Les Prémontrés partis, leur surnom resta et devint le vrai nom des Pères Blancs [...] Manifestement, les "Pères Blancs" de Provence étaient estimés, aimés, jouissaient d'une autorité et d'un prestige enviables. Ils seront regrettés. On posera des questions sur la cause de leur départ. L'archevêque voulait qu'ils s'en aillent discrètement et que leur déménagement passe inaperçu. Prudence inutile, sur la terre sèche, même les souliers chuchotaient » [157].

Le retour des Prémontrés en Angleterre

Deux laïcs anglais se rencontrèrent à Londres [158], dans le courant des années 1860 : un éditeur anglais, John Philip, récemment converti au catholicisme, animé par l'espoir de rétablir les anciennes abbayes d'Angleterre, qui avait fait connaissance à Tongerlo avec le Père Évermode Backx, vers la fin de l'année 1866, lors d'une visite en Belgique, et Arthur Young, du comté de Lincoln, qui avait découvert être propriétaire de terres anciennement possédées par une abbaye prémontrée disparue depuis le XVIe siècle.

Arthur Young écrivit une lettre à l'abbé de Tongerlo, le Père De Swert, lui demandant d'envoyer quelques religieux à Crowle, où une église et un presbytère seraient à leur disposition. L'abbé réagit positivement et vint personnellement à Crowle. Un an plus tard, en 1872, le Père Martin Geudens, qui avait exercé les charges de maître des novices et professeur de théologie à Tongerlo, arriva à Crowle au mois d'août. Dépaysé dans une région d'où toute trace du catholicisme avait disparu depuis trois siècles, il fut déçu de trouver une chapelle encore en chantier, mais il put bénéficier

---

[155] *Ibid.*, p. 157.

[156] *Ibid.*, p. 163.

[157] *Ibid.*, p. 165.

[158] C. KIRKFLEET, *The White Canons of St. Norbert. A History of the Premonstratensian Order in the British Isles and America*, West De Pere, 1943, p. 138-145. De nombreux documents se trouvent dans les archives de l'abbaye de Tongerlo.

de l'hospitalité d'un autre converti, Monsieur Walker, en attendant la fin des travaux. Au mois d'octobre, la chapelle fut ouverte au public sous le vocable de saint Norbert, et reçut sa dédicace, en présence d'un clergé nombreux et d'une foule de catholiques venus des environs.

L'Angleterre se présentait comme un pays de mission. Aussi, la chapelle de Crowle devint-elle le quartier général du Père Geudens, bientôt assisté du Père Basile Dockx. En 1873, une école catholique vit le jour et accueillit, dès son ouverture, soixante-quinze élèves. Les conversions se firent nombreuses et l'évêque de Nottingham vint un an plus tard, en 1874, pour administrer la confirmation et poser la première pierre d'une nouvelle église, car la chapelle Saint-Norbert se révélait trop petite. De Crowle, les Prémontrés rayonnaient dans les villes des alentours. En 1877, on procéda à la construction d'une spacieuse chapelle dans la ville de Ludington. Au bout de quelques années, plusieurs Anglais frappèrent à la porte de la petite communauté missionnaire, et devinrent prêtres : en 1880, Gerebernus Seadon ; en 1884, Augustin Wallace ; en 1885, Patrick McGuire et Matthew Smith.

En 1875, Arthur Young offrit aux Prémontrés une maison à Spalding, et ceux-ci ouvrirent une église dans cette ville en 1879, sous le patronage de saint Norbert et de l'Immaculée-Conception. Les pèlerins y vinrent si nombreux qu'ils donnèrent bientôt au sanctuaire le nom de « Lourdes anglais ». Les religieux étendirent bientôt leur ministère à trois villes voisines et à une cinquantaine de villages et hameaux. Mais il ne suffisait pas d'avoir de nombreux catholiques. Encore fallait-il qu'ils fussent de fervents catholiques. Et pour cela, il fallait des prêtres en assez grand nombre. Dans ce but, le Père Clément Tyck construisit le *Nazareth College* qui ouvrit ses portes en 1905.

En 1889, l'évêque de Salford, le futur cardinal Vaughan, donna aux Prémontrés la possibilité de s'installer à Manchester. En effet, se trouvait dans cette ville une communauté catholique d'environ 2 500 personnes, pour la plupart ouvriers d'origine irlandaise, établis dans le quartier populaire de Miles Platting, qui avaient les plus grandes difficultés à pratiquer leur religion, par manque de lieu de culte. Mgr Vaughan se rendit à Tongerlo pour solliciter l'envoi de plusieurs prêtres, et reçut de l'abbé Thomas Heylen l'accueil le plus favorable. Dès le mois de novembre, le Père Geudens fut dépêché à Manchester pour étudier les possibilités d'acheter une propriété susceptible d'accueillir une église et une abbaye. Il trouva une ancienne manufacture de verre, qui, rapidement aménagée, put abriter en même temps une église et le logement des religieux. La nouvelle fondation fut inaugurée le 24 décembre 1889.

Immédiatement, le prieuré de Manchester devint un centre important de dévotion eucharistique, avec la confrérie de la Messe Réparatrice, et prit le nom de *Corpus Christi Priory*. En moins de deux ans, les Prémontrés mirent sur pied une école et obtinrent d'excellents résultats grâce à leur infatigable zèle en faveur de cette population catholique ouvrière. Lorsqu'en 1913, Mgr Vaughan fut promu archevêque de Westminster, il demanda encore à l'abbaye de Tongerlo d'envoyer sept chanoines prémontrés pour le service de sa cathédrale. Seul le manque de religieux retint l'abbaye de satisfaire à cette nouvelle demande.

Le successeur de Mgr Vaughan, Mgr Bilsborrow, continua dans la même ligne que son prédécesseur et ne cessa de manifester aux Prémontrés de Manchester son estime et sa confiance. Le 7 mai 1908 et après vingt-cinq années de dévouement à la mission anglaise, le Père Geudens reçut du pape Léon XIII la dignité d'abbé titulaire de Barlings. Il devait mourir, le 11 juillet 1913, dans la résidence épiscopale de Namur où Mgr Heylen l'avait accueilli.

Une autre fondation prémontrée s'établit dans le Sussex, au Sud de l'Angleterre, en 1882, lorsque les projets du XVe duc de Norfolk d'installer une communauté catholique à Storrington rencontrèrent les attentes des Prémontrés de Frigolet expulsés depuis le mois de novembre 1880 de leur abbaye provençale [159]. Le duc avait acheté un emplacement sur lequel édifier une maison religieuse, et l'avait proposé, sans succès, à plusieurs communautés françaises en exil.

L'abbé Paulin Boniface vint sur place se rendre compte de la situation du terrain proposé, rencontra le vicaire général de Southwark et le duc de Norfolk. C'est le cardinal Howard, ami des Norfolk, qui servit d'intermédiaire, ainsi que l'atteste le Père Paulin :

> « Nous n'oublierons jamais combien il aime les ordres religieux. Il a pris un réel intérêt à l'extension de notre ordre en France et en Angleterre. C'est sur ses conseils que nous entreprîmes de transférer notre communauté en Angleterre après les expulsions de 1880. L'oeuvre du Père Boulbon avait sa sympathie : lorsqu'il était diacre, le cardinal Howard avait visité Frigolet, ce fut le début de sa vénération pour le restaurateur de notre abbaye et la source des encouragements qu'il nous donna chaque fois qu'il nous reçut à Rome » [160].

Grâce au comité de « l'aide aux religieux expulsés », qui fournit les 3 000 francs nécessaires au voyage, cinq religieux arrivèrent à Storrington, le 2 février 1882, sous la direction du Père Gonzague Daras. La propriété cédée par le duc de Norfolk ne comportait pas de maison. Aussi le Père Daras dut-il se résoudre à louer la *Sand Loge* située à quelque distance. C'est là que l'on célébra la première messe. En novembre

---

[159] P. CASSIDY, « La fondation du Prieuré Notre-Dame d'Angleterre à Storrington (Sussex) », *Création et tradition...*, p. 95-98.

[160] *Ibid.*, p. 95.

de la même année, le Père Daras acheta deux autres propriétés, et l'on aménagea une école confiée aux soeurs de la Merci. Trois ans plus tard, le moment venu de construire l'église, on se rendit compte que l'acte de donation signé par le duc de Norfolk stipulait qu'une partie au moins de l'église devait se trouver sur le terrain donné par lui. Or, cette parcelle était à 180 mètres du prieuré, beaucoup trop loin. Grâce à l'amabilité de son successeur, le XVIe duc de Norfolk, la clause fut annulée, et les Prémontrés purent envisager de commencer les travaux de construction de l'église, à l'Ouest du prieuré. En attendant la fin des travaux, on utilisa une chapelle de bois, bénite le 12 septembre 1885. La communauté comptait alors quatorze Prémontrés.

Par manque de fonds, les travaux de construction du prieuré furent retardés jusqu'en 1887. Le curé de Midhurst, Mgr Carter, en posa la première pierre, le 25 juillet. Sur le mur du prieuré, une inscription rappelle :

> « Construit par le Très Révérend Joseph Bos, sous le généralat du Révérendissime Frère Paulin, abbé de Frigolet, de l'abbaye de Saint-Michel, et supérieur général de l'ordre » [161].

Une autre atteste :

> « Ce monastère de chanoines prémontrés a été élevé à la gloire de Dieu et en l'honneur de Notre-Dame d'Angleterre, le 17 mai 1888. Le prieuré fut solennellement bénit par le Très Révérend John Butt, évêque de Southwark » [162].

Enfin, une troisième inscription porte :

> « Ce bâtiment fut commencé pour les noces d'or de notre Souverain Seigneur le pape Léon XIII et le 50e anniversaire du règne de notre Auguste Souveraine Victoria » [163].

Le 7 août 1902, Mgr Bourne, évêque de Southwark, posa la première pierre de l'église dont Monsieur Goldie, architecte, avait tracé les plans. Pendant ce temps, le gouvernement français saisissait les biens des religieux, et empêchait l'abbaye de Frigolet de fournir les fonds nécessaires à la construction. L'entrepreneur Vick arrêta les travaux dans l'attente de recevoir le paiement des matériaux nécessaires. Toutefois, il tenait beaucoup à cette construction. Aussi se mit-il en rapport avec le chapelain de l'impératrice Eugénie qui le fit venir en sa résidence. Elle déclara à l'entrepreneur : « Je vous paierai ! » – « Oui – répliqua-t-il –, mais pas en sales, crasseux billets de monnaie française sentant mauvais ! » [164]. Comme l'impératrice réagissait violemment à cette

---

161 *Ibid.*, p. 96.
162 *Ibid.*
163 *Ibid.*
164 *Ibid.*

insolence, il fallut toute l'habileté de son chapelain pour faire remarquer que le dernier paiement avait été effectué en billets particulièrement sales, à la forte odeur d'ail et de poisson. De plus, s'agissant d'argent français, le taux de change entraînait pour l'entrepreneur une perte sensible. Désormais, toutes les factures furent honorées en or. Pour la fête de saint Joseph de 1903, le père-abbé Madelaine écrivait au prieur de Storrington :

> « En vous confiant cette oeuvre, je vous promettais de vous aider le plus possible, m'engageant de toute façon à ce que les fonds complémentaires soient obtenus à partir d'autres sources. Si celles-ci font défaut, nous devons limiter l'ouvrage, même l'arrêter. Ayez courage et confiez-vous à saint Joseph » [165].

Grâce à la générosité d'un donateur belge, les travaux reprirent et la chapelle fut bénite le 22 novembre 1904. Un témoin occasionnel nous fait ce récit :

> « Par suite de ce qui était, humainement parlant, un accident, j'ai eu la chance d'être présent, le mardi 22 novembre, à la bénédiction de la nouvelle église. Il faisait un froid mordant ce jour-là, un vent glacé soufflait et la neige tombait par intervalles. Dans la vieille église démantelée et désolée, des chanoines blancs s'étaient rassemblés, une vingtaine de fidèles, parmi lesquels quelques non-catholiques, puis deux ou trois soeurs et environ trente petits enfants. Le vent hurlait et soufflait furieusement à l'extérieur de cet humble sanctuaire. De la nouvelle église parvenait de temps à autre, le son de l'harmonium et le chant repris de *"ora pro nobis"*, annonciateur du rite solennel par le Père-Abbé Madelaine. Comme à l'extérieur, le froid tempêtait furieusement, j'essayais discrètement de pénétrer dans l'église, lorsque la porte s'ouvrit pour admettre un membre de l'assemblée en retard. L'idée a dû s'imposer à ceux qui étaient là, qu'il y avait salut et protection dans la "barque de Pierre", que le vent et les orages pouvaient frapper de toutes leurs forces, tandis que le Seigneur, fidèle à sa promesse, demeurait avec l'Église qui surmontait la tempête. Nous sentîmes que la protection divine était sur nous, que nous étions en présence des saints et des anges. Quand vint pour nous le moment d'entrer dans l'église nouvellement construite pour assister à l'Adorable sacrifice, nous pensions avoir été appelés à venir dans un lieu plus noble et plus serein, pour adorer celui que nous aimions. À la fin de la messe célébrée par Dom Vabrol, abbé bénédictin de Farnborough, Notre-Seigneur fut placé sur le trône qui lui était destiné. La grandeur du chant grégorien certes faisait défaut ainsi que toute la pompe des rites de l'Église, mais le chant pieux des petits enfants et les prières ferventes du clergé et des fidèles compensèrent toutes ces déficiences » [166].

L'abbaye de Frigolet dont les effectifs s'étaient considérablement amoindris durant l'exil en Belgique, dut renoncer en 1940 à envoyer des religieux à Storrington. Pendant plusieurs années, le sanctuaire fut

---

[165] *Ibid.*, p. 97. Les archives de l'abbaye de Frigolet conservent une abondante correspondance entre le Père Godefroid Madelaine et le prieuré de Storrington, entre le début du siècle et 1920.

[166] *Ibid.*

desservi par un seul prêtre, mais au mois de mars 1952, l'abbaye belge de Tongerlo reprit Storrington qui devint prieuré *sui iuris* le 11 avril 1962.

Les Prémontrés s'établissent en Amérique

Les premiers rapports officiels entre l'ordre de Prémontré et les États-Unis d'Amérique remontent au début du XIXe siècle, lorsque l'abbé de Berne, Peter Beckers, écrivit, en 1807-1808, au premier évêque de Baltimore, John Carroll, pour lui exposer les problèmes de sa communauté aux prises avec mille difficultés nées des guerres de Napoléon, et lui faire part de son intention de la transférer dans le Nouveau Monde [167]. L'amélioration de la situation en Hollande sembla cependant mettre fin au projet d'établir l'ordre en Amérique, comme en témoignent deux lettres de Mgr Ciamberlani [168].

Une tentative suivie d'effets vint de l'abbaye de Wilten en Autriche, lorsqu'en 1843, le Père Adalbert Inama débarqua à New York [169]. Pendant un demi siècle, il allait oeuvrer avec quelques confrères dans le Sud de l'État du Wisconsin et marquer les premières années du diocèse de Milwaukee. Après une traversée de l'Atlantique longue de quarante jours à cause d'une exceptionnelle tempête, le Père Inama se présenta, le 2 mars 1843, à l'évêque de New York, John Hughes, qui lui conféra pleine juridiction sur un vaste territoire de mission. Les Allemands immigrés et dispersés manquaient de prêtres parlant leur langue, aussi le Père Inama se rendit-il au concile réuni à Baltimore, du 13 au 21 mai 1843, dans l'espoir de recevoir de l'ensemble des évêques réunis le droit d'établir des missions dans tous les États. Le missionnaire attendait l'envoi de huit confrères pour l'aider à fonder une maison prémontrée, mais ses espoirs furent en grande partie déçus, car il ne reçut que deux prêtres de l'abbaye de Wilten.

Il entreprit l'année suivante un voyage qui le conduisit auprès des évêques de Détroit, Chicago, Saint-Louis, Dubuque et Milwaukee. Le 23 septembre 1844, il prit part à une réunion du clergé de Milwaukee sous la présidence de l'évêque qui lui proposa de s'établir avec ses confrères à Green Bay et d'y ériger une mission et un collège. Devant l'impossibilité de réunir les sommes importantes nécessaires à une telle fondation, le Père Inama déclina la proposition. L'évêque, toutefois, ne perdait pas l'espoir de le voir se fixer dans l'Ouest du diocèse de Milwaukee. Mais la précarité

---

[167] C. KIRKFLEET, *The White Canons of St. Norbert...*, p. 205 et 279-280.

[168] *Ibid.*, p. 280-281.

[169] La correspondance du Père Inama a été partiellement édité dans « Documents. Letters of the Rev. Adalbert Inama, O. Praem. », *Winconsin Magazine of History*, Madison, 1927.

des conditions, la nécessité de pourvoir à l'assistance des catholiques de langue allemande, et les multiples appels des évêques soulevèrent de telles difficultés, que le Père Inama se trouva dans l'impossibilité de se fixer pour réaliser son projet de fondation d'une abbaye prémontrée. Cependant, il n'abandonnait pas son projet d'établir une abbaye dans le Wisconsin, sous la protection de l'évêque Henni, comme en témoigne une lettre de ce dernier, en date du 21 juillet 1845 [170].

Les distances immenses entre les villes auraient découragé les plus vaillants, mais le Père Inama, soutenu par le comte Harszthy, hongrois de naissance, se voyait entrer en possession d'un terrain de 100 acres, destiné à la construction d'une future abbaye et d'une église dans la ville appelée par la suite Sauk City. En 1846, l'église était construite, et l'abbé de Wilten promettait de lui envoyer un prêtre et plusieurs convers de son abbaye. Fort de cette promesse, le Père Inama entreprit de construire la future abbaye sur le lieu de l'actuelle Roxbury. Bientôt, six Prémontrés purent loger dans les premiers bâtiments. Poussé par son zèle, le Père Inama se rendit en janvier 1846 dans la colonie allemande de East Bristol, à 43 milles de là. Il y trouva vingt-cinq familles, soit cent cinquante personnes dont une centaine de pratiquants. La présence des Prémontrés à Sauk City attira de nombreux colons et en l'espace de quelques mois la population passa de trois à trente familles. Dans le courant de 1847, on n'attendait pas moins de vingt nouvelles familles prêtes à venir d'Europe.

À partir de la maison Saint-Norbert de Roxbury, les Prémontrés visitaient régulièrement leurs cinq postes de mission, mais leurs conditions économiques demeuraient des plus précaires et les exigences de l'apostolat constituaient un obstacle majeur à la constitution d'une communauté religieuse stable. Le Père Inama faisait l'expérience d'une épreuve considérable : comment parvenir à intégrer dans le Nouveau Monde un institut religieux dont la structure abbatiale issue de l'Europe médiévale exigeait avant tout la vie commune et la stabilité dans un lieu précis ? En 1858, la tentative de fonder l'Ordre en Amérique sur la base d'une communauté stable et permanente apparut vouée à l'échec.

Le Père Inama en prit acte, et permit à des soeurs dominicaines de s'installer à Roxbury. En 1878, il leur donna le terrain nécessaire pour construire un nouveau couvent. En 1879, il visita le bâtiment dont le premier étage était achevé et dit : « Maintenant je puis mourir et reposer en paix, car je vois que la construction sera portée à terme » [171]. Il mourut la même année, le 16 octobre et fut enseveli dans le cimetière de Roxbury. Le 7 mai 1939, les Chevaliers de Colomb lui érigèrent une stèle, car il avait

---

[170] *Ibid.*, p. 213-214.
[171] *Ibid.*, p. 219.

été « l'Apôtre de la Région des Quatre-Lacs » [172]. Les Prémontrés qui lui survécurent poursuivirent leur apostolat missionnaire, spécialement à Port Washington et à Racine. Le dernier d'entre eux, envoyé de Wilten aux États-Unis mourut en 1890. Trois ans plus tard, une nouvelle tentative de l'ordre de saint Norbert dans le Nouveau Monde allait porter à son terme le projet que le Père Inama et ses confrères avaient espéré réaliser sans pouvoir y parvenir.

Au cours de l'année 1893, l'évêque de Green Bay, Sébastien Messmer, invita les Prémontrés à travailler au milieu des Belges et des Hollandais établis dans son diocèse, à proximité du lac Michigan. Cette colonie était particulièrement menacée depuis 1885 par le prosélytisme d'hérétiques conduits par Joseph René Vilatte, parisien émigré au Canada, qui avait apostasié la foi catholique pour se mettre au service de l'Église épiscopalienne. Après avoir établi sa propre paroisse, il attirait les catholiques et les initiait à ses doctrines : refus de l'infaillibilité pontificale et de la confession auriculaire, négation de l'Immaculée Conception, administration de l'eucharistie sous les deux espèces, usage du français au lieu du latin dans la célébration de la messe. Pour asseoir son autorité, Vilatte se fit consacrer évêque, en 1892, par Alavarez, archevêque monophysite de Goa en Inde et prit le titre d'« archevêque de l'Église Vieille-Catholique d'Amérique » [173].

L'évêque Messmer était fort préoccupé des conséquences de ce schisme sur la population des immigrés belges, lorsque l'un de ses prêtres lui proposa une solution : son frère était Prémontré à l'abbaye de Berne en Hollande et il serait peut-être possible de solliciter de cette maison l'envoi de religieux parlant la langue des immigrés. Ces prêtres pourraient leur assurer un soutien spirituel et contrer l'action de Vilatte. L'évêque écrivit sur-le-champ à l'abbé Augustin Bazelmans, lui proposa de confier immédiatement aux Prémontrés deux paroisses dotées chacune d'une église et d'un presbytère, et lui laissa entrevoir la concession de trois autres paroisses un peu plus tard. La seule condition imposée était qu'un prêtre devrait résider dans chaque paroisse.

Cinq jours après avoir reçu la lettre de l'évêque Messmer, l'abbé fit part de cette invitation à sa communauté et fit appel aux volontaires. Immédiatement le Père Bernard Pennings, le Père Lambert Broens et le Frère Servais Heesackers offrirent leurs services. Prudent, et sans doute éclairé par l'échec de la tentative des Prémontrés de Wilten, l'abbé de Berne accepta les cinq postes de mission, à certaines conditions : ces missions resteraient attachées à l'abbaye de Berne, aucun prêtre n'y

---

[172] *Ibid.*
[173] *Ibid.*, p. 222-223.

exercerait de fonction sans avoir été présenté par l'abbé, ce dernier aurait tout pouvoir d'envoyer, présenter ou rappeler les missionnaires, étant sauf le droit de l'évêque d'approuver ou désapprouver ces choix pour des motifs canoniques. De plus, le contrat définitif interviendrait après que les missionnaires auraient personnellement vu les missions. Enfin, l'abbé demandait à l'évêque son appui pour solliciter du Saint-Siège l'autorisation d'ériger une maison de l'ordre de Prémontré dans le diocèse de Green Bay. L'expérience de Wilten portait indirectement du fruit. L'évêque avait besoin de missionnaires, mais l'abbé affirmait sa volonté de fonder une maison de l'ordre. Les Prémontrés de l'abbaye de Berne répondaient généreusement à l'appel de l'Amérique, mais sans renoncer à leur vocation. Les religieux se dévoueraient à la mission, ils apporteraient le meilleur d'eux-mêmes, mais en demeurant Prémontrés.

Le 1er novembre 1893, les trois premiers missionnaires quittèrent l'abbaye de Berne, sous la conduite du Père Bernard Pennings, et débarquèrent à New York le 13 novembre, en la fête de tous les saints Prémontrés. Le Père Pennings arriva dans sa paroisse, à Delwich, quelques jours après qu'un incendie eut détruit l'école paroissiale. Les soeurs s'étaient repliées dans le presbytère, aussi le Père et son confrère durent-ils accepter l'hospitalité provisoire d'une ferme voisine. Rapidement, les deux religieux aménagèrent une chambre commune au-dessus de la sacristie où ils établirent la bibliothèque, le bureau, le parloir, la cuisine et la salle à manger. Avec l'aide des paysans, le Père Pennings entreprit de reconstruire l'école à laquelle il ajouta une maison pour les soeurs enseignantes. Le tout fut achevé dans le courant de 1894. Lorsqu'arrivèrent le Père Rémi van Rooy et le Frère Michael van den Oever, le Père Pennings les envoya s'établir à Saint-Louis, tandis que le Père Lambert Broens prenait la charge de Martinsville et de ses missions à Robinsonville, La Chapelle, Walhain et Thiry Daems. En 1896, le Père Siard Mickers arriva de Berne et prit la responsabilité de Rosière. En 1898, après un voyage en Europe, le Père Pennings ramenait avec lui cinq autres confrères, les Pères Benoît Schevers, Athanase van Heertum, Jean Crielaars, Jean Hurkman, et le Frère Gilbert Timmerman. L'« archevêque » Vilatte prit rapidement conscience de l'influence des Prémontrés sur ce que l'on appelait « la péninsule belge » où il avait espéré trouver de nombreux adeptes de sa secte. Comme saint Norbert l'avait fait en son temps, les Prémontrés s'opposèrent non à la personne de l'hérétique, mais à sa tentative de détourner les fidèles de l'Église catholique. Le Père Pennings et ses confrères obtinrent de tels succès dans leur ministère, que Vilatte se retrouva bientôt sans troupeau, sans église et sans biens. René Vilatte encourut en 1900, puis en 1906, l'excommunication majeure pour s'être fait l'instrument de francs-maçons français. Il se réconcilia avec l'Église en 1925 et vint terminer ses jours en France, dans l'abbaye cistercienne de Pont-Colbert près de Versailles, où il mourut en juillet 1929.

Au milieu des innombrables soucis de la mission, le Père Pennings ne perdait pas de vue le but que s'était fixé l'abbaye de Berne en envoyant des religieux aux États-Unis : fonder une maison prémontrée dans laquelle il serait possible de former des prêtres autochtones. L'occasion de présenta en 1898, lorsqu'il vint à connaître la situation misérable de la paroisse Saint-Joseph de West De Pere, si endettée que son existence était dangereusement compromise. La situation de l'église, sur les berges de la Fox River, au sein d'une forte communauté catholique, dans une localité desservie par deux voies ferrées, à proximité de Green Bay, convainquit le Père Pennings que cet endroit était parfaitement adapté à la fondation d'une maison prémontrée. Prenant en charge la condition financière de la paroisse, il obtint de l'évêque Messmer, et avec le consentement de Rome, le passage de cette église à l'ordre de Prémontré. Le 24 septembre 1898, le Père Lambert Broens, nommé curé, vint s'installer à West de Pere et prépara la venue de ses confrères dont l'installation eut lieu le 28 septembre suivant. L'évêque Sébastien Messmer érigea canoniquement, le même jour, le prieuré prémontré de Saint-Norbert, dont le Père Pennings devenait le premier prieur et le directeur de l'archiconfrérie de Saint-Joseph. La nouvelle communauté comptait quatre prêtres et deux frères convers, ainsi que quatre prêtres et un frère convers consacrés aux postes de mission. À ceux-ci devaient s'ajouter les Pères Jérôme Gloudemans et Thomas Bresson envoyés par l'abbaye de Berne. Fidèle à son idéal, et contrairement à ce qu'avait pratiqué le Père Inama en d'autres circonstances, le Père Pennings insista sur la nécessité de promouvoir la vie commune de ses confrères.

Un des premiers actes du Père Pennings fut de faire savoir que les Prémontrés étaient prêts à recevoir et former de futurs prêtres. En moins d'un mois, quatre étudiants se présentèrent. *St. Norbert College* était né. Le 8 septembre 1899, un nouveau bâtiment de vingt-six pièces était bénit, et les religieux estimaient être ainsi à l'abri de nouveaux frais de construction pour les vingt-cinq années à venir. Un an plus tard, la communauté, désormais présente à Regina dans le Manitoba, et à Chicago où l'archevêque avait besoin d'un prêtre parlant allemand, s'augmenta de quatre nouveaux membres. Parmi eux, trois venus de l'abbaye-mère, et le premier candidat américain, Frère Norbert McDonald, qui fut envoyé accomplir sa première année de noviciat à Tongerlo où se trouvaient regroupés tous les novices du Brabant. Son manque de persévérance fit prendre conscience de la difficulté de former des religieux américains dans un contexte qui leur était totalement étranger. Il fallut attendre 1903, un an après l'érection du prieuré de De Pere en maison indépendante dotée de son propre noviciat, pour que le Frère

Norbert Corley, étudiant de la première heure à *St. Norbert College*, reçoive l'habit de saint Norbert et devienne, quelques années plus tard, le premier prêtre prémontré américain. Entre-temps, l'abbaye de Berne ne cessait pas d'envoyer des religieux de qualité, qui assurèrent aux Prémontrés de De Pere un rayonnement croissant. En raison de l'augmentation sensible du nombre des étudiants, 1903 fut aussi l'année de la construction d'un collège séparé de la résidence des Pères.

Fidèle à ses principes, le Père Pennings fit de De Pere un centre de vie communautaire et liturgique de grande qualité, à partir duquel les religieux se consacraient à la mission, notamment dans la Réserve des Indiens Oneida. Lorsque, le 19 juin 1911, le Père Bernard Pennings célébra le vingt-cinquième anniversaire de son ordination sacerdotale, il avait déjà accompli une oeuvre considérable. Il ne se doutait probablement pas qu'une longue carrière s'ouvrait encore devant lui. En 1924, le chapitre général sollicitait et obtenait de Pie XI l'érection du prieuré de De Pere en abbaye et le Père Pennings en devenait le premier abbé, nommé par bref pontifical. Le 27 mai 1925, il recevait la bénédiction abbatiale des mains de l'évêque de Green Bay, Rhode. En 1936, lors de son jubilé d'or sacerdotal, 118 prêtres, scolastiques et frères l'entouraient. Il gouverna sa communauté jusqu'à sa mort, le 7 mars 1955. Le grand mérite de l'abbé Pennings fut de transplanter dans des terres nouvelles, et sans le dénaturer, le charisme de l'ordre de saint Norbert. Il insuffla un élan qui marque encore aujourd'hui profondément les Prémontrés de l'abbaye de De Pere, et féconde leurs nouvelles fondations.

À l'invitation de Léon XIII, l'ouverture au continent latino-américain

C'est le 6 octobre 1894 [174] que le Saint-Siège prit les premiers contacts avec l'abbaye flamande d'Averbode en vue de l'envoi de religieux au Brésil. Le nonce apostolique à Bruxelles écrivit au prélat d'Averbode Gommaire Crets [175], lui donnant mission de communiquer sa lettre aux autres abbés prémontrés de Belgique. Il entendait lui faire part du désir de Léon XIII de voir ordres et congrégations assumer la fondation de maisons au Brésil afin de

> « coopérer efficacement au renouvellement de l'esprit chrétien et à la réforme des moeurs publiques. Ce serait une grande consolation pour le Saint-Père si

---

[174] G. CHANTRAIN, « Recordando o Jubileu de cem annos da ordem no Brasil 1894-06/10-1994 », *Espaço Norbertino*, Número III (Ano 7 Julho/setembro 1994), p. 15-18.

[175] Abbé d'Averbode, de 1887 à 1942 et abbé général de 1922 à 1937.

votre congrégation voulait répondre positivement à son appel et à ses désirs » [176].

Le 1er mai 1896, après une année et demie de préparatifs, les confrères Vincent Van Tongel et Raphaël Goris reçurent leur nomination pour le Brésil. Ceux-ci se rendirent à Rome pour se mettre sous la protection des saints Apôtres et demander la bénédiction du pape, puis s'embarquèrent, au début du mois de septembre, pour São Paulo. L'évêque de São Paulo, Joachim Arcoverde, et l'abbé d'Averbode, Gommaire Crets, stipulèrent un contrat en huit points : 1. Appelés par l'évêque de São Paulo, les Prémontrés d'Averbode reçoivent la résidence et l'administration de l'église du Bom Jesus de Pirapora. 2. L'évêque ne pourra renvoyer les religieux, sauf motif canonique, à moins de les prévenir trois ans à l'avance. Les religieux ne pourront abandonner la résidence et l'administration de l'église, à moins d'un préavis de deux ans. 3. L'abbé d'Averbode s'engage à envoyer à Pirapora quatre ou cinq religieux sous sa juridiction, pour diriger en même temps que l'église le petit séminaire dont les frais de construction seront à la charge de l'évêque, ainsi que l'école annexe dans laquelle on instruira les enfants pauvres. 4. Les revenus de l'église et les dons offerts par les fidèles seront mis à la disposition de l'évêque. 5. Le supérieur et les religieux recevront une somme annuelle pour leur subsistance. 6. Les religieux pourront recevoir des intentions de messes offertes par les fidèles au sanctuaire, et chaque mois remettront le surplus à l'évêque. 7. Les religieux résidants à Pirapora et non employés sur place pourront faire des tournées de prédication dans le diocèse. 8. Les religieux d'Averbode devront prendre en charge le voyage et les frais annexes jusqu'à Santos qui est le port de São Paulo. Le 28 septembre 1896, le cardinal Verga, préfet de la Congrégation de la Propagande, approuva cette convention [177].

Tout de suite, les missionnaires se mirent à apprendre la langue et, à la fin du mois décembre, ils étaient à pied d'oeuvre à Pirapora. Six mois plus tard, le 14 juin 1897, ils posaient la première pierre de la nouvelle fondation. Le 25 décembre de la même année, la paroisse du Bom Jesus de Pirapora était créée. Le Père Vincent Van Tongel en devint le premier curé, assisté de son vicaire, le Père Raphaël Goris.

Leur collège, fondé sous le nom de Collège Saint-Norbert, devint en 1905 petit séminaire pour plusieurs diocèses, et à partir de 1940, la maison de Pirapora devint le noviciat des Prémontrés d'Averbode au Brésil, auxquels s'ajoutèrent les novices de l'Institut de l'abbaye de Parc établi dans le diocèse de Montes-Claros. En 1952, la maison de Pirapora fut

---

[176] G. CHANTRAIN, « Recordando o Jubileu de cem annos... », p. 17.

[177] Arch. de la Curie généralice de Prémontré (Rome) : Fonds moderne, carton : Averbode, Brazilia-Dania.

érigée en prieuré dépendant de l'abbaye d'Averbode, avant de devenir maison dépendante de la fondation de Jaú, et maison de formation de la nouvelle canonie indépendante de Jaú, le 2 février 1987.

À la demande du Roi, les Prémontrés partent au Congo belge

Le roi des Belges Léopold II entreprit au cours de 1897 une série de démarches visant à obtenir des Prémontrés de Tongerlo un groupe de missionnaires susceptibles de s'établir au Congo [178]. Il fit intervenir le cardinal Ledóchowski, préfet de la Congrégation de la Propagande, ainsi que l'atteste une lettre, en date du 26 octobre 1897, écrite par le baron d'Herp, représentant belge à Rome :

> « Votre Éminence a bien voulu, à la demande du roi, interposer ses bons offices pour décider les Prémontrés de Tongerloo à fonder une mission au Congo. J'ai eu l'honneur de présenter hier à Votre Éminence le Révérendissime Abbé de Tongerloo, Mgr Heylen, qui compte partir en personne pour le Congo aux fins d'y installer la nouvelle mission. Comme il l'a déclaré à Votre Éminence la mission des Prémontrés se composera d'abord de six missionnaires prêtres et de six missionnaires frères » [179].

Le 30 novembre de la même année, l'abbé Heylen donnait de plus amples informations au cardinal-préfet :

> « Si l'érection de cette mission et ce qui s'y rapporte est approuvé par la S. Congrégation, l'abbé de Tongerlo lui-même partira en mai prochain avec les premiers missionnaires et avant la fin de la première année, il enverra à cette mission six prêtres et six frères convers qui déjà maintenant sont en train de se préparer. Il ne doute pas de pouvoir en fournir d'autres par la suite, car l'abbaye de Tongerlo possède déjà à elle seule plus de quatre-vingts religieux. En outre, il estime que les autres abbayes de Belgique concéderont également volontiers des religieux. En ce qui concerne les moyens financiers, le Gouvernement contribue surtout aux frais de la formation de ceux qui sont destinés à la mission, en ce qui concerne les frais de voyage, la construction de la première maison et l'entretien des religieux, surtout au commencement, les Prémontrés eux-mêmes feront ce qu'ils pourront, confiants en outre dans la charité des fidèles, et sollicitant humblement de la S. Congrégation une contribution à cette oeuvre » [180].

---

[178] *1898-1923. 25ᵉ anniversaire de la fondation des missions prémontrées au Congo*, Lierre, 1923. – L. CRISTIANI, « Causerie sur les Revues », *L'Ami du Clergé*, n° 58 (1948), p. 744-746, donne le résumé d'un article paru dans la revue des Missions d'Afrique : N. GEVAERT, « 1898-1948 : L'Uélé et les Prémontrés », *Grands Lacs*, 64ᵉ année (1948-1949), p. 5-11.

[179] Arch. de la Congrégation pour l'Évangélisation des Peuples (Vatican) : Rub. 142, n° 25850.

[180] Arch. de la Congrégation pour l'Évangélisation des Peuples (Vatican) : Rub. 142, n° 25923.

Certain de pouvoir compter dans le futur sur un nombre important de missionnaires l'abbé Heylen était en position de force pour demander dès le commencement l'érection d'un territoire de mission autonome, exclusivement confié à l'abbaye de Tongerlo. C'est le district de l'Uélé qui lui fut attribué. Le 12 mars 1898 la mission fut fondée par décret de la Congrégation de la Propagande, en même temps qu'elle était élevée au rang de préfecture apostolique [181]. À la demande du cardinal Ledóchowski [182], l'abbé Heylen proposa le nom du Père Adrien Deckers qui avait été maître des novices de la circarie du Brabant. Léon XIII, en audience du 24 mai 1898 approuva cette proposition et le décret fut envoyé au procureur général de Prémontré, le jour même [183].

Le 6 juin 1898, partirent les cinq premiers missionnaires qui débarquèrent en Afrique le 4 septembre suivant. Ils commencèrent leur oeuvre le 8 septembre par le chant du *Veni Creator* et la célébration de la messe, consacrant la nouvelle mission au Sacré-Coeur, à la Vierge Marie, à saint Joseph et à saint Norbert. Les jours suivants ils préparèrent et plantèrent la Croix, puis recrutèrent des ouvriers pour commencer incontinent la construction de la première station missionnaire. Le 2 février 1899, les Prémontrés procédaient à la bénédiction de la chapelle et de leur maison. Malgré des difficultés surhumaines, notamment les maladies qui affectèrent les religieux, la mission de l'Uélé s'est constamment développée. Les premières années furent en effet douloureusement marquées par plusieurs décès, dont celui du Père Engelbert Vermeulen à peine âgé de 27 ans.

Dès 1899, il y eut un changement important : l'abbé Heylen ayant été promu évêque de Namur, c'est le Père Jérôme Van Hoof, déjà membre de la mission, qui fut nommé préfet apostolique par bref du 28 novembre 1899. Les religieux entreprirent d'enseigner les enfants. En quelques mois, ces derniers atteignirent le nombre de 200. Le nombre des missionnaires augmentant, et aidés par plusieurs religieuses de la congrégation du Sacré-Coeur de la Bienheureuse Vierge Marie de Berlaer, les Prémontrés décidèrent de fonder un nouveau poste à Amadis où ils parvinrent le 10 janvier 1900, après un voyage de vingt-cinq jours dont six en barque, et dix-neuf à pied. Le 16 février, en présence du commissaire militaire du district de l'Uélé, eut lieu la bénédiction du lieu et l'érection de la Croix. Le 20 mai, le nombre des enfants confiés à la mission par le Gouvernement s'élevait à 200 pour atteindre déjà 250 quinze jours plus tard.

---

[181] Arch. de la Congrégation pour l'Évangélisation des Peuples (Vatican) : Rub. 142, n° 28385.

[182] *Ibid.*

[183] Arch. de la Congrégation pour l'Évangélisation des Peuples (Vatican) : Rub. 142, n° 28846.

Au milieu de mille nécessités, les Pères formaient les enfants à la prière, leur donnaient régulièrement des leçons de catéchisme, d'instruction religieuse et de chant liturgique. Ces enfants étaient pour la plupart trouvés abandonnés sur les routes, après la mort de leurs parents. Les religieux cultivaient eux-mêmes la terre donnée par le Gouvernement pour subvenir à la nourriture des enfants. Chaque année, pour les aider, le Gouvernement leur donnait vingt-cinq francs de subvention. Du point de vue des moeurs, les missionnaires observaient :

> « Presque tous (même les jeunes enfants) vivent maritalement dans les villages et ne conçoivent rien d'autre. D'ailleurs ils n'ont pas la moindre idée de ce que peut être la continence. Nous faisons tout notre possible pour éradiquer les empêchements de mariage. Aussi, dès que les enfants arrivent chez nous, nous leur demandons leur nom, celui du père et celui de la mère, le nom de leur village, de leur chef, de leur tribu, etc... Nous notons tous ces renseignements, et lorsque vient le moment du mariage, nous examinons ces données avec beaucoup de soin » [184].

Seule l'arrivée régulière de nouveaux missionnaires permit à l'abbaye de Tongerlo de conserver cette mission africaine, car les religieux, les uns après les autres, eurent à subir des maladies qui soit entraînaient la mort, soit les laissaient épuisés. Le préfet apostolique écrivait en 1901 à la Congrégation de la Propagande que le pays ne donnerait pas de clergé indigène sinon après plusieurs générations, car « tous les indigènes vivent dans une profonde ignorance, dans la barbarie et sont méfiants vis-à-vis des Européens » [185]. En 1901, le préfet apostolique Jérôme Van Hoof mourut et fut remplacé par le Père Léon Derickx, par décret envoyé le 27 juillet 1901 [186].

En 1904, le préfet envoyait un rapport [187] sur l'état de la préfecture apostolique : cinq prêtres de l'abbaye de Tongerlo, un de l'abbaye d'Averbode et un de l'abbaye de Postel. En outre il y avait sept frères laïcs et sept religieuses. Il souhaitait la venue de trois nouveaux missionnaires afin de visiter régulièrement les stations militaires qui regroupaient évidemment la majeure partie des chrétiens de la préfecture. Devant l'impossibilité de réunir tous les prêtres, même une seule fois dans l'année, le préfet entretenait avec eux une correspondance suivie. En 1904, un jeune noir se présenta pour devenir frère convers, mais, écrivait le préfet : « Il n'a pas encore été admis, car les supérieurs réguliers de l'abbaye de

[184] Arch. de la Congrégation pour l'Évangélisation des Peuples (Vatican) : Rub. 142, n° 44495/1901.

[185] *Ibid.*

[186] Arch. de la Congrégation pour l'Évangélisation des Peuples (Vatican) : Rub. 142, n° 45364/1901.

[187] Arch. de la Congrégation pour l'Évangélisation des Peuples (Vatican) : Rub. 142, n° 58761/1904.

Tongerlo désirent qu'il soit soumis à un essai plus long » [188]. En règle générale, le baptême, surtout celui des adultes, n'était pas accordé avant six années de catéchuménat, afin d'éviter les défections.

Enseigner le catéchisme en langue vernaculaire représentait un défi que les Prémontrés affrontèrent avec détermination. Le préfet se mit à composer un catéchisme à l'usage de la préfecture apostolique, cherchant à exprimer dans la langue des indigènes les mystères de la foi :

> « Je suis resté très longtemps indécis sur les mots aptes à exprimer dans la langue de cette région les mystères les plus élevés de la foi. Par exemple j'ai traduit le concept de *species* par le mot *elimbi* qui évoque l'ombre, l'image. Certes cette parole n'est pas parfaitement adéquate, mais je n'en ai pas trouvé d'autre. Quand les concepts étaient totalement nouveaux pour nos nègres, j'ai conservé le vocable latin, comme *persona, pekato, Trinita, sacramento, Virgo*, etc... » [189].

La polygamie représentait l'obstacle le plus important à l'annonce de l'Évangile. Un espoir : les enfants convertis dans leur tendre enfance, qui demeurent pendant de longues années avec les missionnaires. Toutefois, affirmait le préfet apostolique :

> « Ceux qui quittent la résidence missionnaire pour les stations militaires sont généralement exposés à de nombreux dangers, et ils deviennent pires qu'ils n'étaient auparavant. Il faudrait que l'un ou l'autre missionnaire ait la charge exclusive de visiter les chrétiens dispersés dans les stations militaires, mais faute d'ouvriers de l'Évangile, je n'ai pas encore eu la possibilité de trouver un tel homme » [190].

Un autre obstacle était constitué par l'abus du cannabis, qui abrutissait les hommes. En 1905, sur environ deux millions d'habitants composant la population de la préfecture, les catholiques étaient 3 000, dont 300 convertis au cours de l'année [191]. Ces excellents résultats étaient dus en partie à l'oeuvre des catéchistes répartis dans les trente stations secondaires, appelées « fermes-chapelles » [192].

En 1908, la mission fut ébranlée par un conflit surgi à l'occasion de la publication par l'abbé de Tongerlo d'un *Règlement pour les missionnaires au Congo* [193]. Le préfet apostolique voyait son rôle réduit à donner la juridiction aux prêtres de son ressort, puisque l'abbé prétendait régler

---

[188] *Ibid.*

[189] *Ibid.*

[190] *Ibid.*

[191] Arch. de la Congrégation pour l'Évangélisation des Peuples (Vatican) : Rub. 142, n° 64353/1905.

[192] Arch. de la Congrégation pour l'Évangélisation des Peuples (Vatican) : Rub. 141, n° 79842/1908.

[193] Arch. de la Congrégation pour l'Évangélisation des Peuples (Vatican) : Rub. 141, n° 84431.

toutes les nominations à l'intérieur de la préfecture et conférer des pouvoirs discrétionnaires aux supérieurs locaux des stations de mission nommés directement par lui. Aussi, le 23 octobre de la même année, entra-t-il en contact, par l'intermédiaire du procureur général Van den Bruel, avec le cardinal-préfet de la Congrégation de la Propagande [194], pour demander que les missionnaires Prémontrés fussent soumis au droit commun des missions, et que le préfet apostolique puisse remplir son mandat selon les normes édictées par la Congrégation. Le cardinal Gotti écrivit à l'abbé pour lui rappeler les normes essentielles régissant les réguliers dans leur apostolat : au préfet apostolique, en tant qu'Ordinaire, revient le gouvernement du territoire sous sa juridiction, tant pour les affaires temporelles que pour les affaires spirituelles. Les missionnaires religieux ont un supérieur et sont tenus de lui obéir pour ce qui concerne la vie religieuse, mais tout leur apostolat dépend du préfet apostolique [195]. Il fallut cependant une nouvelle intervention énergique du cardinal Gotti, le 12 novembre 1909 [196], pour que l'abbé de Tongerlo revint sur son fameux *Règlement* et en retirât certains articles qui lésaient les droits du préfet apostolique [197].

Malgré les difficultés, la mission se développait. En 1909, elle comptait 28 missionnaires dont 11 prêtres et 9 frères convers et 8 soeurs. Les stations secondaires étaient au nombre de 41, avec 65 catéchistes. 1951 nouveaux catéchumènes étaient inscrits, 305 baptêmes étaient administrés, 56 mariages chrétiens célébrés, 201 chrétiens faisaient la première communion. Les trois orphanotrophes de la mission éduquaient 445 enfants. En 1911, il fallut diviser le territoire de la préfecture aposto-lique de l'Uélé [198], et confier une partie de la mission aux Dominicains de la province belge. L'abbaye de Tongerlo avait alors envoyé 65 missionnaires au Congo, dont 15 étaient déjà morts des suites du climat et des maladies [199].

Au cours de l'année 1913, un nouveau conflit éclata entre le préfet apostolique et l'abbé de Tongerlo sur l'administration économique de la préfecture. Un *minutante* de la Congrégation de la Propagande proposait au mois de juin 1913 d'écrire clairement à l'abbé qu'il revenait au préfet

---

[194] *Ibid.*

[195] *Ibid.*

[196] Arch. de la Congrégation pour l'Évangélisation des Peuples (Vatican) : Rub. 141, n° 2011/1909.

[197] Arch. de la Congrégation pour l'Évangélisation des Peuples (Vatican) : Rub. 141, n° 2338/1909.

[198] Arch. de la Congrégation pour l'Évangélisation des Peuples (Vatican) : Rub. 141, n° 2237/1911.

[199] Arch. de la Congrégation pour l'Évangélisation des Peuples (Vatican) : Rub. 141, n° 1920/1911.

apostolique d'indiquer au procureur des missions la qualité et la quantité des provisions et des objets nécessaires à la mission. Le procureur devrait faire les expéditions selon la qualité et la quantité des marchandises demandées par le préfet, puis il devrait lui adresser la note des dépenses correspondant à chacune des provisions expédiées à la mission, et y joindre les factures. Le préfet devrait, à l'arrivée de chaque expédition, accuser réception au procureur. À la fin de chaque semestre ou au moins de chaque année, le procureur devrait envoyer au préfet un bilan exact de tout ce qui, dans le semestre ou l'année, serait entré ou aurait été dépensé pour la mission [200].

Devant les continuelles difficultés de relations entre l'abbé de Tongerlo et le préfet, et sur le conseil de Mgr Heylen, l'abbé de Tongerlo demanda au cardinal Gotti de nommer un nouveau préfet apostolique. Pour cela il vint à Rome accompagné de l'évêque de Namur et fut reçu par le cardinal-préfet. Il adressa, le 7 novembre 1913 un long rapport à la Congrégation, transmis par Mgr Heylen le 12 novembre suivant, et proposa comme candidat au poste de préfet le Père Amand Alphonse Vanuyten [201]. Le 11 juillet 1914, le cardinal Gotti écrivit à l'abbé de Tongerlo pour l'informer d'un échange d'informations obtenu entre la Congrégation et le préfet apostolique de l'Uélé. La minute porte :

> « De la réponse reçue il ne me semble pas qu'il y ait de raisons telles pour justifier, pour le moment, la rémotion du préfet, d'autant plus que, reconnaissant l'existence de quelque motif de dissension, il me promet qu'il étudiera de toutes ses forces comment ramener la paix des âmes. Pour cette raison, la S. Congrégation estime que ledit Ordinaire peut, entre-temps, demeurer à son poste, dans l'espérance que, également de la part de Votre Paternité, on cherchera à favoriser par tous les moyens la concorde et la paix [...] La meilleure façon de promouvoir le bien de la mission et le bon esprit des religieux consiste à prêter aux instructions du Saint-Siège le respect qui leur est dû » [202].

Le Père Hugues Lamy ayant été élu abbé de Tongerlo en 1915, il manifesta un grand intérêt pour la mission du Congo. Le Père Amand Alphonse Vanuyten, encore en Belgique au commencement de la Première Guerre mondiale se trouvait bloqué en Europe et dans l'impossibilité de rejoindre le Congo. Sur les instances de la Congrégation de la Propagande, présidée désormais par le cardinal Serafini, le cardinal Gasparri, secrétaire d'État, mit en branle le service diplomatique du Saint-

---

[200] Arch. de la Congrégation pour l'Évangélisation des Peuples (Vatican) : Rub. 141, n° 1055/1913.

[201] Arch. de la Congrégation pour l'Évangélisation des Peuples (Vatican) : Rub. 141, n° 2178/1913.

[202] Arch. de la Congrégation pour l'Évangélisation des Peuples (Vatican) : Rub. 141, n° 1238/14.

Siège pour obtenir des autorités allemandes un permis de quitter la Belgique en faveur du religieux [203].

Entre-temps, le Père Derikx avait construit une magnifique église à Buta. Au cours des années 1917-1918, les missionnaires entreprirent une campagne pour combattre la maladie du sommeil dans la région de Moenge :

> « Les RR.PP. ont fait leur possible pour amener toute la population à se soumettre à l'examen ; en grande partie ils ont réussi, mais restent encore certaines chefferies qui s'obstinent à se présenter et où la maladie est en progression. Les RR.PP. espèrent que l'administration les aidera pour décider ces populations à se laisser examinée (sic). Les villages récalcitrants sont : Yandunga (chef Gomia), Bokata (s/ch. Mondanga), Bakuna (chef Rumbii ?), Yatra (chef Sindani), Yampasa (s/ch. Anyanga), Yamungi (chef Bondo), Yampembe Yamoka (chef Lilana). Les RR.PP. ont traité 484 malades ; 262 des années précédentes, 220 de 1918. 390 malades ont été hébergés et nourris à la mission pendant des périodes variant de 4, 6 et 9 mois et même plus. À la date du 31 octobre il y avait 190 malades internes [...] Sur 376 malades traités entre 1914 et 1917, 170 sont apparemment guéris [...] Sur les 220 malades en traitement pendant 1918, 46 jusqu'ici ont donné le même résultat. Les RR.PP. signalent surtout à l'attention du Gouvernement le zèle et le dévouement du Rév. Frère Philippe Van Hecke, qui grâce à ses connaissances et son habileté a fait tout seul toutes les ponctions lombaires et autres travaux de laboratoire [...] Voilà que les RR.PP. travaillent [depuis] cinq ans dans la région de Moenge, région reconnue contaminée. De 23% de maladie en 1914, on ne trouve plus que 1,3%, signe que les efforts des RR.PP. n'ont pas été infructueux et l'état florissant des populations de la région est le signe manifeste du succès de leurs efforts. Sauf les 3 chefferies signalées la région peut être considérée comme saine. Les RR.PP. espèrent qu'ils peuvent toujours compter sur le concours et l'aide du Gouvernement pour avoir les médicaments nécessaires pour soigner leurs nombreux malades. Avant de terminer, les RR.PP. signalent à l'attention du Gouvernement une épidémie de dysenterie qui sévit dans la région de Mumba et de Moenge. Les décès se comptent par centaines chez les indigènes. À la mission les RR.PP. ont eu 50 cas, qu'ils ont soignés avec bon résultat n'ayant eu qu'un décès » [204].

Outre les difficultés économiques et sanitaires, et la lutte contre les pratiques esclavagistes, les missionnaires se devaient aussi de relever le défi des missionnaires protestants. En 1919, on signalait au Congo une recrudescence de prédicateurs appartenant à plus de quinze sectes différentes. Pour mieux affronter les difficultés de toutes sortes, le préfet apostolique proposa à la Congrégation de la Propagande de diviser à nouveau sa préfecture et d'en confier une partie aux Croisiers [205].

---

[203] Arch. de la Congrégation pour l'Évangélisation des Peuples (Vatican) : Rub. 142, n° 487/1916.

[204] Arch. de la Congrégation pour l'Évangélisation des Peuples (Vatican) : Rub. 142, n° 776/1919.

[205] Arch. de la Congrégation pour l'Évangélisation des Peuples (Vatican) : Rub. 142, n° 3327/1919.

Au cours de l'année 1922, commencèrent les premières tractations en vue d'une éventuelle érection de la préfecture en vicariat apostolique. Le 1er mars 1922, le préfet Léon Derikx écrivait au procureur général Hubert Noots pour lui donner les raisons militant en faveur de ce changement de statut canonique. La lettre se conclut par un paragraphe dans lequel on sent le vieux missionnaire très conscient des limites toujours plus étroites dans lesquelles l'enferment et son âge et sa santé :

> « ... un vicaire apostolique contribuera davantage à la prospérité d'une mission qu'un simple préfet. Contre ma propre promotion, existe une raison, qui de jour en jour devient plus grave. Mon grand âge me permet à peine de satisfaire aux obligations, que ma charge m'impose. Je constate, à mon grand dépit, que chacun de mes voyages a une répercussion considérable sur ma santé générale. Si cela doit continuer ainsi, et comment espérer que cela s'améliorera ?, le temps n'est pas loin que le Saint-Siège devra me décharger. Il est préférable que je fasse mon sacrifice à temps, surtout lorsque l'intérêt général de cette préfecture est en jeu. Je prie le Saint-Siège de mettre à la tête de cette préfecture le candidat que Mgr de Namur, l'Abbé de Tongerloo et vous, aurez désigné. Ceci est l'expression de ma conviction la plus intime » [206].

Par Bref du 15 avril 1924 [207], Pie XI éleva la préfecture apostolique de l'Uélé occidental en vicariat apostolique. Le 6 mai suivant il en nommait premier vicaire apostolique le Père Amand-Charles Vanuyten, l'élevant à la dignité épiscopale le 25 avril [208]. L'Uélé, huit fois plus grand que la Belgique, était un territoire trop vaste pour les possibilités concrètes de l'abbaye. La partie septentrionale fut donnée aux Croisiers et la partie orientale aux Dominicains. Le restant, encore trois fois la surface de la Belgique, forma à partir de 1926 la mission de Tongerlo. Dix-huit postes de missions furent fondés depuis 1898, dont treize dans le district conservé par l'abbaye. Durant les cinquante premières années de la mission, ce sont au total 140 missionnaires qui partirent au Congo [209].

Les perspectives de l'activité missionnaire changèrent quelque peu la vie conventuelle à l'abbaye car, dès qu'on eût conçu le plan de fonder une mission, on recommença à admettre des frères convers, si nécessaires aux missionnaires. En 1959, et après des décennies d'apostolat, Jean XXIII consacra l'oeuvre des missionnaires prémontrés de Tongerlo et érigea par la bulle *Cum parvulum* le diocèse de Buta, sur une partie de l'ancienne préfecture apostolique.

---

[206] Arch. de la Congrégation pour l'Évangélisation des Peuples (Vatican) : Rub. 142, n° 1530/1922.

[207] *Acta Apostolicae Sedis*, t. XVI (1924), p. 268-269.

[208] *Ibid.*, p. 242.

[209] G. DE MEY, N. GEVAERT, *Tussen Uele en Itimbert*, Tongerlo, 1948.

8. Esquisse d'un bilan, au seuil du XXe siècle

Le XIXe siècle fait partie de notre passé proche, mais c'est probablement un des siècles les plus méconnus, la mutation culturelle touchant le catholicisme d'après Vatican II ayant conduit à une prise de distance par rapport aux conceptions, aux expressions et aux formes qui était les siennes auparavant. Cette méconnaissance tient également à la complexité de ce siècle, surtout lorsqu'il s'agit d'embrasser dans un regard panoramique l'Europe centrale et occidentale.

À y regarder de plus près, l'histoire et la spiritualité de l'ordre de Prémontré n'ont, au XIXe siècle, rien de banal. C'est même sans doute l'un des siècles les plus féconds, au cours duquel l'ordre de saint Norbert a donné des signes incontestables de sa vitalité. C'est un siècle dont les composantes politiques et religieuses ont exercé une influence évidente et diversifiée sur l'ensemble de l'ordre. C'est, enfin, un siècle qui a vu s'affirmer dans des contextes géographiques, historiques et culturels nouveaux le charisme de Prémontré.

Les rapports entre l'Église et les États ont joué un rôle déterminant à la fin du XVIIIe siècle et tout au long du XIXe siècle, et ont contribué à renforcer les différences traditionnelles entre les Prémontrés d'Europe centrale et ceux d'Europe occidentale. Après la suppression de l'ordre en Espagne, l'ordre de Prémontré subsiste uniquement en Bohême, Moravie et Hongrie. Presque en même temps, c'est aussi le moment où les fils de saint Norbert tentent de reprendre la vie commune en Belgique, mais il leur faudra des années pour retrouver une prospérité anéantie par la Révolution.

En Europe centrale, l'ordre est puissant et prospère, mais, sous l'influence du joséphisme, les Prémontrés accentuent l'aspect pastoral de leur vie au détriment de la vie commune. Les somptueuses et opulentes abbayes abritent quelques religieux : essentiellement les supérieurs et les novices. Tous ceux qui en sont capables sont orientés vers l'enseignement et ils y jouent un rôle de premier plan. En Hongrie, le mouvement est si fort que l'ordre de Prémontré y est connu exclusivement comme un ordre enseignant. L'absence d'abbé général et de chapitre général, de visites régulières et de relations entre les abbayes d'Europe centrale conduisit fatalement à un isolement des abbayes qui, d'autonomes, devinrent dans la pratique indépendantes.

En Belgique et, dans une moindre mesure, en Hollande et en France, une question cruciale se pose et parfois divise les communautés : faut-il reconstituer les abbayes d'avant la Révolution ? Beaucoup y sont opposés et manifestent leurs réserves sur la restauration éventuelle des abbés, par crainte de voir se rétablir un style de vie et de gouvernement peu apprécié à la veille de la Révolution. Ne faut-il pas renouer avec le charisme de l'ordre dans sa forme la plus pure, en l'adaptant aux conditions nouvelles ? Pour avoir délibérément refusé toute forme d'adaptation, le Père Edmond Boulbon n'a pu mener à bien sa restauration de la Primitive Observance. C'est en Belgique, semble-t-il, que les Prémontrés sont parvenus – au prix de mille difficultés et non sans divisions internes – à trouver un équilibre entre la vie commune et l'activité pastorale, notamment l'administration des paroisses.

La politique du Saint-Siège envers les religieux joua, elle aussi, un rôle déterminant. Après la phase de désorganisation, voire d'anéantissement, Pie IX favorisa, sans plan et au gré d'initiatives souvent isolées, l'éclosion de nouvelles fondations qui se présentaient comme des restaurations. Léon XIII adopta une attitude sinon opposée, du moins très différente, dans un souci de centralisation et de reprise en main. Dès son avènement, il résolut d'unir les multiples instituts restaurés en grandes familles religieuses centralisées. Sous son pontificat, l'ordre de Prémontré retrouva son gouvernement central traditionnel, abbé général et chapitre général, renouant ainsi avec une tradition de sept siècles. Les encouragements pontificaux à partir en mission dans les pays lointains eurent des répercussions sur le type de recrutement des abbayes, notamment des abbayes belges qui ont vu croître le nombre de leurs confrères et en particulier des frères convers.

Le temps était loin où l'ordre de Prémontré avait poussé ses implantations hors d'Europe. Léon XIII, en donnant une impulsion nouvelle aux missions, invitait les familles religieuses du continent européen à se tourner vers les terres lointaines. Il fournit l'occasion aux Prémontrés d'Europe occidentale, à peine restaurés, de prendre un nouvel élan. Ce nouvel état d'esprit allait conduire les fils de saint Norbert à accueillir volontiers les invitations venues de plusieurs instances, ecclésiastiques et civiles, à sortir d'Europe. L'implantation réalisée par le Père Pennings et ses confrères à De Pere est, à cet égard, exemplaire. Ces Prémontrés hollandais devaient relever un défi de taille : transplanter hors d'Europe et dans un pays de mission le charisme de saint Norbert et la structure d'un ordre élaborée dans l'Europe médiévale. Le Père Pennings a réussi là où le Père Inama, de Wilten, avait échoué quelques années plus tôt, car il bâtit toute son oeuvre sur le fondement d'une communauté stable, qui se développa jusqu'à devenir l'une des abbayes les plus prospères de tout l'ordre.

Le romantisme religieux et les dévotions du XIXe siècle marquèrent les Prémontrés, notamment la dévotion au Sacré-Coeur et la Messe Réparatrice. Les vicissitudes traversées par le pape, dépouillé de sa souveraineté temporelle et devenu en 1870 « le prisonnier volontaire », contribuèrent à développer une véritable vénération envers le souverain pontife, dont les actes des chapitres généraux de la fin du siècle se font les interprètes autorisés. Marquées par une époque bien définie et des circonstances très particulières, les dévotions du XIXe siècle furent les premières victimes, dans l'ensemble de l'Église, de l'évolution rapide – et en grande partie imprévue dans ses résultats – qui marqua le XXe siècle, notamment les années qui suivirent le concile Vatican II. Considérées comme « trop marquées », elles ont cédé le pas à d'autres manifestations de la foi, qui, à leur tour, le céderont et sont peut-être déjà en train de le céder à d'autres expressions religieuses. Néanmoins, le XIXe siècle fut pour l'ordre de Prémontré un grand siècle, dans lequel le charisme fondateur de saint Norbert donna la preuve de son pouvoir d'attraction et d'inspiration.

CHAPITRE VII

TRADITION ET MODERNITÉ : LE SIÈCLE DES CONTRASTES LE XXᵉ SIÈCLE

Siècle des contrastes, le XXᵉ siècle l'aura été d'une façon toute particulière pour les Prémontrés, sur le plan numérique comme sur le plan institutionnel, dans l'ordre des idées comme dans l'ordre des observances conventuelles.

Sur le plan numérique

La consultation des *Catalogues de l'Ordre de Prémontré* est riche d'enseignements. En 1900, les Prémontrés sont presque tous européens, mais ne dépassent pas, religieux et moniales confondus, 1 194 membres. Encore faut-il voir dans cet effectif les premiers fruits de la restauration des abbayes belges, hollandaise et, dans une moindre mesure, française. À cet état de fait s'ajoute un recrutement régulier des abbayes d'Europe centrale. Malgré la disparition de ces dernières avec l'avènement du nazisme et surtout du communisme, le mouvement de croissance s'amplifie jusque vers 1960, conjuguant les afflux de vocations dans les maisons d'Europe, d'Amérique du Nord et dans les pays en voie de développement. Le *Catalogue* de 1963 donne un effectif total de 1 991 membres. L'ordre a pratiquement doublé ses effectifs en soixante-trois ans. À partir des années 60, un mouvement de forte décroissance s'amorce, puisque l'ordre passe de 1 991 membres en 1963, à 1 485 en 1989, perdant ainsi en l'espace de vingt-six ans la moitié de la croissance acquise en soixante-trois ans. Cette diminution importante s'explique par plusieurs facteurs : le décès de religieux entrés en grand nombre au cours de la première moitié du siècle, le départ d'un certain nombre de religieux sécularisés ou réduits à l'état laïque dans les années 70-80, la baisse du recrutement en Europe occidentale et le léger fléchissement du nombre des entrées en Amérique du Nord, sans oublier le tarissement, au moins officiel, du recrutement dans les pays communistes. Entre 1963 et 1989, les progrès enregistrés par les fondations dans les pays en voie de développement ne sont pas encore assez sensibles pour compenser la diminution européenne et nord-américaine. Depuis 1989, grâce à la restauration des abbayes d'Europe centrale, notamment en République tchèque et en Slovaquie, et à l'augmentation sensible des communautés de l'Inde et du Zaïre, les effectifs de l'ordre se sont stabilisés autour de 1 500.

La situation des Norbertines – communautés sous la juridiction de l'ordre et sous la juridiction de l'évêque confondues – est restée numériquement stable, avec une légère diminution de 43 membres entre 1900 et 1963, mais il faut relever une nette diminution entre 1963 et 1989, puisqu'elles sont passées durant ces années, de 261 à 174, avec une perte de presque 100 membres. L'absence de fondations hors d'Europe a assujetti les Norbertines à la baisse générale du recrutement européen. Dans l'état actuel des choses, cette diminution devrait s'accentuer, à moins de prévoir des implantations nouvelles. Des formules originales sont proposées par les abbayes de Berne et de Mondaye, mais leur état embryonnaire ne permet pas encore de faire de pronostic.

Les effectifs généraux de l'ordre se doivent d'intégrer des données numériques irréfutables : jusqu'à la restauration des abbayes d'Europe centrale, les effectifs européens ont diminué depuis 1963 de plus de 60%, tandis que les effectifs d'Afrique et d'Inde ont augmenté depuis 1928 de plus de 200%. Les communautés non européennes devraient prendre une place de plus en plus importante sur le plan numérique. Toutefois, il convient de relativiser ces progrès dans les pays en voie de développement, lorsqu'on les compare aux effectifs d'autres instituts religieux numériquement inférieurs à l'ordre de Prémontré. Les Missionnaires de Saint François de Sales, implantés, il est vrai, depuis un siècle en Inde, comptent actuellement 300 religieux européens et 500 religieux indiens ; les Soeurs de la Croix de Chavaneaux, elles aussi fondées par le Père Mermier dans le diocèse d'Annecy en France, comptent 500 religieuses européennes et 750 religieuses indiennes.

Sur le plan institutionnel

Deux événements d'inégale portée ont entraîné de profondes modifications dans l'ordre de Prémontré : la promulgation du *Code de Droit Canonique* en 1917, et le concile Vatican II.

A la suite de la promulgation du *Code*, dans un contexte très favorable au droit, et sous l'impulsion de Pie XI, les instituts religieux anciens furent invités à réviser leurs statuts afin de les harmoniser avec la nouvelle législation. L'ordre de Prémontré qui vivait selon les statuts de 1630 était particulièrement visé. En effet, les statuts présentaient dans un ensemble organique les éléments canoniques et les fondements spirituels de l'ordre. Désormais, il faudrait séparer les deux domaines et réserver exclusivement aux statuts les données canoniques. En outre, Pie XI désirait fortement centraliser toutes les familles religieuses, y compris celles qui, institutionnellement ne l'étaient pas. L'abbé général Hubert Noots, qui était l'un des hommes de confiance de Pie XI, se fit l'instrument de cette révision et de cette centralisation. On aboutit ainsi à la promulgation des statuts de 1947. Cette codification différait profondément de toutes les précédentes, dans la mesure où elle s'alignait sur le *Code de Droit Canonique*, où elle conférait à l'abbé général un pouvoir d'intervention direct dans tous les chapitres de circarie dont il assumait, de droit, la présidence et réglait les matières à traiter, et où elle excluait pratiquement tout ce qui relevait de la spiritualité de l'ordre.

Le concile Vatican II fit un devoir à tous les instituts religieux de réviser leurs statuts afin de les harmoniser avec les données ecclésiales nouvelles mais aussi en tenant compte des mutations culturelles survenues au tournant des années 60. La rédaction des *Constitutions*, qui fut l'oeuvre du chapitre général de 1968-1970, ne pouvait échapper à l'effervescence de ces années troublées. Le mouvement de balancier que pouvait faire prévoir la mentalité excessivement canonique des statuts de 1947, eut une ampleur que personne n'aurait soupçonné. Après une période de centralisation immodérée, d'ailleurs contestée à la fin des années 50 au point d'obtenir la suppression des chapitres de circarie et celle des conseillers de l'abbé général résidant à Rome, s'ouvrit la possibilité de renouer avec la tradition de la décentralisation, jusqu'à donner l'impression d'une relative indépendance des maisons autonomes. Un élément culturel, significatif de cette période, allait profondément modifier la physionomie des statuts. La mentalité anti-canonique des années 70 aboutit à un texte normatif qui, par contraste, ne comportait qu'un minimum de normes juridiques et devait rapidement se révéler insuffisant. De plus, l'attention aux réalités de ce monde, fruit de la constitution pastorale *Gaudium et Spes* de Vatican II – qui ne saurait se comprendre sans la constitution dogmatique *Lumen Gentium* –, allait curieusement conduire les législateurs à concevoir les nouvelles constitutions comme un texte davantage orienté vers la présence aux hommes que vers l'essence de la vie religieuse et la spécificité de l'ordre. Pour s'en convaincre il suffit de lire le premier chapitre intitulé « Tendus vers la promotion de la communion entre les hommes, nous accueillons la communion offerte par le Christ », dont les sous-titres sont suffisamment éloquents : « Notre insertion dans la société contemporaine », « Notre insertion dans la famille de tout le genre humain aujourd'hui », « Les uns pour les autres dans le Christ », « Un seul coeur et une seule âme en Dieu (communion - koinoonia) ». En fait, ces constitutions reflètent l'ambiance du temps, et apparaissent – à tort ou à raison – comme une rupture avec la tradition incarnée par le chef-d'oeuvre qu'étaient les statuts de 1630. À part quelques rares références à saint Augustin et à la *Vie de saint Norbert*, il semble, à lire ce texte, que l'ordre de Prémontré n'ait eu ni histoire, ni tradition, ni auteurs spirituels, ni saints. Ce que j'avance était si évident, que les chapitres généraux de 1976, 1982, 1988 et 1994 n'ont cessé d'apporter modifications et ajouts. Le chapitre de 1994, en intégrant les données du *Code de Droit Canonique* de 1983 et les décisions des chapitres précédents, a approuvé une réorganisation logique des éléments juridiques des constitutions, laissant intacte la première partie du texte.

Dans l'ordre des idées

Depuis sa fondation, l'ordre de Prémontré vit une tension dynamique tout entière contenue dans l'appel du Christ aux Apôtres : « Il les créa Douze pour être avec Lui et les envoyer prêcher » (*Mc* 3, 14). Au XXe siècle comme, du reste, au cours des siècles précédents, les Prémontrés insistent diversement sur ces deux composantes – « être avec Lui » et « les envoyer prêcher » – en fonction de leur vocation personnelle, du caractère de leur abbaye, des formes concrètes de leur apostolat en harmonie avec les nécessités pastorales, la culture et les moeurs des pays d'implantation. Loin d'être une stérile discussion d'école, cette tension est vitale pour l'ordre [1]. Or, il n'y a tension qu'entre deux termes. Voilà pourquoi demeure très actuel le charisme de saint Norbert qui entendait être un apôtre et tendait à devenir un saint.

Comme dans nombre de familles religieuses nées en Europe et nouvellement établies sur d'autres continents, cette tension revêt aujourd'hui des formes aiguës en certains cas et comporte des enjeux nouveaux dans les pays d'implantation prémontrée récente, où les appels pastoraux sont multiples. La vraie question est celle-ci : comment inculturer le charisme de saint Norbert et de son ordre, né dans une société essentiellement agricole et médiévale, dans des pays qui jusqu'à maintenant lui était complètement étrangers ? Comment inculturer ce charisme dans un monde occidental marqué par le développement de la science, de l'économie de marché et de la technologie ? D'autre part, si l'ordre de Prémontré a toujours eu une activité missionnaire, c'était, jusqu'à la fin du siècle dernier, à l'intérieur du même continent. Sa structure abbatiale prévoyait des essaimages, mais non des fondations missionnaires en pays

---

[1] À cet égard, la reconnaissance du culte immémorial du bienheureux Hugues de Fosses par décret de la S. Congrégation des Rites, le 13 juillet 1927, et celle du culte immémorial de saint Hermann-Joseph par la même Congrégation, en date du 11 août 1958, suivie de la confirmation de son titre de *Saint* par décret du 15 mai 1960 et la concession de sa fête à toute l'Allemagne, le 7 janvier 1961, contribuèrent à un renouvellement intérieur de la spiritualité.

lointains, si l'on excepte les fondations médiévales et éphémères au Proche-Orient. Les implantations actuelles dans les pays de mission ont-elles pour but de créer des canonies ou de s'attacher à résoudre, dans la mesure des possibilités concrètes, les problèmes de ces pays ? L'appel à la mission dans les pays lointains a fourni l'occasion d'une ouverture, mais quel sens aurait l'« exportation » de Prémontrés dans les pays en voie de développement s'ils devaient cesser d'être Prémontrés pour se vouer, fût-ce avec générosité, à l'apostolat comme s'ils étaient prêtres diocésains, Dominicains ou Jésuites ? Or, comment inculturer un charisme sans le connaître, sans s'être nourri d'une tradition presque neuf fois séculaire ? On comprend ici tout l'enjeu de la formation des candidats à la vie prémontrée.

Dans l'ordre des observances conventuelles

Durant la majeure partie de son existence, l'ordre de Prémontré est demeuré presque exclusivement européen et occidental. Les conditions concrètes d'implantation des abbayes différaient, certes, mais dans l'ensemble les différences dans les observances conventuelles étaient mineures, et les visites canoniques étaient là pour remédier aux abus. Au Moyen Âge, l'unité d'observance est en effet apparue, à côté de l'unité liturgique, comme l'un des moyens privilégiés de réunir en véritables *ordines* les maisons autonomes appelées *congregationes*. Ce fut pendant des siècles le rôle des statuts et de l'*Ordinarius* [2]. Après avoir connu de longues périodes d'uniformité conventuelle, liturgique, vestimentaire, chaque abbaye conservant cependant son atmosphère propre, l'ordre de Prémontré s'est ouvert à une large diversité dans la pratique quotidienne de la vie commune. L'unité naguère manifestée dans une certaine uniformité doit trouver d'autres voies pour exprimer son existence et sa réelle consistance. C'est un défi nouveau à relever.

1. L'extension se poursuit et se confirme

Missionnaires à Madagascar

En 1901, l'abbé de Frigolet, Godefroid Madelaine, vint à Rome pour traiter avec la Congrégation de la Propagande d'une possible mission de l'abbaye de Frigolet dans l'île de Madagascar. Comme les Spiritains étaient les principaux missionnaires de l'île, il lui fut conseillé de prendre

---

[2] C.-D. FONSECA, « Typologie des réseaux monastiques et canoniaux », *Naissance et fonctionnement des réseaux monastiques et canoniaux*. Actes du Premier Colloque International du C.E.R.C.O.M., Saint-Étienne, 1991, p. 11-20.

contact avec eux pour étudier la possibilité de recevoir une partie de leur vicariat apostolique. Il s'entretint donc avec les responsables de la Congrégation. Décidé à mener à bonne fin cette entreprise, il écrivit depuis la procure de via di Monte Tarpeo où il était descendu, pour exprimer son entière disponibilité pour quelque territoire de mission que ce soit :

> « Éminence, permettez-moi de revenir vers vous au sujet de notre établissement à Madagascar. La réponse des Pères du Saint-Esprit ne m'est pas encore parvenue. Elle ne peut tarder à venir désormais. Toutefois, en l'attendant, je tiens à déclarer à Votre Éminence que, si les Pères du Saint-Esprit ne croyaient pas pouvoir nous céder un district à évangéliser dans les limites de leur Vicariat Apostolique, je serais tout prêt à accepter le coin de terre que la S. Congrégation de la Propagande voudrait bien nous proposer dans une Colonie française, au Dahomey, au Congo, au Tonkin, etc. pourvu que le pays soit salubre. L'important est que nous ayons une mission installée le plus tôt possible. J'ose espérer que Votre Éminence voudra bien s'occuper de cette demande. Dès que j'aurai reçu la réponse du R. Père, je m'empresserai de la porter à Votre Éminence, en vue de mener à bonne fin cette grave affaire pour laquelle je suis venu de France à Rome » [3].

À l'approche des persécutions contre les religieux, espérant par là sauver son abbaye, le Père Godefroid Madelaine fit prier Mgr Corbet, vicaire apostolique de Diégo-Suarez à Madagascar de vouloir bien admettre ses religieux dans son vicariat. Il demandait à occuper un poste déjà formé et promettait de s'employer à en fonder un autre. Les Prémontrés arrivèrent à la fin de 1901 sur l'île Sainte-Marie. Ils y fondèrent les postes de Sambava en 1904, Autalaha en 1910, et Maroantsetra en 1914.

Au cours de l'année 1910, un différent surgit entre la mission prémontrée de Vohémar et le vicariat apostolique qui prétendait que tous les biens des missionnaires prémontrés étaient des biens de la mission et non de la communauté. Par l'intermédiaire du procureur de l'ordre Van den Bruel, l'affaire fut portée devant la Congrégation de la Propagande dont le préfet, le cardinal Gotti, répondit au bénéfice du supérieur, le Père Théodore Gras, le 30 avril 1910 :

> « Tout Institut régulier peut posséder dans les missions les biens qu'il aurait achetés de ses propres deniers, il n'est pas tenu de dépenser en faveur de la mission les revenus issus de ces biens, à moins qu'il y ait eu conclusion d'un contrat particulier. Il n'y a pas non plus d'obligation pour les religieux exempts de rendre compte des biens propres de leur ordre à l'Ordinaire. Au sujet de ce que le vicariat ou la mission donne aux réguliers sans fin déterminée, il convient de convenir entre l'Ordinaire et les réguliers si une part

---

[3] Arch. de la Congrégation pour l'Évangélisation des Peuples (Vatican) : Rub. 143, n° 44272/1901.

– et quelle est cette part – de l'argent versé qui est affectée à l'entretien des missionnaires » [4].

Les Prémontrés restèrent jusqu'en 1913 à Vohémar, Sambava et Antalaha. En 1913, le Père Godefroid Madelaine demanda au vicaire apostolique de favoriser l'érection de ces postes en préfecture apostolique, et envoya des renforts pour créer un nouveau poste de mission à Maroantsetra. La Première Guerre mondiale empêcha ces postes d'atteindre le développement espéré, par suite de la mobilisation. En 1914, à la mort du vicaire apostolique, Mgr Fortineau fut nommé à la tête du vicariat. Le 20 février 1919, le Père Godefroid Madelaine lui écrivait :

> « La guerre a fait de grands vides dans ma communauté. En quatre ans, j'ai perdu quatorze religieux. De plus, grâce au pillage de notre abbaye par les Allemands, nos ressources ont considérablement diminué. Nous avons donc songé à rappeler nos missionnaires de Madagascar. Mais, je m'en voudrais de le faire sans vous prévenir à temps et sans vous donner le loisir de les remplacer, au mieux des intérêts de la mission » [5].

Le 15 mars 1920, le vicaire apostolique de Tananarive, Mgr Henri de Saune, Jésuite, demanda à la Congrégation de la Propagande de pouvoir recevoir trois religieux de Frigolet dans sa circonscription :

> « Trois Pères Prémontrés ont travaillé quelque temps dans le vicariat de Mgr Fortineau (Diégo-Suarez : Pères du Saint-Esprit). Actuellement, pour des raisons particulières (ils étaient trop isolés les uns des autres, un peu abandonnés pour la vie matérielle...) ils ont quitté ce vicariat et demandent à être reçus dans celui de Tananarive. Le Révérendissime Père Abbé (leur abbaye est à Leffe près Dinant, Belgique) consent à me les donner, même à augmenter peu à peu leur nombre. Je confierais à ces Pères la partie Est du vicariat ; il y a là déjà des postes établis, que providentiellement deux des Pères prémontrés (que l'on m'enverrait) ont pu visiter. Ils ont été très bien reçus par la population et sont revenus satisfaits de ce qu'ils ont vu, prêts à commencer de suite le ministère dans cette région. Mon intention, si elle était approuvée de Votre Éminence, serait de les accepter comme groupe isolé, restant sous la juridiction et à la charge du vicaire apostolique, jusqu'au moment où ils pourraient être constitués en mission indépendante, puis en préfecture et enfin en vicariat. C'est ce qui s'est passé autrefois ici pour les Pères de La Salette qui constituent actuellement le vicariat de Betafo. Je crois, en pensant ainsi et manoeuvrant en ce sens, me conformer à la Lettre apostolique de Sa S. Benoît XV, sur les missions. Le St Père recommande aux vicaires apostoliques qui ne trouvent pas assez de ressources dans leur famille religieuse, de chercher ailleurs des ouvriers évangéliques. Pour le moment, je demande seulement à Votre Éminence d'approuver l'entrée et

---

[4] Arch. de la Congrégation pour l'Évangélisation des Peuples (Vatican) : Rub. 32, n° 568/1910.

[5] Arch. de la Congrégation pour l'Évangélisation des Peuples (Vatican) : Rub. 12, n° 2036/1920.

l'emploi dans le vicariat des religieux Prémontrés que voudra bien me prêter le Révérendissime Père Abbé de Leffe » [6].

Le cardinal van Rossum lui donna carte blanche, le 11 mai 1920 [7].

Le vicaire apostolique de Diégo-Suarez, qui laissait partir les Prémontrés parce qu'ils manquaient de personnel vint à connaître leur projet d'aller dans le vicariat de Tananarive, car Mgr de Saune avait jugé courtois de l'en informer. S'estimant trompé, Mgr Fortineau écrivit immédiatement, le 10 juin 1920, une lettre au cardinal van Rossum :

> « Leur Révérendissime Père Abbé me demandait en février 1919, à retirer ses religieux de mon vicariat, parce qu'il manquait de personnel, et c'est uniquement pour cette raison que j'avais dû me rendre à son avis et signer une convention réglant la liquidation qui, d'ailleurs, n'est pas terminée. Or, j'apprends que cette raison de manque de personnel ne saurait être invoquée, puisque les mêmes Pères Prémontrés, qui travaillaient dans mon vicariat, sont disposés à entreprendre des missions nouvelles dans le vicariat de Tananarive, à la suite de propositions avantageuses, disent-ils, que leur a faites Mgr de Saune. En ces conditions, je me plais à espérer que Votre Éminence daignera les engager à reprendre les postes qu'ils ont occupés dans mon vicariat, en leur permettant de les administrer eux-mêmes. J'éviterais ainsi d'abandonner ces quatre postes desservis durant dix-huit ans par les PP. Prémontrés, s'ils venaient à quitter Diégo-Suarez pour aller faire des fondations nouvelles dans le vicariat voisin » [8].

Le procureur général Hubert Noots intervint dans cette affaire, le 17 janvier 1921, avec une diplomatie exemplaire :

> « Malheureusement il me semble y avoir une si grande animosité contre Sa Grandeur Mgr Fortineau, surtout de la part de l'un des trois Pères, que leur retour sous la juridiction de Mgr Fortineau semble pratiquement exclu. Le procureur général des Prémontrés émet donc le voeu que la S. Congrégation de la Propagande n'oblige pas les Pères Prémontrés à rentrer dans la mission de Mgr Fortineau, mais qu'elle daigne écrire au Révérendissime Abbé de Frigolet afin qu'il engage ses trois missionnaires à réoccuper les postes abandonnés, sans les y obliger et en leur permettant éventuellement d'offrir leur concours à Mgr de Saune. En cas de refus de rentrer dans le vicariat de Diégo-Suarez le Père-Abbé de Frigolet, supérieur régulier qualifié, devrait signifier ce refus à Mgr Fortineau » [9].

Comme prévu, les trois religieux refusèrent de revenir chez Mgr Fortineau. Le procureur général, après une entrevue avec le préfet de la Congrégation de la Propagande, mit par écrit, à la demande du cardinal

---

[6] Arch. de la Congrégation pour l'Évangélisation des Peuples (Vatican) : Rub. 12, n° 1385/1920.

[7] *Ibid.*

[8] Arch. de la Congrégation pour l'Évangélisation des Peuples (Vatican) : Rub. 12, n° 2036/1920.

[9] Arch. de la Congrégation pour l'Évangélisation des Peuples (Vatican) : Rub. 12, n° 244/1921.

lui-même, les conclusions de l'affaire, qui révèlent par leur style l'autorité innée du futur abbé général de Prémontré :

> « À la suite d'un accord signé intervenu entre Monseigneur Fortineau et le Révérendissime Père-Abbé de Frigolet, ces missionnaires quittèrent librement le vicariat de Diégo et liquidèrent entièrement leurs rapports avec Mgr Fortineau. Il appert des exposés faits de part et d'autres que si certains des missionnaires ont manqué de respect envers Sa Grandeur, Monseigneur Fortineau eut également des torts envers ces missionnaires. Quoique Mgr Fortineau soit mécontent de voir certains missionnaires coopérer maintenant avec Mgr de Saune dans le vicariat de Tananarive, il est moralement impossible d'obliger ces Pères à retourner sous la juridiction de Mgr Fortineau. D'ailleurs ces missionnaires furent libérés des rapports avec Sa Grandeur. La S. Congrégation de la Propagande écrira donc à Monseigneur de Saune, vicaire apostolique de Tananarive pour lui dire qu'il peut garder ses nouveaux coopérateurs et à Monseigneur Fortineau, vicaire apostolique de Diégo-Suarez, pour lui annoncer que la S. Congrégation approuve le départ définitif de ces missionnaires du Vicariat de Diégo et leur admission à Tananarive » [10].

Ce qui fut dit fut fait, et le 18 mars 1921, la Congrégation approuvait les propositions du procureur général Noots [11].

Les Prémontrés s'installèrent à Vatomandry [12] puis à Ilaka et Mahanoro, et y demeurèrent quinze ans, se dévouant à l'annonce de l'Évangile, à l'éducation des jeunes et au soin des malades, créant vingt postes de secours, et une école à Ambodivandrika. Compte tenu de l'amoindrissement des effectifs de Frigolet, la communauté dut se résoudre à abandonner ses missions malgaches en 1935. Les deux provinces de Vohémar et Maroantsetra formant le district religieux des Prémontrés avaient donné l'occasion aux missionnaires d'oeuvrer sur environ 30 000 km², au profit de quelque 200 000 habitants, mais cette oeuvre ne devait pas résister aux effets conjugués de l'exil des Prémontrés français en Belgique et de la Première Guerre mondiale.

Le sort des Prémontrés de France en 1903 : exil et fondations

En 1901, le Parlement vota une loi sur les associations, au sein de laquelle les congrégations religieuses occupaient un chapitre. Comme auparavant, elles devraient obtenir la reconnaissance légale du Gouvernement pour s'établir en France. Le président du Conseil, Waldeck-Rousseau avait tout prévu, surtout la possibilité pour l'État de

---

[10] Arch. de la Congrégation pour l'Évangélisation des Peuples (Vatican) : Rub. 12, n° 603/1921.

[11] *Ibid.*

[12] V. de P. COTTE, *Regardons vivre une tribu malgache : les Betsimisaraka*, Paris, 1947.

refuser cette reconnaissance. En 1902, les élections furent très défavorables à l'Église et l'anticléricalisme se donna libre cours. Deux éléments vinrent renforcer la politique anti-congréganiste du Gouvernement : vu le nombre de congrégations présentes de fait en France, la procédure de reconnaissance aurait demandé des années de travail à l'administration ; et surtout le nouveau président du Conseil, Émile Combes, nourrissait des sentiments particulièrement hostiles envers l'Église catholique. De plus, en s'attaquant aux religieux, le Gouvernement voyait un moyen sûr d'aboutir à une rupture avec Rome et à une dénonciation unilatérale du concordat de 1801.

À *Bonlieu* [13], les conséquences de la loi contre les Congrégations se firent sentir dès le mois de septembre 1901. Les moniales trouvèrent alors refuge en Belgique, près de l'abbaye de Grimbergen, dans un château de la famille de Mérode, abandonné depuis des années. À peine arrivées, encouragées et aidées par les Prémontrés de Grimbergen, elles se mirent au travail pour rendre habitable cette vieille demeure. Pour prévenir toute spoliation, Mère Marie de la Croix vendit, par procuration donnée au curé Revol, l'ensemble de ses biens à Monsieur Raymond de Loye. En 1904, ce dernier parvint à acheter la chapelle latérale de la Basilique qui faisait office d'église paroissiale, et construisit une nouvelle église à l'usage de la paroisse, comme cela avait été stipulé lors de l'achat du monastère par Mère Marie de la Croix. Par la suite, et en mettant à profit la loi française sur les associations, les biens passèrent à une société reconnue par l'État.

Le 16 janvier 1905, Mère Marie de la Croix mourut. Mgr Heylen et tous les abbés de la circarie de Brabant assistèrent à ses funérailles. Quelques années plus tard, le chanoine Revol, curé de Bonlieu, la rejoignit. Il se fit inhumer dans la basilique, dans le mur latéral près du maître-autel, en face du sépulcre de soeur Rose.

Il fallut attendre 1933 pour que les Norbertines puissent revenir à Bonlieu. Parties de France au nombre de 25, elles revenaient à Bonlieu au nombre de 22. Ici encore, avec une ardeur renouvelée, elles se mirent au travail pour redonner à leur monastère son caractère. À leur retour en France, les soeurs rentrèrent sous la juridiction de l'évêque de Valence, et furent placées sous la direction spirituelle de l'abbé de Frigolet.

La communauté de *Frigolet*, expulsée de son abbaye, trouva refuge dans l'ancienne abbaye de Leffe à Dinant en Belgique, achetée au diocèse

---

[13] H. VAN HEESCH, « Bonlieu », *Analecta Praemonstratensia*, t. XXXII (1956), p. 154-163.

de Namur dont le Prémontré Mgr Heylen était l'évêque. Le 8 avril 1903, le commissaire de Tarascon dans les Bouches-du-Rhône notifiait au Père Godefroid Madelaine, abbé de Saint-Michel de Frigolet, la dissolution de sa communauté en vertu de la loi du 1er juillet 1901. Le 10 avril, les autorités civiles apposaient les scellés sur l'immeuble. Le Père Xavier de Fourvière raconte le départ dans une lettre adressée à sa soeur, le 15 avril 1903 :

> « Mercredi 15 avril 1903. Départ avec les confrères de Frigolet à 14h30. Ovation des Avignonnais. Tout le monde est ému, triste et joyeux à la fois. Heureux sommes-nous et fiers d'être, comme saint Paul, réputés la balayure du monde et d'avoir à souffrir quelque chose pour l'amour de Jésus-Christ ! [...] On gasconne, on rit, on parvient à faire sourire notre bon père-abbé qui a besoin, le pauvre, de se distraire » [14].

L'arrivé à Leffe fut des plus cordiales, mais l'ancienne abbaye n'était nullement prête à accueillir une communauté. Le Père Augustin Chaix qui termina ses jours, nonagénaire, à l'abbaye de Frigolet au début des années 70, était l'ultime survivant de cet exil et un passionnant conteur de ses souvenirs :

> « Dès notre arrivée, nous avons mis toute notre ardeur à organiser la maison afin de la rendre habitable, car nous étions arrivés dans un vrai chantier de démolition et de transformation [...] Quand la communauté à peu près fut logée, on songea à édifier une chapelle. Jusqu'alors on s'était contenté d'une grande salle assez belle mais insuffisante pour nos messes solennelles et surtout pour y recevoir les fidèles. L'aile du Nord de l'ancienne abbatiale, qui était une vaste grange, fut choisie pour être transformée en chapelle [...] On plaça sur les murs les beaux tableaux de Mignard que nous avions enlevés des boiseries de Notre-Dame du Bon Remède et qui certainement auraient disparu après notre départ de Frigolet. Les stalles de l'ancienne chapelle de Saint-Michel qui nous avaient suivis garnirent le choeur [...] De plus nous avions fait venir toute notre sacristie, ses ornements et vases sacrés qu'on avait soustraits au séquestre et cachés dans une famille dévouée de Maillane qui nous les avait soigneusement gardés. Le Gouvernement belge les avait exonérés des frais de douane [...] L'ancienne grange de Leffe avait disparu, parée et ornée comme une épouse, elle prit l'allure de la maison de Dieu » [15].

La communauté en exil allait devoir souffrir des rudes conséquences de l'invasion de la Belgique par les Allemands. Le 15 août 1914, la bataille s'engagea à Dinant. Après avoir été repoussés par l'armée française, les Allemands envahirent la ville, le 21 août. Entre le 22 et le 24 août, 674 civils furent exécutés, et 950 maisons livrées aux flammes. Un père et un frère furent tués, tandis que les religieux chassés de l'abbaye étaient emprisonnés dans l'école régimentaire. Le 28 août, dix-sept religieux dont l'abbé allèrent grossir les colonnes de prisonniers en partance pour

---

14 Arch. de l'abbaye de Frigolet : X. de FOURVIÈRE, *Moun Journau*, 15 avril 1903.

15 A. CHAIX, « Les Pères prémontrés de Frigolet en exil », *Le Petit-Messager de Notre-Dame du Bon Remède*, novembre-décembre 1966.

l'Allemagne. Les prisonniers firent halte à Marche, dans le Luxembourg. Là, ils retrouvèrent les Carmes de Tarascon, en exil dans cette ville. L'Autorité allemande les y constitua prisonniers sur parole. Le 24 septembre suivant, le général von Lonchamp leur rendit la liberté. La communauté se réfugia chez les Bénédictins de Chèvetogne et y demeura jusqu'en décembre.

Le Père Adrien Borelly, prieur, se rendit à Leffe pour constater l'état des lieux. L'abbaye avait été temporairement transformée en prison pour 1.800 femmes. Quelques jours après, la communauté regagna Leffe. De soixante religieux partis de Frigolet en 1903, il ne restait que trente survivants en 1919. Le Père Adrien Borelly nouvellement élu abbé réinstalla sa communauté en Provence en 1920. Le Père Léon Perrier, futur abbé de Frigolet, demeura à Leffe comme gardien jusqu'à son élection abbatiale en 1928. A cette date, il fut remplacé par le Père Adrien Borelly démissionnaire.

En décembre 1930, Leffe fut officiellement cédée à l'abbaye de Tongerlo qui lui rendit son statut d'abbaye *sui iuris*. Ainsi la nouvelle abbaye de Leffe devint-elle abbaye-fille de Tongerlo.

L'abbé de *Mondaye* [16], Joseph de Panthou, s'adressa à Mgr Heylen qui n'accueillit pas moins de cent communautés françaises dans son diocèse. Il trouva pour accueillir les exilés le prieuré de Bois-Seigneur-Isaac, près de Braine-l'Alleud, au diocèse de Malines, célèbre pour le miracle eucharistique survenu le 4 juin 1405. À la Révolution, la maison avait été dévastée et le cloître abattu. Restaient la porte monumentale, les bâtiments réguliers, le presbytère et surtout la chapelle. Le baron Snoy céda les bâtiments pour 40 000 francs et la chapelle par bail emphytéotique, ne mettant pour condition que la nationalité belge du chapelain. Le Père Hubert, de Grimbergen, accepta ce poste et le cardinal Goossens, archevêque de Malines, approuva l'ensemble des opérations.

Les Prémontrés de *Nantes*, expulsés eux aussi, vinrent rejoindre en Belgique leurs confrères de Mondaye et contribuèrent à la reconstruction d'une aile du cloître. L'abbé Willekens, accablé par l'âge et les infirmités, continua jusqu'à sa mort, survenue en 1908, à habiter à Grimbergen et ne venait à Bois-Seigneur-Isaac qu'à l'occasion des vêtures et des professions. Les religieux se dédièrent beaucoup à la prédication, tant en Belgique qu'en France tout au long de leur exil, et ce, jusqu'à la déclaration de guerre de 1914. À ce moment-là, le Père de Panthou, élu abbé en 1908, après la mort du Père Willekens, se trouvait en France pour une tournée

---

[16] F. PETIT, « Mondaye dans la tourmente », *Le Courrier de Mondaye*, n° 160 (1991), p. 14-17 ; n° 161 (1992), p. 17-19.

de prédication. C'est là que la mobilisation le surprit. Mal remis d'une maladie contractée au cours de l'année, il mourut quelques jours plus tard chez les Norbertines du Mesnil-Saint-Denis et repose dans leur cimetière. La communauté élut alors le Père Exupère Auvray comme abbé. Ce dernier reçut la bénédiction abbatiale des mains du cardinal Mercier, archevêque de Malines.

En 1914, tous les religieux mobilisables regagnèrent leur régiment. Après la fin des hostilités et la signature de la paix, les Prémontrés qui s'étaient battus pour la France, élaborèrent le projet de rentrer à Mondaye. Il fallait toutefois montrer une grande prudence. Le jubilé prémontré de 1920 ne fut pas célébré à Mondaye, mais à Vire, du 30 juin au 1er juillet, et fut entièrement consacré à l'eucharistie, en présence du cardinal Amette, archevêque de Paris, et de Mgr Grente, évêque du Mans. Une autre célébration prit place à Bois-Seigneur-Isaac, les 12, 13 et 14 septembre, suivie d'une troisième, le dimanche de la solennité de saint Martin, dans l'ancienne abbaye Saint-Martin de Laon, qui avait été la deuxième église de l'ordre. Ces cérémonies qui attiraient un grand concours de peuple, remettaient au premier plan et devant l'opinion publique l'existence des religieux et la nécessité de les faire revenir en France, de leur injuste exil.

Du côté des religieux, l'unanimité n'était pas acquise : certains se trouvaient bien en Belgique, d'autres préconisaient l'établissement de l'abbaye à Vire dans la partie la plus chrétienne du diocèse de Bayeux, d'autres proposaient d'utiliser les dommages de guerre pour construire une nouvelle résidence à Prémontré. L'abbé prit sa décision après mûre réflexion : le retour se ferait à Mondaye. Il demanda conseil au préfet du Calvados, qui lui répondit :

« Vous ferez une demande d'autorisation. On n'y répondra pas et vous vous installerez. On vous attaquera dans les journaux et vous ne répondrez pas. Il sera bon, les premiers temps, si vous sortez en groupe, de prendre une soutane noire » [17].

Au mois de juillet 1921, les premiers religieux arrivaient à Mondaye, accueillis par le curé Quesnot, et entreprenaient de remettre l'abbaye en état. Les Pères de Nantes regagnèrent leur ville, d'autres demeurèrent à Bois-Seigneur-Isaac dont la paternité fut cédée à l'abbaye d'Averbode. Aussi la communauté qui rentra à Mondaye était-elle fort réduite : huit religieux en tout et pour tout. Heureusement, les candidats se pressaient relativement nombreux au noviciat, et l'avenir de la communauté put être assuré.

---

[17] F. PETIT, « Mondaye dans la tourmente », *Le Courrier de Mondaye*, n° 161 (1992), p. 18.

Ainsi l'exil auquel furent soumis les Prémontrés des deux abbayes françaises contribuèrent à restaurer l'ancienne abbaye de Leffe et à donner une vie nouvelle au sanctuaire de Bois-Seigneur-Isaac, comme l'exil de 1880 avait été l'occasion pour l'abbaye de Frigolet de fonder le prieuré de Storrington en Angleterre.

Extension de l'ordre en Europe occidentale

En Allemagne, l'abbaye tchèque de Teplá racheta, en 1921, au Gouvernement l'ancienne abbaye bavaroise de Speinshart, supprimée en 1803, et lui redonna vie. Après la Deuxième Guerre mondiale, l'abbaye de Speinshart qui était devenue autonome en 1944, accueillit de nombreux confrères allemands de l'abbaye de Teplá, chassés de Bohême.

En 1923, l'abbaye hollandaise de Berne racheta l'abbaye de Windberg en Bavière. L'année suivante, le Saint-Siège restaurait canoniquement cette maison qui appartint jusqu'en 1937 à la circarie du Brabant, puis passa sous la juridiction immédiate de l'abbé général, avant de rejoindre la nouvelle circarie de langue allemande, et de retrouver un abbé en 1994. La dernière élection abbatiale remontait à 1799. L'abbaye de Windberg tenta en 1948 de restaurer l'ancienne abbaye de Roth. Depuis le début des années 80, elle a repris l'ancienne abbaye souabe de Roggenburg que les abbayes d'Averbode et de Teplá avaient tenté en vain de restaurer, respectivement en 1924 et 1932.

L'abbaye allemande de Hamborn dans le diocèse de Essen, supprimée en 1806, et dont les bâtiments furent détruits au cours de la Deuxième Guerre mondiale, fut restaurée comme prieuré *sui iuris* en 1959. Le 20 mai 1960, le pape Jean XXIII éleva l'église paroissiale dédiée aux saints Jean-Baptiste et Jean l'Évangéliste à la dignité de prévôté. Cette communauté prospère a retrouvé son statut d'abbaye lors du chapitre général de 1994.

Enfin, l'abbaye autrichienne de Geras a récemment établi un prieuré dépendant à Fritzlar.

En France, l'abbaye de Mondaye a ouvert au cours des dernières décennies un certain nombre de prieurés dépendants : en 1957, le prieuré de Saint-Sulpice de Noisy-le-Grand en Seine-Saint-Denis [18] ; le 1er octobre 1979, le prieuré Saint-Pierre de Caen, qui est un centre pastoral ; le 26 août 1986, le prieuré Notre-Dame de Pau - Accous qui dessert, outre la paroisse Notre-Dame de Pau, une dizaine de paroisse de la Vallée d'Aspe.

---

[18] « Noisy-le-Grand, un prieuré prémontré aux portes de Paris », *Le Courrier de Mondaye*, n° 159 (1991), p. 9-10.

Le 26 avril 1992, l'abbaye de Mondaye prenait le relais de l'abbaye de Frigolet au prieuré de Sainte-Foy de Conques où les Prémontrés sont présents depuis 1873 [19]. En juillet 1994, la communauté s'est implantée auprès des Norbertines du monastère Sainte-Anne de Bonlieu dans la Drôme [20]. L'abbaye de Mondaye tient en outre le prieuré San Pietro in Vincoli à Rivalba dans le diocèse de Turin en Italie.

Au Danemark, l'abbaye d'Averbode envoya ses premiers missionnaires dès 1904. Il s'établirent à Vejle, à la demande de Mgr Jean von Euch, vicaire apostolique pour le Danemark et l'Islande, qui entendait y ouvrir un nouveau poste de mission. Le contrat signé par le vicaire apostolique et par l'abbé Crets, le 23 juillet et le 23 août 1904 [21], par lequel la mission était confiée à perpétuité aux Prémontrés d'Averbode, fut approuvé, le 19 août de la même année par le pape Pie X [22]. Malgré sa condition d'Église minoritaire, l'Église catholique connut dans ce pays, grâce au zèle du vicaire apostolique et des missionnaires, un rayonnement inespéré. Le Père Jacques Olrik en donne le témoignage dans son récit des funérailles du vicaire apostolique, en date du 30 mars 1922 :

« Les funérailles furent une nouvelle victoire, grande et belle pour l'Église en Danemark. Mgr Berning nous avait montré la grande bonté de venir. Jeudi le 23 à 10 heures, l'église de Saint-Ansgaire était remplie outre mesure, et devant la porte, dans la rue, se trouvait une foule de plus de deux mille personnes ; tant tous les journaux avaient écrit de bonnes choses sur feu l'évêque et tant il était aimé des fidèles [...] Plus de cinquante prêtres étaient présents, puis la princesse Aage, le ministre des Affaires étrangères Harald Scavenius, plusieurs membres du corps diplomatique et une grande quantité de représentants des paroisses et des réunions [...] La route de l'église jusqu'au cimetière, à travers tout Copenhague a 5 kilomètres, mais la procession se faisait in forma optima et fut d'une splendeur et d'une grandeur qui s'imposa aux spectateurs très nombreux. Mgr Berning y prenait part tout le temps, une heure et demie, in mantelletta. De tous côtés, l'on nous entourait d'un respect bénin qui étonna et fit grande impression à Mgr Berning. Après, tous les journaux apportèrent de grandes et belles photographies de la procession, chose, dans son espèce inconnue à Copenhague jusqu'à présent [...] La presse a montré une bienveillance surprenante [...] Elle a parlé avec tant de sympathie et de respect, que le journal le plus radical

---

[19] P. GAYE, T. SECUIANU, « Sainte-Foy de Conques », *Le Courrier de Mondaye*, n° 162 (1992), p. 4.

[20] [DAUZET, D.-M.], « Une nouvelle implantation pour les frères de Mondaye : l'abbaye Sainte-Anne de Bonlieu (Drôme) », *Le Courrier de Mondaye*, n° 166 (1994), p. 9-12.

[21] Arch. de la Congrégation pour l'Évangélisation des Peuples (Vatican) : Rub. 105, n° 63445/1904.

[22] *Ibid.*

"Politiken" s'est même moqué des protestants parce qu'ils ne tiennent pas à la transsubstantiation » [23].

Pour se faire une juste idée des difficultés rencontrées par les missionnaires Prémontrés, il faut se rappeler la situation religieuse du Danemark. En 1536, la religion catholique fut proscrite du pays, et toute la population passa au luthéranisme. En 1623, la Congrégation de la Propagande tenta d'évangéliser à nouveau cette région en y envoyant les Dominicains qui n'obtinrent que de maigres résultats. Inclus dans le vicariat apostolique des Missions septentrionales, le Danemark en fut séparé en 1868 pour être érigé en préfecture et successivement, en 1892, en vicariat apostolique. En 1922, sur une population de trois millions d'habitants, les catholiques étaient à peine 20 000. L'Église catholique comptait trente-quatre stations de missions et vingt églises.

Le choix du nouveau vicaire apostolique s'avéra extrêmement délicat. Il convenait d'éliminer tout candidat d'origine allemande ou réputé germanophile. Le nombre de missionnaires allemands présents au Danemark donnait en effet l'impression à la population d'un lien étroit entre l'Église catholique et le « germanisme ». Un vicaire apostolique hollandais ne serait pas mieux accueilli. Les nombreuses consultations entreprises pour la nomination aboutirent à la proposition de nombreux candidats dont aucun ne réunissait les qualités indispensables pour cette délicate mission. Finalement, les cardinaux de la Congrégation de la Propagande fixèrent leur choix sur le Père Louis Brems, Prémontré de l'abbaye d'Averbode, qui fut nommé par décret, le 30 septembre 1922 [24].

Cette nomination, bien accueillie à cause des qualités reconnues du nouveau vicaire apostolique, fut cependant objet de fortes contestations de la part des luthériens et du Gouvernement. En effet, Mgr Brems venait d'être nommé par la Congrégation Consistoriale évêque titulaire de Roskilde, un ancien titre épiscopal que le Gouvernement venait précisément de rétablir pour l'Église luthérienne danoise et pour lequel il était encore à la recherche d'un titulaire. Convoqué par le ministre des Cultes, l'ancien pro-vicaire Olrik raconte [25] :

> « Mardi soir le ministre des Cultes m'a fait demander de venir chez soi. Pour garder la dignité de notre sainte Église en même temps que je voulais avoir égard à lui comme membre du Gouvernement, j'ai téléphoné à lui que je voulais bien venir, mais j'ai demandé de quoi il s'agit, afin que je puisse me préparer. Il répondit que c'était sur le titre "évêque de Roskilde". – Il me reçut aimablement, il parlait poliment et avec beaucoup de calme ; le chef du

---

[23] Arch. de la Congrégation pour l'Évangélisation des Peuples (Vatican) : Rub. 105, n° 1203/1922.

[24] Arch. de la Congrégation pour l'Évangélisation des Peuples (Vatican) : Rub. 105, n° 2949/1922.

[25] Texte original.

département, qui assistait à notre entrevue, montrait au contraire quelquefois de colère. Le Ministre trouva que c'était manque d'égard au Gouvernement de prendre le titre susdit dans les circonstances présentes [...] Quant au titre d'évêque de Roskilde, je disais que nous avions un droit de sept cents ans plus ancien que celui de l'église luthérienne. Enfin je mis en évidence la complète diversité de ce que signifiait le titre d'évêque de Roskilde luthérien et de ce que voulait dire le nôtre, d'ailleurs entièrement fictif. Le ministre émit l'idée que nous puissions prendre le titre "évêque de Boerglum", ancien évêché du Nord en Jutlande, remplacé chez les protestants par Aalborg. Ce serait d'autant plus convenable à Mgr Brems que Boerglum était justement une abbaye prémontrée [...] Après cet entretien, je me rendis immédiatement à Mr H. de Scavenius, ministre des Affaires étrangères jusqu'à il y a un mois. Je voulais demander des conseils à lui qui est un catholique fervent. Il me déconseilla de céder. L'on ne pouvait pas parler de "manque d'égard" car, lui-même il avait au mois de mai ou de juin demandé au prédécesseur de Mr. Appel, Mr J.C. Christensen si le titre "évêque de Roskilde" rencontrerait d'obstacle de la part du Ministère des Cultes, mais Mr. Christensen l'avait nié [...] Plus que (sic) disparaît chez nous l'air étranger de notre sainte Église plus le peuple danois sera attiré à elle. Nous sommes très heureux que notre nouvel évêque est (sic) un homme que nous connaissons bien. Je l'aime beaucoup ; il a toujours été très correct et bon » [26].

Plusieurs prêtres missionnaires au Danemark, anciens élèves du collège romain de la Propagande, conseillèrent de ne pas céder :

« Le prestige du Saint-Siège et de la mission catholique au Danemark perdrait beaucoup, si le Saint-Siège cédait sur cette question. Nos nouveaux convertis surtout exigent hautement qu'on ne permette pas aux autorités civiles de s'arroger – contrairement à la loi fondamentale du royaume – des pouvoirs relativement à l'Église catholique » [27].

Monseigneur Brems, né en 1870, consacré par le cardinal Mercier en l'église abbatiale d'Averbode, le 25 janvier 1923, gouverna l'Église du Danemark jusqu'à sa démission en 1938. Il mourut à Louvain le 5 avril 1958. À son exemple, les Prémontrés d'Averbode poursuivent leur mission au service de l'Église catholique au Danemark.

En Irlande, quatre cents ans après la suppression de l'ordre de Prémontré dans ce pays, l'abbaye de Tongerlo fonda en 1924, à la demande de l'évêque de Kilmore, Mgr Finegan, l'abbaye de Kilnacrott. Établie dans le comté de Cavan, la nouvelle communauté qui comprenait à l'origine seulement deux religieux, célébra l'office divin intégral au chœur à partir de 1926.

---

[26] Arch. de la Congrégation pour l'Évangélisation des Peuples (Vatican) : Rub. 105, n° 3392/1922.

[27] Arch. de la Congrégation pour l'Évangélisation des Peuples (Vatican) : Rub. 105, n° 3380/1922.

En 1929, la communauté, sous la conduite du prieur Cuthbert Ryan, ouvrit un juvénat dans l'espoir d'en obtenir des vocations. Après le déclenchement de la Deuxième Guerre mondiale, les novices n'eurent plus la possibilité de fréquenter le noviciat de Tongerlo. Aussi, ouvrit-on un noviciat sur place et la première vêture eut lieu en 1942. Comme il s'agissait d'une fondation *ex nihilo*, la communauté entreprit, en 1949, la construction de ce qui devait être une grande abbaye. Les travaux durèrent jusqu'en 1952, puis furent arrêtés pour des raisons financières et le projet de construction n'a jamais été mené à son terme. En 1954, le prieuré fut érigé en abbaye [28].

En 1959, Kilnacrott fonda le prieuré d'Annan en Écosse, puis en 1959 celui de Queen's Park dans le diocèse de Perth en Australie. Cette communauté est aujourd'hui quasi-autonome et se consacre au travail paroissial ainsi qu'à l'enseignement dans un collège secondaire mixte annexé au prieuré.

L'extension hors d'Europe

Outre la fondation de Queen's Park en Australie, l'ordre de Prémontré a continué à se développer aux États-Unis, en Afrique, et il s'est implanté en Inde et en Amérique Latine.

Dans les Amériques, la communauté de De Pere allait connaître une grande prospérité, tant sur place que dans ses fondations, dans le domaine de l'éducation comme dans celui des communications sociales. Ses forts effectifs allaient lui permettre d'établir des fondations nouvelles en Amérique Latine.

Le 28 septembre 1898, la communauté conduite par le Père Pennings devint prieuré canonique, avant de recevoir son autonomie par rapport à l'abbaye-mère de Berne, le 5 novembre 1902. En 1903, l'abbé général érigeait le noviciat de De Pere. En 1912, neuf autres religieux de l'abbaye de Berne rejoignirent les premiers pionniers.

Le 10 février 1925, le prieur Pennings fut nommé premier abbé de l'abbaye Saint-Norbert de De Pere. Il gouverna sa communauté jusqu'à sa mort, survenue le 7 mars 1955. Vu le grand nombre des religieux, plus de 200, on commença, le 9 juin 1956, les travaux de construction d'une nouvelle abbaye plus spacieuse. L'inauguration eut lieu le 1er février 1959, et la première abbaye devint alors Prieuré Saint-Joseph. Aujourd'hui, la communauté de l'abbaye de De Pere compte plus de 110 religieux.

---

[28] « Erectio prioratus Kilnacrott in abbatiam », *Analecta Praemonstratensia*, t. XXXI (1955), p. 168-169.

Le 12 juillet 1934, les Prémontrés obtinrent la permission d'établir une fondation permanente dans l'archidiocèse de Philadelphie, permission confirmée par le Saint-Siège, le 24 janvier 1935. Pendant quinze ans, les religieux vécurent dans une maison de l'archidiocèse, se consacrant à la *Southeast Catholic High School*. Le 3 décembre 1953, l'archevêque John O'Hara, C.S.C., permit l'ouverture d'un noviciat qui, avec l'autorisation du Saint-Siège, en date du 4 avril 1954, fut immédiatement érigé. En 1963, le prieuré de Daylesford devint la première maison-fille de l'abbaye de De Pere. La même année, l'abbé Killeen entreprit les démarches pour que la jeune mais prometteuse communauté devînt canonie indépendante. Elle fut érigée en abbaye au mois de janvier 1971.

En 1963, l'abbé Killeen fonda à Lima, au Pérou, la *Misión San Norberto*. Aujourd'hui encore, au milieu des tribus indiennes s'élève la paroisse Sainte Clotilde avec ses 16.000 membres dispersés en soixante-dix communautés éparses sur les rives de la Napo River. Six jours de barque sont nécessaires pour aller d'une extrémité à l'autre de la paroisse. Malgré les conditions troublées qui affectent le pays depuis des années, les Prémontrés sont demeurés au milieu de leurs fidèles, afin de maintenir une présence qui fortifie l'espérance des pauvres. L'oeuvre d'évangélisation va de pair avec une réflexion à la lumière de l'Évangile, sur les conditions de vie du peuple, et elle conteste ce qui est inhumain dans les cultures. D'autre part, les religieux cherchent à développer les valeurs culturelles autochtones positives, spécialement le sens de la communauté, comme voies privilégiées pour la pénétration du message évangélique.

En 1964, l'abbaye de De Pere fonda le prieuré Saint-Michel à Green Bay, et la maison d'études *Holy Spirit* dans la ville de Chicago. Le 8 septembre 1985, l'abbé Mackin inaugurait le nouveau prieuré *Santa Maria de la Vid* à Albuquerque au Nouveau Mexique. Le 9 septembre 1990, De Pere établit quelques confrères dans le prieuré *St. Moïse the Black* à Jakson dans le Mississippi.

En 1925, les Prémontrés commencèrent l'apostolat à travers la radio, avec la fondation de la Station WHBY, associée en 1936 avec la *Columbia Broadcasting System* (CBS). En février 1939, la radio des Prémontrés fut dotée d'un émetteur de 5.000 watts. En un second temps, les religieux reçurent l'autorisation de construire un édifice destiné à abriter le premier émetteur de télévision de la région, qui commença à émettre au mois de mars 1959, sous le nom de Canal WBAY-TV.

Récemment, l'évêque de Green Bay, Mgr Robert Morneau, écrivait dans un hebdomadaire catholique : « Ce que les Prémontrés ont offert à notre diocèse peut se résumer en ces quelques paroles : les Prémontrés ont rendu le Christ présent au milieu de nous par le témoignage de leur vie religieuse ». Aujourd'hui, les Prémontrés de De Pere vivent dans la fidélité à l'héritage laissé par leurs lointains prédécesseurs qui répondirent avec générosité et courage à l'appel de l'Église catholique américaine. Le Centenaire de leur fondation, qui est avant tout un immense remerciement au Seigneur pour toutes les grâces reçues au cours de ces cent premières années, est aussi une célébration de l'espérance, à la veille du IIIᵉ millénaire.

L'abbaye belge de Tongerlo fonda en 1949 un prieuré à Saint-Bernard-de-Lacolle au Canada. Celui-ci, transféré à Saint-Constant en 1968, est devenu indépendant en 1972. Tongerlo entreprit au Chili une fondation en 1966, dans les diocèses de Concepción et Santiago. La communauté a été érigée en maison canoniquement formée, le 10 décembre 1979.

Lorsque le régime communiste supprima la vie religieuse en Hongrie, plusieurs religieux de l'abbaye de Csorna parvinrent à quitter le pays et à s'installer aux États-Unis. Après plus de dix ans d'incertitudes, ils résolurent de se fixer dans le diocèse de Los Angeles. Il fallut attendre encore de longues années pour voir arriver les premiers postulants. Sous le nom de Saint-Michel d'Orange, la communauté fut reconnue en 1961 comme siège de la communauté de Csorna établie aux États-Unis. Le 6 juin de la même année, la Congrégation des Religieux érigeait canoniquement un « noviciat dans l'abbaye de Csorna à Orange, Californie ». Vu son développement et surtout le peu d'espoir de voir l'abbaye hongroise reprendre vie, la communauté d'Orange fut érigée, le 5 mai 1975 en prieuré *sui iuris*. Le recrutement continua sur un rythme élevé, ce qui permit d'élever le prieuré à la dignité d'abbaye, le 15 août 1984.

En Inde, les Prémontrés de l'abbaye hollandaise de Berne fondèrent leur mission en 1923. Depuis deux ans, l'abbé E. Hubert van den Berg tentait d'obtenir de la Congrégation de la Propagande l'octroi d'une terre de mission. En fait, l'affaire commença mal, ou du moins par un malentendu. L'abbé avait écrit au préfet de la Congrégation de la Propagande pour lui demander expressément une mission dans l'île de Java, et se désolait de ne pas recevoir de réponse. Contrit de cette fausse manoeuvre, il prit la plume, le 5 février 1921, et écrivit à nouveau au préfet de la Congrégation de la Propagande, le cardinal van Rossum, lui dévoilant maladroitement les accusations que l'on aurait pu lui retourner :

> « Lors de notre demande précédente adressée à Votre Éminence, pour obtenir une mission pour notre abbaye, nous avons apparemment mal exprimé nos intentions, si du moins il nous fut exactement communiqué ce que Votre Éminence aurait dit concernant cette demande. Nous exprimons nos sincères regrets à ce sujet et nous prions Votre Éminence de considérer ce qui nous fit donner la préférence à Java seulement comme un avis de Mgr Hermus et une manière de voir de notre part par lesquels nous voulions

uniquement renseigner Votre Éminence sur notre situation pour faciliter à Votre Éminence le choix d'un territoire et nullement pour donner notre préférence à une mission au milieu d'une population civilisée ou au moyen de l'érection d'un collège. Avec le plus profond respect nous prions Votre Éminence de nous donner la mission qu'Elle jugera pour nous apte et fructueuse » [29].

En fait la lettre s'était perdue soit en route soit dans les bureaux romains. Le 28 février, le cardinal van Rossum lui répondit [30] que la lettre n'avait pu être retrouvée dans le protocole de la Congrégation, et l'invitait à faire un nouvel envoi.

Chose dite chose faite, une nouvelle lettre, du 17 mars 1921, signée de l'abbé et du prieur M. Ondersteyn partait bientôt de Berne pour Rome :

« Très Saint Père, notre abbaye de Berne, de l'ordre de Prémontré en Hollande, uniquement préoccupée de procurer par tous les moyens le salut éternel des âmes, et n'oubliant jamais la devise de notre ordre de Prémontré : "Prêt à toute oeuvre de bien", désire beaucoup se consacrer à la Mission et à prêcher, dans la mesure de ses forces l'Évangile à ceux "qui sont assis dans les ténèbres et à l'ombre de la mort". En conséquence, l'abbé de ladite abbaye de Berne, E. Hubert van den Berg, humblement prosterné aux pieds de Votre Sainteté, demande que Vous daigniez assigner à notre abbaye un territoire où, avec l'aide de la grâce de Dieu, elle pourra travailler à la plus grande gloire de Dieu et pour le salut des âmes. Et que Dieu... De Votre Sainteté le très humble et obéissant fils dans le Christ... » [31].

Le 7 mai 1921, le cardinal van Rossum se renseignait en vue d'une nouvelle division du territoire ecclésiastique de Java [32], et le 5 novembre suivant, il faisait part de sa disponibilité à accueillir l'offre de l'abbaye de Berne et à lui confier un territoire dans l'île. Il demandait auparavant à l'abbé de lui indiquer le nombre de missionnaires que l'abbaye pouvait envoyer dès le commencement, leurs caractères, leurs possibilités, leurs qualités physiques et morales, lequel d'entre eux serait susceptible de gouverner la mission et pourrait ensuite être nommé supérieur [33].

Le 29 novembre 1921, l'abbé répondait qu'il ne pouvait envoyer que trois missionnaires, un quatrième, doté des qualités requises, ayant été jugé inapte par un médecin.

---

[29] Arch. de la Congrégation pour l'Évangélisation des Peuples (Vatican) : Rub. 125, n° 412/1921.

[30] *Ibid.*

[31] Arch. de la Congrégation pour l'Évangélisation des Peuples (Vatican) : Rub. 125, n° 815/1921.

[32] Arch. de la Congrégation pour l'Évangélisation des Peuples (Vatican) : Rub. 125, n° 1333/1921.

[33] Arch. de la Congrégation pour l'Évangélisation des Peuples (Vatican) : Rub. 125, n° 815/1921.

« ... Le Révérend Père Ignace Dubbelman, 26 ans, excellent prêtre et religieux, né de famille honnête, jouissant d'une très bonne intelligence et d'une forte santé, me semble un missionnaire qui donne de bonnes espérances. Le Révérend Père Gérard Majella Laan, lui aussi de famille honnête, est un très bon religieux, d'intelligence moyenne, très studieux, et doté de bonnes qualités. Âgé de 28 ans, pourrait devenir prêtre d'ici à quelques mois, et il jouit d'une bonne santé. On enverra un frère laïc qui est un jeune modeste et de moeurs austères, bon religieux et de solide santé. Le Révérend Père Dubbelman me semble le plus apte à gouverner la mission, et susceptible, le cas échéant, d'être nommé par la suite supérieur. D'ici à deux ans, par la grâce de Dieu, outre les religieux susnommés, et si c'est opportun et nécessaire, deux autres prêtres et un ou deux frères laïcs pourront être envoyés. Puis, après encore deux années, un prêtre qui est porteur de bons espoirs pourrait être encore envoyé. De la sorte, d'ici à cinq ans, si aucun incident imprévu ne se produit, nous pourrons disposer au moins de cinq prêtres et de deux ou trois frères convers pour la mission » [34].

Ceci permettrait d'admettre d'éventuels postulants dès le commencement de la mission.

La discrétion étant de mise dans ce genre de tractations, la Congrégation de la Propagande se montra irritée, lorsqu'elle apprit que les journaux hollandais faisaient état de l'établissement de nouvelles missions dans l'île de Java. Le cardinal van Rossum écrivit, le 30 novembre 1921, à l'abbé de Berne, pour lui rappeler de maintenir le secret absolu sur les affaires de la Congrégation de la Propagande [35].

L'affaire s'arrangea et les Prémontrés partirent en mission. En 1929, ils commencèrent à travailler sur le territoire de l'actuelle Union indienne, dans la préfecture apostolique de Jabbalpur dont le Père Ignace Dubbelman fut nommé préfet. Il n'est pas dénué d'intérêt de voir comment dans un pays lointain, isolés de leur confrères d'Europe, les Prémontrés missionnaires en Inde célébrèrent, en 1934, le huitième centenaire de la mort de saint Norbert. Le Père Dubbelman publia une lettre pastorale qui montre à quel point les Prémontrés des Indes vivaient dans une fidélité exemplaire à leur fondateur et à leur ordre.

Après avoir rappelé les canonisations faites par Pie XI au cours de ses douze premières années de pontificat, canonisations de chrétiens du XIXe siècle surtout, le Père Dubbelman exhorte ses fidèles à ne pas oublier les saints des temps anciens. Les centenaires sont faits précisément pour ne pas perdre le souvenir des saints, et l'Église conseille aux ordres religieux, aux pays et aux villes de fortifier leur souvenir des bienfaits reçus par leur intermédiaire.

---

[34] Arch. de la Congrégation pour l'Évangélisation des Peuples (Vatican) : Rub. 125, n° 3761/1921.

[35] Arch. de la Congrégation pour l'Évangélisation des Peuples (Vatican) : Rub. 125, n° 815/1921.

« Saint Norbert est vraiment une personne remarquable dans l'histoire de la Chrétienté et bien que son nom et son oeuvre soient tombés dans l'oubli, les historiens actuels conviennent que sa personne et son ordre eurent une grande influence dans l'histoire de l'Église de son temps » [36].

Et le préfet apostolique de relever les traits caractéristiques de saint Norbert. Il fut en premier lieu apôtre du Saint-Sacrement, puis réformateur du clergé et des laïcs, défenseur des droits de l'Église, et missionnaire préoccupé de la conversion des païens. Saint Norbert est surtout celui qui a fondé l'ordre de Prémontré. Par cette fondation, il voit se perpétuer ses travaux et son zèle, et donne à l'Église une nouvelle manière de vivre la vie religieuse. Jusque-là, il y avait le monachisme, dont le Père Dubbelman dit en simplifiant qu'il n'était pas missionnaire, et le clergé séculier chargé du soin des âmes.

« Les historiens savent maintenant combien l'esprit de vie intérieure et le zèle du clergé séculier souffrirent en ces temps perturbés : comment la préparation des candidats aux saints ordres était loin d'être suffisante et satisfaisante et comment, par conséquent, le ministère des âmes était déficient dans son service » [37].

Que proposait saint Norbert pour remédier à cette situation ? D'unir la vie des prêtres séculiers à la vie consacrée des moines, de telle sorte que la préparation aux saints ordres ne s'arrête pas avec l'ordination. Il jugea utile pour les prêtres de vivre sous les voeux de pauvreté, chasteté et obéissance, et sous la conduite de supérieurs religieux.

« Saint Norbert fonda l'ordre des chanoines prémontrés dans l'intention de faire de ses disciples, des prêtres au plein sens du terme, prêts et capables de se vouer à n'importe quelle activité sacerdotale » [38].

Du fond de l'Inde, le Père Dubbelman et ses missionnaires de Berne n'avaient-ils pas pleinement conscience de vivre l'intuition et le charisme de leur fondateur ?

Depuis cette époque et jusqu'à une date récente, les Prémontrés de Berne ont oeuvré en Inde pour l'annonce de l'Évangile et l'assistance aux plus pauvres, notamment à travers l'éducation. Le prieuré aujourd'hui peuplé uniquement de Prémontrés indiens se développe grâce à l'afflux de nombreuses vocations. La communauté dont le siège est à Jamtara, à proximité de Jabbalpur, est depuis le 15 février 1984 une communauté autonome dont dépendent plusieurs maisons : *St Joseph the Worker* de Bombay fondée en 1968, Eravipuram en 1979, Aithal en 1979, Trichy en 1979, Indira-Mirpur en 1980, et Pune en 1988.

---

[36] C. DUBBELMAN, *Pastoral Letter by the Prefect Apostolic of Jubbulpore*, Shubh Chintak Press, Jubbulpore, 1934, p. 1.

[37] *Ibid.*, p. 2.

[38] *Ibid.*, p. 3.

L'abbaye de Tepl-Obermedlingen, formée à l'origine par la partie allemande de la communauté de Teplá chassée de Tchécoslovaquie en 1946, a fondé, en 1979 dans le Kerala, une maison dépendante, composée de religieux indiens de rite syro-malabar, dont la maison Saint-Norbert est établie à Mananthavady, et connaît un rapide développement, grâce à l'abondance des vocations.

2. Un apostolat orienté vers l'éducation, la culture et la charité

Les collèges

Les collèges furent, au XXe siècle comme au siècle précédent en Europe centrale, un des moyens privilégiés d'apostolat des Prémontrés dans leur ensemble. Que l'on songe au collège de Pirapora au Brésil, fondé par l'abbaye d'Averbode en 1897, au collège Saint-Michel de Braschaat en Belgique tenu par la même abbaye depuis 1931, à celui de l'abbaye de Berne fondé au commencement du siècle en Hollande, à celui de l'abbaye de Teplá à Plzeň en Bohême supprimé par l'État en 1925, à celui de Magnovarad dans l'actuelle Roumanie, aux collèges de Kassa, Rosznyó, Nagyvárad et Gödölló en Hongrie, tenus par les Prémontrés de Jasov depuis les années 20 et supprimés par le régime communiste, on constate dans l'ordre de Prémontré un vif désir de se vouer à l'éducation de la jeunesse. Le collège de Gödölló, comme celui de l'abbaye de Csorna à Szombathely ont heureusement rouvert leurs portes depuis quelques années.

C'est cependant surtout au États-Unis où le réseau de l'enseignement privé est extrêmement puissant, que les collèges prémontrés se sont développés.

Depuis la fondation de leur communauté, les Prémontrés de De Pere se consacrent à l'éducation de la jeunesse. Douze jours après leur arrivée, les Prémontrés créèrent dans une salle de leur prieuré le *St. Norbert College*. Trois des quatre premiers étudiants devinrent les premiers Prémontrés américains. En 1903, les bâtiments de *Main Hall*, la partie la plus ancienne de l'actuel Collège, fut bénite par l'évêque Messmer. En 1948, furent inaugurés les premiers cours d'exercices spirituels sous la conduite du célèbre évêque-prédicateur Fulton J. Sheen. En 1932, l'abbaye de De Pere fonda l'*Archmere Academy* à Claymont Delaware. En 1959, pour répondre à la demande de nombreux parents, les Prémontrés durent entreprendre la construction d'un nouveau Collège, *Abbot Pennings High School*, qui sous le gouvernement de l'abbé Silvester Killeen, se développa rapidement. En 1989, les diverses institutions éducatives des Prémontrés de De Pere furent réunis sous le nom de *Notre Dame de la Baie Academy*.

L'abbaye de Daylesford tient l'*Archmere Academy* fondée en 1932 à Claymont Delaware, ainsi que la *St. John Neumann High School* à Philadelphie. Pour sa part, l'abbaye Saint-Michel d'Orange tient la *St. Michael's College Preparatory High School* et le collège *Santa Ana* depuis 1957.

Des témoins privilégiés

Les Prémontrés qui illustrèrent au XXe siècle, dans des domaines divers et chacun avec son charisme, l'idéal de saint Norbert, furent particulièrement nombreux. Le cadre par trop restreint du présent ouvrage interdit de tous les citer, et a fortiori de les évoquer de façon exhaustive. Aussi avons-nous dû nous limiter à donner quelques aperçus, nécessairement incomplets voire fragmentaires, en retenant certains témoins privilégiés, susceptibles d'éclairer l'histoire et la spiritualité de l'ordre de Prémontré au XXe siècle.

Monseigneur *Thomas-Louis Heylen* et les Congrès eucharistiques, un homme et une institution étroitement liés pendant près d'un demi-siècle ! Né le 5 février 1856 à Casterlé-lès-Tournai, décédé à Namur le 27 octobre 1941, il fit ses études au collège des Jésuites de Tournai, entra à l'abbaye de Tongerlo le 25 août 1875, et fut ordonné prêtre le 11 janvier 1881. Envoyé étudier à Rome, il en revint docteur en philosophie, théologie et droit canonique [39]. À peine revenu dans son abbaye, il en fut élu abbé en 1887. Il participa aux chapitres généraux de 1889 et 1898 et y joua un rôle de premier plan. Il fut nommé évêque de Namur, le 23 octobre 1899, à peine âgé de 43 ans.

Homme intérieur et profondément prémontré, Mgr Heylen orienta tout son épiscopat vers l'approfondissement de la piété de ses fidèles et veilla à éveiller en eux le sens de l'apostolat. Son enseignement, sa pratique pastorale, ses préoccupations, son action dans le sens le plus large, tout fut alimenté par l'eucharistie et centré sur l'eucharistie, dont il fit la source de son apostolat et le but ultime de son épiscopat. La dévotion eucharistique, loin d'être pour lui un simple exercice de piété, devait être l'âme d'une action apostolique et politique.

Cet homme né au milieu du XIXe siècle allait donner sa pleine mesure au siècle suivant, à la tête des Congrès eucharistiques internationaux dont il assuma la présidence à partir de 1901. En décembre 1913, il déclarait à l'assemblée générale de la Protection de la jeune fille :

---

[39] A. SIMON, « Heylen (Thomas-Louis) », *Biographie nationale belge*, t. XXXII (1964), col. 295-299.

« En ma qualité de président des Congrès eucharistiques, je tiens à le redire, je veux tout ramener à l'eucharistie. Le secret du succès, vous le trouverez dans l'eucharistie. La force du Dieu-Hostie vous soutiendra » [40].

Missionnaire ardent, Mgr Heylen voulait que le Christ présent dans l'eucharistie fût mieux connu et glorifié. Pour cela, il lança un grand mouvement qui aboutit à la création dans toutes les paroisses de son diocèse d'oeuvres eucharistiques soutenues et animées par des Journées eucharistiques.

En 1902, à la veille du congrès eucharistique de Namur, il écrivait à ses diocésains :

« Pendant plusieurs jours, notre ville possèdera l'élite des catholiques et de notre patrie et des nations étrangères ; elle sera honorée de la présence de plusieurs Princes de l'Église, autour desquels se regrouperont les hommes les plus éminents par leur science, leur vertu et leur piété ; elle sera le siège de ces assises solennelles, qui feront mieux connaître, aimer et servir le Dieu de l'eucharistie ; elle sera le théâtre de ces démonstrations grandioses qu'on peut ranger au nombre des plus beaux triomphes du sacrement des autels. C'est aussi une faveur inestimable ! L'histoire de tous les Congrès eucharistiques est là pour prouver que toujours ils ont produit un renouvellement de vie chrétienne et surtout de piété eucharistique. Tous en conviennent : c'est en grande partie à ces solennelles réunions qu'on doit rapporter ces oeuvres d'adoration, de réparation, de gratitude, d'amour envers le Très Saint-Sacrement, oeuvres qui se propagent partout et fleurissent de plus en plus. Ce sont les Congrès encore qui ont donné naissance non seulement aux manifestations les plus éclatantes du culte public et social que le peuple chrétien ne peut, sans manquer à ses devoirs, refuser au divin Sacrement » [41].

Discret mais efficace, travaillant personnellement et non « par procuration », Mgr Heylen demeure toujours un homme humble et effacé. Il prépare les Congrès eucharistiques, mais ceux-ci à peine ouverts, il se retire dans l'ombre et laisse venir sur le devant de la scène les personnalités invitées pour rehausser l'éclat des manifestations. Au terme du congrès de Rome en 1922, Pie XI lui dit en particulier :

« Nous avons été profondément touché de votre zèle, mais Nous n'en avons pas été surpris, car Nous connaissons depuis longtemps l'ardeur avec laquelle vous vous livrez à la noble croisade eucharistique » [42].

L'un des grands triomphes de cette oeuvre fut la célébration du congrès de Londres en 1908, qui vit la participation de 300 000 personnes à la messe célébrée par le cardinal-légat Vannutelli, et un cortège de

---

[40] J.-E. JANSEN, *Monseigneur Thomas-Louis Heylen, évêque de Namur. Son action sociale et religieuse pendant vingt-cinq ans d'épiscopat*, Namur, 1924, p. 68.

[41] *Ibid.*, p. 73.

[42] *Ibid.*, p. 78.

20 000 enfants dans les rues de la Cité. Lors du congrès de Cologne en 1909, Dom Besse rendait un nouvel hommage à l'évêque prémontré :

> « Dans la belle couronne de cardinaux, d'évêques et d'abbés réunis autour du cardinal Vannutelli, on se montre l'évêque de Namur, Monseigneur Heylen, qui préside la Commission permanente des Congrès eucharistiques internationaux. Le succès de ces assemblées est en grande partie son oeuvre. Il les prépare avec le plus grand soin. Le tact avec lequel il préside les réunions est remarquable. Il résume en quelques mots les idées dominantes d'un rapport ou d'un discours ; il met au point une discussion qui menace de s'égarer sans blesser personne. Il pousse la délicatesse jusqu'à parler la langue de l'orateur, qu'il soit français, allemand, anglais ou flamand » [43].

Quelques années avant la déclaration de la Première Guerre mondiale, Mgr Heylen réunissait à Vienne, en 1912, plus de 100 000 fidèles, la plupart Croates, Slovènes, Tyroliens, Tchèques, Hongrois, Polonais et Ruthènes. Les Congrès le portent successivement à Angoulême (1904), Rome (1905), Doornik (1906), Metz (1907), Londres (1908), Cologne (1909), Montréal (1910), Madrid (1911), Vienne (1912), La Valette (1913), Lourdes (1914), Rome (1922), Amsterdam (1924), Chicago (1926), Sydney (1928), Carthage (1930), Dublin (1932), Buenos Aires (1934), Manille (1937), et Budapest (1938) [44]. L'évêque de Namur est désormais connu du monde catholique, mais cette célébrité n'atteint pas sa modestie [45]. Son unique ambition est de réaliser le but des Congrès : glorifier le Christ présent dans l'eucharistie.

> « Tous les congrès sont dominés par une pensée suprême qui à elle seule révèle le résultat prépondérant que les promoteurs cherchent à atteindre : il s'agit de refaire des chrétiens, des chrétiens conséquents, mettant leur vie en harmonie avec leurs croyances ; des chrétien pratiquants, allant puiser, à la source de toutes les grâces, la force d'accomplir leur devoir et de persévérer dans l'effort » [46].

La préparation des Congrès eucharistiques éloignait souvent Mgr Heylen de son diocèse, mais, à peine rentré chez lui, il se remettait à l'ouvrage. Par sa formation prémontrée, il avait acquis une haute conscience de sa responsabilité dans la formation et la sanctification des prêtres. Il s'y consacra notamment par les retraites pastorales, le synode diocésain et les multiples réunions auxquelles il participait familièrement. Préoccupé de la formation de la jeunesse, il consacra beaucoup de temps et

---

[43] *Ibid.*, p. 79.

[44] N.-J. WEYNS, « Heylen, Thomas Ludovicus », *National biografisch woordenboek*, t. VI (1974), col. 461-469.

[45] W. DEKKERS, « Bij het 40 Jarig Bisschopsjubileum van Z. H. Exc. Mgr Th. L. Heylen, Bisschop van Namen, Voortzitter van de Internationale Eucharistische Congressen 1899 - 30 November - 1939 », *Eucharistisch Tijdschrift*, t. XVIII (1939), p. 242-246.

[46] J.-E. JANSEN, *Monseigneur Thomas-Louis Heylen...*, p. 83.

de travail à l'extension du réseau de l'enseignement catholique. Peu enclin aux interventions directes dans le domaine politique, il n'hésita pas un instant à se rendre à Rome pour justifier le cardinal Mercier dont certains membres de la Curie romaine n'appréciaient pas le comportement durant la Première Guerre mondiale. Et lui-même se montra ferme et fidèle patriote lorsque les autorités allemandes vinrent lui demander de recevoir, le 8 février 1915, le roi de Bavière, souverain catholique, dans la cathédrale de Namur :

> « Je suis à la disposition de tous, des rois comme des simples citoyens, mais recevoir le roi de Bavière comme roi en pays occupé, je ne le peux ; dans une cathédrale belge, je ne reçois que le roi des Belges » [47].

Avec Mgr Heylen, nous avons l'excellent exemple d'un Prémontré qui sut tout au long de son existence et dans l'exercice de fonctions variées demeurer avant tout religieux, désireux de suivre saint Norbert qui, en son temps, avait voulu faire de l'eucharistie le coeur de sa vie et le but de son activité missionnaire.

Le Père *Cornelius Van Clé* [48], Prémontré de l'abbaye de Tongerlo, comme Mgr Heylen, fut un remarquable apôtre de la jeunesse et un éducateur zélé, soucieux d'éveiller les jeunes aux valeurs humaines et chrétiennes.

De sa naissance à Meerhout-Zittart le 15 juin 1891, à 1936, année au cours de laquelle il entreprit son apostolat caractéristique dans le domaine sportif, le Père Van Clé mena une existence très active, très marquée par un zèle apostolique hors pair. Excellent élève du collège Saint-Louis de Geel entre 1903 et 1910, il connaît sa première épreuve : mal-entendant, il est refusé par les Missionnaires de Scheut et voit s'effondrer les perspectives d'une vocation missionnaire mûrie depuis des années. Il entre alors à l'abbaye de Tongerlo où il fait profession temporaire le 15 octobre 1912.

Ordonné prêtre par Mgr Heylen en 1910, il est, durant la Première Guerre mondiale, brancardier sur le front. Lors d'une canonnade, il perd complètement l'usage de l'ouïe. Voici un homme que l'infirmité aurait pu enfermer dans un total isolement. Il entreprend une série de ministères où il donne le meilleur de lui-même, sous le signe de l'eucharistie, de l'action catholique avec le futur cardinal Cardijn, dont il devient le coopérateur, et des missions populaires.

---

[47] A. SIMON, « Heylen (Thomas-Louis) », art. cit., col. 298.

[48] W. DEKKERS, « Clé, Cornelius Josephus Alphonsus (gezegd Fons) (kln. Antoon) van, norbertijn van de abdij Tongerlo », *National biografisch woordenboek*, t. VII (1977), col. 148-155.

En 1936, il rencontre par hasard un cycliste. Cet événement qui aurait pu rester anodin, marque les débuts de son activité dans le domaine sportif tant en Flandre qu'en Wallonie. En 1947, il fonde le mouvement *Sporta* dont le but est de promouvoir l'apostolat par le sport, à l'intérieur du sport, et pour les sportifs. Aujourd'hui, le périodique *Sporta* assure au nouveau mouvement un rayonnement qui dépasse les frontières de la Belgique et nombre de contacts internationaux.

Le Père Van Clé assigne à *Sporta* un double but : promouvoir et encourager l'éducation physique et la pratique saine du sport aux niveaux professionnel, compétitif et récréatif ; lutter contre les aspects les moins nobles du sport comme l'usage du dopage, l'agressivité et les pratiques malhonnêtes dans le déroulement des événements sportifs. La revue *Fair Play Club* s'emploie à propager l'esprit de *fair play* et s'adresse aux sportifs individuels, aux associations sportives, aux ligues et aux fédérations sportives.

Sporta, premier organisateur privé de vacances sportives, organise depuis plus de trente ans des entraînements sportifs durant les périodes de vacances scolaires. Cet entraînement concerne plus de cinquante disciplines, de l'initiation au perfectionnement.

Les formules sont adaptées aux différents âges, et ce dès six ans, et conduisent les jeunes dans toutes les parties d'Europe. *Sporta* prévoit des vacances en famille avec des programmes complémentaires pour les enfants et les parents, ainsi que des activités sportives adaptées aux personnes du troisième âge.

Le Père Van Clé a voulu faire de *Sporta* un mouvement éducatif pour tous les âges. Aussi le mouvement est-il en mesure d'offrir un service d'étude du sport, des congrès et colloques, une bibliothèque du sport, un service d'information et de consultation sur le sport, un service social du sport, et une série de service pour les sportifs de tous âges. Le service « Pastorale du Sport » organise des pèlerinages sportifs, des journées sportives de récollection, des journées d'étude pour les prêtres, l'organisation de rencontres de prière, et promeut l'assistance pastorale durant les entraînements sportifs.

Rejoint inopinément par la mort sur un quai de la gare du Nord à Bruxelles, le 19 mai 1955, le Père Van Clé avait donné une impulsion telle à *Sporta*, que le mouvement a continué à se développer dans la ligne de son fondateur. En 1968, la création de la *Stichting Van Clé - Fondation Van Clé* pour l'étude scientifique de tous les problèmes relatifs au sport conférait un nouvel élan au mouvement créé par le Père Van Clé et consacrait sa place et son rôle dans le monde sportif auquel il a voulu redonner sa dignité.

Le Père *Placide Lefèvre*, né à Louvain, le 14 janvier 1892, manifesta dès sa jeunesse un grand intérêt pour la recherche historique. À peine eut-il terminé ses humanités à Bruxelles et au séminaire de Hoogstraten, qu'il publiait déjà en 1908 ses premiers articles historiques. Il entra à l'abbaye prémontrée d'Averbode et y reçut l'habit blanc, le 11 octobre 1911. Après l'année canonique de noviciat, il accomplit le cycle d'études philosophiques et théologiques à Averbode, et fut ordonné prêtre, le 22 août 1915. En 1917, il fut nommé archiviste de son abbaye, en même temps que chantre et professeur d'histoire ecclésiastique.

Après la fin de la Première Guerre mondiale, le Père Placide Lefèvre eut la possibilité de poursuivre sa formation d'historien et bénéficia, en la personne du professeur Cauchie, d'un maître de génie. Le 27 novembre 1924, il fut proclamé docteur en sciences morales et historiques pour sa magnifique thèse sur *L'Abbaye d'Averbode (1591-1797). Tome I. L'organisation constitutionnelle et la vie religieuse.* Auparavant, le 22 novembre 1921, il avait obtenu le diplôme d'archiviste à Bruxelles. Peu après, le 1er mars 1922, il fut nommé archiviste des Archives royales de Bruxelles, le 31 octobre vice-conservateur, et le 1er avril 1950 conservateur, charge qu'il exerça jusqu'au 1er février 1957.

Le Père Placide Lefèvre eut une activité scientifique exceptionnelle par sa variété et sa qualité. Conservateur des archives de la cathédrale Saint-Michel et Sainte-Gudule de Bruxelles, il fut maître de conférences puis professeur extraordinaire de l'université de Louvain, où il enseigna l'héraldique, la sigillographie, et surtout la paléographie. Professeur de talent, il enseigna en outre l'histoire ecclésiastique aux jeunes religieux de la Congrégation des Missionnaires de Scheut et aux Dames de Marie de Bruxelles.

Prémontré dans l'âme, il devint membre de la Commission historique de l'ordre dès sa fondation en 1923, et le resta jusqu'à sa mort. Il en devint le troisième président, après la mort de l'abbé Lamy et de l'abbé Versteylen. Il consacra une bonne part de ses compétences et de son temps à la revue historique, *Analecta Praemonstratensia*, dont le premier fascicule parut en 1925. Sous sa conduite, la Commission historique ouvrit une nouvelle collection de monographies : *Bibliotheca Analectorum Praemonstratensium*, qu'il inaugura, en 1957, avec son étude sur *La liturgie de Prémontré. Histoire, formulaire, chant et cérémonial.*

La liste impressionnante de ses publications [49] fait clairement voir combien sa collaboration était appréciée dans les milieux scientifiques. On peut dire qu'outre ses publications personnelles ou en collaboration, il apporta sa contribution à tous les périodiques historiques les plus

---

[49] Cf. *Analecta Praemonstratensia*, t. LIV (1978), p. 8-30.

renommés. Véritable homme de science, le Père Placide Lefèvre avait pour souci principal, la recherche de la vérité. Pour cela, il recherchait assidûment les sources historiques et les étudiait patiemment, pour en tirer un enseignement documenté objectif. Vers la fin de sa vie, il résuma en quelques mots la ligne directrice de son travail :

> « Pendant toute ma vie, déjà passablement longue, j'ai mis tout en oeuvre pour faire connaître, apprécier et aimer l'oeuvre fondée par S. Norbert et organisée par son disciple et successeur Hugues de Fosses, dans le climat de la réforme canoniale du XIIe siècle » [50].

Le Père *François de Sales Petit* à la mémoire duquel ce livre est dédié, faisait toujours grande impression à ceux qui l'approchaient. Il suffisait de l'entendre dans la conversation familière ou lors d'une conférence, de le voir se comporter dans son abbaye ou à l'extérieur, pour avoir la sensation ou, mieux, la certitude d'être en face d'un *témoin*. Il vivait véritablement avec Norbert, Hugues de Fosses, Ricvère de Clastres, Gauthier de Saint-Maurice, Manoury, Colbert ou L'Écuy. En communion avec eux, il en incarnait la vertu et en excusait les fautes, toujours bienveillant, animé d'un sens développé de la vie communautaire, homme de pensée et d'incroyable activité.

Camille Petit naquit le 20 juin 1894 à Tulle où son père était chef de la perception à la Trésorerie générale. Dès sa naissance, sa santé donna des inquiétudes, aussi fut-il baptisé le jour même où il vint au monde. La famille étant bientôt revenue dans sa région d'origine, l'Aisne, le voici à Laon, à deux pas de l'ancienne abbaye Saint-Martin, fondée par saint Norbert. Élève des Frères des Écoles chrétiennes, il avouait avoir senti les premiers signes de sa vocation sacerdotale dès l'âge de trois ans :

> « Je désirais vivre comme les saints au désert [...] À Saint-Martin de Laon un vitrail (détruit à la guerre) représentant saint Norbert en *cappa* violette, s'illuminait pendant la messe quand le soleil commençait à s'approcher du midi. Il me fascinait... » [51].

Élève du petit séminaire, il connaît l'épreuve de perdre sa mère en 1914, et celle de la maladie qui lui valut de se rendre pour la première fois à Lourdes avec le pèlerinage des malades. Entré au grand séminaire de Soissons en 1912, il dut rentrer dans sa famille en 1914, car il fut ajourné deux fois. Laon étant ville isolée et fermée, de 1914 à 1917, Camille remplit ces trois années en donnant des cours à son jeune frère Arsène et en étudiant la théologie sous la conduite de l'archiprêtre Henri Maréchal. En

---

[50] *Ibid.*, p. 7.

[51] M. PLOUVIER, « In memoriam R.P. François Petit (1894-1990), *Analecta Praemonstratensia*, t. LXVII (1991), p. 121.

1917, sa famille fut contrainte de laisser Laon et de se réfugier pendant deux mois à Maubeuge. Camille entra au séminaire de Namur et là rencontra pour la première fois le Père Auvray, abbé de Mondaye, dont la communauté était réfugiée à Bois-Seigneur-Isaac. Prudent, il ne s'ouvrit pas de ses sentiments intérieurs :

> « Dès mon enfance, je songeais à la vie prémontrée. Je me suis posé la question : si j'entrais maintenant, mais j'avais déjà cinq ans de théologie, je pouvais être ordonné prêtre sitôt la guerre finie et ma situation militaire pouvait être réglée. Faire deux ans de noviciat et trois ans de voeux simples avant d'être ordonné me paraissait trop long [...] et je n'en parlais donc pas » [52].

Ordonné prêtre, le 20 septembre 1919, il chanta sa première messe dans l'ancienne abbaye Saint-Martin de Laon, puis prit le chemin de l'Institut catholique de Paris. Décidé à retirer le maximum de profit de son séjour dans la capitale, il s'inscrivit à la Sorbonne et y obtint une licence de lettres. Revenu dans son diocèse, Camille eut la joie de voir, en 1923, son frère Arsène ordonné prêtre, puis connut la douleur de perdre son père. En 1924, les deux frères, tertiaires Prémontrés, furent nommés ensemble à Corbeny et s'acquittèrent de leur mieux de leur mission dans un pays ravagé par la guerre. De santé toujours fragile, Camille fut atteint d'une pleurésie, d'une entérite chronique et d'hémoptysie, ce qui l'obligea à cesser quelque temps son apostolat.

L'année 1925 marqua le tournant de sa vie : le 15 septembre il entra à l'abbaye de Mondaye et y reçut le nom de François de Sales. Dès les premières années de sa vie prémontrée, le Père Petit voua une grande partie de son temps à l'enseignement, sous forme de prédications, de publications ou de cours donnés aux jeunes religieux de son abbaye. C'est seulement quelques mois avant sa mort qu'il dut renoncer à toute activité. Dans les années qui précèdent sa profession solennelle, célébrée le 11 juillet 1930, il tombe malade, mais cela ne l'empêche pas de publier deux ouvrages sur *L'ordre de Prémontré* et *Hermann Joseph* [53]. En 1932, l'abbé l'envoie à l'Institut catholique pour préparer une thèse de doctorat en théologie, brillamment soutenue en 1934, sur les oeuvres d'Adam Scot *Ad viros religiosos*.

Pendant cinq ans, le Père Petit, circateur et maître des profès, multiplie les prédications dans le Nord de la France et en Belgique. Au moment de la déclaration de la Deuxième Guerre mondiale, il remplace

---

[52] *Ibid.*, p. 123.
[53] J.C. MARTIN, M. PLOUVIER, A. DEBERT, L. VAN DIJCK, « Bibliographie non-exhaustive [du Père François Petit] », *Analecta Praemonstratensia*, t. LXVII (1991), p. 133-137.

les confrères mobilisés, dans le service des paroisses, avant d'être mobilisé à son tour, pendant deux mois.

De son nouveau père-abbé, Norbert Huchet, il disait avec humour :

> « On ne pouvait s'empêcher de l'aimer car il le méritait bien mais on ne pouvait lui obéir sans être tracassé [...] Chaque matin, je me demandais : "Que va-t-il inventer aujourd'hui ?". En juin 1942, j'étais tellement excédé que je me prosternais dans la chapelle de la sainte Vierge en lui disant : "Sainte Vierge Marie, ôtez-moi d'ici" ; comme je sortais de l'église, je rencontrais le père-abbé qui me dit : "J'ai un grand sacrifice à vous demander. Il faut aller à Longpont [...] où j'étais nommé curé » [54].

Au cours de ces années, le Père Petit acheva et publia son beau livre sur *La spiritualité des Prémontrés aux XII*e *et XIII*e *siècles*, qui allait le faire connaître parmi les historiens des ordres religieux et, plus largement, dans les lieux universitaires. Quelques lignes de l'introduction à cet ouvrage expriment mieux que de longues explications le but poursuivi par l'auteur, son exquise urbanité jointe à une humilité qui est la marque des vrais savants :

> « Aujourd'hui nous aimons à saisir sur le vif le déroulement de cette activité intérieure des âmes. Mais, si les grandes lignes de cette histoire sont bien connues, il reste néanmoins de larges zones à explorer, et non pas désertiques comme on serait tenté de le croire, mais riches d'enseignements, d'exemples et de pittoresque. L'histoire spirituelle des Prémontrés du XIIe et du XIIIe est une de ces zones d'ombre. Et pourtant, à première vue, un ordre religieux qui a compté plus d'un millier de maisons en Europe, qui a desservi d'innombrables paroisses rurales, exercé une influence qu'on découvre à chaque instant dans l'histoire de cette époque ne pouvait manquer d'être doué d'une richesse spirituelle importante. Le regarder d'un peu près nous permettra de voir et de juger ce grand tournant de la spiritualité qui sépare la dévotion de l'antiquité chrétienne de la piété moderne. Les auteurs de grand génie – un saint Bernard par exemple – peuvent tromper sur l'histoire générale parce qu'ils apportent plus par leurs conceptions et leur sensibilité personnelle qu'ils ne reflètent leur milieu. Ici au contraire c'est un peuple immense guidé par ses prêtres que nous pourrons suivre dans son évolution ascétique et mystique [...] La splendeur de Cluny, l'austérité de Cîteaux intégrées au mouvement apostolique qui tend à renouveler autour des prêtres et des clercs l'intensité de la vie religieuse des premiers chrétiens groupés autour des Apôtres, voilà ce qui caractérisait les premiers siècles de Prémontré. Ajoutons que tout cela a été utilisé par des hommes instruits, mesurés, pénétrés de l'esprit pastoral. Nous ne saurons pas tout. La meilleure bouquetière du monde, fût-elle Glycéra en personne, ne peut mettre en gerbe que ce qu'elle a. Mais on voit tout de suite l'intérêt qui s'attache à cette prospection » [55].

---

54 M. PLOUVIER, « In memoriam R.P. François Petit... », p. 125.

55 F. PETIT, *La spiritualité des Prémontrés aux XII*e *et XIII*e *siècles*, Paris, 1947, p. 5-6.

Dans cette ligne, le Père Petit présenta, en 1951, lors d'un colloque à Mayence sur les abbayes cisterciennes et prémontrées de la région, son étude sur *Le puritanisme des premiers Prémontrés*, dans laquelle il met en évidence le choix difficile et équilibré des Prémontrés entre l'opulence de Cluny et le dépouillement de Cîteaux. La même année, il eut la joie de prononcer l'éloge funèbre du dernier abbé régulier résidant à Prémontré, Jean-Baptiste L'Écuy, dont l'abbaye de Mondaye transférait les restes mortels en ses murs, depuis le cimetière parisien dans lequel il avait été inhumé en 1834.

Le Père Petit avait repris ses recherches et l'enseignement à partir de 1947. Membre de la Commission de liturgie de l'ordre, il sentait venir un vent de changement, et avec une acuité de perception et une sûreté de jugement dont l'expression était tempérée par une exquise délicatesse, il notait :

> « On commençait à sentir un malaise dans la liturgie. Les esprit s'agitaient, les plus actifs n'étaient pas toujours les plus instruits ni ceux qui avaient le plus vécu de la liturgie, mais ceux qui, faute de culture spirituelle et humaine, n'étaient plus capables d'en saisir la richesse et la beauté. Pour le moment c'était une réaction contre un sanctoral trop chargé, un désir de retrouver un peu l'office temporal à peu près effacé. Mais ceux qui répétaient "le culte des saints est un culte local" ont fait tous leurs efforts ensuite pour faire disparaître des propres diocésains les saints du pays, ce qui laisse croire qu'ils étaient en coquetterie avec le protestantisme [...] Au demeurant une réforme liturgique était nécessaire. La liturgie était devenue trop formaliste » [56].

Pèlerin à Jérusalem en 1954, prédicateur d'exercices spirituels au Liban en 1956, le Père Petit travaillait infatigablement. En 1958, il publiait un ouvrage sur *Le problème du Mal*, et en 1959 un autre, inspiré de son pèlerinage à Jérusalem, *Les cantiques des montées*, suivi d'une belle étude sur *L'ordre de Prémontré, de saint Norbert à Anselme de Havelberg*. En 1961, après avoir publié *Proclamer la Parole*, ouvrage sur la prédication, il devient prieur de Mondaye, limitant son activité extérieure à l'administration de la paroisse de Trungy et à ses tertiaires de la région parisienne.

En 1968 et 1970, il participa au chapitre général tenu en l'abbaye de Wilten et y joua un rôle important, dans la mesure où il était l'une des personnes les plus compétentes pour parler de l'ordre, de sa structure et de sa spiritualité. Lors de la clôture du chapitre, le Père Petit dut reconnaître qu'il n'était pas parvenu à convaincre ses pairs de la gravité des conséquences de certaines innovations comme l'introduction d'abbés élus pour un temps déterminé :

> « C'était tout à fait contre la tradition de l'ordre et j'intervins pour le faire remarquer [...] on vota pour l'abbatiat à temps qui n'est qu'un mandat au lieu

---

[56] M. PLOUVIER, « In memoriam R.P. François Petit... », p. 127.

d'être le vicariat du Christ prévu par saint Benoît – abbas vices Christi tenere creditur –, on donna aux chapitres des pouvoirs considérables non seulement dans les relations avec l'extérieur, mais dans la conduite de la canonie [...] Quant à la liturgie, elle n'a d'unité que dans ce qui est imposé par Rome (et encore !). Elle n'est plus l'expression de la spiritualité de l'ordre » [57].

Il intervint encore une fois officiellement lors des assises du colloque continental tenu en l'abbaye de Tongerlo en 1973, en présentant un rapport apprécié sur la prière. Il demeura sous-prieur de l'abbaye jusqu'en 1977, année de ses cinquante ans de profession religieuse. Deux ans auparavant, il avait fondé avec Martine Plouvier et Pierre-Marie Pontroué le Centre d'études et de recherches prémontrées, qui réunit nombre de personnes passionnées par l'ordre de Prémontré, sa spiritualité et son histoire. En 1981, il publia son *Norbert et l'origine des Prémontrés*, qui connut un vif succès. Il exprima dans cet ouvrage sur saint Norbert son âme de Prémontré, son amour pour saint Norbert et son ordre. Lorsqu'il prit connaissance de certaines critiques formulées à son endroit en des termes un peu trop vifs, pour des questions de détails qui ne valaient pas un tel déploiement de forces, le Père François Petit, qui était presque nonagénaire, réagit de la meilleure façon : en Prémontré, avec humilité, calme, sans jamais se laisser aller à la moindre animosité, mettant en pratique ce qu'il professait :

« L'humour est un bien précieux, savoir rire un peu de soi-même et des autres aide à avaler des couleuvres. Les soucis deviennent bien pesants quand on n'arrive pas par une certaine joie amusée à les relativiser » [58].

Il s'éteignait, le 28 août 1990, en la fête de saint Augustin, laissant le témoignage vivant de ce qu'est un fils de saint Norbert.

Il aurait sans doute encore fallu parler du Père Godefroid Madelaine, le « Père de *L'histoire d'une âme* », des deux frères Émile [59] et Jean-Baptiste [60] Valvekens, qui firent tant avec l'abbé Hugues Lamy pour le périodique historique de l'ordre, les *Analecta Praemonstratensia*, du Père Norbert Backmund [61] et de son *Monasticon Praemonstratense*, du Père van Lantschoot [62] qui devint vice-préfet de la Bibliothèque vaticane, travailla activement dans la Congrégation pour les Églises orientales et

---

[57] *Ibid.*, p. 129-130.

[58] *Ibid.*, p. 132.

[59] A. ERENS, « In memoriam Paul Émile Valvekens », *Analecta Praemonstratensia*, t. XX-XXI (1944-1945), p. 193-197.

[60] D. DE CLERCK, « In memoriam I. Baptistae Valvekens (1902-1893) », *Analecta Praemonstratensia*, t. LIX (1983), p. 4-18.

[61] L. HORTSKÖTTER, « Pater Dr. Norbert Backmund († 1 februar 1987) », *Analecta Praemonstratensia*, t. LXIII (1987), p. 259-267.

[62] N.J. WEYNS, « André Arnold van Lantschoot », *Analecta Praemonstratensia*, t. LVI (1980), p. 253-269.

publia de nombreux ouvrages sur les manuscrits en langues orientales, du Père Gommaire Van den Broeck [63], et de tant d'autres qui illustrèrent au cours du XXe siècle la richesse du charisme Prémontré. Il faut souhaiter que des historiens s'attachent à transmettre les richesses dont ces confrères ont fait bénéficier l'ensemble de l'ordre.

3. Un saint contemporain : Jacob Kern [64]

L'existence terrestre de Jacob Kern fut particulièrement brève : à peine vingt-sept ans. Quelques années suffirent pour faire parvenir ce jeune Prémontré autrichien à la sainteté. Né le 11 avril 1897 au sein d'une famille profondément catholique, le jeune Franz Alexander sentit très tôt l'appel de Dieu à devenir prêtre, et entra dès l'âge de onze ans au petit séminaire de Hollabrunn. Là, devant le Saint-Sacrement, il apprend que l'amour authentique se manifeste avant tout dans le sacrifice et le renoncement volontaire. Appartenir totalement à Dieu, voilà sa conviction, lorsque la Première Guerre mondiale le contraint à laisser Hollabrunn, le 15 octobre 1915, pour se diriger vers Salzbourg où il doit suivre une formation d'officier.

Deux mois et demi plus tard, le 1er janvier 1916, homme du 59e Régiment d'infanterie, Franz qui jouissait d'une excellente santé, veille devant le Saint-Sacrement et demande au Christ le courage de beaucoup souffrir pour Lui. Il sera exaucé sans retard. Transféré au 4e Régiment impérial tyrolien, il rejoint le front du Sud-Tyrol où se trouve la garnison Schlanders, sur les hauteurs de Vinschgau. Le 11 septembre, blessé par un coup de feu qui atteint le foie et les poumons, il prend conscience, selon sa propre expression, que sa « semaine sainte » commence.

Libéré de l'armée, il rejoint le grand séminaire de Vienne et, malgré la fragilité de son état de santé, se consacre à ses études. En 1918, l'empire austro-hongrois se décompose, la Tchécoslovaquie devient indépendante. Une nouvelle terrible lui arrive de ce pays : le chanoine Zahradnik, de l'abbaye de Strahov, vient de défroquer, entraînant à sa suite d'autres prêtres. Franz se sent appelé à réparer par son don personnel les trahisons qui blessent et humilient l'Église : en 1920, il entre chez les Prémontrés de l'abbaye de Geras, à quelques kilomètres de la frontière tchécoslovaque, et reçoit le nom de Jacob. Le 23 juillet 1922, il est ordonné prêtre et voit en cette journée son « dimanche des Rameaux ».

---

[63] L.C. VAN DIJCK, « Dr. Gommaire Joseph Van den Broeck, O. Praem. (1908-1982) et son oeuvre », *Analecta Praemonstratensia*, t. LVIII (1982), p. 331-337.
[64] K. FLEISCHMANN, *Diener Gottes Jacob Kern, o. praem.*, Graz, Wien, Köln, 1985.

Un an plus tard, son état de santé s'aggrave : un suintement purulent dans la poitrine le contraint à l'hospitalisation à Hollabrunn. Le 10 août 1923, le voici entre les mains des chirurgiens qui lui enlèvent quatre côtes sous anesthésie locale. Une religieuse qui a assisté à l'opération rapportait qu'elle avait gardé un souvenir ineffaçable de cette intervention. Elle lui avait donné un mouchoir blanc à serrer entre les dents pour l'aider à supporter la douleur : les dents avaient déchiré le mouchoir.

Après un temps de repos, Jacob se donne de toutes ses forces à l'apostolat, surtout à la prédication. Il monte en chaire dans l'église abbatiale de Geras, pour la dernière fois, le 20 juillet 1924. Au mois de septembre, la blessure est à nouveau infectée et il doit à nouveau se soumettre à l'ablation de quatre autres côtes. À peine remis de cette intervention, il doit se soumettre à une troisième. Au fur et à mesure qu'il atteint le sommet de son calvaire, il se transforme en offrande totalement abandonnée à son Dieu. Un vide spirituel l'envahit, il ne trouve plus de consolation dans l'eucharistie, mais il réagit vivement, considérant cette ultime épreuve comme le sceau de son sacrifice. Le 20 octobre, Jacob aurait dû faire sa profession solennelle, mais cette offrande il ne la ferait pas sur terre. Soumis à une nouvelle intervention chirurgicale à l'hôpital général de Vienne, il expire durant l'opération.

La mort de ce jeune religieux de vingt-sept ans a beaucoup frappé la communauté chrétienne autrichienne qui invoque son intercession et souhaite sa béatification prochaine. Le 26 septembre 1956, les restes mortels du Serviteur de Dieu furent transférés du cimetière à l'intérieur de l'église abbatiale de Geras. Deux ans plus tard, le cardinal Koenig, archevêque de Vienne, ouvrait le procès de béatification. Les actes de ce procès sur l'héroïcité des vertus du Serviteur de Dieu furent transmis à Rome le 27 août 1985, et le diocèse de Vienne vient d'y transmettre le dossier relatif à une guérison réputée miraculeuse, attribuée à l'intercession de celui qui avait voulu faire de sa vie un acte d'offrande en réparation des infidélités qui blessent la sainteté de l'Église.

4. Vers une nouvelle centralisation de l'Ordre

Monseigneur Hubert Noots

L'homme de la centralisation fut sans conteste l'abbé général Hubert Noots qui passa la plus grande partie de sa vie à Rome. Né à Neerpelt en Belgique, le 21 juin 1881, il entra à l'abbaye de Tongerlo, le 15 octobre 1903, et fut ordonné prêtre, le 8 septembre 1907. Il résida à Tongerlo entre 1910 et 1920, exerçant les fonctions de cellérier, proviseur et professeur de théologie dogmatique. Étudiant à Rome, de 1906 à 1910, il revint dans la Ville, le 15 mai 1920, avec la charge de procureur général de l'ordre. Cette fonction revêtait la plus haute importance, car à cette époque et depuis la restauration du généralat au XIXe siècle, l'abbé général, qui était à ce moment-là Gommaire Crets, abbé d'Averbode, continuait à administrer sa propre abbaye et ne résidait donc pas à Rome.

Homme de confiance et familier de Pie XI, il fut élevé par ce dernier à la dignité abbatiale avec le titre de Floreffe, le 19 septembre 1921. Le pape avait une entière confiance en lui et le chargea de missions extrêmement délicates, notamment en Hongrie où il accomplit avec le zèle et l'énergie qui le caractérisaient une importante visite apostolique. Il présenta à Rome des rapports appréciés sur les évêques, les séminaires, les collèges catholiques, les religieux de ce pays, et rédigea une *Ratio studiorum* pour la préparation des prêtres, que la Deuxième Guerre mondiale empêcha de porter ses fruits. Il fut également visiteur apostolique de tout l'ordre de Cîteaux de la Commune Observance, dont il supprima la Congrégation des Cisterciens de l'Eucharistie, et déposa l'abbé général, et enfin administrateur apostolique de l'abbaye canoniale de Saint-Maurice d'Agaune en Suisse, dont il déposa également l'abbé. Le Saint-Siège s'adressa à lui pour de nombreuses missions en Allemagne, Belgique, États-Unis, Hollande, Pologne et Slovénie.

Élu définiteur de l'ordre en 1927, il en devint l'abbé général en 1937, et le resta jusqu'à sa démission en 1962. À Rome, il construisit l'actuelle maison généralice qui abrite le Collège Saint-Norbert. Membre du Conseil supérieur de l'Oeuvre pontificale de Saint Pierre Apôtre, de la Commission pour les Congrès eucharistiques internationaux, il devint, le 4 août 1943, consulteur de la Congrégation des Religieux, avant de devenir membre du Conseil supérieur de l'Oeuvre pontificale de la Propagation de la Foi. Il fut également consulteur de la commission chargée d'étudier les questions relatives aux religieux en préparation au concile Vatican II.

Durant ces vingt-cinq années de généralat, il fit publier en 1947 les nouveaux statuts de l'ordre, en 1949 le nouveau livre des cérémonies de l'ordre de Prémontré appelé l'*Ordinarius*, et dix ans plus tard le *Directorium Spirituale* rédigé par l'abbé d'Averbode, Emmanuel Gisquière, qui venait compléter les statuts.

Après sa démission, Monseigneur Noots demeura quelque temps à Rome, puis rentra dans son abbaye de Tongerlo. Il mourut à l'hôpital d'Anvers, le 24 juillet 1967.

Les statuts de 1947 [65]

Le 2 mai 1917, par la constitution *Providentissima Mater Ecclesia*, le pape Benoît XV promulguait le *Codex Iuris Canonici*. Cette publication allait entraîner de multiples modifications dans la législation en vigueur, notamment dans le droit propre des instituts religieux. Les statuts de 1630, en vigueur dans l'ordre de Prémontré à cette date, conservaient leur autorité, à l'exception des normes contraires aux nouvelles dispositions du *Codex*. Le 26 juin 1918, la S. Congrégation des Religieux demanda explicitement aux instituts religieux une révision de leur droit particulier, souhaitant que le projet de révision lui fût soumis lors de la transmission du prochain rapport quinquennal.

À la différence des instituts centralisés qui furent en mesure de présenter un projet de statuts révisés en des temps relativement courts, l'ordre de Prémontré, composé de maisons autonomes, se devait, pour mener à bien une telle entreprise, de solliciter la collaboration de plusieurs religieux appartenant à des régions différentes, pour obtenir ensuite l'approbation de chaque abbaye. Les travaux commencèrent dès le chapitre général tenu en 1921 à l'abbaye de Schlägl. Le délégué de l'abbaye d'Averbode, Stanislas Sools, proposa un projet provisoire. Trois solutions de présentaient pour opérer cette réforme : garder le plus possible le texte des statuts de 1630, composer un texte totalement nouveau, ou procéder par voie intermédiaire. Il fut décidé de se rallier à cette troisième solution, de garder le texte des statuts de 1630 tout en l'adaptant au *Codex*.

Le plan de travail fut fixé. Une commission réunirait sous la présidence de l'abbé de Strahov et général de l'ordre, Norbert Schachinger, les abbayes d'Europe centrale : Autriche, Tchécoslovaquie et Hongrie. Une seconde commission sous la présidence de l'abbé d'Averbode, Gommaire Crets, grouperait les abbayes de Belgique, Hollande et France. En plus, dans chaque abbaye serait érigée une commission composée de l'abbé et de trois religieux, dont un nommé par l'abbé et les deux autres élus par la communauté. Les commissions centrales devaient envoyer à chaque abbaye le schéma de la première Distinction [66] en février 1922. Fin mai, les commission abbatiales devraient renvoyer leurs remarques aux abbés présidents respectifs. On procéderait de même pour les trois autres Distinctions et le tout ferait l'objet d'un texte unique soumis à l'approbation

---

[65] G. VAN DEN BROECK, *L'élaboration des statuts de 1947 dans l'Ordre de Prémontré*, Rome, 1967.

[66] Les statuts étaient divisés en *Distinctions*, ou parties, subdivisées en *sections*. Ces dernières étaient divisées à leur tour en *titres*, ceux-ci en *chapitres*, et les chapitres en *statuts* suivant une numérotation continue. Les statuts de 1947, après les *Normes générales* (Stat. 1-16), étaient divisés en quatre *Distinctions* : du gouvernement (Stat. 17-204), des personnes (Stat. 205-431), des observances régulières (Stat. 432-576), des procès, délits et peines (Stat. 577-638).

du chapitre prévu en l'abbaye de Teplá en 1924. Le rythme de travail ne suivit pas les prévisions tant à cause des troubles engendrés par la Première Guerre mondiale que par les difficultés de communication. Lorsque le chapitre général se réunit en 1924, seule la première Distinction était prête. Les capitulants approuvèrent la première Distinction *ad experimentum*. En cette période particulièrement agitée, il semble que les communautés n'aient pas consacré beaucoup de temps ni de travail à cette réforme.

Au mois de septembre 1925, le chapitre de la circarie d'Autriche se réunit en l'abbaye de Schlägl, examina avec soin la première Distinction des nouveaux statuts et détermina les normes laissées à la discrétion du chapitre de circarie. Un an plus tard, en août 1926, la circarie de Brabant tint son chapitre en l'abbaye de Grimbergen pour effectuer le même travail. Le chapitre général tenu en août 1927 en l'abbaye de Tongerlo poursuivit le travail, en discutant surtout la troisième Distinction des nouveaux statuts.

Le chapitre général suivant, célébré, en 1930, en l'abbaye de Parc, compléta la rédaction de la première et de la deuxième Distinctions, et entama l'examen de la troisième et de la quatrième. Le Père Stanislas Sools, qui assurait une grande partie du travail de composition et de révision, pouvait espérer voir les nouveaux statuts bientôt approuvés, mais rien ne fut arrêté en vue de l'approbation officielle de l'ensemble du texte, d'autant que les abbayes avaient encore à se prononcer sur la troisième et la quatrième Distinctions. Le chapitre de la circarie de Brabant, tenu en l'abbaye de Berne en 1932, et le chapitre général, tenu à Rome en 1934, n'introduisirent pratiquement aucun changement au texte de la troisième et de la quatrième Distinction. Les capitulants de 1934 décidèrent, en vertu d'un privilège de l'ordre, de ne pas soumettre les nouveaux statuts à l'approbation du Saint-Siège, et reportèrent l'approbation finale au chapitre général suivant.

La difficulté de conserver le texte de 1630 apparut plus grande que prévu, comme il ressort de la comparaison effectuée par le Père Gommaire Van den Broeck : le projet de première Distinction, qui couvrait le premier chapitre des statuts de 1630, n'en reprenait que quatre numéros sur quatorze [67]. À part la troisième Distinction qui correspondait au texte de la seconde dans les statuts de 1630, et en suivait plus fidèlement l'organisation et l'énoncé, les rédacteurs des nouveaux statuts semblent s'être passablement écartés du principe de révision et d'adaptation retenu en 1921. Dans la partie consacrée au droit pénal ecclésiastique,

---

[67] G. VAN DEN BROECK, *L'élaboration des statuts de 1947...*, p. 15.

totalement renouvelé par le *Codex*, il était impossible de retenir la moindre parcelle du texte de 1630.

Lorsque se réunit le chapitre général de 1937 pour approuver les statuts rénovés, seuls huit sur quarante et un capitulants présents avaient participé au chapitre de 1921 qui avait décidé de la méthode à suivre dans la révision. Le Père Van den Broeck a ainsi dépeint l'atmosphère ambiante :

> « Le climat de juridisme avait envahi entre-temps la mentalité ecclésiastique. Partout le Droit était à l'honneur. Les Facultés de Droit canonique des différentes Universités se peuplaient d'étudiants. Les commentaires du *Code* de vendaient par milliers. Les normes codifiées par le *Code* deviennent la seule règle et elles devront solutionner tous les problèmes. On trouvait ennuyeux, on condamnait même les longues paraphrases de spiritualité et d'ascétisme, qui encombraient une législation concise, précise et tranchante. La S. Congrégation des Religieux était devenue l'arsenal de l'application du Droit. Elle insinuait partout, que les constitutions des Instituts religieux devaient refléter cette législation codifiée et elle exigeait que les canons 488 à 672 soient en grande partie transcrits, même mot à mot, dans les constitu-tions des Instituts religieux. Combien d'Ordres, anciens même, avec des textes législatifs vénérables, rejetaient ce patrimoine pour composer une législation codifiée, pure, simple et juridique, sans autres éléments que les normes du Droit » [68].

Aussi, lorsqu'après l'élection du nouvel abbé général, Hubert Noots, les capitulants furent invités à approuver la troisième et la quatrième Distinctions, les difficultés commencèrent à se manifester. Les Pères décidèrent de reporter au chapitre général suivant l'approbation de l'ensemble des statuts rénovés, et d'introduire d'importants changements dans le texte préparé par seize années de patient labeur. En fait,

> « les Pères capitulaires de 1937 ne se contentèrent pas de donner une simple directive. Ils exigeaient un texte juridiquement précis, dépourvu de textes de spiritualité, qui encombrent le sens et la lecture d'une législation concise » [69].

Chaque abbaye devrait constituer une commission de trois ou, au plus, quatre religieux, sous l'autorité de l'abbé, et formuler des remarques soumises à un chapitre provincial prévu pour 1939. Les vicaires de l'abbé général auraient soin de lui transmettre les décisions de ces chapitres pour qu'il en prépare une synthèse à soumettre au chapitre général prévu pour 1940. Les événements qui allaient profondément marquer l'Europe et détourner bien des abbayes de consacrer du temps à l'étude de la refonte des statuts, auraient des conséquences néfastes sur l'avancement des travaux. Seule, la circarie de Brabant, sous la direction de l'abbé de Berne, Henri Stöcker, poursuivit l'étude du projet en s'appuyant sur les compé-

---

[68] *Ibid.*, p. 30-31.
[69] *Ibid.*, p. 33.

tences du Père Gommaire Van den Broeck, alors maîtres des profès et circateur de l'abbaye de Tongerlo. Prévu pour le 15 octobre 1940 en l'abbaye de Parc, le chapitre de la circarie de Brabant ne put se tenir qu'en 1946, à la fin des hostilités. Un travail considérable avait néanmoins été accompli malgré le contexte défavorable. Les capitulants devaient parvenir à un accord après avoir discuté plusieurs points et comblé certaines lacunes du texte révisé, qui comprenait 626 statuts et un appendice de 16 formules. La méthode suivie fut en tout conforme à l'air du temps : on reprit mot à mot les textes du premier schéma, en éliminant les textes de théologie ascétique et en adoptant un vocabulaire juridique précis. Ainsi, les nouveaux statuts apparaissent-ils comme une copie conforme du *Codex Iuris Canonici* à l'usage de l'ordre de Prémontré. Le schéma élaboré par la circarie de Brabant fut imprimé et envoyé à chaque maison pour recueillir les éventuelles annotations.

Le chapitre général se tint à Rome, du 1er au 9 octobre 1947, réunissant les abbés de l'ordre. L'abbé de West de Pere aux États-Unis et l'abbé de Želiv en Tchécoslovaquie, retenus par la maladie, se firent représenter par un délégué avec droit de vote, ainsi que l'abbé de Teplá en Tchécoslovaquie et le prieur de Windberg en Allemagne, qui n'obtinrent pas de passeport. Les abbés de Geras en Autriche, de Magnovarad en Roumanie, et le prieur de Speinshart en Allemagne furent aussi empêchés de venir à Rome et n'eurent pas la possibilité de se faire représenter au chapitre. L'abbé de Magnovarad arriva cependant au cours du chapitre et porta à vingt-deux présents le nombre des capitulants avec droit de vote.

La réunion avait été précédée par une intense correspondance épistolaire sur le nouveau schéma. Dès la première session du chapitre, une commission chargée du schéma des statuts fut érigée sous la présidence de l'abbé de Berne Ondersteyn, en souvenir du zèle déployé par son prédécesseur, l'abbé Stöcker. Parmi les membres de la commission, comme d'ailleurs parmi les capitulants, nombreux étaient les religieux à avoir travaillé lors des réunions de la circarie de Brabant. Ainsi les Pères Valvekens d'Averbode, Gevers de Berne, Van den Broeck de Tongerlo, Lemercinier de Leffe, Lenaerts de Parc, Spillemaeckers de Bois-Seigneur-Isaac. La commission comptait également l'abbé Machalka, abbé de Nová Říše en Tchécoslovaquie, et le Père Burke, délégué de West de Pere.

La discussion fut brève. L'abbé général Noots annonçait chaque numéro et les Pères pouvaient faire leurs éventuelles remarques. On décida de placer la Règle de saint Augustin en tête des statuts, et l'on exprima le désir de voir imprimer la liste des indults et des privilèges de l'ordre en même temps que la législation de l'ordre. Pour limitées qu'elles fussent, on aurait cependant tort de penser que les modifications apportées par les capitulants étaient d'intérêt secondaire. Retenons-en quelques unes, particulièrement significatives de l'état d'esprit, voire de la spiritualité :

- l'abbé général émérite demeure membre du chapitre général.

- l'abbé général, ayant entendu les définiteurs de l'ordre, délimite les pouvoirs de l'administrateur *ad nutum*.

- l'abbé général, avec le consentement des définiteurs de la circarie et de l'abbé-père, peut imposer un abbé-coadjuteur.

- obligation d'imposer un nom de religion lors de la vêture.

- études de théologie pendant quatre années au moins.

- introduction du titre « *Des curés...* » avant les numéros traitant des religieux extra-conventuels, et invitation à tenir ces derniers au courant des événements de l'abbaye par une publication régulière.

- suppression de la dispense automatique du choeur pour le curé de l'église abbatiale.

- introduction des voeux solennels pour tous les frères convers, précédés par un double triennat de voeux temporaires simples.

- imposition aux collèges et aux maisons des missions d'au moins une partie de l'office choral.

- obligation pour les confrères en voyage de passer la nuit dans une maison de l'ordre s'il s'en trouve dans la localité.

L'ensemble du texte amendé fut approuvé sous le titre : *Sacri, candidi et canonici Ordinis Praemonstratensis Statuta renovata*, et publié avec une lettre de l'abbé général Hubert Noots en date du 13 novembre 1947, par les presses de l'abbaye de Tongerlo. Ces statuts, réduits à un simple code législatif, rompaient avec la tradition de l'ordre, cessaient d'être une source d'inspiration spirituelle pour la vie régulière, mais ils avaient le mérite d'être en parfaite syntonie avec la nouvelle législation de l'Église. Conscients de la perte subie dans le domaine spirituel et ascétique, le chapitre ouvrait cependant la voie à une autre publication consacrée à la spiritualité prémontrée.

Le Directorium Spirituale

Le chapitre général de 1937 ayant décidé la composition de statuts de caractère exclusivement juridique, celui de 1947 mit en chantier un *Directorium Spirituale* destiné à recueillir les éléments spirituels du patrimoine prémontré. Le définitoire, réuni le 23 novembre 1948, confia la mission de réaliser ce travail à l'abbé Gisquière. Après avoir recueilli les remarques des différentes abbayes sur le projet initial, l'abbé d'Averbode porta le travail à son terme et l'abbé Noots le promulgua, le 10 février

1959. Ce recueil était destiné à tracer une voie spirituelle sûre pour tous les Prémontrés. Et l'abbé général de préciser :

> « La grande importance de cette oeuvre n'échappe à personne. Elle montre, surtout aux nombreux esprits agités d'aujourd'hui, les routes sûres par lesquelles il convient d'avancer, si nous voulons préserver le vrai caractère et l'observance sincère de notre vie norbertine, qui pourrait être mise en danger par les efforts téméraires de novateurs contre l'imprudence desquels le Souverain Pontife Pie XII, d'heureuse mémoire, mit en garde les supérieurs généraux des ordres dans le discours qu'il leur adressa, le 11 février 1958 » [70].

L'un des grands mérites de ce *Directorium* consiste dans son point de départ : saint Norbert. Du fondateur, il retient : la conversion sous l'influence de la grâce divine, le désir de sainteté requis par la dignité du sacerdoce et cultivé par l'observance religieuse, l'activité extérieure au service de l'Église et la perfection de la vie intérieure. Prenant en compte les apports de la réforme grégorienne et du bienheureux Hugues de Fosses, l'abbé d'Averbode invite à relever une série d'éléments devenus parties intégrantes de la spiritualité prémontrée : sous l'influence de saint Augustin, insistance sur le primat de la charité ; avec saint Hermann-Joseph, Philippe de Bonne-Espérance et Adam Scot, développement de la dévotion à l'humanité du Christ ; en référence à saint Norbert pour qui la célébration de l'eucharistie était le centre de sa vie et de son activité, l'ordre de Prémontré a rapidement placé la messe au centre de la vie des abbayes ; la dévotion mariale, sous des formes diverses, s'est développée au cours des siècles au sein de l'ordre ; les pratiques plus récentes d'ascèse ont été volontiers embrassées par les Prémontrés et sont présentes chez tous les auteurs de l'ordre depuis des siècles. Si le fondateur et ses premiers compagnons n'ont pas réglé toutes les questions relatives à la spiritualité de Prémontré, il ont donné un élan qui s'est épanoui au cours de l'histoire de l'ordre. Il s'agit maintenant d'en prendre conscience et d'en vivre.

Si tous les chrétiens sont appelés à la perfection, certains sont appelés à embrasser une voie plus directe, celle des conseils évangéliques. La consécration religieuse implique l'offrande non seulement de biens personnels mais de la personne elle-même. Il s'agit d'une consécration totale qui inclut la constante volonté de progresser vers le but qui est Dieu. La vie religieuse a pour mission non d'incarner certains aspects de la vie et de la personne du Christ en fonction des nécessités temporelles transitoires, mais chacune des vertus du Seigneur.

Saint Norbert institua personnellement un grand nombre de communautés, de telle sorte qu'à la différence des congrégations modernes dans lesquelles un religieux est directement incorporé et passe

---

[70] *Directorium Spirituale Ordinis Praemonstratensis*, Averbode, 1959, p. 6.

de maison en maison, dans l'ordre de Prémontré, les religieux sont directement incorporés à une maison particulière et deviennent ainsi membres de l'ordre. C'est le sens de la stabilité dans le lieu : chaque religieux acquiert, au jour de sa profession, un droit de filiation dans son abbaye. La formule de la profession en usage depuis la fondation de l'ordre manifeste ce lien entre le profès et sa maison propre, c'est-à-dire avec son église, son abbé et ses frères.

L'ordre de Prémontré est un ordre clérical qui fait référence à la maison des clercs établie à Hippone par saint Augustin. Saint Norbert et ses premiers compagnons étaient clercs et vaquaient aux différentes formes de ministère au service de l'Église. D'ailleurs la condition de chanoine a toujours impliqué la cléricature. L'ordre canonial de Prémontré est ordonné au service du Christ et de l'Église à travers l'exercice des charges liées au sacerdoce.

Les canonies de l'ordre sont simplement appelées « Églises » et chaque religieux se voue à son « Église ». C'est dire que l'office divin est au centre de la vocation prémontrée. La messe représente le sommet de la célébration de cet office et de la louange de Dieu. Par leur vocation canoniale, les Prémontrés ont le mandat de célébrer publiquement la messe qui est le centre de la vie de toute communauté norbertine. Pour cela, aucun membre présent dans une abbaye ne doit se soustraire à la présence au choeur. Ceux qui en ont reçu la dispense de leur prélat pour une juste cause sont invités à s'unir spirituellement à la célébration de la communauté. Pour cela l'usage s'est établi de sonner la cloche au moment de la consécration. En célébrant l'eucharistie, la communauté prémontrée commémore les mystères du Christ, renouvelle son sacrifice, présente à Dieu son action de grâces pour les bienfaits reçus, s'unit plus étroitement au Christ Seigneur et, participant au triomphe du Christ ressuscité, se prépare à son retour glorieux.

L'Église tout entière se consacre à la prière et à la louange divine, et les évêques unis au pape en sont les premiers responsables. Comme cet *opus Dei* est une fonction éminemment sacerdotale, elle tient également une place de choix dans chaque Église particulière, au sein de laquelle les collèges de clercs ont la charge de rendre un culte solennel à Dieu au nom de tout le peuple chrétien. Les Prémontrés, en tant que chanoines réguliers ont la responsabilité de faire monter à Dieu cette louange pour l'Église universelle. Pie XI dit un jour à Mgr Noots :

> « Vous êtes mon ordre. Comme les évêques ont leur chanoines députés à la prière publique dans leur diocèse, vous êtes de la même façon mes chanoines, non pour un diocèse seulement, mais pour l'Église universelle »[71].

---

[71] *Ibid.*, p. 43.

Les Prémontrés sont donc voués à la célébration de l'office divin à un triple titre : en tant que clercs, chanoines, et religieux profès. L'office divin, prière officielle de l'Église, est source de sanctification personnelle, et donc implique l'assiduité au choeur, une préparation sérieuse, une récitation attentive et soignée, ainsi qu'une intention droite.

À l'imitation des Apôtres du Christ, les Prémontrés entendent vivre la *vita apostolica* et reproduire dans leurs églises l'assemblée des croyants réunis à Jérusalem. Comme eux, à la suite du Christ, ils ont pour mission d'annoncer le Christ ressuscité. Sous la conduite des prélats de l'ordre, les religieux sont ainsi envoyés vers divers ministères. Mais ceux qui demeurent dans le cloître se doivent de cultiver un véritable et fécond esprit apostolique.

Pour cela, tous les religieux se donnent à Dieu et à leur communauté, pour être à la face du monde les signes du Christ vivant dans son Église. Ceci implique un engagement personnel qui déborde le contenu juridique des voeux de religion et suppose la pratique des vertus qui leur sont connexes. L'observance de la Règle requiert ces vertus qui conduisent à la perfection de la sainteté. Silence, recueillement, travail manuel, étude sont autant de domaines dans lesquels le religieux progresse vers Dieu. S'il accepte de s'amender de ses négligences, il contribue à l'oeuvre de la grâce en lui et se revêt du Christ ressuscité au fur et à mesure qu'il se dépouille du vieil homme. C'est à quoi tendent la pratique de la confession sacramentelle, le chapitre des coulpes et l'exercice de la vertu de pénitence, l'abnégation et la mortification.

Parmi les exercices spirituels personnels, le *Directorium* recommande la pratique quotidienne de la *lectio divina* qui fortifie l'esprit de foi et prépare les prêtres à l'annonce de la Bonne Nouvelle. L'oraison mentale est indispensable. La célébration de la messe et de l'office divin ne saurait la suppléer, car elle est le lieu privilégié du colloque intime entre Dieu et l'âme. L'examen de conscience contribue à l'amendement de la vie, de même que les récollections et les exercices spirituels.

Le *Directorium* recommande ensuite une série de dévotions pour nouer une relation intime avec le Christ : méditation de la résurrection du Sauveur, imitation zélée des exemples de Jésus, vénération de la sainte eucharistie, spécialement durant la célébration de la messe, communion fréquente pour ceux qui ne sont pas prêtres, visite au Saint-Sacrement, apostolat eucharistique. Comme la communauté de Jérusalem était réunie autour de la Vierge Marie, les Prémontrés imitent saint Norbert dans sa dévotion envers la Vierge, Mère du Verbe incarné, méditant ses privilèges et soucieux d'approfondir la doctrine théologique et spirituelle mariale. Pour devenir des Prémontrés toujours plus fidèles, il importe de méditer les exemples de saint Augustin, saint Norbert, et ceux des saints de l'ordre.

Établis au coeur de l'Église par leur consécration religieuse, les religieux se doivent de cultiver un amour plein de zèle envers la sainte Église et une obéissance loyale envers sa hiérarchie. Ils sont invités à montrer une piété filiale envers leur ordre et chacun de ses membres, envers leur propre canonie et leurs confrères les plus proches, et une exquise urbanité envers les étrangers.

Les différentes formes de ministère apostolique, dont le ministère paroissial, contribuent non seulement à l'extension du royaume de Dieu, mais aussi à la sanctification des religieux et à l'appréciation de la part des fidèles de la vie religieuse et de la vie norbertine. À l'imitation de saint Norbert qui fut un grand prédicateur, nombre de religieux exercent aujourd'hui ce ministère dans l'Église, d'autres se consacrent à l'éducation de la jeunesse, et aux missions extérieures. En toutes ces formes de ministère, les Prémontrés doivent se montrer fils fidèles de l'Église, disciples zélés de saint Norbert, uniquement soucieux du bien des fidèles.

Au sein des communautés, chacun est appelé à la perfection dans l'exercice de la charge qui lui a été confiée. Les abbés se doivent de gouverner avec discrétion, en faisant recours aux conseils, sans se laisser circonvenir par les délateurs ou les adulateurs. Il leur revient en propre de veiller à l'observance de la discipline régulière, en s'opposant à toute forme de relâchement, comme en réprimant les transgressions. Père et pasteur de sa communauté, l'abbé préférera, selon saint Augustin, d'être aimé que d'être craint, sans mettre en jeu son autorité. Les abbés sont également des exemples, surtout lorsqu'ils n'utilisent pas leur condition pour mener une vie plus facile ou plus libre, et dans la mesure où ils cultivent la vertu d'humilité qui les détourne de rechercher les honneurs. Édifiants lorsqu'ils sont dans le monde, ils demeurent patients et forts au milieu des adversités, toujours tendus vers la perfection. Ce qui est dit des abbés doit être appliqué aux autres supérieurs dont les charges sont des services de la communauté.

Avant d'admettre les candidats qui se présentent pour entrer dans les communautés, il convient d'examiner soigneusement leurs motivations et leurs capacités à mener la vie religieuse communautaire. La mission principale du maître des novices consiste à aider les candidats à croître dans la vie spirituelle et à connaître l'ordre dans lequel ils désirent entrer. Cette croissance va de pair avec une formation à la vie commune, à l'ascèse, à l'humilité, à l'amour de leur communauté et de leur ordre, à la prière, au sens de la responsabilité personnelle et des relations fraternelles. Après leur profession temporaire, les candidats au sacerdoce se préparent à l'ordination et après celle-ci continuent pendant deux années leur apprentissage de la vie sacerdotale, par l'étude et les premières missions pastorales.

Les frères convers, présents dans l'ordre de Prémontré depuis les origines, représentent les croyants réunis autour des Apôtres pour former la communauté de Jérusalem. Marchant sur les traces de ceux qui suivirent saint Norbert pour se « convertir » en embrassant la vie religieuse, les frères convers sont invités à avoir une grande estime de leur vocation religieuse et norbertine, et à cultiver dans l'exercice des tâches qui leur sont confiées les vertus d'humilité, d'obéissance et de prière, attentifs à sanctifier leur travail au service de la communauté, à l'image de saint Joseph le père nourricier de Jésus.

Les moniales norbertines, à la suite de la bienheureuse Ricvère de Clastres, première moniale de Prémontré, suivent l'exemple de saint Norbert. Vierges consacrées, épouses du Christ, elles trouvent leur joie dans l'intimité du Sauveur, au sein de la vie contemplative qui fait d'elles des intermédiaires privilégiés dans l'obtention des grâces nécessaires à la vie de tout l'ordre. La liturgie constitue la partie essentielle de la vie des moniales : elles prient au nom de toute l'Église et en son nom chantent les louanges de Dieu, elles sont la voix de l'Épouse qui monte vers le ciel pour exprimer l'amour de l'Église envers Dieu Créateur et le Christ Rédempteur. Dans leur prière personnelle, elles demeurent unies à l'Église pour *orare cum Ecclesia*. Par leur vie contemplative, elles participent à l'apostolat direct accompli par les prêtres et le fécondent de leur prière.

Les membres du tiers-ordre, clercs et laïcs, tendent comme les religieux à la perfection de la vie chrétienne par des moyens adaptés à leur condition : la profession, la règle et l'esprit de l'ordre. Cet esprit est un esprit liturgique qui s'exerce dans la participation à la messe et dans la récitation de l'office canonial ou de l'office de la Vierge. Les tertiaires sont invités à s'associer à l'ordre canonial de Prémontré par la méditation et, dans la mesure du possible, par la *lectio divina*, faisant usage des dévotions de l'ordre, dans un esprit de pénitence et de zèle apostolique. Ce tiers-ordre est particulièrement recommandé aux prêtres, puisqu'il met à leur disposition l'esprit et les moyens d'un ordre éminemment sacerdotal.

Ce *Directorium Spirituale* est, à bien des égards, un chef-d'oeuvre. Hélas, il est venu trop tard. Quelques années plus tard, le concile Vatican II allait exercer une telle influence sur l'ensemble de la vie religieuse, que beaucoup, par manque de réflexion et de connaissance de leur tradition spirituelle, se prirent à concevoir la vie religieuse d'une façon générale, pour aboutir à une sorte d'uniformisation stérilisante, oubliant, malgré les consignes expresses du concile, ce patrimoine spirituel légué par huit siècles et demi de vie prémontrée. Enfin, ce *Directorium* avait contre lui d'avoir été réalisé sous « l'ancien régime ». Il aurait dû revivifier les esprits, il devint un morceau choisi de bibliothèque.

5. La tragédie des abbayes d'Europe centrale sous la dictature marxiste

La situation des abbayes prémontrées de Hongrie, Tchécoslovaquie et Roumanie fut, à bien des égards, semblable à celle des abbayes françaises durant la Révolution. Confiscation des biens, emprisonnements, tortures, exécutions de religieux, répression, isolement et interdiction de tout apostolat furent le lot commun de centaines de religieux durant un demi-siècle.

À vrai dire, quelques abbayes, comme Nová Říse et Želiv, supprimées par le régime hitlérien entre 1941 et 1945, et Teplá dont les membres allemands furent expulsés de Tchécoslovaquie en 1945-1946, eurent à souffrir avant l'établissement des régimes communistes d'Europe centrale.

Nous disposons de plusieurs rapports sur cette période. À la fin des années 50, un rapport [72] anonyme, envoyé à l'abbé général Hubert Noots, faisait le bilan de la situation. Au mois d'octobre 1963, le Père Werenfried Van Straaten, fondateur et directeur de l'oeuvre *Aide à l'Église de l'Est* devenue plus tard *Aide à l'Église en détresse*, fournissait au nouvel abbé général Norbert Calmels un rapport complet sur les confrères prémontrés demeurant dans les républiques populaires d'Europe centrale [73]. Ces documents nous permettent de nous faire une idée des conditions dans lesquelles vécurent ou, mieux, survécurent les Prémontrés dans les pays satellites de l'URSS.

En Hongrie, tous les ordres religieux furent supprimés, à l'exception des Bénédictins, des Franciscains et des Scolopes. Les membres des ordres supprimés reçurent interdiction de vivre en communauté, de porter l'habit religieux, et de célébrer la messe en présence du peuple. Toutefois ils pouvaient célébrer la messe dans des églises ou des chapelles fermées. Aucun confrère ne fut emprisonné en Hongrie, ni pendant l'occupation hitlérienne, ni après l'invasion du pays par l'armée russe en 1956. Mais, les confrères qui, en 1950, vivaient dans l'abbaye de Csorna furent déportés, la nuit du 18 au 19 juin, dans un camp de concentration, et y demeurèrent jusqu'au mois de septembre 1963. Seuls, les sept confrères qui purent quitter clandestinement la Hongrie sous la conduite du Père Ladislaus Parker en 1950, purent passer, en 1952, aux États-Unis et s'établir en Californie. Les confrères demeurant en Hongrie furent privés d'abbé après la mort du Père Eugène Simonfy, survenue en 1954. Libérés

---

[72] Arch. de la Curie Généralice de Prémontré (Rome) : Fonds : « circaries », carton : « Confrères sous régime communiste ».

[73] Arch. de la Curie Généralice de Prémontré (Rome) : Fonds : « Circaries », carton : « Confrères sous régime communiste », W. VAN STRAATEN, *Relatio de hodierno statu spirituali et materiali canoniarum Ordinis Praemonstratensis in Republicis sic dictis popularibus Europae Orientalis.*

en 1956, ils vécurent ensuite dispersés, travaillant pour la majeure partie d'entre eux dans les paroisses. Cinquante-quatre religieux en 1928, ils étaient soixante-deux en 1948, et leur nombre était tombé à quarante-huit en 1962.

Lorsque les frontières de la Hongrie et de la Tchécoslovaquie furent modifiées, en 1945, l'abbaye hongroise de Jasov se retrouva en Tchécoslovaquie. Les membres de l'abbaye furent eux-mêmes séparés en divers groupes selon la nationalité, divisions que le Saint-Siège confirma en 1947. Les quarante-cinq membres qui formaient la communauté hongroise résidaient en Hongrie. Cinq prêtres âgés vivaient dans une maison pour prêtres retraités. Trois se trouvaient dans des paroisses incorporées et de huit à dix travaillaient dans des paroisses du clergé séculier. Deux ou trois étaient catéchistes et quelques autres enseignaient des matières profanes dans des écoles de l'État. L'un d'entre eux était professeur d'université et deux avaient trouvé un travail aux archives de l'État. Quelques autres s'étaient probablement retirés dans leurs familles. Sept religieux qui appartenaient à la partie hongroise de la communauté vivaient aux États-Unis. Six se trouvaient en Roumanie où la vie de communauté était encore permise et l'habit religieux toléré. L'un d'eux résidait, et réside encore à Rome. L'abbaye de Jasov, qui avait un effectif de quatre-vingt-treize religieux en 1928, était passée à cent dix-sept en 1944, pour redescendre à cinquante-neuf en 1962. Sept ont apostasié. Deux confrères ont été incarcérés en Russie.

Le 16 juin 1945, les vingt-deux confrères résidant à Gödölló ainsi que les seize Soeurs du Saint-Sauveur et les douze employés de la maison, furent transférés dans la maison des Soeurs du Saint-Sauveur de Mária-Besnyö, avec pour tout bagage les objets de première nécessité. Ils demeurèrent dans cette maison jusqu'au mois de septembre 1963. De 1950 à 1956, furent jetés en prison sans aucun procès les confrères Leodegardius Vidakovich et Ananius Baloch pour deux et un an. Ladislaus Mecs fut condamné à dix ans, mais fut libéré lors du soulèvement populaire de 1956. Quant au Père Oscarus Anisich, il fut emprisonné entre 1960 et 1962 pour trafic d'images pieuses.

En Roumanie, l'abbé Paul Gerinczy semble n'avoir eu aucune relation avec ses confrères, sur ordre exprès du Gouvernement. La moitié environ des confrères hongrois de Roumanie entretenait des rapports épistolaires avec leur confrère Hugo Marton résidant à Rome.

Dans la circarie de Bohême, la situation était aussi dramatique. Le petite communauté de Nová Říše en Moravie, qui comptait douze prêtres et deux novices en 1928, comptait encore quinze prêtres en 1962. Lors de l'occupation hitlérienne, l'abbaye fut supprimée et tous les religieux conduits en captivité. Quatre d'entre eux, dont l'abbé, y moururent. En

1945, la moitié de la communauté, insatisfaite de l'élection du nouvel abbé, passa à l'abbaye de Teplá. Là, ces religieux, unis aux Prémontrés tchèques de Teplá, constituèrent une communauté sous l'autorité de l'abbé de Strahov, après l'expulsion des religieux d'origine allemande de cette abbaye par le gouvernement tchécoslovaque. En 1949, les quelques confrères résidant dans l'abbaye de Nová Říše avec l'abbé Augustin Machalka, à peine rentré de la captivité hitlérienne, furent emprisonnés. Les autres religieux eurent la possibilité d'exercer le ministère paroissial.

L'abbaye de Želiv supprimée, comme celle de Nová Říše, sous l'occupation hitlérienne, se reconstitua en 1945 après le retour de captivité des religieux. Emprisonnés par le régime communiste, l'abbé Vitus Tajovsky et ses confrères étaient encore détenus en 1963, et il était impossible d'avoir de leur nouvelles.

À Strahov, une fois la communauté supprimée par le régime communiste, il devint presque impossible d'avoir des nouvelles des religieux. Le 1er décembre 1950, l'abbé Bohuslahus Jarolimek fut condamné par le tribunal de Prague à vingt ans de réclusion. Peu de temps avant sa mort, il fut ramené chez lui et mourut le 31 janvier 1951. Comme il était impossible de procéder à une élection abbatiale, la communauté reçut du Gouvernement le prieur Vitus Hulka comme supérieur. Ce dernier mourut avant 1959. Quarante-huit membres dont vingt-huit se dévouaient au ministère des âmes. Huit étaient ouvriers dans des usines. Cinq se trouvaient dans des maisons pour personnes âgées ou malades. Six étaient en prison. Un religieux travaillait à Rome, un autre résidait à Tongerlo et un troisième en Autriche.

Les confrères de l'abbaye de Teplá soumis au service militaire furent enrôlés comme simples soldats sous l'occupation hitlérienne. Quatre disparurent durant la guerre, et les autres ne donnèrent plus de nouvelles après 1945. À la fin de la guerre, les confrères d'origine allemande, expulsés de Tchécoslovaquie, se réfugièrent en Allemagne fédérale, en partie dans l'abbaye de Speinshart, en partie dans le nouveau monastère de Schönau. Les confrères d'origine allemande qui assuraient le ministère paroissial autour de l'abbaye de Teplá suivirent leurs ouailles lors de leur expulsion de Tchécoslovaquie, et se dispersèrent donc sur l'ensemble du territoire allemand. À Teplá demeuraient après la guerre quelques confrères tchèques, dont Hermann Tyl venu de Nová Říše, Charles Sequens de Želiv, et quatre confrères originaires de l'abbaye de Teplá, dont seul le Père Brynich était en vie en 1963. En 1949 il y avait sept novices dont on n'eut plus de nouvelles.

Au cours de l'été 1963, un confrère de l'abbaye autrichienne de Geras, accompagné d'un ami, fit un voyage en Tchécoslovaquie et communiqua une brève série d'informations [74] à l'abbé général Norbert Calmels :

> « Ils ont eu l'occasion de faire le tour de l'abbaye de Strahov, transformée en "Musée de la Littérature tchèque", et de célébrer la sainte Messe, à plusieurs reprises sur l'autel de saint Norbert dans l'église abbatiale de Strahov. Les bâtiments de l'abbaye, ainsi que l'église sont en bon état. Les fonctions de curé de l'église abbatiale sont exercées par un bénédictin, *"prêtre de la paix"*, sympathisant avec le régime, qui ne jouit pas d'une bonne renommée au point de vue moral. Le Père P[...] a pu rencontrer, clandestinement, plusieurs confrères ou a pu prendre des nouvelles de plusieurs autres » [75].

Ainsi apprend-on que le Père Joseph Wenceslaus Kara, prêtre depuis 1939, et le Père Cyrille Petru, prêtre depuis 1941, tous deux de l'abbaye de Strahov, venaient d'être libérés après cinq ans et dix ans de prison. Le Père Henricus Rudolf, de l'abbaye de Teplá vivait à Osegg, dans un couvent de religieuses, en résidence forcée. Le Révérendissime abbé de Želiv, Vitus Tajovsky, venait d'être libéré et exerçait les fonctions d'archiviste à Gumpolce, tandis que le Père Evermodus Burda, prêtre depuis 1946, travaillait comme aide-maçon. Le Révérendissime abbé de Nová Říše, Augustin Machalka, remis en liberté, résidait dans une maison pour vieillards à Tabor.

Le bref rapport se conclut par ces lignes :

> « Les confrères jouissent en général d'une assez grande liberté, mais ne sont pas reconnus comme prêtres parce que tous les Instituts religieux ont été dissous. Seuls les *"prêtres de la paix"* exercent publiquement leurs fonctions sacerdotales et portent le clergyman » [76].

En 1963, restaient en vie neuf religieux de Jasov, quatorze de Nová Říše, quarante de Strahov, quatre de Teplá, douze de Želiv, soit soixante-dix-neuf. En Hongrie et en Roumanie, il restait trente-neuf religieux de Jasov et quarante de Csorna, soit également soixante-dix-neuf, ce qui faisait un total de cent cinquante-huit prêtres dont la moitié environ exerçait le ministère paroissial au prix de mille difficultés, sans compter les vexations continuelles de la part du régime communiste.

En Tchécoslovaquie, les bâtiments appartenant aux abbayes de Strahov, Nová Říše, Želiv et Jasov (partie tchécoslovaque) étaient tous tombés entre les mains de l'État. Tous les biens matériels avaient été confisqués. Tous les noviciats étaient sévèrement interdits et, en dehors des séminaires diocésains, il n'y avait pas de cours de théologie.

Ces rapports en disent long, mais ils ne sauraient exprimer le désarroi des Prémontrés isolés, coupés de tout, qui se sentaient abandonnés du

---

[74] *Ibid.*
[75] *Ibid.*
[76] *Ibid.*

monde libre. Témoin cette lettre adressée à Rome, le 22 décembre 1975, par l'un des rescapés de Jasov qui avait entendu parler du chapitre général tenu en 1968-1970 :

> « Le chapitre général je n'en savais rien et jusqu'aujourd'hui je n'en sais rien. Personne ne m'avisait, je ne savais pas quand il était célébré, je ne sais ce qui y était décidé, je n'ai pas donné de lettre d'excuse, je n'ai pas envoyé de lettre de délégation non plus. Je ne suis pas coupable. On nous a oubliés » [77].

À ma connaissance, un seul de ces Prémontrés persécutés a publié un bref résumé de ces années, le Révérendissime Père Vít Tajovsky, actuel abbé de Želiv [78]. Élu abbé de Želiv, le 7 janvier 1948, le Père Tajovsky est arrêté peu après :

> « En partant, j'ai vu les portes de chambres ouvertes et une cinquantaine d'hommes armés se précipitant sur le passage. C'est la fin de Želiv ! À ce moment-là, je me suis rappelé une femme que je connaissais, qui était venue me voir quelques jours avant et qui m'avait averti : "Monsieur le Supérieur, on vous arrêtera, je le sais par mon parent qui est communiste. Vous devez partir ! Émigrez !" – "Je ne peux pas le faire, je n'ai rien fait. Ma conscience est nette. On pourrait dire que je fuis ma responsabilité". – "Monsieur le Supérieur, pour l'amour de Dieu, je vous prie de partir. Vous ne savez pas ce qui vous attend ici. Je vous prie encore une fois, partez !" – "Non, je ne peux le faire". J'ai pensé à tout çà quand ils m'emmenaient » [79].

Enfermé dans la prison de Prague, il est témoin des tortures infligées à un prêtre de ses connaissances :

> « Ils s'efforçaient de nous arracher un aveu qui confirmerait la fausse accusation, ceci par des enquêtes qui finissaient souvent par une perte de connaissance. Leurs efforts restant vains, ils nous ont isolés dans des cellules glacées et sans lumière. Il était impossible de dormir, car les gardiens devaient nous réveiller chaque heure. Tous ces temps-là il ne nous ont rien donné ni à manger ni à boire. Au bout d'environ cinq jours, on nous a sortis dans le couloir, on nous a donné du thé. En le goûtant, je l'ai trouvé curieusement âpre. C'est pourquoi j'ai versé la boisson en grande partie entre l'habit et le corps, sans être aperçu. Le curé Toufar affaibli par la torture inhumaine et affamé, n'a rien remarqué : ceci a été fatal pour lui. Le lendemain il a été hospitalisé pour une perforation de l'estomac, peut-être a-t-il été même opéré, mais il était trop tard et il a été enterré dans une fosse à Dáblice » [80].

Accusé de s'être rendu à Rome et d'y avoir commis un crime de haute trahison et d'espionnage, le Père Tajovsky est enfin accusé d'avoir

---

[77] *Ibid.*

[78] M. ZAVŘEL, *Vít Tajovsky, Opat Želivského Kláštera. Le Père Supérieur du Monastère de Želiv*, Havlíčkův Brod, 1991.

[79] *Ibid.*, p. 9.

[80] *Ibid.*, p. 10.

préparé un coup d'État armé. Pour échapper à la mort, il signe une déposition fantaisiste, dans l'espoir de pouvoir se défendre lors du procès.

« Mais cette possibilité ne s'est jamais présentée, personne n'a eu la permission de parler. Tout était préparé d'avance comme au théâtre. J'ai tâché de tout nier, mais sans aucun résultat. Le procès s'est déroulé sans public. Ni les parents, ni les amis n'ont eu la permission d'être présents au procès. La sentence, en ce qui me concerne était la suivante : vingt ans de réclusion stricte avec défense de quitter la prison. Le tribunal m'a déclaré coupable du crime de haute trahison, d'espionnage et d'organisation du coup d'État armé qui aurait été préparé par le Vatican » [81].

Il se trouve dans la même situation que des dizaines de religieux, dans la situation de l'archevêque de Prague, le cardinal Beran. Transféré d'une prison à l'autre, le Père Tajovsky observe que le pire de tout, c'est le sentiment d'isolement :

« On perd le sentiment d'appartenir au monde, à la nature, aux hommes. Au bout d'un certain temps, on cesse de parler. En plus l'apparition d'hallucinations terribles, de dépressions provoquées artificiellement par de fortes doses de scopolamine qui à la longue détruisent la personnalité, le jugement et vont jusqu'à provoquer la folie, le désespoir, dans plusieurs cas mènent au suicide » [82].

Sans que sa famille ait jamais la moindre nouvelle, il aboutit enfin à la prison de Leopoldov, y retrouve cent cinquante prêtres, six évêques, trois abbés, des professeurs d'université, des généraux, des juges de renom. Alors, la direction de la prison décide que les prêtres devront démolir l'église construite au milieu de la prison. Ils refusent, les punitions pleuvent.

« Nous ne pouvions pas nous y dérober, nous étions obligés de le faire. Nous en avions au moins un avantage : nous avons réussi à garder les objets liturgiques de valeur. C'est presque incroyable, mais même dans ces conditions horribles nous célébrions la messe presque chaque jour. À la place de pain eucharistique, nous nous servions de cachets de médicaments, comme vin nous nous servions de jus de raisins secs macérés quelques jours. Les gardiens s'étonnaient de trouver toujours des sachets de raisins secs dans les paquets des prisonniers qui avaient la permission d'en recevoir. Ils n'ont jamais réussi à savoir quelle en était la vraie raison. À l'époque de mon emprisonnement à Leopoldov, quelques prisonniers ont été baptisés. Un prisonnier qui n'avait pas pu terminer ses études de théologie y a été ordonné » [83].

Avec un poids de trente-six kilos et à moitié aveugle, atteint de néphrite, le Père Tajovsky dut attendre la première visite de la Croix Rouge internationale, en 1956, pour voir ses conditions de détention

---

[81] *Ibid.*, p. 11.
[82] *Ibid.*, p. 12.
[83] *Ibid.*, p. 13-14.

s'améliorer quelque peu. Cependant, comme il ne pouvait résister à son zèle pastoral au milieu des prisonniers, le voilà mis au cachot pendant un mois et affecté à un travail qui lui interdit tout rapport avec d'autres prisonniers. Les tentatives de s'accaparer les services d'un tel homme ne pouvaient manquer :

> « Plusieurs fois des fonctionnaires du ministère se sont présentés pour m'offrir de me mettre en liberté sous condition de collaborer avec eux. Ma réponse fut toujours la même : "Je ne le ferai jamais. J'aurais pu le faire déjà, et m'épargner tout ce que j'endure ici". – "Crevez-y donc !" – "Je crève-rai, je crèverai bien, mais je ne ferai jamais ce que vous me demandez". D'autres détenus avaient eu les mêmes offres. Je ne connais personne parmi les prêtres qui aurait accepté » [84].

En 1960, l'amnistie fut déclarée pour ceux qui avaient été condamnés en 1949-1950 et qui avaient donc passé au moins dix années en prison. Sur 3 000 prisonniers de Leopoldov, 1 500 furent libérés, dont le Père Tajovsky.

> « Tout d'abord je suis allé voir mon ami, prêtre à Brno, pour me rétablir un peu et pour me préparer à la rencontre avec maman et mes frères : dans quelques jours, j'étais à Havlíčkův Brod. C'était la plus belle rencontre de ma vie. Pleine de larmes, il est vrai, mais combien touchante. la première des choses à laquelle je tenais, c'était de pardonner à tous ceux qui m'avaient fait du mal, et oublier toutes les injures qui m'ont affronté » [85].

Voilà ce que vécurent les fils de saint Norbert. Leur ordre en est fier.

6. L'abbé général Norbert Calmels au concile Vatican II

Maurice Druon, Secrétaire perpétuel de l'Académie française, écrit au sujet de Monseigneur Calmels :

> « C'est à un autre grand religieux romain, Monseigneur Norbert Calmels, abbé général de l'ordre des Prémontrés, que je dois d'avoir connu Jacques Martin. Les deux hommes étaient de même tempérament tous deux habiles et décidés, affables mais intransigeants, diplomates sans cautèle mais non sans secrets, et souvent complices dans le bien. La Grâce ne les eût-elle appelés dans les ordres, ils eussent sans doute choisi l'état militaire. Le dévouement était dans leur nature. L'amitié de l'un m'a ouvert l'amitié de l'autre » [86].

Un autre écrivain catholique, Jean Guitton, ami de longue date de Monseigneur Calmels, et amis tous les deux de Paul VI, fait allusion dans

---

[84] *Ibid.*, p. 15.

[85] *Ibid.*, p. 16.

[86] MARTIN (Jacques), *Mes six Papes. Souvenirs romains du Cardinal Jacques Martin*, Paris, Mame, 1993, 295 p., Préface de Maurice DRUON, p. 9.

l'un de ses derniers livres à l'action de l'abbé général pour encourager le philosophe catholique, observateur au concile, à prendre la parole devant l'assemblée des Pères. Sous le titre : *Le concile dans ma vie*, il se plaît à rappeler l'origine de cette intervention :

> « À la seconde session du Concile, un règlement inspiré par le cardinal Suenens permettait à un laïc de "prendre la parole". Dom Norbert Calmels, abbé général des prémontrés, et que je ne connaissais pas, m'aborda, en plein Concile, pour me dire que j'avais le devoir de poser ma candidature et de "parler au Concile". Il ajouta que le sujet de ce discours s'imposait : je devais proposer d'intervenir sur le problème oecuménique, dont je m'était occupé toute ma vie. Il se trouva que Paul VI avait eu la même intention... » [87].

Cet aveyronnais [88] au regard malicieux et au verbe coloré, ami de Marcel Pagnol, devenu abbé de Frigolet au lendemain de la Deuxième Guerre mondiale, fut élu abbé général de l'ordre de Prémontré par le chapitre général de 1962. En cette qualité, il participa à l'ensemble du concile Vatican II. Monseigneur Calmels avait le regard perçant et il a laissé de nombreuses notes dont les archives de cette période, encore fermées au public, nous révéleront l'intense activité conciliaire. Heureusement, il édita en 1968 un *Concile et vies consacrées* [89], dans lequel il fournit un certain nombre d'indications précieuses.

Le concile a exposé les fondements de la vie religieuse dans la constitution sur l'Église *Lumen Gentium*, et il a élaboré un décret explicitement consacré aux religieux, *Perfectae Caritatis*. D'emblée, l'abbé général pose la question des religieux telle qu'il la perçut dans l'ensemble des débats conciliaires :

> « Sans l'intervention du Saint-Esprit, les religieux auraient eu raison d'éprouver quelques craintes durant Vatican II. Bien entendu, une part de leurs inquiétudes surgissait directement d'un examen de conscience approfondi, et s'enflait, d'autre part, des préjugés que dissimulaient mal, à l'endroit des religieux, certains Pères du Concile. Heureusement, l'esprit de Conciliation veillait sur l'Église et protégeait l'avenir de ses témoins.
>
> À entendre les relations qui étaient faites, à lire les multiples questions posées autour du problème des religieux, à suivre le déroulement de certaines critiques vraies ou moins exactes, nous avions le droit d'être soucieux. Plusieurs l'étaient à un point d'être complexés jusqu'au malaise. La plupart pensaient que le décret ne verrait pas le jour » [90].

---

[87] J. GUITTON, *Un siècle, une vie*, Paris, 1988, p. 386.

[88] N. CALMELS, *L'Oustal de mon enfance*, Paris, 1985. – C. DURIX, *Norbert Calmels, histoire d'une amitié (1944-1985...)*, Préface de Maurice DRUON, Secrétaire Perpétuel de l'Académie française, Paris, 1986.

[89] N. CALMELS, *Concile et vies consacrées*, Préface du cardinal A. BEA, Forcalquier, 1968.

[90] *Ibid.*, p. 59.

L'élaboration de ce décret prit en effet beaucoup de temps et connut de nombreuses avanies, car le climat était loin d'être serein :

> « Des évêques et des supérieurs généraux ont plaidé pour ou contre les religieux. Nous avons entendu des éloges convenus et des contraires extrémistes. Par des amendements, des conférences, des articles, tout le monde a parlé à la fois. Bien des réticences et des restrictions ont fait froncer des sourcils. Un air de tension et de contradiction circule. En dépit des témoignages de sympathie, nous sommes mal à l'aise » [91].

L'intervention du cardinal Bea, le 11 novembre 1964, apporte un peu d'air frais : il dit l'enjeu de ce décret et souhaite que le concile apporte une impulsion nouvelle, du dynamisme, à la vie religieuse, en tablant sur un renouveau qui soit le fruit d'un approfondissement intérieur, à la lumière de l'Évangile et de la Tradition. Le prologue de *Perfectae Caritatis* tiendra compte de la substance de cette intervention en la reprenant à son compte.

> « Puis ce fut le tour du Révérend Père Lalande, supérieur général de Sainte-Croix. Il parla au nom de deux cent quarante Pères conciliaires, dont quarante-trois supérieurs généraux, pour bafouer le texte et le rejeter. Personne n'en est surpris. C'est toujours pour la même raison : aucune sève pastorale ne circule à travers ces lignes » [92].

Le 12 novembre 1964, l'abbé général de Prémontré fit une intervention clarificatrice, fondée sur l'expérience séculaire de son ordre :

> « J'appartiens à un ordre canonial dont les religieux, depuis le XIIe siècle, s'adonnent totalement au service de Dieu par l'exercice du ministère, tout en essayant, dans la mesure du possible, de contenter les évêques. Par notre coopération aux charges pastorales nous unissons, dans une heureuse synthèse, les pratiques de la vie monastique aux activités de la vie apostolique. En parlant de la "rénovation de la vie religieuse", j'oserai donc suggérer, d'après le texte du schéma, par où devrait commencer cette rénovation. C'est le texte même qu'il faut adapter au développement de la doctrine sur la vie religieuse » [93].

Pour éviter toute confusion, soulignait Monseigneur Calmels, il convient de distinguer les religieux des membres des instituts séculiers, et de mettre en lumière les différents charismes en ne parlant plus de vie « contemplative » ou « active », mais de vie « monastique » ou « apostolique ».

> « La "vie apostolique" sera celle des religieux qui, adonnés au ministère sacerdotal, viennent ainsi au secours des hommes dans des oeuvres de miséricorde spirituelle ou temporelle et consacrent toute leur activité dans l'Église, au service de Dieu. Tous ceux-là devront aussi être des

---

[91] *Ibid.*, p. 65.
[92] *Ibid.*, p. 68.
[93] *Ibid.*, p. 310.

"contemplatifs" dans leur vie apostolique. Et si on les dit "seulement actifs", on donne une idée fausse de leur règle de vie et on diminue la valeur apostolique de leur labeur. Mais il ne s'agit pas seulement d'une rénovation limitée à une précision dans une terminologie ; il faut une réforme plus profonde [...] Aux "instituts apostoliques", nous proposerons leur propre but, mais à atteindre d'une meilleure manière. Exaltent-ils, dans leur règle, la pauvreté ? Qu'ils la pratiquent désormais avec plus d'exactitude. Ils se dévouent à l'éducation des enfants – surtout des pauvres ? Qu'ils n'ambitionnent pas un enseignement supérieur. S'ils ont pour but premier le ministère sacerdotal et la propagation de la foi, qu'ils abandonnent peu à peu aux laïcs les autres oeuvres plus profanes... » [94].

Le schéma consacré à la rénovation de la vie religieuse devrait accorder une place de choix aux nouvelles associations de vie consacrée à Dieu, et préciser ce qui constitue l'essentiel de leur vie : un ferment dans la masse, un apostolat de présence au monde, une consécration de la vie humaine et de la création tout entière. En un mot, le concile mettrait en lumière le charisme des diverses formes de consécration à Dieu dans l'Église, sans confusion et sans réduction.

Tout au long de l'hiver 1964-1965, la commission chargée d'élaborer un texte qui convienne à l'assemblée, travaille sans relâche :

« Travail considérable et ingrat. Si l'expression n'était pas trop usée, j'écrirais : travail de romain. Encore que cette formule soit devenue de nos jours le symbole d'un opiniâtreté moins farouche [...] *"Quasi morientes et ecce vivimus !"*, s'était écrié avec humour le cardinal Antoniutti en ouvrant la séance. La sève monte » [95].

Le 11 octobre 1965, deux mille cent vingt-six Pères sur deux mille cent quarante-deux présents approuvèrent le schéma, contre treize votes négatifs et trois votes nuls. Le 28 octobre, le décret était voté avec seulement quatre votes négatifs, en présence de Paul VI.

Et Monseigneur Calmels de conclure par un appel :

« Un devoir incombe tout de suite aux familles religieuses, c'est d'étudier, de méditer, d'approfondir le texte du schéma. Et pour être réceptifs et se laisser modeler par ses réformes il ne faudra pas négliger d'entendre, derrière les propositions qui le composent, la voix de l'Église, écho de la volonté de Dieu. Chaque religieux mettra ces données en pratique dans les faits et gestes de sa vie quotidienne par la fidélité continuelle à se renouveler sans cesse avec l'Église et à s'adapter, de bon coeur, aux exigences du Peuple de Dieu » [96].

Publiées l'année même de la réunion du chapitre général de renouveau de l'ordre, ces lignes traduisent l'état d'esprit de l'abbé général, au moment d'aborder une phase délicate mais essentielle pour Prémontré.

---

[94] *Ibid.*, p. 311.

[95] *Ibid.*, p. 69.

[96] *Ibid.*, p. 72.

7. Le chapitre général de renouveau : 1968-1970

Les appréciations sur les chapitres généraux, comme sur tous les événements liés à de graves enjeux, sont souvent divergentes, et je me garderai bien, moi qui n'ai pas participé à ce chapitre de renouveau, de formuler ici le moindre jugement. Certains en étaient et en sont enthousiastes. Le Père François Petit qui était un expert de ces assemblées et avait la réputation d'être un homme bienveillant, écrivait dans ses notes :

« On l'a fait mais ce n'est pas un chef-d'oeuvre. D'ailleurs, il est bien rare qu'un travail collectif soit en tout point une réussite ! » [97]

Or, l'enjeu était de taille : dans le sillage du concile et son invitation à s'ouvrir au monde pour lui annoncer le Christ, l'ordre de Prémontré avait l'occasion d'approfondir son caractère d'ordre canonial pour retrouver l'élan spirituel et pastoral avec lequel saint Norbert avait embrassé la *vita apostolica*. C'était aussi l'occasion de composer de nouvelles constitutions renouant avec le patrimoine de l'ordre, misérablement mis de côté par les statuts de 1947.

Monseigneur Calmels a édité ses réflexions [98] sur la session de 1968. Limitons-nous à celles-ci. Il vaut mieux être incomplet qu'injuste. Le chapitre général de l'après-concile fut dans tous les instituts l'occasion d'une remise à jour, du moins chaque fois qu'il consista en un changement intérieur, en un approfondissement du charisme fondateur face aux défis du monde contemporain. Le renouveau issu du concile ne se mesure pas tant à des changements extérieurs qu'à la transformation de l'inertie intérieure en zèle renouvelé par une conversion du coeur.

Le discours d'ouverture de la réunion préparatoire d'Averbode en 1966, tenu par Monseigneur Calmels, est un véritable discours-programme où la profondeur et le dynamisme évangélique ne manquent pas :

« Aujourd'hui, c'est nous les responsables de l'avenir de l'ordre. Aujourd'hui, c'est nous qui devons le prendre en main et le préparer, sous le regard de l'Église, à faire un nouveau bond en avant pour se mettre au pas du monde contemporain [...] L'Esprit Saint nous invite à nous renouveler, à ne plus regarder par la fenêtre de nos habitudes, à fermer les portes de la facilité, pour que les hommes d'aujourd'hui entendent résonner en nous l'Évangile du Christ. Nous avons la mission d'être des animateurs de l'énergie spirituelle, des ranimateurs du feu que le Fils de l'homme est venu jeter sur la terre. Ne soyons pas des fossoyeurs, ne soyons pas des éteignoirs [...] Il faut une adaptation intérieure, de l'âme et du coeur » [99].

---

[97] M. PLOUVIER, « In memoriam R.P. François Petit... », p. 129.
[98] N. CALMELS, *Journal d'un chapitre*, Forcalquier, 1970.
[99] *Ibid.*, p. 13.

Et l'abbé général d'inviter tout l'ordre à un dépassement de lui-même par lui-même, pour retrouver le renouveau dans toute sa vigueur. Le concile fournit une occasion unique. Tout ce qui est secondaire peut et doit être remis en question, pour fournir des réponses adéquates aux défis posés non seulement par le monde contemporain mais par le concile lui-même : comment réaliser l'immense programme que le concile nous a fixé ? Comment refluer vers l'origine de l'ordre en restant présents à notre temps ? Comment sortir des ornières de nos habitudes invétérées ? Comment entraîner l'ordre dans le grand élan de l'Église de Dieu ? Comment, en un mot, faire fructifier en charité le germe baptismal ?

> « Nous avons à chercher un style de vie nouveau et ancien, ouvert et réservé, sans changer en quoi que ce soit notre vocation spécifique et notre mission déterminée. Notre croissance réformatrice exigera une grande prudence » [100].

Car il faut bien se comprendre : le retour aux sources de l'ordre n'est pas un retour en arrière, mais une marche en avant sous la conduite de saint Norbert. L'adaptation aux conditions du monde contemporain n'est pas autre chose qu'une fidélité continuée et approfondie.

> « Dans l'ordre, les formes essentielles doivent rester et, coûte que coûte, nous les maintiendrons. Elles constituent notre patrimoine sacré ; personne ne peut y porter atteinte sans mettre en doute sa raison d'être et, par la même occasion, heurter les vocations. Les formes contingentes pourront changer ; elles ne nous changeront pas : elles demeurent accessoires » [101].

Opérer le renouveau de Prémontré, c'est retrouver dans leur fraîcheur native les pensées modernes de saint Norbert. Un mot d'ordre : devenir plus fidèle à son esprit. *Renovatio*, oui ! pourvu qu'elle soit une véritable *conformatio* à l'esprit du fondateur.

Pour Monseigneur Calmels, il est important de revenir avant tout et par dessus tout au caractère essentiellement communautaire de l'ordre de Prémontré. Tout apostolat requiert d'être communautaire pour être fidèle à l'intuition de saint Norbert. Il touchait là, avec courage, une grave question, celle des religieux isolés, notamment dans les paroisses :

> « Plusieurs évêques, durant le concile, m'ont expliqué leur étonnement de voir vivre nos religieux-curés dispersés, isolés sans presque aucune relation avec l'abbaye. Vous ne devez plus tolérer pareil laisser-aller. Il ne doit pas y avoir dans notre famille les religieux qui sont soumis à une règle et aux disciplines qu'elle exige, et les religieux qui en prennent à leur aise et contentent leur fantaisie. Les premiers doivent toujours demander toutes les permissions et ne les obtiennent pas toujours. Les seconds les demandent ou ne les demandent pas ; s'ils les demandent, ils sont presque sûrs de les recevoir, et si elles ne leur sont pas accordées, ils les prennent sans rien dire. Je

---

[100] *Ibid.*, p. 14.
[101] *Ibid.*, p. 15.

n'exagère pas. Seule la vie commune de nos curés pourra remédier à cet état de choses souvent peu édifiant et peu apostolique. Notre révision de vie impose à notre conscience de remédier à l'avenir à ces dérèglements qui portent un grave préjudice au rayonnement de l'apostolat communautaire et dont l'exemple détourne de nos abbayes un certain nombre de vocations » [102].

La vie commune qui exprime concrètement l'idéal de la *vita apostolica* est l'une des formes privilégiées de la vie religieuse et l'une des voies de réforme pour tous ceux qui se réclament de la communauté apostolique. À la lumière de ces valeurs pérennes, le chapitre général aura pour mission de « réinterpréter le passé pour le rajuster au présent » [103]. Il ne s'agit absolument pas de mettre l'ordre en question, mais de faire écho à l'attente de l'Église en fournissant une réponse qui prolonge celle de saint Norbert.

Le secrétariat préparatoire et les experts chargés d'élaborer la *materia* du chapitre général fournirent un immense travail édité entre 1967 et 1970 [104]. Il faut le reconnaître, la place de saint Norbert dans ces textes de réflexion n'est pas grande. Il semble, à lire ces pages, que l'on ne puisse valablement remonter jusqu'à Norbert pour trouver en lui et dans la première communauté de Prémontré des éléments suffisamment significatifs pour contribuer à dessiner et caractériser la physionomie de l'ordre de Prémontré au XXe siècle. Certes, Norbert apparaît sous la plume du Père Sylvestre van de Ven, dans les très belles pages où il expose « le caractère et la mission de l'ordre de Prémontré dans ce monde de ce temps » [105], mais on peut regretter l'absence presque totale, dans ces documents, de tout l'héritage spirituel développé au cours des siècles.

Monseigneur Calmels donnait le ton des travaux capitulaires, dès son discours d'ouverture, le 22 juillet 1968 :

« Du centre focal de la destinée norbertine doit jaillir notre foi au Christ, notre fidélité à l'Église, notre espoir dans l'ordre. C'est pour conserver l'unité de cette trinité : le Christ, l'Église, l'ordre que l'Esprit de Dieu a secoué nos abbayes, comme jadis le cénacle, pour un réveil spirituel [...] Ce réveil a dérouté les uns, dérangé les autres. Un réveil en sursaut surprend toujours. La première réaction du dormeur qui se réveille, c'est de commencer par s'agiter. Après il murmure, parfois il critique, le plus souvent il se donne des raisons pour se rendormir [...] Stimulé par des siècles de tradition à la charité vivante et brûlante, sans cesse attentif aux appels de l'Église, l'ordre ne peut pas se laisser aller à la léthargie » [106].

---

[102] *Ibid.*, p. 18-19.

[103] *Ibid.*

[104] *Fontes propositionum confratrum o. praem.*, Schlägl, 1967. – *Materia capituli generalis ordinis praemonstratensis 1968*, Schlägl, 1968. – *Materia capituli generalis ordinis praemonstratensis 1970*, Schlägl, 1970.

[105] *Materia... 1968*, p. 11-42.

[106] N. CALMELS, *Journal d'un chapitre...*, p. 24.

Le renouveau se conçoit comme un examen de conscience à la lumière de l'Évangile, du charisme fondateur et du patrimoine propre de l'ordre. Car il est un danger à éviter, celui de l'uniformisation des instituts religieux. Le souffle du concile est puissant, il a la capacité de ranimer la flamme de chaque institut, il n'est pas fait pour l'éteindre en nivelant les sommets des charismes :

> « Je vous le demande fraternellement, mais avec force : ne faites pas de notre ordre une congrégation sulpicienne, les Sulpiciens ne nous le permettent pas. Ne faites pas de notre ordre un ordre cistercien, nous n'en avons pas la vocation. Ne faites pas de nous, chanoines réguliers, des chanoines séculiers, nous n'en avons pas la tournure. Laissez-nous dans l'ordre. Notre mode, même si elle doit être modifiée, doit garder la mode de saint Norbert » [107].

L'appel à la Tradition résonne dans le coeur et dans la voix de l'abbé général : pour retrouver la Tradition, reconnaissons les traditions trop jeunes pour être traditionnelles, les dévotions adventices, piètres et fades qui ont encrassé la *laus perennis* :

> « Nos abbayes n'ont aucun intérêt à rester des conservatoires de traditions parasitaires, mais elles ont tout à gagner à rester des reliquaires d'ascèse [...] Respectez les traditions séculaires arrivées à maturité par une expérience attentive et confirmées par l'approbation de l'Église. Ces traditions nous ont modelés » [108].

Parmi les éléments d'importance décidés lors du chapitre, figure la pratique de la collégialité jusque dans chaque maison de l'ordre. L'un des participants déclare le 1er août :

> « Il ne suffit pas que le chapitre général pratique la collégialité en donnant le droit de vote aux "periti" et aux délégués ; non, chaque maison, chaque mission, chaque maison dépendante, chaque abbaye, si petite qu'elle soit, doit avoir la possibilité de résoudre ses propres problèmes d'une manière collégiale et de vivre collégialement » [109].

Les questions fondamentales demeurent : comment maintenir vivant aujourd'hui l'idéal norbertin, comment notre mode de vie peut-il signifier réellement quelque chose pour l'Église et le monde ? Quel rayonnement émane de notre vie et éclaire les hommes d'aujourd'hui ? C'est, au fond, toute la question de la vie norbertine et du charisme de l'ordre. Les grands sujets sont abordés : rapports avec les évêques, communion concrète de nos Églises avec l'Église diocésaine et avec l'Église universelle, réforme des structures et réforme spirituelle, sainteté du clergé, union à la suite de saint Norbert entre la vie religieuse, le sacerdoce et sa mission, rapports entre les chanoines, les frères et les soeurs de l'ordre, autonomie

---

[107] *Ibid.*, p. 27.
[108] *Ibid.*, p. 28-29.
[109] *Ibid.*, p. 87-88.

des maisons et communion au sein de l'ordre, l'un ou l'autre demande la suppression du titre de « chanoine ». Le Père François Petit arrive à l'essentiel :

> « Ce qui reste de l'intuition de saint Norbert : a) L'Église ne peut se réformer et s'adapter sans une recherche authentique de sainteté. b) La vie religieuse n'est pas réservée aux prêtres qui sont au service de l'Église universelle et sont voués à des ministères surtout charismatiques. Elle est faite aussi pour un clergé qui se donne davantage à la pastorale ordinaire. c) Les prêtres qui participent au sacerdoce des évêques sont d'abord des hommes apostoliques faits pour sanctifier les chrétiens par la parole et les sacrements. Nos frères et nos soeurs qui se donnent à l'ordre doivent bénéficier de leur vocation et leurs charismes. d) Une certaine indépendance et une certaine variété des églises permet les adaptations locales et la réponse aux besoins de mondes différents » [110].

L'ensemble du texte préparatoire aux nouvelles constitutions de l'ordre pivoterait autour de la *communio*. Autour de ce centre s'organiserait toute la vie et l'apostolat des abbayes. Monseigneur Calmels commente :

> « Nous voulons que ce schéma nous modèle pour la gloire de Dieu, le service de l'Église et l'amour du prochain. Hérauts de l'Évangile, Pères, Frères, Soeurs, nous ne devons pas nous rendre semblables aux hommes de notre temps, mais nous efforcer de les rendre semblables, par l'esprit et par le coeur, à ceux qui aiment les autres comme le Christ les aime. Quelle Communion ! Quelle Communauté ! Prions pour nos charités » [111].
>
> « Hier on parlait de famille ; aujourd'hui on parle de "communion". Les appellations se démodent, il faut les changer. Après-demain on reparlera de famille. Pendant des siècles, ce mot avait prévalu. On vivait en famille. L'abbaye était une famille. Tout y était communautaire, mais à la disposition des besoins de tous. Tout était à tous. On ne parlait pas de "communion" et on vivait unis, ou du moins on travaillait à l'unité. La fraternité était intérieure. Elle n'évoquait pas un mot collectif, ni une collection. La communauté n'est pas un assemblage. La fraternité exige même un Père, un délégué du Père. Si nous n'avons pas le même Père nous ne sommes pas frères. Il semble qu'on ait peur du mot "Père". Il est mis sur une voie de garage » [112].

Le 7 août au matin, l'abbé de Nová Říše, Augustin Machalka, arrivé la veille à Wilten, y retrouvait l'abbé de Želiv, Vitus Tajovsky. Acclamés par les capitulants, les voici au centre du chapitre : -

> « Ce matin, tout le monde est présent. Il y a même un nouveau venu. Le Rvme Père-Abbé Machalka est arrivé cette nuit. Je le salue en début de séance. "Mon émotion est mon souhait de bienvenue, Mon Révérendissime Père. Et pour vous témoigner que de cette place, je n'ai jamais cessé de penser à vous, je veux concrétiser cette pensée. Voilà pourquoi je vous demande, à vous et à votre Confrère, l'abbé Tajovsky, de présider cette

---

[110] *Ibid.*, p. 97.
[111] *Ibid.*, p. 138-139.
[112] *Ibid.*, p. 144.

séance". Je me suis levé. J'ai pris la place de l'abbé Machalka. Les deux confrères se sont installés à la présidence du chapitre. L'honneur rendu aux deux prisonniers libérés associe dans mon coeur les autres confrères. Et moi, je traite les maltraités comme le Seigneur » [113].

Commencé à Wilten en 1968, le chapitre se concluait à Wilten en 1970. Il appartiendra à l'Histoire d'apprécier à sa juste valeur cet événement central de la vie de l'ordre au XXe siècle. Maintenant, il est encore trop tôt. Un souffle nouveau a ranimé la famille norbertine pour un meilleur service de l'Église. Certes, avec le recul de quelques décennies, les faiblesses, les insuffisances et les scories liées à cette période apparaissent nettement. La modernité superficielle devient vite démodée, et les nouveautés médiocres révèlent leur banalité. Malgré les imperfections des dispositions issues de ce chapitre, saint Norbert invite avec une force renouvelée l'ordre et chacun de ses membres à une rénovation qui soit un renouvellement intérieur, personnel et communautaire. Les paroles de l'abbé général, en écho à celles de saint Norbert, résonnent dans les coeurs :

> « Notre propos, pour le dire brièvement, est celui-ci : j'ai choisi de vivre une vie purement évangélique et apostolique. Que ce soit notre volonté à tous de suivre les divines Écritures et de prendre le Christ pour guide » [114].

8. Chute du communisme et renaissance des abbayes d'Europe centrale

Parmi les événements décisifs de ces dernières années, la chute du communisme comme système socio-politique et comme modèle ou point d'ancrage intellectuel, est porteuse d'une signification exceptionnelle dont les conséquences n'ont pas encore été complètement portées au jour ni analysées. Cette chute a des répercussions mondiales. Elle a modifié les rapports entre l'Europe occidentale et l'Europe du bloc communiste, entre les États-Unis et l'Europe, mais elle a surtout profondément modifié la vie en Europe centrale.

Les changements intervenus dans le domaine politique et social ont eu des conséquences significatives pour l'Église, pour la vie des communautés chrétiennes et pour la vie des communautés religieuses. Jusqu'à ces dernières années, la vie commune était interdite aux religieux tchécoslovaques et hongrois. Chassés de leurs abbayes, les Prémontrés d'Europe centrale ont connu la prison, les travaux forcés, parfois pendant dix ou quinze ans. Leurs propriétés et leurs maisons furent séquestrées, leur

---

[113] *Ibid.*, p. 112.
[114] *Ibid.*, p. 197.

biens meubles, y compris ceux qui représentaient une valeur culturelle, furent dispersés et parfois saccagés. Au cours des années 60, certains religieux furent admis à administrer des paroisses, mais leur travail pastoral, surtout la prédication, était étroitement surveillé par la police secrète. Interdits de vie commune, beaucoup vécurent dans l'isolement. Si les gouvernements interdisaient strictement de recevoir des vocations, les ordres et les congrégations n'en continuèrent pas moins à accueillir et à former clandestinement, au prix de quels dangers, les candidats à la vie religieuse.

Aujourd'hui, les Prémontrés d'Europe centrale ont redonné vie à toutes leurs abbayes et, bien qu'avec des fortunes diverses, la vie commune a recommencé, ici modestement avec seulement quelques confrères, là plus facilement avec une communauté déjà forte. Et donc la première responsabilité des supérieurs locaux consiste à construire, souvent *a fundamentis*, une nouvelle communauté, en s'appuyant sur les anciens revenus à la vie conventuelle, pour accueillir les nouvelles vocations, souvent désireuses de cette vie commune. L'avenir des abbayes prémontrées d'Europe centrale dépend de la qualité de la formation spirituelle, religieuse, culturelle, philosophique et théologique des jeunes qui se présentent nombreux. Le problème de la formation, très aigu dans l'Église en général, est encore plus urgent dans les anciens pays communistes où font défaut les maîtres bien formés et les instruments indispensables comme les livres théologiques.

Restaurer la vie prémontrée en Europe centrale, sans reprendre l'ancien style de vie, voilà l'un des défis majeurs à relever. Quel intérêt y aurait-il à restaurer des abbayes sans restaurer la vie communautaire ? Quel message pourraient délivrer des religieux vivant comme au plus beau temps du joséphisme ? Nombre d'instituts religieux d'Europe centrale, et d'abbayes prémontrées, vivaient de la sorte au début du XXe siècle. Les abbayes ont joué, au cours des siècles, un rôle central dans les domaines culturels et économiques. Cette mission, au sein de la société contemporaine demeure, mais elle ne doit en aucun cas voiler l'authenticité de la vie religieuse.

L'année 1993 fut une année jubilaire pour les Prémontrés de Bohême, Moravie et Slovaquie, à peine restaurés. Ils célébraient à Prague les 850 ans de la dédicace de la première église prémontrée de Bohême. Voici huit siècles, l'ordre fondé en 1121 par saint Norbert dans le Nord de la France allait s'étendre à l'Europe centrale.

1993 marquait également un anniversaire dans chacune des abbayes. Fondée en 1143, l'abbaye de Strahov célébrait ses 850 ans d'existence canonique. Elle s'honore d'être la gardienne depuis 1627 de la tombe de saint Norbert. En 1193, voici 800 ans, le Bienheureux Hroznata fondait, dans la filiation de Strahov, l'abbaye de Teplá. En cette année 1993, les Prémontrés de Teplá transférèrent dans leur abbaye les restes mortels du bienheureux Hroznata. Cette même année, l'abbaye de Jasov célébrait les 800 ans de sa fondation par l'abbaye hongroise de Váradhegyfok.

En 1643, voici 350 ans, l'abbaye de Želiv, dévastée par les guerres hussites, retrouvait son statut d'abbaye autonome. Enfin, en 1733, voici 260 ans, la communauté de Nová Říše était érigée en abbaye.

À l'occasion de ce jubilé et en la fête de la translation de saint Norbert à Strahov, le pape Jean-Paul II adressait une lettre à l'abbé général, Monseigneur Marcel van de Ven.

9. Lettre du Pape Jean-Paul II à l'occasion des 850 ans de présence des Prémontrés en Bohême [115]

Au Très Révérend Père
Marcel van de VEN
Abbé Général
de l'Ordre des Chanoines Réguliers de Prémontré

Dans la longue lignée des Religieux qui ont évangélisé l'Europe et formé son patrimoine culturel, l'Ordre des Chanoines Réguliers de Prémontré occupe une place de choix. La nuit de Noël 1121, dans la solitude de Prémontré, saint Norbert donna naissance à une nouvelle communauté de l'antique Ordre canonial, dont les rameaux se sont rapidement étendus jusqu'en Europe centrale. Dans le sillage de mon prédécesseur, le Pape saint Grégoire VII, saint Norbert a communiqué à ses fils un élan apostolique dont l'Église recueille aujourd'hui les fruits sur les cinq continents.

En cette année 1993, votre Ordre célèbre le 850e anniversaire de l'installation officielle des Prémontrés en Bohême et le début de leur oeuvre évangélisatrice au coeur de l'Europe. Ce Jubilé sera célébré dans tout l'Ordre, mais spécialement dans les cinq abbayes de Strahov, Teplá, Želiv, Nová Říše et Jasov, dont les communautés viennent de se reconstituer. Je salue avec respect et admiration les Religieux qui n'hésitèrent pas à témoigner de leur foi au Christ et de leur attachement au Siège Apostolique, et souvent au péril de leur vie, durant plus de quarante cinq années de dispersion et de persécution. Leur sacrifice n'aura pas été vain, il est semence de nouvelles vocations.

À la veille du IIIe millénaire, l'intuition de saint Norbert est toujours actuelle. La reconstitution de vos communautés en Europe centrale va de pair avec la nouvelle évangélisation du continent et du monde. Le nouvel élan qui vous anime fait de vous les hérauts de l'Évangile du Christ ressuscité, cette Bonne Nouvelle porteuse de vie féconde et d'authentique liberté. Comme votre saint Fondateur,

---

[115] Texte original français.

ouvrez des voies nouvelles pour que le Message évangélique pénètre les coeurs, les mentalités, les coutumes, les cultures, et que les peuples libérés de l'oppression accueillent le Christ Sauveur. Animés de cet esprit, vous fournirez à la société les éléments indispensables à son renouveau, vous réveillerez la mémoire et la conscience de l'Europe, et vous contribuerez à la construction de la civilisation de l'Amour.

Je souhaite que ce Jubilé soit pour vous et pour tout l'Ordre de Prémontré un temps de renouveau et le point de départ d'une nouvelle fécondité apostolique. Pour ce faire, puisez dans le trésor de votre patrimoine spirituel, vivez du charisme de saint Norbert, renouvelez votre fidélité à votre Profession. En restaurant vos antiques et vénérables abbayes, ayez en premier lieu le souci de restaurer vos communautés de prière et d'apostolat, qui furent durant plus de huit siècles des foyers féconds et rayonnants.

Saint Norbert et ses premiers disciples ont exprimé leur idéal dans la formule de Profession canoniale qui est encore aujourd'hui la vôtre. Ils ont voulu mettre en pratique l'« *Evangelica institutio* », et prêcher l'Évangile dans le renoncement aux biens de ce monde, comme le Seigneur l'a ordonné aux Apôtres. Le but de votre Ordre est plus que jamais actuel. Consacrez-y toutes vos forces, avec le courage intrépide que seul le Christ peut vous communiquer. Les hommes de notre temps ont souvent perdu leurs points de repères, la crise des valeurs les laisse désarmés en face des défis nouveaux que l'évolution rapide de la société dresse devant eux. Transmettez-leur par votre parole, par le témoignage de votre vie personnelle et communautaire, l'amour du Christ et de l'Église.

Fidèles à l'« *Apostolica institutio* », vos prédécesseurs ont voulu faire de chaque communauté prémontrée une image de la communauté primitive de Jérusalem, groupée autour des Apôtres et de la Vierge Marie. Par la Profession des Conseils évangéliques et votre voeu de stabilité, vous vous consacrez au service de votre église abbatiale, pour y célébrer solennellement la sainte Liturgie, faire monter vers Dieu la louange de toute l'Église, et réunir le Peuple chrétien autour de son Seigneur. Puissent vos abbayes, vos prieurés, vos paroisses et vos monastères de moniales continuer à remplir cette mission, pour qu'en tous les coeurs soit magnifié le Nom de Dieu, et que nos contemporains trouvent auprès de vous accueil, disponibilité, zèle apostolique. Faites de vos abbayes des maisons de prière et des écoles de foi, ouvertes à tous les hommes de bonne volonté.

En fondant la communauté de Prémontré, saint Norbert fit choix de la Règle de saint Augustin. Les premières recommandations de cette règle de vie soulignent la caractéristique essentielle de vos communautés : « Puisque vous voici réunis dans ce monastère, vivez unanimes dans votre maison, ayant une seule âme et un seul coeur en quête de Dieu » [116]. La communauté augustinienne se fonde sur l'amour de Dieu et le désir de toujours mieux le connaître pour pouvoir toujours mieux l'aimer. Elle requiert la simplicité du coeur et l'amour mutuel, l'aide fraternelle et l'unité des esprits dans la recherche de l'unique nécessaire.

L'Eucharistie est la source de cette charité et le but de tout apostolat. C'est pourquoi saint Norbert voulut qu'au coeur de toute communauté prémontrée, la célébration de l'Eucharistie fût le sommet de toute la vie conventuelle. L'abbé prémontré Philippe de Bonne-Espérance nous le rappelle : « Pour que l'Église ne dépérisse pas dans les fatigues du voyage, elle possède un secours précieux en

---

[116] « *Primum, propter quod in unum estis congregati, ut unanimes habibetis in domo et si vobis anima una et cor unum in Deum* », *Règle de saint Augustin*, I, 2.

conservant dans son trésor le sacrement salutaire du Corps du Christ : il semble que ce soit elle qui le conserve et pourtant c'est plutôt lui qui la garde » [117].

Avec saint Norbert qui fut un fils aimant de la Vierge Marie, confiez le renouveau de vos communautés, les vocations de votre Ordre, tout votre apostolat, et l'Église tout entière à la Mère du Rédempteur. Marie accueillit, la première, la Parole pour la donner au monde : qu'elle fasse de vos communautés des foyers ardents de la nouvelle évangélisation.

En m'associant tout spécialement aux Prémontrés d'Europe centrale à l'occasion de leur Jubilé, je renouvelle à tout l'Ordre de Prémontré et à chacun de vous la confiance et l'amour du Successeur de Pierre, et vous accorde de grand coeur ma Bénédiction Apostolique.

Du Vatican, ce 7 mai 1993,
en la fête de la Translation de saint Norbert
à l'abbaye de Strahov.

IOANNES PAULUS PP. II

---

[117] « *Ne autem [Ecclesia] hujus itineris labore defatiscat, habet non mediocre munimentum, dum in secretis suis corporis Christi salutare conservat sacramentum ; quod dum intra se videtur conservare, ipsa potius ab eo conservatur* », *P.L.*, t. 203, col. 669.

CONCLUSION

SPIRITUALITÉ - APPROFONDISSEMENT - MISSION

Au terme de ce voyage qui nous a conduits du XIIe siècle au seuil du IIIe millénaire, et sur les cinq continents, j'ai tenté de vous offrir une vision de l'ordre de Prémontré, réfléchie par le passé, nourrie par le présent et orientée vers l'avenir. Cet aperçu nous dit : l'ordre de saint Norbert a connu de multiples vicissitudes et d'intenses moments de grâce. Saint Norbert est bien vivant et présent au coeur des communautés qui prolongent en des temps, des circonstances, et sous des modes variés l'intuition qui fut celle d'un homme en parfaite symbiose avec l'Église et le monde de son temps. Saint Norbert n'a pas vieilli et ses intuitions ne sont pas passées de mode, car il se nourrissait de l'éternelle jeunesse de l'Évangile et il vivait au coeur de l'Église rendue par le Christ « sans tache ni ride, ni aucun défaut » (*Éph* 5, 27). L'ordre a des racines vivaces, la sève de l'Évangile circule sous l'écorce de la tradition et le renouveau pousse des rameaux prometteurs. Travail, prière, apostolat demeurent les axes majeurs de l'ordre. Se rajeunir, se « re-former », se renouveler, demeure le programme des Prémontrés confrontés aux aléas, aux risques et aux défis de l'instant présent.

Nous sommes aujourd'hui habitués à parler d'histoire de la spiritualité, mais cette science est neuve, fille du XXe siècle sous sa forme actuelle. Nos prédécesseurs s'intéressaient à la spiritualité pour elle-même, car les relations de l'homme avec Dieu constituent le fond du Christianisme et à plus forte raison d'une famille religieuse. Aussi, ont-ils publié une somme considérable d'ouvrages sur les moyens d'établir cette relation, dans l'esprit de l'ordre de Prémontré qui embrasse d'un seul regard Dieu, l'Église et l'humanité. Les saints de l'ordre, dont la vie fut un livre ouvert, n'ont pas peu contribué à alimenter la vie spirituelle des fils de saint Norbert, en incarnant de façon exemplaire le charisme du fondateur. Et la législation de l'ordre elle-même était inspirée par cet idéal de *vita apostolica* qui est la référence commune à tous les religieux épris de conversion et animés de zèle pour le Royaume.

Au cours de ces pages, j'ai pris le risque d'aborder la période contemporaine souvent omise dans les études historiques pour plusieurs raisons valables : les archives récentes sont inaccessibles, et il est difficile de porter un jugement sur des événements encore proches. En abordant les années récentes de la vie de l'ordre de Prémontré, j'ai voulu refuser la coupure artificielle entre le temps présent et l'histoire, entre les idées contemporaines et la Tradition. J'ai voulu montrer que l'ordre de Prémontré n'est pas seulement un objet d'intérêt et d'étude pour les archivistes et les historiens : c'est une institution vivante.

À travers les siècles, l'insistance s'est successivement portée vers tel ou tel aspect de la vie norbertine : contemplation, vie conventuelle, ministère des âmes, travail manuel, étude, enseignement, ascèse, missions, mais ne nous trompons pas : ces insistances et ces développements ne sont que des facettes du charisme de saint Norbert. Aucune d'elles ne rend compte de la richesse totale de ce charisme, mais chacune contribue à sa beauté et à son éclat.

En un temps où il est de bon ton de relever des problèmes et de poser des questions, il n'est sans doute pas inutile, pour conclure, de mettre en évidence les points d'ancrage de la vie et de la spiritualité prémontrées, qui authentifient la fidélité de l'ordre à saint Norbert.

1. Les points d'ancrage de la spiritualité prémontrée

L'*evangelica institutio* enracine la vie des norbertins dans les conseils évangéliques donnés par le Christ à ceux qu'il appelle à le suivre de plus près, en renonçant à eux-mêmes pour la construction du Royaume. Cet enracinement évangélique est vécu par les Prémontrés comme le fondement de leur mission. À l'imitation du Fils de Dieu incarné pour sauver les hommes et les conduire au Père, les fils de saint Norbert se vouent à Dieu seul pour l'aimer d'un coeur sans partage, afin de se conformer au Christ et montrer aux hommes, à travers leur enseignement et le témoignage de leur vie personnelle et communautaire, Celui qui est « la Voie, la Vérité et la Vie » (*Jn* 14, 6), et les conduire au Père. La relation entre la vie évangélique et le ministère appartient inséparablement à l'essence de l'ordre de Prémontré.

La *vita apostolica* embrassée avec enthousiasme par saint Norbert et ses compagnons pour vivre à la manière des Apôtres choisis par le Christ pour « être avec lui et les envoyer prêcher » (*Mc* 3, 14), fait de la communauté de Jérusalem le modèle, la référence, l'*optica* ou le *speculum*, dirait Servais de Lairuelz, de toute communauté prémontrée.

Cette vie apostolique est celle du collège des Apôtres réunis autour du Christ dans une *vie commune*, qui implique la communauté de prière, de biens et de ministère pastoral : vivre en communion personnelle avec le Christ et chanter ensemble ses louanges, mettre en commun tout ce que chacun reçoit pour que Dieu soit le trésor de tous, s'acquitter du ministère non en francs-tireurs, mais en tant qu'envoyés, messagers et témoins de la Bonne Nouvelle de l'Évangile.

L'*eucharistie*, au coeur de l'*office divin*, fait de chaque communauté, une *ecclesia* priante, offrante et offerte, tendue vers la venue de son Seigneur, comme l'était la communauté apostolique de Jérusalem. Cet élément essentiel de la vie prémontrée exprime le charisme originel et fonde le service des Églises particulières comme de l'Église universelle. Cette prière solennelle qui caractérise les abbayes prémontrées depuis l'origine de l'ordre est, sans conteste, le premier ministère pastoral des fils de saint Norbert. La place essentielle du culte divin dans les communautés prémontrées constitue la part la plus précieuse du patrimoine spirituel légué par les Prémontrés d'hier, et une source intarissable pour les communautés d'aujourd'hui et de demain. Ce temps exclusivement voué à Dieu pour qu'il le consacre est peut-être, aux yeux de l'homme moderne, du temps perdu, mais la mission de tous les ordres religieux n'est-elle pas de témoigner par cette prière de la souveraineté absolue de Dieu dont l'homme moderne perçoit comme intuitivement l'existence, après avoir fait l'expérience décevante de la vacuité du monde et de la vanité des idéologies ? L'ordre de Prémontré continuera d'apporter aux hommes de ce temps le meilleur de lui-même, s'il est moins soucieux d'être *moderne* que d'être *vrai*, c'est-à-dire lui-même, fidèle à cette prière qui représentait le sommet de toute journée pour saint Norbert et ses disciples. Ouverte à la participation active du peuple chrétien, la liturgie canoniale est, par essence, pastorale. La prière commune des Prémontrés est tout à la fois un retour de la grâce reçue et un départ vers la mission. Partie intégrante du ministère, action de grâces et supplication, la prière commune est également nourriture de la vie spirituelle. Cette prière commune est sans conteste un élément constitutif de la vie canoniale. À tel point que la qualité de la prière commune influe sur la qualité de la vie commune, en créant une unanimité des coeurs et des esprits. Nourris de la prière liturgique, les religieux y puisent l'aliment de leur vie spirituelle personnelle et de leur ministère pastoral. Ils l'assimilent dans la méditation et la *lectio divina*. Les auteurs spirituels et les statuts de l'ordre insistent constamment sur le recueillement, la solitude du coeur, et sur le repos intérieur, qui est, selon Adam Scot, la force des habitants des cloîtres.

Fidèles à la communauté de Jérusalem, les communautés prémontrées ont accueilli, dès les origines, des *laïcs* convertis et devenus plus tard les frères convers. À la suite du concile Vatican II, les frères laïcs sont pleinement reconnus comme prémontrés. Ils se doivent de participer à l'office divin célébré au choeur, et peuvent participer aux responsabilités et aux charges de gouvernement des canonies, à l'exception des fonctions de prieur et d'abbé. Leur vocation, comme en témoigne toute l'histoire de l'ordre, est un appel à la sainteté et à la sanctification du travail en communion avec tous ceux qui gagnent leur vie à la sueur de leur front. Collaborateurs des prêtres dans l'apostolat, ils témoignent devant tous de la vocation à la sainteté et de sa réalisation dans la vie consacrée qui est don de la grâce de Dieu. Membres à part entière des communautés prémontrées, ils exercent leur sacerdoce baptismal notamment en s'associant à l'offrande du Christ dans l'eucharistie et, au nom de leur confirmation, ils se vouent aux diverses formes d'apostolat qui découlent de leur être chrétien et ne nécessitent ni le sacerdoce ni le diaconat. La voie ouverte par l'*aggiornamento* post-conciliaire aboutira, avec le temps, la prière et la réflexion, à une meilleure précision de leur statut et des possibilités concrètes qui leur sont offertes.

Les *chanoinesses* norbertines continuent, dans la vie contemplative et à l'ombre de leurs cloîtres, la prière de l'Église pour la fécondité de l'activité pastorale exercée par l'ordre. Épouses du Christ, elles ont pour vocation de vivre en intime union avec le Seigneur, dans la célébration de la liturgie comme dans la méditation personnelle, dans les travaux manuels et intellectuels ou diverses formes de diaconie. Sans elles, l'ordre de Prémontré ne serait plus ce qu'il est depuis sa fondation.

La *Règle de Saint Augustin* constitue, certes, une référence historique, le rappel d'une communauté concrète réalisée à Hippone par saint Augustin. Elle rend présent à chaque moment de l'Histoire un modèle de réalisation effective de la vie apostolique, mais c'est aussi et surtout une référence spirituelle, dans la mesure où la doctrine spirituelle et théologique de l'évêque d'Hippone continue à inspirer la spiritualité des Prémontrés. Cette *Règle* reprend l'un des éléments constitutifs de la communauté de Jérusalem et invite les fils de saint Norbert à incarner cet idéal dans leur vie quotidienne et dans les différentes époques : « Puisque vous voici réunis dans ce monastère, vivez unanimes dans votre maison, ayant une seule âme et un seul coeur en quête de Dieu » [1].

La *profession canoniale* incorpore le profès à une église précise : « Moi, frère N..., je m'offre et me livre à l'église de ... ». Par son don à

---

[1] *Règle de saint Augustin*, I, 2.

l'église de pierre, qu'il devra servir par la prière de l'office divin, le Prémontré acquiert un droit de filiation dans l'*ecclesia* prémontrée qui l'accueille, et en s'insérant plus intimement – car il le fait par l'émission de voeux – dans l'Église particulière, il s'ouvre au service de l'Église universelle. Ce don à une *ecclesia* fait partie intégrante de la formule de profession. Il exprime la priorité du service d'une église précise par la prière liturgique et l'exercice du ministère pastoral. Ces *ecclesiae* prémontrées ont emprunté au monachisme médiéval la structure abbatiale qui exprime bien ce qu'est une communauté stable, implantée dans une Église déterminée.

L'abbé prémontré, appelé aussi prélat ou prévôt, remplit, au nom du Christ et pour les frères de son abbaye qui est une vraie famille, un service particulier, en tant que tête de la canonie. Sous sa conduite, tous sont frères. Il lui appartient de stimuler ses frères sur la route de l'Évangile, et de les envoyer en mission au nom de la communauté. Avec profondeur et esprit, Monseigneur Calmels a dessiné à grands traits le portrait de l'abbé prémontré, en s'adressant en ces termes à un abbé nouvellement élu :

> « Être abbé, Révérendissime Père, est une grâce – une grâce, mais pas un privilège. Une charge plus qu'un honneur. Une grâce qui doit se payer. On saura vous la faire payer et même assez cher. Et aux préposés bénévoles à cette perception, il vous sera difficile d'exiger qu'ils vous rendent la monnaie » [2].

Parce qu'il est en même temps membre et tête de la canonie qu'il se doit de gouverner, présider et animer, l'abbé est supérieur et ne saurait renoncer à exercer sa responsabilité personnelle et propre devant les difficultés inévitables :

> « Ne vous illusionnez pas, il vous sera dur et crucifiant de commander. Ce n'est jamais facile de diriger en toute patience l'activité des autres. Retenez cette remarque : le plus mauvais moment, le plus critique au sujet de l'obéissance, n'est pas pour le religieux de dire "oui", mais de le redire au moment précis où il dispose de sa volonté non pas par surprise, mais après avoir pris le temps de réfléchir. Ne l'oubliez pas : "Il y a cette différence entre celui qui gouverne et celui qui obéit : celui qui obéit ne doit obéir qu'à un seul, et celui qui gouverne obéit à tous". Pour mieux commander, apprenez à ne pas tout dire. Taisez-vous le plus souvent possible. Un vrai chef ne dit que ce qu'il faut, sans bavardage ; à qui il faut, sans biais ; quand il faut, sans retard ; et comme il faut, sans détours » [3].

À l'évidence, Monseigneur Calmels, abbé de Frigolet de 1946 à 1962, et abbé général de 1962 à 1982, savait de quoi il parlait. L'abbatiat ne se limite pas à exercer une fonction canonique de direction et de responsabi-

---

[2] Arch. de la Curie Généralice de Prémontré (Rome) : fonds : « Calmels ».
[3] *Ibid.*

lité. Au jour de son élection abbatiale, l'abbé devient l'époux de son église [4], le père et le pasteur de sa communauté. Il contracte un lien spirituel que le rite de la bénédiction abbatiale met en lumière. Aussi, l'abbé est-il invité à se comporter envers sa communauté, l'*ecclesia* dont il est l'époux, comme le Christ se comporte envers l'Église. Le style d'autorité de son gouvernement s'inspirera de la miséricorde. L'abbé trouvera la norme de son pastorat dans la sollicitude du Christ, qui va jusqu'au sacrifice personnel par amour des siens, pour les conduire à la sainteté, et en suivant les exemples de saint Norbert. S'il n'est pas à proprement parler « père spirituel de sa communauté » au sens où saint Benoît comprend l'abbé monastique, l'abbé prémontré est cependant pleinement « pasteur ». Aussi se doit-il de garder devant les yeux le Christ Bon Pasteur, se sacrifier pour sa communauté et manifester une généreuse sollicitude pastorale envers tous les membres de la canonie, qui lui sont confiés et dont il devra, un jour, rendre compte devant Dieu.

> « On ne naît pas abbé, il faut le devenir. Vous le deviendrez chaque jour davantage en dévouant votre personne à chacun de vos religieux et en les portant tous dans votre coeur. Être abbé, cela s'apprend. Les enseignants ne vous manqueront pas, et même, j'ose le dire, surtout les plus désobéissants vous donneront des leçons d'obéissance. Mais votre apprentissage, vous le ferez surtout par l'imitation du Seigneur. Vous alimenterez vos qualités d'abbé en vous abreuvant à l'esprit de la tendresse paternelle, à la source de toute miséricorde : les plaies du Christ.
>
> Être abbé, c'est se sacrifier aux autres et devenir leur esclave. La charge qui vous élève vous rend redevable à tous. Être abbé, c'est avoir un coeur de Christ.
>
> À partir d'aujourd'hui, vous êtes devenu esclave des besoins de la communauté, esclave de ses qualités pour les faire fructifier, esclave de ses pauvretés pour les enrichir, esclave de ses défauts pour les corriger, esclave de son témoignage pour l'exhausser, esclave de tous pour les libérer tous dans l'unité. Vous aurez à accepter les bonnes et les mauvaises humeurs et les obéissances boudeuses pour les transformer en contrariétés évangéliques. Vous devrez régir pour servir et servir pour mieux réagir.
>
> Le premier devoir d'un abbé prémontré, j'allais dire son métier par excellence, c'est de conduire les hommes à la sainteté par les sentiers de saint Norbert. Vous le ferez en toute simplicité, d'une main ferme et, au besoin, énergique, sans prendre pour cela l'attitude du pouvoir "de domination". Entretenez un contact permanent, profond, vrai, humain avec vos religieux, même si, par besoin, vos sujets gardent une distance respectueuse » [5].

L'abbé prémontré placé à la tête d'une communauté autonome est encore chargé de relier sa propre canonie et chacun de ses religieux à

---

[4] Pour cette raison, à la mort de l'abbé, son église est appelée *ecclesia viduata*, église veuve.

[5] *Ibid.*

l'ensemble de l'ordre de Prémontré. Il a, sans conteste, la mission de maintenir le regard de sa communauté ouvert sur l'ordre de saint Norbert, non seulement pour éviter tout repliement de la canonie sur elle-même, mais pour lui offrir en nourriture spirituelle et comme source d'inspiration le patrimoine de l'ordre. En une époque assoiffée de neuf et soupçonneuse envers ce qui est tradition, ce rôle de l'abbé est essentiel. Il est responsable du caractère prémontré de sa communauté. Sur la route de la conversion, la présence vivante de la tradition de l'ordre est parfois dérangeante, car elle rappelle les points d'ancrage sous-estimés et les exigences négligées.

> « N'ayez pas peur de vous entendre dire que vous êtes passé de mode. Soyez fier lorsqu'on vous déclarera que vous faites vieux jeu parce que vous voulez conserver intactes les vérités essentielles et les traditions qui nous gardent Prémontrés. N'oubliez pas de redire, de répéter, de proclamer que l'Église change parfois de visage mais jamais de tête, et que Vatican II n'a pas eu l'idée, ni le pouvoir de changer son coeur.

> Un même commandement demeure : il faut recommencer sans cesse les commencements. Recommencer à vivre, recommencer à se convertir, recommencer à bien faire, recommencer pour durer, recommencer pour tenir, recommencer pour édifier.

> Vous avez à continuer les recommencements, Révérendissime Père, mais vous ne serez pas seul à les recommencer. Tout un peuple d'âmes invisibles mais réellement présentes, les âmes des innombrables religieux qui se sont sanctifiés dans ces murs et dont la voix souveraine alternait avec nous, ce matin, les versets du psaume de la confiance et de l'espoir, toutes ces âmes fraternelles vous accompagnent et vous encouragent. Ce ne sont pas les pierres qui font l'abbaye. L'abbaye est composée d'un groupe d'hommes qui aspirent à la sainteté en se dévouant aux âmes. L'abbaye, mieux que les pierres harmonieusement placées, ce sont des coeurs très unis, des âmes qui ne font qu'une âme, une communauté d'hommes vivant ensemble pour chercher Dieu ensemble sous une autorité préférée » [6].

Toute la mission de l'abbé s'inscrit dans la mission de l'ordre, qui s'insère, à son tour, dans la mission de toute l'Église. Le but commun auquel l'abbé se doit de consacrer toute son activité, c'est la construction du Royaume par l'amour et le témoignage apostolique. Fidèles aux premiers Prémontrés qui firent profession dans la nuit de Noël 1121, les Prémontrés d'aujourd'hui se doivent de faire de leurs communautés, et pour les hommes de ce temps, des lieux de rencontre avec la réalité d'un Dieu fait homme, qui a offert sa vie pour que tous soient sauvés et répondent à leur vocation surnaturelle.

> « Toute abbaye doit rester le lieu de rencontre avec la réalité d'un Dieu fait homme pour réaliser, j'allais dire pour recommencer, l'incarnation de Dieu parmi nous et le rendre présent aux hommes de notre temps par le témoignage de notre foi.

---

[6] *Ibid.*

Vous êtes appelé à construire le Corps du Christ dans l'amour. Les murs de votre monastère ne doivent pas être des remparts, et l'histoire raconte qu'ils n'ont jamais été des obstacles aux envahisseurs, mais des bastions derrière lesquels s'abritaient les réserves de la charité dont le trop-plein ne demandait qu'à être versé au profit de l'Église. Vous devrez vous faire un point d'honneur de maintenir debout, coûte que coûte, les traditions dont vos prédécesseurs furent la parure et les abbés une de ses gloires. Il importe peu que les masses de pierres pieusement disposées croulent, pourvu que les vestiges de la Tradition des Apôtres continués par les religieux dont vous êtes les successeurs ne disparaissent pas » [7].

La *stabilité*, loin de confiner le Prémontré entre les murs de son abbaye, l'enracine dans une Église, enracine son identité dans un terroir, et le prépare intérieurement à la mission. Par la stabilité qui illustre ce lien infrangible entre le profès et l'église de sa profession, le Prémontré est consacré, en premier lieu, au service de son église abbatiale, pour y célébrer solennellement la liturgie, faire monter vers Dieu la louange de toute l'Église unie au Christ, et réunir le Peuple chrétien autour de son Seigneur. La stabilité marque la profondeur d'un engagement personnel à vivre selon l'Évangile du Christ, en communauté de destin avec d'autres, pour le service de l'Église, à partir d'une *ecclesia* bien déterminée. Le *trado meipsum* de la profession signifie l'entrée dans une communauté de destin avec l'Église du Christ, présente dans un lieu déterminé, et implique une ouverture universelle, qui n'est pas fuite de la réalité, parce qu'enracinée dans une *ecclesia* bien précise.

Cette profession canoniale, riche du contexte spirituel de la réforme grégorienne, implique une désappropriation personnelle des biens matériels, et postule une désappropriation spirituelle de soi-même, pour que le Christ soit le tout du Prémontré.

Le *ministère pastoral* fait partie intégrante de la vocation prémontrée, car l'ordre de Prémontré est un ordre canonial. Tous, prêtres et frères laïcs, selon leur vocation dans l'Église et leurs capacités propres, sont voués au ministère. Celui-ci se caractérise, à Prémontré, par le fait qu'il a un caractère essentiellement communautaire. En certaines régions et pour des motifs historiques compréhensibles, l'habitude s'est prise d'envoyer des Prémontrés vivre seuls pour le service des paroisses. Ces choix sont dignes de respect, mais ils ne sauraient prétendre exprimer l'idéal prémontré du ministère pastoral. L'exercice du ministère hors de l'abbaye ne saurait être une coupure, mais l'actualisation du don fait à l'Église, au jour de la profession. De fait, c'est la communauté en tant

---

[7] *Ibid.*

qu'église canoniale qui est dépositaire du mandat apostolique de ses membres. Ceci implique une communion d'autant plus forte entre les religieux et l'abbaye, qu'ils en sont provisoirement éloignés pour se consacrer à tel ministère particulier. Le Prémontré en mission représente, certes, le Christ, comme tout apôtre, mais il représente aussi et inséparablement sa communauté, l'*ecclesia* qui l'a envoyé et à laquelle il s'est donné au jour de sa profession. Le ministère pastoral n'est pas une « oeuvre » de l'ordre comme le sont les activités apostoliques des instituts religieux récents, il appartient à l'essence de l'ordre de Prémontré. À l'image des Apôtres réunis en collège par le Christ, les fils de saint Norbert sont réunis par le Christ en communautés d'hommes consacrés à Dieu pour chanter les louanges du Seigneur, annoncer l'Évangile à toutes les nations et réunir les enfants de Dieu dispersés. Leur vie commune, qui implique davantage que la vie en commun, est signe de Dieu pour l'Église et pour le monde, car le Christ a prié pour que ses disciples soient un afin que le monde croie. Aussi, exercé dans cet esprit, le ministère pastoral devient-il source de vie spirituelle et de sanctification.

En se vouant à une *communauté* norbertine, le profès s'engage à mettre ses pas dans ceux de saint Norbert et à prendre le chemin de la *conversion* qui lui donnera d'entrer en communion plus intime et plus vivante avec Dieu et avec son prochain. La pratique de l'ascèse personnelle et commune a été, avec des variantes de forme et des différences d'orientation, une constante de la vie de l'ordre. Certaines périodes furent, de ce point de vue, moins ferventes ; ce ne sont pas les pages les plus glorieuses de l'histoire de Prémontré. C'est l'ensemble de la communauté canoniale qui est appelée à cette conversion intérieure, gage de l'authenticité de son témoignage et de la vérité de son charisme prophétique. Aussi, tout mouvement d'authentique réforme doit-il se garder d'éliminer de la vie personnelle et communautaire ce qui relève de l'ascèse, sous la pression d'un *Welfare state* qui conduirait non seulement à un embourgeoisement complet, mais surtout à une anémie spirituelle, qui rendrait impossible toute vie consacrée. Le chemin de conversion choisi par saint Norbert est la seule voie possible pour vivre en Prémontré. Seuls, les éléments ascétiques de la vie norbertine sont susceptibles d'ouvrir au religieux et à sa communauté les voies de l'authentique liberté. Sans cette tension engendrée par la démarche de conversion, l'esprit de prière et d'intériorité disparaît peu à peu : c'est un appauvrissement qui, à plus ou moins brève échéance, coûte cher et, en outre, décourage les vocations généreuses.

Le retour aux sources voulu par le concile Vatican II implique un retour aux trois éléments qui forment comme le moule – la *forma* – dans lequel l'ordre de Prémontré a pris *forme* et en référence auquel il se doit de constamment se *re-former* : 1. une inspiration fondatrice, celle de saint Norbert et de ses premiers disciples. 2. un contexte historique – celui de la réforme grégorienne – dans lequel furent compris les éléments essentiels de l'ordre : institution évangélique, vie apostolique, église, chanoine, sacerdoce, vie consacrée, culte divin et ministère pastoral. 3. une élaboration institutionnelle dans laquelle, au long des siècles, se concrétisent la physionomie de l'ordre de Prémontré et son charisme.

En union avec la *Vierge Marie*, comme l'était la communauté de Jérusalem (Cf. *Act* 1, 14), la famille prémontrée garde et médite dans son coeur le mystère du Verbe incarné, fait siens son enseignement et ses exemples, et célèbre le triomphe du Ressuscité, dans l'attente de son retour glorieux. Philippe de Bonne-Espérance a particulièrement insisté sur le rôle maternel de Marie envers les Apôtres [8] et ceux qui, à leur suite, ont choisi de vivre la *vita apostolica*. Dans un ordre apostolique comme celui de Prémontré, l'influence de Marie sur les Apôtres s'impose à la méditation et à la dévotion. Saint Norbert fut un fervent dévot de Notre-Dame et les auteurs spirituels prémontrés, marchant sur ses traces, ont insisté sur le rôle essentiel de Marie dans la communauté des disciples qui entendent vivre à la manière des Apôtres. Les formes de cette dévotion ont évolué au cours des siècles, mais l'amour envers la Mère de Dieu, Reine des Apôtres, demeure une source inépuisable de grâces et de fécondité spirituelle.

À la veille du IIIe millénaire, l'ordre de Prémontré est donc invité, dans le sillage du concile Vatican II, à approfondir son identité et sa tradition, pour affronter les nouveaux défis de la mission, des cultures et de l'inculturation.

2. Communautés canoniales au coeur de l'Église

Les points d'ancrages à peine évoqués, se réfèrent à la tradition pluriséculaire de l'ordre fondé par saint Norbert. Ils expriment, dans son essentiel, le charisme de Prémontré. Par ailleurs, la profession des conseils évangéliques introduit les communautés norbertines dans la vie consacrée qui est au coeur de l'Église, car elle « appartient inséparablement à sa vie et à sa sainteté » [9]. Comme telles, ces communautés sont dons de

---

[8] *P.L.*, t. 203, col. 213-215.

[9] VATICAN II, *Constitution dogmatique « Lumen Gentium »*, n° 44.

l'Esprit, et leur renouveau est, par conséquent, étroitement lié à l'Esprit, seul capable d'en revivifier les formes concrètes et de les enrichir d'expressions nouvelles, qui soient en mesure de répondre aux nécessités de la mission, dans la continuité historique et la fidélité à la tradition de l'ordre.

L'identité véritable, le caractère profond et la raison d'être de ces communautés échappent en grande partie à l'observateur non-initié à la vie religieuse, car celles-ci sont fondées sur la foi de Norbert et son propos de suivre le Christ pour devenir saint et servir l'Église. La profession faite dans la nuit de Noël 1121 à Prémontré attachait Norbert et ses premiers compagnons au Christ par le don total de leur personne et de leur vie. Chanoines devenus « réguliers », ils posaient les fondements de communautés, dans une certaine mesure retirées du monde, mais appelées à s'insérer profondément dans la société. Dès l'origine de l'ordre, l'inspiration et la sève vitale des communautés norbertines jaillissent de la grâce pour s'épanouir en sainteté dans le service de l'Église. Cette identité, pour demeurer vivante, exige un développement dans la continuité avec le charisme fondateur. Les communautés prémontrées s'enracinent dans une expérience de vie dans l'Esprit, transmise par les disciples pour être vécue, conservée, approfondie et constamment développée en parfaite syntonie avec l'Église, Corps du Christ, en continuelle croissance.

Nées dans un contexte de renouveau de l'Église, les communautés norbertines sont par nature des communautés ecclésiales, et donc seulement compréhensibles à l'intérieur de la réalité théologique et spirituelle de l'Église. En un mot, l'ecclésialité de ces communautés leur est tellement essentielle qu'il leur serait impossible de justifier leur existence, de vivre leur charisme de façon authentique, si elles n'étaient pas enracinées dans le mystère et dans la communion de l'Église, mystère de sainteté et communion des saints, et si elles n'en partageaient pas la mission de sanctifier le monde par l'annonce de la Bonne Nouvelle et le ministère sacramentel. Ceci revient à dire : la relation vitale entre les communautés prémontrées et l'Église ne se réduit pas aux activités pastorales assumées par leurs religieux, mais elle qualifie la nature intrinsèque de ces communautés. Ainsi, à l'instar de saint Norbert, les Prémontrés s'efforcent de répondre personnellement à la vocation venue de Dieu ; pour ce faire ils émettent une profession qui les fait entrer dans une communauté canoniale, et ils se dévouent collégialement à la mission de l'Église, à la manière des Apôtres. Les auteurs spirituels rencontrés au fil des siècles l'avaient bien compris : faire siens les « désirs » de saint Norbert, c'est rejoindre à travers lui une expérience personnelle du Christ, dans un rapport spécial et étroit avec l'Église, pour atteindre l'intégration réciproque et la synthèse harmonieuse des cinq éléments essentiels à toute communauté fondée sur la *vita apostolica* : consécration, spiritualité, vie fraternelle, mission, structure institutionnelle.

3. Des défis à relever

Depuis sa fondation, l'ordre de Prémontré a toujours dû relever des défis, et notre époque ne fait pas exception. Les mutations culturelles qui affectent l'ensemble de sociétés comportent des éléments positifs et négatifs. Il s'agit pour les Prémontrés confrontés aux difficultés et aux interrogations du moment de distinguer ou, mieux, de discerner les défis et les attentes du monde contemporain, les appels, les incitations, voire les provocations qui appellent des réponses courageuses dans la ligne de l'Évangile et sous la mouvance de l'Esprit.

À la lumière de son expérience ecclésiale, communautaire, pluriséculaire, l'ordre de saint Norbert se doit d'apporter des réponses vraies et, en même temps, recevables et crédibles, aux questions et aux attentes du monde contemporain et de l'Église elle-même. Par exemple :

- comment discerner les voies et les oeuvres qui correspondent aux attentes de ce temps, dans le respect du charisme de l'ordre ?

- comment harmoniser de nouvelles formes de ministère avec l'exigence de la vie commune et des formes traditionnelles d'apostolat ?

- comment intégrer concrètement la mission *hic et nunc* dans le charisme propre de l'ordre ?

- comment encourager le témoignage prophétique en évitant les polarisations idéologiques et les déchirures de l'unité ?

- comment donner aux frères laïcs de l'ordre la possibilité de réaliser pleinement leur vocation sans en faire des clercs de seconde catégorie ?

- comment discerner les nouvelles formes de vie consacrée féminine prémontrée, pour individualiser des critères authentiques de reconnaissance et de promotion ?

- comment réagir devant les tendances séculières actuelles à la dispersion et à l'engagement selon des choix personnels ?

- comment concilier autonomie des communautés locales et unité de l'ordre ?

- comment harmoniser juste autonomie de l'ordre et des communautés, et dépendance vis-à-vis de la hiérarchie de l'Église ?

La liste des défis à relever serait longue à établir. Tous ces défis n'ont pas la même importance. Arrêtons-nous un instant sur quelques uns plus particulièrement significatifs de notre temps.

Le défi de la spiritualité est, sans conteste, le grand défi lancé aux communautés prémontrées. Dans la mesure où la spiritualité est au coeur des communautés norbertines, elle qualifie leur rapport essentiel à l'Église et au monde, elle est la source de leur dynamisme apostolique. La spiritualité traduit la relation personnelle et communautaire avec Dieu à travers la consécration religieuse, elle suppose disponibilité à l'Esprit et fidélité au charisme fondateur. La spiritualité, loin d'être une fuite de la réalité, intègre les diverses dimensions de la vie personnelle et communautaire, dans l'union à Dieu et la disponibilité à la mission, dans la prière et l'observance fidèle et joyeuse de la profession canoniale.

La spiritualité est indispensable à la *vita apostolica* qui s'enracine en elle et ne saurait jamais s'en dissocier. Le concile Vatican II le soulignait et le chapitre général de 1968-1970 l'appelait de ses voeux : un profond renouveau est indispensable. Or, il ne saurait y avoir de renouveau sans réveil de la spiritualité. Comment vivre l'engagement à vie de la profession canoniale et la fidélité à l'*evangelica institutio* dans des cultures en mutation, dans la société de consommation et dans un univers mental qui a perdu nombre de ses points de repères, voire de ses valeurs, sinon dans un climat de forte et saine spiritualité ?

Loin d'être refermée sur les religieux et les communautés, la spiritualité comporte un aspect ministériel qui n'a pas échappé aux anciens et s'avère décisif aujourd'hui. Tant d'hommes et de femmes de tous âges sont à la recherche de maîtres de vie spirituelle dans la société pluraliste actuelle. Cette recherche de l'homme contemporain d'un sens spirituel à son être, à sa vie et à son agir ne saurait laisser indifférents ceux qui, à la suite des Apôtres, sont appelés en première ligne à annoncer l'Évangile du salut. La propagation un peu partout des religions orientales et des sectes est symptomatique de cette soif de spirituel. À la manière de leurs prédécesseurs, les Prémontrés d'aujourd'hui sont appelés à devenir des témoins crédibles de spiritualité vécue, des guides sûrs de cheminement intérieur. Pour cela, les abbayes et les prieurés prémontrés se doivent d'être des foyers rayonnants et missionnaires de spiritualité et de vie intérieure.

Le défi de la vie commune vaut, certes, pour la majorité des instituts de vie consacrée, mais il concerne tout particulièrement les Prémontrés qui puisent leur charisme originel dans la communauté des Douze réunis autour du Christ et dans la vie de la première communauté chrétienne des *Actes des Apôtres*, ces deux réalités étant comprises dans le contexte de la réforme grégorienne, et vivent sous la Règle de saint Augustin. Il faut le dire : saint Norbert ne choisit pas la vie commune d'abord dans un but utilitaire, comme une aide ou un soutien à la vie personnelle, mais pour un motif essentiel : Norbert et ses compagnons veulent reproduire la communauté apostolique dont le Christ est le centre et le coeur. La vie commune est chez les Prémontrés une réalité d'ordre théologique, car leurs communautés sont par nature des *ecclesiae*, des communautés réunies par Dieu en des lieux donnés, pour être des foyers de louange, de vie commune et de mission, à l'image de la communauté des Apôtres. À cet égard, la formule de profession canoniale est significative : le profès ne se voue pas directement à l'ordre de Prémontré, mais se voue à une église précise et à son service. Par là, il entre dans la communauté canoniale locale, l'*ecclesia*, au service de cette église, et, à travers elle, il entre dans l'ordre de Prémontré, pour s'ouvrir au service de l'Église universelle. C'est dire que le concept de « vie commune » se distingue de la « vie communautaire » et de la « vie en commun ». La vie commune embrassée par les Prémontrés ne se réduit pas à vivre sous un même toit et dépasse les données d'une vie purement sociétaire. Aussi, un Prémontré ne saurait renoncer à la vie commune sans renoncer à sa profession et donc à son être, car cette vie commune est une réalité surnaturelle, fondée sur la communauté apostolique et actualisée par Dieu dans un contexte concret. Du point de vue pastoral, la fécondité de la vie prémontrée dépend, en grande partie, de la qualité de la vie commune, car c'est l'*ecclesia* qui, à travers l'abbé et selon les normes du droit, envoie le religieux en mission et fait de lui un envoyé, un témoin et un apôtre. Formés par la vie commune, au sein de communautés constituées et réunies par l'initiative divine, les Prémontrés sont en première ligne pour construire des rapports nouveaux et vrais entre les personnes, et pour contribuer à opérer un renouveau et un approfondissement des relations interpersonnelles, dans des contextes sociaux et culturels souvent marqués par le déchirement, l'incompréhension ou l'indifférence. En cela déjà, la vie commune « à la manière des Apôtres » comporte un dynamisme missionnaire original, qui s'enracine dans une réalité surnaturelle, celle de l'Église, Épouse du Christ, Corps du Christ, Peuple de Dieu.

Le défi de la mission est, sans conteste, l'un des défis majeurs à relever, et ceci pour diverses raisons. Par nature, la mission est un défi qui exige une réponse. Les formes de vie consacrée dans leur diversité sont toutes apparues et se sont toutes développées et renouvelées au cours des siècles, en réponse aux défis multiformes de la mission. En d'autres termes, la mission est une partie essentielle de tout charisme religieux. Saint Norbert, comme ses prédécesseurs, saint Bernard ou saint Benoît, et comme ses successeurs, saint Dominique ou saint Ignace de Loyola et tant d'autres, a formulé son « propos de vie » en fonction de sa vocation dans un contexte donné et en réponse aux exigences concrètes de la mission, notamment la nécessité de pourvoir l'Église d'un clergé saint et zélé. De ce point de vue, la vie commune des Prémontrés est une réponse au défi de la mission, valable non seulement dans le contexte du XIIᵉ siècle, mais dans toutes les époques, car elle s'enracine dans l'Évangile à la valeur pérenne. Idéalement, tout semble simple, mais concrètement l'unité et l'intégration des divers aspect du charisme, notamment mission, consécration et vie commune, ne vont pas de soi et exigent un continuel renouvellement spirituel alimenté par un retour sans cesse recommencé au charisme fondateur.

Quelle réponse propose aujourd'hui l'ordre de Prémontré dans son ensemble, chacune de ses canonies, et chacun de ses membres à la nouvelle évangélisation qui devient l'horizon missionnaire de toute l'Église ? Ne faudrait-il pas entreprendre une nouvelle auto-évangélisation qui devienne témoignage, un renouvellement intérieur qui alimente le rayonnement apostolique ? À l'heure où je m'apprête à mettre le point final à ces pages, je recueille comme un précieux trésor le témoignage de ces milliers de Prémontrés qui durant des siècles ont oeuvré dans les domaines les plus divers : la célébration de la liturgie, le ministère paroissial, la prédication, les missions lointaines, la théologie, les sciences, l'enseignement, l'hospitalité, l'agriculture, l'industrie, les beaux-arts, etc... Avec la force de leur charisme retrempé dans une foi invincible et une charité ardente, ils ont affronté les défis de la mission dans leur diversité. Cette palette aux couleurs chatoyantes est aujourd'hui un patrimoine vivant et une invitation à relever les défis contemporains pour rencontrer en vérité les hommes de ce temps, notamment les non-chrétiens, les nouveaux pauvres, les marginaux, les jeunes, les pauvres, les frères séparés, ceux qui recherchent Dieu, mais aussi apporter une contribution aux nouveaux aréopages : le monde de la communication, la culture moderne, la justice et la paix, la défense de la vie.

Vivre la mission en harmonie avec l'ensemble de l'Église, tout en étant aux avant-postes du témoignage et de la générosité, voilà sans aucun doute le témoignage laissé par des générations de Prémontrés, qui retentit aujourd'hui comme un appel pressant à poursuivre l'oeuvre entreprise sous l'impulsion de saint Norbert. Enracinés dans une église, les Prémontrés ont toujours eu un coeur d'apôtre, le regard tourné vers la mission. Les défis de la mission universelle leur rappellent le caractère d'universalité inscrit dans leur vocation.

Le défi de l'inculturation est plus que jamais présent à l'horizon de l'évangélisation. Le 20 mai 1982, dans sa lettre autographe instituant le Conseil Pontifical de la Culture, le pape Jean-Paul II écrivait :

> « La synthèse entre culture et foi n'est pas seulement une exigence de la culture, mais aussi de la foi. Une foi qui ne devient pas culture est une foi qui n'est pas pleinement accueillie, entièrement pensée et fidèlement vécue »[10].

Évangéliser signifie donc en substance porter l'Évangile du Christ au coeur des cultures. La question de l'inculturation se pose à l'ordre de Prémontré tant dans les pays d'implantation traditionnelle que dans les pays de nouvelle implantation. En fait, les communautés présentes en Europe depuis siècles ont peu à peu modifié les éléments trop étroitement tributaires des époques et des cultures qui ne correspondaient plus aux exigences des temps. Ces modifications furent des entreprises d'inculturation avant la lettre, et elles portèrent du fruit chaque fois qu'elles furent guidées par un réel souci de générosité, qu'elles s'accompagnèrent d'approfondissement spirituel et de fidélité au charisme fondateur. Mais le processus d'inculturation n'est jamais achevé, car les défis des cultures se renouvellent constamment et, à l'heure actuelle, ils sont nombreux, tant en Europe occidentale ou dans les Amériques, qu'en Europe centrale où les hommes et leurs cultures, malmenés par un demi-siècle d'oppression communiste, révèlent des personnes blessées dans leur propre identité.

L'inculturation de la vie prémontrée dans les jeunes Églises, notamment en Afrique et en Inde, est une oeuvre de longue haleine, car il ne s'agit pas seulement d'une adaptation ou d'un ajustement superficiel des us et coutumes. Les conditions d'une telle inculturation sont particulièrement exigeantes, car celle-ci s'enracine et se modèle sur l'ensemble du processus d'incarnation et de rédemption assumé par le Christ. L'inculturation est tout à la fois assomption des valeurs culturelles positives, c'est-à-dire conformes à la dignité de l'homme, au message évangélique et à la foi de l'Église, insertion des valeurs évangéliques dans les cultures, et rédemption, purification des cultures en ce qu'elles ne sont pas conformes à l'être de l'homme et à sa vocation divine.

Lorsqu'il s'agit d'inculturer la vie prémontrée, il convient de retenir les éléments reconnus comme essentiels au charisme de l'ordre, pour les insérer dans les cultures et ainsi les enrichir : don de soi à une église, vie commune, Règle de saint Augustin, constitutions prémontrées, célébration chorale de l'office divin et de l'eucharistie, stabilité d'appartenance à l'abbaye de profession, caractère collégial de l'apostolat et fidélité à la *vita*

---

[10] JEAN-PAUL II, Lettre autographe instituant le Conseil pontifical de la Culture, 20 mai 1982, *AAS*, 74 (1983), p. 683-688.

apostolica apparaissent comme les points d'ancrage décisifs pour une véritable et féconde inculturation du charisme norbertin.

Un principe-clé doit toujours être tenu : la norme et la mesure de l'inculturation ne sont jamais ni les cultures ni les tendances sociales, mais le Christ et son Évangile, le charisme d'un institut religieux, son patrimoine spirituel et culturel. Pour cette raison, l'inculturation exige une nouvelle évangélisation en profondeur, des coeurs et des esprits, des cultures et des expressions culturelles. L'inculturation réussie est l'expression culturelle d'une véritable expérience chrétienne, et jamais un syncrétisme. L'inculturation de Prémontré dans les jeunes Églises se doit de respecter les fondements généraux de la vie consacrée, la profession intégrale de la foi chrétienne, l'intimité personnelle avec le Christ, la recherche de la perfection de la charité, la pratique effective et fructueuse des conseils évangéliques, l'intégralité du charisme reçu du fondateur et de l'authentique tradition norbertine.

Le grand défi de l'inculturation de la vie prémontrée réside en ces quelques mots : elle assume une certaine continuité avec la culture, mais plus encore elle est rupture ou alternative à la culture ambiante, car elle doit révéler l'absolue nouveauté de l'Évangile dans sa radicalité.

Les valeurs vécues par les Prémontrés au cours des siècles demeurent inchangées car elles sont pérennes. Pour cela, elles ne craignent pas les modifications de forme survenues au cours de l'histoire. Déjà la communauté de saint Augustin avait une forme extérieure différente de celle de l'âge apostolique. Saint Norbert, en son temps, a eu le génie de traduire sans la trahir la communauté apostolique reçue à travers la Règle de saint Augustin. À l'exemple de leurs Pères, les Prémontrés de l'an 2000 vouent à leurs traditions une fidélité créatrice. Avec l'ensemble de l'Église *semper reformanda*, les fils de saint Norbert cherchent à actualiser cette rénovation adaptée qui favorisera un renouveau en esprit et en vérité, ranimera la vie commune, donnera un nouvel élan à la louange, engendrera des témoins toujours plus crédibles, et conduira à oeuvrer plus efficacement à l'avènement du Royaume, dans l'attente du retour glorieux du Christ.

ANNEXES

I. LE *SERMON* DE SAINT NORBERT

En 1622, l'abbé de Saint-Michel d'Anvers, Jean-Chrysostome Van Der Sterre, publia pour la première fois la *Vita B* de saint Norbert [1] et y adjoignit un texte qu'il intitula : *Sermo SS. P. Norberti ad varia exemplaria recensitus.* Ce texte, établi à partir de trois manuscrits [2], fut reçu dans l'ordre de Prémontré et il y jouit d'une autorité singulière. Jusqu'au milieu du XXe siècle, il était lu chaque semaine au réfectoire.

Le Père François Petit estime [3] que ce texte remonte au Moyen Âge et ne peut être, en aucun cas, une composition du XVIe siècle. Ce texte est un écrit couché sur papier plus qu'un *sermon* au sens traditionnel. Il se compose de deux parties. La première est une exhortation à la pénitence et à la contemplation, et se conclut par le mot *Amen*. La seconde partie est une sorte de *post-scriptum* plus long que la première partie, qui recommande la lecture fréquente de ces lignes et s'étend sur les récompenses célestes promises aux religieux fidèles.

Le texte s'adresse aux Prémontrés. L'auteur s'adresse à une communauté qui semble aller quelque peu à la dérive : on s'y dissipe, on sort sans raison, les langues y causent du mal, les supérieurs y semblent quelque peu méprisés. Un tel tableau cadre mal avec la ferveur des Prémontrés du vivant de saint Norbert. Le style est celui d'un clerc instruit, mais avant que la *forma dictandi* du pape Grégoire VIII († 1187) n'ait fixé le *stylus curiae*. Le Père Petit a étudié les différents *cursus* en usage dans le texte, pour conclure à la différence de style entre la première et la seconde partie. Il estime que la date de composition du texte remonte au milieu du XIIe siècle, et que les idées exprimées dans le *sermo* correspondent à celles qui ont cours chez les Prémontrés du XIIe siècle. Il en conclut que l'auteur, inconnu, appartient à la première génération des Prémontrés.

En effet, le sermon nous offre un résumé fidèle des idées spirituelles qui avaient cours dans les cloîtres prémontrés du XIIe siècle :

1. Nécessité d'une vie pénitente et mortifiée ;

2. Imitation du Christ ;

3. Importance donnée aux voeux de pauvreté, obéissance et chasteté ;

---

[1] J.-C. VAN DER STERRE, *Vita Sancti Norberti*, Antverpiae, 1662, p. 261-270.

[2] L'un provenait de l'abbaye de Knechtstadt, le second d'un monastère de Saxe, le troisième était d'origine française.

[3] F. PETIT, *La spiritualité des Prémontrés aux XIIe et XIIIe siècles*, Paris, 1947, p. 276-282.

4. Difficulté et grandeur de la stabilité dans le cloître ;

5. Charité fraternelle à l'intérieur du cloître ;

6. Contemplation qui rafraîchit l'âme et élève l'esprit vers Dieu ;

7. Crainte de l'enfer ;

8. Assiduité à la parole de Dieu ;

9. Méditation des joies célestes ;

10. Prière fervente pour obtenir la grâce de la persévérance.

Le Père Petit a noté judicieusement : « un faussaire qui eût écrit plus tard n'eût pas manqué de faire allusion aux deux dévotions à l'Eucharistie et à la sainte Vierge. Au début de l'Ordre, elles sont plus senties qu'exprimées, et si profondément empreintes dans les âmes qu'une courte exhortation n'a pas à en faire mention » [4].

Nous donnons ici la traduction française publiée par le Père Godefroid Madelaine dans son *Manuel du Tiers-Ordre de saint Norbert*, 2ème éd., Caen, 1887, p. 86-94.

Sermon de notre Père saint Norbert, archevêque de Magdebourg et fondateur de l'Ordre blanc de Prémontré, à ses frères.

Nous vous exhortons, Frères bien-aimés, à la pratique exacte des commandements de Dieu, auxquels vous vous êtes liés par la profession de voeux particuliers. car vous êtes obligés de vous renoncer vous-mêmes, de vous détacher et de vous dépouiller volontairement et parfaitement pour Dieu, de tout ce qui est à vous, afin de porter chaque jour sur vos épaules la croix de Jésus-Christ, c'est-à-dire de mener tous les jours une vie pénitente, en souffrant patiemment les fréquentes épreuves qui vous viendront de toutes parts. C'est là, en effet, la voie étroite qui conduit au ciel, notre véritable patrie, ceux qui y marchent en hommes parfaits ; et c'est en cette voie que Jésus-Christ, dans sa mort comme dans sa vie, nous a précédés courageusement, en nous l'indiquant par ses oeuvres et ses paroles. Si vous n'y entrez pas avec résolution et si vous n'y marchez pas dans la mesure de vos forces, vous ne pourrez arriver à Jésus-Christ. L'Apôtre a dit : « Nul ne sera couronné s'il n'a légitimement combattu ». Et encore : « Celui qui voudra être à Jésus-Christ doit marcher dans la voie par laquelle il a marché ». Entrez donc dans cette voie de Dieu et marchez-y avec précaution, de peur que la mort ne vous surprenne à l'improviste : et pour cela, pratiquez une obéissance prompte, la pauvreté volontaire et une chasteté à l'abri de tout soupçon. Ces trois points sont de l'essence même de notre Ordre, qui ne peut se soutenir s'ils viennent à manquer.

Vous donc qui avez promis la stabilité dans ce saint lieu, servez Dieu tous les jours sans vous lasser du fardeau que vous vous êtes imposé ; ne vous laissez entraîner au dehors que rarement et dans les cas de nécessité, de peur de perdre dans la dissipation des courses inutiles la suavité des choses du Ciel que l'on goûte avec tant de charmes dans la méditation des divins mystères ; de peur aussi d'ouvrir la porte à l'amour de ce monde trompeur et passager, dans lequel tout est

---

[4] *Ibid.*, p. 282.

péril et souillure. Le poisson, hors de l'eau, privé de son élément naturel, ne tarde pas à mourir. De même, le Religieux sans stabilité, n'étant plus protégé par le rempart et l'abri du cloître, et n'ayant plus sous les yeux le bien que ses frères lui prêchent par leurs exemples et leurs paroles, trouvera bientôt dans le commerce trop fréquent du monde, qui est tout entier plongé dans le mal, l'occasion de se laisser aller aux vices et d'être enlacé dans les filets de la mort éternelle. Fuyez donc la fréquentation des gens du siècle avec autant de soin que le poisson évite une terre sans eau, si vous ne voulez pas mettre de côté la vigilance intérieure, qui fait naître la pureté de l'âme. car vous seriez indignes de porter le nom de Religieux, si, malgré ce lien sacré, vos désirs vous attachaient au monde et non à Dieu seul.

Gardez la stabilité, la charité et la concorde : et pour cela mettez un frein à vos langues ; évitez les murmures, la médisance et la jalousie, afin de n'avoir tous qu'un coeur et qu'une âme dans la maison de Dieu. Car, la langue qui aime à médire et à tromper est une plaie qui s'agrandit sans cesse et répand partout son poison mortel. Elle ne cesse de faire des blessures, de troubler la paix que les Religieux doivent garder entre eux, et de paralyser toute dévotion. Aussi dit-on communément : « D'un homme mécontent et querelleur, vous ne ferez jamais un bon moine ».

Mettez donc un frein à vos langues ; fixez ou élevez vos coeurs vers le royaume céleste, où sont les joies véritables, et animés du désir de votre perfection, suivez au-delà des nues ceux qui sont parfaits, sur les ailes de la contemplation des choses divines. Affligez-vous d'avoir à porter le fardeau de votre chair, afin de pouvoir vous écrier avec l'Apôtre : « Je désire la dissolution de mon corps pour être avec Jésus-Christ » ; *et avec le Psalmiste :* « Retirez nos âmes de la prison de nos corps », *afin que nous puissions régner éternellement avec Jésus-Christ.*

Quant à ceux qui, revêtus de cet habit éclatant de la blancheur de la Religion, sous un extérieur simulant l'innocence et la simplicité apparente de la colombe, sont, aux regards du Dieu qui voit nos plus secrètes pensées, tristement dépouillés de la dévotion qui fait le parfait Religieux ; quant à ceux qui méprisent au fond de leur coeur insoumis les avis salutaires et ceux qui les donnent, refusant ainsi d'obéir aux sainte prescriptions de la discipline régulière : ceux-là, s'ils ne se corrigent, seront certainement condamnés aux tourments éternels de l'enfer, séjour affreux, où la confusion et horrible désordre habitent à jamais.

Soyez donc sur vos gardes pour éviter les redoutables jugements de la divine Majesté. Servez Dieu dévotement dans la crainte et la justice, afin qu'il vous conserve dans les pratiques de la vie religieuse et que sa clémence vous préserve de tels châtiments. Ce Dieu saura se montrer libéral et riche en miséricorde envers ceux qui l'auront servi fidèlement. Il leur donnera de grands biens pour des peines légères, les biens éternels pour les travaux du temps, ainsi que lui-même le déclara un jour à ses disciples : « Quelle sera, *demandaient-ils,* la récompense du mépris et l'abandon de toutes choses, et des bonnes oeuvres que nous avons pratiquées ? — Vous recevrez le centuple ici-bas, et vous possèderez la vie éternelle ».

Que Jésus-Christ vous y conduise. Amen !

Qu'il ne soit pénible ou à charge à aucun Religieux de relire souvent la courte exhortation au service de Dieu renfermée dans cette page. La parole de Dieu, suivant le Prophète, est un feu dont les flammes s'avivent au souffle de l'Esprit-Saint ; il consume les vices, il donne un aiguillon aux vertus, il ouvre les trésors de la sagesse aux âmes de bonne volonté et leur procure un aliment céleste. C'est pourquoi le Sauveur a dit : « Bienheureux ceux qui écoutent la parole de Dieu et qui la gardent ». *Ainsi la bienheureuse Marie-Madeleine, par sa fidélité à écouter d'une oreille attentive la parole de Dieu, toute absorbée qu'elle était par la dévotion et l'ardent désir de la contemplation divine, fut louée pour avoir fait choix de la meilleure part, que Marthe ne put atteindre ni mériter par les occupations laborieuses et les soins empressés auxquels elle se livrait pour servir le Sauveur et subvenir aux besoins de son humanité.*

Écoutez donc cette parole de grand coeur ; mettez votre sagesse à la garder et à l'accomplir toujours, pour qu'à la fin des siècles vous puissiez entendre avec joie cette sentence du Souverain Juge, douce comme le miel : « Venez, les bénis de mon Père, recevez en partage le royaume éternel ». *Jouissant alors de la tranquillité d'une paix qui ne sera jamais altérée, vous vous réjouirez éternellement dans la gloire, où vous verrez Dieu face à face et où vous connaîtrez ses perfections infinies. Car alors, Dieu essuiera toutes les larmes de vos yeux, et il n'y aura plus ni mort ni aucune douleur ; tous les tourments momentanés des souffrances du temps auront passé en un instant. C'est là que se manifestera l'abondance des douceurs que Dieu a mises en réserve pour vous et pour tous ceux qui le craignent. C'est là que Dieu vous consolera éternellement avec tous ses élus dans la contemplation pleine de délices infinies des merveilles de sa toute-puissance. Là, vous puiserez une inaltérable fécondité dans la fontaine qui arrose les jardins de Dieu ; là, vous serez inondés par les eaux vives dont la source ne tarira point ; là, vous serez enivrés de l'abondance des délices de la maison de Dieu, délices qui surpassent tout sentiment ; là, vous serez rassasiés au doux torrent de ses ineffables voluptés. C'est là que Dieu s'environnera de vertu et de puissance, et tout resplendissant de l'éclat de la lumière éternelle dont il sera revêtu, il se fera votre serviteur et se donnera lui-même à vous, magnifique salaire par lequel son immense largesse comblera tous vos désirs. C'est la promesse qu'il fit autrefois au saint patriarche Abraham, pour récompenser sa foi et son obéissance :* « Je serai, *lui dit-il,* votre récompense vraiment excessive ». *Voilà ce diamant unique et d'un prix infini qui vous est proposé, et pour l'acquisition duquel vous devez vendre tous vos biens et travailler sans relâche. Sa beauté et son doux éclat sont tels que, suivant l'Apôtre, ils échappent à la perception des sens de l'homme, et que son coeur même, dont les sentiments sont si pénétrants et si profonds, ne saurait s'élever jusqu'à cette sublime connaissance. Enfin, à cause des vertus et de l'excellence des mérites qu'elle renferme, si Dieu, dans sa libéralité toute gratuite, ne vous donne cette récompense, vous ne pouvez y avoir un droit plein et entier ni par les souffrances que vous endurez, ni par la pratique des bonnes oeuvres.* « Car les souffrances de cette vie, *dit l'Apôtre,* ne sauraient entrer en comparaison avec la gloire qui éclatera en vous dans la vie future ».

Priez donc avec ferveur le Dieu Tout-Puissant, qui pour vous s'est fait homme, et qui, ayant éprouvé en lui-même la fragilité de la condition humaine, connaît votre limon et sait que tous les hommes sont livrés à la vanité et portés au mal par tous leurs sens, afin qu'il vous garde dans sa miséricorde et vous aide par sa bonté à achever votre course sans vous laisser aller aux plaisirs de la chair. Et ainsi vous userez des biens du temps, de manière à ne pas perdre, mais à obtenir ceux de l'éternité.

Daigne vous accorder cette grâce Celui qui vit et règne avec le Père et le Saint-Esprit dans tous les siècles des siècles. Amen !

II.   SAINTS ET BIENHEUREUX DE L'ORDRE DE PRÉMONTRÉ

1. Saints et bienheureux bénéficiant d'un culte officiel

- SS. Adrien Bécan et Jacques Lacoupe, prêtres, martyrs de Gorcum (9 juillet).
- Bse Bronislave, vierge (30 août).
- S. Évermode, évêque (17 février).
- S. Frédéric, abbé (4 février).
- Bse Gertrude, vierge (13 août).
- S. Gilbert, abbé (26 octobre).
- S. Godefroid, religieux (14 janvier).
- S. Hermann-Joseph, religieux (24 mai).
- B. Hroznata, martyr (14 juillet).
- B. Hugues de Fosses, premier abbé de Prémontré (10 février).
- S. Isfrid, évêque (15 juin).
- S. Norbert, évêque et fondateur de l'ordre de Prémontré (translation 7 mai, solennité 6 juin).
- S. Siard, abbé (14 novembre).

L'ordre de Prémontré célèbre en outre :
- S. Augustin, évêque et docteur (conversion le 24 avril, solennité le 28 août).
- Tous les saints Prémontrés et tous les saints chanoines réguliers (13 novembre).

2. Religieux et religieuses honorés par un culte populaire au cours des siècles

- B. Aldéric, prince de la maison de France, convers au couvent des Norbertines de Fussenich (6 février) [5].
- B. Garembert, fondateur et premier abbé du Mont-Saint-Martin (31 décembre) [6].

---

[5] I. VAN SPILBEECK, *Le Lis mystérieux de Tolbiac ou Vie du Bienheureux Aldéric, prince de la Maison de France, frère convers au couvent de Fussenich de l'ordre de Prémontré*, Namur, 1886.

[6] I. VAN SPILBEECK, *Le Protégé de Marie. Vie du Bienheureux Garembert, fondateur de l'abbaye du Mont-Saint-Martin, de l'ordre de Prémontré*, Bruxelles-Namur-Paris, 1890.

- S. Gerlach, ermite (5 janvier) [7].
- B. Godescalc, premier abbé de Želiv, célébré à Želiv et Geras (19 février) [8].
- Bse Hildegonde, comtesse de Mcer (6 février), et ses enfants, les Bx Hermann (6 août) et Hadwige (14 avril) [9].
- B. Louis, comte d'Arnstein, religieux (25 octobre) [10].
- B. Milon, évêque, fondateur de l'abbaye de Thérouanne [11].
- Bse Oda, vierge de l'abbaye de Bonne-Espérance (20 avril) [12].
- Bse Pétronille, femme de S. Gilbert, et Bse Poncia, sa fille (26 octobre).

On trouvera une liste exhaustive des membres de l'ordre de Prémontré invoqués comme saints et bienheureux, dans les *Litaniae Beatorum Ordinis Praemonstratensis pro cujusque particulari devotione privatim legendae*, editio nova cura I. VAN SPILBEECK, Tamines, 1893.

3. Causes de béatification et de canonisation en cours

- B. Hroznata (1160-1217), martyr, de Teplá en Bohême.

- Bse Bronislave (1203-1256), vierge, de Zwierzyniec en Pologne.

- Serviteur de Dieu Jean Kieranus († 1580), martyr, La Sainte-Trinité en Irlande.

- Serviteur de Dieu Pierre-Adrien Toulorge (1757-1793), prêtre martyr, de Blanchelande en France.

- Servante de Dieu Emilia Podovska (1845-1889), de Zwierzyniec en Pologne.

- Serviteur de Dieu Jakob Kern (1897-1924), prêtre, de Geras en Autriche.

---

[7] I. VAN SPILBEECK, *Un saint anachorète. Vie de saint Gerlach, ermite de l'ordre de Prémontré*, Bruxelles-Paris-Tamines, 1894.

[8] *Chronique* de Gerlac, abbé de Milevsko, éd. in *Fontes Rerum Bohemicarum*, t. II, Prague, 1874, p. 271-272, 280, 461-462, 468, 477-478, 483-484, 486-505. – A. ZAK, «.De Beato Godescalco abbate Siloensi », *Analectes de l'Ordre de Prémontré*, (1913-1914).

[9] I. VAN SPILBEECK, *Une famille modèle. La Bienheureuse Hildegonde, Comtesse de Meer, et ses enfants, le B. Herman et la B. Hadwige, de l'ordre de Prémontré*, Bruxelles, Paris-Tamines, 1802.

[10] I. VAN SPILBEECK, *Une conversion éclatante. Le Bienheureux Louis, Comte d'Arnstein, de l'ordre de Prémontré*, Bruxelles-Paris-Tamines, 1891.

[11] *Acta Sanctorum, Iulii* IV, p. 3, 119. – E. DE MOREAU, *Histoire de l'Église en Belgique*, t. III, Bruxelles, 1949, p. 18-20. – J. BAUDOT, P. CHAUVIN, *Vie des Saints et des Bienheureux*, Paris, 1935-1959, t. VII, p. 366-368.

[12] I. VAN SPILBEECK, *Le Lis de Bonne-espérance. Vie de la Bienheureuse Oda, de l'ordre de Prémontré, d'après Philippe de Harvengt, abbé de Bonne-Espérance*, Namur-Paris, 1889.

III. ABBAYES, PRÉVÔTÉS ET COLLÈGES PRÉMONTRÉS DEPUIS LA FONDATION

ALLEMAGNE

Adelberg (XIIe s.)

Aland (XIIIe s.)

Allerheiligen (XIIe s.)

Arnsberg (XIIe s.)

Arnstein (XIIe s.)

Bedburg (XIIe s.)

Brandenburg (XIIe s.)

Brode (XIIIe s.)

Cappenberg (XIIe s.)

Gottesgnaden (XIIe s.)

Gottesstadt (XIIIe s.)

Gramzow (XIIe s.)

Hachborn (XIIe s.)

Hagen (XIIe s.)

Hamborn (XIIe s.)

Havelberg (XIIe s.)

Heiligenberg (XIIIe s.)

Heiligental (XIVe s.)

Heinsberg (XIIe s.)

Ilbenstadt (XIIe s.)

Ilfeld (XIIe s.)

Jakobsberg (XIIe s.)

Jerichow (XIIe s.)

Kaiserslautern (XIIe s.)

Klarholz (XIIe s.)

Klosterrode (XIIe s.)

Knechtsteden (XIIe s.)

Kölbigk (XIIe s.)

Köln (XVIIe s.) collège

Konradsdorf (XIIe s.)

Langenselbold (XIIe s.)

Leitzkau (XIIe s.)

Lorsch (XIIIe s.)

Magdeburg (XIIe s.)

Marne (XIIe s.)

Mildenfurt (XIIe s.)

Münsterdreisen (XIIe s.)

Neustift (XIIe s.)

Obermarchtal (XIIe s.)

Oberzell (XIIe s.)

Osterhofen (XIIe s.)

Palmar (XIIIe s.)

Pöhlde (XIIe s.)

Quedlinburg (XIIe s.)

Ratzburg (XIIe s.)

Retters (XIIe s.)

Roggenburg (XIIe s.)

Rommersdorf (XIIe s.)

Rot-an-der-Rot (XIIe s.)

Rotenkirchen (XIIe s.)

S. Arnould (XIIe s.)

S. Salvator (XIVe s.)

Sayn (XIIe s.)

Scheda (XIIe s.)

Scheftlarn (XIIe s.)

Schussenried (XIIe s.)

Speinshart (XIIe s.)

Spieskappel (XIIe s.)

Stade (XIIe s.)

Steinfeld (XIIe s.)
Steingaden (XIIe s.)
Themenitz (XIIIe s.)
Tiefental (XIIe s.)
Ursberg (XIIe s.)
Varlar (XIIe s.)
Vessra (XIIe s.)
Wadgassen (XIIe s.)
Weissenau (XIIe s.)
Windberg (XIIe s.)
Wirberg (XIIe s.)

AUTRICHE

Geras (XIIe s.)
Griffen (XIIIe s.)
Schlägl (XIIIe s.)
Wilten (XIIe s.)

BELGIQUE

Averbode (XIIe s.)
Beaurepart (XIIe s.)
Bonne-Espérance (XIIe s.)
Dieleghem (XIIe s.)
Diksmuiden (XVIIe s.) collège de Veurne
Drongen (XIIe s.)
Floreffe (XIIe s.)
Grimbergen (XIIe s.)
Leffe (XIIe s.)
Louvain (XVIe s.) collège du Brabant
Louvain (XVIIe s.) collège de Floreffe
Ninove (XIIe s.)

Park (XIIe s.)
Postel (XIIe s.)
Saint-Feuillien (XIIe s.)
Tongerlo (XIIe s.)
Veurne (XIIe s.)

CHYPRE

Bellapais (XIIIe s.)

CROATIE

Nagyolasz (XIIe s.)

DANEMARK

Börglum (XIIe s.)

ESPAGNE

Aguilar de Campóo (XIIe s.)
Alba de Tormes (XIIe s.)
Arenillas de San Pelayo (XIIe s.)
Avila (XIIe s.)
Bujedo de Candepajares (XIIe s.)
Ciudad Rodrigo (XIIe s.)
Ermida do Paiva (XIVe s.)
Ibeas de Juarros (XIIe s.)
Madrid S. Joachim (XVIIe s.)
Madrid S. Norbert (XVIIe s.)
Medina del Campo (XIIe s.)
Retuerta (XIIe s.)
Salamanque (XVIe s.) collège
San Juan de la Peña (XIIe s.)
San Miguel de Groz (XIIe s.)
San Pelayo de Cerrato (XIIe s.)
Segovia (XIIe s.)

Tejo (XIIe s.)

Urdax (XIIIe s.)

Valladolid (XIIe s.)

La Vid (XIIe s.)

Villamayor de Treviña (XIIe s.)

Villamediana (XIIe s.)

Villoria (XIIIe s.)

FRANCE

Abbecourt (XIIe s.)

Amiens (XIIe s.)

Ardenne (XIIe s.)

Arthous (XIIe s.)

Auxerre (XIIe s.)

Avigny (XIIe s.)

Balarin (XIXe s.)

Bassefontaine (XIIe s.)

Beaulieu (XIIe s.)

Beauport (XIIe s.)

Belchamp (XIIe s.)

Belle-Étoile (XIIe s.)

Bellevaux (XIIe s.)

Bellozanne (XIIe s.)

Belval (XIIe s.)

Benoîte-Vaux (XIIe s.)

Blanchelande (XIIe s.)

Bonfays(XIIe s.)

Braine (XIIe s.)

Brieulles-sur-Meuse (XVIe s.)

Bucilly (XIIe s.)

Capelle (La) (XIIe s.)

Casedieu (La) (XIIe s.)

Chambrefontaine (XIIe s.)

Chapelle-aux-Planches (La) (XIIe s.)

Charleville (XVIIe s.)

Chartreuve (XIIe s.)

Châteaudieu (XIIe s.)

Chaumont-la-Piscine (XIIe s.)

Clairfontaine (XIIe s.)

Clermont (XIIe s.)

Combelongue (XIIe s.)

Corneux (XIIe s.)

Cuissy (XIIe s.)

Dilo (XIIe s.)

Divielle (XIIe s.)

Dommartin (XIIe s.)

Douai (XVIIe s.) collège de Veurne

Doue (XIIe s.)

Étanche (L') (XIIe s.)

Étival (XIIe s.)

Étoile (L') (XIIe s.)

Falaise (XIIe s.)

Flabémont (XIIe s.)

Fontcaude (XIIe s.)

Freisdorf (XIIIe s.)

Frigolet (XIXe s.)

Grandchamp (XIIIe s.)

Gué-de-l'Orme (XIIe s.)

Haguenau (XIIe s.)

Hermières (XIIe s.)

Huveaune (XIIIe s.)

Isle-Dieu (L') (XIIe s.)

Jandeures (XIIe s.)

Jovilliers (XIIe s.)

Joyenval (XIIIe s.)

Justemont (XIIe s.)

Lahonce (XIIe s.)

Laon (XIIe s.)

Lavaldieu (XIIe s.)

Licques (XIIe s.)

Lieu-Dieu (XIIe s.)

Lieu-Restauré (XIIe s.)

Longwé (XIIe s.)

Lucerne (La) (XIIe s.)

Marcheroux (XIIe s.)

Metz Sainte-Croix (XIIe s.)

Moncetz (XIIe s.)

Mondaye (XIIIe s.)

Mont-Saint-Martin (XIIe s.)

Mont-Sainte-Odile (XVIe s.)

Mureau (XIIe s.)

Nancy (XVIIe s.)

Nantes (XIXe s.)

Neuffontaines (XIIe s.)

Paris Sainte-Anne (XIIIe s.)
collège

Paris Saint-Sacrement (XVIIe s.)
collège de l'Antique Rigueur

Paris Sainte-Trinité (XIIIe s.)

Perray-Neuf (Le) (XIIe s.)

Pleineselve (XIIe s.)

Pont-à-Mousson (XVIIe s.)

Prémontré (XIIe s.)

Rangéval (XIIe s.)

Ressons (XIIe s.)

Riéval (XIIe s.)

Saint-André-au-Bois (XIIe s.)

Saint-Georges-des-Bois (XVIIIe s.)

Saint-Jean-de-la-Castelle (XIIe s.)

Saint-Just-en-Chaussée (XIIe s.)

Saint-Quentin (XIIe s.)

Sainte-Marie-au-Bois (XIIe s.)

Salival (XIIe s.)

Sarrance (XIVe s.)

Sélincourt (XIIe s.)

Sens (XIIe s.)

Septfontaine-en-Bassigny (XIIe s.)

Septfontaine-en-Thiérache (XIIe s.)

Séry (XIIe s.)

Silly (XIIe s.)

Thenailles (XIIe s.)

Thérouanne (XIIe s.)

Vaas (XIIe s.)

Valchrétien (XIIe s.)

Valprofonde (XIIe s.)

Valsecret (XIIe s.)

Valsery (XIIe s.)

Verdun (XIIe s.)

Vermand (XIIe s.)

Vic-Fézensac (XIIe s.)

Vicogne (XIIe s.)

GRANDE-BRETAGNE

Alnwick (XIIe s.)

Barlings (XIIe s.)

Bayha (XIIIe s.)

Beauchief (XIIe s.)

Beeleigh (XIIe s.)

Blanchland (XIIe s.)

Cockersand (XIIe s.)

Coverham (XIIe s.)

Croxton (XIIe s.)

Dale (XIIe s.)

Dryburgh (XIIe s.)

Durford (XIIe s.)

Easby (XIIe s.)

Eggleston (XIIe s.)

Fearn (XIIIe s.)

Halesowen (XIIIe s.)

Holywood (XIIe s.)

Langdon (XIIe s.)

Langley (XIIe s.)

Lavendon (XIIe s.)

Leyston (XIIe s.)

Newbo (XIIe s.)

Newhouse (XIIe s.)

St. Radegund (XIIe s.)

Shap (XIIe s.)

Soulseat (XIIe s.)

Sulby (XIIe s.)

Tal-y-Llychau (XIIe s.)

Tichfield (XIIIe s.)

Tongland (XIIIe s.)

Torre (XIIe s.)

Tupholme (XIIe s.)

Welbeck (XIIe s.)

Wendling (XIIIe s.)

West Dereham (XIIe s.)

Whithorn (XIIe s.)

GRÈCE

Kalavryta (XIIIe s.)

HONGRIE

Adony (XIIIe s.)

Csorna (XIIe s.)

Csut (XIIIe s.)

Garáb (XIIe s.)

Gedir (XIIIe s.)

Hatvan (XIIIe s.)

Jánoshida (XIIe s.)

Kaposfö (XIIIe s.)

Kökényes (XIIe s.)

Majk (XIIIe s.)

Móriczhida (XIIIe s.)

Nyulakszigete (XIIIe s.)

Ócsa (XIIIe s.)

Pályi (XIIIe s.)

Pók (XIIIe s.)

Rajk (XIIIe s.)

Rátót (XIIIe s.)

Türje (XIIIe s.)

Zsámbék (XIIIe s.)

Zsidó (XIIIe s.)

IRLANDE

Baile Mor (XIIIe s.)

Dieulacresse (XIIIe s.)

Enach Duin (XIIIe s.)

Loch Ce (XIIIe s.)

Tuam (XIIe s.)

Woodburn (XIIe s.)

ISRAËL

S.-Habacuc (XIIe s.)

Saint-Jean d'Acre (XIIe s.)

S.-Samuel (XIIe s.)

ITALIE

Antrodoco (XIIe s.)

Barletta (XIIe s.)

Brindisi (XIIe s.)

Camerota (XIIIe s.)

Gratteri (XIIIe s.)

Orvieto (XIIIe s.)

S. Alessio di Roma (XIIIe s.)

S. Norberto in Urbe (XVIIe s.) collège

Todi (XIIe s.)

LETTONIE

Riga (XIIIe s.)

NORVÈGE

Tönsberg (XIIe s.)

PAYS-BAS

Berne(XIIe s.).

Delft (XIIIe s.).

Haarlem (XVe s.).

Langen (XIIIe s.)

Lidlum (XIIe s.)

Mariengaarde (XIIe s.)

Marienweerde (XIIe s.).

Middelburg (XIIe s.).

Wittewierum (XIIIe s.)

POLOGNE

Belbuck (XIIe s.)

Breslau (XIIe s.)

Grobe-Marienberg-Pudagla (XIIe s.)

Hebdow (XIIe s.)

Krzyzanowice (XIIe s.)

Nowy Sacz (XVe s.)

Plock (XIIe s.)

Stolp (XIIIe s.)

Witow (XIIe s.)

RÉPUBLIQUE TCHÈQUE

Hradisko (XIIe s.)

Knezice (XIIIe s.)

Litomysl (XIIe s.)

Louka (XIIe s.)

Milevsko (XIIe s.)

Nová Říše (XVIIe s.)

Prague (XVIIe) collège

Strahov (XIIe s.)

Teplá (XIIe s.)

Zabrdovice (XIIIe s.)

Želiv (XIIe s.)

ROUMANIE

Ábrány (XIIIe s.)

Almas (XIIIe s.)

Meszes (XIIIe s.)

Váradhegyfok (XIIe s.)

Zich (XIIIe s.)

SLOVAQUIE

Bény (XIIIe s.)

Bozók (XIIe s.)

Jasov (XIIe s.)

Leles (XIIe s.)

Sahy (XIIIe s.)

Turocz (XIIIe s.)

SUÈDE

Dragsmark (XIIIe s.)

Lund (XIIe s.)

Öved (XIIe s.)

Tommarp (XIIe s.)

Vä-Bäckaskog (XIIe s.)

SUISSE

Bellelay (XIIe s.)

Chur (XIIe s.)

Churwalden (XIIIe s.)

Fontaine-André (XIIe s.)

Gottstatt (XIIIe s.)

Grandgourd (XIIe s.)

Humilimont (XIIe s.)

Lac-de-Joux (XIIe s.)

Rüti (XIIIe s.)

S. Jakob (XIIIe s.)

IV. MONASTÈRES ET PRÉVÔTÉS DE NORBERTINES DEPUIS LA FONDATION

ALLEMAGNE

Aftholderbach (XIIIe s.)

Aland (XIIIe s.)

Altenberg (XIIe s.)

Antonigartzem (XVIe s.)

Barthe (XIIIe s.)

Bedburg (XIIe s.)

Beselich (XIIe s.)

Bethlenrode (XIIe s.)

Blankenberg (XIIIe s.)

Bredelar (XIIe s.)

Bruderhartmannzell (XIIIe s.)

Brunnenburg (XIIe s.)

Burk (XIIe s.)

Buwekooster (XIIIe s.)

Dorlar (XIIIe s.)

Dortmund (XIIe s.)

Dünnwald (XIIe s.)

Ellen (XIIIe s.)

Elsey (XIIe s.)

Engelport (XIIIe s.)

Enkenbach (XIIe s.)

Eppenberg (XIIIe s.)

Flaesheim (XIIe s.)

Füssenich (XIIe s.)

Frauenbreitungen (XIIe s.)

Frauenwald (XIVe s.)

Gerlachsheim (XIIIe s.)

Germerode (XIIe s.)

Gommersheim (XIIe s.)

Hagen (XIIe s.)

Hausen (XIIe s.)

Homberg (XIIIe s.)

Hopels (XIIIe s.)

Houthem (XIIe s.)

Kappel (XIIe s.)

Keppel (XIIIe s.)

Kassel (XIIIe s.)

Koldinne (XIIIe s.)

Köln (XIIe s.)

Konradsdorf (XIIe s.)

Kusemer (XIIIe s.)

Langen (XIIIe s.)

Langwaden (XIIe s.)

Lauffen (XIIe s.)

Lette (XIIe s.)

Lochgarten (XIIe s.)

Mariatal (XIIe s.)

Marienroth (XIIe s.)

Marienstern (XVIe s.)

Mariental (XIIe s.)

Marne (XIIe s.)

Meer (XIIe s.)

Meerholz (XIIe s.)

Michelfeld (XIIe s.)

Niederehe (XIIe s.)

Niederilbenstadt (XIIe s.)

Oberkappel (XIIe s.)

Ölinghausen (XIIe s.)

Palmar (XIIIe s.)

Rehna (XIIIe s.)
Reichenstein (XIIe s.)
Retters (XIIe s.)
Rode (XIIe s.)
Rot-an-der-Rot (XIIe s.)
Rumbeck (XIIe s.)
Schaeftersheim (XIIe s.)
Scheda (XIIe s.)
Schildwolde (XIIIe s.)
Schillingskapellen (XIIe s.)
Steinbach (XIIIe s.)
Stoppenberg (XIIe s.)
Sultz (XIIe s.)
Trostadt (XIIe s.)
Tückelhausen (XIIe s.)
Untermarchtal (XIIe s.)
Unterzell (XIIIe s.)
Wenau (XIIe s.)
Wesel (XIIe s.)
Wirberg (XIIe s.)
Wulfersberg (XIIe s.)

AUTRICHE

Pernegg (XIIe s.)
Wien (XIIIe s.)

BELGIQUE

Anvers (XVIIe s.).
Eewen (XIIe s.).
Gempe (XIIIe s.).
Herenthals (XVe s.).
Herlaimont (XIIe s.)
Hof ten Vrouwen (XIIe s.)

Leliendaal (XIIIe s.).
Nieuwenrode (XIIe s.).
Pamel (XIIe s.)
Peteghem (XIIe s.)
Reekhem (XIIe s.)
Rivreulle (XIIe s.)
Tournai (XVIIe s.)
Tusschenbeek (XIIe s.)
Veerle (XIXe s.)
Verofle (XIIe s.)
Veurne (XVe s.)
Wanze (XIIe s.)
Zandvliet (XIIe s.)

CROATIE

Ivanic (XIIIe s.)

DANEMARK

Vrejlev (XIIIe s.)

ESPAGNE

Brazacorta (XIIe s.)
Freznillo de las Dueñas (XIIe s.)
Medina del Campo (XIIIe s.)
Quintanilla (XIIe s.)
Reinoso de Cerrato (XIIe s.)
Sordillos (XIIe s.)
Toro (XIVe s.)
Villoria (XVIe s.)

FRANCE

Aubeterre (XIIe s.)
Aumont (XIIe s.)

Beaumont-les-Nonnains (XIIe s.)

Belletanche (XIIe s.)

Bertricourt (XIIe s.)

Bois-des-Dames (XIIe s.)

Bonlieu Sainte-Anne (XIXe s.)

Bonlieu Saint-Nicolas (XIIe s.)

Bonneuil (XIIe s.)

Bruyères (XIIe s.)

Caumont (XIIe s.)

Chartreuve La Ferme-des-Dames (XIIe s.)

Chebret (XIIe s.)

Clair-Ruissel (XIIe s.)

Crécy (XIIe s.)

Dionne (XIIe s.)

Dormans (XIIe s.)

Ecclesia de Vallibus (XIIe s.)

Étival La Chapelle-aux-Dames (XIIe s.)

Feuchères (XIIe s.)

Flabémont La Grange-aux-Dames (XIIe s.)

Fossemore (XIIe s.)

Genlis (XIIe s.)

Goujon (XIIe s.)

Hamewiller (XIIe s.)

Harchies (XIIe s.)

Javages (XIIe s.)

La Rochelle (XVe s.)

Macquincourt (XIIIe s.)

Mesnil-Saint-Denis (Le) (XIXe s.)

Metz Sainte-Croix-aux-Dames (XIIe s.)

Mirambeau (XIIe s.)

Monthodon (XIIe s.?)

Mureau (XIIe s.)

Nantelle (XIIIe s.)

Plainemont (XIIe s.)

Rangéval Val-des-Nonnes (XIIe s.)

Riéval La Nonnerie (XIIe s.)

Rouez (XIIe s.)

Sainte-Marie-des-Bois (XIIe s.)

Sancta Maria in Berca (XIIe s.)

Serques (XIIe s.)

Valprofonde (XIIe s.)

Valvion (XIIe s.)

Vanault-les-Dames (XIIe s.)

GRANDE-BRETAGNE

Broadhom (XIIe s.)

Guizance (XIIe s.)

Irford (XIIe s.)

Stixwold (XVIe s.)

HONGRIE

Somlyovásárhely (XVIe s.)

Szeged (XVIe s.)

PAYS-BAS

Bajum (XIIe s.)

Bethlehem (XIIe s.)

Den Haag (XVe s.).

Heiligerlee (XIIIe s.)

Keizersbosch (XIIIe s.)

Koningsveld (XIIIe s.)

Marienweerde (XIIe s.)

Nijeklooster (XIIIe s.)

Nijmegen (XIVe s.)

Oosterhout (XIIIe s.)
Veenklooster (XIIIe s.)
Vinea Domini (XIIIe s.)
Weerd (XVe s.)
Zennewijnen (XIIIe s.)
Zoetendaal (XIIIe s.)

POLOGNE

Boleslawiec (XVIIe s.)
Busko (XIIe s.)
Czarnowas (XIIe s.)
Imbramowice (XIIIe s.)
Krakow (XVIIe s.)
Leczyca (XVIIe s.)
Plock (XIIe s.)
Strzelno (XIIe s.)
Treptow (XIIIe s.)
Zukowo (XIIIe s.)
Zwierzyniec (XIIe s.)

RÉPUBLIQUE TCHÈQUE

Chotesov (XIIIe s.)

Doksany (XIIe s.)
Kounice (XIIe s.)
Louňovice (XIIe s.)
Nová Říse (XIIIe s.)
Olomouc (XIVe s.)

ROUMANIE

Hermannstadt (XIIIe s.)

SLOVAQUIE

Drozo (XIIIe s.)

SUISSE

Chur (XIIe s.)
Churwalden (XIIIe s.)
Katzis (XIIe s.)
Lac-de-Joux (XIIe s.)
Posat (XIIe s.)

YOUGOSLAVIE

Szalankemen (XIIIe s.)

V. ABBAYES PRÉMONTRÉES, CANONIES INDÉPENDANTES ET QUASI-CANONIES CONTEMPORAINES

[En majuscules, les abbayes et les canonies indépendantes ; en minuscules les quasi-canonies ; en italique les prieurés.]

ALLEMAGNE

HAMBORN (XIIe s., restaurée en 1959, érigée en abbaye en 1994)

SPEINSHART (XIIe s., restaurée en 1923)

TEPLÁ IN OBERMEDLINGEN (Partie allemande de l'abbaye tchèque de Teplá, transférée en 1949 à Schönau, en 1973 à Villingen, en 1987 à Obermedlingen en Bavière)

Prieuré Saint-Norbert à Mananthavady en Inde (1979)

WINDBERG (XIIe s., restaurée en 1923)

Roggenburg (abbaye fondée au XIIe s., restaurée comme prieuré dépendant en 1986)

AUSTRALIE

Queen's Park (1959)

AUTRICHE

GERAS (XIIe s.)

Fritzlar

SCHLÄGL (XIIIe s.)

WILTEN (XIIe s.)

BELGIQUE

AVERBODE (XIIe s., restaurée en 1834)

Saint-Norbert de Vejle au Danemark (1904)

Bois-Seigneur-Isaac (abbaye en 1922, prieuré dépendant en 1957)

Saint-Michael de Brasschaat (1931)

GRIMBERGEN (XIIe s., restaurée en 1834)

Prieuré Saint-Norbert de Kommetjie en Afrique du Sud (1951)

LEFFE (XIIe s., restaurée en 1930)

PARC (XIIe s., restaurée en 1836)

    Institut de Montes-Claros au Brésil (1898)

POSTEL (XIIe s., restaurée en 1847)

    Prieuré Notre-Dame de l'Assomption de Kinshasa au Zaïre (1966)

TONGERLO (XIIe s., restaurée en 1838)

    Mission de Buta au Zaïre (1898)

    Prieuré du Chili (1966)

BRÉSIL

JAÚ (fondation de l'abbaye d'Averbode en 1915, indépendante depuis 1979)

    Pirapora do Bom Jesus (1896)

    Petrópolis (1909)

    São Paulo (1936)

    Piracicaba (1953)

CANADA

SAINT-CONSTANT (1949)

ÉTATS-UNIS

DAYLESFORD (1954)

    Claymont (1932)

    Philadelphie (1934)

DE PERE (1898)

    Saint-Joseph de De Pere (1959)

    Saint-Michel de Green Bay (1964)

    Saint-Esprit de Chicago (1964)

    Sainte-Marie de la Vid d'Albuquerque (1985)

    Lima (1963)

    Saint-Moïse the Black de Jakson (1990)

ORANGE (1961)

    Santa Ana (1957)

FRANCE

FRIGOLET (1858)

Conques (1873)

MONDAYE (XIIIe s., restaurée en 1959)

Prieuré de Noisy-le-Grand (1960)

Prieuré du Béarn (1986)

Prieuré de Caen (1979)

Prieuré de Rivalba au diocèse de Turin, en Italie (1990)

Conques (1992)

Prieuré du Monastère Sainte-Anne de Bonlieu (1994)

GRANDE-BRETAGNE

STORRINGTON (1882)

Corpus Christi de Manchester (fondé par Tongerlo en 1889)

HONGRIE

CSORNA (XIIe s., restaurée en 1802)

GÖDÖLLÓ (1924)

INDE

JAMTARA (1962)

St Joseph the Worker de Bombay (1968)

Pune (1988)

Indira-Mirpur (1980)

Eravipuram (1979)

Aithal (1979)

Trichy (1979)

IRLANDE

KILNACROTT (1924)

Kilmarnock en Écosse (1958)

Queen's Park (1959)

PAYS-BAS

BERNE-HEESWIJK (XIIe s., restaurée en 1857)

De Essenburgh (1950)

Tilburg De Schans (1964)

RÉPUBLIQUE TCHÈQUE

NOVÁ ŘÍSE (XIIIe s. monastère de Norbertines, 1641 prévôté de Prémontrés)

STRAHOV (XIIe s.)

Milevsko (fondée au XIIe siècle, restaurée comme prieuré en 1990)

TEPLÁ (XIIe s.)

ŽELIV (XIIe s.)

ROUMANIE

SAINT-ÉTIENNE DE MAGNOVARAD, à Oradea (XIIe s., indépendante depuis 1947)

SLOVAQUIE

JASOV (XIIe s.)

ZAÏRE

Prieuré Notre-Dame de l'Assomption de Kinshasa (fondé par l'abbaye de Postel en 1966, quasi-canonie en 1980)

VI. MONASTÈRES ACTUELS DE MONIALES NORBERTINES

1. Sous la juridiction de l'ordre

BELGIQUE

Veerle (1858)

PAYS-BAS

Oosterhout (XIIIe s.)

2. Sous la juridiction de l'Ordinaire du Lieu

ESPAGNE

Toro (XIVe s.)
Villoria de Orbigo (XIIIe s.)

FRANCE

Bonlieu (1871)

POLOGNE

Imbramowice (XIIIe s.)
Zwierzyniec (XIIe s.)

VII. INSTITUTS AFFILIÉS À L'ORDRE

1 - Congrégations religieuses

- *Monastère de Berg Sion*, canton de Saint-Gall, Suisse. Fondée en 1766 par un prêtre séculier, dans le but de l'Adoration Perpétuelle, la Congrégation fut reconnue par le chapitre général de 1897 comme « monastère du tiers-ordre régulier », et confiée aux soins de l'abbaye de Teplá. Institut sous la juridiction de l'évêque de Saint-Gall. Cette congrégation fonda une maison à Rome au XVIIIᵉ siècle.

- *Le monastère des Soeurs Norbertines dites « du Mesnil-Saint-Denis »* fut fondé le 19 octobre 1889, comme monastère de droit diocésain, par Marie Alexandra Husson-Carcenac, en religion soeur Marie de la Nativité [1]. Celle-ci avait accompli une sorte de postulat-noviciat à la Délivrande près de Caen, avant de recevoir l'habit religieux des mains de l'évêque de Versailles, qui en avait fait la première prieure, le 2 juillet 1889. Les soeurs portaient toutes le nom de *Marie* auquel elles ajoutaient le nom d'un mystère ou d'un saint. Le 23 juillet 1895 fut inauguré le monastère définitif, construit grâce à la générosité de la très riche Madame Husson. À cette date, la communauté comptait 18 religieuses qui s'occupaient de 18 orphelins. Le 27 août 1896, à la demande de Mgr Gout, évêque de Versailles, le chapitre général de l'ordre de Prémontré admit les soeurs dans le second ordre, comme en fait foi une lettre de l'abbé général Sigismond Stary. Après l'union à l'ordre de Prémontré, les premières religieuses firent profession entre les mains de l'abbé de Mondaye, leur *Pater Abbas*. Par la suite, elles firent profession entre les mains de leur prieure. Il s'agissait d'une profession simple comme dans tous les monastères de France depuis la Révolution. En 1945, le monastère fut réduit au statut de congrégation du Tiers-Ordre régulier de Prémontré. En 1948, les religieuses rédigèrent de nouvelles constitutions intitulées *Constitutions de la Congrégation des Religieuses Tertiaires Régulières de l'Ordre de Prémontré dites du « Mesnil-Saint-Denis »*. Le 26 octobre 1963, la congrégation fut unie à celle des Oblates de l'Assomption.

---

[1] G. MADELAINE, *La Révérende Mère Marie de la Nativité, prieure et fondatrice du Mesnil-Saint-Denis, diocèse de Versailles*, Vanves, 1912. – A. DEBERT, « Deux figures féminines prémontrées du XIXᵉ siècle : Soeur Rose et Mère Marie de la Nativité », *Actes du 17ᵉᵐᵉ Colloque du Centre d'Etudes et de Recherches Prémontrées*, Amiens, 1992, p. 68-73.

- *Soeurs Prémontrées de Svaty Kopeček*, République Tchèque. Congrégation de droit pontifical fondée en 1902 par un chanoine de Strahov, Adalbert Frejka, sur la Montagne-Sainte, près d'Olomouc. En 1939, les Soeurs de Slovaquie furent séparées de la maison-mère pour former une province dont le siège fut fixé à Vrbovo. En 1950, toutes les Soeurs de Tchécoslovaquie furent dispersées. Leurs droits et privilèges passèrent aux Soeurs d'Etsdorf en Autriche. Après avoir été placées sous la juridiction des évêques diocésains, elles ont retrouvé leur statut d'institut de droit pontifical.

- *Soeurs Prémontrées de Külsövat*, Hongrie. Congrégation de droit diocésain, fondée en 1927 à Külsövat, à la demande de Sébastien Ràday, de Jasov-Gödölló, par les moniales norbertines de Zwierzyniec en Pologne. La fondatrice, Mère Anselma, reçut du Saint-Siège l'autorisation de quitter le monastère de sa profession pour venir en Hongrie, mais avec cette condition posée en 1929 : si elle désirait, au bout de trois ans, demeurer dans la nouvelle communauté, elle devrait renoncer aux droits et privilèges du Second Ordre. Mère Anselma accepta cette condition. En fait, elle demanda tous les trois ans la prolongation de cette autorisation de vivre en dehors de Zwierzyniec, et celle-ci lui fut toujours accordée jusqu'à sa mort survenue en 1955. En 1950, les religieuses, au nombre de soixante-dix, vivaient en sept communautés : Külsövat, Nagylengyel, Kenyeri, Somlóvárhely, Jasov, Mindszent et Bakonygyepes. Quarante ans durant, de 1950 à 1990, les religieuses vécurent en quatre communautés clandestines. Leur nombre se réduisit à vingt-huit. Les soeurs vivent toujours sous la règle composée par Mère Anselma, et approuvée par l'évêque de Veszprém. Elles portent un anneau sur lequel figurent « *Eu. Im. Poe. Ec.* », Eucharistie, Immaculée, Pénitence, Église. La règle s'inspire du charisme de l'ordre de Prémontré : adoration eucharistique, dévotion mariale, fidélité à l'Église et service. Dès la fondation, les soeurs vécurent sans clôture papale, car elle s'occupaient de diverses formes d'apostolat, notamment les jardins d'enfants, l'enseignement du catéchisme, le soin des églises où elles étaient chantres, organistes, sacristines. Durant les quarante années de dispersion, elles s'établirent toujours, seules ou en communauté, à proximité d'une église pour son service [2]. Depuis le 1er septembre 1993, les soeurs ont ouvert un centre d'accueil pour les enfants pauvres de Zsámbék, non loin de Budapest, et se consacrent à eux durant tout le temps passé en dehors de l'école.

---

[2] *A Magyarországi nöi Premontrei rend rövid toïténete*, s.l., 1985, édité clandestinement par A. SZALAY.

- *Communauté des Soeurs de Saint-Norbert*, de Rot-an-der-Rot, Souabe, Allemagne. Pieuse Union fondée en 1950 par un chanoine de Berne dans une ancienne abbaye prémontrée du XIIe siècle, érigée en congrégation de droit diocésain le 23 juin 1984.

- *Congrégation des Soeurs du Tiers-Ordre de Saint-Norbert d'Etsdorf* en Autriche. Pieuse Union fondée en 1953, sous le titre de « Servantes du Très-Saint Rédempteur et de Marie, Médiatrice de toutes Grâces » et agrégée la même année par l'ordre de Prémontré, sous l'impulsion de l'abbé de Geras. En 1954, l'institut fut érigé en congrégation de droit diocésain par l'Ordinaire de Vienne en Autriche, et reçut tous les droits de la maison-mère de Svaty Kopeček, sous le titre de « *Congrégation des Soeurs du Tiers-Ordre de Saint-Norbert* ». Cette congrégation est en voie d'extinction.

2 - Associations de fidèles

- L'*Institut des Religieuses missionnaires auxiliaires de Saint-Norbert*, connu sous la dénomination d'« *Institut des Religieuses du tiers-ordre régulier de Saint-Norbert* », fut fondé par le Père Louis de Gonzague Julien (1881-1955), prémontré de Frigolet. Missionnaire à Madagascar, il y fonda en 1921 une « *Société de Saint-Norbert* » dont le siège était l'église Sainte-Marie à Vatomandry, dans le vicariat apostolique de Tananarive. Par lettre du 9 août 1921, la Congrégation de la Propagande approuva la Société et ses statuts [3]. Le Père Louis de Gonzague dut rentrer en France pour raisons de santé. Il entreprit de fonder une « Société de missionnaires auxiliaires » qui fut à l'origine de l'institut de Saint-Victoret. Il réunit plusieurs jeunes filles et tenta de créer un nouvel institut à Marseille. Nommé curé de Saint-Victoret dans le diocèse d'Aix-en-Provence, il demeura dans cette paroisse, de 1925 à 1943, puis de 1944 à 1949. Durant cette longue période, il fut le directeur des Missionnaires auxiliaires. La Société fut approuvée par les supérieurs de l'ordre de Prémontré, en 1920 par Mgr H. de Saune, vicaire apostolique de Tananarive, par la Sacrée Congrégation de la Propagande en 1921, et par l'Ordinaire de Marseille la même année. En 1922, les Auxiliaires se divisèrent en deux catégories : les associées « simples » regroupées parfois en sections locales paroissiales, et les associées « permanentes » qui vivaient en commun, entièrement dédiées à l'oeuvre des missions. Les associées « permanentes » furent

---

[3] Arch. de la Congrégation pour l'Évangélisation des Peuples (Vatican) : Rub. 15, n° 2177/1921.

réunies en une communauté qui prit la forme d'un tiers-ordre régulier prémontré. En octobre 1923, l'archevêque d'Aix-en-Provence autorisa officiellement l'installation de cette fraternité régulière dans son diocèse, à Saint-Victoret, lui donnant ainsi la possibilité de commencer un essai de vie religieuse, sur la base de statuts rédigés en 1923 avec l'accord des deux abbés prémontrés de France. En 1933, la Sacrée Congrégation des Religieux demanda de surseoir à l'érection de l'institut en congrégation diocésaine. Il restait de ce fait « Pieuse Union ». Le groupe des « religieuses » ne dépassa jamais le nombre de 18. Elles se vouèrent à diverses oeuvres apostoliques : catéchisme, oeuvres de jeunesse, dispensaires, et s'établirent en plusieurs diocèses de France, en Tunisie, et même, en 1952, à Philadelphie aux États-Unis. Leur recrutement se tarit. L'abbé général Hubert Noots et l'abbé de Frigolet Norbert Calmels tentèrent de sauver la « Pieuse Union » en proposant à ses membres de s'unir à la congrégation du tiers-ordre régulier de Prémontré fondée en 1953 en Autriche, avec le bénéfice du transfert de la congrégation de Svaty Kopeček, du diocèse d'Olomouc en Tchécoslovaquie à Vienne. La Sacrée Congrégation des Religieux avait donné son accord pour que le groupe de Saint-Victoret vécût dans une relative indépendance. L'affaire ne se fit pas, car les membres de l'institut craignirent d'y perdre leur autonomie. L'union fut unanimement refusée par la communauté. L'archevêque d'Aix-en-Provence, Mgr de Provenchères, prit la décision de supprimer la « Pieuse Union ». Une partie de l'institut passa aux Soeurs Maristes, nouvelles propriétaires de la maison de Saint-Victoret, une autre se sécularisa, tandis que deux « religieuses » finirent leurs jours à l'abbaye de Frigolet. La liquidation des biens de l'institut fut décrétée et réalisée par l'autorité diocésaine en 1977.

- *Communauté prémontrée de Mariëngaard*. Autour de 1980, un petit groupe de femmes demanda d'être associée à la vie et au ministère des Prémontrés de l'abbaye de Berne établis au prieuré de De Essenburgh en Hollande. Le 6 juin 1992, l'abbé de Berne érigea le groupe en Association de fidèles, et le cardinal-archevêque d'Utrecht la reconnut comme Association de la Province Catholique de Hollande.

- *Communauté Maria de Magdala*. Association publique féminine dépendant de l'abbaye française de Mondaye, fondée en 1989 à Montaut, Pyrénées-Atlantiques.

FONDATIONS DIRECTES DE L'ABBAYE DE PRÉMONTRÉ EN FRANCE

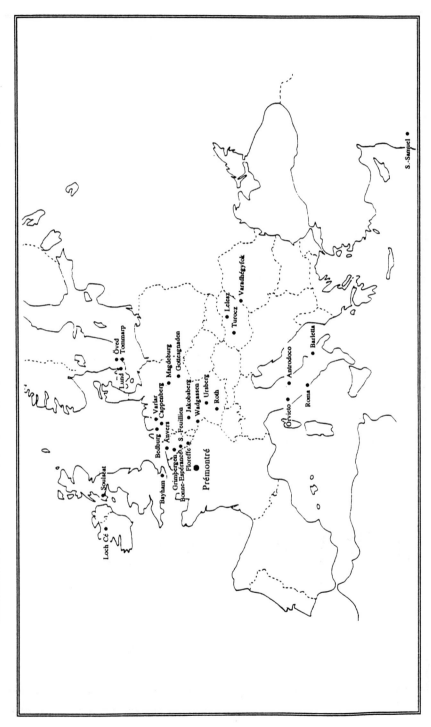

PRINCIPALES FONDATIONS DIRECTES DE L'ABBAYE DE PRÉMONTRÉ HORS DE FRANCE

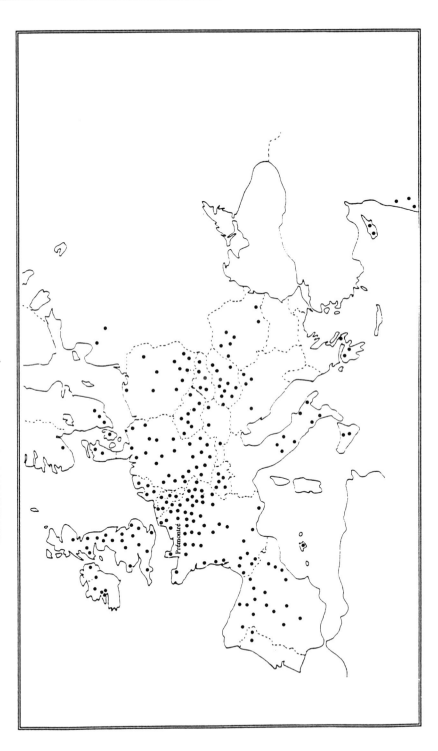

EXTENSION DES PRÉMONTRÉS, DU XIIᵉ AU XIVᵉ SIÈCLE

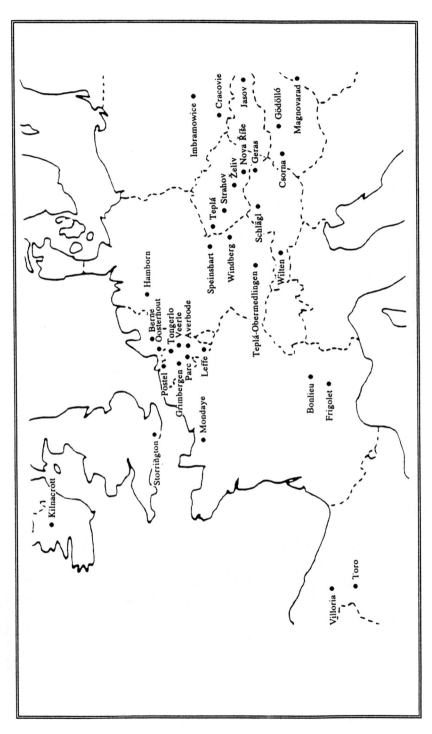

PRINCIPALES IMPLANTATIONS PRÉMONTRÉES ACTUELLES EN EUROPE

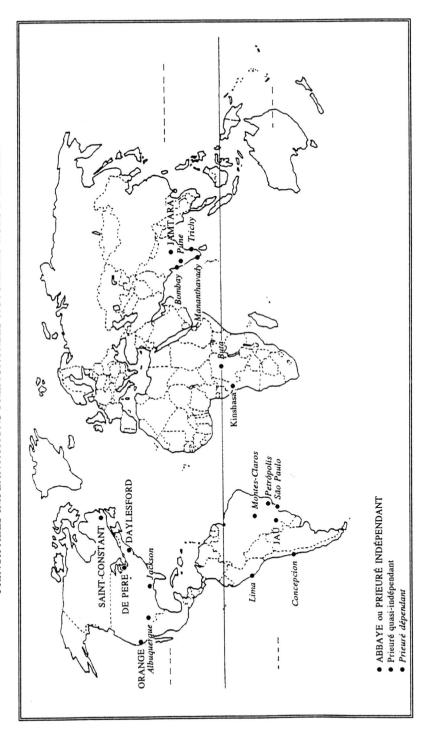

PRINCIPALES IMPLANTATIONS PRÉMONTRÉES ACTUELLES HORS D'EUROPE

PRINCIPALES FILIATIONS DE L'ABBAYE DE PRÉMONTRÉ

Les abbayes et monastères fondés par l'abbaye de Prémontré figurent en tête de ligne. Les rapports de filiation sont marqués par des flèches. Les maisons sœurs d'une même filiation sont juxtaposées. Les monastères de sœurs sont indiqués en italique. Sont exclues du tableau les maisons fondées par Prémontré, qui n'ont pas essaimé.

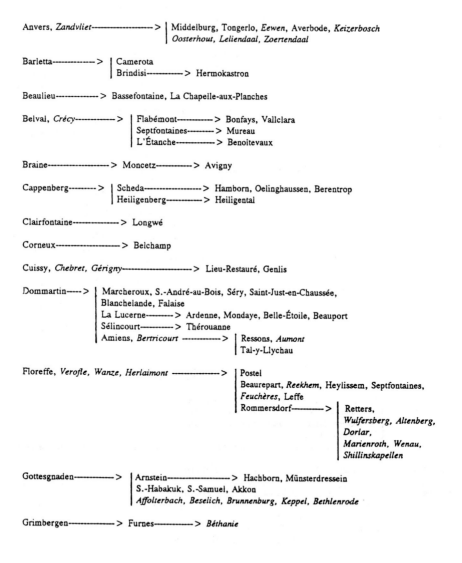

Anvers, *Zandvliet* --------------------> | Middelburg, Tongerlo, *Eewen*, Averbode, *Keizerbosch*
                                       | *Oosterhout, Leliendaal, Zoertendaal*

Barletta ------------> | Camerota
                     | Brindisi ------------> Hermokastron

Beaulieu --------------> Bassefontaine, La Chapelle-aux-Planches

Belval, *Crécy* ------------> | Flabémont ------------> Bonfays, Vallclara
                         | Septfontaines --------> Mureau
                         | L'Étanche ------------> Benoîtevaux

Braine --------------------> Moncetz ------------> Avigny

Cappenberg ---------> | Scheda --------------------> Hamborn, Oelinghaussen, Berentrop
                          | Heiligenberg ------------> Heiligental

Clairfontaine --------------> Longwé

Corneux --------------------> Belchamp

Cuissy, *Chebret, Gérigny* ----------------------> Lieu-Restauré, Genlis

Dommartin ----> | Marcheroux, S.-André-au-Bois, Séry, Saint-Just-en-Chaussée,
                  | Blanchelande, Falaise
                  | La Lucerne --------> Ardenne, Mondaye, Belle-Étoile, Beauport
                  | Sélincourt ----------> Thérouanne
                  | Amiens, *Bertricourt* ------------> | Ressons, *Aumont*
                                                        | Tal-y-Llychau

Floreffe, *Verofle, Wanze, Herlaimont* ----------------> | Postel
                                                      | Beaurepart, *Reekhem*, Heylissem, Septfontaines,
                                                           | *Feuchères*, Leffe
                                                            | Rommersdorf ----------> | Retters,
                                                                                         | *Wulfersberg, Altenberg,*
                                                                                         | *Dorlar,*
                                                                                         | *Marienroth, Wenau,*
                                                                                         | *Shillinskapellen*

Gottesgnaden ------------> | Arnstein --------------------> Hachborn, Münsterdressein
                               | S.-Habakuk, S.-Samuel, Akkon
                               | *Affolterbach, Beselich, Brunnenburg, Keppel, Bethlenrode*

Grimbergen ------------> Furnes ------------> *Béthanie*

Heinsberg——————> Reichenstein, Houthem

Knechtsteden———————> *Dortmund, Ellen, Flaesheim, Kappel, Köln-Weisher*

Lac-de-Joux——————> Humilimont, Bellelay, Fontaine-André

Laon————> | La Casedieu—> | Arthous, Divielle, La Capelle, Urdax
Bellpuig————> Fondarella, Mur
La Castelle————> Lannes, Sarrance, Vic-Fezensac
Combelongue—> Foncaude——————> Huveaune
Lahonce———> Behaune
Retuerta———> | Ibeas, Toledo, Arenillas, Monzon, S. Juan de la Peña, Almazan
Herrera————> Aguilar————> Villoria
Ibeas—————> Bujedo, Villamediana, Villapedro
Alba—————> | S. Miguel de Groz, *Toro S. Sofia*
Ciudad Rodrigo———> Ermidado
Paiva
La Vid——> | *Freznillo, Brazacorta*
Tortoles, Villamayor, *Sordillas*, Avila, Tejo, Segovia, S. Pelayo de Cerrato, Medina del Campo, *S. Maria de los Huertos*

Licques————> Newhouse———> | Sulby———> | Brockley
Lavendon
Welbeck——> | W. Dereham, Torre
Durford——> Otham
Leyston——> Langdon
Halesowen—> Tichfield
Croxton——> | Blanchland—–—> Shap
Cockersand-> Tongland
Coverham, Easby————> Eggleston
Alnwick——> | Langley———> Wendling
Dryburgh———> | Dieulacresse, Carrich-fergus, Woodburn, Beauchief, Hagnaby, Halesowen, *Irford, Broadholme*, Barlings, Newbo

Vicogne, *Harchies*——————> Châteaudieu
Marienweerd, *Zennewijnen*——> | Berne, *Woerd*
Parc—> | Ninove, *Pamelle*
Gempe
Drongen, *Tusschenbeeck*——————> Dieleghem
Lavaldieu————> Thenailles———> *Caumont*
Mont-Saint-Martin, *Macquincourt*——> Vermand
Valchrétien, *Dormans*
Koscielna——> Breslau———> Strzelno———> Zukowo, Czarnowas, Krzynowice, *Leczyca*

Loch Cé————> Ath Muige (Irlande)——————> Loch Uachtair

Magdeburg——> | Leitzkau, Kölbigk, Klosterrode, Ratzburg, Mildenfurt
Vessra———> | Griffen, Frauenbreitungen, Georgenberg, Schweinfurt
Frauenwald, Trostadt
Pöhlde————> Ilfeld, *Eppenberg*
Brandenburg—> Gottesstadt, Themenitz, Harlungerberg

Havelberg------- > Grobe, Brode
Jerichow--------- > Gramzow

Marcheroux, *Beaumont*------------- > Abbecourt

Metz----------------- > Justemont---------------- > Salival, *Belle-Tanche*

Oberzell--------- > | *Unterzell, Gerlachsheim, Hausen, Bruderhartmannszell, Sulz, Michelfeld*
　　　　　　　　| Tückelhausen, S.-Elisabeth

Riéval----------- > | Nagyolasz, Bozok, Garab-------------- > Kökéyes------------- > Janoshida, Sag
　　　　　　　　| Ste-Marie-au-Bois, Jandeures, Jovilliers, Rangeval

Roth------------- > | Steingaden, Kaiserslautern, Wilten--------------- > Speinshart
　　　　　　　　| Weissenau------------- > Schussenried
　　　　　　　　| Obermarchtal--------- > Allerheiligen------------ > Strasbourg, Lorsch

Silly------------- > Isledieu---------------- > Bellozanne

Soulseat-------- > Holywood, Whithorn------------ > Fearn

Spieskappel---- > *Oberkappel, Homberg, Kassel*, Germerode

Steinfeld------------| *Antonigartzen, Blankenberg, Dünnwald, Marienstern, Meer, Niederehe*
　　　　　　　　| Strahov------- > | *Doksany, Louka, Teplá, Zabrdovice*------------ > Nova Říše
　　　　　　　　| 　　　　　　| Hebdow----------- > Witow, Zwierzyniec, Plock, Imbramowice, Sacz
　　　　　　　　| Želiv--------- > *Lounovice, Kounice*, Geras, Milevsko　　　　　　　Schlägl
　　　　　　　　| Mariengarde- > | *Bethlehem*
　　　　　　　　| 　　　　　　| Lidlum, *Bajum*------------- > Vinea Domini
　　　　　　　　| 　　　　　　| Buwe-Klooster, Gerkes-Klooster
　　　　　　　　| Dokkum------ > | *Weerd*
　　　　　　　　| 　　　　　　| Palmar, Kusemer, Barthe, Hopels, Veenklooster, Koldinne
　　　　　　　　| Marne--------- > Aland, Langen------- > Schilwolde--------- > Heiligerlee
　　　　　　　　| Wittewierum-- > | *Nijeklooster*
　　　　　　　　| 　　　　　　| Scona Mora
　　　　　　　　| Tuam, Breslau, Börglum------------ > Tönsberg

Tommarp------- > Vä-Bäckaskog

Turocz----------- > Lelesz

Ursberg--------- > | Neustift, Schäftlarn, Osterhogen------------ > S.-Salvator
　　　　　　　　| Roggenburg------------ > Chur S.-Luzi-------- > Churwalden S.-Jakob, Rüti

Valsecret------- > | Hermières, Chambrefontaine
　　　　　　　　| Dilo, *Fossemore*----------- > Sens, Neuffontaines, *Aubeterre*----------- > Clermont, Bellevaux

Varadhégyfok-- > | Nyulakszigete, Beny, Cheim, Meszes, Adony, Almas, Zich, Zsambek
　　　　　　　　| Majk------ > Pok
　　　　　　　　| Hatvan----- > Zsido, Csorna----------- > Tüje, Rajk, Morchizhida, Horpacs
　　　　　　　　| Palyi------- > Abrany
　　　　　　　　| Jazo-------- > Ratot, Darnó, Ocsa--------- > Gedir, Insula Lazaris

Wadgassen------ > Hagenau

BIBLIOGRAPHIE GÉNÉRALE

Cette bibliographie qui ne prétend pas à l'exhaustivité, indique un certain nombre de sources, notamment des textes officiels de l'ordre, un certain nombre d'auteurs anciens qui ont exercé une influence notable, et une série d'études susceptibles d'introduire à une connaissance générale de l'ordre de Prémontré.

Outre de nombreux articles, le périodique *Analecta Praemonstratensia*, édité depuis 1925 par la Commission historique de l'ordre de Prémontré [Abdij der Norbertijnen Averbode, Abdijstraat 1, B-3271 Averbode] publie régulièrement la bibliographie relative à saint Norbert, à la spiritualité, au droit, à la liturgie, à l'ordre de Prémontré dans son ensemble, et à chaque abbaye en particulier.

On fera utilement recours aux autres périodiques publiés par certaines abbayes et circaries, qui ont fourni ou fournissent des contributions de valeur sur l'histoire de ces maisons et la spiritualité de l'ordre de Prémontré :

Revues mortes :
- *Les Annales Norbertines* (Frigolet, 1863-1892).
- *La Bibliothèque Norbertine* (Parc, 1899-1905), devenue ensuite :
- *Les Analectes de l'Ordre de Prémontré* (1905-1914).
- *La Cour d'Honneur de Marie* (Frigolet, 1863-1892).
- *Revue de l'Ordre de Prémontré et de ses missions* (Parc, 1905-1914).

Revues en activité :
- *Averbode* (Averbode, Belgique).
- *Berne* (Berne, Pays-Bas).
- *Communicantes* (Windberg, Allemagne).
- *Communicator* (Circarie de langue anglaise).
- *Communio* (Windberg, Allemagne).
- *Courrier de Mondaye (Le)* (Mondaye, France).
- *De Feniks* (Grimbergen, Belgique).
- *De Kromstaf* (Berne, Pays-Bas).

- *Espaço Norbertino* (Jaú, Brésil).
- *Geraser Hefte* (Geras, Autriche).
- *Lettre de Leffe* (Leffe, Belgique).
- *Molenijzer* (Postel, Belgique).
- *Nobbie* (Jamtara, Inde).
- *Petit-Messager de Notre-Dame du Bon Remède (Le)* (Frigolet, France).
- *Pro Nostris* (Circarie de Brabant).
- *Schlägl Intern* (Schlägl, Autriche).
- *Tongerloana* (Tongerlo, Belgique).
- *Toren Tongerlo* (Tongerlo, Belgique).
- *White Canons* (Storrington, Angleterre).

Depuis 1974, le Centre d'Études et de Recherches Prémontrées, dont le siège est à l'abbaye de Mondaye, organise des colloques annuels dont les Actes sont régulièrement publiés.

I - SOURCES

1. Chapitres généraux et provinciaux

1. *Acta et Decreta Capitulorum Generalium Ordinis Praemonstratensis (1174-1500)*, éd. J.B. VALVEKENS, *Analecta Praemonstratensia*, t. XLII (1966) - t. XLIV (1968).

2. *Acta et Decreta Capitulorum Generalium Ordinis Praemonstratensis (1501-1530)*, éd. J.B. VALVEKENS, *Analecta Praemonstratensia*, (t. XLV (1969) - t. XLIX (1973).

3. *Acta et Decreta Capitulorum Generalium Ordinis Praemonstratensis (1531-1571)*, éd. J.B. VALVEKENS, *Analecta Praemonstratensia*, t. XLIX (1973) - t. LIV (1978).

4. *Acta et Decreta Capitulorum Generalium Ordinis Praemonstratensis (1588-1660)*, éd. J.B. VALVEKENS, *Analecta Praemonstratensia*, t. LV (1979) - t. LIX (1983).

5. *Acta et Decreta Capitulorum Generalium Ordinis Praemonstratensis (1657-1738)*, éd. J.B. VALVEKENS et L.C. VAN DIJCK, t. LX (1984) - t. LXVIII (1992).

6. «Les actes de la Congrégation nationale des Prémontrés belges à la fin du XVIIIe siècle», éd. P. LEFÈVRE, *Analecta Praemonstratensia*, t. XXX (1954), p. 219-235.

7. *Capitula Provincialia Provinciae Bohemiae, Moraviae, Austriae ac Silesiae O. Praem. (1641-1727)*, éd. J.B. VALVEKENS, *Analecta Praemonstratensia*, t. XXXVI (1960) - t. XXXIX (1963).

8. *Capitula Provincialia Circariae Brabantiae O. Praem. (1620-1643)*, éd. J.E. STEYNEN, *Analecta Praemonstatensia*, t. XVII-XVIII (1941-1942).

9. *Capitula Provincialia Circariae Sueviae (1578-1688)*, éd. É. VALVEKENS et V. VAN GENECHTEN, *Analecta Praemonstratensia*, t. I (1925) - t. VI (1930).

10. *Capitulum Generale anni 1738*, éd. J.B. VALVEKENS, *Analecta Praemonstratensia*, t. L (1974), p. 5-69.

11. *Chapitres (Les) Généraux de l'Abbé Général Jean Despruets (1572-1596)*, éd. É. VALVEKENS, *Analecta Praemonstratensia*, t. XVI (1940).

12. *Circaria Bohemiae, Abbas Praemonstratensis et Capitulum Generale (1142-1541)*, éd. K. DOLISTA, *Analecta Praemonstratensia*, t. LXII (197) - t. LXV (1989).

13. *Protocole (Le) du Chapitre provincial de la Circarie de Bohême célébré à Schlägl en 1644*, éd. L.C. VAN DIJCK, *Analecta Praemonstratensia*, t. XLVI (1970), p. 220-237.

2. Documents normatifs de l'ordre de Prémontré

14. *Antiphonale Missarum Praemonstratense*, éd. N.I. WEYNS, Averbode, 1973 (Bibliotheca Analectorum Praemonstratensium - 11).

15. *Coutumiers liturgiques de Prémontré du XIIIe et du XIVe s.* éd. P. LEFÈVRE, Louvain, 1953 (Bibliothèque de la Revue d'histoire ecclésiastique - 27).

16. [GISQUIÈRE (E.)], *Directorium spirituale Ordinis Praemonstratensis*, Averbode, 1959.

17. *Liber Ordinarius (Le) d'après un manuscrit du XIIIe / XIVe s.*, éd. M. VAN WAEFELGHEM, Louvain, 1913.

18. *Ordinaire (L') de Prémontré, d'après des manuscrits du XIIe et du XIIIe siècle*, éd. P. LEFÈVRE, Louvain, 1941 (Bibliothèque de la Revue d'histoire ecclésiastique, 22).

19. *Ordinarius, seu Liber Caeremoniarum ad usum sacri et canonici Ordinis Praemonstratensis a Capitulo Generali anni 1947 approbatus, omnibusque sodalibus ejusdem Ordinis impositus jussu et auctoritate Illustrissimi ac Reverendissimi Domini Abbatis Generalis Huberti Noots, S.T.D. Domini Praemonstratensis editus*, Tongerlo, 1949.

20. *Sacramentarium Praemonstratense* éd. N.J. WEYNS, Averbode, 1968 (Bibliotheca Analectorum Praemonstratensium - 8).

21. *Statuts (Les premiers) de l'ordre de Prémontré*, éd. R. WAEFELGHEM, Louvain, 1913.

22. *Statuts (Les) de Prémontré au XIIe siècle. Introduction, Textes, Tables*, éd. P. LEFÈVRE et W. GRAUWEN, Averbode, 1978 (Bibliotheca Analectorum Praemonstratensium - 12).

23. *Statuts (Les) de Prémontré, réformés sur les ordres de Grégoire IX et d'Innocent IV, au XIIIe siècle*, éd. P. LEFÈVRE, Louvain, 1946.

24. *Statuta Ordinis Praemonstratensis*, 1505, éd. J. LEPAIGE, *Bibliotheca Ordinis Praemonstratensis*, Paris, 1633, p. 841-858.

25. *Statuta Candidi et Canonici Ordinis Praemonstratensis Renovata, ac Anno 1630 a Capitulo Generali plene resoluta, acceptata et omnibus suis subditis ad stricte observandum imposita*, Averbode, 1898.

26. *Statuta candidi et canonici Ordinis Praemonstratensis, ac anno 1630 a Capitulo Generali Praemonstratensi plene resoluta, acceptata et omnibus suis subditis ad stricte observandum imposita, quibus accesserunt articuli reformationis seu communitatis antiqui rigoris*, éd. C. SAULNIER, Étival, 1725.

27. *Statutorum renovatorum Distinctio prima*, Averbode, 1925 ; *Distinctio secunda, ibid.*, 1929 ; *Distinctio tertia, ibid.*, 1931 ; *Distinctio quarta, ibid.*, 1931.

28. *Statuta Monialium Ordinis Praemonstratensis*, Tongerlo, 1946.

29. *Sacri, candidi et canonici Ordinis Praemonstratensis Statuta renovata a Capitulo Generali Anni 1947 Romae celebrato recognita, ejus iussu typis mandata ac promulgata, omnibusque Ordinis subditis ad observandum imposita*, Tongerlo, 1947.

30. *Constitutiones Ordinis canonicorum regularium Praemonstratensium a Capitulo Generali anno 1970 in abbatia Wiltinensi celebrato approbatae ac promulgatae*, Averbode, 1971.

31. *Pars Secunda seu Normae Constitutionum Ordinis canonicorum regularium Praemonstratensium recognita et emendata iuxta decisiones Capituli Generalis anno 1976 in abbatia Deperensi celebrati*, s.l., 1979.

3. Auteurs et documents anciens

32. « Acta et Documenta Joannis de Pruetis abbatis Praemonstratensis », éd. É. VALVEKENS, *Analecta Praemonstratensia*, t. XXX (1954), p. 236-278 ; t. XXXI (1955), p. 136-158, 253-279.

33. ADAM SCOT, *Sermones fratris Adae*, éd. W. DE GRAY BIRCH, Londres, 1901.

34. ALBRECHT (D.), *Angeli Pacis Santi Patris Norberti sancta desideria, recta consilia, et justa opera*, Strasbourg, 1739.

35. ALBRECHT (D.), *Manuale Canonicorum Praemonstratensium*, Strasbourg, 1742.

36. ANSELME DE HAVELBERG, *Lettera apologetica pro Ordine Canonicorum regularium*, in E. AMORT, *Vetus disciplina Canonicorum regularium et saecularium*, Venise, 1747, p. 1048-1065 ; *Patrologiae cursus completus... series latina prior...*, éd. J.P. MIGNE, Paris, 1844-1864, t. 188, col. 1118-1140.

37. ANSELME DE HAVELBERG, *Renouveau dans l'Église [= Premier livre des Dialogues]*, éd. G. SMET, Paris, 1966 (Sources chrétiennes, 118).

38. DE HERTOGUE (C.P.), *Religio Canonicorum Praemonstratensium...*, Anvers, 1633.

39. DOLISTA (K.), « Reformatio monasterii Teplensis saeculo decimo quinto exeunte (Fontes historici) », *Analecta Praemonstratensia*, t. LXI (1985), p. 203-256.

40. DU PRÉ (M.), *Annales breves Ordinis Praemonstratensis*, Amiens, 1645, 2e éd. I. VAN SPILBEECK, Namur, 1886.

41. EISELIN (W.), *Aureum Thuribulum simplicis devotionis quod sibi ad incensum Deo offerendum varie Collectum, propria Manu confecit B.M. Wilhelmus... Sub hac forma Typis expositum et paucis Notis illustratum a R.P. Martino MERZ...*, Dillingen, 1630.

42. *Formularium Praemonstratense*, éd. J. EVERS, *Analecta Praemonstratensia*, édition de textes, t. VIII (1932).

43. GOFFINÉ (L.), *Hand-Postill, oder Christkatholische Unterrichtungen auf alle Sonn- und Feyertage des ganzen Jahrs*, Mayence, 1690.

44. GRAUWEN (W.M.), *Heer Norbert Aartsbisschop van Maagdenburg. Vita Norberti A*, Vertaald en van aantekeningen voorzien door W.M. GRAUWEN, Averbode, 1984 (Bibliotheca Analectorum Praemonstratensium - 15).

45. GRAUWEN (W.M.), *Over het ontstaan en de groei van de Premonstraten-zers. Vita Norberti B*, Vertaald en van aantekeningen voorzien door W.M. GRAUWEN, Averbode, 1990 (Bibliotheca Analectorum Praemonstratensium - 18).

46. HÉDUIN (J.B.), *Principes de l'éloquence sacrée, mêlés d'exemples puisés principalement dans l'Écriture Sainte, dans les Saints Pères et dans les plus célèbres orateurs chrétiens*, Soissons, 1788, Préface de J.B. L'Écuy.

47. HERLET (F.), *Solitudo Norbertina, sive Exercitia Spiritualia, omnibus Clericis, saecularibus et regularibus, curata vel simplicia beneficia obtinentibus perquàm utilia ; maxime tamen Canonicis Regularibus S. Ordinis Praemonstratensis accomodata*, Marchtal, 1698.

48. HIRNHAIM (J. Von), *Sancti Norberti Archiepiscopi Magdeburgensis, candidissimae Religionis Canonicorum Praemonstratensium Fundatoris ac Patriarchae Sermo. Ad eosdem Praemonstratenses Filios quondam dictus et scriptus, recenter vero enucleatus... Ad Religiosorum maxime Praemonstratensium quorum Instituti obligationem universam complectitu utilitatem et usus tam privatos quam concionatorios, typis vulgatus*, Prague, 1676.

49. HIRNHAIM (J. Von), *Recta vitae via, seu Meditationes pro singulis anni diebus ex Sacra Scriptura excerptae, quibus accesserunt orationes quaedam selectae ac privilegiatae cum Indulgentiarum lucrabilium Catalogo, aliisque salutis certius consequendae mediis pro usu Religiosorum, maximé Praemonstratensium...*, Prague, 1678.

50. HUGO (C.L.), *Vie de saint Norbert*, Luxembourg, 1704.

51. HUGO (C.L.), *Sacrae Antiquitatis Monumenta historica, dogmatica, diplomatica*, Saint-Dié, 1731.

52. HUGO (C.L.), *Sacri Ordinis Praemonstratensis Annales*, Nancy, 1734-1736, 2 vol.

53. LAIRUELZ (S. de), *Optica Regularium*, Pont-à-Mousson, 1603.

54. LAIRUELZ (S. de), *Catechismi novitiorum et eorundem magistri omnibus quorumcumque Ordinum religiosis utilissimi tomus I - II*, Pont-à-Mousson, 1623.

55. L'ÉCUY (J.B.), *Mémoire sur Prémontré et les autres abbayes de cet Ordre comprises dans l'enclave du département de l'Aisne*, éd. M. PLOUVIER, *Actes du 14ème Colloque du Centre d'Etudes et de Recherches Prémontrées,* Amiens, 1989, p. 126-133.

56. L'ÉCUY (J.B.), *Planctus Norbertinus*, Paris, 1820 ; traduit librement en français sous le titre *Prémontré. Plainte élégiaque*, Paris, 1822.

57. L'ÉCUY (J.B.), *Rmi. DD. Joannis Bapt. L'Écuy, Abb. Praem. Vitae series, historica et chronologica, a seipso scripta* [Mss originaux B.M. de Laon et Arch. de l'abbaye d'Averbode IV, 156), éd. É. VALVEKENS, *Analecta Praemonstratensia*, t. X (1934), p. 145-209.

58. LEPAIGE (J.), *Bibliotheca Ordinis Praemonstratensis*, Paris, 1633.

59. LIENHARDT (G.), *Dissertatio de habilitate Praemonstratensium ad assequendas parochias saeculares*, s.l., 1756.

60. LIENHARDT (G.), *Causa sanguinis et sanctorum, seu cultus debitus Residuis in terra SS. Sanguinis et S. Crucis Particulis nec non Sanctorum Imaginibus, et sacris Reliquiis Dissertatione Theologica assertus, et ab infestis Lamindi Pritanii vexis ereptus*, Augsburg, 1758.

61. LIENHARDT (G.), *Dissertatio historico-canonica... parochias obtinendi, ad nutum tamen abbatis...*, Gunzburg, 1760.

62. LIENHARDT (G.), *Ephemerides hagiologicae Ordinis Praemonstratensis*, Augsburg, 1764 ; *Auctarium Ephemeridum, ibid.*, 1767.

63. LIENHARDT (G.), *Spiritus literarius Norbertinus a scabiosis Casimiri Oudini calumniis vindicatus : seu Sylloge viros ex Ordine Praemonstratensi, scriptis et doctrina celebres, nec non eorundem vitas, res gestas, opera, et scripta tum edita, tum inedita perspicue exhibens...*, Augsburg, 1771.

64. LOUYS (É.), *La nature immolée de la grâce, ou la pratique de la mort mystique pour l'instruction et la conduite des Religieuses Bénédictines de l'Adoration perpétuelle*, Paris, 1674.

65. MIRAEUS (A.), *Chronicon Ordinis Praemonstratensis*, Cologne, 1614.

66. NORIEGA (J.), *Dissertatio Apologetica mariano-candida in qua De constanti revelatione Candidi Habitus Praemonstratensis per Dei-param. De Immaculatae Conceptionis B. Marie Virginis Antiquo Praemonstr. cultu. De Marianis Ecclesiis, & specialibus Cultoribus Norbertinis...*, Salamanque, 1723.

67. NORIEGA (J.), *Dissertatio historica de S. Dominico de Guzman Ordinis Praedicatorum patriarcha, canonico regulari Augustiniano Praemonstratensi, in observantissimo monasterio sanctae Mariae de la Vid, in qua de utriusque Ordinis, sed praecipue Praemonstratensis dignitate, instituto, observantia, habitu....*, Salamanque, 1723.

68. *Obituarium Praemonstratense I*, éd. J. EVERS : *Obituaire de Prémontré, prima pars*, in *Analectes de l'Ordre de Prémontré*, t. V-VIII, Bruxelles, 1909-1912.

69. *Obituarium Praemonstratense II*, éd. J. EVERS : *L'Obituaire de Prémontré*, *2e partie*, in *Analecta Praemonstratensia*, édition de textes, t. I (1925).

70. PANHAUSEN (J.), *Abbatis I. Panhausen Commentaria in "Regulam" S. Augustini*, éd. J.B. VALVEKENS, *Analecta Praemonstratensia*, t. LIV (1978), p. 144-165 ; *Exhortatio pia abbatis Panhausen, abbatis Steineldensis 1572*, *ibid.*, p. 166-190 ; *Abbatis Panhausen Tractatus de Monasticae Vitae Cultoribus, atque Religiosorum, ibid.*, p. 191-219.

71. PSAUME (N.), « Les exhortations capitulaires de Nicolas Psaume », éd. B. ARDURA, *Analecta Praemonstratensia*, t. LXIII (1987), p. 26-69.

72. SAILER (S.), *Kempensis Marianus, sive libelli duo de imitatione Mariae virginis, et matris Dei, pro legentium solatio et salute, tum ex manuscripto transumpti tum simplici auctione combinati*, Augsburg, 1768.

73. VAN DER STERRE (J.C.), *Natales Sanctorum Ordinis Praemonstratensis*, Anvers, 1625.

74. VAN DER STERRE (J.C.), *Lilium inter spinas. Vita B. Ioseph presbyteri et canonici Steinueldensis Ordinis Praemonstratensis : Ex vetusto Steinueldensi Archetypo fideliter descripta, ac Notationibus illustrata...*, Anvers, 1627.

75. VAN DER STERRE (J.C.), *Echo S. Norberti triumphantis, sive commentarius eorum, quae ab Antverpiana S. Michaelis Praemonstratensium Canonicorum Ecclesia, tam pro impetrandis SS. Norberti nonnullis sacris Reliquiis, quam pro iisdem debito cum honore, ac communi Civitatis laetitia excipiendis, peracta sunt: Cui subinde nonnullis, Sacrarum Antiquitatum Studiosis non ingrata futura, intexuntur*, Anvers, 1629.

76. VAN DER STERRE (J.C.), *Vita S. Norberti Canonicorum Praemonstratensium Patriarchae, Magdeburgensium Archiepiscopi, totius Germaniae Primatus, Antverpensium Apostoli, ad plurium veterum mss. fidem recensita*, Antverpiae, 1656.

77. VAN HERDEGOM (G.), *Diva Virgo Candida, candidi Ordinis Praemonstratensis Mater tutelaris et Domina, tribus libris distincta*, Bruxelles, 1650.

78. « Visites (Les) canoniques des abbayes prémontrées au XVIe siècle », éd. É. VALVEKENS, *Analecta Praemonstratensia*, t. XXII-XXIII (1946-1947).

79. *Vita Norberti A*, cf. *Vita Norberti Archiepiscopi Magdeburgensis*, éd. R. WILMANS, *Monumenta Germaniae Historica, Series Scriptorum*, t. XII (1856) 663 et s. Voir les n° 44 et 126.

80. *Vita Norberti B*, cf. *Vita Sancti Norberti, auctore canonico Praemonstratensi coaevo, P.L.*, éd. J.P. MIGNE, t. 170, col. 1253-1344, et *Acta Sanctorum*, 6 junii. Voir les n° 45 et 126.

81. WAGHENARE (P. de), *Sancti Norberti Canonicorum Praemonstratensium Patriarchae Vita Lyrica*, Douai, 1637 [2ᵉ éd., *Sancti Norberti... Vita Lyrica, Dramatica, Epigrammatica cum aliis poematis, ibid.*, 1639].

82. WAGHENARE (P. de), *Sanctus Norbertus Canonicorum Praemonstratensium Patriarcha In se, & Suis voce soluta celebratus*, Douai, 1651.

83. WAGHENARE (P. de), *Beati Hermanni-Joseph, Canonici et Presbyteri Steinfeldensis Ordinis Praemonstratensis Vita Metrica ad Alexandrum VII, Pontificem Maximum*, Cologne, 1656 [2ᵉ éd. *Vita Sancti Hermanni-Joseph... Editio secunda auctior et emendatior. Accessere quaedam Miscellanea Norbertina hactenus inedita. Cum quibusdam figuris aeneis*, Anvers, 1661].

84. WENNIUS (F.), *Speculum Religiosorum, totum interiorem hominem et omnia religiosae vitae officia, perfectionem, obligationemque septem tractatibus repraesentans*, Louvain, 1645.

85. WICHMANS (A.), *Sabbatismus Marianus In quo Origo, Utilitas et Modus colendi hebdomatim Sabbatum in honorem Sanctissimae Deiparae explicantur*, Anvers, 1628.

86. WICHMANS (A.), *Brabantia Mariana tripartita ...*, Anvers, 1632.

II - ÉTUDES

87. AL (P.), *Leonhard Goffiné (1648-1719), sein Leben, seine Zeit und seine Schriften*, Averbode, 1969 (Bibliotheca Analectorum Praemonstratensium - 9).

88. ARDURA (B.), « Au centre de la fusion entre la Congrégation de France et l'Ordre de Prémontré, le chapitre d'Union de 1896 », *Analecta Praemonstratensia*, t. LX (1984), p. 85-115.

89. ARDURA (B.), *Création et tradition à Saint-Michel de Frigolet*, sous la dir. de –, Abbaye de Frigolet, 1984.

90. ARDURA (B.), *Nicolas Psaume, évêque et comte de Verdun. L'idéal pastoral du concile de Trente incarné par un Prémontré*, Paris, 1990.

91. ARDURA (B.), « Les tentatives de restauration de l'Ordre de Prémontré en France, au XIXᵉ siècle », *Lacordaire, son pays, ses amis et la liberté des Ordres religieux en France*, sous la dir. de G. BÉDOUELLE, Paris, 1991, p. 265-289.

92. ARDURA (B.), *Abbayes, prieurés et monastères de l'Ordre de Prémontré en France, des origines à nos jours. Dictionnaire historique et bibliographique*, Nancy, 1993.

93. ARDURA (B.), *Pierre-Adrien Toulorge, Prémontré de Blanchelande (1757-1793), « Martyr de la Vérité » à Coutances*, Rome, 1993. Voir n° 166.

94. BACKMUND (N.), *Monasticon Praemonstratense*, Straubing, 1949-1956, 3 vol. Réédition revue et augmentée du tome I, pars prima et pars secunda, Berlin - New York, Walter de Gruyter, 1983.

95. BACKMUND (N.), *Die mittelalterlichen Geschichtsschreiber der Prämonstratenserordens*, Averbode, 1972 (Bibliotheca Analectorum Praemonstratensium - 10).

96. BACKMUND (N.), *Geschichte des Prämonstratenserordens*, Grafenau, 1986.

97. BONIFACE (P.), *Catéchisme de l'Ordre de Prémontré*, Tours, 1889.

98. BONNET (P.), *Les constructions de l'Ordre de Prémontré aux XVIIe et XVIIIe siècles*, Paris, 1983 (Bibliothèque de la Société française d'Archéologie - 15).

99. CALMELS (N.), *Concile et vies consacrées*, Préface du cardinal A. BEA, Forcalquier, 1968.

100. CALMELS (N.), *Journal d'un chapitre*, Forcalquier, 1970.

101. CALMELS (N.), *L'Oustal de mon enfance*, Paris, 1985.

102. CALMELS (N.), *Lavigerie et les Prémontrés*, Monte Carlo, 1986.

103. CASSAGNAVÈRE (É.A.), *Essai biographique sur le Révérendissime Père Edmond, restaurateur de la Primitive Observance de Prémontré et Premier Abbé de Saint-Michel de Frigolet*, Lille, 1889.

104. CHANTRAIN (G.), « Recordando o Jubileu de cem annos da Ordem no Brasil 1894-06/10-1994 », *Espaço Norbertino*, Número III (Ano 7 Julho/Setembro 1994), p. 15-18.

105. DEBERT (A.), « Deux figures féminines prémontrées du XIXe siècle : Soeur Rose et Mère Marie de la Nativité», *Actes du 17ème Colloque du Centre d'Etudes et de Recherches Prémontrées.*, Amiens, 1992, p. 68-75.

106. DE CUYPER (R.), *Joannes Chrysostomus De Swert, vijftigste abt van Tongerlo (1867/68-1887)*, Louvain, 1981.

107. DEKKERS (W.), « Bij het 40 Jarig Bisschopsjubileum van Z. H. Exc. Mgr Th. L. Heylen, Bisschop van Namen, Voorzitter van de Internationale Eucharistische Congressen 1899 - 30 November - 1939 », *Eucharistisch Tijdschrift*, t. XVIII (1939), p. 242-246.

108. DELCAMBRE (E.), *Servais de Lairuelz et la réforme des Prémontrés*, Averbode, 1964 (Bibliotheca Analectorum Praemonstratensium - 5).

109. DEREINE (C.), « Les origines de Prémontré », *Revue d'Histoire Ecclésiastique*, t. XLVII (1947), 352-378.

110. DEREINE (C.), « Chanoines », *Dictionnaire d'Histoire et de Géographie Ecclésiastiques*, t. XII (1953), col. 353-405.

111. DOLISTA (K.), « Die Triennal- und Annualkapitel der sächsischen Zirkarie des Prämonstratenserordens. Eine Einleitung zur beabsichtigen Edition Acta capitulorum triennalium et annalium circariae saxoniae Ordinis Praemonstratensis inde ab anno 1466 usque ad annum 1516 », *Analecta Praemonstratensia*, t. L (1974), p. 70-111.

112. DURIX (C.), *Norbert Calmels, histoire d'une amitié (1944-1985...)*, Préface de Maurice DRUON, Paris, 1986.

113. EGGER (C.), « De antiquis regulis Canonicorum regularium », *Ordo Canonicus*, t. I (1946), p. 35-60.

114. ELM (K.), *Norbert von Xanten. Adliger - Ordensstifter - Kirchenfürst*, hrsg. von Kaspar ELM, Cologne, 1984.

115. *Emlékkönyv Kunc Adolf premontrei prépost születésének 150. évfordulója alkalmából*, Szombathely, 1993.

116. ERENS (A.), « Les soeurs dans l'Ordre de Prémontré », *Analecta Praemonstratensia*, t. V (1929) 5-26.

117. FETS (B.), *Memoria paschalis Redemptionis. De vesperis paschalibus apud Praemonstratenses*, Rome, 1964.

118. FITZTHUM (M.), *Die Christologie der Prämonstratenser in 12. Jahrhundert*, Plan, 1939.

119. FITZTHUM (M.), «Das ehemalige Gymnasium des Stiftes Tepl in Pilsen», *Analecta Praemonstratensia*, t. XXXII (1956), p. 163-169.

120. *Fontes propositionum Confratrum o. praem. ad usum Patrum capitularium, Peritorum, et Canoniarum, coordinati a Secretariatu ad praep. Cap. Gen. 1968*, Schlägl, 1967.

121. FROESE (W.), *The early Norbertines on the religious frontiers of Northeastern Germany*, Chicago, 1978.

122. *Gedenkboek Orde van Prémontré 1121-1971*, [Averbode] 1971.

123. GEUDENS (F.M.), *Annus asceticus norbertinus, sive monita spiritualia*, Rochdale, 1895.

124. GOOVAERTS (L.), *Écrivains, artistes et savants de l'Ordre de Prémontré. Dictionnaire bio-bibliographique*, Bruxelles, 1899-1916, 4 tomes en 3 vol. Reprod. en fac-similé, Genève, 1971, 3 vol.

125. GRASSL (B.), *Méditations norbertines*, Marseille, 1939.

126. GRAUWEN (W.M.), *Norbertus aartsbisschop van Maagdenburg (1126-1134)*, Bruxelles, 1978.

127. HARDICK (E.), *Premonstratentenser Bauten des 12. und 13. Jahrhunderts im Rheinland*, Tongerlo, 1935.

128. HAYES (E.J.), *Rightful Autonomy of Life and Charism in the proper Law of the Norbertine Order*, Ann Arbor, MI, 1990.

129. HORSTKÖTTER (L.), *Der Heilige Norbert und die Prämonstratenser*, Hamborn, 1974.

130. HUBER (A.), *Spanien und die Prämonstratenserkultur des Barocks*, Munich, 1953.

131. HUBER (E.), *Zur Geschichte der oberösterreichischen Stifte in Zeitalter der Reformation*, Linz, 1920.

132. JANSEN (J.E.) *La Belgique Norbertine ou l'Ordre de Prémontré en Belgique, à travers huit siècles d'existence 1120-1920*, t. I : *Histoire générale*, Averbode, 1920.

133. JANSEN (J.E.), *Monseigneur Thomas-Louis Heylen, évêque de Namur. Son action sociale et religieuse pendant vingt-cinq ans d'épiscopat*, Namur, 1924.

134. KIRKFLEET (C.), *The White Canons of St. Norbert. A History of the Praemonstratensian Order in the British Isles and America*, West De Pere, 1943.

135. LAMY (H.), *L'Ordre de Prémontré en Belgique*, Tongerlo, 1915.

136. LAMY (H.), *Vie du bienheureux Hugues de Fosses*, Charleroi, 1925.

137. LAMY (H.), *La gloire posthume du Bienheureux Hugues de Fosses*, Charleroi, 1928.

138. LAVAGNE D'ORTIGUE (X.), *De la Bretagne à la Silésie. Mémoires d'exil de Hervé-Julien Le Sage (1791 à 1800)*, Paris, 1983.

139. LAVAGNE D'ORTIGUE (X.), « Les Prémontrés de France, et la suppression des Ordres monastiques, 1766-1792 », *Analecta Praemonstratensia*, t. LXVII (1991), p. 232-261.

140. LAVAGNE D'ORTIGUE (X.), « Mort violente, exil, déportation, ou : prémontrés français victimes de la Révolution (1791-1799) », *Analecta Praemonstratensia*, t. LXVIII (1992), p. 264-301.

141. LAVAGNE D'ORTIGUE (X.), « L'Église constitutionnelle et les Prémontrés de France de 1790 à 1792 », *Analecta Praemonstratensia*, t. LXX (1994), p. 102-132.

142. LEFÈVRE (P.), « Le prélude de la suppression des abbayes par Joseph II. 1781-1782 », *Analecta Praemonstratensia*, t. III (1927), p. 113-124.

143. LEFÈVRE (P.), *La liturgie de Prémontré. Histoire, Formulaire, Chant et Cérémonial*, Louvain, 1957 (Bibliotheca Analectorum Praemonstratensium - 1).

144. LEINSLE (U.G.), *Vivianus von Prémontré. Ein Gegner Abaelards in der Lehre von der Freiheit*, Averbode, 1978 (Bibliotheca Analectorum Praemonstratensium - 13).

145. LOTH (A.), *Soeur Rose, sa vie et son oeuvre, la Messe Réparatrice*, Paris, [1890].

146. MACKIN (B.T.), *Initia historico-iuridica Definitorii Ordinis Praemonstratensis*, Rome, 1965.

147. MADELAINE (G.), *Histoire de saint Norbert*, Paris, 1886, Tongerlo, 1927.

148. MARTON (H.), *Initia historico-iuridica Capituli Generalis Ordinis Praemonstratensis (1128-1172)*, Rome, 1964.

149. *Materia Capituli Generalis Ordinis Praemonstratensis 1968*, Schlägl, 1968.

150. *Materia Capituli Generalis Ordinis Praemonstratensis 1970*, Schlägl, 1970.

151. *Monachesimo (Il) e la riforma ecclesiastica (1049-1122)*, Milano, 1971.

152. MORIN (G.), « Gloriosus Magister Adam », *Revue bénédictine*, t. XLIV (1932), p. 179.

153. *Orde (De) van Premonstreit in Belgie en in Nederland*, Tongerlo, 1928.

154. OSZVALD (A.), « Fegyverneky Ferenc, sági prépost, rendi visitator. 1506-1535 », *Emlékkönyv Szent Norbert halálának 800 éves jubileumára*. Niadja a Jászó-Premontrei Kanonokrend Gödöllő i Konventje, 1934.

155. PETIT (F.), *Ad viros religiosos*, Tongerlo, 1934.

156. PETIT (F.), *La spiritualité des Prémontrés aux XIIᵉ et XIIIᵉ siècles*, Paris, 1947.

157. PETIT (F.), *La Réforme des prêtres au Moyen Âge*, Paris, 1968.

158. PETIT (F.), *Norbert et l'origine des Prémontrés*, Paris, 1981.

159. PETIT (F.), « Le discours du P. L'Écuy au chapitre de 1779 », *Actes officiels du 15ᵉᵐᵉ Colloque du Centre d'Etudes et de Recherches Prémontrées*, Amiens, 1990, p. 6-9.

160. PICHERT (K.), « Johannes Lohelius, sein Leben und seine Tätigkeit im Prämonstratenserorden und als Erzbischof von Prag », *Analecta Praemonstratensia*, t. III (1927), p. 125-140, 264-283, 404-422.

161. PICHLER (I.), « Bedčich Smetana und die Prämonstratenser », *Analecta Praemonstratensia*, t. LXVIII (1992), p. 330-331.

162. PLOUVIER (M.), *L'abbaye de Prémontré aux XVIIᵉ et XVIIIᵉ siècles. Histoire d'une reconstruction*, Louvain, 1985 (Bibliotheca Analectorum Praemonstratensium - 16), 2 vol.

163. RAVARY (B.), *Prémontré dans la tourmente révolutionnaire. La vie de J.-B. L'Écuy, dernier abbé général des Prémontrés en France, 1740-1834*, Paris, 1955.

164. RIJKALS (E.), « L'abbaye de Prémontré, de la Révolution française à nos jours », *Pro Nostris*, t. XIV (1948), n° 3, p. 66-67.

165. SLACK (C.L.), « The Premonstratensians and the Crusader Kingdoms in the Twelfth and Thirteenth Centuries », *Analecta Praemonstratensia*, t. LXVII (1991) p. 207-231 ; t. LXVIII (1992) p. 76-100.

166. TAIEE (H.), « Prémontré. Etude sur l'abbaye de ce nom, sur l'ordre qui y a pris naissance, ses progrès, ses épreuves et sa décadence (1121-1793) », *Bulletin de la Société académique de Laon*, t. XIX (1869-1870), 93-261 ; t. XX (1871-1873), 1-256.

167. TOUSSAINT (J.), *Pierre-Adrien Toulorge, chanoine régulier de Prémontré, victime de la Terreur coutançaise, martyr de la vérité*, Coutances, 1962. Voir n° 93.

168. TRAEGER (A.), *A Survey of Norbertine Fathers in the United States, prepared in the year of the Canonization of Hermann-Joseph*, s.l., 1960.

169. VALVEKENS (É.), « Un tournant dans l'histoire de la liturgie prémontrée », *Analecta Praemonstratensia*, t. III (1927), p. 241-263.

170. VALVEKENS (É.), « L'Ordre de Prémontré et le Concile de Trente. La Congrégation des Prémontrés d'Espagne », *Analecta Praemonstratensia*, t. VIII (1932), p. 5-24.

171. VALVEKENS (É.), « Le Chapitre général et les Statuts prémontrés de 1505 », *Analecta Praemonstratensia*, t. XIII (1938), p. 5-46.

172. VALVEKENS (J.B.), « Capitulum Generale anni 1717 et "Jansenismus" », *Analecta Praemonstratensia*, t. XXXV (1959), p. 153-163.

173. VALVEKENS (J.B.), « De "Jansenismo" in Ordine Praemonstratensi », *Analecta Praemonstratensia*, t. XXXVI (1960), p. 132-140.

174. VALVEKENS (J.B.), « La Congrégation des Prémontrés d'Espagne », *Analecta Praemonstratensia*, t. XXXVIII (1962), p. 132-142.

175. VALVEKENS (J.B.), « De cura paroeciarum a Praemonstratibus exercenda animadversiones historico-canonicae quaedam », *Analecta Praemonstratensia*, t. XLV (1969), p. 46-55.

176. VAN BOESSCHOTEN (G.), *De professie bij de Premonstratenzers. Liturgische gestalte en geestelijke inhoud. Voorgeschiedenis en ontwikkeling*, Rome, 1966.

177. VAN DAMME (J.B.), « La "Summa Chartae Caritatis", source de constitutions canoniales », *Cîteaux*, t. XXIII (1972), p. 5-54.

178. VAN DEN BROECK (G.), *Paleae iuridicae. Commentarium in Statuta Ordinis Praemonstratensis*, Saint-Bernard de Lacolle, 1961.

179. VAN DEN BROECK (G.), *De professione solemni in Ordine Praemonstratensi. Ritus disquisitio historica et canonica*, Rome, 1938.

180. VAN DEN BROECK (G.), *L'élaboration des statuts de 1947 dans l'Ordre de Prémontré*, Rome, 1967.

181. VAN DIJCK (L.C.), *Les origines du pouvoir de l'abbé général de l'Ordre de Prémontré (1120-1177)*, Tongerlo, 1953.

182. VAN DIJCK (L.C.), « L'affaire Raguet et le problème du gouvernement central de l'Ordre de Prémontré au XVIIe siècle », *Analecta Praemonstratensia*, t. L (1974), p. 171-175, t. LI (1975), p. 37-71.

183. VAN DIJCK (L.C.), « Evermodus P.H. Backx, de tweede stichter van de abdij van Tongerlo. Bijdrage tot een levensschets (1835-1845) », *De Lindeboom*, Jaarboek V (1981), p. 158-204.

184. VAN DIJCK (L.C.), « Le Cardinal de Richelieu, abbé de Prémontré », *Analecta Praemonstratensia*, t. LX (1984), p. 256-288 ; t. LXII (1986), p. 150-223 ; t. LXIII (1987), p. 70-88, 175-220 ; t. LXIV (1988), p. 45-117.

185. VAN DIJCK (L.C.), « Edmond Boulbon et le repeuplement de l'abbaye de Prémontré par les norbertins belges en 1856 », *Analecta Praemonstratensia*, t. LXIII (1987), p. 89-103.

186. VAN SPILBEECK (I.), « Le Père Dominique-Charles Čermák », *La Cour d'Honneur de Marie*, n° 327 (1891), p. 64-66.

187. VAN SPILBEECK (I.), *La Couronne Norbertine*, Bruxelles, 1898.

188. VAN WAEFELGHEM (R.), *Répertoire des sources imprimées et manuscrites relatives à l'histoire et à la liturgie des monastères de l'Ordre de Prémontré*, Bruxelles, 1930.

189. WAHRMUND (L.), *Das Kirchepatronatrecht und seine Entwicklung in Österreich*, Vienne, 1894.

190. WARZÉE (B.), « L'abbaye de Prémontré au XIXe siècle. II - La tentative de restauration de l'abbaye de Prémontré au XIXe siècle en 1856-1857 », *Analecta Praemonstratensia*, t. LVI (1980), p. 94.

191. WEYNS (N.J.), « À propos des Instructions pour les clercs (De Institutione Clericorum) de Philippe de Harvengt », *Analecta Praemonstratensia*, t. LIII (1977), p. 71-79.

192. WEYNS (N.J.), « L'origine du tiers-ordre prémontré », *Analecta Praemonstratensia*, t. LX (1984), p. 163-184.

193. *With the Grace of God. On the occasion of the 100th Anniversary of the Origin of the De Pere Norbertines*, Green Bay, 1993.

194. ZAK (A.), *L'Ordine Premostratense in Italia*, Rome, 1923.

195. ZAK (A.), « Episcopatus Ordinis Praemonstratensis », *Analecta Praemonstratensia*, t. IV (1928) et t. V (1929).

196. ZAVŘEL (M.), *Vít Tajovsky, Opat Želivského Kláštera. Le Père Supérieur du Monastère de Želiv*, Havlíčkův Brod, 1991.

INDEX GÉNÉRAL
des principaux noms

Les noms de personnes sont en majuscules, les noms de lieux en minuscules, les noms d'institutions en italique. Les renvois en gras indiquent les textes principaux.

Abbréviations :

ab. = abbé, abbaye	hist. = historien
apost. = apostolique	mon. = monastère
arch. = archevêque	préf. = préfet
bienfait. = bienfaiteur	o. cist. = cistercien(ne)
Bx/Bse = bienheureux/se	o. pream. = prémontré(e)
card. = cardinal	ord. = ordre
chan. rég. = chanoine régulier	o.s.b = bénédictin(e)
chanc. = chancelier	patr. = patriarche
circ. = circateur, circarie	pr. = prieur, prieuré
coll. = collège	prés. = président
com. = commendataire	prév. = prévôt, prévôté
comp. = compagnie	proc. = procureur
comt. = comte, comtesse	prov. = provincial
congr. = congrégation	rel. = religieux
const. = constitutionnel	s.j. = jésuite
conv. = convers	St/Ste = saint, sainte
c.té = communauté	serv. de D. = serviteur/vante de Dieu
év. = évêque	sup. = supérieur
fond. = fonda-teur/trice	univ. = université
g.al = général	vic. = vicaire

Abbot Pennings High School (coll. o. praem.), 478.

Accous (pr. o. praem.), 468.

ADAM (o. praem., ab. de Dommartin), 29.

ADAM SCOT (o. praem., ab. de Dryburgh), 29, 33, 39-40, 42, 59, **115-125**, 486, 498, 525.

Adelbergh (ab. o. praem.), 61.

ADRIEN IV, 68, 95, 142.

Afrique, 538.

Afrique du Nord, 428.

Afrique du Sud, 412.

AFFRE, Denis (arch. de Paris), 370.

AGNÈS (o. praem., comt. de Braine), 46.

AGNÈS DE BOHÊME (Ste), 166.

AGUET, Jean (o. praem., ab. de Prémontré), **144-145**.

Aguilar de Campo (ab. o. praem.), 199, 202, 353, 416.

AIGLER, Jude-Thaddée (ab. de Roggenburg), 294.

Aiguebelle (ab. o. cist.), 393, 395.

Aithal (pr. o. praem.), 477.

Aix-en-Provence, 357, 371, 378, 380, 384-385, 387, 389-390, 392, 428, 567, 568.

Aix-la-Chapelle (règle d'-), 18-20, 24, 30, 51.

ALBERT (duc de Saxe), 136-137.

ALBIZZI, Horace (card. de curie), 276.

ALBRECHT, Denis (o. praem., pr. du Mont-Sainte-Odile), **287-293**.

Albuquerque Santa Maria de la Vid (pr. o. praem.), 473.

Alcantarins, 388.

ALDÉRIC (conv. de Fussenich, Bx.), 547.

ALEXANDRE III, 246, 288.

ALEXANDRE IV, 77.

ALEXANDRE V, 142.

ALEXANDRE VI, 151.

Alger, N-D. d'Afrique (pr. o. praem.), 424, 428-432.

Allemagne, 18, 20, 22, 48, 55, 61, 68, 90, 96, 132, 154, 163, 169-170, 184, 231, 270-271, 300, 303, 323, 325, 352, 355, 395, 465, 468, 492, 496, 505, 567.

Allerheiligen (ab. o. praem.), 167.

ALPHONSE XIII (roi d'Espagne), 386.

ALRAM, Jérôme-Joseph (o. praem., rel. de Geras), 294-295.

Altenberg (mon. o. praem.), 61, 96-97.

TABLE DES MATIERES